4 Lk 4 1981 1

Paris
1887

Roman, Joseph

Tableau historique du département des Hautes-Alpes

Etat ecclésiastique, administratif et féodal antérieur à 1789, histoire, biographie, bibliographie de chacune des communes qui le composent

Tome 1

TABLEAU HISTORIQUE

DU

DÉPARTEMENT DES HAUTES-ALPES

PREMIÈRE PARTIE.

ÉTAT ECCLÉSIASTIQUE, ADMINISTRATIF ET FÉODAL ANTÉRIEUR A 1789, HISTOIRE,
BIOGRAPHIE, BIBLIOGRAPHIE DE CHACUNE DES COMMUNES
QUI LE COMPOSENT

PAR

J. ROMAN

Correspondant du Ministère de l'Instruction publique pour les travaux historiques,
De la Société nationale des Antiquaires de France,
De l'Institut archéologique de Rome.

PARIS | GRENOBLE
ALPHONSE PICARD, libraire de l'École des Chartes | F. ALLIER PÈRE ET FILS, imprimeur
82, rue Bonaparte. | Grande-Rue, 9, cour de Claudius

1887

TABLEAU HISTORIQUE

DU

DÉPARTEMENT DES HAUTES-ALPES

TIRÉ A 250 EXEMPLAIRES.

TABLEAU HISTORIQUE

DU

DÉPARTEMENT DES HAUTES-ALPES

PREMIÈRE PARTIE.

ÉTAT ECCLÉSIASTIQUE, ADMINISTRATIF ET FÉODAL ANTÉRIEUR A 1789, HISTOIRE,
BIOGRAPHIE, BIBLIOGRAPHIE DE CHACUNE DES COMMUNES
QUI LE COMPOSENT

PAR

J. ROMAN

Correspondant du Ministère de l'Instruction publique pour les travaux historiques,
De la Société nationale des Antiquaires de France,
De l'Institut archéologique de Rome.

PARIS
ALPHONSE PICARD, libraire de l'École des Chartes
82, rue Bonaparte.

GRENOBLE
F. ALLIER PÈRE ET FILS, imprimeurs
Grande-Rue, 8, cour de Chaulnes.

1887

INTRODUCTION

Le *Tableau historique des Hautes-Alpes* est le complément de deux ouvrages qui m'ont coûté plusieurs années de travail ; le *Dictionnaire topographique* et le *Répertoire archéologique des Hautes-Alpes* [1]. Dans l'introduction du premier, j'ai fait connaître le résultat de mes recherches sur les divisions géographiques du département, et, dans le corps de l'ouvrage, j'ai réuni un assez grand nombre de formes anciennes de ses noms de lieu pour permettre de retrouver l'étymologie de beaucoup d'entre eux ; dans le second, j'ai décrit ses monuments anciens et fait connaître les richesses archéologiques que le sol nous a livrées. Conformément aux sages prescriptions du Comité des travaux historiques, ni dans l'un ni dans l'autre de ces ouvrages je ne me suis occupé de l'histoire de la contrée.

Le *Tableau historique* vient combler cette lacune volontaire ; il est le résultat d'un dépouillement considérable d'actes anciens et de plusieurs années d'un travail très assidu et très consciencieux.

Adoptant les divisions territoriales de notre pays telles qu'elles étaient en l'an 1500, je passe successivement en revue ses évêchés, duchés, comtés, bailliages, châtellenies et mandements ; consacrant un article particulier à chaque communauté, j'expose ce que nous avons pu savoir de son histoire ecclésiastique, administrative, judiciaire, féodale, industrielle et commerciale, et j'énumère enfin les principaux événements dont il a été le théâtre, les hommes remarquables qui y sont nés et les principaux ouvrages relatifs à son histoire.

J'ai cherché avant tout à resserrer le plus grand nombre de faits et de dates dans le moins de phrases possible ; il ne faut donc point chercher dans ce travail des dissertations étendues ; de la précision et de la clarté, c'est tout ce que j'ai voulu y mettre, n'ayant d'autre pensée que d'offrir un utile répertoire à ceux qui s'occupent de l'histoire du Haut-Dauphiné.

Je me suis efforcé de corriger et de compléter avec un soin minutieux les listes épiscopales et abbatiales publiées par les auteurs du *Gallia ;* à l'aide de documents originaux j'ai pu éliminer plusieurs évêques de Gap et d'Embrun, qui y figuraient à

---

[1] *Dictionnaire topographique des Hautes-Alpes,* Imprimerie Nationale, 1884, in-4°. — Le *Répertoire archéologique* paraîtra dans quelques mois. Ces deux ouvrages sont publiés sous les auspices du Ministère de l'Instruction publique et du Comité des travaux historiques.

tort, et les remplacer par quelques autres dont l'existence était ignorée. J'ai doublé presque partout le nombre des abbés connus jusqu'à aujourd'hui, de telle sorte que toutes ces listes, sans être définitives, sont ici infiniment plus correctes que dans les auteurs qui m'ont précédé. J'en dirai autant de celles des doyens et des prévôts de nos chapitres, des prieurs de nos prieurés conventuels et de nos chartreuses; ces dernières n'avaient pas encore été dressées. J'aurais pu pousser plus loin ce travail et donner même les listes des titulaires d'un grand nombre de petits prieurés, mais j'ai dû m'arrêter et ne pas dépasser une certaine limite au delà de laquelle tout intérêt historique fait défaut.

Les listes de nos baillis et de nos vibaillis qui ont été publiées étaient très incomplètes; je les ai complétées et j'y ai joint celles des juges majeurs et des magistrats épiscopaux.

Enfin je n'ai pas besoin d'insister sur la difficulté que j'ai eue à recueillir la nomenclature des seigneurs féodaux; c'est un travail très considérable et qui m'a demandé de longues recherches.

Je dois répondre par avance à un reproche qui serait grave s'il était justifié. On peut me blâmer de n'avoir pas corroboré chacune de mes assertions par la citation immédiate de la source à laquelle j'ai puisé. J'avais songé à le faire, mais je n'ai pas tardé à reconnaître que si, après chaque fait articulé j'en donnais la preuve, je devrais doubler le nombre des pages de mon volume et qu'il deviendrait en outre, par le fait même, absolument illisible.

Je me suis donc arrêté à un moyen terme : dans un deuxième volume je publierai l'analyse chronologique de plusieurs milliers de documents, c'est-à-dire de tout ce que le moyen âge nous a transmis, ou peut s'en faut, sur l'histoire de la région qui forme maintenant le département des Hautes-Alpes. Ces analyses seront un vaste répertoire qui permettra d'embrasser, année par année, l'histoire de cette contrée, de suivre pas à pas les progrès de la civilisation et les modifications qu'ont subies ses institutions politiques et municipales.

Ce deuxième volume allège le premier d'une multitude de notes et évite de nombreuses redites, sans nuire à la preuve que tout lecteur a le droit d'exiger. Étant donné un fait classé à une date précise, on en trouvera presque toujours la confirmation en se reportant à la date correspondante dans le volume consacré à l'analyse des actes. Je n'ai pas poursuivi ces analyses au delà de l'année 1500 ; à partir de cette époque, en effet, les documents sont extrêmement abondants, l'histoire des seigneuries est mieux connue, les institutions municipales se transforment, et les événements intéressants comme les guerres de religion, ont été l'objet de nombreux travaux spéciaux auxquels il suffit de renvoyer.

J'ai très peu emprunté aux ouvrages imprimés; la plupart de ceux qui concernent le département sont du reste de seconde ou de troisième main. Le seul livre qui m'ait été vraiment utile est l'*Histoire naturelle, géographique, ecclésiastique et civile du diocèse d'Embrun*, par le curé Albert; malgré ses défauts, c'est encore ce qu'il y a de plus instructif sur le Haut-Dauphiné. En y joignant quelques parties des *Institutions briançonnaises*, de Fauché-Prunelle; des *Recherches sur les pèlerinages de Notre-Dame d'Embrun*, de M. Fabre; de l'*Histoire de Gap*, de Gautier; du *Protestantisme et les guerres de religion*, de Charronnet, et un nombre très restreint de courtes monographies, on aura le bilan à peu près complet de ce qui vaut la peine d'être consulté sur l'histoire des Hautes-Alpes.

Je me suis servi en outre, pour la partie biographique de l'excellente *Biographie du Dauphiné*, de M. Adolphe Rochas, devenue aujourd'hui classique; pour la liste des magistrats delphinaux, des notes qui accompagnent le *Mémoire sur l'état du Dauphiné*, de l'intendant Bouchu, dans l'édition qu'en a donnée M. Brun-Durand; pour celles des pasteurs protestants, de l'*Histoire des protestants du Dauphiné*, de M. le pasteur Arnaud; pour les séjours des Dauphins dans nos contrées, des *Itinéraires* de ces princes, récemment publiés par M. l'abbé Chevalier; pour les armoiries des communautés, de l'*Armorial du Dauphiné*, de M. de Rivoire de la Bâtie; au surplus, j'ai fait de mon mieux pour compléter et corriger ces différents ouvrages quand l'occasion s'en est présentée.

On trouvera en tête du deuxième volume une note sur les sources de l'histoire des Hautes-Alpes; elle me dispensera d'entrer ici dans de plus longs détails.

Comme appendice à ce premier volume, j'ai donné, d'après des documents authentiques, un état de la population de nos diverses communes au XVe et au XVIIIe siècle, et j'ai placé en regard le chiffre de la population actuelle.

Plusieurs problèmes historiques intéressent le pays tout entier et non point une seule ville ou même un seul bailliage: tels sont, par exemple, l'origine de nos églises, le nombre et l'étendue de nos diocèses, les invasions sarrasines, etc. Le *Tableau historique* serait incomplet s'ils n'y étaient traités, au moins sommairement. Je joins donc à cette introduction quelques courtes dissertations sur ces divers points de notre histoire et une étude sommaire sur la féodalité et l'administration féodale dans le Haut-Dauphiné.

I. ORIGINE DES ÉGLISES DES ALPES.

Grégoire de Tours attribue à saint Celse et saint Nazaire l'évangélisation de l'Embrunais[1]; cette tradition s'est perpétuée et paraît digne de foi. Ces deux saints ont toujours été particulièrement vénérés dans la ville d'Embrun; une église y était placée sous leur vocable.

Le même chroniqueur, d'accord avec les martyrologes d'Adon, de Bède, d'Usuard et de Notker, donne à saint Marcellin le titre de premier évêque d'Embrun[2].

---

[1] *Gloria martyrum*, ch. 47. [2] *Gloria confessorum*, ch. 69.

TABLEAU HISTORIQUE

Cet ensemble de témoignages ne laisse aucun doute sur l'époque de la fondation de l'évêché. Saint Marcellin était africain ; il apporta l'évangile dans le Haut-Dauphiné vers le milieu du IVe siècle ; la contrée était encore toute païenne. Il est vénéré dans tout l'ancien diocèse d'Embrun et même dans les diocèses voisins ; huit paroisses et un nombre infini de chapelles sont placées sous son vocable dans le département des Hautes-Alpes.

Une tradition, dont on ne trouve pas trace avant le XVe siècle, rapporte que l'évêché de Gap doit sa création à saint Démétrius. On ignore la patrie, l'époque et les actions de ce personnage ; il a été confondu avec saint Démétrius de Thessalonique et est vénéré le même jour. Le plus ancien document dans lequel il en soit question est un missel du commencement du XVe siècle [1], qui le qualifie de martyr et de disciple des apôtres ; cette mention est répétée presque dans les mêmes termes dans un bréviaire de 1499 [2]. Dans l'*Histoire hagiologique des Hautes-Alpes* [3], publiée par Mgr Depéry, évêque de Gap, il est qualifié de premier évêque de Gap, de disciple des apôtres et de saint Jean ; il aurait subi le martyre en l'an 86 de J.-C., sur l'emplacement de l'ancien cimetière de Saint-André-lès-Gap, d'après les ordres d'un préfet nommé Simon.

Toutes ces affirmations, ou peu s'en faut, ne supportent pas l'examen.

Saint Jean l'Évangéliste adressa, il est vrai, une lettre à un Démétrius, mais il ne s'en suit pas que ce Démétrius soit le même que le futur évêque de Gap. De même saint Irénée dédia l'un de ses ouvrages à un évêque nommé Démétrius, mais que rien ne démontre avoir été évêque de Gap. Ce nom de Démétrius n'était sans doute pas porté exclusivement par le fondateur de notre évêché.

Aucun texte ne prouve que saint Démétrius fut martyrisé en l'an 86. Cette date, insérée dans le bréviaire de 1499, est celle, non de son martyre, mais d'une prétendue constitution du pouvoir temporel des évêques de Gap, en vertu d'une donation plus que suspecte du comte de Provence. Le texte ne laisse aucun doute à cet égard [4], et cette date devrait être au moins remplacée par 986.

C'est au XVIIe siècle seulement que le cimetière de Saint-André est désigné pour la première fois comme le théâtre du martyre du premier évêque de Gap ; or, cette église de Saint-André fut fondée en 1010 seulement [5].

Enfin, le préfet Simon doit la vie à une faute d'impression et à deux barbarismes. M. de Rochas, en publiant en 1808 [6] une hymne en l'honneur de saint Démétrius,

---

[1] Ce manuscrit appartient à M. Amat, conseiller général, à Gap.

[2] Le seul exemplaire connu de ce volume est à la Bibliothèque Nationale.

[3] Gap, Delaplace, 1852, in-8°. Heureusement pour la mémoire de notre ancien évêque, l'auteur de ce livre est M. l'abbé Gignoux ; Mgr Depéry s'est contenté d'y mettre son nom.

[4] Voici ce texte : *Cum civitas Vapincensis à Sarracenis detineretur, quidam comes Guillermus nomine, Deo adjuvante, devicit Sarracenos predictos. Qui quidem medietatem civitatis predicte, Deo et Beate Marie, ipse et alii ejus consortes, dederunt, anno domini octuagesimo sexto.*

[5] Bibl. Nation., mss lat. 12,659, p. 353.

[6] Dans l'ouvrage suivant : *Nouveau pas dans les sentiers de la nature*. Gap, Genoux, 1808, in-12, p. 168.

orthographia le vers : *Jussu perfidissimo* de la manière suivante : *Jussu perfidis Simo*. De là le fantastique *perfide Simon* est passé dans l'*Histoire hagiologique* de M⁰ʳ Depéry, et de Mᵍʳ Depéry, cela est désolant à constater, dans le recueil des Bollandistes.

Aucune église, aucune chapelle n'a été dédiée à saint Démétrius dans le diocèse de Gap.

En l'absence de toute preuve contraire, il est infiniment probable que le diocèse de Gap, comme tous les diocèses voisins d'Embrun, Grenoble, Die, Sisteron et Digne, fut fondé dans le cours du IVᵉ siècle. Saint Démétrius, s'il a existé, était vraisemblablement, comme saint Domnin et plusieurs autres évêques, un disciple de saint Marcellin [1].

II. NOMBRE ET LIMITES DE NOS DIOCÈSES.

Il y a peu de choses à ajouter à ce que j'ai écrit dans l'introduction du *Dictionnaire topographique des Hautes-Alpes* [2] sur le nombre et la limite des évêchés qui se partageaient le territoire actuel de ce département.

1. L'identification de la *civitas Rigomagensium* avec Chorges est devenue une presque certitude après avoir été simplement une hypothèse probable.

Plusieurs savants éminents, d'abord séduits par l'argumentation de M. l'abbé Duchesne [3], qui plaçait cet évêché à Thorame (Basses-Alpes), ont modifié maintenant leur opinion. En effet, son hypothèse ne tient aucun compte du testament d'Abbon et de la place qu'occupe le *pagus Rigomagensis* dans ce document célèbre; du diplôme de Louis le Débonnaire qui donne ce territoire à l'abbaye de la Novalaise; de la persistance pendant cinq siècles de ce nom *Rigomagensis* qui dérive évidemment du mot *Caturrigomagensis* qui l'a précédé, et enfin de l'absence à Thorame de tous restes de l'époque romaine, si nombreux au contraire à Chorges. C'est l'opinion de savants dont la compétence dans l'histoire ecclésiastique du sud-est de la France est bien connue, de M. Allemer et de M. l'abbé Albanès ; ce dernier nous fait depuis longtemps espérer un mémoire définitif sur cette question [4].

2. Je n'avais pas discuté dans le *Dictionnaire topographique* une autre hypothèse proposée par Mᵍʳ Billiet, dans son *Mémoire sur les premiers évêques du diocèse*

---

[1] Cf : *Origine des églises des Hautes-Alpes ; Saint-Marcellin, Saint-Démétrius*, par J. Roman ; Grenoble, Allier, 1881, in-8°.
[2] P. XXIV à XXXII.
[3] *La Civitas Rigomagensium et l'évêché de Nice.*
[4] En attendant on peut consulter les *Recherches sur la civitas et l'évêché Rigomagensium*, par J. Roman ; Grenoble, Allier, 1880, in-8°.

Paris, 1883, in-8° (Mém. des Antiquaires de France, 1883, p. 38).

x   TABLEAU HISTORIQUE

de Maurienne[1], et d'après laquelle le Briançonnais tout entier et une bonne partie de l'Embrunais auraient fait partie, au vɪᵉ siècle, du diocèse dont il s'est fait l'historien; cela m'avait paru si peu sérieux que je ne m'en étais pas préoccupé. Mais M. Longnon en ayant jugé autrement, et ayant adopté l'opinion de Mgr Billiet dans son *Atlas historique de la France*, l'adhésion de ce savant donne une réelle importance à cette théorie qui, jusqu'ici, avait passé inaperçue et m'oblige à la discuter.

L'opinion de Mgr Billiet est uniquement basée sur le texte suivant, descriptif des limites du diocèse de la Maurienne : « Est autem unus terminus in partibus Italiæ « in loco qui dicitur Vologia; usque ad partes Provinciæ uno distante miliario a « civitatula nomen sibi impositum Rama (qui terminus constitutus est propter « altercationem Ebredunensis archiepiscopi *(sic)* et domini Leporii, Maurianensis « episcopi; propter hanc altercationem destruendam missus est a rege Mero dux ; « et ibidem conventum habentes beatus Leporius cum episcopo Ebredunensi, lau- « dante duce, plantaverunt bornam in supradicto spatio, miliario distante a civitate « paulo antea memorata, ut nullus præsumat alterius invadere parochiam). Ex supra- « dicto autem termino uno miliario distante a civitatula, usque ad flumen quod dici- « tur Baydra. Est autem aliud a flumine Baydra, quod intrat Isaram flumen, usque « ad Briantinum castrum, quod Sabaudia vocatur. »

Mgr Billiet a trouvé ce texte dans les notes d'un inconnu, avec l'indication qu'il provenait d'un manuscrit de la Bibliothèque nationale, ancien fonds Colbert, actuellement fonds latin 3,887 : ce manuscrit ne renferme pas la vie de sainte Thècle, de laquelle ce passage devait être extrait, sur la foi de la note consultée par Mgr Billiet. J'ai poursuivi mes recherches et ai passé en revue toutes les vies de sainte Thècle conservées dans les manuscrits de la Bibliothèque nationale [2]; aucune ne renferme le texte précédent. Je ne saurais dire d'où il provient.

D'après le commentaire qu'y a joint Mgr Billiet, la *civitatula* de *Rama* serait Rame, ancienne station romaine de la voie Domitia, actuellement lieu dit du canton de Guillestre, à vingt-cinq kilomètres de la frontière italienne, à quarante des limites de l'évêché de Maurienne; le fleuve *Baydra* serait la Biaysse, torrent qui se jette dans la Durance tout à côté du lieu dit de Rame; *Briantinum* [in] *Sabaudia* serait Briançon (Hautes-Alpes).

Or, la Biaysse ne se jette pas dans l'Isère, tandis que le fleuve *Baydra* s'y jetait, le texte est formel à cet égard, et Briançon (Hautes-Alpes) n'a jamais fait partie de la Savoie. Le texte invoqué par Mgr Billiet, comme je vais le démontrer, place les limites de l'évêché de Maurienne exactement où elles sont encore aujourd'hui.

Ce texte désigne quatre points, situés chacun à un mille environ (distance sans doute très approximative) de la limite commune des quatre évêchés de Turin,

---

[1] P. 31, 32, 58, 59.
[2] Voici les numéros de ces manuscrits, tous du fonds latin : 3,088, p. 49; 5,293, p. 63; 5,306, p. 77; 5,308, p. 87; 5,310, p. 5; 5,337, p. 25; 5,353, p. 73.

Embrun, Grenoble et Maurienne : *Vologia* en Italie (diocèse de Turin); *Rama* en Provence (diocèse d'Embrun); les sources du fleuve *Baydra* qui se jette dans l'Isère (diocèse de Grenoble); *Briançon* en Savoie (diocèse de Maurienne). Dans toute la région des Alpes briançonnaises une seule rivière est affluent de l'Isère, la Romanche; voilà donc un fait acquis et indiscutable, *Baydra* est la Romanche, là était l'une des bornes signalées par le texte.

Il est également très aisé de retrouver l'emplacement de Briançon en Savoie; un château de ce nom dont on ne rencontre pas trace dans la carte de l'État-Major ni dans le Dictionnaire des postes, mais connu par des textes du moyen âge, existait entre Saint-Jean-de-Maurienne et le col du Galibier[1]. Voilà un second point acquis.

Rama en Briançonnais n'est évidemment pas Rame en Embrunais, situé à quarante kilomètres de la limite de la Maurienne, et correspond vraisemblablement à quelque ancienne agglomération qui a changé de nom ou a disparu aujourd'hui, soit dans les environs du Lauzet (vallée de la Guisane), soit dans ceux des chalets de Névache (vallée de la Clarée).

En recherchant ces divers points sur une carte, on se convaincra que les limites des quatre évêchés dont il vient d'être question n'ont pas sensiblement varié depuis le VIe siècle.

Je n'ai pas besoin de dire que le *Monêtier-de-Briançon,* bourg important du Briançonnais, n'a jamais porté le nom du Monêtier de Maurienne comme l'affirme Mgr Billiet.

De tout cet échafaudage de preuves il ne subsiste rien, et cette vaste annexion de vingt-cinq paroisses du diocèse d'Embrun et de deux paroisses du diocèse de Grenoble (car rien ne lui coûtait pour agrandir la Maurienne), aboutit, en définitive, à placer les limites respectives des diocèses d'Embrun et de Maurienne où elles sont encore aujourd'hui.

3. Enfin je dois dire un mot d'une bulle du pape Eugène III, datée de 1152 et insérée dans les *Monumenta historiæ patriæ*[2] publiés par ordre du gouvernement italien.

Si l'on s'en rapportait à ce document, les paroisses de Saint-Étienne, Agnères, Saint-Disdier et le Noyer, c'est-à-dire le Dévoluy tout entier et une certaine partie du Champsaur auraient appartenu, au XIIe siècle, non au diocèse de Gap, mais à celui de Grenoble. Ces paroisses entourées de tous côtés par les diocèses de Gap et de Die, auraient formé une enclave.

Rien de plus suspect que cette bulle qui octroie à l'abbaye italienne de Bréma, diocèse de Pavie, une foule de paroisses qu'elle ne posséda jamais, mais sur lesquelles elle prétendit toujours avoir des droits comme ayant succédé à l'abbaye de la Nova-

---

[1] Humbert II y souscrit un acte le 14 mai 1334 (*Arch. de l'Isère,* B, 2,962, p. 492); en 1550 ce fort existait encore et avait une garnison de six soldats commandée par Jean de Guers.
[2] *Chartes.* t. 1, p. 799.

laise. L'annexion, que rien ne justifie, de quelques paroisses du diocèse de Gap à celui de Grenoble est même l'une des preuves les plus palpables de la fausseté de ce document.

III. INVASIONS SARRASINES.

Si l'on en croit quelques historiens, les Hautes-Alpes auraient été, en partie, peuplées par les Sarrasins échappés au fer de Charles-Martel et de Guillaume de Provence ; on désigne très exactement les vallées qui servirent de refuge à cette race étrangère, les canaux qu'elle a creusés, les monuments qu'elle a construits, les mines qu'elle a exploitées.

Tous ces détails sont de pure invention ; on ne sait rien ou presque rien des invasions sarrasines dans nos contrées.

En 738, Charles-Martel chassa les Sarrasins de Provence et confisqua les biens de Mauronte et de Riculfe, grands seigneurs qui avaient été leurs alliés ; une partie de ces biens était peut-être située dans les vallées des Alpes.

Les Sarrasins recommencèrent leurs incursions en Provence avant 890 ; les actes de saint Romule [1] témoignent qu'au Xe siècle ils avaient ravagé une partie de l'Embrunais; la vie de saint Mayeul, abbé de Cluny [2], nous apprend que revenant de Rome il fut arrêté près de la rivière du Drac (probablement dans la commune du Forest-Saint-Julien, à l'endroit nommé, jusqu'au XVIe siècle, *apud sanctum Mayolium*), par une bande de pillards sarrasins ; cet événement eut lieu en 972. Enfin une bulle de Victor II, pape, à Viminien, archevêque d'Embrun, datée de 1057 [3], nous fait savoir que ce diocèse avait eu à souffrir des invasions sarrasines.

Voilà tous les textes relatifs à cette période historique qui soient venus jusqu'à nous ; ils ne sont ni nombreux ni instructifs et en dehors d'eux on ne sait rien.

On a voulu rattacher aux Alpes une légende de saint Bevons [4]. Contrairement à l'opinion des Bollandistes qui placent cet événement dans les environs de Fréjus, ce saint aurait remporté une grande victoire contre les Sarrasins à *Peirinpic* (Hautes-Alpes) ; il serait né non loin de là, à *Noyers* (Basses-Alpes) et le village de *Bevons* voisin de Noyers aurait pris son nom.

Or, le village de Bevons *(Beontium, Beguntium)* n'a rien à démêler avec le nom de saint Bevons *(sanctus Bobo)* ; ce saint serait né, d'après sa légende, dans une localité de Provence nommée *Castrum de Nugeriis*, mais le village de Noyers n'est pas le seul dans cette province dont le nom moderne corresponde à cette appellation latine ; plusieurs autres sont dans le même cas, entre lesquels Nozières (Vaucluse) et Nogaret (Alpes-Maritimes) ; le nom de *Peirinpic*, rocher escarpé sur lequel on n'a

---

[1] *Italia sacra*, t. I, p. 839, 840.
[2] Bollandistes le 11 mai, et Roux Glaber, p. 677.
[3] *Gallia Christ.*, t. III, instrum., p. 177.

[4] LAPLANE, *Hist. de Sisteron*, t. I, p. 51 à 56, et *Saint Bevons d'après les documents originaux*. Sisteron, Bourlès, 1856.

certainement jamais pu livrer une bataille, dérive évidemment de *Petra in podio*, la montagne en pointe, et non de *Petra impia*, la montagne des impies ou des infidèles.

Toute cette légende résulte donc d'un simple jeu de mots roulant sur les noms de saint Bevons et du village de Bevons, et d'une mauvaise étymologie de *Peirinpic* dont on fait une montagne impie au lieu d'une montagne pointue. Il faut éloigner des Hautes-Alpes le théâtre des hauts faits un peu problématiques de saint Bevons.

Je ne dirai qu'un mot d'un texte extrait du bréviaire de Gap, de 1499, et que j'ai déjà cité à la page VIII. Il affirme que les Sarrasins furent expulsés du Gapençais peu avant 86 (sous Domitien!) par le comte Guillaume qui donna la ville de Gap à son évêque. En admettant que cette date doive se lire 986 au lieu de 86, même après cette correction elle serait encore inexacte; le comte de Provence ne pouvait donner à l'évêque de Gap un fief qui ne lui appartenait pas, mais était la légitime et incontestée propriété du roi de Bourgogne. Une charte de 1044[1] nous apprend du reste que le comte de Provence et l'évêque de Gap se partagèrent peu avant cette époque, d'un commun accord, les droits régaliens et les propriétés du fisc dans le territoire de Gap, profitant pour accomplir leur usurpation, de la mort du dernier roi de Bourgogne et de l'éloignement de l'empereur son héritier.

Discuterai-je l'argument que l'on tire des noms de lieu Puymaure, Montmaur, Montmorin, etc? Un seul mot le réduira à néant. Au moyen âge, les Sarrasins ne sont jamais nommés *Mauri* mais *Sarraceni*, et les noms précédents n'ont d'autre sens que montagne de *Maurus* ou de *Maurinus*, nom gallo-romain assez répandu qui signifie *le brun* ou *le noir*.

Il ne reste dans les Alpes aucune trace de constructions datant des Sarrasins; les substructions et les tuiles que l'on nomme vulgairement *murs sarrasins* et *tuiles sarrasines* datent de l'époque gallo-romaine ou franque.

Dans le cours du Xe siècle, alors que notre pays est à tort considéré par certains auteurs comme occupé par ces hordes étrangères, six donations y ont été faites à des églises ou à des ordres religieux, en 928, à Jarjayes; vers 940, à Romette; en 960, dans huit localités du Gapençais; vers 965, à Antonaves et au Monêtier-Allemont; en 971, dans la Val-d'Oulle; en 988, à Saint-André de Rosans. Ceci démontre surabondamment que cette occupation sarrasine du Xe siècle, si elle a eu lieu, ne fut ni aussi longue, ni aussi complète qu'on l'a prétendu.

Sans doute, les Alpes durent, comme les contrées limitrophes, souffrir des invasions sarrasines qui apportèrent une perturbation dans l'état social et contribuèrent à la naissance de la féodalité, mais les Sarrasins n'organisèrent jamais leur conquête d'une manière définitive, ce furent des pillards et non des administrateurs et des maîtres[2].

---

[1] *Arch. des Bouches-du-Rhône.* B,1,373, dernier feuillet.
[2] Cf. TERREBASSE. *Notice sur les Dauphins de Viennois*, Vienne, Savigné, 1875. in-8°. J. ROMAN. *Note sur les invasions sarrasines dans les Hautes-Alpes*, Gap, Jouglard, 1882, in-8°.

IV. ORDRES RELIGIEUX.

Avant le viiie siècle on ne trouve pas trace d'ordres religieux dans les Alpes. En 726 Abbon fonde l'abbaye de la Novalaise dans la Maurienne ; en 739 il lui lègue par son testament les biens immenses qu'il possédait dans les vallées alpestres.

Il est extrêmement difficile, sinon impossible, de reconstituer aujourd'hui cet ensemble de possessions. Presque toutes les églises du Briançonnais appartenaient à la Novalaise, qui possédait également, dans l'Embrunais, le Gapençais et le Champsaur, celles de Tallard, Remollon, Romette, Ancelle, Rosans, etc. On peut dire, en règle générale, que tous les biens qui ont appartenu plus tard aux abbayes d'Oulx et de Bréma, et dont l'origine n'est pas autrement connue, provenaient de la Novalaise. Il en est de même de beaucoup d'églises placées, comme elle, sous le vocable de saint Pierre.

La Novalaise ayant été détruite au commencement du xe siècle par les invasions sarrasines, toutes ces possessions furent perdues et les moines dispersés.

La plus ancienne donation que nous connaissions après cette époque date de 928; elle est faite à l'église de Sainte-Foy de Conques, dans le territoire de Jarjayes.

Bientôt après, des largesses nombreuses attirent dans les Alpes les moines Bénédictins, ceux surtout de l'ordre de Cluny. De 940 à la fin du xiie siècle des prieurés sont fondés à Romette, Antonaves, au Monêtier-Allemont, au Monêtier-de-Briançon, à Guillestre, Saint-André de Rosans, Gap, Ventavon, Tallard, Bruis, Ribiers, Barret, Serres, Saint-Bonnet, etc., en faveur des abbayes de Saint-Victor de Marseille, Montmajour, Saint-André-lès-Avignon, l'Ile-Barbe, Saint-Chaffre, Saint-Michel de la Cluse, etc. Il faut ajouter à cette nomenclature quelques possessions très peu nombreuses de l'abbaye de Lérins.

Au xie siècle l'abbaye de Saint-Géraud d'Aurillac fonde à Aspres-les-Veynes un prieuré conventuel qui devient le centre de ses possessions dans les Alpes, possessions qui, sauf deux exceptions[1], sont toutes groupées dans la vallée du Buëch.

A cette première couche de fondations ecclésiastiques s'en superposa bientôt une autre au milieu du xie siècle, due aux religieux Augustins, dépendant des abbayes d'Oulx et de Bréma, qui succédaient à la Novalaise, et de la prévôté de Chardavon. Tout le Briançonnais ou peu s'en faut, l'Oisans en grande partie, avaient des prieurés de la règle de saint Augustin, qui était observée encore dans quelques prieurés de l'Embrunais, du Gapençais et du Champsaur.

Dans la première moitié du xiie siècle a lieu une nouvelle série de fondations;

---

[1] Ces exceptions sont le prieuré conventuel de Saint-Géraud *de Roveria* à Montgardin en Embrunais, et le prieuré et l'hôpital de Saint-Marcellin dans la ville d'Embrun.

elles ont pour origine l'abbaye de Chalais, règle de saint Benoît, création, à la fin du xi⁰ siècle, de saint Hugues, évêque de Grenoble.

Les abbayes de Boscodon, de Sainte-Croix, de Clausonne et de Clairecombe sont fondées, les donations y affluent, les autres ordres religieux leur cèdent même une partie de leurs possessions; puis au xiii⁰ siècle la décadence arrive, l'ordre se disloque et, au xiv⁰ siècle, il n'existe plus que deux de ces abbayes dans les Alpes, et leur importance est très diminuée.

En joignant à ces fondations celles de deux chartreuses, de quelques couvents de Dominicains et de Franciscains, on aura le bilan à peu près complet de nos ordres religieux au moyen âge.

A partir du xiv⁰ siècle il s'opéra un travail de centralisation: beaucoup de prieurés furent unis aux cures, aux chapitres cathédraux; d'autres plus nombreux encore furent annexés à des prieurés plus importants, de telle sorte qu'au xvi⁰ siècle il n'existait plus dans les Alpes que quatre ou cinq prieurés conventuels, et pas un ne survécut aux guerres de religion.

Avant 1600, tous avaient été sécularisés et les abbayes mises en commende; en 1600, il n'existait plus en fait de maisons religieuses de fondation ancienne que l'abbaye de Boscodon, la chartreuse de Durbon, trois couvents de Franciscains et un de Dominicains.

Quelques autres couvents de Jésuites, Capucins, Visitandines, etc., avaient été fondés au xvii⁰ siècle [1].

V. MAISONS HOSPITALIÈRES.

J'ai compté plus de soixante hôpitaux, maladreries, léproseries ou maisons de refuge dans les Alpes, fondés presque tous par la charité privée. Ils étaient disséminés le long des routes qu'ils jalonnaient, et parfois tellement rapprochés que la distance moyenne de l'une à l'autre n'était pas de plus de cinq kilomètres. Des maisons semblables étaient construites sur les cols les plus fréquentés et les plus dangereux à traverser pendant la saison froide; plusieurs de ces dernières étaient dues à la libéralité des Dauphins.

Dès le commencement du xiii⁰ siècle, une confrérie dont les membres portaient le titre de *frères de sainte Marie-Madeleine*, administrait la plupart de ces établissements hospitaliers. Une chapelle sous le titre de Sainte-Madeleine existait dans presque

---

[1] Cf. Cartulaires de *Cluny*, de *Saint-Victor*, de *Saint-Hugues*, de *Sainte-Foi de Conques*, d'*Oulx*, Cartulaires inédits de *Durbon* et de *Boscodon*. — PILOT DE THOREY, *Prieurés du diocèse de Grenoble*. Grenoble, Maisonville, 1884, in-8°. — LE LABOUREUR, *Masures de l'Île-Barbe*. — *Dictionnaire topographique des Hautes-Alpes*, Introduction.

toutes ces maisons hospitalières, circonstance qui leur a valu le nom de Madeleine ou de Mételine, que portent encore les endroits où elles étaient construites.

Où, quand et par qui fut fondée cette congrégation, je l'ignore, mais je crois son origine toute locale. En effet, elle était placée sous la juridiction d'un abbé général et tous ceux de ces dignitaires dont le nom est venu jusqu'à nous appartenaient à des familles embrunaises.

Chaque maison était administrée par un religieux portant le titre de *preceptor*; les directeurs se réunissaient à certaines époques fixes pour discuter les intérêts généraux de la congrégation.

Cette confrérie qui a étendu ses ramifications en Dauphiné, en Provence et ailleurs peut-être, existait encore en 1478 dans son organisation première.

En 1228, l'un de ses membres, le prêtre Bontoux, voulut créer une congrégation nouvelle; comme les statuts de *Sainte-Marie-Madeleine* ne sont pas venus jusqu'à nous, nous ignorons en quoi ils différaient de ceux qu'il rédigea [1]. Cette fondation prit le nom de *Confrérie de la Sainte-Pénitence;* son but était de soigner les pauvres, les malades et de prier pour la délivrance du Saint-Sépulcre. Son siège fut fixé au Villard-la-Madeleine en Briançonnais; approuvée par le pape, favorisée par le Dauphin qui lui donna la direction de quelques hôpitaux, elle fut obligée, au bout de deux ans, de se dissoudre, j'ignore pourquoi, et disparut.

Dès le XIVe siècle, les religieux bénédictins avaient été appelés à la direction de quelques maisons hospitalières; l'abbaye d'Oulx les avait précédés dans cette voie au XIIIe siècle. Cependant, à la fin du XVe, les frères de Sainte-Marie-Madeleine existaient encore, mais leur institut ne résista pas aux guerres de religion. A cette époque, la plupart des maisons hospitalières furent supprimées et on ne laissa subsister qu'un petit nombre d'hôpitaux à la direction desquels on appela des congrégations religieuses de femmes sous la surveillance des curés, des magistrats et des consuls [2].

VI. DES BAILLIAGES, CHATELLENIES ET MANDEMENTS.

Les bailliages ne sont pas de très ancienne création; on n'en trouve pas trace avant le premier tiers du XIIIe siècle. Auparavant les Dauphins administraient eux-mêmes directement leurs domaines, et les comtes de Provence avaient confié, au XIe siècle, la surveillance des comtés les plus éloignés de leur résidence à des vicomtes. De 1044 à 1090 le Gapençais et l'Embrunais étaient placés sous la juridiction des vicomtes de Gap, remplacés, au XIIe siècle, par un simple administrateur. En 1203 le magistrat qui représentait le comte de Provence dans l'Embrunais portait

---

[1] Arch. de l'Isère, B, 2,903.
[2] Cf. J. ROMAN, *La Congrégation de la Sainte-Pénitence et les maisons hospitalières du Briançonnais*, Valence, 1886, in-8°.

encore le titre de vicomte, titre certainement non transmissible à ses descendants. Quelques années plus tard furent créés le titre et les fonctions de bailli.

En principe les bailliages correspondaient aux comtés qui, eux-mêmes, représentaient les anciens *pagi* francs tels que nous les trouvons dans le testament d'Abbon, mais cette règle n'est pas absolue. Les bailliages de l'Embrunais, du Graisivaudan, du Gapençais et des Baronnies ont varié en effet, à plusieurs reprises, d'étendue, empiétant sur leur territoire mutuel suivant diverses considérations, les réclamations des administrés et l'ambition ou l'influence des administrateurs[1].

Les châtellenies étaient des divisions administratives fort anciennes ; dès 1063 l'existence d'un châtelain à Briançon nous est connue et ce magistrat paraît avoir des attributions très importantes[2]. Après la création des bailliages, les châtelains, devenus les subordonnés des baillis, ne furent plus que des administrateurs subalternes.

Si les bailliages ont varié dans leur étendue, les châtellenies ont varié bien davantage encore ; plusieurs ont été créées, supprimées ou modifiées suivant les besoins du moment. Le Dauphin voulait-il, par exemple, surveiller les agissements d'un seigneur trop remuant, il créait une châtellenie sur la lisière de son fief pour prendre, au besoin, la défense des sujets delphinaux[3]; avait-il acquis une terre importante, il y établissait un châtelain ; la vendait-il, il le supprimait[4]. Il y a donc plusieurs châtellenies dont l'existence a été éphémère, et desquelles l'époque de la création et de la suppression nous échappe.

L'existence des mandements est également fort ancienne et contemporaine de celle des châtellenies[5]. Le mandement était une unité au point de vue féodal, administratif et de l'impôt ; lorsqu'il comprenait plusieurs villages, chacun des seigneurs particuliers de ces villages prenait le titre de coseigneur du mandement ; il y avait un seul châtelain seigneurial par mandement ; les impôts étaient exigés en bloc de chaque mandement et répartis ensuite par les syndics de chaque communauté entre les diverses paroisses qui le composaient. Il est probable même qu'au début du moyen âge il n'y eut dans la plupart des mandements qu'une seule paroisse.

Mais peu à peu les mandements ne tardèrent pas à se subdiviser, les paroisses à se multiplier, et enfin les divers villages d'un même mandement obtinrent leur érection en communautés indépendantes. Quelquefois le partage des biens communaux fut la conséquence de cette dislocation, chaque communauté réclamant sa part des

---

[1] C'est ainsi, par exemple, que l'importante vallée du Champsaur, d'abord unie au bailliage du Graisivaudan, fut annexée à celui de l'Embrunais pendant le XIV⁰ siècle, rendue au Graisivaudan au XV⁰, partagée entre le Graisivaudan et le Gapençais, en 1463.

[2] *Cartulaire d'Oulx*, p. 135.

[3] Les châtellenies de Montalquier et de Réotier furent ainsi créées contre l'archevêque d'Embrun et l'évêque de Gap et sur la limite de leurs seigneuries.

[4] Exemple : le Dauphin ayant acquis en 1303 de Guillaume Blanc une grande partie de la seigneurie de Montorcier, y créa une châtellenie, qui devint inutile lorsque ce domaine eut été en grande partie aliéné. Il en fut de même pour la châtellenie de Savournon.

[5] *Cartulaire d'Oulx*, p. 135.

terres jusqu'alors indivises[1] ; d'autres fois les biens communaux continuèrent à appartenir à la généralité du mandement[2].

Ces constitutions de communautés furent absolument arbitraires et ne tinrent aucun compte de l'importance de la population et de la diversité de leurs intérêts. Tandis que des vallées divisées aujourd'hui en trois communes et cinq paroisses ne formaient qu'une seule communauté[3], de petits hameaux de moins de cent habitants étaient parvenus à avoir une existence municipale indépendante[4]. Du reste beaucoup de ces communautés, après avoir péniblement vécu pendant quelques années, sollicitèrent d'elles-mêmes leur suppression. Ce sont des variations qu'il est bien difficile de suivre aujourd'hui d'une manière précise à cause de la destruction de la plupart des archives communales ; elles n'offrent du reste qu'un médiocre intérêt.

Si la constitution intérieure des mandements a varié, leur nombre n'a pas moins été sujet à changement ; plusieurs ont été supprimés[5], d'autres ont été créés[6], et ces événements nous sont connus plutôt par la tradition, toujours suspecte, que par des documents authentiques. Un petit mandement placé entre deux mandements plus considérables ne tardait pas à disparaître ; une partie importante de ses terres finissait toujours par passer entre les mains de ses voisins, qui faisaient voter bientôt par la majorité, dont ils faisaient partie, l'annexion aux mandements limitrophes.

L'opposition la plus sérieuse à des modifications dans les mandements venait des seigneurs qui n'avaient rien à y gagner, aussi voyons-nous que la plupart des mandements supprimés appartenaient au domaine delphinal.

Il résulte des considérations précédentes qu'il est à peu près impossible de suivre dans tous leurs détails les changements subis par nos bailliages, nos châtellenies et surtout nos mandements. Les difficultés sont surtout insurmontables pour ces derniers.

VII. FÉODALITÉ ET ADMINISTRATION FÉODALE.

Les troubles du Xe siècle, les incursions des Hongrois, des Normands et des Sarrasins, l'impuissance des rois de Bourgogne à défendre leur domaine, ont été l'ori-

---

[1] Les quatre communautés du mandement de Guillestre, les deux du mandement de Réotier, les trois du mandement de Pontis, procédèrent à un partage de leurs biens communaux.

[2] Les biens communaux des mandements de Savines et d'Embrun, étaient et sont encore indivis entre les cinq communautés du premier et les trois du second.

[3] Exemple : la vallée de la Vallouise.

[4] La commune actuelle de Saint-Firmin, qui comptait en 1725 640 habitants, était divisée à cette époque en six communautés : Saint-Firmin, la Broue, les Reculas, le Villard, les Préaux et l'Esparcelet, dont trois n'avaient pas cent habitants.

[5] Exemple : le mandement de Montmirail qui fut partagé à la fin du XVe siècle entre ceux de Savines et des Crottes.

[6] Exemple : le mandement de Baratier, créé vers le XIIIe siècle aux dépens de celui d'Embrun.

gine de la constitution féodale dans nos contrées. Les populations qui avaient soif de protection, se jetèrent entre les bras des comtes de Provence, des comtes d'Albon, des seigneurs d'Orange, des barons de Mévouillon, qui organisèrent comme ils purent la défense des vallées des Alpes et se taillèrent arbitrairement de petites principautés dans la province viennoise.

Les simples seigneuries, les arrière-fiefs furent la récompense de leurs compagnons d'armes, et l'Église, représentée par l'évêque de Gap et l'archevêque d'Embrun, sut tirer parti de ces événements pour acquérir des biens considérables et une immense influence.

DU FIEF.

Le fief se divisait en alleu et en fief proprement dit.

Le premier était une propriété libre, transmissible, dégagée de toute redevance. Les alleux ont toujours été en diminuant de nombre et d'importance. Qu'ils aient existé en Gapençais et en Champsaur, cela ne fait aucun doute ; les lieux dits l'*alleu* ou l'*alloi* en sont la preuve et témoignent que là étaient d'anciennes terres allodiales disparues de très bonne heure[1]. Dans l'Embrunais, et surtout dans le Briançonnais, les alleux furent plus longs à s'éteindre ; nous trouvons en Vallouise un alleu bien caractérisé en 1313 : Jean de Montorcier consent, cette année là, à vendre son libre fief au Dauphin et à le reprendre de lui à charge de foi et hommage ; ce contrat est consenti moyennant une forte somme d'argent[2]. Chabert de Lucerne en avait fait autant en 1300, dans la même vallée, moyennant 50 sols de rente annuelle[3]. Ce sont autant d'exemples d'alleux qui disparaissent.

Le principal moyen employé par le Dauphin pour établir sa juridiction sur des fiefs encore libres, était la sauvegarde. En prenant les sujets d'autrui sous sa sauvegarde, il ne tardait pas à mettre le pied dans le fief ; mais parfois cette intrusion amenait des réclamations, comme de la part des seigneurs de Montgardin en 1265[4]. Alors le Dauphin reculait, quitte à attendre une meilleure occasion pour intervenir de nouveau.

Le fief proprement dit était une seigneurie sujette à des redevances annuelles, et, en principe, le possesseur en était seulement usufruitier ; cela explique pourquoi il avait à payer un droit de transmission souvent fort onéreux et qualifié dans nos contrées de plaid à miséricorde. Le taux en était très variable et flottait entre le tiers et le vingtième denier, c'est-à-dire depuis le cinq pour cent jusqu'au tiers de la valeur de l'immeuble vendu. Encore cet état de choses était-il une amélioration due à des transactions, car, plus anciennement, les nobles ne pouvaient transmettre

---

[1] Le 21 mai 1253, vingt seigneurs de Veynes reconnaissent la juridiction du Dauphin moyennant certains privilèges. Jusqu'alors la terre de Veynes était très probablement allodiale.

[2] *Arch. de l'Isère*, B, 2.623.

[3] *Ibid.* B, 2,020.

[4] J. ROMAN. *Chartes de libertés ou de privilèges de la région des Alpes*, Paris, Larose, 1886, p. 32.

leurs fiefs, même à leurs héritiers directs, que sauf le bon plaisir du Dauphin. Le seigneur des Crottes obtint ce droit en 1265 seulement[1]. Les nobles du Queyras sont gratifiés de cette faculté en 1311, grâce au don d'une somme d'argent et en s'engageant à payer les lods au douzième denier[2] ; le seigneur de Montclus n'en jouissait pas avant le 2 mars 1342.

Une autre espèce de fief était l'inféodation d'une charge à titre onéreux : la plupart des mistralies et des champeries (trésoreries et offices de police rurale) étaient inféodées dans nos contrées, au XIVᵉ siècle, moyennant une somme fixe et annuelle[3]. C'était un système d'administration qui tendait à diminuer les frais de perception des impôts et revenus et qui rappelle les fermes des impôts sous l'ancien régime.

DEVOIRS DU VASSAL.

Le premier devoir du vassal était l'hommage ; les ecclésiastiques le prêtaient debout, une main sur les livres saints, l'autre sur leur poitrine ; les nobles debout, les mains dans celles de leur suzerain, qu'ils baisaient sur la bouche ; les roturiers à genoux, les mains dans celles de leur suzerain, qu'ils baisaient au pouce. Il est à remarquer que les bourgeois de certaines villes et ceux qui possédaient le droit de bourgeoisie par concession du Dauphin, prêtaient hommage à la manière des nobles. Les habitants du Briançonnais, par exemple, avaient le privilège de le prêter avec ce cérémonial, au moins jusqu'à la fin du XIIIᵉ siècle.

Les six chefs du serment de fidélité sont résumés dans nos prestations d'hommage par le brocard de droit suivant : *incolume, tutum, honestum, utile, facile et possibile qui sunt sex capituli de forma fidelitatis.*

Le vassal s'engageait presque toujours, non seulement à servir son suzerain, mais même à lui dénoncer, dans un délai utile, les entreprises contre ses droits ou son autorité qui pourraient venir à sa connaissance. Souvent aussi il ne prêtait hommage que sous la réserve formelle de l'hommage qu'il devait à un autre seigneur et des devoirs qu'il avait contractés à son endroit.

Le service militaire ou chevauchée *(cavalcata)* est l'une des obligations les plus strictes du vassal ; avant le XIIIᵉ siècle il paraît laissé à peu près partout dans les Alpes à l'arbitraire du suzerain, qui pouvait convoquer le nombre d'hommes armés dont il avait besoin, pour l'espace de temps qui était nécessaire et pour le suivre où bon lui semblait. Au XIIIᵉ siècle de nombreuses transactions limitèrent ce droit à cinq cents hommes pour le Briançonnais, à cent hommes pour les villes principales, à un cavalier ou deux pour les fiefs. La durée de leur service, qui ne pouvait être converti en une redevance en argent, était d'un mois par an ; les limites que ces

---

[1] J. ROMAN. *Chartes de liberté ou de privilèges de la région des Alpes*, p. 29.
[2] *Ibid.*, p. 35.
[3] Voir par exemple à l'article SAINT-BONNET, p. 80-81.

contingents ne devaient pas dépasser étaient soigneusement fixées. Les seigneurs inférieurs eux-mêmes transigèrent à ce sujet avec leurs vassaux; plusieurs les exemptèrent de tout service militaire moyennant une somme fixe et annuelle. Quelques-uns de ces contingents ne pouvaient être appelés isolément; il fallait, pour pouvoir les mettre en mouvement, faire une levée générale dans la contrée[1]. Les chevauchées ne pouvaient être reportées d'une année à l'autre; le droit du suzerain de les convoquer s'éteignait avec l'année révolue[2].

Le dauphin Louis II (plus tard Louis XI) transforma beaucoup de ces droits de chevauchées en une imposition régulière en argent au grand avantage du trésor, de la défense du pays et même du bien-être des populations.

Le vassal était tenu de livrer sa forteresse et d'y recevoir garnison du suzerain à la première réquisition; ce droit était constaté par une cérémonie symbolique qui consistait à hisser chaque année, pendant un jour, et à tout changement de suzerain et de vassal, l'étendart du suzerain sur la plus haute tour du château. Ce droit est mentionné dans des actes extrêmement nombreux, et les comtes de Provence ne manquèrent jamais, à chaque mutation d'évêque, de faire élever leur drapeau sur le palais épiscopal de Gap en témoignage de suzeraineté[3].

En signe de vasselage le seigneur de Manteyer était obligé de tenir la bride du cheval de chaque nouvel évêque de Gap au moment de son entrée dans sa ville épiscopale[4].

La violation du serment de fidélité emportait crime de félonie; on encourait les punitions que comportait ce crime, non seulement pour avoir porté les armes contre son suzerain, mais même pour avoir refusé de prêter un nouveau serment de fidélité ou pour avoir disposé de son fief sans autorisation préalable[5]. La rébellion était punie de mort, les autres crimes de la perte du fief. L'empiètement sur la juridiction ou sur les autres droits du suzerain était passible d'une forte amende.

TRANSMISSION DU FIEF.

Ainsi qu'il a été dit plus haut, le Dauphin accorda à tous les seigneurs, au XIIIe et au XIVe siècle, la faculté de transmettre leurs fiefs, soit par vente, soit par donation, soit par testament ou par *intestat*. Cependant il se réserva toujours le droit de s'opposer à l'aliénation et, en cas de vente, de se saisir du fief par droit de prélation en payant le prix convenu entre les deux contractants. Cette clause avait pour but de prévenir les dissimulations dans le prix et par suite une diminution dans les

---

[1] J. ROMAN, *Chartes de liberté ou de privilèges de la région des Alpes*, p. 31.
[2] Ce fait est constaté dans des chartes municipales d'Embrun.
[3] Voir aux seigneuries de Veynes (1253), de Montbrand (1311), de la Piarre (1331), etc. Les procès-verbaux de l'érection du drapeau de Provence sur le palais épiscopal de Gap sont conservés aux *Arch. des Bouches-du-Rhône*.
[4] Acte du 11 juillet 1308. *Arch. de M. Amat*.
[5] Voir un procès remarquable suivi d'exécution à l'art. la BEAUME DES ARNAUDS.

lods ou droits de mutation. Il existe d'assez fréquents exemples de l'usage de ce droit de prélation.

Dans un délai d'un an le nouveau seigneur devait prêter hommage et déposer à la Chambre des comptes son aveu et dénombrement sous peine de caducité de la vente et même de perte du fief.

Le droit d'hérédité était généralement des plus larges ; les femmes comme les hommes étaient habiles à posséder des fiefs. Parfois les seigneuries se divisaient à l'infini à la suite de partages; de petites terres, dont le revenu n'excédait pas 50 florins, avaient jusqu'à quarante coseigneurs qui se nommaient *parerii* ou *heredes*[1]. Ils ne possédaient souvent aucune juridiction et devaient hommage à l'un d'entre eux, nommé seigneur majeur, qui le prêtait lui-même au Dauphin.

Les seigneurs majeurs, qui recevaient l'hommage des seigneurs inférieurs et possédaient le *merum mixtumque imperium* (dont on a fait depuis, par un barbarisme curieux, la juridiction *mère, mixte et impère*), prenaient le titre de *barones*[2].

REDEVANCES FÉODALES.

Les redevances payées au Dauphin par ses sujets et aux seigneurs inférieurs par leurs hommes liges, étaient de même nature, et variaient seulement du plus au moins. En vertu des droits régaliens qui leur avaient été concédés par les empereurs, les Dauphins possédaient les montagnes, les forêts, les pâturages, les terres vagues, les mines et les cours d'eau. De cette propriété découlaient des droits nombreux et variés : le *pedaticum* ou droit de péage sur les rivières, le *passaticum* ou droit de péage sur les grandes routes, l'*usaticum* ou droit sur la vaine pâture, le *pulveragium* ou droit de péage sur les troupeaux étrangers, le *pasqueragium* ou droit sur les pâturages de montagnes, le *riveragium* ou droit sur les canaux et les diverses industries qui se servaient de l'eau des rivières, l'*alpagium* ou droit sur les coupes de bois. Lui seul avait le droit de concéder des mines et d'autoriser la création de hauts fourneaux[3].

Il percevait en outre une taille générale nommée taille comtale ; une partie de la dîme des céréales nommée *tassia* ou *tachia*, et une somme arbitraire pour les six cas impériaux, c'est-à-dire lorsqu'il passait la mer, était fait prisonnier, allait vers l'empereur, était fait chevalier, mariait l'un de ses enfants ou achetait une terre.

Il était extrêmement rare qu'il levât un impôt régulier par feu, cela était même considéré comme une exaction. En 1340 le Dauphin avait imposé une redevance pareille à ses sujets du bailliage de Serres, mais en s'excusant sur de pressantes nécessités[4].

---

[1] Voir à la seigneurie de Névache, à celle de Veynes, à celle de Savines, etc.

[2] J. ROMAN. *Chartes de liberté ou de privilèges de la région des Alpes*, p. 33.

[3] Voir aux articles consacrés à l'Argentière et à Arvieux.

[4] Lettre de Humbert II du 12 avril 1340 s'excusant auprès des habitants de Serres du nouvel impôt dont il les frappe *(Inventaire de la Ch. des Comptes)*.

Tels étaient les droits particuliers du Dauphin ; les autres lui étaient communs avec les seigneurs inférieurs dont je vais parler.

Nous trouvons dans les chartes de liberté l'énumération des redevances dues aux seigneurs. La plus ancienne charte de liberté dont il soit fait mention pour le Haut-Dauphiné date de la fin du XIIe siècle, elle fut concédée par le comte de Forcalquier à ses sujets d'Embrun. On n'en connaît ni la date exacte ni la teneur, mais elle est plusieurs fois invoquée par les Embrunais dans les siècles suivants. Toute une série d'actes semblables se succèdent à partir du XIIIe siècle ; la communauté de Manteyer obtient sa charte de liberté en 1500 seulement [1].

Ces actes stipulent soigneusement les droits mutuels des contractants. Voici les principaux :

Droits sur le sol. Tasche ou dîme des céréales ; une quantité de blé par maison, variant suivant le nombre de têtes de bétail possédé par chacune d'elles ; corvées, divisées en corvées de printemps et corvées d'automne ; on stipule soigneusement à quel genre de travail elles devront servir ; les bêtes de somme doivent également la corvée. Droit d'albergue ou de logement chez le vassal (au XIIIe siècle il disparaît) ; droit d'emprunt forcé des bêtes de somme ou du mobilier du vassal ; droit de requérir des vivres pour la nourriture des hôtes du suzerain.

Droits sur les personnes. Droit de confiscation si le vassal vend ses biens, meurt intestat, quitte le pays ou se fait d'église ; les bâtards deviennent les hommes du Dauphin. Droit d'aubaine sur les étrangers qui meurent dans la seigneurie ; le seigneur y renonce généralement moyennant une rente. Droit de requérir le vassal pour servir de messager. Service militaire, racheté quelquefois par un impôt. Taille personnelle variant suivant le nombre de bêtes de somme possédé.

Droits domaniaux. Droit de chasse, de pêche, de colombier ; droit sur une portion des animaux de boucherie (la langue ou l'épaule le plus souvent[2]), sur une portion du gros gibier (par exemple, une patte des ours tués) ; droit de fournage, de chevalage, de mouture ; droit de garenne ; revenus des terres albergées ; droit sur les défrichements ; taxe sur les pâturages (un agneau par trente bêtes à laine) ; taxe sur les coupes de bois (20 sous en 1427)[3].

Droits sur le commerce. Péages ; leyde ou droit de foire ; concession de foires moyennant une somme d'argent, avec ordre à chaque propriétaire de les fréquenter ; exemption de droits de leyde pour les indigènes ; sauf-conduits pour les étrangers ; droit de pulvérage sur les troupeaux étrangers ; droit de passage sur les radeaux descendant les rivières.

Tous ces droits étaient soigneusement inscrits dans les reconnaissances que les seigneurs se faisaient passer à certains intervalles par leurs sujets. Les plus anciens

---

[1] *Arch. de M. Amat.*
[2] Voy. notre deuxième volume, 2 mars 1263.
[3] 2 juillet, à propos de la forêt de la Fusine (*Arch. de l'Isère*, B, 3.010).

de ces documents qui soient venus jusqu'à nous sont les reconnaissances de 1265 pour le Briançonnais et le Champsaur.

JUSTICE.

Mais de tous les droits seigneuriaux le plus important sans contredit et le plus recherché était celui de justice.

Au début du moyen âge elle était à l'état rudimentaire et s'exerçait dans des plaids publics, présidés par le seigneur ou même par sa femme[1]. Peu à peu l'exercice de la justice se régularisa, on adopta une jurisprudence et des formes traditionnelles.

Le voisinage de l'Italie attira dans les Alpes des jurisconsultes italiens, dont plusieurs acquirent une grande autorité à la cour des Dauphins[2]; sous leur influence il se forma une jurisprudence mêlée de droit romain et d'usages locaux.

Un juge majeur, assisté de jurés qui promettaient de rendre bonne et fidèle justice, tenait des assises ambulantes dans chaque communauté. Sa compétence s'étendait sur les crimes et les délits. L'appel était d'abord porté directement au suzerain, puis à un juge des appellations, puis enfin au conseil delphinal, à partir du 22 février 1337[3].

Un certain nombre de seigneurs avait droit d'exercer la justice criminelle, dont les fourches patibulaires étaient le symbole[4].

Pour la justice civile, la base était le droit romain modifié par les coutumes locales. Un juge par comté siégeait au nom du Dauphin; un autre, dans chaque seigneurie, au nom du seigneur. Parfois même le droit de justice était indépendant de la seigneurie et constituait un fief particulier, soit qu'il eût été aliéné par le Dauphin ou par le seigneur au profit d'un tiers. Transmissible héréditairement comme tout autre fief, il se subdivisait parfois à l'infini, de telle sorte que tel noble possédait le douzième ou le trente-deuxième de la juridiction d'un fief, concourait, dans la mesure de sa part, à la nomination du juge et touchait le produit des amendes pendant un douzième ou un trente-deuxième de l'année.

Le magistrat delphinal se nomme d'abord *juge*, puis, à partir de 1447, *vibailli*[5]. Les juges seigneuriaux se nommaient généralement *bailes*.

La justice n'était pas territoriale, mais personnelle; chaque seigneur avait juridiction sur ses vassaux, à quelque endroit qu'ils habitassent dans la seigneurie.

La justice n'était du reste pas trop mal rendue et la procédure offrait quelques garanties. Dans le Briançonnais et à Tallard, par exemple, l'accusé avait le droit

---

[1] Cart. de Saint-Victor, t. II, p. 555.
[2] Par exemple : Bienvenu de Campesio de Pavie ; Jacques de Ravenne; François Fredulphi de Parme, chancelier delphinal, etc.
[3] Fondé par Humbert II à Beauvoir, transféré peu après à Grenoble.
[4] *Voir* seigneurie des Crottes, acte du 6 août 1319, et seigneurie de Savines, acte du 1ᵉʳ novembre 1316.
[5] Louis II, dauphin, modifia les circonscriptions des bailliages en 1447. Voir le *Dictionnaire topographique des Hautes-Alpes*, p. XLV.

d'obtenir sa liberté provisoire sous caution et ne pouvait être détenu préventivement au delà d'un certain laps de temps[1]. L'information se faisait à l'aide d'enquêtes précédées d'excommunications fulminées contre ceux qui refuseraient de révéler ce qu'ils savaient.

Le seigneur avait le droit d'imposer des bans, c'est-à-dire des défenses ou des règlements agricoles ; un champier était chargé de constater les délits ruraux dont la connaissance appartenait au baile ou au châtelain seigneurial.

OFFICIERS SEIGNEURIAUX.

Les agents chargés de percevoir les revenus delphinaux se nommaient mistraux ; en 1250, leurs émoluments étaient d'un sol par livre[2], ils versaient leur recette entre les mains du châtelain. Au XIVe siècle, les mistralies furent généralement inféodées comme un simple fief, elles pouvaient être aliénées ou transmises héréditairement. Les châtelains versaient leur recette à la Chambre des comptes, en rendant en même temps leur compte par recette et dépense.

Les baillis, à un degré hiérarchique au-dessus des châtelains, contrôlaient leurs actes, rassemblaient les contingents et représentaient le Dauphin.

Les seigneurs ecclésiastiques, au lieu de mistraux, avaient des trésoriers ou clavaires ; les seigneurs laïques confiaient la recette de leurs revenus à des châtelains, agents d'affaires, collecteurs d'impôts et commissaires de police ; à Tallard cet officier se nommait *viguier* ; à Névache, *podestat*.

LIBERTÉS MUNICIPALES.

Les villes du Haut-Dauphiné possédaient, de temps immémorial, certaines libertés municipales dont l'origine n'est pas connue, et qui remontent vraisemblablement jusqu'à l'époque romaine dont les traditions communales et judiciaires ne s'étaient jamais perdues dans nos contrées. On ne trouve aucune charte de libertés ni pour Gap, ni pour Embrun, ni pour Briançon, antérieure au XIIIe siècle ; il est certain, néanmoins, que dans ces villes la vie municipale était déjà active au XIIe.

Les bourgeois sont, au commencement du XIIIe, en possession d'élire leurs consuls ou syndics, de s'imposer, de conserver les clefs de leur ville, de lever une milice pour garder leurs murailles ou faire la police, de nommer un juge pour punir les délits ou crimes commis sur leur territoire. En 1248, les citoyens d'Embrun autorisent le Dauphin à établir un magistrat dans leurs murs[3] ; en 1252, ceux de Gap acquièrent des terres considérables[4] ; en 1271, ils vendent au Dauphin leur juridiction consulaire[5].

---

[1] Charte en faveur des Briançonnais, du 19 septembre 1316 ; en faveur de Tallard, datée de 1285 à 1300.

[2] Voir la charte de Névache : *Chartes de libertés ou de privilèges*, p. 25.

[3] *Chartes de liberté ou de privilèges*, p. 23.

[4] Acquisition de la terre de Furmeyer. 3 janvier 1252.

[5] Le 11 janvier 1271 (*Livre des libertés de Gap*).

Ces privilèges vont toujours en croissant jusqu'au milieu du XIII⁰ siècle ; alors, une lutte des plus vives s'engage entre l'évêque de Gap, l'archevêque d'Embrun et leurs sujets, lutte qui se termine par le triomphe momentané du seigneur sur ses vassaux, et surtout par une augmentation de l'autorité du Dauphin qui profite habilement des fautes et des besoins de chacun d'eux. Les libertés municipales subissent une éclipse, mais au siècle suivant les bourgeois rentrent en possession de presque tous leurs droits, sauf celui de haute justice qu'ils perdent pour toujours [1].

La situation des villages était loin d'être aussi favorable. Leurs habitants ne possédèrent, jusqu'au XIII⁰ siècle, ni privilèges, ni consulat, ni droit de s'imposer, ni même de transmettre leurs biens à leurs héritiers.

Plusieurs des chartes de liberté qui leur furent concédées ont l'origine suivante. Parmi les droits seigneuriaux, le plus oppressif était celui de faire constater et punir les délits ruraux ; le seigneur créait arbitrairement des délits et les amendes entraient dans ses coffres. C'est ce qu'on appelait le droit de *bannerie*. C'était une vraie tyrannie puisque les délits étaient poursuivis et punis, souvent malgré la volonté même de ceux qui les avaient subis, et puisque l'amende n'était pas touchée par celui qui avait été victime du dommage. Les habitants demandèrent donc au seigneur de changer ce droit de ban contre une redevance annuelle ; ce qui fut généralement accepté. Le seigneur dut accorder comme conséquence de cette convention la nomination de syndics pour lever et répartir la somme fixée : aussitôt la vie municipale commence, la communauté a des représentants et d'autres transactions ne tardent pas à venir augmenter ses privilèges.

Voici le résumé des clauses principales des chartes de liberté : suppression de tailles arbitraires, moyennant, tantôt une somme fixe et annuelle, tantôt un impôt sur chaque maison variant suivant le nombre de bêtes de somme qu'elle possédait ; suppression des tasches ou dîmes, moyennant une quantité fixe de céréales et de vin par maison; suppression des corvées arbitraires, moyennant un nombre de journées de travail pour les hommes ou les bêtes de somme, en définissant soigneusement l'époque où elles devaient se faire ; suppression de la mainmorte, même pour les biens légués à l'Église ; renonciation au droit d'aubaine, moyennant une redevance annuelle payée par l'étranger qui se fixe dans la seigneurie ; liberté du pâturage, moyennant un agneau par trente bêtes à laine ; renonciation au droit de bannerie, moyennant une somme fixe et annuelle ; autorisation de nommer des consuls chargés d'administrer les biens communaux, de répartir les impôts, de constater et punir les délits ruraux ; abonnement pour une somme fixe (6 livres, à Upaix, en 1252), à l'impôt dû pour les six cas impériaux ; réserve des droits d'alberge, de messager, de réquisition de vivres ou de mobilier pour nourrir ou loger les hôtes du seigneur, mais en payant un juste prix ; renonciation au droit d'imposer aux vassaux l'obligation d'être, malgré

---

[1] Je ne parle pas du Briançonnais qui fut à partir du XIV⁰ siècle dans une situation toute particulière. On en trouvera l'historique en tête de l'article qui lui est consacré dans le texte du *Tableau historique*.

eux, cautions des engagements du seigneur; renonciation au droit de garenne, de chasse et de colombier, moyennant une redevance annuelle; concession de la liberté de commerce; renonciation aux droits de leyde et de péage, en faveur des habitants de la seigneurie; concession du droit de disposer de leurs biens mobiliers ou immobiliers entre-vifs ou par testament[1].

Au XIV° siècle, presque toutes les communautés élisaient librement leurs syndics ou consuls dont le nombre était de deux, trois ou cinq selon l'importance de la population; ces magistrats municipaux étaient assistés d'un conseil dont les membres étaient plus ou moins nombreux. Pour les affaires d'une très grande importance, on convoquait tous les pères de famille à une assemblée générale (parlamentum), qui avait lieu généralement sur la place publique devant la porte de l'église, et la décision de ce conseil général était souveraine. Si quelque affaire d'un intérêt majeur se présentait, on nommait pour s'en occuper des syndics spéciaux qui étaient pris parfois en dehors du conseil.

Vers la fin du XII° siècle, les communautés possédaient déjà des droits d'usage sur les forêts et les montagnes pastorales[2]; au XIII° et au commencement du XIV°, les Dauphins leur albergèrent la plus grande partie des vastes forêts dont ils étaient propriétaires, moyennant une rente annuelle. Bientôt elles furent assez riches pour acquérir des fiefs et pour éteindre, en remboursant les propriétaires, les droits féodaux qui pesaient sur elles.

La répartition des impôts entre les nobles et les roturiers variait suivant les localités. Évidemment, au commencement du moyen âge les nobles étaient exempts des taxes municipales, mais avec le temps cet état de choses fut modifié. Le 20 février 1238 nous voyons les nobles d'Embrun accepter toutes les charges communales, sauf les corvées personnelles; dans le Briançonnais le même fait se produit. Dans les autres parties du Haut-Dauphiné l'exemption de la taille était tantôt personnelle, tantôt réelle; c'est-à-dire que tantôt le noble rendait exempte d'impôts la terre qu'il achetait, tantôt certaines terres réputées nobles ne payaient aucun impôt, alors même qu'elles étaient entre les mains de roturiers. Après d'interminables procès ce fut ce dernier système qui triompha, même là où, par des transactions solennelles, la noblesse s'était soumise à payer l'impôt. Dans le seul Briançonnais l'égalité des charges entre le noble et le roturier fut maintenue, et encore les communes ne purent arriver à ce résultat qu'en supprimant à peu près la noblesse, c'est-à-dire en achetant les droits féodaux et les fiefs.

La vie municipale devint de plus en plus active et forte. Possédant une constitution précise, grâce à leurs chartes de liberté, représentées par des consuls, administrées par des conseils librement élus, les communautés furent des personnalités réelles, parfois puissantes et avec lesquelles il faut compter désormais[3].

[1] Voir les *Chartes de liberté ou de privilèges de la région des Alpes*.
[2] La plus ancienne mention de ce droit d'usage dans nos contrées date de 1198. (Les Crottes.)
[3] Voir le *Traité des fiefs* du président Salvaing de Boissieu; les *Institutions briançonnaises* de Fouché-Prunelle; les *Chartes de liberté ou de privilèges dans la région des Alpes*.

CONCORDANCE ENTRE LES ANCIENS MANDEMENTS ET LES COMMUNES ACTUELLES.

MANDEMENTS.	COMMUNES.	MANDEMENTS.	COMMUNES.
Antonaves	Antonaves.	Chorges	Chorges.
Argençon	St-Pierre-d'Argençon.	Crévoux	Crévoux.
Argentière (L')	Argentière (L').	Crottes (Les)	Crottes (Les).
Arzeliers	Eyguians. Laragne.	Dévoluy (Le)	Agnières. Cluse (La). Saint-Disdier. St-Étienne-en-Dévoluy.
Aspremont	Aspremont.		
Aspres	Aspres-les-Veynes.		
Aubessagne	Aubessagne. Costes (Les).	Epine (L')	Epine (L').
		Espinasses	Espinasses.
Avançon	Avançon. St-Étienne-d'Avançon.	Faudon	Ancelle. Saint-Léger.
Baratier	Baratier.	Furmeyer	Furmeyer.
Bâtie (La)	Bâtie-Neuve (La). Bâtie-Vieille (La).	Gap	Gap. Rambaud.
Bauchaine (La)	Agnielles. Faurie (La). St-Julien-en-Bauchaine.	Guillestre	Ceillac. Guillestre. Risoul. Vars.
Beaume (La)	Beaume (La). Haute-Beaume (La).	Jarjayes	Jarjayes.
Beaumont (Le)	Aspres-les-Corps.	Lagrand	Lagrand. Nossage-et-Bénévent.
Briançon	Briançon. Cervières. Monêt.-de-Briançon (Le). Mont-Genèvre (Le). Névache. Pisse (La). Puy-Saint-André (Le). Puy-Saint-Pierre (Le). Puy-Saint-Vincent (Le). Saint-Chaffrey. St-Mart.-de-Queyrières. Salle (La). Val-des-Prés (Le). Vallouise (La). Vigneaux (Les). Villard-St-Pancrace (Le).	Lazer	Lazer.
		Manteyer	Freissinouse (La). Manteyer.
		Méreuil	Méreuil.
		Montalquier	Gap.
		Montbrand	Montbrand.
		Montclus	Montclus.
		Monteglin	Monteglin.
		Montjay	Chanousse. Montjay.
		Montgardin	Montgardin.
		Montmaur	Montmaur.
		Montmirail	Crottes (Les). Savines.
Buissard (Le)	Buissard (Le). Forest-St-Julien (Le).	Montorcier	Chabottes. Chabottonnes. Champoléon. Orcières. Saint-Jean-St-Nicolas.
Buissard (Le)	Laye. St-Julien-en-Champsaur. St-Laurent-du-Cros.		
Chaillol	St-Michel-de-Chaillol.	Montrond	Montrond.
Châteauneuf-de-Chabre	Châteauneuf-de-Chabre.	Motte (La)	Molines-en-Champsaur. Motte (La).
Châteauroux	Châteauroux.	Moydans	Moydans.
Châteauvieux	Châteauvieux. Lettret.	Oisans (L')	Grave (La). Villard-d'Arène (Le).

MANDEMENTS.	COMMUNES.	MANDEMENTS.	COMMUNES.
Orpierre..............	Orpierre.	Serres.................	Serres.
Orres (Les)...........	Orres (Les).	Sigottier.............	Sigottier.
Pallon	Champcella. Freyssinières. Roche-de-Briançon (La).	Sigoyer...............	Sigoyer.
Piarre (La)...........	Piarre (La).	Tallard	Fouillouse. Lardier et Valença. Neffes. Pelleautier. Saulce (La). Tallard.
Poët (Le)............	Poët (Le).		
Puy-Sanières (Le).....	Puy-Sanières (Le).		
Queyras (Le)..........	Abriès. Aiguilles. Arvieux. Château-Ville-Vieille. Molines-en-Queyras. Ristolas. Saint-Véran.	Terre-Commune......	Embrun. St-André-d'Embrun. Saint-Sauveur.
		Terre-d'église........	Fare (La). Glaizil (Le). Noyer (Le). Poligny.
Rabou-et-Chaudun.	Chaudun. Rabou.	Terre-d'empire	Breziers. Rochebrune.
Remollon.............	Remollon. Théus.	Trescléoux	Trescléoux.
Réotier...............	Réotier. Saint-Clément.	Upaix...............	Upaix.
Ribeyret..............	Ribeyret. Sorbiers.	Val de Barret (La).....	Barret-le-Haut. Barret-le-Bas. Eourres. Pomet. Saint-Pierre-Avez. Saleérans.
Ribiers...............	Ribiers.		
Roche (La)............	Roche-des-Arnauds (La)		
Rochette (La).........	Rochette (La).		
Romette..............	Romette.	Val d'Oulle (La).......	Bruis. Montmorin. Sainte-Marie.
Rosans...............	Rosans.		
Rousset.............	Rousset.		
Saint-André-de-Rosans	Saint-André-de-Rosans		
Saint-Bonnet.........	Bénévent-et-Chartillac. Infournas (Les). Saint-Bonnet.	Val d'Oze (La)........	Bâtie-Mont-Saléon (La) Chabestan. Châteauneuf-d'Oze. Châtillon-le-Désert. Clausonne. Oze. Saint-Auban-d'Oze. Saix (Le).
Sainte-Colombe.......	Étoile. Sainte-Colombe. Saint-Cyrice.		
Saint-Crépin..........	Eygliers. Mont-Dauphin. Saint-Crépin.	Valgaudemar (Le).....	Clémence-d'Ambel. Guillaume-Pérouse. Saint-Jacques. Saint-Maurice. Villard-Loubière.
Saint-Eusèbe.........	Saint-Eusèbe.		
Saint-Firmin..........	Saint-Firmin.		
Saint-Genis	Saint-Genis.		
Saléon................	Saléon.	Valserres.............	Valserres.
Sauze (Le)...........	Sauze (Le).	Ventavon.............	Monêtier-Allemont (Le) Ventavon.
Savines...............	Prunières. Puy-Saint-Eusèbe (Le). Réalon. Saint-Apollinaire. Savines.	Veynes	Veynes.
		Vitrolles..............	Barcillonnette Esparron. Vitrolles.
Savournon............	Bersac (Le). Savournon.		

CONCORDANCE ENTRE LES COMMUNES ACTUELLES ET LES ANCIENS MANDEMENTS.

COMMUNES.	MANDEMENTS.	COMMUNES.	MANDEMENTS.
Abriès	Queyras (Le).	Crévoux	Crévoux.
Agnielles	Bauchaine (Le).	Crottes (Les)	Crottes (Les). / Montmirail.
Agnière	Dévoluy (Le).		
Aiguilles	Queyras (Le).	Embrun	Terre-Commune.
Ancelle	Faudon	Eourres	Val de Barret.
Antonaves	Antonaves.	Épine (L')	Epine (L').
Argentière (L')	Argentière (L').	Esparron	Vitrolles.
Arvieux	Queyras (Le).	Espinasses	Espinasses.
Aspremont	Aspremont.	Étoile	Sainte-Colombe.
Aspres-les-Corps	Beaumont (Le).	Eygliers	Saint-Crépin.
Aspres-les-Veynes	Aspres.	Eyguians	Arzeliers.
Aubessagne	Aubessagne.	Fare (La)	Terre d'Eglise.
Avançon	Avançon.	Faurie (La)	Bauchaine (Le).
Baratier	Baratier.	Forest-Saint-Julien (Le)	Buissard (Le).
Barcillonnette	Vitrolles.	Fouillouse	Tallard.
Barret-le-Bas	Val-de-Barret (La).	Freissinouse (La)	Manteyer.
Barret-le-Haut	Ibid.	Freyssinières	Pallon.
Bâtie-Mont-Saléon (La)	Val-d'Oze (La).	Furmeyer	Furmeyer.
Bâtie-Neuve (La)	Bâtie (La).	Gap	Gap. / Montalquier.
Bâtie-Vieille (La)	Ibid.		
Beaume (La)	Beaume (La).	Glaizil (Le)	Terre d'Église.
Bénévent-et-Charbillac	Saint-Bonnet.	Grave (La)	Oisans (L').
Bersac (Le)	Savournon.	Guillaume-Pérouse	Valgaudemar (Le).
Breziers	Terre-d'Empire.	Guillestre	Guillestre.
Briançon	Briançon.	Haute-Beaume (La)	Beaume (La).
Bruis	Val-d'Oulle (La).	Infournas (Les)	Saint-Bonnet.
Buissard (Le)	Buissard (Le).	Jarjayes	Jarjayes.
Ceillac	Guillestre.	Lagrand	Lagrand.
Cervières	Briançon.	Laragne	Arzeliers.
Chabestan	Val-d'Oze (La).	Lardier-et-Valença	Tallard.
Chabottes	Montorcier.	Laye	Buissard (Le).
Chabottonnes	Ibid.	Lazer	Arzeliers.
Champcella	Pallon.	Lettret	Châteauvieux.
Champoléon	Montorcier.	Manteyer	Manteyer.
Chanousse	Montjay.	Méreuil	Méreuil.
Châteauneuf-de-Chabre	Châteauneuf.	Molines-en-Champsaur	Motte (La).
Châteauneuf-d'Oze	Val-d'Oze (La).	Molines-en-Queyras	Queyras (Le).
Châteauroux	Châteauroux.	Monêtier-de-Briançon (Le)	Briançon.
Châteauvieux	Châteauvieux.	Monêtier-Allemont (Le)	Ventavon.
Château-Ville-Vieille	Queyras (Le).	Montbrand	Montbrand.
Châtillon-le-Désert	Val-d'Oze (La).	Montclus	Montclus.
Chaudun	Rabou et Chaudun.	Mont-Dauphin	Saint-Crépin.
Chorges	Chorges.	Montéglin	Montéglin.
Clausonne	Val-d'Oze (La).	Montgardin	Montgardin.
Clémence-d'Ambel	Valgaudemar (Le).	Mont-Genèvre (Le)	Briançon.
Cluse (La)	Dévoluy (Le).	Montjay	Montjay.
Costes (Les)	Aubessagne.	Montmaur	Montmaur.

COMMUNES.	MANDEMENTS.	COMMUNES.	MANDEMENTS.
Montmorin	Val d'Oulle (La).	Saint-Disdier	Dévoluy (Le).
Montrond	Montrond.	Sainte-Colombe	Sainte-Colombe.
Motte (La)	Motte (La).	Sainte-Marie	Val d'Oulle (La).
Moydans	Moydans.	Saint-Étienne-d'Avançon	Avançon.
Neffes	Tallard.	Saint-Étienne-en-Dévoluy.	Dévoluy (Le).
Névache	Briançon.	Saint-Eusèbe	Saint-Eusèbe.
Nossage-et-Bénévent	Lagrand.	Saint-Firmin	Saint-Firmin.
Noyer (Le)	Terre d'Église.	Saint-Genis	Saint-Genis.
Orcières	Montorcier.	Saint-Jacques	Valgaudemar (Le).
Orpierre	Orpierre.	Saint-Jean-Saint-Nicolas	Montorcier.
Orres (Les)	Orres (Les).	Saint-Julien-en-Bauchaine.	Bauchaine (Le).
Oze	Val d'Oze (La).	S¹-Julien-en-Champsaur	Buissard (Le).
Pelleautier	Tallard.	Saint-Laurent-du-Cros	Ibid.
Piarre (La)	Piarre (La).	Saint-Léger	Faudon.
Pisse (La)	Briançon.	S¹-Martin-de-Queyrières	Briançon.
Poët (Le)	Poët (Le).	Saint-Maurice	Valgaudemar (Le).
Poligny	Terre d'Église.	Saint-Michel-de-Chaillol	Chaillol.
Pomet	Val de Barret (La).	Saint-Pierre-Avez	Val de Barret (La).
Prunières	Savines.	Saint-Pierre-d'Argençon	Argençon.
Puy-Saint-André (Le)	Briançon.	Saint-Sauveur	Terre-Commune.
Puy-Saint-Eusèbe (Le)	Savines.	Saint-Véran	Queyras (Le).
Puy-Saint-Pierre (Le)	Briançon.	Saix (Le)	Val d'Oze (La).
Puy-Saint-Vincent (Le)	Ibid.	Saléon	Saléon.
Puy-Sanières (Le)	Puy-Sanières (Le).	Salérans	Val de Barret (La).
Rabou	Rabou et Chaudun.	Salle (La)	Briançon.
Rambaud	Gap.	Saulce (La)	Tallard.
Réalon	Savines.	Sauze (Le)	Sauze (Le).
Remollon	Remollon.	Savines	Montmirail.
Réotier	Réotier.		Savines.
Ribeyret	Ribeyret.	Savournon	Savournon.
Ribiers	Ribiers.	Serres	Serres.
Risoul	Guillestre.	Sigottier	Sigottier.
Ristolas	Queyras (Le).	Sigoyer	Sigoyer.
Rochebrune	Terre d'Empire.	Sorbiers	Ribeyret.
Roche-de-Briançon (La)	Pallon.	Tallard	Tallard.
Roche-des-Arnauds (La)	Roche (La).	Théus	Remollon.
Rochette (La)	Rochette (La).	Trescléoux	Trescléoux.
Romette	Romette.	Upaix	Upaix.
Rosans	Rosans.	Val-des-Prés (Le)	Briançon.
Rousset	Rousset.	Vallouise	Ibid.
Saint-André-d'Embrun	Terre-Commune.	Valserres	Valserres.
Saint-André-de-Rosans	Saint-André.	Vars	Guillestre.
Saint-Apollinaire	Savines.	Ventavon	Ventavon.
Saint-Auban-d'Oze	Val d'Oze (La).	Veynes	Veynes.
Saint-Bonnet	Saint-Bonnet.	Vigneaux (Les)	Briançon.
Saint-Chaffrey	Briançon.	Villard-d'Arène (Le)	Oisans (L').
Saint-Clément	Réotier.	Villard-Loubière	Valgaudemar (Le).
Saint-Cyrice	Sainte-Colombe.	Villard-S¹-Pancrace (Le).	Briançon.
Saint-Crépin	Saint-Crépin.	Vitrolles	Vitrolles.

NOTA — Je ne m'occupe pas dans cet ouvrage de notre histoire contemporaine ; je me suis donc abstenu d'y parler des événements survenus depuis 1789 et des personnages dignes de mémoire qui ont vécu à notre époque.

Dans la liste des seigneurs d'un même fief, je n'ai pas répété le nom de famille à chaque personnage quand ce nom de famille est le même. Je donne le nom de famille de l'acquéreur du fief et seulement les noms de baptême de ses descendants ; lorsque le fief tombe dans une branche collatérale de la même famille, j'ai soin de le mentionner.

Les dates qui suivent le nom d'un seigneur ne sont pas exactement celles dans l'intervalle desquelles il a possédé son fief, mais les dates extrêmes pendant lesquelles je l'ai trouvé mentionné dans nos chartes ou nos documents.

On trouvera parfois des mentions comme celle-ci : *N... achète le fief, 1550-1600*. Dans ce cas, le premier chiffre est la date de l'acquisition du fief, le second celle au delà de laquelle je ne trouve plus aucune mention du personnage.

Dans un ouvrage où les dates et les noms propres sont extrêmement multipliés, il n'est pas possible qu'il ne se soit pas glissé un certain nombre d'erreurs. J'en ai corrigé quelques-unes dans un *errata* ; mais il en subsiste encore qui m'ont échappé. Le lecteur bienveillant voudra bien m'accorder son indulgence, en faveur des difficultés de ce travail.

TABLEAU HISTORIQUE
DU
DÉPARTEMENT
DES HAUTES-ALPES

DAUPHINÉ

Le Dauphiné est un démembrement de l'ancienne Province romaine qui s'étendait sur tout le pays situé entre la mer, le Rhône et les Alpes. Les populations qui habitaient cette vaste province restèrent unies, non seulement pendant la durée de l'empire romain, mais encore sous le sceptre des Mérovingiens et des Carolingiens. Nos contrées eurent même, à partir de 879 et pendant près d'un siècle, une vie politique indépendante sous la dynastie de Bozon et de ses successeurs, rois d'Arles ou de Bourgogne. Ce fut seulement à la fin du xe siècle, à la suite des invasions réitérées des Normands, des Hongrois et des Sarrasins que l'ancienne province romaine se morcela en deux comtés, ceux de Provence et de Dauphiné, placés tous les deux sous la suzeraineté nominale des rois de Bourgogne. — Le nom de Dauphiné, dont l'origine et la signification ne sont pas connues, est relativement moderne; les comtes de la famille d'Albon, qui possédèrent cette province depuis le milieu du xe siècle jusqu'en 1349, ne prirent pas le titre de Dauphins avant la première moitié du xiie siècle, et jusqu'au milieu du xiiie ils conservèrent sur leurs monnaies l'appellation de *comes Viennensium*. Le nom le plus ancien du Dauphiné est donc *comté de Viennois*, auquel succéda beaucoup plus tard celui de *Delphinatus* ou Dauphiné. — L'étendue du Dauphiné a varié; jusqu'en 1349 il n'a cessé de s'accroître aux dépens de la Provence. D'abord composé exclusivement de la vallée de Graisivaudan, d'une partie du Viennois, du Trièves, du Champsaur et du Briançonnais, des mariages, des acquisitions et des donations successives lui annexèrent l'Embrunais et le Gapençais (1232), le Serrois et la vallée du Buëch (1298), les baronnies de Montauban (1302) et de Mévouillon (1317), etc. Ce fut en 1503 seulement que les limites entre la Provence et le Dauphiné furent définitivement fixées par la réunion à la seconde de ces provinces de la vicomté de Tallard, jusque là fief du comté de Provence. En 1789 le département actuel des Hautes-Alpes faisait tout entier partie de la province de Dauphiné, sauf le mandement ou baronnie de Vitrolles qui ressortissait encore au parlement et à l'intendance de Provence. — Les Hautes-Alpes s'étendent sur une portion de trois anciens diocèses : l'archevêché d'Embrun, l'évêché de Grenoble et celui de Gap; son territoire était subdivisé en une principauté, le Briançonnais; un duché, le Champsaur; deux comtés, ceux d'Embrun et de Gap, et comprenait, en outre, une partie du comté de Graisivaudan et des baronnies de Montauban et Mévouillon. Il était sous la juridiction des cinq bailliages du Gapençais, de l'Embrunais, du Briançonnais, des Baronnies et du Graisivaudan. — *Bibliographie*.— BOUCHE. *Histoire chronologique de Provence*. Aix, David, 1664, 2 vol. in-fol. — CHORIER. *His-*

toire générale du Dauphiné. Grenoble, Chervys, 1661-1672, 2 vol. in-fol. — FOURNIER. Le royaume d'Arles et de Vienne sous les premiers empereurs de la maison de Souabe. Grenoble, Dupont, 1884, in-8°. — TERREBASSE (A. DE), Notice sur les dauphins de Viennois. Vienne, Savigné, 1875, in-8°. — VALBONNAIS. Histoire du Dauphiné et des princes qui ont porté le nom de Dauphins, particulièrement de ceux de la troisième race. Genève, Fabri et Barillot, 1722, 2 vol. in-fol.

I.

ARCHEVÊCHÉ D'EMBRUN.

L'archevêché d'Embrun a été fondé vers le milieu du IV° siècle par saint Marcellin, missionnaire africain, qui est resté le patron du diocèse. D'abord métropole de la province ecclésiastique des Alpes-Maritimes, Embrun perdit au VI° siècle, ce titre, par suite de l'usurpation des archevêques d'Arles. Après un débat qui dura de longues années, les prétentions d'Embrun furent admises par le concile de Francfort (794); ses anciennes prérogatives lui furent restituées avant 811, ainsi que le témoigne le testament de Charlemagne. — Les archevêques d'Embrun avaient la prétention, que jusqu'à présent aucun document authentique n'est venu justifier, d'être souverains temporels par donation du comte Guillaume de Provence, du 5 des kalendes de juillet (27 juin) 997; quoi qu'il en soit, un diplôme de l'empereur Conrard III, daté de 1147, leur concéda les droits régaliens. Une transaction intervenue en 1210, entre le Dauphin et l'archevêque, augmenta encore la puissance temporelle de ce prélat, en le rendant copropriétaire de la seigneurie et du droit de justice dans l'Embrunais. L'archevêché d'Embrun comprenait quatre-vingt-dix-huit paroisses situées en Dauphiné, en Provence et dans la vallée de Barcelonnette, qui, depuis la fin du XIV° siècle jusqu'au traité d'Utrecht appartint au duc de Savoie; soixante-deux de ces paroisses étaient en Dauphiné; elles font maintenant partie du département des Hautes-Alpes. Il n'était pas divisé en archiprêtrés; au XVII° siècle seulement on le partagea en un certain nombre de doyennés, abusivement nommés archiprêtrés; il y en avait huit dans la portion du diocèse actuellement comprise dans le département des Hautes-Alpes. Jusqu'en 1791 il y eut dans le diocèse d'Embrun deux officialités, l'une pour le Dauphiné, l'autre pour la Provence. De 1419 à 1713 il en fut créé une troisième pour la vallée de Barcelonnette dépendant des états du duc de Savoie. Supprimé à la Révolution, l'archevêché d'Embrun n'a pas été rétabli au Concordat. — Voici la liste des prélats qui ont occupé ce siège, M. l'abbé Albanès a bien voulu m'aider de ses conseils pour la rédiger : saint Marcellin, v. 350-374 — Artémius, 374 — saint Jacques I, 400 — Armentarius, déposé en 439 — Ingénuus, 441-487 — Catulinus, 517 — Gallicanus I? — saint Palladius? — Gallicanus II, 541-549 — Salonius, 567-579 — Émeritus, 585-600? — Loparchus, 614-615 — saint Albanus, 630? — saint Ætherius, 650? — Chramlin, intrus, 677 — Walchin, 726 — saint Alphonse, 750? — saint Marcel, 775? — saint Bernard I, 800? — Agéricus, 829 — Arbertus, 853 — Bermundus? 876 — Aribertus, 878 — Ermaldus, 887 — saint Benoît I, 901-916? — Liberalis, 920 — Boson, 943 — Poncius, 992 — saint Ismidon, 1007 — Rado, 1016-1020 — Ismidon II, 1040-1044 — Vivienus, 1049 — Guinervinarius, 1050? -1054 — Hugo, 1054-1055 — Guinamandus, Guiminianus ou Viminianus, 1055-1066 — Guillaume I, 1077 — Lantelme, 1080-1084 — Benoît II, 1105-1118 — Guillaume II, 1120-1134 — B. 1136 — Guillaume III de Bénévent, dit de Champsaur, 1136-1168 — Raymond I, 1168-1176 — Pierre I, le Romain, 1177-1189 — Guillaume IV de Bénévent, 1189-1202 — Raymond II Sédu, 1203-1212 — Bernard II Chabert, 1212-1235 — Aymar de Bernin, 1236-1245 — Humbert, 1245-1250 — Henri de Suze, 1250-1262 — Jacques II de Sérène, 1263-1286 — Guillaume V, 1286-1289 — Raymond III de Mévouillon, 1289-1294 — Guillaume VI de Mandagot, 1295-1311 — Jean I du Puy, 1311-1319 — Raymond IV Roubaud, 1319-1323 — Bertrand de Déaux, 1323-1337 — Pasteur de Sarrescuderio, dit d'Aubenas, 1338-1350 — Guillaume VII de Bordes, 1351-1361 — Raymond V de Salg, 1361-1364 — Bertrand III de Châteauneuf, 1364-1365 — Pierre II Amiel ou Amelii, 1365-1379 — Michel Étienne de Perellos, 1379-1427 — Jacques III Gélu, 1427-1432 — Jean II de Girard, 1434-1457 — Jean III Baile, 1458-1494 — Rostaing d'Ancésune, 1494-1510 — Jules de Médicis, 1510-1511 — Nicolas de Fiesque, 1511-1516 — François de Tournon, 1518-1526 — Antoine de Lévi de Châteaumorand, 1529-1547 — Balthazard de Jarente, 1547-1555 — Robert de

Lénoncourt, 1556-1558 — Guillaume VIII de Saint-Marcel d'Avançon, 1558-1600 — Honoré du Laurens, 1600-1612 — Guillaume IX d'Hugues, 1612-1648 — Georges d'Aubusson de la Feuillade, 1648-1668 — Charles Brulart de Genlis, 1668-1714 — François-Élie de Voyer d'Argenson, 1715-1719 — Jean-François-Gabriel de Hénin-Liétard, 1719-1724 — Pierre III Guérin de Tencin, 1724-1740 — Bernardin-François Fouquet, 1740-1767 — Pierre-Louis de Leyssin, 1767-1791. — *Bibliogr.* — ALBERT (abbé). *Histoire géographique, naturelle, ecclésiastique et civile du diocèse d'Embrun*, par **, s. l., 1783, in-8°. — *Histoire ecclésiastique du diocèse d'Embrun pour servir de continuation à l'histoire générale du diocèse*, par **. s. l., 1783, in-8 . — FISQUET. *La France pontificale ; Gallia Christiana, métropole d'Aix ; Aix, Arles et Embrun*. Paris, Repos, s. d., 2 vol. in-8°. — FOURNIER (le P. Marcellin). *Histoire générale des Alpes maritimes et cottiennes et particulièrement de la ville d'Embrun, leur métropole*. Mss., bibl. de Lyon. — GALLIA CHRISTIANA, t. III. — ROMAN (J.). *Sigillographie du diocèse d'Embrun*. Paris. Rollin et Feuardent, 1873, in-4°. — *Origine des églises des Alpes : Saint-Marcellin, Saint-Démétrius*, Grenoble, Allier, 1881, in-8°.

1.

PRINCIPAUTÉ DU BRIANÇONNAIS.

A l'époque gauloise le Briançonnais faisait partie de la confédération de peuples qui portaient le nom de peuples des Alpes *(populi inalpini)* ; Briançon et les vallées qui l'environnent, dépendaient de la nation des *Segusiani*, dont Suze était la ville principale. Le Briançonnais fit partie du royaume de Cottius, auquel Auguste laissa un simulacre d'indépendance, et après la suppression de ce petit état tributaire, il fut réduit en province romaine. A la chute de l'Empire il devint une fraction du premier royaume de Bourgogne (480), fut conquis par les Ostrogoths sur les Bourguignons (524), fut annexé à la monarchie mérovingienne (537), et enfin dévolu à Lothaire par le traité de Verdun (843). De 879 à 1032 il fit partie du second royaume de Bourgogne, taillé par Boson dans l'empire carolingien et devint, en 1032, tributaire de l'empire d'Allemagne. — Les comtes d'Albon, nommés plus tard Dauphins, avaient vraisemblablement implanté leur autorité, dès le X° siècle, dans le Briançonnais, en contribuant à l'expulsion des Hongrois et des Sarrasins. Dès 1053 nous les voyons y faire acte de souverains, et ils en conservèrent la possession jusqu'à la cession du Dauphiné à la France, par Humbert II, en 1349. — Le Briançonnais, pendant le moyen-âge, s'étendait non seulement sur la vallée de la Durance et ses affluents, jusqu'au Pertuis-Rostan, défilé situé dans la commune actuelle de l'Argentière, sur la Vallouise ou vallée de la Gironde, sur le Queyras ou vallée du Guil, mais en outre sur une partie de la vallée de la Doire, aujourd'hui italienne, c'est-à-dire sur les communautés de Bardonnèche, Salebertrand, Oulx, Sezanne, Exilles, Saint-Martin, Angrogne, Lucerne, Pragela, etc. Ces vallées furent détachées du Briançonnais et annexées à l'Italie par le traité d'Utrecht (1713) en échange de la vallée de Barcelonnette (Basses-Alpes). — Les institutions politiques et municipales du Briançonnais sont fort intéressantes à étudier. Il faut distinguer tout d'abord l'état de choses antérieur à 1343 de celui qui a suivi cette date. Avant 1343 le Dauphin était maître du Briançonnais au même titre que de ses autres terres et y exerçait les mêmes droits ; il en possédait le haut domaine, les eaux, les terres vagues et les forêts ; il percevait des droits de pâquerage sur les troupeaux du pays, de pulvérage sur les troupeaux étrangers, de chevalage, il plaid à miséricorde à chaque mutation de propriétaire, le péage sur les marchandises transportées, le droit de tasche ou de corvée ; les langues des animaux tués lui appartenaient ; il exerçait le droit de justice absolu, ceux de chasse, de pêche, de chevauchée et levait une somme arbitraire pour les cas impériaux. Tous ces droits sont stipulés dans des reconnaissances de 1201. En 1339 le Briançonnais rapportait au Dauphin 7,838 florins d'or, et était habité par quatre-vingt-cinq nobles qui percevaient également des redevances féodales. Cet état de choses fut profondément modifié par des transactions conclues les 29 mai, 15 et 19 juin 1343, entre Humbert II et les syndics des communautés Briançonnaises. D'après ce droit nouveau les citoyens ne furent plus astreints à aucun autre service que le service militaire ; toutes les terres, sauf les biens ecclésiastiques, payèrent également l'impôt ; les roturiers et les communautés purent acquérir des biens nobles : le Dauphin se réserva les droits de justice, de mutation, les eaux, forêts et pâturages, cinq cents soldats pendant un mois chaque année et 4,000 ducats par an pour toute autre redevance. Cependant les Briançonnais furent parfois contraints d'ajouter à cette somme annuelle des dons gracieux plus ou moins volontaires ; c'est ainsi, par exemple, que le 19 septembre 1359 ils accordèrent au Dauphin 1,500 florins d'or par pure libéralité, outre leurs 4,000 ducats annuels. Ces 4,000 ducats furent donnés par Louis XI, en 1481, au chapitre d'Embrun, mais cette libéralité fut annulée par Charles VIII, et ces ducats, évalués à 3 livres 7 sols 2 deniers la pièce, furent destinés aux appointements du gouverneur du Dauphiné. — Le droit que les citoyens du Briançonnais acquirent par les transactions de 1343 de posséder des biens nobles, modifia profondément l'état social de cette contrée ; la plus grande partie des terres nobles et des droits féodaux fut peu à peu rachetée par les communautés ; à partir du XVᵉ siècle il ne resta plus dans le pays qu'un très petit nombre de nobles possédant fiefs et, en dehors de la perception de leurs redevances seigneuriales, ces nobles ne jouissaient d'aucune prérogative particulière. — Les intérêts généraux du Briançonnais se discutaient, à partir de 1343, dans une assemblée des délégués de toutes les communautés dont le maire de Briançon était le président-né, et qui portait le nom de grand écarton. Elle pouvait être convoquée par son président sans autorisation préalable et n'était pas soumise au contrôle de l'autorité delphinale. — Le Briançonnais formait un bailliage, transformé à partir de 1447 en vibailliage ; il se subdivisait en quatre châtellenies : celles de Briançon, de Saint-Martin-de-Queyrières, de la Vallouise et du Queyras. — La race Briançonnaise, et surtout la race Queyrassine, est assez pure ; les hommes y sont généralement de haute taille, au profil caractérisé ; les femmes ont parfois une physionomie empreinte d'une remarquable distinction. La vallée de la Vallouise est la proie du fléau du crétinisme dû à une mauvaise hygiène ; il tend heureusement à s'amoindrir. Le caractère des Briançonnais est remarquable en deux points : une aptitude singulière pour le commerce et l'industrie et un respect extrême pour les anciens usages et les traditions du passé. Un grand nombre d'entre eux s'expatrie pendant l'hiver et va se livrer au commerce de détail dans les campagnes du centre de la France ; d'autres, plus aventureux, vont passer de longues années dans des provinces éloignées ou même à l'étranger ; beaucoup de maisons de commerce considérables leur doivent leur création. Le respect du passé va parfois chez le Briançonnais jusqu'à la superstition ; les progrès y sont plus lents que partout ailleurs. L'instruction y est cependant très répandue ; les esprits y sont sages, intelligents et indépendants. — Bibliogr. — ALBERT (abbé). Histoire géographique, naturelle, ecclésiastique et civile du diocèse d'Embrun, t. I, p. 214-351. — BRUNET (Jean). Recueil des actes, pièces et procédures concernant l'emphitéose perpétuelle des dîmes du Briançonnais, avec un mémoire historique et critique pour servir de préface. s. l., 1754, in-8°. — CHAIX. Topographie, histoire naturelle, civile et militaire, économie politique et statistique de la sous-préfecture de Briançon. Paris, Rougeron, 1816, in-8°. — FAUCHÉ-PRUNELLE. Essai sur les anciennes institutions autonomes ou populaires des Alpes cottiennes-briançonnaises. Paris, Dumoulin, 1856, 2 vol. in-8°.

I. — BAILLIAGE DU BRIANÇONNAIS.

On ne trouve aucun bailli en Briançonnais avant le XIIIᵉ siècle ; la justice y était probablement rendue avant cette époque dans des plaids publics par le Dauphin lui-même pendant les séjours qu'il faisait dans la contrée, ou par des magistrats ses délégués. Les baillis du XIIIᵉ siècle étaient à la fois administrateurs, chefs militaires et juges ; ils percevaient les impôts par l'intermédiaire des châtelains et des mistraux (dont la rémunération était un sol pour livre), réunissaient les contingents militaires et veillaient à l'intégrité du domaine delphinal et à la sécurité publique. Ils déléguaient une partie de leurs attributions judiciaires au juge majeur qui, assisté de jurés, tenait ses assises de paroisse en paroisse. Du juge majeur les plaideurs pouvaient en appeler au juge des appellations de tout le Dauphiné, puis, à partir de 1337, au conseil delphinal, transformé en parlement en 1447. — Voici la liste des baillis du Briançonnais : Pierre Claret, 1232 — Guillaume Alei, 1244 — Hugues de Commiers, 1272 — Aynard de Rame, 1280-1292 — Jordan de Bardonnèche, 1303 — Jean Bonfils, 1304 Raymbaud d'Aspres, 1308-1311 — Pierre d'Avalon, 1311-1312 — Jean Bonfils, 1312-1314 — Guigues de

Morges, 1315-1317 — Pierre Claret, 1318-1319 — Tysetus Roerii, 1319-1322 — François de Bardonnèche, 1322 — Tysetus Roerii, 1324-1326 — Hugues de Villaneys, 1326 — Tysetus Roerii, 1327-1332 — Guillaume de Bésignan, 1333-1334 — Hugues de l'Hère, 1334-1336 — Guillaume de Bésignan, 1336-1337 — Soffrey d'Arces, 1337-1342 — Aimé de Beauvoir, 1342 — Guillaume Grinde, 1343-1344 — Drouet de Vaulx, 1346 — Guillaume Bigot, 1350 — Guy de la Tour, 1359 — Jean Galo, 1366 — Pierre de Galles, 1369-1374 — Reynaud Allemand, 1377 — Jean Boyselli, 1390-1400 — Guillaume de Mévouillon, 1401-1415 — Soffrey d'Arces, 1417-1446. — Voici les noms des juges majeurs correspondants : Pierre Lombard, 1260 — Guigues Borelli, 1334 — Raymond Chabert, 1334 — Pierre Reynaud, 1335 — Pierre Taxil, 1345 — Reynaud Reymond, 1351-1352 — Jacques Bamcheriis, 1355 — Reynaud Reymond, 1357 — Pierre Ribe, 1362 — Jacques Roux, 1373-1375 — Pierre Reynaud, 1377 — Antoine Tholosan, 1391-1413 — Guillaume Charverie, 1418 — Didier Ramuti, 1419 — Pierre Marc, 1424 — Claude Tholosan, 1426-1446. — En 1447 parut une ordonnance de Louis II, dauphin, transformant en vibailliage le bailliage de Briançon, tout en lui conservant une juridiction aussi étendue. L'appel de ce tribunal était porté au parlement de Dauphiné. Voici la liste des vibaillis de Briançon : Claude Tholosan 1447-1450 — Oronce Emé, 1470-1489 — Claude Tholosan, 1497 — Raymond Emé, 1501-1520. — Guillaume Emé, 1564-1568 — Lazare de Chaillol, 1568 — François de Chaillol, 1568-1617 — Claude de Chaillol, 1620-1629 — François de Chaillol, 1648-1671 — Charles de Chaillol, 1677 — André de Chaillol, 1680-1707 — N.... de Chaillol, 1725-1733 — Jean-Antoine Gardon de Perricau, 1733-1737 — Antoine-François Colaud, 1739-1745 — Jean Alphand, 1757-1790. — Le Briançonnais faisait partie de la généralité, puis de l'intendance de Grenoble ; à Briançon même résidait un subdélégué de l'intendant. Le Briançonnais ne dépendait d'aucune élection.

1. CHATELLENIE DE BRIANÇON.

Dès 1053 il y avait un châtelain à Briançon; son rôle paraît avoir été prépondérant à cette époque dans l'administration de la contrée, mais son importance fut très diminuée lors de la création des baillis dont il devint le subordonné. Voici les noms de quelques-uns de ces châtelains : Adam, 1053 — Martin et Bernard, 1073 — Amblard de Torane, 1250 — Pierre d'Avalon, 1312 — Jean de Goncelin, 1333-1334 — Hugues d'Urre, 1336 — François Brun, 1341 — Hugues du Motet, 1343 — Guillaume Tardin, 1344-1346 — François Chaix. 1362 — Leuczon Leuczon. 1375 — Leuczon Tencin, 1377-1378 — Artaud d'Arces, 1381 — Soffrey d'Arces, 1383-1388 — Pierre de Vaujany, 1404-1415 — Jacques Giraud, 1459-1460 — Vincent Comare, 1461.

2. CHATELLENIE DE SAINT-MARTIN-DE-QUEYRIÈRES.

Cette châtellenie fut quelquefois unie avec la suivante, ou plutôt le même magistrat remplit souvent les fonctions de châtelain de Saint-Martin et de Vallouise. Voici le nom de quelques-uns de ces magistrats qui ne furent pas en même temps châtelains de Vallouise : François Brun, 1341 — Raymond Chabert, 1342 — Jean de Hautvillar, 1345-1346 — Baudon de Bardonnèche, 1347.

3. CHATELLENIE DE LA VALLOUISE.

Le châtelain de la Vallouise n'étendait, jusqu'au milieu du XIIe siècle, son autorité que sur la vallée de la Gironde ou de la Vallouise proprement dite ; mais, à la fin de ce siècle, le Dauphin ayant acquis du comte de Forcalquier l'Argentière et son territoire, le châtelain de la Vallouise vit ses attributions devenir plus considérables à cause de l'importance des mines d'argent de l'Argentière dont il eut la surveillance. Ces mines furent soustraites à son autorité et restituées à l'Embrunais au milieu du XIVe siècle. Voici le nom des châtelains de la Vallouise : Raymond Philochi, 1313 — Leuczon Bérard, 1315-1317 — Guigues Philochi. 1318-1319 — Guigues Czuppi, 1320-1321 — Aymon de Saint-Pierre, 1322 — Guigues Leuczon, 1325-1328 — Bernard Gilli, 1335-1352 — Jean Tencin, 1371 — Jean Jordan Cœur, 1372 — Guigues Raymond, 1373 — Antoine Richière, 1376-1388 — Jean Fabri, 1389-1391 — Pierre du Mottet, 1392-1400 — Jean Roy, 1401 — Jean Aloys, dit Violain, 1402-1429 — Huet de Lucerne, 1430-1447 — Guillaume Lambert, 1449.

ÉCARTON DE BRIANÇON.

On nommait en Briançonnais *écarton* ce qu'on nommait ailleurs en Dauphiné *mandement*, c'est-à-dire une unité au point de vue féodal et fiscal. L'écarton de Briançon était très étendu et comprenait tout le Briançonnais proprement dit, c'est-à-dire la vallée de la Durance depuis sa source jusqu'au Pertuis-Rostan, celle de la Clarée ou de

Nevache, de la Cerveirette ou de Cervières, de la Guisane ou du Monêtier et de la Gironde ou de la Vallouise. Cette dernière vallée constituait autrefois un mandement distinct, mais, absorbée par celui de Briançon à une époque que je n'ai pu déterminer, malgré des réclamations continuelles, elle ne put plus jamais obtenir d'en être séparée. L'écarton de Briançon comprenait les trois châtellenies que je viens d'énumérer et treize communautés.

BRIANÇON — *État ecclés.* — En 1118 il y avait à Briançon trois églises, l'une dédiée à Notre-Dame, l'autre, à saint Nicolas et une troisième, dont le vocable n'est pas connu, était située dans le château. Il est probable qu'aux VIIIe et IXe siècles les moines de l'abbaye de la Novalaise les possédaient, comme tant d'autres églises dans le Briançonnais; au XIIe siècle les moines de l'abbaye d'Oulx en avaient la propriété et elles leur furent confirmées, en 1118, par Benoît, archevêque d'Embrun. En vertu d'une bulle du pape Calixte III ils reconstruisirent l'église paroissiale en 1495. Au XVIe siècle il n'y avait plus à Briançon qu'une seule paroisse dédiée à Notre-Dame et à saint Nicolas. — En 1516 les chapelles suivantes existaient dans cette paroisse : chapelle de la Sainte-Trinité, Sainte-Marie-Madeleine, Saint-Michel, Saint-Laurent et Saint-Hippolyte, Saint-Pierre, Saint-Jacques, Sainte-Croix, Saint-Antoine et Saint-Étienne, Saint-Nicolas, Saint-Fabien et Saint-Sébastien, Sainte-Anne, Saint-Philippe et Saint-Jacques, Saint-Antoine et Sainte-Croix, Saint-François et Sainte-Croix et deux de Saint-Jean-Baptiste. Un bourgeois de Briançon nommé Michel Richard, avait fondé au commencement du XIVe siècle, dans le cimetière, une chapelle de Saint-Antoine, à laquelle il fit un legs par son testament du 3 mai 1325; un autre bourgeois nommé Daniel Mottet, notaire, fonda au même endroit, le 19 septembre 1348, une chapelle dédiée au Saint-Esprit. Dans les environs existait en 1314 la chapelle de Sainte-Catherine au faubourg de ce nom; en 1455 l'archevêque d'Embrun en avait la collation; celle de Sainte-Croix, au Pilon; de Sainte-Croix, à Couleau; de Sainte-Catherine, à la Maladrerie. Un cadastre de 1539 nous fait encore connaître les chapelles suivantes : Notre-Dame-de-Pitié, au Fontenil, Notre-Dame-des-Queyrelles, Saint-Blaise, aux Boulins (aujourd'hui Saint-Blaise); Saint-Étienne et Sainte-Catherine, dans la ville. Au XVIIe siècle celle de Saint-Roch et de Saint-Marcel fut fondée au Pont-de-Cervières; au XVIIIe, le roi en fit édifier une sous le titre de saint Louis au fort des Têtes. Il existait en outre, en 1539, un ermitage dédié à saint François, dans le territoire de Briançon. — L'église paroissiale eut à subir les atteintes des guerres de religion; d'abord placée dans le cimetière, on la reconstruisit dans l'intérieur de la ville sur les plans de Vauban, de 1703 à 1718; elle fut consacrée en 1726. En 1746 le Roi y créa une collégiale de quatre chanoines à laquelle il unit vingt-deux chapelles et dont le curé était prévôt — Les moines d'Oulx étaient décimateurs de Briançon; ils en avaient obtenu le don ou la confirmation à diverses époques, notamment en 1118, 1170 et 1228. Par suite d'une transaction intervenue le 6 décembre 1747 la paroisse de Briançon payait à l'abbaye d'Oulx 264 livres et trente-six setiers trois quarts de métayer à l'archevêque d'Embrun et au chapitre de cette ville. — Le 8 juin 1302 Humbert I et Anne, dauphins, donnèrent aux Chartreux de l'Ile de Crémieu 24 livres et 13 sols de rentes sur la communauté de Briançon. — Les *Cordeliers* ou Frères mineurs s'établirent à Briançon en 1390 ou 1391 grâce aux libéralités d'Antoine Tholosan, juge majeur du Briançonnais. Le 25 avril 1396 Jacques de Montmaur, gouverneur du Dauphiné, fonda deux messes dans ce couvent, qui ne payait aucuns décimes en 1516 à cause de sa pauvreté et qui existait encore en 1789. — Les *Dominicains* furent appelés à Briançon le 22 juillet 1624 par la famille Grand de Champrouet; leur couvent consacré en 1626 existait encore en 1789. — Les *Ursulines* appelées à la direction de l'hôpital en 1632, conservaient en 1789 le même office. — Les *Récollets* fondèrent, en 1642, une maison au faubourg Sainte-Catherine, et reçurent l'aumônerie de l'hôpital. Ils furent supprimés le 2 avril 1782 pour insuffisance de revenus. — *Ordres hospit.* — Évidemment les Templiers ont possédé des biens à Briançon; l'un des quartiers de la ville se nommait le *Temple* et la porte qui y donnait accès *porte du Temple*. Peut-être ces biens furent-ils aliénés avant la suppression de l'ordre, car ils ne passèrent pas à celui de Saint-Jean de Jérusalem. — *Hôpitaux.* — Dès 1344 une maladrerie existait sur la route du Mont-Genèvre et une chapelle y était dédiée à sainte Catherine; ce quartier se nomme actuellement la *Malatière*. Un hôpital plus considérable existait en 1539 dans l'intérieur de la ville sous le titre de Saint-Charles; les biens de l'ancienne Maladrerie lui ayant été unis, il prit le nom d'hôpital Saint-Roch et Saint-Charles. Il fut réorganisé par lettres-patentes de 1629 et 1745 comme hôpital civil et militaire. — En 1344, une confrérie, nommée la confrérie du Pont, entretenait une petite maison de refuge pour les pauvres près du pont de la Guisane. Une autre confrérie, dite du Saint-Esprit, se dévouait au soulagement des malades de la ville. — *Protestants.* — L'exercice du culte protestant, établi à Briançon vers 1575, et plusieurs fois interrompu, ne fut régulièrement organisé qu'en 1605 ; on autorisa à cette époque, au faubourg Sainte-Catherine, la construction d'un temple ; terminé en 1619, il fut démoli à la suite d'un arrêt du conseil du roi du 20 mai 1684. Un autre temple qui avait été commencé à l'Artaillaud, en 1623, ne fut jamais achevé. Voici la liste des pasteurs de Briançon : Pierre Jourdan, 1604-1608 — Gervais Alexis, 1612 — Charles du Suau-la-Croix, 1613 — Gervais Alexis, 1613-1618 — Daniel Sarret, 1618 — Jean Eymin, 1619-1623 — François Guérin, 1620 — Abraham Jourdan, 1630. — *Administr. et Justice.* — Briançon, *castellum* à l'époque romaine, était une station de la voie des frontières d'Italie à Arles ; on y avait établi des magasins pour la subsistance des légions. Au moyen âge Briançon fut le siège d'une châtellenie, puis, au XIIIe siècle, d'un bailliage, transformé en vibailliage en 1417. — Les consuls avaient une juridiction de police dans l'intérieur de leur ville, avec appel au vibailliage. — Une subdélégation de l'intendance y fut établie au XVIIe siècle, ainsi qu'un bureau des gabelles. En vertu de la charte de liberté de 1343, Briançon ne faisait partie d'aucune élection. — Comme ville frontière et la plus forte place du Dauphiné, Briançon eut de bonne heure une garnison et un gouverneur. Cette garnison se composait, en 1598, de quarante-un fantassins coûtant à l'État 193 livres par mois, et, en 1635, de cinquante fantassins coûtant 601 livres par mois. L'état-major comprenait, en 1783, un gouverneur, un lieutenant du roi, un major de la ville, un major des forts, trois aides-majors et deux sous-aides-majors. Voici la liste des gouverneurs de Briançon : Jean de Jouffrey, 1399-1440 — Jean de Naveisse, 1489 — Jean de Guers, 1547 — N. de Châteauneuf, 1545-1551 — Philibert d'Hostun-Clavaison, 1570 — Georges Ferrus-la-Cazette, 1574 — Jean de Bourrelon de Mures, 1577-1581 — Pierre d'Hostun-Clavaison, 1587-1590 — Annibal d'Astres, 1590-1628 — François d'Urre d'Aiguebonne, 1628-1639 — Henri de Marnais de Saint-André, 1640-1684 — Louis du Faur de Satillieu, 1692-1710 — Louis-Félicien de Boffin d'Argençon, 1724-1737 — Jean-Baptiste-Louis Andrault de Langeron, 1737-1754 — Claude-Charles Andrault de Langeron, 1754-1790. — Voici la liste des sergents-majors de Briançon, office créé à la fin du XVIe siècle : Jean Prudhomme, 1636-1655 — François du Prat, 1655-1660 — Alexandre de Margaillan, 1671 — N.

de Vérot, 1733-1740 — N. de Gandouin, 1740 — N. d'Audiffred, 1746-1750 — Jean-Charles Ardouin de Saint-Maurice. 1778. — *État féodal.* — En 1339 les trente-une familles nobles suivantes habitaient à Briançon : Rage, Garin, Rodet, Baile, Donnet, André, Monche, d'Oulx, Soffrey, Guibert, Bermond, Ecrivain, Atenulphi, Alloi, Rive, Bérard, Carbonnel, Bonnot, Pons, Nagy, Rougier, Tholosan, Raymond, Béraud, de Chanousse, Guidian, Reymband, Gravier, de la Salle, du Jour et de Bardonnèche. La plupart possédaient des fiefs ou droits féodaux. Dans Briançon le Dauphin était seul seigneur ; il avait acquis, en 1316, de Jean Arnaud, quelques droits seigneuriaux que sa famille y percevait de temps immémorial, et avait concédé aux bourgeois plusieurs privilèges ; les principaux comportaient exemption des lods ou droits de mutation, des droits de chevalage et de bannerie. Le 26 octobre 1318 il étendit ces privilèges aux villages de la banlieue de Briançon. — Les consuls rachetèrent, de 1343 à 1500, la plupart des droits seigneuriaux perçus sur leur territoire ; ils acquirent du domaine, en 1558, les droits réels qui appartenaient encore au Dauphin. Toutefois, un petit fief persista jusqu'au milieu du XVIe siècle au village de Saint-Blaise : Justet et Boniface de Bardonnèche en avaient une part en 1331. — Parceval, fils de Boniface, en 1344 — Antoine, fils de Justet, en 1362 — Guillaume Athenulphi possédait l'autre part en 1334 — Georges, son fils, 1365 — Guillaume, 1397 — Bonasté et Françoise Bermond avaient tout le fief en 1399. La première, femme de Guigues Bermond, laisse deux fils, Pierre et Antoine (1437); la seconde épouse N. Amédée et laisse un fils, Jean Amédée (1410), qui achète la part des Bermond, ses cousins — Jeanne Amédée, sa fille, épouse N. Peyron, dont les fils Gonet et Jean en héritent en 1458 — François Peyron et Françoise, veuve d'Honoré Peyron, vendent, en 1540, ce fief à Jean Roux. Peu d'années après il disparaît racheté par les habitants. — *Industrie et Commerce.* — Dès 1250 Briançon avait des foires importantes qui dataient de loin et dont les privilèges furent confirmés le 26 juin 1462 et le 14 avril 1542 par les rois de France : celle qui se tenait du 9 au 23 septembre attirait de nombreux étrangers, et un atelier monétaire était établi à Briançon pendant sa durée pour faciliter les transactions. Deux autres foires avaient lieu les 1er et 11 juin. — Le 31 janvier 1339 le Dauphin permet aux Lombards résidant à Briançon d'y trafiquer pendant dix ans, moyennant une rente annuelle de 210 florins d'or. — En 1778 un graveur sur pierres fines, nommé Caire-Morand, fonda à Briançon un atelier pour la taille du cristal de roche ; quoique habilement dirigé, il dut se fermer en 1793. — *Histoire.* — 1063, Guigues-le-Vieux passe à Briançon. — 1073, Guigues-le-Gras, son fils, y est malade. — 1188 et 14 mai 1189, Hugues, duc de Bourgogne et dauphin, séjourne à Briançon. — 1216, 30 juillet, et 1223, septembre, Guigues-André y séjourne. — 1250, 11 août, 1259, 28 novembre, et 1265, 19 juin, Guigues VII y séjourne. — 1287, 25 septembre, 1303, 9 septembre, Humbert 1 y séjourne. — 1310, du 5 au 12 septembre, 1311, du 7 au 13 septembre, 1316, 3 mai et 13 septembre, 1317, du 9 au 16 septembre, Jean II y séjourne. — 1321, du 10 au 15 octobre, 1322, le 5 avril, 1326, le 8 septembre, 1332, du 25 juin au 31 juillet, Guigues VIII y séjourne. — 1324, 18 septembre et 19 octobre, Henri, dauphin, régent du Dauphiné, y séjourne. — 1334, du 19 mai au milieu de juin, Humbert II y séjourne. — 1343, 29 mai, 15 et 19 juin, le Dauphin concède aux Briançonnais des chartes de libertés qui sont confirmées dans la suite par tous les Dauphins et les rois de France à leur arrivée au trône. — 1347, 4 septembre, Humbert II séjourne à Briançon. — De 1371 à 1395, les murailles de la ville sont reconstruites. — 1449, du 23 juillet au 4 août, Louis II, dauphin, séjourne à Briançon. — 1494, 1ᵉʳ septembre, Charles VIII, allant en Italie, couche à Briançon. — 1495, 23 octobre, le même prince s'y arrête à son retour. — 1537, 17 juin, le maréchal d'Humières vient inspecter les fortifications de Briançon ; du 31 octobre au 11 novembre au soir, François Iᵉʳ, allant en Italie, s'y arrête. — 1553, août, Henri II confirme les libertés briançonnaises. — 1562, 26 novembre, Jean de Morvillers, évêque d'Orléans, ministre d'État, passant à Briançon, fait conclure la paix entre les catholiques briançonnais et les protestants de Pragela, qui étaient en guerre permanente. — 1580, 5 avril, les protestants, commandés par le capitaine Nelly, s'emparent du château de Briançon par la trahison de quelques habitants ; cernés par les milices de la contrée, ils capitulent au bout de peu jours. — 1588, 2 avril, en prévision d'une attaque des protestants, les faubourgs sont rasés ; 1ᵉʳ août, Lesdiguières attaque la ville sans succès. — 1590, 6 août, les briançonnais se rendent à Lesdiguières. — 1596, du 12 au 14 juin, Alexandre de Médicis, légat du pape, s'arrête à Briançon. — 1624, du 26 au 29 octobre, Lesdiguières, sa femme Marie Vignon, son gendre Créqui, Bullion et Machault, conseillers d'État, réunis à Briançon, préparent la guerre de la Valteline ; 1ᵉʳ décembre, un incendie détruit la moitié de la ville. — 1629, 28 février, Louis XIII et Richelieu, allant forcer le pas de Suze, passent à Briançon. — 1692, 26 janvier, incendie qui détruit une grande partie de la ville ; 26 juillet, Catinat établit son quartier général à Briançon pour surveiller les mouvements du duc de Savoie ; les faubourgs sont rasés. — De 1693 à 1722, construction de plusieurs forts d'après les plans de Vauban. — 1732, construction du pont jeté sur la Durance par M. d'Asfeld. — 1746, création d'une collégiale à Briançon. — 1782, incendie qui dévore quarante-une maisons. — *Monnaies.* — Une ordonnance du 13 novembre 1406 enjoint aux ouvriers de la monnaie d'Embrun de se transporter pendant un mois à Briançon, à l'époque des foires, pour frapper le numéraire nécessaire aux transactions. A partir de 1417, l'atelier d'Embrun ayant été supprimé, on autorisa la circulation dans le Briançonnais des monnaies étrangères interdites dans le reste du royaume. — *Armoiries.* — De la ville : *d'azur à une porte de ville d'argent, surmontée de trois tourelles égales à toits pointus, portillée et ajourée de sable.* — Des Cordeliers : *de gueules à deux bras en sautoir, l'un vêtu, l'autre nu, d'argent, cloués d'or, posés sur une croix d'argent.* — Des Dominicains : *d'or à un saint Dominique debout, au naturel, vêtu de blanc avec scapulaire de sable, tenant une croix d'argent et placé dans un chapelet de sable avec croix pendante de même.* — *Biographie.* — CAIRE-MORAND (Antoine), né le 27 juin 1747, mort à Turin vers 1825 ; graveur sur pierres fines, il fonda, en 1778, à Briançon, un atelier pour la taille du cristal de roche, qui eût prospéré partout ailleurs, car il recevait une subvention de l'État et était bien dirigé. Ses travaux furent suspendus en 1793. — FINE (Oronce), né en 1494, mort le 6 octobre 1555 ; mathématicien célèbre, professeur à l'Université de Paris, fabricant d'instruments scientifiques, auteur de plusieurs ouvrages remarquables. Il mourut dans la misère. — FINE DE BRIANVILLE (Claude-Oronce), né vers 1600, mort en 1675 ; jésuite, conseiller et aumônier du roi, héraldiste, dessinateur, auteur de traités sur les devises, le blason et l'histoire de France, qui eurent du succès. — FROMENT (Antoine), avocat au Parlement ; il vivait encore en 1680 ; il publia un ouvrage intitulé : *Essai de l'avocat Froment sur l'incendie de sa patrie,* etc. ; on y trouve quelques particularités sur l'histoire et la topographie du Briançonnais, mêlées dans une foule de bizarres digressions. Le plus grand mérite de ce livre, paru en 1630, est sa rareté. — MORAND (Jean-Antoine), né le 10 novembre 1727, mort sur l'échafaud le 24 janvier 1794 ; ingénieur et architecte habile élève de Servandoni, il construisit le grand théâtre de Lyon, le pont qui porte son nom et plusieurs autres monuments remarquables. Il fut condamné à mort par le tribunal révolutionnaire pour s'être opposé à la circulation gratuite sur le Pont-Morand qui lui appartenait. — *Bibliogr.* — C. S. *Briançon (Album du Dauphiné*, t. II, p. 167). — CHABRAND (D"). *Aperçu historique sur Briançon, son vieux château, ses fortifications, ses gouverneurs et ses milices* (Bulletin de la Société d'études des Hautes-Alpes, 1882, p. 237, 1883, p. 21). — FROMENT. *Essai d'Antoine Froment, avocat au Parlement du Dauphiné, sur l'incendie de sa patrie, les singularités des Alpes et la principauté du Briançonnais, avec plusieurs curieuses remarques sur le passage du roi aux Italies, ravage des loups, pestes, famines, avalanches et embrasement de plusieurs villages.* Grenoble, Verdier, 1639. in-4º; 2ᵉ édit., par M. A. Albert ; Grenoble, Allier, 1868, in-4º. — GAILLAUD (abbé). *Recherches historiques sur la belle Briançonne ou Notre-Dame-du-Château.* Gap, Jouglard, 1864, in-8º. — GUILLAUME (abbé P.). *Les premières fortifications de Briançon.* (Ces premières fortifications sont au moins les *troisièmes*.) Gap, Jouglard, 1879, in-8".

CERVIÈRES. — *État ecclés.* — La paroisse de Cervières est sous le vocable de saint Michel et saint Mammés ; dès avant 1148, l'abbaye d'Oulx possédait cette église, car elle lui fut confirmée alors par le pape Eugène III ; elle fut confirmée également en 1168 par Raymond, archevêque d'Embrun. Elle renfermait, en 1516, trois chapelles dédiées à saint Antoine, saint Esprit et sainte Marie ; cette dernière était située au hameau du Bourget, et au XIVᵉ siècle on y disait la messe tous les dimanches. A la même époque la chapelle de Saint-Antoine avait disparu. Le monastère d'Oulx était décimateur de cette paroisse ; par transaction du 6 décembre 1747, la communauté s'engagea à payer pour les dîmes 60 livres par an et huit setiers un quart de métayer à l'archevêque et au chapitre d'Embrun. — *Administr. et Justice.* — Au point de vue administratif et judiciaire, Cervières dépendait absolument de Briançon. — *État féodal.* — Le Dauphin était seul seigneur de cette communauté. — *Biographie.* — BRUNET (Jean), seigneur de l'Argentière, conseiller du Roi, commissaire des guerres, receveur des tailles en Briançonnais, né vers 1700, mort avant 1767. Il a laissé un mémoire critique et historique sur le Briançonnais, imprimé en tête de son *Recueil des actes et procédures concernant l'emphitéose des dîmes de cette région*. On conserve en outre un grand nombre de notes et de manuscrits qui sont son œuvre.

LE MONÉTIER-DE-BRIANÇON. — *État ecclés.* — L'église paroissiale du Monétier-de-Briançon fut donnée, en 739, aux moines de l'abbaye de la Novalaise, par Abbon, fondateur de ce monastère. Ils bâtirent quatre églises ou plutôt quatre chapelles dans le bourg, dédiées à Notre-Dame, saint Pierre, saint André et saint Martin. Après la destruction de la Novalaise, l'ordre de Cluny devint propriétaire du prieuré du Monétier ; en 1280 et jusqu'en 1789 il appartint, soit à l'abbaye de Saint-Victor de Marseille, soit au prieuré de Romette qui en dépendait. — En 1152, la paroisse du Monétier portait le titre d'*Ecclesia sancte Marie*, et, en 1399, Hugues du Colombier, prieur du Monétier, y fonda une chapelle dédiée à saint Donat, dont le revenu était de seize setiers de blé. En 1516, on trouvait dans cette église les chapelles suivantes : Saint-Nicolas, Saint-Jacques et Sainte-Catherine, Saint-Jacques et Saint-Blaise, Saint-Jean-Baptiste, Saint-Grégoire et Saint-Pancrace, Saint-Michel, Saint-Étienne, Saint-Sébastien et Sainte-Lucie, Saint-Laurent et Saint-Romain, l'Annonciation, Saint-Philippe et Saint-Jacques, Notre-Dame-de-Pitié, Saint-Esprit, Saint-Firmin, Saint-Bernardin, Saint-Nicolas, Saint-Martin, deux de Saint-André, deux de Sainte-Catherine, deux de Sainte-Croix, deux de Saint-Paul et Saint-Barnabé, deux de Saint-Jean Évangéliste et de Saint-Blaise et quatre de Saint-Claude. Dans le bourg lui-même étaient encore les chapelles de Saint-Martin et de Saint-Pierre, de Saint-Jacques et Sainte-Croix unies ensemble. Dans le hameau des Guibertes était une chapelle de Saint-Antoine, dans celui du Casset une de Saint-Claude, dans celui du Freyssinet une de la Nativité, dans celui du Lauzet une de Saint-Roch. En 1742 le nombre de ces chapelles était fort diminué ; sept seulement, celles de Saint-Blaise, Saint-Étienne, Saint-Grégoire, Sainte-Marie-Madeleine, Saint-Barnabé et Saint-Pierre et Saint-Paul payaient les dîmes. Le clergé paroissial, vers la même époque, se composait d'un curé, d'un vicaire et de cinq desservants disant le dimanche la messe dans quelques hameaux fort éloignés du chef-lieu. — Les moines d'Oulx étaient décimateurs d'une partie de la paroisse ; la moitié des dîmes leur avaient été concédées par Vinimien, archevêque d'Embrun, vers 1060 ; elles leur furent confirmées par le pape Eugène III en 1148. Par transaction du 6 décembre 1747, les consuls payaient 72 livres pour les dîmes à l'abbaye d'Oulx, et 150 livres et dix setiers de blé à l'archevêque, au chapitre d'Embrun et à l'abbé de Saint-

Victor. — Humbert Ier et Anne, dauphins, donnèrent, le 8 juin 1302, aux Chartreux de l'Ile de Crémieu, les tailles comtales du Monêtier s'élevant à 158 livres. Ce monastère ne paraît pas les avoir conservées. — Par une autre donation de 1343, Humbert II constitua aux religieuses des Salettes, diocèse de Lyon, une rente de 207 ducats sur le Monêtier, qu'on leur payait encore en 1516. — *Ordres hospit.* — L'ordre de Saint-Jean de Jérusalem possédait, dès 1369, quelques censes au Monêtier ; le commandeur de Gap en fit hommage au Dauphin le 27 juillet 1560. — *Hôpitaux.* — Les Dauphins avaient fondé au bas du col du Lautaret un hôpital important, refuge des voyageurs qui traversaient en hiver ce passage périlleux. Une chapelle y était dédiée à sainte Marie-Madeleine, d'où lui venait son nom de *La Madeleine.* Situé d'abord au bas du col, puis à mi-côte, cet hôpital existe maintenant sur le col lui-même. En 1225, *Bonustosus* (Bontoux) en était recteur; son ambition le porta à fonder un ordre religieux sous le nom de la Sainte-Pénitence, tandis qu'auparavant l'hôpital était desservi par des frères de Sainte-Marie-Madeleine. Cette innovation n'eut aucun succès et, l'année suivante (3 janvier), le Dauphin donna cet hôpital à Guigues, abbé d'Oulx; en 1260, il l'affranchit de toute redevance, sauf deux oboles d'or par an. Le monastère d'Oulx posséda, jusqu'au XVIe siècle au moins, cette maison hospitalière qui renfermait, en 1511, huit religieux et avait des immeubles pour une valeur de 6,860 florins. Voici le nom de quelques-uns de ses recteurs : Bontoux, 1228 — Eudes Poncet, 1315 — Guillaume, 1319 — Jacques Roman, 1500-1511 — Chaffred Isoard, 1512. Détruit en 1740 par une avalanche, cet hôpital fut reconstruit aux frais du roi. — Un autre petit hôpital, réorganisé par lettres-patentes de novembre 1608, existait dans le bourg même du Monêtier : il avait 250 livres de revenu. — *Administr. et Justice.* — Au point de vue administratif et judiciaire, le Monêtier dépendait absolument de Briançon. — *État féodal.* — La majeure partie de la seigneurie appartenait au Dauphin; le 14 septembre 1291, le prieur du Monêtier lui céda, par transaction, le sixième des dîmes qu'il percevait; le 11 octobre 1330 les revenus delphinaux furent engagés à Henri de Bohême, chevalier. Les familles Borel, Bérard, Martin, Isoard, Chevalier, etc., possédaient des droits féodaux au Monêtier. En 1338, Pierre Motet acheta les fiefs des Isoard et des Chevalier ; en 1380, Arnaud Rage percevait au Monêtier quelques revenus; en 1397, Jean Bermond, Pierre Bertrand, Jacques Charbonnel, Jean Baile, Guillaume Marcellin, Antoine Brutinel, Pierre Bérard et Poncet Alley y avaient des fiefs. En 1402 la communauté racheta presque tous les droits seigneuriaux payés par ses habitants. — *Industrie et Commerce.* — 1343, 29 mai, Humbert II confirme au Monêtier un marché franc tous les mardis, autorisé antérieurement par Jean II. — 1446, 28 janvier, le Dauphin alberge à Hugues Baile toutes les mines d'or du Briançonnais, et, le 28 mars suivant, cette convention est annulée et les habitants du Monêtier deviennent concessionnaires de ce privilège moyennant le paiement du vingtième du revenu et avec exemption de péage — 1715, Joseph Bertrand, médecin, et Alexis Caffier, apothicaire, recueillent les eaux thermales et construisent des bains. — Il y avait au Monêtier, à cette époque, une fabrique de clouterie. — *Histoire.* — Sous le nom de *Stabatio* ou *Savatio*, le Monêtier était une station de la voie romaine de l'Italie à Grenoble par l'Oisans. — 1253, 13 octobre, et 1261, concession par le dauphin Guigues VII de deux chartes de franchises. — 1587, 25 août, Lesdiguières s'empare du Monêtier et en fortifie l'église dans laquelle il laisse une garnison sous les ordres du capitaine Bousquet ; le 10 septembre de la même année, Clavaison, gouverneur de Briançon, en chasse les protestants ; une poudrière, en éclatant, renverse une partie de l'église. — 1631, 1637, 1774 en 1785, 27 mai, incendies dans la paroisse du Monêtier ; le dernier en date détruit complètement le hameau du Casset. — *Bibliogr.* — ALBERT (A.). *Le Monêtier de Briançon et son établissement thermal*, Grenoble, Allier, 1884, in-16. — PILOT (J.-J.-A.), *Le Casset* (*Album du Dauphiné*, t. 1, p. 33).

NÉVACHE. — *État ecclés.* — Cette communauté était divisée en deux paroisses : Névache et Planpinet. — *Névache.* Névache fut donné par Abbon à la Novalaise en 739. En 1120 la paroisse de Névache était sous le vocable de saint Pélage ; depuis lors elle a pris celui de saint Antoine et saint Marcellin. Dès le XVe siècle ces deux saints étaient ses patrons. En 1502 cette paroisse possédait des chapelles de Saint-Antoine, Saint-Hippolyte, Sainte-Catherine et Notre-Dame-de-Consolation ; en 1504 Jean Faure fonda une chapelle de Saint-Jean ; en 1516 nous trouvons, en outre, une chapelle de Notre-Dame-de-Pitié et une de Saint-Antoine et Saint-Roch, qui est peut-être la même que la première dont il a été question ci-dessus. Le clergé paroissial se composait d'un curé et d'un vicaire. — *Planpinet.* Cette paroisse n'existait pas encore en 1250. L'église paroissiale était sous le vocable de Notre-Dame-des-sept-Douleurs et le clergé ne se composait que d'un seul curé. —

L'abbaye d'Oulx possédait les dîmes de Névache ; Calixte II les lui confirma en 1120. — *Hôpitaux.* — Au pied du col de l'Échelle, qui conduit dans la vallée de Bardonnèche, était un petit hôpital dédié à saint Antoine et saint Roch ; il existait en 1502. — *Administr. et Justice.* — Névache dépendait de Briançon au point de vue administratif et judiciaire, mais il était rattaché par un lien moins étroit que les autres communautés du Briançonnais. En 1309 le Dauphin possédait les deux tiers de la juridiction et les seigneurs un tiers ; la justice était rendue en leur nom par un châtelain qui portait le titre de podestat. Au XVIII° siècle la juridiction seigneuriale s'exerçait à Briançon et l'appel de ses jugements se portait au vibaillage de cette ville. — *État féodal.* — La seigneurie de Névache n'était pas d'un grand revenu puisqu'elle n'était évaluée qu'à 60 florins de rente en 1408, mais comme elle était l'un des rares fiefs qui se maintinrent en Briançonnais après 1343, la plupart des familles du pays, nobles ou se prétendant telles, cherchaient à acquérir une petite part de coseigneurie à Névache, pour pouvoir se vanter de posséder un fief. Il est à peu près impossible, en conséquence, de reconstituer aujourd'hui d'une façon satisfaisante la succession des seigneurs de Névache. Voici, par exemple, quels étaient les seigneurs de cette terre en 1334 : Henri, Obert, Hugues. Pierre, Constant, Pierre, Pierron, Jacques, Louis, Antoine, Louis, Boniface, Gillon, Parceval, Gillet, Justet, Boniface, Georges, Hugonet, Jordanet, Poncet, Hugonet, Albert, Poncet, Claude, Jean, Claude, Obert et Hugues de *Bardonnèche*, Lantelme et Amédée *Chambeyrac*, Bermond *Chaix*, Pierre *Ruffier*, Jean et Humbert d'*Aiguebelle*, Jean *Valfrey*, Pierre de *Naveisse*, François *Ambrois*, Hugues du *Châtelart* et Jean de *Valserres*; en tout quarante coseigneurs à la fois, et il y en a eu quelquefois davantage. Voici, toutefois, les noms d'un certain nombre de seigneurs de Névache : Withald de Bardonnèche, 1020 — Pons, Guy, Adam, Raymond et Morel, 1050-1078 — Pierre, 1118 — Lantelme, 1180 — Aynard, 1191-1219 — Guigues Ambrois, Eudes de Naveisse, Pons et Arrel de Bardonnèche, 1233 — Homarus et Guigues Ambrois, 1252 — Lantelme de Naveisse, Beaudouin Ambrois, 1280 — Boniface de Bardonnèche, auquel le Dauphin concède, par un acte de 1282, en augmentation de fief, tous les droits réels et revenus qu'il possédait à Névache, 1282-1300 — Antoine Ferrus, 1300 — Hugues de Bardonnèche, 1310-1327 — Georges de Naveisse, 1329 — Aymon Galvaing, Boniface et Mathieu de Naveisse, 1332 — Jean de Naveisse, Constant et Aynard de Bardonnèche ; ces deux derniers vendent leur seigneurie au Dauphin, 1333 — Quarante coseigneurs dont la liste est donnée ci-dessus, 1334 — Guillaume de Bardonnèche, 1339 — Jean Ferrus, 1341-1397 — Beaudouin de Bardonnèche 1345 — Mathieu et Boniface de Naveisse, 1350 — Pierre, Obert et Jean, 1352-1363 — Nicole, fille de Jean, hérite du chef de Bérengère de Bardonnèche, sa mère, et épouse Guillaume Tencin, 1352 — François Ambrois, dit Thècle, 1360-1400 — Borsac et Guillaume de Bardonnèche, 1362 — Raymond Baile-la-Tour, 1376-1400 — Pierre de Bardonnèche. Leuczon Albert, dit Tencin, mari de N. Tencin, 1380 — Antoine et Lucain, ses fils, 1386 — Arnaud Rage, 1390 — Louis et Jean de Naveisse, 1393-1420 — Hugues de Bardonnèche vend à la communauté le fief nommé l'alleu de Névache, 1400 — Lucain Albert, dit Tencin, vend sa part 2.200 florins, le 12 décembre 1408, à Gaspard Dousan, dont les fils Jacques et Pierre vendent à leur tour 2 600 florins à Jean et Reynaud Baile-la-Tour, 1410 — Barthélemy Ferrus, 1420 — Alzias et Claude de Bardonnèche, Parceval Ambrois, 1413 — François, 1429-1446 — Obert de Naveisse vend sa part à Jean d'Aurignac le 9 février 1442 — Benneton, Gabriel et Parceval Ambrois. Pierre Ferrus, Urbain, Michel, Jean et Hippolyte de Naveisse, 1449-1451 — Obert et Claude, 1476 — Jean Baile-la-Tour, 1486 — Claude de Bardonnèche achète 600 florins la part de Robert Baile-la-Tour, le 19 novembre 1489 — Pierre Jeoffroy, 1490 — Raymond Baile-la-Tour vend sa part à Bertrand Brunissard, marchand de bois, 1498 — François et Jean Ambrois, Jean Ferrus, 1500 — Thomas de Naveisse, 1512-1541 — Hippolyte Brunissard achète la part de Gabriel et Louis de Naveisse, le 23 avril 1519 — Henri Jeoffroy, 1535 — Jacques et Bertrand Émé, 1541-1558 — Antoine de Bardonnèche et ses enfants Claude et Marguerite, 1541 — Jean de Naveisse, 1541-1556 — Bertrand, Raymond et Jean Brunissard, 1543 — Hippolyte de Bardonnèche, 1544 — Guillaume Jeoffroy, 1550-1580 — Antoine Ambrois, 1552-1560 — Gabriel, 1560-1588 — François Ferrus achète la part de François Roux, mari de Marguerite de Bardonnèche, le 30 octobre 1568 — Gaspard de Bardonnèche vend sa part à Jean Borel, le 14 juin 1577 — Jean de Naveisse, 1582 — Georges Ferrus, 1584 — Laurent et Henri Ferrus, 1592 — Bertrand Émé, 1599-1600 — Antoine Jeoffroy, 1600 — Pierre Ambrois, 1607-1620 — Catherine, 1610 — Laurent et Henri Ferrus achètent 50 écus d'or la part d'Antoine Brunissard, fils de Jean, le 18 septembre 1613 — Guillaume Ferrus vend sa part à son cousin Henri, 1616 — Henri Ambrois, 1620 —

Hugues et Jean Éimé vendent leur part à la communauté 118 écus d'or, le 10 février 1621 ; Pierre Jeoffroy, 1622-1670 — Étienne Ferrus, 1633 — Antoine de Naveisse, 1638-1671 — Claire et Antoinette Ambrois, 1640-1707 — Pierre-Gaspard Jeoffroy, 1680 — Jacques de Naveisse, 1700. — Par un acte du 21 juillet 1332, qui ne paraît pas avoir été mis à exécution, les coseigneurs de Névache avaient cédé au Dauphin leur seigneurie entière à charge d'une juste compensation. — *Histoire*. — 1250, 11 août, Guigues VII, dauphin, accorde une charte de privilège aux habitants de Névache et leur alberge leurs tailles moyennant 30 livres par an — 1334, Aragon de Naveisse est exécuté à mort à Névache pour avoir livré au duc de Savoie le fort de Paladru. — *Armoiries*. — De ..... à la rencontra de vache de fare.

LE PUY-SAINT-ANDRÉ. — *État ecclés*. — Le Puy-Saint-André, autrefois Puy-Brutinel, changea de nom, après avoir été érigé en paroisse, le 23 avril 1456 ; cette paroisse fut composée des Puys-Brutinel et Chalvin détachés de la paroisse du Puy-Saint-Pierre. En 1516 des chapelles de Notre-Dame et de Sainte-Barbe y avaient été fondées, et une chapelle de Sainte-Lucie existait au hameau du Puy-Chalvin. Le clergé paroissial se composait, au siècle dernier, d'un curé et d'un chapelain desservant le Puy-Chalvin. — En vertu de la transaction de 1747, les consuls payaient, pour les dîmes, 48 livres aux moines d'Oulx et huit setiers et demi de métayer à l'archevêque et au chapitre d'Embrun. — *Administr. et Justice*. — Le Puy-Saint-André ne formait, au moyen-âge, qu'une seule communauté, de même qu'une seule paroisse, avec le Puy-Saint-Pierre ; cette communauté portait le nom d'*Universitas Podiorum*. Au point de vue administratif et judiciaire elle dépendait absolument de Briançon. — *État féodal*. — Le Dauphin en était seul seigneur. — *Histoire*. — 1318, 26 octobre, le Dauphin Jean II accorde une charte de privilège aux habitants des Puys. — 1341, 16 novembre, Humbert II leur accorde le droit de bourgeoisie. — 1343, 15 juin, le même prince leur alberge moyennant 50 gros tournois ses revenus dans leur communauté.

LE PUY-SAINT-PIERRE. — *État ecclés*. — Dès 1148 la paroisse du Puy-Saint-Pierre était sous le vocable de saint Pierre ; en 1148 une bulle du pape Eugène III en confirma la possession à l'abbaye d'Oulx. En 1516 il y avait, dans cette église, deux chapelles dédiées toutes les deux à saint Antoine. En outre, dans le hameau nommé indifféremment Puy-Richard ou Puy-Saint-Pons, il existait une fort ancienne chapelle dédiée à saint Pons. Un seul curé desservait, au XVIII° siècle, cette paroisse. En vertu de la transaction de 1747 les consuls payaient aux moines d'Oulx 40 livres, et à l'archevêque et au chapitre d'Embrun cinq setiers un quart de métayer pour les dîmes. — *Administr. et Justice*. - Comme au Puy-Saint-André. — *État féodal*. — Le mas de Saint-Pons (Puy-Richard) constituait un alleu qui eut ses seigneurs particuliers ; le 17 septembre 1314 ils s'engagent à fournir au Dauphin un cavalier armé pour ses chevauchées ; le 24 janvier 1336 Raymond, Pierre et Jean Laurens et Jean Chabane lui prêtent hommage. A la fin du XIV° siècle le Dauphin était seul seigneur du Puy-Saint-Pierre. — *Histoire*. — Les dauphins Jean II. en 1318, et Humbert II. en 1341 et 1343, accordent aux habitants du Puy-Saint-Pierre les mêmes privilèges qu'à ceux du Puy-Saint-André. — 1581, 21 février, le village principal et l'église sont détruits par un incendie.

SAINT-CHAFFREY. — *État ecclés*. — Deux paroisses se divisaient cette communauté, celles de Saint-Chaffrey et de Chante-Merle. — *Saint-Chaffrey*. En 1118 Benoit, archevêque d'Embrun, confirma au monastère d'Oulx le don de l'église de Saint-Chaffrey, placée sous le vocable du saint dont elle portait le nom. En 1410 il y avait dans cette paroisse des chapelles dédiées de saint Jean-Baptiste et de saint Jean-l'Évangéliste ; en 1516 des chapelles de Saint-Chaffrey, Saint-Jean, Saint-Michel, Saint-Pierre, Saint-Grégoire et trois à Notre-Dame. En outre l'église de Saint-Arnoul, située à peu de distance du village et siège de la paroisse au XV° siècle, contenait des chapelles de Saint-Arnoul et de Saint-Sébastien. En 1742 les chapelles payant décimes étaient celles de Notre-Dame, Saint-Antoine, Saint-Chaffrey, Saint-Jean, Saint-Michel, Saint-Pierre, Saint-Grégoire et Saint-Sébastien. — *Chante-Merle*. Cette paroisse fut démembrée le 22 avril 1517 de celle de Saint-Chaffrey. Antérieurement il y avait dans ce village une chapelle de Saint-Jacques et Saint-André, et une de Saint-Roch au hameau des Édults. Le vocable choisi pour l'église nouvellement créée fut saint Jacques le Majeur. Le curé était alternativement nommé par l'archevêque d'Embrun, l'abbé d'Oulx et les habitants. — Humbert I°r et Anne, dauphins, donnèrent, le 8 juin 1302, 7 livres de rente à Saint-Chaffrey aux chartreux de l'Ile de Crénieu. Le monastère d'Oulx percevait, en vertu de la transaction de 1747, 164 livres pour la dîme de Saint-Chaffrey, et l'archevêque et le chapitre d'Embrun vingt-trois setiers de métayer. — *Ordres hospit*. — Les chevaliers de Saint-Jean de

Jérusalem percevaient dans cette communauté quelques censes dont le commandeur de Gap fit hommage le 27 juillet 1560. — *Hôpitaux*. — Peu avant 1228 un hôpital avait été fondé au hameau du Villard (qui prit le nom de Villard-la-Madeleine) par les hospitaliers du Lautaret (voir le Monétier-de-Briançon). En 1228 le prêtre Bontoux, originaire du Champsaur, en fit le siège d'un ordre religieux qu'il fonda sous le nom de la Sainte-Pénitence. Cet institut avait pour mission de soigner les voyageurs et de prier pour la délivrance du saint Sépulcre. Les hôpitaux du Lautaret, du col la Croix, de Lens et de Cercei-en-Oisans en dépendaient. L'existence de cet ordre fut éphémère ; dès 1229 la maison du Lautaret fut soustraite à son obédience, et une inondation ruina les bâtiments de l'hôpital du Villard. — *Administr. et Justice*. — Saint-Chaffrey dépendait absolument de Briançon au point de vue administratif et judiciaire. — *État féodal*. — Saint-Chaffrey fut d'abord le siège d'un fief fort important divisé entre plusieurs coseigneurs ; voici les noms de la plupart de ses possesseurs successifs : Jean Bérard, 1147 — Boniface, Chotel et Lantelme, dit de Altissimo, 1200-1232 — Hugonet, 1250 — Eudes, 1277 — Hugues Royer qui transige avec les consuls pour ses redevances féodales, 1287 — Richaud, Guillaume et Hugues Bérard, 1300 — Jean Rambaud, Pierre et Guillaume Jeoffroy, Bermond, Pierre et Aymonet Bermond, Raymond et Humbert Ysoard, Jean Vachier, Pierre et Lantelme Fabri, Catherine Fabri, fille de Guillaume, 1313 — Guillaume et Hugues Bérard, Martin, Lantelme et Armanet Charbonnel, Humbert, Martin et Guillaume de la Salle, 1315 — Jean, Thomas, Raymond, Guillaume et Pierre Jeoffroy, Guillaume de la Salle, Guillaume Rage, Pierre Fabri, Eudes Humbert, Jean, Isoard, Breton, Lantelme et Bermond Bermond, 1332 — Bérard, Jean, Thomas, Jean, François, Raymond, Guillaume et Hugues Bérard, Jean Rage, 1332-1365 — Beaudouin de Bardonnèche, 1345 — Pierre Bermond, 1347 — Guillaume Bérard, 1350 — Antoine, 1351 — Bernardon Bérard, Armand Rage, 1380 — Bertrand de Bardonnèche vend, pour 200 florins, sa part à Antoinette de Bardonnèche, veuve d'Antoine de Bardonnèche, le 16 novembre 1386. Elle échange cette seigneurie avec Antoine Tholosan, 1393 — Michel Bérard vend sa part, pour 22 florins, à la confrérie du Saint-Esprit de Saint-Chaffrey, 1393 — Pierre Bermond, 1394-1399 — Antoine Tholosan achète la part de Humbert d'Aigueblanche pour 140 florins, 1394 — Guillaume, Jacques, Armand, Jacques et Thomas Bermond, Rambaud Jeoffroy, Jean et Jean Fabri, Pierre et Jean Bérard, Jean Charbonnel, Viet et Embrun de la Salle, 1397-1399 — Guillaume Bermond et Pierre Jeoffroy, 1413 — Antoine Tholosan, 1417 — Claude, Pierre, Laurent, Jacques et Jean ses fils, 1427-1458 — Jacques et Louis de la Salle, Gonet Eynard, héritier de Breton Charbonnel, Bérard, Pierre, Claude, Jean et Claude Bérard, Michel Charbonnel, fils d'Antoine, 1443 — Rambaud et Jean Jeoffroy, 1490 — Claude Tholosan, 1497 — Balthazard Bérard achète la part de Claude Tholosan, 1530 — Jean Borel achète à Balthazard Bérard, 1557 — Balthazard, Émé, Oronce Bérard, Jean Borel, François Cordier et Jeanne Clavière vendent la seigneurie à la communauté pour 1,150 francs d'or, le 6 novembre 1557. Depuis lors il n'y eut plus de seigneurs particuliers à Saint-Chaffrey. — *Histoire*. — 1630, une maladie contagieuse ravage cette communauté. — 1722, 9 février, un incendie détruit le village de Chante-Merle — 1726, un autre incendie détruit celui de Saint-Chaffrey — 1779, 23 mars, deuxième incendie de Chante-Merle. — *Biographie*. — GARCIN (Bertrand), notaire à Grenoble, mais originaire de Saint-Chaffrey, laissa, par son testament du 29 juillet 1594, 800 écus pour faire des distributions le 1er mars et à la Pentecôte aux pauvres du Villard-la-Madeleine ; et une rente de 40 écus pour doter quatre filles pauvres ou entretenir deux filles impotentes, envoyer aux écoles quatre enfants du Villard la-Madeleine et faire apprendre un métier à trois autres. Les consuls de Saint-Chaffrey devaient être les distributeurs de cette bienfaisante fondation. — ALBERT (Antoine), né vers 1720, mort à Seynes au commencement du XIXe siècle, bachelier en droit canonique de la faculté de Paris, docteur en théologie, curé de Seynes (Basses-Alpes), auteur du précieux ouvrage que j'ai déjà plusieurs fois cité : *Histoire géographique, naturelle, ecclésiastique et civile du diocèse d'Embrun*, imprimé à cinq cents exemplaires et maintenant fort rare, d'une défense de cet ouvrage, plus rare encore, et de quelques livres de théologie.

SAINT-MARTIN-DE-QUEYRIÈRES. — *État ecclés*. — Dès 1118 l'église paroissiale de Saint-Martin-de-Queyrières portait le nom de *Ecclesia Sancti Martini de Ponte Rufo*, à cause du Pont-Roux jeté sur la Durance à peu de distance de ce village. En 1120 on la nommait *Ecclesia Sancti Martini de Caireria*. L'église de Saint-Martin, les chapelles de Queyrières et du Bouchier appartenaient en 1118 aux moines d'Oulx ; Benoît, archevêque d'Embrun, les leur confirma cette année-là. En 1389 il y avait dans le château de Queyrières une chapelle dédiée à Saint-Michel. En 1516 les chapelles payant décimes étaient celles de Sainte-Anne et Saint-Jacques et Notre-Dame-du-Clocher. En 1580, le 4 avril, le prêtre Raymond Pons fonda une chapelle de Saint-Étienne. A la fin du XVIe siècle il existait en outre une chapelle de St-Sébastien, une de Sainte-Marguerite au hameau de ce nom, trois au hameau du Bouchier, Notre-Dame-des-Sept-Douleurs, Saint-Hippolyte et Saint-Antoine et une de Saint-Jacques à celui de Prelles. En 1742 les chapelles payant décimes étaient celles de Notre-Dame-du-Clocher, de Sainte-Anne et de Saint-Jacques, à Prelles En vertu de la transaction de 1747, les consuls payaient pour la dîme 60 livres aux moines d'Oulx et huit setiers un quart de métayer à l'archevêque d'Embrun et au chapitre de cette ville; une petite portion des dîmes appartenait en outre au prieur de la Chalp, près Mont-Dauphin, dépendant de l'abbaye d'Oulx, et au curé de la paroisse. — *Hôpitaux.* — Il existait très anciennement un hôpital dans cette paroisse; il n'était pas supprimé au siècle dernier. — *Administr. et Justice.* — Saint-Martin-de-Queyrières dépendait, au point de vue administratif et judiciaire, de Briançon; mais pendant le moyen-âge il avait été le siège d'une châtellenie delphinale et sur le roc de Queyrières était élevé un château-fort destiné à défendre les frontières du Briançonnais du côté de l'Embrunais. — *État féodal.* — Le Dauphin possédait la plus grande partie de la seigneurie de Saint-Martin-de-Queyrières; le 19 juin 1343, Humbert II transigea avec les habitants relativement aux redevances seigneuriales qui lui étaient dues, pour la somme de 7 livres 15 sols. — En 1310, Jean II. dauphin, donna 50 francs de Lucerne de rente à Saint-Martin, assis sur la moitié du mas de Montorcier; il confirma cette donation le 22 avril 1314 en faveur de Pierre, fils de Chabert. Jacques, Pierre, Huet, Jacques et Chabert, 1339 — Aymonet, 1358-1374 — Chabert, 1384-1417 — Huet, 1418-1447 — Peyron, 1478-1487 — Jacques, Claude et Thomas, 1494. — Jeoffroy Charles ou Carles, premier président au Parlement, leur acheta ces 50 livres de rente évaluées à 15 ducats, en 1505 — Antoine, son fils les vend peur 300 livres à Bertrand et Jacques Emé, le 6 février 1531 — Bertrand Emé, 1541 — Jean et Hugues, ses fils, les vendent 1,300 livres à Jean Delmas, le 10 juillet 1619 — Antoine Ollanier, 1622 — Gabriel Martin et Antoine Celce, 1645. A cette époque la communauté racheta probablement cette rente. — Voici encore le nom de quelques seigneurs qui possédèrent fief à Saint-Martin : Raymond de Valpute, 1260 — Boniface, 1280-1326 — Albert et Pierre Bermond, 1301 — Noël, 1331 — Humbert de Valpute, 1332 — Boniface, Humbert, Albert, Alexis et Lombard de Laval ou Valpute, 1334 — Odet Bermond, Raymond, Albert et Arnaud d'Aurelle, Raymond, Guigues, Raymond et Guigues de Laval, Jean Brun, Guillaume et Aynard Giraud, Jean de Montorsier Guigues, Guillaume et Eudes Daye, Arnoul Ysoard, 1339 — Armand d'Aurelle, 1350 — Louis Agni, Georges de Laval, Louis Lagier et Lantelme Daniel, 1352 — Jean et Hugues Agni, 1380 — Lantelme d'Aurelle achète à Arnoul Ysoard la part de sa femme Marguerite le 20 septembre 1399 — Georges de Laval, 1399 — Jordan Bermond, 1399-1413 — Artaud de Laval, Louis, Huguet et Henri Agni, Jean Bermond, 1413 — Boniface de Laval, 1438 — Louis Agni, 1446 — Obert, 1484 — Vincent de Bardonnèche, 1506. Les droits féodaux, alors réduits à peu de chose, furent probablement rachetés par la communauté. — *Histoire.* — 1580, avril, Antoine de Rame, allant avec une troupe armée au secours des protestants qui avaient surpris Briançon, est défait au Pont-Roux par les milices briançonnaises. — 1587, juin, Gaspard de Bonne, seigneur de Prabaud, avec cinquante soldats, emporte le défilé du Pertuis-Rostan, prend sur les catholiques le château de Queyrières et le détruit. — 1629, 27 février, Louis XIII et Richelieu, allant en Italie, séjournent quelques heures à Saint-Martin. — 1692, juillet, Catinat établit à Prelles un camp destiné à surveiller la marche de l'armée d'invasion du duc de Savoie. — 1774, incendie qui détruit la plus grande partie du village principal.

LA SALLE. — *État ecclés.* — L'église paroissiale de la Salle fut confirmée en 1120, sous le vocable de saint Marcellin, au monastère d'Oulx, par Calixte II. — En 1450 une chapelle de Saint-Barthélemy y était fondée; en 1516 les chapelles de Saint-Christophe, Saint-Thomas, Saint-Pierre et Saint-Paul, Saint-Jacques et Saint-Sébastien, Sainte-Croix, Saint-Jacques et Saint-Marcellin y payaient les décimes. En outre, le hameau des Pannanches possédait une chapelle de Notre-Dame, celui du Béz une autre dédiée à l'Immaculée-Conception, et celui de Villeneuve une troisième à Sainte-Lucie. En 1742 les seules chapelles payant des décimes étaient celles de Saint-Fabien et Saint-Sébastien, de Saint-Jacques et de Sainte-Madeleine. Le clergé paroissial se composait, au siècle dernier, d'un curé et de deux vicaires pour le chef-lieu, de trois desservants disant le dimanche la messe dans les hameaux du Béz, des Pannanches et de Villeneuve. Les consuls payaient, en vertu de la transaction de 1747, au monastère d'Oulx, 118 livres pour la dîme et seize setiers et demi de métayer à l'archevêque et au chapitre d'Embrun. — *Ordres hospit.* — Les chevaliers de Saint-Jean de Jérusalem possédaient quelques revenus à la Salle; le commandeur de Gap en fit hommage le 27 juillet 1560. — *Hôpitaux.* — En 1343 une maladrerie existait dans le territoire de cette paroisse. — *Administr. et Justice.* — La Salle dépendait de Briançon au point de vue administratif et judiciaire. C'était dans son territoire que, au moins depuis le XVIe siècle, le châtelain de Briançon faisait sa résidence. — *État féodal.* — Les mêmes familles nobles qui étaient possessionnées à Saint-Chaffrey l'étaient également à la Salle, qui en est limitrophe; il n'y a donc qu'à se reporter à la liste des seigneurs que j'ai donnée pour Saint-Chaffrey. En 1413, Aynard et Louis de la Salle, Viet et Huguet Charbonnel, Pierre Bérard et Jean Jeoffroy prêtèrent hommage pour leurs alleux de la Salle et reconnurent devoir au Dauphin un cavalier armé pour ses chevauchées. — Le Dauphin, par deux actes de juillet 1226 et de décembre 1232, constitua, au profit de la famille Bérard, un immense fief qui prit le nom de *Fonds des Bérards*, et qui, étant limité par les ruisseaux du Bez, de Prorel, de Champ-Foran et de la Salle, englobait les montagnes de Granon, l'Oule, Christol et Longuet, et, passant dans la vallée de Névache, s'arrêtait seulement aux rives de la Clarée. Le 14 septembre 1314, Jean II en racheta un tiers pour 120 florins d'or et l'exemption de toute redevance pour le surplus. Ayant passé des mains des Bérards dans celles de la famille Bermond, ce fief porta, au XVe siècle, le nom de *Fonds des Bermonds* ou, plus simplement, de l'alleu de la Salle. Au XVIe siècle la communauté avait racheté les redevances féodales qu'elle payait en vertu de cette constitution de fief. — *Industrie et Commerce.* — 1782. Jean-Baptiste Prat établit au hameau de Villeneuve une manufacture de poterie. — 1783, Jean-Pierre Salle établit à la Salle une filature de coton qui occupa cinq cents ouvriers. — Jean-Antoine Prat y exploitait à la même époque, une assez importante fabrication de bas de laine, et quelques manufactures de draps grossiers y avaient été établies. — *Histoire.* — 1712, un violent incendie détruit la Salle. — *Biographie.* — BÉRARD (Flocard), fils de Richard Bérard, seigneur de la Salle, et d'Arnaude, était, en 1328, abbé et prévôt du monastère de Saint-Laurent d'Oulx.

LE VAL-DES-PRÉS. — *État ecclés.* — La communauté du Val-des-Prés était divisée en deux paroisses en 1516, le Mont-Genèvre et le Val-des-Prés. *Mont-Genèvre.* L'église paroissiale du Mont-Genèvre était dédiée à saint Maurice. En 1516 elle renfermait une chapelle de Notre-Dame; on la retrouve en 1742 avec une chapelle de Saint-Gervais et Saint-Protais nouvellement fondée. Au hameau des Alberts il existait une chapelle de Saint-Antoine. Le clergé paroissial se composait à la même époque d'un curé et d'un desservant pour le hameau des Alberts. — *Le Val-des-Prés.* Au commencement du XVIIe siècle la paroisse du Val-des-Prés fut subdivisée elle-même en deux paroisses, celles du Val-des-Prés et de la Vachette. L'église paroissiale du Val-des-Prés était sous le vocable de saint Claude, saint Joseph et saint Antoine; aucune chapelle n'y payait de décimes en 1516. Le clergé se composait d'un curé et d'un chapelain. — *La Vachette.* Cette paroisse datait du commencement du XVIIe siècle (elle était antérieure à 1621), était sous le vocable de l'Assomption de la Vierge. — Ces trois paroisses réunies payaient au monastère d'Oulx pour la dîme, en vertu de la transaction de 1747, 42 livres et cinq setiers et demi de métayer à l'archevêque et au chapitre d'Embrun. — *Hôpitaux.* — Le 6 mai 1202, le Dauphin avait fondé sur le col du Mont-Genèvre une importante maison hospitalière; par donation de Humbert II, du 19 juin 1343, elle percevait des revenus à Cézanne; des terres assez vastes lui appartenaient et les bénéfices du droit de paquérage de Briançon lui avaient été légués en 1261. Elle fut d'abord desservie par la congrégation des frères de Sainte-Marie-Madeleine, puis la direction en fut donnée à la fin du XIIIe siècle à l'abbaye de Saint-Victor, de Marseille, de l'ordre de Cluny: en 1282, le prieur de Romette en 1487, le prieur du Monétier, qui dépendaient de cette abbaye, en avaient l'administration. En 1789 le curé de Mont-Genèvre et les consuls la dirigeaient. — *Administr. et Justice.* — La communauté du Val-des-Prés dépendait de Briançon au point de vue administratif et judiciaire. — *État féodal.* — Elle ne reconnaissait d'autre seigneur que le Dauphin. — *Industrie et Commerce.* — Le hameau des Alberts est de temps immémorial un centre pour les tanneries et préparations des peaux de chamois, marmotte, agneau et chevreau. — *Histoire.* — Sous le nom de *Summæ Alpes*, *Matrona* et *Druentia* le Mont-Genèvre était une station de la voie de l'Italie à Arles par la vallée de la Durance; un temple y était élevé aux sources de cette rivière ou à la divinité topique *Matrona*. Le col du Mont-Genèvre fut extrêmement fréquenté de tout temps; peut-être Annibal, certainement César y passèrent ; ce fut l'une des routes suivies par les Lombards, les Hongrois, etc., quand ils voulurent envahir la vallée du Rhône. — 1266, Guigues VII, dauphin, accorde aux habitants du Val-des-Prés et du Mont-Genèvre une charte de privilèges. — 1494, 2 septembre, Charles VIII, allant en Italie, passe par le Mont-Genèvre. — 1495, 22 octobre, le même prince s'y arrête à son retour — 1537, 7 novembre, François I*r* allant en Italie pousse une reconnaissance jusqu'au Mont-Genèvre; 12 novembre, il traverse ce col — 1587, 10 mars, Honoré de Castellane, sieur de Saint-Jean, le capitaine Claveri et quelques autres sont tués dans un coup de main tenté par ordre de Lesdiguières pour enlever les barricades élevées au Mont-Genèvre par le capitaine ligueur La Cazette — 1629, 1*er* mars, Louis XIII et Richelieu allant en Italie traversent le Mont-Genèvre — 1692, juillet, Catinat établit au Mont-Genèvre un camp destiné à surveiller les mouvements du duc de Savoie. — *Armoiries.* — De la Vachette : *De... à une fasce surmontée d'une génisse passant.* — *Bibliogr.* — PILOT (J.-J.-A.). *Le Mont-Genèvre (Album du Dauphiné,* t. III, p. 209).

LA VALLOUISE. — *État ecclés.* — En 739 Abbon donna par son testament à l'abbaye de la Novalaise ses possessions en Vallouise *(Vallis Gerentonna)*; l'abbaye d'Oulx succéda au XI*e* siècle aux droits de celle-ci. Dès 1118 l'église paroissiale était sous le vocable de saint Étienne, protomartyr; Benoît, archevêque d'Embrun, en 1118, et le pape Calixte II, en 1120, confirmèrent à Oulx la possession des églises de Saint-Étienne, Saint-Geniès et Saint-Roman. Le même Benoît leur donna, vers 1105, une partie des dîmes de la Vallouise ; Taillefer, comte de Viennois, leur en donna une autre vers 1178. Un titre imprimé dans le cartulaire d'Oulx (p. 196) énumère les droits très nombreux que possédait ce monastère dans cette vallée. — Un prieuré fut fondé sous le titre de Saint-Étienne à Ville-Vallouise ; en 1342 il comptait, outre le prieur, trois chanoines. — Au XII*e* siècle les chapelles de Saint-Geniès et Saint-Roman existaient déjà dans cette paroisse; en 1172 on y trouve celles de Saint-Vincent, Saint-Michel, Saint-Jean l'évangéliste, Notre-Dame-de-Consolation, Saint-Sébastien, Saint-Pierre et Saint-Paul. En 1516 les chapelles de Saint-Claude, de la Trinité et de Notre-Dame s'étaient ajoutées aux précédentes; en 1742 leur nombre s'était encore accru des chapelles de l'*Ecce homo*, de *Quam genuit adoravit* et de Notre-Dame-du-Rosaire. Enfin, en 1783, il y avait en tout dans la paroisse quinze chapelles, dont celle de Saint-Vincent-Ferrier. — Le clergé paroissial, à cette époque, se composait d'un seul curé et de huit vicaires ou desservants qui disaient le dimanche les offices dans les hameaux du Puy-Saint-Vincent, du Puy-Aillaud, du Sarret, du Villard, des Claux et des Prés. — En vertu de la transaction de 1747, les consuls payaient pour les dîmes au monastère d'Oulx 522 livres et soixante-quatorze setiers de métayer à l'archevêque et au chapitre d'Embrun. — *Hôpitaux.* — Un hôpital datant du moyen-âge existait encore à Vallouise en 1789. — *Administr. et Justice.* — A l'époque romaine, Ville-Vallouise était probablement une station de la voie de Briançon à Mens-en-Trièves par le col de l'Eychouda, la Vallouise et le Val-gaudemar; le rédacteur de la carte de Peutinger en a indiqué l'emplacement sans en inscrire le nom — Au moyen-âge elle était le siège d'une châtellenie delphinale. La Vallouise avait formé d'abord un mandement particulier absorbé plus tard par celui de Briançon dont il ne put être détaché par la suite. — Au point de vue administratif et judiciaire, la Vallouise dépendait de Briançon. — *État féodal.* — Beaucoup de familles ont possédé des droits seigneuriaux en Vallouise. Voici la descendance des principales. — *Aurelle :* Arnaud, 1261 — Hugonet, Raoulet et Lantelme, 1265-1297 — Hugues, 1331 — Laurent et Arnaud, 1339-1350 ; — Lantelme, 1342-1366 — Antoine, 1380 — Lantelme, Jean et Pons, 1390-1399 — Marguerite, épouse de Pierre Disdier, 1399 — Arnaud, 1413 — Antoine et Florimonde, 1413-1450 — Claude, 1460 — Jeannet, Pierre et Telmon, 1472 — Pierre, 1480 — Louis, 1490 — Thomas, prêtre, 1550. — *Bardonnèche:* Boniface, 1266-1329 — Jean et Parceval, 1334 — Jean, 1352 — Obert et Louis, 1413 — Justet, 1420 — Obert, Thomas, Isoard, Jean et Antoine, 1460 — Thomas, 1490 — Vincent et Jean, 1506 — Étienne, 1612. — *Agni :* Boniface et Guillaume, 1266 — Albert et Louis, 1331 François, 1339 — Louis, 1350-1352 — François, Jean, Obert et Hugues, 1370-1373 — Louis, fils de François, Louis, fils de Jean, 1399 — Obert et Jean, 1472 — Albert, 1488. — *Montorcier :* Arnaud, 1222 — Lantelme, Pierre et Boniface, 1266 — Boniface, 1300 — Jean qui vend son fief au Dauphin et le reprend de lui en hommage le 16 novembre 1313 — Guillaume, Arnaud et Guigues, 1331-1334 — Jean, 1339 — Boniface, 1374 — Lantelme, 1376-1380. — *Lucerne :* Chabert, 1200 — Pierre, 1250-1290 — Chabert, qui se déclare vassal du Dauphin moyennant une rente de 50 sous, 1300 — Pierre, 1314 — Antoine, 1334 — Aymon et Jacques, 1337-1345 — Huet et Chabert acquièrent la part de Jeanne et Catherine, filles de Jacques, 1352-1358 — Guillaume, 1354 — Aymonet, 1358-1378 — Huet, 1380 — Chabert, 1384-1413 — Huet, 1417 — Marc, 1447 — Humbert, 1472 — Perron, 1478 — Jacques 1494-1500 — Jean-Claude, 1506. — *Narcisse* : Jean, 1420 — Urbain, 1472 — Jean, 1486 — Thomas, 1512-1541 — Jean, 1556 — Antoine, 1619 — Antoine, 1638-1671. — *Rage* : Barthélemy, 1200 — Pons et Raymbaud, 1262-1266 — Jean, Arnaud, Étienne, Pierre et Boniface, 1292-1332 — Arnaud et Michel, 1347 — Arnaud, 1390. — *Valpute*, nommée plus souvent *de Laval* : Étienne, 1173 — Raymond et Guigues, 1260-1265 — Boniface et Raymond, 1280-1329 — Jean, 1330 — Eudes, Guy, Bertrand et Raymond, 1330-1332 — Albert, Lombard, Raymbaud, Bertrand, Mondon, Raymond, Fazy, Hugues, Guigues et Arnaud, 1334-1339 — Raymond et Rosette, femme de Guillaume Raoul, 1350-1366 — Jorend, 1375 — Albert et Georges, 1399 — Guigues et Pierre, 1407 — Antoine, 1438-1440 — Jean, 1458 — Jean, 1534. — Voici encore les noms de quelques possesseurs de fiefs en Vallouise : Guillaume d'Orcières, Pons et Raymond Giraud, Guigues du Vernet, Yssondet Porte, Lantelme Eudes, Guigues Yssondet, 1265 — Arnaud Giraud, 1290 — Hugues Giraud et Albert Bermond, 1301 — Raoul Bermond, Martin et Eudes Baile, Pierre Hugues, Guillaume et Eynard Giraud, 1323 — Grégoire et Gondin Ysoard, 1329 — Pierre Néhelli, 1331 — Melchior Guillaume, 1331-1334 — Aynard et Guillaume Giraud , Guigues , Guillaume et Eudes Daye, Arnoul Ysoard, Jean Bermond, Jean Brun, 1339 — Telmon des Vigneaux, Guillaume Giraud et Jean Bermond, 1350 — François Rochette, 1351 — Raymond Bermond, 1362 — Isoard Bermond, 1373 — Rodolphe Nevière qui meurt en 1374 — Vesparo du Vernet, 1382 — Guillenette Bermond, 1399 — Jean et Hugues Giraud vendent à la communauté leur part en 1406 — Guillaume et Marguerite Bermond, Marguerite et Thomas Chaix, Antoine et Bartole Bermond, 1413 — Jean Bermond, 1472 — Antoine Astod achète la part du précédent pour 6 florins le 22 avril 1478 — Louis Bermond, 1490 — François Sibond, héritier de Justet de Bardonnèche, vend à Michel Martin le 24 mars 1503 — Étienne et Pierre Stodi, 1516. Les consuls de la Vallouise rachètent ce fief. — Par une série d'actes du 26 novembre 1309, du 16 janvier 1312, du 5 novembre 1315, du 12 septembre 1316 et du 9 septembre 1317, le dauphin Jean II céda aux habitants de la Vallouise ses droits de police rurale, de tasches ou corvées, ses redevances en foin, les autorise à transmettre héréditairement leurs biens, à faire pâturer, à bûcherer dans ses forêts, à construire des moulins, des fours et à creuser des canaux, moyennant une rente annuelle en grains. En 1339 la Vallouise rendait au Dauphin deux cent soixante-dix-neuf setiers de seigle, quarante d'avoine, six quintaux et demi de fromage et environ 1.000 florins. Le 19 juin 1343, Humbert II leur remit toutes ses rentes en nature moyennant le paiement annuel de 16 livres 5 sols tournois. — *Industrie et Commerce*. — 1487, 25 avril, le Dauphin concède à Jean Magnin toutes les mines de la Vallouise pour vingt ans. — 1525, 14 novembre, François Ier autorise la création d'une foire à Vallouise le 4 octobre. — Les femmes de la Vallouise, depuis une époque très reculée, fabriquent des dentelles très grossières, mais d'un dessin élégant et artistique. — *Histoire*. — Au moyen-âge la Vallouise était presque exclusivement habitée par les hérétiques Vaudois ; dès 1096 leur présence y est signalée par le Pape. D'abord laissés en paix à cause de leur éloignement, de leur petit nombre et de leur caractère pacifique, ils furent poursuivis en 1335 et 1348 par ordre du dauphin Humbert II, dont le zèle fut excité par une bulle papale. Cette persécution n'ayant pas empêché cette petite secte d'exister et même de s'étendre, le Pape délégua un inquisiteur nommé François Borelly, qui, de 1383 à 1408, fit brûler un grand nombre de Vaudois. Sur ces entrefaites (1401), saint Vincent-Ferrier passa en Vallouise, y séjourna quelque temps et il pensa avoir définitivement converti les Vaudois. Il se trompait, et tout le xve siècle ne fut qu'une série d'actes de violence, d'emprisonnements et de supplices ; les choses allèrent si loin que Louis XI, par une lettre du 18 mai 1478, crut devoir prendre ces malheureux sous sa protection, et, comme témoignage de reconnaissance, ils donnèrent le nom de *Vallis-Loysia* à leur pays, qui portait auparavant celui de *Vallis-Puta* (vallée infecte). Cependant, en 1487, les informations et les emprisonnements recommencèrent ; suivant un procès-verbal des archives de l'Isère, cinq cents Vaudois étaient à cette époque l'objet d'ajournements et la plupart étaient emprisonnés. Deux ans plus tard (mars 1489), Charles VIII édictait en leur faveur des lettres d'abolition, leur faisait restituer leurs biens et leur liberté ; mais, peu de mois après, les rigueurs redoublèrent, on se livra, dans la Vallouise, à un massacre systématique, et la partie la plus vaillante de la population s'étant réfugiée dans une caverne près du quartier de l'Aile-Froide, on l'y enfuma le 20 avril 1489 et tous périrent. Cette terrible exécution ne suffit pas, paraît-il, à faire disparaître les Vaudois, car, par lettre du 25 juin 1489, le Roi ordonna de continuer à informer contre les survivants. L'inquisiteur Albert de Catane remplit à cette époque le rôle qu'avait rempli cent ans plus tôt François Borelly. Le 1er septembre 1494, Charles VIII se dirigeant d'Embrun sur Briançon et ensuite en Italie, apprit qu'un Vaudois très influent dans le pays se cachait non loin de là; il le fit saisir et pendre par son prévôt à un arbre de la route. Ces persécutions prirent fin le 12 octobre 1501 par des lettres-patentes de Louis XII, qui prenait les Vaudois sous sa protection et défendait de les inquiéter. Le pays était dépeuplé, ce qui n'avait pas péri avait abjuré ou s'était expatrié. — *Biographie*. — LÉOTAUD (Vincent), surnommé le P. Vincent de Vallouise, né en 1595, mort à Embrun le 16 juin 1672, jésuite, auteur de plusieurs ouvrages fort estimés sur les mathématiques. — ROSSIGNOL (Jean-Joseph), né le 3 juillet 1726, mort à Turin en 1817, jésuite, auteur d'une multitude d'ouvrages d'histoire, sciences, pédagogie, théologie, philosophie, qui ne forment pas moins de soixante-quinze volumes, réimprimés à Turin en trente-deux volumes in 8°. D'abord professeur au collège d'Embrun, puis forcé de s'expatrier au moment de la Révolution, il professa les mathématiques à Wilna, à Milan, et mourut sans avoir revu la France. Les éditions originales de ses ouvrages sont en général fort rares. — *Bibliogr*. — MUSTON (Alexis). *L'Israël des Alpes*, Paris, 1853, 4 vol. in-12. — ROSSIGNOL (le P.). *Lettres sur la Vallouise*. Turin, Suffetti, 1804, in-8°.

LES VIGNEAUX. — *État ecclés*. — L'église paroissiale des Vigneaux est sous le vocable de l'Annonciation; l'abbaye d'Oulx, qui en avait le juspatronat et avait succédé à celle de la Novalaise, y créa un prieuré qui fut uni à la cure avant 1516. Les *Cordeliers* de Briançon possédaient, en 1612, quelques propriétés dans cette paroisse. L'une des plus anciennes chapelles qui y étaient fondées est celle de Notre-Dame-de-Consolation existant déjà en 1472 et subsistant encore en 1742. Une autre chapelle dédiée à Notre-Dame existait en 1516, mais avait été supprimée en 1742. — Le clergé se composait, en 1783, d'un curé et d'un vicaire. — Les moines d'Oulx étaient décimateurs de cette paroisse; le chapitre d'Embrun leur avait cédé, en 1204, moyennant un cens de 2 sols, tous les droits qu'il pouvait avoir sur la dîme des Vigneaux. — *Protestants*. — Un temple protestant avait été construit aux Vigneaux; il fut démoli par ordonnance royale du 27 novembre 1684. — *Administr. et Justice*. — Dépendait, au point de vue administratif et judiciaire, de Briançon et de la châtellenie de Vallouise. — *État féodal*. — Un fief avec maison-forte existait de toute ancienneté aux Vigneaux; il portait le nom de la Bâtie et rapportait 30 livres de rente. Le Dauphin, qui en était le maître, le donnait en garde à un de ses gentilshommes. Voici le nom de ses possesseurs : Pierre de la Cour, 1220 — Obert de Bardonnèche, 1284 — Chabert de Lucerne, 1300 — Pierre, 1314 — Antoine et Jacques, 1334-1338 — Guillaume et Chabert, 1358 — Aimar, fils de Guillaume. Jacques et Huet, fils de Chabert, 1374 — Chabert, fils de Huet, 1390 — Huet, 1418-1447 — Peyron, Humbert et Marc, 1447-1478 — Jacques, fils de Peyron, 1494 — Jacques, Claude et Thomas vendent ce fief pour 1,900 écus d'or à Jeoffroy Charles ou Carle, premier président du parlement de Grenoble, peu avant octobre 1505 — Antoine Carle, 1516-1532 — Antoine, son fils, fait héritiers Olivier, son frère, et Louise Sarrazin, sa mère, qui vendent quelques rentes féodales à la communauté le 17 novembre 1554, pour 853 livres, et le fief à Honoré du Bonnet, en 1559 — Gaspard du Bonnet, 1603 — Jacques et Guillaume, 1619-1624 — Honoré, fils de Jacques, et Jacques, fils de Guillaume; ce dernier vend sa part au premier, qui revend le tout pour 3,000 livres à Jean du Prat le 3 septembre 1641 — Jean du Prat, 1641-1690 — Georges, 1700 — Claude-Joseph de Pons, 1743 — Jean-Bonaventure, 1780 — Georges Roux-la-Croix, 1789. — *Histoire*. — 1319, réparation de la fortification barrant la vallée nommée maintenant le Barri, et alors *fortificatio Bastide*. — 1587, juin, le capitaine Gaspard de Bonne, seigneur de Prabaud, avec cinquante soldats protestants, s'empare de cette fortification et rase le château qui la soutenait.

LE VILLARD-SAINT-PANCRACE. — *État ecclés*. — En 1148 l'église paroissiale du Villard-Saint-Pancrace consacrée au saint dont le village porte le nom, fut confirmée par le pape Eugène III aux moines d'Oulx; Raymond, archevêque d'Embrun la leur confirma de nouveau en 1168. En 1516 les chapelles payant décimes étaient sous les vocables de saint Jacques, saint Barnabé, Notre-Dame-de-Grâce, Notre-Dame de Pitié, et la Sainte-Croix. A cette époque une chapelle de Saint-Pancrace, but d'un pèlerinage très fréquenté, existait sur une hauteur à peu de distance du village. De ces chapelles celles de Saint-Jacques et Saint-Pancrace existaient seules en 1742. Le clergé paroissial se composait, en 1783, d'un curé et d'un vicaire En vertu de la transaction de 1747, les consuls payaient pour la dîme 122 livres au monastère d'Oulx et quinze setiers de métayer à l'archevêque et au chapitre d'Embrun. - *Ordres hospit.* — L'ordre de Saint-Jean de Jérusalem avait possédé au Villard-Saint-Pancrace une habitation nommée la maison de Saint-Jean, de laquelle dépendaient la chapelle de Saint-Jean-du-Bois et les îles de Saint-Jean au bord de la rivière de Durance. Dès 1560 les chevaliers de Saint-Jean ne possédaient plus rien de ces propriétés dans lesquelles ils avaient peut-être succédé aux Templiers. — *Hôpitaux.* — En 1377 il existait une maladrerie au Villard-Saint-Pancrace. — *Administr. et Justice.* — Dépendait de Briançon au point de vue administratif et judiciaire. — *État féodal.* - Le Dauphin possédait la majeure partie du fief du Villard-Saint-Pancrace; en 1436 la communauté ayant acquis quelques droits féodaux de Bertrand de Bardonnèche, le Dauphin s'en saisit par droit de préemption. Les petits fiefs de la Tour et de Champronet appartenaient à des seigneurs particuliers; voici la liste de leurs possesseurs : Pierre Baile-la-Tour, 1200 — Antoine, 1220 — Bertrand, 1300 — Guillaume, 1337 — Alberton, 1350 — Hugues, 1375-1399 — Raymond, 1408-1413 — Antoine, 1476 — Albert et Catherine ; cette dernière épouse Huet de Lucerne et le fief se divise en deux parties. 1432-1448 (les descendants de Huet de Lucerne furent Peyron, 1478 — Jacques, 1494 — Peyron, qui vend sa part à la communauté en 1500), Michel et Jean, fils d'Albert Baile-la-Tour 1418-1458 — Étienne, Jacques, François et Simon, 1480-1511. — La seigneurie se divise en quatre parts : 1° Albert, fils d'Étienne, 1580 — Albert, 1618-1621 — Jacques et Raymond, 1645 — Antoine, Raymond, Jacques et Étienne, 1684 — — 2° Michel Fine achète la part de Jacques Baile vers 1480 — François, Pierre et Antoine, ses fils, 1490-1493 — Oronce et Antoine, fils de François, et Jean, fils d'Antoine ; les deux derniers vendent leur part à Bertrand Brunissard, pour 120 florins, 1535-1560 — Oronce Fine conserve la sienne (1535), la transmet à son fils André (1560) et à son petit-fils Bernardin (1589) — Bertrand Brunissard a pour fils Antoine 1500-1600 — Raymond, fils d'Antoine, 1620. Le fils de ce dernier, Pierre, vend pour 1,650 livres sa part à Georges Grand, le 16 août 1656 — 3° Jean Baile, fils de François, et Guillaume, prêtre, son frère, vendent à Luc Martin leur part pour 300 florins et quelques terres en échange, en 1568-1569 — Blaise Martin, 1580 — Catherine, sa fille, épouse Claude Colombat, 1606 — Jacques Colombat, 1622 — Laurent, 1667-1684 — 4° Albert Baile, fils de Simon, vend pour 9 écus d'or sa part à Pierre Cordier, le 18 décembre 1587 — Étienne Cordier,

1645 — Claudine, sa fille. épouse de Jean Nicolas, 1685. — Ces quatre seigneuries furent peu à peu acquises par la famille Grand, qui prit le surnom de Grand de Champronet : Georges Grand, 1656 — Pierre, 1684-1696 — Georges, 1735-1755 — Raymond, 1760 — Georges et Antoine, 1768-1789. — *Histoire.* — 1314, 11 novembre, Jean II accorde aux habitants une charte de libertés — 1515. juillet, trois mille lansquenets conduits par le capitaine Maignet en Italie et logés au Villard-Saint-Pancrace, l'incendient par mégarde. Le 9 avril 1516, François Ier exempte la communauté de six ans d'impôts à cette occasion. — *Biographie.* — BAILE-LA-TOUR (Pierre), de la famille des seigneurs du Villard-Saint-Pancrace, prévôt puis évêque d'Apt (1256-1268), mourut à Marseille le 30 mai 1268. — FINE (Oronce), quelques biographes font naître au Villard-Saint-Pancrace, dont il était en effet coseigneur. ce mathématicien qui est plus universellement considéré comme originaire de Briançon.

4. CHATELLENIE DU QUEYRAS.

Le châtelain du Queyras fut de tous les châtelains du Briançonnais celui qui conserva le plus d'autorité même après la création des baillis, à cause de l'éloignement du Queyras de la ville de Briançon et de l'importance de cette vallée, frontière de l'Italie, dans laquelle les Dauphins possédaient un château-fort qui jouait un rôle considérable dans la défense de la contrée. Voici le nom de quelques-uns de ces magistrats : Dodon Bard, 1274 — Aimeri Leuczon, 1315-1317 — André de Vaulnavais, 1318-1320 — Chaffrey Royer, 1322 — Jean de Bellegarde, 1327-1330 — Guigues Leuczon, 1335-1341 — Rodolphe d'Arlo, 1344-1345 — Jean Paviot, 1378-1388 — Jean Garcin, 1389-1400 — Guy de Sassenage, 1401-1410 — N.. Gras, 1412-1414 — Livet de Commiers, 1418-1423 — Daudon de Châteauroux, 1451 — Alexandre Riondel, 1456-1483 — Bernard Sigaud, 1498.

ÉCARTON DU QUEYRAS.

Il comprenait la vallée entière du Guil depuis le défilé nommé les Combes-du-Queyras jusqu'au Mont-Viso ; à l'époque gauloise, cette contrée était habitée par la nation des *Quariates*. — Les Dauphins y implantèrent leur autorité aussitôt que dans le Briançonnais proprement dit. Il y avait en Queyras sept mistralies : au Château-Queyras, à Arvieux, à Molines, à Aiguilles, à Ristolas, à Saint-Véran et à Abriès. Le Dauphin possédait le haut domaine de toute la contrée en 1260, le droit absolu de justice, de chasse, de pêche ; la propriété des eaux, bois, montagnes et terres vagues ; il percevait des redevances de pâquerage, de riverage, de bûcherage, de pulvérage, de chevalage ; chaque maison lui devait un chapon pour droit de fouage ; chaque personne 2 sols ou un mouton pour droit de pâturage ; les tâches ou corvées étaient albergées pour cent quarante setiers de grains ; il percevait la taille comtale, le plaid à miséricorde pour les mutations, une somme arbitraire pour les cas impériaux et les deux tiers des dîmes, dont il laissait un tiers aux mistraux pour leur rémunération. A ces revenus s'ajoutaient les droits réels qu'il pouvait posséder sur les terres. En 1339 le Queyras rapportait au Dauphin 649 livres 3 sols 8 deniers, neuf cent quatre saumées de seigle, sept cent quatre d'orge ou avoine, quarante-deux livres de cire, trois agneaux et trois cent trente-quatre chapons. Les transactions conclues par Humbert II, en 1343, avec le Briançonnais, eurent également leur effet en Queyras. Je renvoie à ce que j'en ai dit à l'article de la *Principauté du Briançonnais*. Par une charte du 19 juin 1343, le Dauphin céda aux communautés du Queyras ses revenus en nature, moyennant 67 livres tournois. — Il n'y avait aucun fief particulier en Queyras, mais plusieurs familles nobles y possédaient des droits seigneuriaux ; le 13 décembre 1311, Jean II, dauphin, leur concéda une charte de privilèges fort importante. Peu à peu ces droits seigneuriaux furent éteints par des acquisitions successives des communautés. Voici les noms de quelques-uns de ces nobles : 1311, Pons et Guillaume Albert, Marquet et Hugonet Humbert frères, François et Pierre Humbert, Pierre Blanc, Albert Ysnard, Hugues et Antoine Nehelli, Bertrand Giraud, Lantelme et Pierre Rostaing, Pierre Rostaing, fils de feu Lantelme, Albert et Guillaume Albert, Guigonne, fille de feu Pierre Rivière, Perrette, fille de feu Eudes d'Arvieux, Alix, fille de feu Arnaud d'Arvieux, Guigonet Albert, Arnaud, fils de feu Arnaud Eudes. — 1339, Guigues, Leuczon et Pierre du Château, Jean Bertrand, Laurent Nehelli, Antoine, Jacques, Pons, Guigues, Guillaume et Jacques Albert, Guillaume et Pierre Rostaing, Guillaume et Hugues Rage, Berton, Jacques, Guillaume et Jacques Martin, Guigues, Jean, Guillaume et Pierre Eudes, Jean et Falcon de Molines, Pierre Donzel, Jean Fenouil, Guillaume Bérard, Rambaud Ribaud, Armand, Eudes, Arnaud et Guillaume Rambaud, Raymond des Combes. — 1419, Sadon, François, Guillaume et Antoine Rambaud, Pierre Barthélemy et Guillaume Donzel, Guillaume Franc. — 1445, Jean et André Donzel, Jacques Humbert, Honoré, son oncle, Alix et Marguerite, ses nièces, Arnoul et Manon Humbert, André, Lantelme et Jean Nehelli, Sadon Olivier. — 1490, Chaffrey, Raymond, Barthélemy et André Rambaud, N... Humbert, Pierre et Oronce Émé, Chaffrey Humbert. — Voici la descendance de la famille de Queyras qui avait le plus de droits et d'autorité dans cette vallée et qui paraît y avoir séjourné le plus longtemps : Guillaume de Queyras, 1247 — Pierre, Gilbert, Obert et Eudes, vers 1300 — Lantelme, Gabriel, Allemand, Raymond, François, Pons, Aynard, Jean, Pierre, Aynard, Pierrette, Marquet, Hugonet, François et Pierre, 1311 — Bertrand, 1330 — François, Pierre, Gabriel, Raymond, Guigues, Arnoul, Ardicon, Solermis et Guillaume, 1371-1402 — François, dit Gabriel, et François, 1398-1410. — Le 24 novembre 1421 le Dauphin donna à son chambellan, Borgne Caqueran, le Queyras entier en fief, mais ce seigneur l'échangea le 12 mai suivant, pour une autre terre. — Le 28 juillet 1644 Claude de Chabo acheta au domaine cette châtellenie : cette vente ne tarda pas à être résiliée. — Le 13 juillet 1531 le Dauphin albergea à Emmanuel Julien toutes les mines d'or qu'il pourrait trouver en Queyras. — L'archevêque d'Embrun avait la collation de toutes les cures de cette vallée, au nombre de neuf. — *Bibliogr.* — ALBERT (abbé). *Histoire géographique, naturelle, ecclésiastique et civile du diocèse d'Embrun* (t. I, p. 315-351). — *Onze temples usurpés dans la vallée du Queyras, qui n'a que huit lieues et huit paroisses* (s. l., n. n., n. d.) in-8°.

ABRIÈS. — *État ecclés.* — L'église paroissiale d'Abriès était sous le vocable de saint Pierre, saint Paul et saint Antoine. Les chapelles payant dîmes étaient, en 1516 et en 1742, celles de Saint-Blaise et de Sainte-Catherine. Le clergé se composait, en 1783, d'un curé, d'un vicaire et d'un chapelain institué, en 1384, par Pons Albert. — En 1729 on créa un desservant pour le hameau des Roux, fort éloigné du village principal, et on y construisit une église qui fut terminée en 1751 seulement. Ce desservant devait se rendre au chef-lieu de la paroisse le dimanche pour y chanter la grand'messe. — *Protestants.* — Une église protestante s'organisa à Abriès vers 1562 ; le temple fut démoli par arrêt du conseil du 11 décembre 1684. — *Administr. et Justice.* — Dépendait de la châtellenie du Queyras, du vibaillage de Briançon et de la subdélégation du Château-Queyras et de Briançon. — *État féodal.* — Voir à l'article consacré à l'Écarton du Queyras. — *Industrie et Commerce.* — Le 16 août 1259 Guigues VII, dauphin autorise la création d'un marché à Abriès tous les mercredis et lui confère de grands privilèges. — 1604, août, Henri IV établit deux foires à Abriès le 1er juin et à la Saint-Michel. — *Histoire.* — 1282, 6 novembre, Humbert Ier et Anne dauphins concèdent à Abriès une charte de privilèges lui permettant de se clore de murs, d'élire des syndics, de s'imposer, les exemptant de tailles, moyennant 37 livres par an. — 1560, Abriès, comme la majorité du Queyras, adopte la réforme. — 1574, octobre, les Vaudois des vallées italiennes viennent au secours des protestants du Queyras, poursuivis par le gouverneur de Briançon. — 1583, octobre, les capitaines La Cazette et Mures, chefs de la ligue en Briançonnais, entrent en Queyras et sont obligés d'en sortir après avoir perdu une partie de leur troupe. — 1685, après la révocation de l'édit de Nantes, Abriès perd une grande partie de ses habitants qui s'expatrie. — 1692, juillet, Schomberg, avec quatre mille hommes de troupes du duc de Savoie, entre en Queyras et en sort le 3 août sans avoir rien accompli d'important. — 1706, 6 janvier, une avalanche détruit le hameau des Granges. — 1729, le torrent du Bouchet envahit Abriès et le détruit en partie.

AIGUILLES. — *État ecclés.* — La paroisse d'Aiguilles est sous le vocable de saint Jean-Baptiste ; en 1516 les chapelles payant décimes étaient celles de Saint-Jacques, Saint-Lazare et Notre-Dame-de-Pitié ; en 1742 une nouvelle chapelle, celle de Saint-Jacques, était venue s'ajouter aux précédentes. Le dauphin Humbert II, en 1342, en fondant le monastère de Montfleury, lui donna des revenus en Queyras ; les consuls d'Aiguilles payaient à ce monastère à la décharge du Dauphin 61 ducats de dîme. Le clergé paroissial se composait, en 1783, d'un curé et d'un vicaire dont la création remontait à 1750 seulement. — *Protestants.* — Ils avaient un temple à Aiguilles ; il fut démoli par arrêt du conseil du 27 novembre 1684. — *Administr. et Justice.* — Comme à Abriès. — *État féodal.* — Voyez l'article Écarton du Queyras. — *Industrie et Commerce.* — J'ignore la date de la fondation de la foire d'Aiguilles, du 25 juin, mais elle paraît ancienne.

ARVIEUX. — *État ecclés.* — Jusqu'en 1499 Arvieux ne forma qu'une seule paroisse ; à cette date on en détacha celle du Véyer. — *Arvieux.* La paroisse est sous le vocable de saint Laurent ; en 1516 des chapelles de Saint-Vincent, Saint-Antoine, Saint-Claude et Saint-Jean-Baptiste, qui existaient encore en 1742, payaient des décimes. Un seul curé desservait cette paroisse. — *Le Véyer.* Fut fondée en 1499 avec les hameaux du Véyer, des Escoyères, de Bramousse et de Montbardon, détachés des paroisses d'Arvieux, Guillestre et Château-Queyras. L'église paroissiale était dédiée à saint Claude ; un seul curé la desservait. — *Hôpitaux.* — Un hôpital existait au hameau des Escoyères, sur l'ancienne route du Château-Queyras à Eygliers, il était sous le titre de Sainte-Marie-Madeleine, à laquelle une chapelle était consacrée ; il fut, vers le XVIe siècle, uni à l'abbaye de Boscodon, près d'Embrun ; un religieux de cette abbaye était encore titulaire de ce petit bénéfice en 1769. — *Protestants.* — Les protestants étaient en majorité à Arvieux et y avaient un temple qui fut démoli par arrêt du conseil du 11 décembre 1684. — *Administration et Justice.* — Comme à Abriès. — *État féodal.* — Comme à Écarton du Queyras. — *Industrie et Commerce.* — Le 1er avril 1311 Jean II, dauphin, concéda à Isnard Isoard les hauts fourneaux nommés la Fusine *(Fodina)* situés près du ruisseau du Colombier, l'exempta de tous péages, lui donna le droit de prendre l'eau nécessaire aux ruisseaux voisins pour mettre en mouvement ses machines, lui permit de se servir de ses bois pour ses hauts fourneaux et de faire apporter des matières premières du marquisat de Saluces. Cette industrie comportait alors deux hauts fourneaux, deux martinets et quatre cheminées. Le 9 septembre 1313 le Dauphin confirme cette concession. Le 13 janvier 1320 (1321) Isnard Isoard céda son établissement à Confortinus Ferrari, italien. Avant 1411 les eaux du Guil emportèrent les bâtiments et l'industrie cessa d'exister. Le 3 août 1426 le bois de la Fusine fut vendu aux enchères et acheté par la communauté de Saint-Véran, moyennant un florin de Gênes de rente annuelle. — *Bibliogr.* — CHABRAND (Dr). *Les Escoyères en Queyras.* Grenoble, Drevet (1881), in-8°.

MOLINES. — *État ecclés.* — En 739 Molines fut donné par Abbon à l'abbaye de la Novalaise. Dès le XIVe siècle son église paroissiale était sous le vocable de saint Romain. En 1448 cette paroisse avec une chapelle de Sainte-Anne ; en 1516 et en 1742 des chapelles de Saint-Barthélemy et de Saint-Sébastien y payaient les décimes. La chapelle de Saint-Simon, construite sur une montagne voisine était, dès le XVIe siècle, l'objet d'une grande dévotion dans la contrée. — Par suite d'une donation faite en 1342 par le dauphin Humbert II aux religieuses de Montfleury, les consuls de Molines payaient à ce monastère 110 ducats et 3 gros de Gênes de pension annuelle. — Le clergé se composait, en 1783, d'un curé et de son vicaire ; ce dernier desservait spécialement le hameau éloigné de Fontgillarde, dans lequel était une chapelle de secours dédiée à saint Pierre. — *Protestants*. — Ils avaient à Molines un temple qui fut démoli par arrêt du conseil du Roi, du 4 décembre 1684. — *Admini tr. et Justice*. — Comme à Abriès. — *État féodal*. — Voyez l'article Écarton du Queyras. — *Industrie et Commerce* — 1613, mars, Louis XIII crée deux foires à Molines le lendemain de la Pentecôte et le jour de Saint-Barthélemy. — *Histoire*. — Vers 1568 les habitants de Molines ayant en grande partie embrassé le protestantisme, le curé catholique, si l'on en croit un récit quelque peu suspect, aurait été massacré avec des raffinements de cruauté. — 1574, janvier. La Cazette, capitaine catholique, veut interdire à Molines le culte réformé, mais il n'obtient pas l'assentiment de Gordes, gouverneur du Dauphiné. — 1685, une grande partie de la population s'expatrie après la révocation de l'édit de Nantes.

RISTOLAS. — *État ecclés*. — L'église paroissiale de Ristolas était sous le vocable de saint Marcellin ; au hameau de la Monta était une chapelle de Saint-Laurent. Le clergé se composait, en 1783, d'un curé et d'un desservant pour les hameaux de la Monta et des Chalps. — Le dauphin Humbert II donna, en 1342, aux religieuses de Montfleury, les deux tiers des dîmes de Ristolas qui lui appartenaient, et les consuls payaient encore de ce chef 8 ducats à ce monastère en 1789. — *Hôpitaux*. — Dès 1228 une maison de refuge avait été construite sur le Col-la-Croix qui conduit du Queyras en Italie; elle portait le nom de *domus in nube de Lucerna* (maison dans les nuages qui sont au-dessus de la vallée de Lucerne). Elle était sous la direction de l'hospice du Villard-la-Madeleine, commune de Saint-Chaffrey. — *Administr. et Justice*. — Comme à Abriès. — *État féodal*. — Voyez l'article Écarton du Queyras. — *Histoire*. — 1475, 10 mai, lettres royales déchargeant les habitants de Ristolas du tiers de 104 ducats d'impôts pendant dix ans, à cause des calamités dont ils avaient été victimes et de la destruction de leur église qu'ils avaient dû reconstruire. — 1480. Le marquis de Saluces fait creuser à travers un contrefort du Mont-Viso un souterrain nommé la Traversette, pour le transport des marchandises de France en Italie. — 1692, juillet, Schomberg, avec quatre mille hommes, la plupart protestants réfugiés, traverse le Col-la-Croix et ravage toute la contrée. — *Bibliogr*. — ALBERT (A.), *La Mont-Viso*, Grenoble, Prudhomme, 1865, in-8°. — BLANCARD, *Document relatif au tunnel du Mont-Viso*, Draguignan, Gombert, 1869, in-8°. — VACCARONE, *Le Pertuis du Viso*. Turin, Casanova, 1881, in-8°.

SAINT-VÉRAN. — *État ecclés*. — L'église paroissiale était dédiée à saint Véran et à sainte Madeleine; en 1516 et 1742 une seule chapelle, celle de Saint-Georges, payait les dîmes. Le clergé se composait d'un seul curé. Humbert II avait donné en 1342 aux religieuses de Montfleury la part de dîmes qu'il possédait dans cette paroisse ; les consuls payaient à ce monastère 56 ducats de ce chef — *Protestants*. — Ils possédaient à Saint-Véran un temple qui fut démoli à la suite d'un arrêt du conseil du Roi du 11 décembre 1684. — *Administr. et Justice*. — Comme à Abriès. — *État féodal*. — Voyez l'article Écarton du Queyras. — *Industrie et Commerce*. — Les femmes protestantes de Molines et de Saint-Véran ont depuis longtemps le monopole de la fabrication de certaines dentelles grossières mais remarquables par leur dessin artistique et pittoresque. — *Histoire*. — 1526, un incendie détruit le village principal. — 1685, un grand nombre de protestants s'expatrie à la suite de la révocation de l'édit de Nantes.

VILLE-VIEILLE. — *État ecclés*. — Cette communauté, déjà nommée *Villa-Vetola* lorsque Abbon la donna en 739 à la Novalaise, formait deux paroisses, Château-Queyras et Ville-Vieille. — *Château-Queyras*. L'église paroissiale était sous le vocable de sainte Marie-Salomé. En 1424 il y avait dans cette église des chapelles de Saint-Pierre et de Saint-Nicolas ; celle de Saint-Martin, à l'entrée du village, datait du XIV° siècle. En 1516 les dîmes étaient payés par les chapelles de Sainte-Croix, Sainte-Catherine et Notre-Dame-de-Consolation; en 1742, par celles de Sainte-Catherine et Notre-Dame-des-Anges; vers la même époque il y avait au château une chapelle de Saint-Louis. Le clergé se composait, en 1783, d'un curé et d'un aumônier pour le fort; en 1785 on y ajouta un desservant pour le hameau de Monthardon. — *Ville-Vieille*. Cette paroisse fut détachée en 1461 de celle du Château-Queyras, elle était placée sous le vocable de saint André. Une seule chapelle, celle de la Sainte-Trinité, payait les dîmes en 1516, cependant dès le XIV° siècle il existait à Ville-Vieille une chapelle de Saint-Bernard. Le curé de cette paroisse payait annuellement à celui du Château-Queyras une cense de 2 florins d'or. — Humbert II donna sa part de dîmes du Château-Queyras, en 1343 aux religieuses des Salettes ; les consuls leur payaient, de ce chef, 90 ducats. — *Administr. et Justice*. — D'abord siège d'un châtelain delphinal dont les attributions étaient assez importantes, Château-Queyras devint au XVII° siècle subdélégation de l'intendance de Grenoble. Cette création fut motivée par l'importance des douanes du Queyras et fut restreinte comme attribution aux douanes et gabelles. Pour tout le reste le Château-Queyras dépendait du viballiage et de la subdélégation de Briançon. — L'importance du château-fort construit par les Dauphins et qui a donné son nom à cette communauté, ne tarda pas à nécessiter l'établissement d'un gouverneur. Voici le nom de quelques-uns de ces chefs militaires : Hugues de Bérenger du Gua, 1343 — Jean Gasaud, dit le capitaine La Mirande, 1585 — N. de Luny, bâtard de Maugiron, 1587 — Claude de Perdeyer, 1590 — Claude Mélat, 1592 — Esprit Humbert. 1610 — François de Colisieux, 1628 — Charles de Beaumont d'Antichamp, 1648 — Hector de Cardebat de Saignon, 1648 — Claude de Baumont d'Antichamp, 1660 — Pierre Amat de Montalquier, 1680 — — Gaspard de Pascal de Lesches, 1692-1695 — N., d'Armessan, 1698-1702 — N... de Conches, 1728 — N... de Quélen, 1765 — N... Allemand du Châtelart, 1789. — *État féodal*. — La famille Bermond possédait le sixième de cette terre qu'Isoard Bermond vendit le 11 janvier 1275 au Dauphin, au prix de 40 livres. Pour le surplus, voir l'article Écarton du Queyras — *Industrie et Commerce*. 1576, Henri III établit un marché chaque mardi au Château-Queyras. — 1608, mars. Henri IV confirme ce privilège. — *Histoire*. — 1259, Guigues VII, dauphin, concède aux habitants du Château-Queyras une charte de libertés. — 1334, 28 juin, Humbert II, dauphin, passe au Château-Queyras. — 1371, le gouverneur du Dauphiné ordonne d'augmenter les défenses du Château-Queyras. — 1395-1417, Étienne Voisin, maitre des œuvres du Dauphiné, et Jacques de Beaujeu, son successeur, donnent les plans des travaux de réparations du château, et les font exécuter. — 1574, les calvinistes ruinent l'église de Ville-Vieille et massacrent le curé. — 1587, 5 septembre, Lesdiguières attaque le Château-Queyras dont il s'empare le 10 octobre suivant. — 1633, on renonce à la démolition du Château-Queyras qui avait été décidée. — 1692, juillet, Schomberg, à la tête d'un corps d'armée piémontais, assiège inutilement le Château-Queyras. — *Armoiries*. — *D'azur à une bande composée de gueules et d'argent de six pièces*, d'après l'Armorial général de 1692 ; armoiries évidemment supposées. — *Biographie*. — HUMBERT (Antoine), surnommé Humbert du Queyras ; il vivait au XVII⁰ siècle, habitait Paris et publia quelques médiocres romans. — *Bibliogr.* PILOT (J.-J.-A.) *Le Queyras* (*Album du Dauphiné*, t. III, p. 166).

2

COMTÉ D'EMBRUNAIS.

Jusqu'à la fin du X⁰ siècle l'histoire du comté d'Embrunais est la même que celle de la principauté du Briançonnais ; je m'en réfère donc à cet égard à ce que j'ai écrit dans l'article consacré à cette principauté. Au X⁰ siècle les comtes de Provence, ensuite ceux de Forcalquier, deviennent souverains de l'Embrunais. L'origine de leur pouvoir n'est pas connue ; peut-être était-il dû à quelque campagne heureuse contre les Sarrasins et les Hongrois. L'empereur confirma, du reste, la souveraineté des comtes de Forcalquier dans l'Embrunais par un diplôme du 18 août 1162. Ces princes conservèrent cette contrée jusqu'au 2 juin 1202, époque où elle fut donnée en dot à Béatrix, petite fille de Guillaume, comte de Forcalquier, mariée à Guigues-André, dauphin. Elle devint ensuite l'apanage de Béatrix, fille de cette première Béatrix et épouse d'Amaury de Montfort. Ce fut au mois de juillet 1232 seulement que le Dauphin racheta définitivement l'Embrunais à sa fille et à son gendre pour la somme de 100,000 sous viennois ; cette vente fut approuvée en juin 1247 par l'empereur, qui concéda en même temps au Dauphin toutes les terres allodiales de la région. Depuis lors l'Embrunais est resté uni au Dauphiné et a participé aux vicissitudes historiques de cette province ; pendant assez longtemps le Dauphin y posséda une autorité précaire et il était contraint de rendre hommage au comte de Provence, au roi de France, à l'archevêque d'Embrun et à l'empereur. Le caractère particulier qu'affecta la souveraineté delphinale en Embrunais, fut le partage de l'autorité entre le Dauphin et l'archevêque d'Embrun ; ces deux seigneurs possédaient par indivis le droit de justice et la propriété d'Embrun et de la plupart des terres de la comté. Cet état de choses avait pour origine des donations faites aux archevêques par les comtes de

Forcalquier et par les Dauphins ; une transaction de 1210 régla les droits réciproques des deux coseigneurs, mais de nombreuses difficultés ne tardèrent point à surgir et elles furent aplanies par une sentence arbitrale prononcée le 2 juin 1247 par Robert, évêque de Gap, et Guillaume de Clérieu. — La féodalité avait jeté dans l'Embrunais de bien plus profondes racines que dans le Briançonnais; toutes les terres y étaient seigneuriales, et jusqu'en 1789 la population dut payer les droits féodaux, car ils n'avaient pas été rachetés par les communautés. — Les institutions communales de l'Embrunais n'offrent rien de particulièrement remarquable ; le Dauphin y percevait les mêmes redevances que dans les régions voisines ; il y exerçait son droit de justice concurremment avec l'archevêque, était propriétaire des bois, eaux, pâturages et terres vagues, percevait les lods ou droits de mutation, les tâches ou corvées, la taille comtale, les droits de chevalage, pâquérage, bûcherage, etc., une somme arbitraire pour les cas impériaux, et les populations étaient astreintes à la chevauchée ou service militaire; en outre une grande partie de son domaine était albergé moyennant des rentes en argent ou en nature. Au commencement du xv° siècle le Dauphin retirait de l'Embrunais environ 760 florins d'or sans compter les redevances en nature. — La race Embrunaise est très mélangée; en effet la vallée de la Durance, qui est tout l'Embrunais, a toujours été un lieu de passage, circonstance peu favorable à la conservation de l'originalité d'une population. Les Embrunais ne s'adonnent ni à l'industrie, ni au commerce ; exclusivement agriculteurs, ils vivent au jour le jour, sans se préoccuper outre mesure de l'avenir. Les jeunes gens s'expatrient généralement en hiver et vont exercer dans quelques grandes villes un métier temporaire. L'instruction est très répandue dans les campagnes et le français est purement parlé par la plupart des habitants. Les communes y possèdent en général de belles forêts provenant d'anciens albergements. — *Bibliogr.* — ALBERT (abbé). *Histoire géographique, naturelle, ecclésiastique et civile du diocèse d'Embrun* (t. I, p. 103-214).

II. — BAILLIAGE D'EMBRUNAIS.

Pendant le xi° siècle l'Embrunais fut administré par les vicomtes de Gap, sous l'autorité des comtes de Provence et de Forcalquier; le plaid public était la forme judiciaire usitée, ainsi que le prouve le procès-verbal de l'une de ces assemblées, présidée par la femme du vicomte, daté de 1080 et inséré dans le Cartulaire de Saint-Victor de Marseille. Au commencement du xiii° siècle apparaissent les baillis et les juges majeurs qui rendent la justice assistés de jurés; les magistrats inférieurs sont les châtelains et les collecteurs d'impôts, les mistraux. Il y eut trois châtellenies en Embrunais, celle d'Embrun, Réotier et Chorges, mais elles furent presque constamment confondues en une seule, car le même magistrat était généralement titulaire de toutes les trois. Pendant le xiv° siècle le bailli de l'Embrunais avait également le Champsaur dans sa juridiction, en 1387 les populations Champsaurines se plaignaient d'être contraintes de venir suivre leurs procès à Embrun; peu d'années plus tard le Champsaur fut rattaché au bailliage du Graisivaudan. Voici la liste des baillis de l'Embrunais : Guillaume d'Entremonts, 1235 — Jacques de Bagnalco, 1239 — Jean de Hautvillar, 1263 — Eudes Allemand, 1266-1273 — Bienvenu de Campeis, 1297 — Lionel de Campeis, 1297-1298 — Pierre d'Avalon, 1312 — Jean Bonfils, 1312-1316 — Eudes de Rame, 1317 — Jacques Rivière, 1318 — Guillaume Artaud, 1319-1320 — Pierre Aynard, 1322 — Richelet Constans, 1324-1326 — Guillaume de Freyssinières, 1330-1335 — Hugues de Bressieu, 1336 — Guigues Borelli, 1336 — Drouet d'Entremonts, 1339 — Didier de Pellafol, 1340-1341 — Joachim de Magistro, 1343 — Jean de Hautvillar, 1343 — Rodolphe de Chenevières, 1344 — Guillaume Bigot, 1345 — Jean de Hautvillar, 1345-1346 — Henri Gras, 1347 — Jean de Faucigny, 1348-1350 — Henri Gras, 1351-1352 — Raymond-Aymon de Saint-Pierre, 1354, 1355 — Laurent de Condrieu, 1357 — Nicoud de Claude, 1359-1360 — Hugues Léotaud, 1362-1364 — Jean Galo, 1366-1367 — Artaud d'Arces, 1371-1376 — Raymond Aynard, 1376 — Artaud d'Arces, 1378-1388 — Antoine Richière, 1390 — Guillaume de Mévouillon, 1392-1399 — Elzéard Gandelin, 1413 — Jean de Torchefelon, 1415 — Pierre Gandelin, 1431 — Guinet de Cauvillon, 1443. Voici la liste des juges majeurs correspondants : Pierre du Motet, 1202-1206 — Pierre de Raconis, 1238 — Monachus de Pignerol, 1257 — Étienne Probati, 1317 — Antoine Ribe, 1319 — Hugues Bochard-1320 — Bertrand Chabert 1321 — Pierre Gautier, 1323 — Guillaume de Brens, 1326-1335 — Guigues Borelli, 1335-1336 — Raymond Chabert, 1338 —

André du Motet, 1343 — Jean Taxil, 1345 — Guillaume Aygaterie, 1346 — Guigues Borelli, 1351-1353 — Amédée de la Motte, 1359 — Reynaud Raymond, 1366 — Jacques de Roux, 1367-1371 — Pierre Bonnabel, 1371 — Jacques de Roux, 1373-1375 — Pierre Reynaud, 1377 — Lantelme Aymeri, 1383 — Guillaume Émé, 1388 — Jean Provansal, 1389 — Pierre Reynaud, 1390 — Jacques Provansal, 1394 — Jean Sauret, 1396 — Pierre Reynaud, 1399 — Pierre Étienne, 1402-1404 — Jean Pameti, 1406 — Jean Bonnet, 1409 — Antoine Tholosan, 1413 — Antoine Bochard, 1417 — Grégoire Meynier, 1420 — Pierre Marc, 1422 — Étienne Pellat, 1428 — Guillaume Émé, 1430 — Jean d'Aymonet, 1432-1447. — Ce bailliage ayant été transformé en vibailliage en 1447 avec appel au parlement de Grenoble, voici les noms des vibaillis qui succédèrent aux baillis : Jean d'Aymonet, 1447-1477 — Oronce Émé, 1479 — Guillaume Fine, 1490 — Guillaume Tholosan, 1497 — Guillaume Émé, 1503-1530 — Barthélemy Émé, 1535 — Guillaume Émé de la Pinée, 1537-1564 — Guillaume Fine, 1580 — Jacques Fine, 1582-1595 — Claude Olier de Montjeu, 1600 — Jacques Émé, 1608-1629 — Humbert de Chapponay, 1636 — Honoré du Bonnet, 1640-1643 — Benoît Amat, 1646-1648 — Jacques Sylvestre, 1648-1680 — Jacques Sylvestre, fils du précédent, 1681-1731 — François Sylvestre de la Catonne, 1731-1746 — Jacques Diocque, 1747-1749 — Pierre Sylvestre de Rioclard, 1749-1771 — Jean-Baptiste Diocque, 1772-1779 — Jean-Louis-François Cressy, 1779-1790. — Outre ces juridictions supérieures, le Dauphin avait à Embrun un juge particulier nommé juge du palais delphinal pour ses sujets de l'Embrunais, confondu avec le vibailli à la fin du XVe siècle. L'archevêque, de son côté, avait un juge des châteaux épiscopaux qui siégea à Guillestre et à Embrun successivement. Enfin, à partir du milieu du XIIIe siècle le Dauphin et l'archevêque eurent un juge de la cour commune siégeant à Embrun et dont la juridiction s'étendait sur toutes les terres tenues en pariage par les deux coseigneurs de l'Embrunais. Il y avait en outre dans le comté beaucoup de juridictions seigneuriales particulières dont il sera question à leur place respective. Sauf deux petits mandements, dont je parlerai plus tard, l'Embrunais faisait partie de la généralité de Grenoble et de l'élection de Gap; un subdélégué résidait à Embrun.

1. CHATELLENIE D'EMBRUN.

Le châtelain d'Embrun était le plus important de la comté. Voici la liste de ses administrateurs :

Raymond Philochi, 1313 — Eudes de Theys, 1318 — Guigues Czuppi, 1320 — Aymon de Saint-Pierre, 1321-1322 — Durand Crozet, 1350-1353 — Jean Gato, 1368 — Pierre Robin, 1372-1384 — Raoul de la Font de Savines, 1386-1389 — Antoine Richière, 1391-1409 — Jacques de la Villette, 1410-1438 — Henri Sitifer, 1445-1467 — Bernard Sigaud, 1485 — Fasio de Rame, 1496 — Bastard de Rame, 1499.

MANDEMENT DE BARATIER.

Ce mandement, l'un des plus exigus de l'Embrunais, n'avait pas plus de cent cinquante habitants.

BARATIER. — *État ecclés.* — La paroisse de Baratier était sous le vocable de saint Chaffrey. En 1430 Pierre de Baratier fonda dans cette église une chapelle dédiée à saint Antoine ; en 1516, outre cette chapelle, il en existait une de Notre-Dame ; en 1742 il en existait une nouvelle de Saint-Claude. La première était sous le juspatronat des seigneurs de Baratier. L'archevêque était collateur et décimateur de cette paroisse. — *Ordres hospit.* — En 1301 l'ordre de Saint-Jean-de-Jérusalem possédait quelques terres dans ce mandement; elles avaient été aliénées avant 1667. — *Administr. et Justice.* — Dépendait absolument d'Embrun. Un mémoire du XVIIe siècle affirme même que Baratier avait fait autrefois partie du mandement d'Embrun ; je n'ai pas trouvé la preuve de ce fait. — *État féodal.* — Il existait à Baratier deux fiefs principaux, ceux de Baratier et de Verdun. Voici les seigneurs de Baratier : Gaudemar de Baratier, 1234 — Raymond et Isoard, 1242-1246 — Guillaume, 1263-1300 — Aynard et Pierre, 1300-1339 — Guillaume, Mathieu, Raymbaud, Jean et Raymond, 1340-1378 — François, 1380 — Pierre, qui teste en 1424 — Pierre et Mathieu, 1424-1491 — Pierre, fils de Mathieu, 1510 — Jeanne, fille de Pierre, épouse Claude Arnaud de Montorcier, 1525-1541 — Louis, leur fils, 1549-1550 — Bertrand et Barthélemy, 1600-1620 — Michel, 1620-1680 — François Baile hérite de ce dernier, 1681-1692 — Jean-Joseph, 1750-1770 — Pierre-François de Bailly de la Corcelle, gendre du précédent, 1770-1783 — N.... de Pons, 1789. — Voici la liste des seigneurs de Verdun : Raymond de Verdun, 1194 — Raymond, 1239 — Hugues, Guillaume, Raymond, François et Pierre, 1258-1278 — Pierre fait hériter Pierre de Baratier qui vend cet héritage à Guillaume Abrivat pour 6,000 livres tournois le 19 mars 1302 — Guillaume de Verdun, 1296-1300. — La famille Justi succède à la précédente, éteinte dans le cours du xiv⁰ siècle. Antoine Justi achète pour 109 florins d'or les droits d'Antoine d'Embrun sur Baratier, 1406 — Pierre, 1428-1442 — Jean, 1478 — Pierre Reynaud, gendre du précédent, 1507 — Michel, Raphaël et Balthazard, 1540-1580 — Jean et Romain, fils de Balthazard, 1582-1596 — Balthazard, fils de Jean; Jérôme, Balthazard, Artus et Jean, fils de Romain, 1600-1630 — Louise, fille de Balthazard, épouse Jean-Pierre de Murianne, 1640 — Henri, leur fils, 1680 — François, 1691-1711 — Louis, 1740 — Jean-Antoine de Tholozan, son héritier, 1750-1765. Cette famille possédait encore cette terre en 1789. — Certains droits seigneuriaux étaient assis sur un quartier de cette communauté nommé les Jouglards. Voici la liste de quelques-uns de ceux qui les ont possédés : Guillaume Isoard, 1237 — Lazare Salvator, 1285 — Jean Ferrus, 1341 — Guillaume d'Embrun, 1350 — Jean Johannis, 1360 — Guigonne Johannis, femme de Falcon Torte, 1400 — Ancelin des Prats, héritier de la précédente, 1413 — Claude de Raymond, 1544-1552 — Sébastien, 1553-1580 — Claude de Rame, 1580 — Guillaume, 1607 — Antoine Meffre, 1618 — Guillaume du Bonnet, 1619 — Scipion de Raymond, 1622 — Charles Isoard, 1630 — Antoine d'Aurelle, 1660. — Le 30 avril 1593 la partie domaniale de la terre de Baratier fut vendue, avec faculté de rachat, à Guillaume de Rame-Champrambaud pour la somme de 236 écus et 39 sols. — Aucun des seigneurs particuliers de Baratier n'avait de juridiction. — *Industrie et Commerce.* — Avant 1377 Baratier possédait une foire assez importante qu'elle céda à cette époque à Embrun.

MANDEMENT DE CHATEAUROUX.

CHATEAUROUX. — *État ecclés.* — La paroisse de Châteauroux était sous le vocable de saint Marcellin, mais dès le xiv⁰ siècle le service divin se faisait dans quelques chapelles éloignées du chef-lieu paroissial et dédiées à saint Alban, saint Étienne et sainte Catherine. En 1516, outre les chapelles ci-dessus, six autres payaient des décimes; c'étaient celles de Notre-Dame-des-Anges, Sainte-Marie, Saint-Jean, Saint-Antoine, Saint-Claude et Notre-Dame-des-Jenselmes. Peu après fut fondée, sur un promontoire dominant la Durance, celle de Saint-Jacques ou Saint-Jaume-de-la-Chalp. Toutes ces chapelles existaient encore en 1783, sauf celle de Sainte-Marie. A cette époque le clergé se composait d'un curé résidant au village de Saint-Marcellin et de trois vicaires, dont l'un desservait la chapelle de Saint-Alban et un autre celle de Saint-Irénée, nouvellement construite au village des Aubergeries. — Il existait dans cette paroisse un prieuré sous le titre de Sainte-Marie, puis de Saint-André-des-Beaumes. Je n'ai rien trouvé sur l'époque de sa fondation; il appartint d'abord au monastère de Sainte-Croix, dont je vais parler bientôt, puis à celui de Boscodon; il fut ensuite mis en commande pendant de longues années; enfin les consuls d'Embrun obtinrent, en 1584, son union avec le collège, alors dirigé dans leur ville par les jésuites. Ses revenus étaient alors évalués à 1,000 livres. — La dîme se partageait entre l'archevêque collateur de la cure, le chapitre d'Embrun, le prieur des Beaumes et l'abbaye de Boscodon. — Dès le commencement du xii⁰ siècle il existait à Châteauroux une abbaye sous le titre de *Sainte-Croix.* Quoiqu'on n'ait encore rien trouvé de précis sur l'époque de sa fondation et sur la règle que suivaient les religieux, il est probable qu'elle appartenait à l'ordre de Chalais. Son existence fut courte : le 18 avril 1293 elle fut unie à l'abbaye de Boscodon avec l'assentiment de l'archevêque d'Embrun, à cause des dettes dont elle était obérée et de l'insuffisance de ses revenus. Depuis lors elle ne fut plus qu'un simple prieuré, dont était titulaire un moine de Boscodon; après la suppression de cette abbaye (1769) elle fut annexée au séminaire d'Embrun. Voici les noms de quelques-uns des abbés de Sainte-Croix : G[uillelmus], 1124 — P[etrus], 1198 — Gaudinus, 1216 — P[etrus], 1218 — O[tho], 1238 — Giraudus, 1278. — *Hôpitaux.* — A la fin du xiii⁰ siècle il existait à Châteauroux une maladrerie sur le bord du torrent de Rabioux. — *Administr. et Justice.* — Châteauroux dépendait, au point de vue judiciaire, du juge des châteaux épiscopaux, et d'Embrun au point de vue administratif. Ses institutions municipales étaient les seules de tout l'Embrunais qui offrissent quelque originalité : les consuls nommés *béoux (bajuli)* étaient choisis dans certaines familles privilégiées de temps immémorial et qui en avaient acquis pour ainsi dire la noblesse. En s'adjoignant douze notables habitants ils formaient un tribunal de paix qui décidait en première instance des contestations entre leurs administrés. — *État féodal.* — L'archevêque était seigneur de cette terre; le Dauphin y avait peu de droits. — *Industrie et Commerce.* — Au fond du torrent du Couleau, qui sépare le territoire de Châteauroux de Saint-Clément, et dans un endroit contesté jusqu'à la fin du xiv⁰ siècle entre ces deux communautés, il existait une mine d'argent dont l'archevêque était le propriétaire. Le 2 mai 1290 il l'afferma pour dix ans, moyennant le douzième du produit et l'exemption pour les ouvriers de tout service. — Les montagnes de Châteauroux fournissent d'abondantes carrières d'ardoises. — *Histoire.* — 1237, les Embrunais révoltés contre leur archevêque s'emparent de Châteauroux et le saccagent. — 1368, une bande de routiers nommés les *Provinçaux*, remontant la vallée de la Durance pour passer en Italie, s'emparent de Châteauroux et le pillent. — 1428, 6 décembre, transaction par laquelle le Dauphin change en 2 florins d'or le quintal de fromage qu'il percevait sur les habitants comme redevance de pâturage. — 1585, 20 novembre, Salomon Arabin, dit le capitaine Roure, et Louis de Rousset, capitaines protestants, s'emparent de Châteauroux.

MANDEMENT DE CRÉVOUX.

CRÉVOUX. — *État ecclés.* — La paroisse de Crévoux était sous le vocable de saint Marcellin ; aucune chapelle n'y payait de décimes. L'archevêque était collateur de la cure et décimateur de la paroisse. - *Administr. et Justice.* — Comme à Châteauroux. — *État féodal.* — L'archevêque d'Embrun était seigneur de cette terre.

MANDEMENT DES CROTTES.

Les limites de la commune actuelle des Crottes ne sont pas celles de l'ancien mandement; un petit mandement, celui de Montmirail, dont il sera question plus loin, a été partagé entre cette communauté et celle de Savines au XVe siècle.

LES CROTTES — *État ecclés.* — La paroisse des Crottes, sous le vocable de saint Laurent, existait déjà au XIIe siècle. En 1458 il y avait dans cette paroisse une chapelle de la Trinité, dont l'archevêque d'Embrun avait le juspatronat, une chapelle de Notre-Dame, des chapelles fondées par Hugues Baile, Jacques Michalon, Pierre Garcin et une dernière de Notre-Dame-de-la-Perrotine, dont la famille de Naveisse avait le juspatronat au XVIIIe siècle. En 1480 nous trouvons, en outre, une chapelle de Saint-Firmin. En 1546, outre les précédentes, il en existait deux autres dédiées à saint Jean et à saint Antoine. En 1625 un nommé Jacques Morel fonda une chapelle de Sainte-Luce. En 1644 nous constatons la fondation de deux nouvelles chapelles de Sainte-Catherine et Sainte-Croix. En 1658 un apothicaire d'Avignon, originaire des Crottes et nommé Claude Morel, fonda la chapelle de Notre-Dame-de-Bon-Repos, au hameau des Sanières ; elle fut consacrée le 12 octobre 1718 et la messe s'y disait deux fois la semaine. Laurent de Rame, sieur de Chantereine, chanoine d'Embrun, fonda dans l'église paroissiale, en 1660, la chapelle de Saint-François, sous le juspatronat du seigneur des Crottes. En 1670 nous trouvons la fondation, à l'entrée du village, de la chapelle de Saint-Sébastien, que les consuls firent réparer en 1700 ; en 1701 la fondation de celle de Sainte-Madeleine, au hameau de Beauvillard, par Jean Albrand ; en 1731 la fondation, au hameau du Forest, de celle de Notre-Dame-des-Neiges, par Jean Bosc. Au XVIIIe siècle il existait, outre ces chapelles, celle de Saint-Jean à la Montagne, celle de Saint-Marcellin au Forest, de Saint-Claude à Combe-Meyranne, de Saint-Jean-Baptiste aux Albrands, de Saint-Roch, sous le juspatronat de la famille Albrand, de Tous-les-Saints, sous celui du chapitre d'Embrun, de la Trinité, sous celui de la famille Garnier, et des Onze-Mille-Vierges, sous celui de la famille Baile de Baratier.
— Le clergé paroissial se composait d'un curé et de deux vicaires ; le curé était nommé par l'abbé de Boscodon, ainsi que l'un des vicaires ; le second par le chapitre d'Embrun. Les dîmes de la paroisse se partageaient entre l'abbaye de Boscodon et le chapitre d'Embrun ; ce dernier avait dans cette paroisse une prébende dont l'archidiacre était titulaire. — *Administr. et Justice.* — Le droit de justice appartenait au Dauphin et au seigneur majeur ; par concession du 6 août 1319 en dernier avait, aussi bien que le Dauphin. droit de haute justice et faculté d'élever des fourches patibulaires. Au XVIIIe siècle cette juridiction très amoindrie s'exerçait à Embrun avec droit d'appel au vibailliage. Les Crottes dépendaient d'Embrun au point de vue administratif. Un châtelain seigneurial ou baile et un mistral delphinal y résidaient. — *État féodal.* — Cette terre était divisée en plusieurs coseigneuries ; les seigneurs de Baratier (voir cet article) et le chapitre d'Embrun en possédaient une faible partie ; le Dauphin y avait, au contraire, des droits considérables qu'il vendit en 1503 au seigneur majeur des Crottes, pour 450 écus ; cette vente fut renouvelée à plusieurs reprises jusqu'à la Révolution. Les seigneurs des Crottes fournissaient au Dauphin un cavalier armé pour ses chevauchées. Voici la série des seigneurs majeurs : Guillaume d'Embrun, 1166 — B[ertrand?], 1198 — Hugues, 1210-1247 — Humbert, 1254 — Hugues, 1255-1288 — Boniface, 1291-1328 — Raoul, 1328-1338 — Guillaume, Jean et Antoine, 1344-1360 — Étiennette, fille de Guillaume, épouse Henri Raymond, 1390 — Antoine, frère de la précédente, rachète les droits de son beau-frère, 1360-1416 — Antoinette, sa fille, femme

d'Antoine de la Villette, 1416-1479. Ils ont trois fils : 1° Yves, qui hommage en 1459 et fait ses frères héritiers ; 2° Louis, qui meurt en 1478 en faisant héritier son fils Louis et la famille Richière. Louis, son fils, meurt en 1520 et son héritage se divise entre ses trois filles Louise, Catherine et Marie, mariées dans les familles Reynaud, de La Font et Bosse ; ce démembrement de seigneurie fait retour avant la fin du XVIᵉ siècle à la seigneurie majeure ; 3° Martin, troisième fils d'Antoine, teste, en 1530, partageant ses biens entre les familles de Rame, de Naveisse et d'Arènes. Je poursuivrai simplement la descendance de la première, les autres ayant aliéné leurs parts en sa faveur avant 1610 — Gaspard de Rame, 1530-1549 — Antoine, 1549-1592 — Mathieu, 1592-1628. Sa fille Isabeau épouse Jacques d'Espagne ; son autre fille Hélène épouse Charles d'Autric de Ventimille, qui rachète les droits de son beau-frère, 1628-1660 — Élisabeth, leur fille, épouse Arnaud de Guillem de Sala de Montjustins, 1660-1687 — Joseph-Elzéard-Charles, leur fils, 1704-1724 — Lazare de Ravel achète au précédent pour 49,000 livres, le 4 octobre 1724 — il teste en 1762 — René-Hyacinthe, 1762-1769 — Joseph Cellon achète au précédent 60,000 livres, le 11 juillet 1769, et revend à Jean-Louis-François Cressy, le 28 novembre 1792. — Une maison forte, située dans cette paroisse, et nommée la Tour-de-Beauregard, a eu les possesseurs suivants : Athenulphe de Briançon, 1268 — Hélène, veuve de Jacques de Ravenne, 1299 — François Agni, 1335 — Louis, 1340 — Randonne, sa fille, épouse de Henri de Hautvillar, 1380-1429 — Jacqueline, leur fille, épouse Guillaume Taxil, 1429 — Bérengère, leur fille, épouse Pierre Émé, 1437 — Jacques Émé, 1450 — Oronce, 1487 — Claude et Raymond, 1511 — Pierre teste en 1508 — Guillaume, 1599 — Jean, 1626-1650 — Guillaume, 1680 — Pierre Tholozan en hérite en 1681 — Jean, 1716 — Jean-Antoine, 1750-1765. Voici encore un certain nombre de coseigneurs de la terre des Crottes à diverses époques : Raymond du Queyras, 1335 — Jean et Parceval de Bardonnèche, 1342 — Guigues Albert, 1388-1390 — André, Baudon, Raymond et Antoine Albert, 1428-1458 — Hugues, 1479 — André, 1491 — Randon, 1511 — Gonet et Drevon, 1542 — Alix et Catherine de Saint-Marcel, Guillaume et Claude Raymond, Pierre et Claude Arnaud, Eynard d'Arènes, 1542 — Claude Chabassol, 1560-1574 — Jean d'Arènes, 1580-1595 — Louis d'Arènes, 1609 — Gaspard Chabassol, 1611-1630 — Scipion de Raymond, 1627. — *Histoire.* — 1265, 11 janvier, Guigues VII concède aux seigneurs des Crottes une importante charte de privilèges. — 1319, 6 août, ces privilèges sont encore augmentés par Henri, évêque de Metz, régent du Dauphiné. — 1348, 4 décembre, Humbert II donne, moyennant une rente annuelle de 20 florins, tous les bois qu'il possède dans le territoire des Crottes aux habitants. — 1580, novembre, Lesdiguières s'empare des Crottes avec la connivence du seigneur Antoine de Rame ; il abandonne sa conquête peu de semaines plus tard. — 1584, août, il s'en empare de nouveau. — 1692, août, l'armée du duc de Savoie incendie le village et le château ; la communauté paie une contribution de 2,000 livres. — *Armoiries.* — *D'or au dauphin d'azur, crêté, barbé et oreillé de gueules, au-dessus des deux lettres* S. L. *(Sanctus Laurentius).* — *Biographie.* — GENEVÈS (Étienne), évêque de Saint-Paul-trois-Châteaux ; d'après le *Gallia* il aurait été originaire de la ville dont il fut évêque ; mais il était probablement né aux Crottes, où il possédait des biens en 1458, et où une famille Genevès a existé jusqu'à notre époque. Il fut d'abord chanoine de Montélimar, puis curé de Savines et official de l'archevêque d'Embrun. Nommé évêque de Saint-Paul en 1450, il mourut dans cette ville en 1470. — RAME (Antoine de), seigneur des Crottes par la mort de Gaspard, son père, arrivée en 1549. Il suivit la carrière des armes, embrassa le protestantisme, et l'ayant abjuré en 1583, il fut nommé gouverneur de l'Embrunais (1585), du Briançonnais (1587) et mourut en 1592. — RAME (Mathieu de), fils du précédent, excellent officier de cavalerie, se distingua à la bataille de Vizille (1588) et porta au Roi les drapeaux qui y furent conquis sur les Suisses. Nommé gouverneur de Digne en 1593, il y soutint Henri IV contre les ligueurs.

MANDEMENT DE MONTMIRAIL.

Ce mandement situé entre ceux des Crottes et de Savines existait déjà en 1132 et fut supprimé dans l'intervalle des années 1458 à 1480.

MONTMIRAIL. — *État eccl.* — Il n'y avait aucune paroisse dans le mandement de Montmirail, mais une très ancienne chapelle de Notre-Dame existait dans le hameau principal. En 1708 un nommé Jean Albrand en fonda une autre au hameau du Bois sous le vocable de saint Benoit. Montmirail dépendait de la paroisse des Crottes ; l'abbaye de Boscodon et les chevaliers de Saint-Jean de Jérusalem, successeurs des Templiers, se partageaient la dîme d'une manière inégale. — Sur le territoire de ce mandement existait l'abbaye de Notre-Dame de *Bos-*

codon, fondée en 1132 par Pons Albert, Guillaume et Pierre de Montmirail et les héritiers de Pierre Adam, qui lui donnèrent des fonds de terre assez étendus et la faculté d'en acquérir d'autres suivant leurs besoins. Cette donation fut confirmée par les mêmes le 23 mars 1142, et approuvée par les comtes de Forcalquier, de Barcelone, les Dauphins et l'Empereur. Boscodon fut d'abord occupé par une colonie de moines envoyée par l'abbaye de Chalais, fondée par saint Hugues, près de Grenoble ; quand cette abbaye eut disparu, au commencement du xive siècle, les abbés généraux de l'ordre Chalaisien firent leur résidence à Boscodon qui devint ainsi chef d'ordre. Ses fondations s'étendaient dans les diocèses d'Embrun, Gap, Digne et Sisteron ; les donations affluèrent, mais la discipline ne tarda pas à se relâcher. Plusieurs tentatives de réforme ne réussirent pas, Benoit XIII voulut, mais sans succès, unir ce monastère à celui de Saint-Michel-de-la-Cluze, l'administration des biens laissa à désirer, plusieurs incendies occasionnèrent de grandes dépenses et enfin les guerres de religion vinrent lui porter les derniers coups. En 1769 l'abbaye ne comptait plus que onze religieux, et une ordonnance royale ayant supprimé tous les monastères soumis aux ordinaires des lieux qui n'en avaient pas au moins douze, Boscodon dut disparaître. Cette suppression, contre laquelle protestèrent vainement les religieux et les paroisses voisines, se fit avec la connivence de l'abbé de Boscodon, auquel on laissa son titre et ses revenus, et de l'archevêque d'Embrun qui réunit à son domaine particulier la majeure partie des biens de l'abbaye ; le reste fut donné à l'hôpital d'Embrun. On installa dans les bâtiments déserts deux chapelains destinés à acquitter les fondations pieuses. L'abbaye de Boscodon possédait une partie des dîmes de l'Embrunais, de la vallée de Seynes, une grande terre à Paillerols (Basses-Alpes) et plusieurs prieurés dont il sera question dans des articles séparés. Voici une liste des abbés de Boscodon beaucoup plus exacte que celle du *Gallia* et rectifiée et augmentée à l'aide de documents originaux : Guillaume de Lyon, 1132-1135 — Guigues de Revel, 1145-1172 — Guignes de Torame, 1172-1180 — Guillaume, 1180-1190 — Rostaing, 1190 — Guillaume de Turriers, 1193-1195 — Pierre, 1196 — Gaudemar, 1197-1200 — Richaud, 1199 — Guillaume Élie, 1200-1204 — Giraud, 1205 ; Raymond, 1210 — Rostaing, 1216 — Guigues de l'Escale, 1218-1225 — Guillaume Élie, 1226 — Guillaume de l'Escale, 1233-1244 — Richaud, 1247-1251 Guillaume de Turriers, 1253-1263 — Arnoul, 1263 — Guillaume de Vachères, 1265-1267 — Olivier, 1269 — Guillaume de Bourdeaux, 1270-1276 — Arnoul de Turriers, 1277-1285 — Pierre de Corps, 1287-1297 — Raybaud Artaud (d'Avançon), 1300-1307 — Pierre Chauvin, 1307-1311 — Guillaume Albert, 1311-1320 — Raoul Richaud, 1323 — Guillaume de Barne, 1326 — Guillaume Albert, 1326 — Jeoffroy de la Penne, 1330-1346 — Pierre Baboti, 1349-1356 — Pierre de Rousset, 1360-1371 — Raoul Ricard, 1379-1386 — Isoard, 1390 — Pierre de Puncto, 1393-1415 — Jean de Poligny, 1415-1426 — Pierre de Sancto Atuhiano, 1427-1456 — Bernard d'Ascar, 1457-1461 — Pierre, 1461 — Bernard, 1465 — Jacques René, 1465 — Jean de Beaumont, 1468-1478 — Étienne de la Font de Savines, 1478 — Claude d'Arces, 1479-1519 — Guy de Faugères, 1520-1540 — Nicolas de la Croix, 1546-1551 — Alexandre de Compenio, 1552-1554 — Alexandre de Rosset, 1560 — Alphonse de Rosset, 1569-1599. — Abel de Sautereau, 1600-1629 — François de Sautereau, 1629-1680 — Michel de Sautereau, 1680-1712 — Victor-Amédée de la Font de Savines, 1712-1760 — Antoine-Joseph Amat de Volx, évêque de Senés 1760-1771 — Jean-Gabriel d'Agay, 1771-1779 — Joseph de Leyssin, 1779-1790. — *Ordres hospit.* — L'ordre du Temple possédait en 1234 des biens assez considérables à Montmirail à l'endroit nommé maintenant encore le Temple et le Champ-Chevalier. L'ordre de Saint-Jean de Jérusalem lui succéda ; ce domaine relevait de la commanderie d'Embrun et il avait été aliéné avant 1667. — *Administr. et Justice.* — Quand il fut partagé entre les Crottes et Savines, le mandement de Montmirail perdit son autonomie communale et suivit les vicissitudes des deux mandements auxquels il fut annexé. — *État féodal.* — Il y eut d'abord des seigneurs particuliers à Montmirail ; Pons Albert, Guillaume et Pierre de Montmirail et les héritiers de Pierre Adam se dépouillèrent de la plupart de leurs droits en faveur des moines de Boscodon. Le Dauphin, l'ordre du Temple, puis de Saint-Jean et l'abbaye de Boscodon étaient seigneurs de cette terre du xiie au xvie siècle. En 1593 le Dauphin vendit tous ses droits sur Montmirail aux seigneurs des Crottes et de Savines, suivant leur part respective dans le partage de ce mandement entre ces deux communautés. Ils en jouirent jusqu'en 1789. — *Histoire.* — 1132, fondation de l'abbaye de Boscodon. — Fin 1370 ou commencement 1371, un incendie consume les bâtiments de l'abbaye. — 1432, autre incendie de cet abbaye. — 1585, août, les protestants s'en emparent, chassent les moines, brûlent le monastère. L'abbé Abel de Sautereau (1600-1629) le fait reconstruire. — 1692, août, les soldats du duc de Savoie incendient une dernière fois l'abbaye de Boscodon; l'église seule a survécu à tous ces désastres. — *Armoiries*. — Les armoiries de l'abbaye de Boscodon étaient : *d'or au pin de sinople* — *Bibliogr.* — PILOT DE THOREY (Ém.). *Abbaye de Notre-Dame de Boscodon, près Embrun, règle de saint Benoit, chef d'ordre*. Grenoble, Drevet, 1873, in-8°.

MANDEMENT DES ORRES.

LES ORRES. — *État ecclés*. — La paroisse des Orres était sous le vocable de sainte Marie Madeleine. Au hameau de Mélézet était une chapelle dédiée à saint Antoine; en 1585 une autre chapelle de Saint-Florent existait dans cette paroisse. L'archevêque était collateur de la cure et il percevait la dîme par moitié avec le chapitre d'Embrun. C'était du comte de Forcalquier que le chapitre tenait cette libéralité; elle lui avait été confirmée par le comte Guillaume le 29 avril 1127. — *Ordres hospit*. — Les chevaliers de Saint-Jean de Jérusalem possédaient dès le XIIIe siècle des propriétés et des revenus dans cette paroisse au quartier nommé actuellement l'Hôpital et le Mélézet; ils avaient albergé à la communauté une montagne moyennant une rente de 300 livres. Une source qui coule à peu de distance se nomme la Fontaine de Jérusalem. Ces biens, qui dépendaient de la commanderie d'Embrun, appartenaient encore à l'ordre de Malte en 1789. — *Administr. et Justice*. — Le seigneur y possédait une juridiction de basse justice qui, à partir du XVIIe siècle, s'exerça à Embrun avec appel au vibailli. Au point de vue administratif les Orres dépendaient d'Embrun. — *État féodal*. — La seigneurie des Orres était divisée en vingt-quatre parts; le Dauphin en possédait huit, le chapitre d'Embrun treize, qu'il vendit en 1569 à la communauté pour 1,320 livres, l'ordre de Saint-Jean de Jérusalem deux et demie, enfin une demie se partageait entre la ville d'Embrun, les seigneurs de Baratier (Voir l'article qui leur est consacré) et un seigneur particulier. Voici les noms de quelques-uns de ces derniers : Gervais Humbert, 1500 — Jean, son fils, 1541 — Honoré de Girard, 1550 — Melchior et Bertrand, ses fils, 1566-1572; le premier achète en 1566, pour 4,500 livres, la part du chapitre; la vente est résiliée et la communauté achète cette part en 1569 — Honoré, Hugues et Jacques, fils de Melchior, 1590-1650; le premier achète en 1590, pour 100 écus d'or, une part appartenant à Jean de Naveisse. François, fils de Jacques, 1676 — Jean et Jacques, 1676-1710 — Joseph de Revillasc en hérite, 1730 — François, 1733 — Charles, 1735-1765 — N.... Jouve, 1771-1789. — Autre enseigneurie : Antoine Le Bout, en 1604, achète une partie de la seigneurie du Dauphin pour 90 livres; Melchior, son fils, 1618 — Oronce, 1645. — Le Dauphin vendit, en 1580, à Jean des Imberts, son domaine des Orres avec faculté de rachat; il le revendit à Gaspard de Rame-Champrambaud en 1593 — Gaspard, fils du précédent, 1652 — Gaspard, 1684 — Alexandre Faure de Vercors en hérite et le vend pour 40,000 livres au chapitre d'Embrun, le 28 septembre 1685, qui le revend pour le même prix à la communauté le 9 mars 1686. — *Histoire*. — 1293, 27 avril, le Dauphin alberge aux habitants des Orres la montagne de Vachères moyennant 80 livres viennoises.

MANDEMENT DU PUY-SANIÈRES.

Quoique distinct du mandement de Savines celui du Puy-Sanières lui fut uni en fait au point de vue féodal à partir de 1530, époque à laquelle les seigneurs de Savines héritèrent de la majeure partie de cette terre.

LE PUY-SANIÈRES. — *État ecclés*. — Il est de tradition qu'au moyen-âge il y avait au Puy-Sanières une église paroissiale sous le vocable de saint Pierre qui servait également pour le village voisin du Puy-Saint-Eusèbe (mandement de Savines). Cette église ayant été ruinée aurait été transférée au Puy-Saint-Eusèbe de telle sorte qu'il n'y aurait plus eu de paroisse dans le mandement du Puy-Sanières. Ces événements seraient en tous cas antérieurs à 1516, car à cette époque le Puy-Sanières dépendait du Puy-Saint-Eusèbe. Les ruines d'une chapelle de Saint-Peyle (Saint-Pierre) existent encore dans le territoire du premier de ces villages. Au XVIIe siècle il y eut deux curés au Puy-Saint-Eusèbe et l'un d'eux desservait le Puy-Sanières; au XVIIIe siècle ce second curé fut remplacé par un vicaire dont la nomination appartenait à l'abbé de Boscodon. Cet abbé et l'archevêque d'Embrun se partageaient la dîme de la paroisse. — *Administr. et Justice*. — Le seigneur avait une juridiction qui s'exerça à partir du XVIIe siècle à Embrun avec appel au vibailli. Administrativement le Puy-Sanières dépendait d'Embrun. — *État féodal*. — Le Dauphin possédait une moitié de cette terre; l'autre appartenait à des seigneurs particuliers dont voici la liste : Guigues Agni, 1210-1234 — Raymond, 1247 — Pierre, 1256 — Guillaume, 1258-1266 — Giraud, 1345 — Angélique, épouse de Guillaume Abrivat, 1330-1334 — Philippe, leur fils, 1334-1345 — Marguerite, leur fille, épouse en premières noces Ospinelli Lubérati et en secondes,

Guillaume d'Embrun, 1347 — Antoine d'Embrun, 1369-1415 — Antoinette, sa fille, épouse Antoine de la Villette, 1415-1477 — Martin, leur fils, fait héritiers en 1530 Jean de Naveisse pour un quart et Benoît de La Font de Savines pour un autre quart; d'où deux coseigneuries : 1° Jean et Thomas de Naveisse, 1540-1556 — Jacques, 1596 — Antoine, 1619-1680 — Joseph, 1690-1695 — Ignace, prêtre, 1700-1771 — N. Jouve achète cette terre, 1771-1789. — 2° Benoît de La Font de Savines, 1530-1536 — Roux de la Font, 1576-1589 — Antoine, 1613 — Jean-Baptiste, 1658-1687 — Antoine, 1687-1745 — Charles, son frère, 1751-1750 — Antoine-Victor-Amédée, 1750-1789. — *Histoire*. — Si l'on en croit la tradition, un immense éboulement aurait détruit le village principal du Puy-Sanières; peut-être faut-il placer cet évènement au XV° siècle.

MANDEMENT DU SAUZE.

Le mandement du Sauze est un démembrement de celui de Pontis. Cette seigneurie ayant été donnée, en 1155, par le comte de Forcalquier à l'archevêque d'Embrun, ne tarda pas à séparer ses intérêts de ceux du mandement de Pontis ; en 1287 elle forma un mandement particulier. Ce fut en 1447 seulement que le Sauze fut annexé au Dauphiné.
LE SAUZE. — *État ecclés*. — Jusqu'au XVII° siècle, le Sauze fit partie de la paroisse de Pontis ; alors on érigea en paroisse une chapelle qui y existait depuis longtemps sous le vocable de saint Martin-de-Tours. En 1742 il y avait dans cette église une chapelle de Sainte-Marie-Madeleine ; en 1783, une autre chapelle dédiée à sainte Luce avait été récemment fondée. — Il y avait au Sauze un petit prieuré qui fut confondu avec la cure au XVII° siècle ; le prieur prenait le titre de seigneur du Sauze à cause de quelques droits seigneuriaux qu'il y percevait. Le prieur-curé et l'abbé de Boscodon, auquel succéda le chapitre en 1769, étaient décimateurs par moitié. Le curé était nommé par l'archevêque. — *Administr. et Justice*. — Les habitants du Sauze avaient le rare privilège de ne payer aucune taille et d'être exempts du service de la milice ; ils étaient astreints seulement à la capitation et aux vingtièmes. Jusqu'en 1447 ils dépendaient du parlement de Provence, ils furent annexés au Dauphiné sur la demande de l'archevêque d'Embrun. Au point de vue judiciaire ils relevaient des juges des châteaux épiscopaux. — *État féodal*. — La seigneurie se partageait entre l'archevêque seigneur majeur, le prieur-curé et un seigneur particulier qui ne possédait qu'une faible part. Voici la liste de ces derniers : Bertrand du Sauze, 1218 — Pierre, 1276 — Aymar, 1280-1296 — Jean, 1357-1373 — Jean, 1402 — Jacques et Guillaume, 1445 — Robert, doyen du chapitre de Gap, 1476-1525 — Jacques de Faucon, 1525 — Honorade, sa fille, épouse d'Agoult de Pontis 1525 — Jérôme, leur fils, 1527-1530 — Barthélemy, 1556-1573 — Albert de Gaillard, 1573-1580 — Jean, 1580-1618 — Jean, 1650 — Marie, sa nièce et son héritière, épouse François de Marignane (1700) qui vend sa seigneurie à François de Roux de Bellaffaire, 1710 — François, son fils, 1754 — François, 1789. — *Histoire*. — 1155, donation du Sauze à l'archevêque d'Embrun par le comte de Forcalquier. — 1287, le Sauze est érigé en mandement particulier. — 1447, il est uni au Dauphiné. — *Biographie*. — SAUZE (Robert du), prêtre, doyen du chapitre de Gap (1476-1525), prévôt de celui d'Embrun (1506-1507), seigneur du Sauze, laissa une grande réputation de charité et fit plusieurs fondations pieuses.

MANDEMENT DE SAVINES.

Ce mandement composé de cinq paroisses, fut en outre augmenté, de 1458 à 1480, par l'annexion de la moitié du mandement de Montmirail (Voir cet article) ; il fut érigé en marquisat en 1715. Les documents abondent sur la seigneurie de Savines, mais elle fut tellement morcelée et passa entre tant de mains que la liste de ses seigneurs serait immense, si toutefois il était possible de la faire complète. Des marchands, des tisserands, etc., en ont possédé des parts à diverses époques ; aussitôt qu'un bourgeois d'Embrun avait des prétentions à vivre noblement, il achetait une petite coseigneurie à Savines. Il est donc impossible de suivre l'histoire féodale de cette terre avec une précision absolue, au milieu de ce dédale de coseigneuries constamment achetées, échangées ou revendues. — On trouvera à l'article consacré à la communauté de Savines tout ce qui touche à l'état administratif, judiciaire et féodal du mandement en général.

PRUNIÈRES. — *État ecclés*. — La paroisse de Prunières était, au XIV° siècle, sous le vocable de saint Sauveur qui fut transformé en celui de la Transfiguration. Des chapelles de Saint-Jacques et Sainte-Marie, y étaient fondées en 1516. La seconde existait seule en 1742 ; mais peu après on y ajouta une chapelle de Sainte-Catherine. Le clergé se composait d'un seul curé nommé par l'abbé de Boscodon. — Dans cette paroisse existait le prieuré de Saint-Michel-de-la-Couche ; sur la foi d'un acte plus que douteux on l'a cru fondé en 1027 par le comte de Provence en faveur de l'abbaye de Saint-Michel de la Cluse (Savoie) ; il peut se faire toutefois que l'acte de fondation qui est venu jusqu'à nous, ait été fabriqué pour remplacer un acte ayant réellement existé et qui aurait été perdu. Quoi qu'il en soit, en 1140 le prieuré de Saint-Michel-de-la-Couche appartenait à l'abbaye de Boscodon ; vers 1380 son revenu était de plus de 120 florins d'or. — Les dîmes de cette paroisse étaient perçues par l'abbé de Boscodon pour deux tiers et par le curé pour un tiers. — *Ordre hospit.*— L'ordre de Saint-Jean de Jérusalem possédait dans cette paroisse un hôpital nommé maintenant encore l'hôpital de Saint-Jean. Il relevait de la commanderie d'Embrun, et les terres en avaient été aliénées avant 1667. — *Administr. et Justice.* — Dépendait d'Embrun au point de vue administratif et de la juridiction seigneuriale de Savines avec appel au vibailli au point de vue judiciaire. — — *État féodal.*— Prunières, comme toutes les communautés du mandement de Savines, était divisé en plusieurs coseigneuries ; elles furent réunies en une seule au XVIe siècle. Le marquisat de Savines créé en 1715, ne s'étendit pas sur Prunières qui eut toujours un seigneur particulier. Première coseigneurie : Pons Atheuulphe 1100 — Pierre, 1177 — Jean, 1287 — Frédéric et Guigues, 1297-1300 — Jacques, 1330 — Georges, Guy, Guillaume, Jean-Barthélemy, Atheuulphe et Hugues, 1331-1373 — Parceval et Guigues, 1373-1389 — Lantelme et Antoine, fils de Parceval, Guigues, Elzias et Georges, fils de Guigues, 1377-1390 — Mondonne, veuve de Parceval, fait héritier Antoine, fils d'Elzias, 14 février 1407 — Almacet, dit Marbrigon, fils de Lantelme, 1410-1444 — Guillaume, fils de Georges, 1397-1413 — Avalon, fils d'Almacet, 1458 — Benoit de la Font, 1470 — Barthélemy Johannis achète cette part pour 120 florins, le 10 juillet 1484 — Arnaud-André Simon de Montilly, son héritier, vend pour le même prix à Guigues Allemand, prévôt d'Embrun, le 1er décembre 1496 — Claude Allemand, sieur de la Balme, son héritier, la vend à Barthélemy de Rousset, pour 600 écus, le 26 mars 1507 — Isnard, son frère, achète la part delphinale 325 livres, le 2 avril 1542, dans cette vente chaque homme est calculé sur le pied de 10 francs ; le Dauphin résilie cette vente le 5 mai 1544 — Albert de Rousset, 1575 — Louis, 1590-1621 — Albert, tué en duel, 1625 — Philippine, sa sœur, épouse de Gabriel d'Estienne, 1625 — François, leur fils, 1646 — Joseph, 1678 — Joseph, 1712 — Henri-Balthazard, 1761-1789 — Deuxième coseigneurie : Gillet du Caire, 1298-1308 — Jacques du Caire, 1320 — Rodolphe d'Embrun lui achète sa part, 1323 — Hugues Chabassol, 1350 — Pierre et Arnaude, épouse de Parceval Artaud, 1360 — Artaud Giraud, 1380 — Pierre Chabassol rachète ses droits, 1402-1426 — André, dit Chamous, 1447-1470 — Claude, 1474 — Gaspard, 1511-1530. — Cette part est acquise par Isnard de Rousset (1re cosie). — Troisième coseigneurie : Guillaume de Rame qui teste en 1349 — Jean, 1349-1401 — Aynard, 1429 — Pierre de Rousset, 1458 — Antoine qui teste en 1490 — Albert, 1491-1501. — Son fils Isnard hérite des trois quarts de la seigneurie (voir 1re cosie). — *Histoire.* — 1330, 10 juin, transaction entre les habitants de Prunières, Guillaume de Savines, seigneur majeur, Guillaume de Rame et Guigues Atheuulphi, par laquelle ils sont autorisés à élire des consuls, à s'imposer suivant leurs besoins et à créer des gardiens pour leurs champs. — 1376, on répare les murailles de Prunières. — 1585, août, Lesdiguières s'empare de Prunières. — 1586 novembre, Prunières est brûlé par les troupes d'Epernon et La Valette qui faisaient le siège de Chorges. — 1692, août, nouvel incendie occasionné par les troupes du duc de Savoie. — *Biographie.* — ESTIENNE DE PRUNIÈRES. (François d'), fils de Joseph et de Louise de Bonnivard-Mazet, entra dans les ordres et fut évêque de Grasse de 1753 à 1756. — ROUSSET (Antoine de), fils d'Imbert de Rousset seigneur de Prunières, il fut prévôt du chapitre de Gap (1525-1549). — ROUSSET, (Albert DE) neveu du précédent, gouverneur de Gap par intérim (1568), lieutenant du gouverneur du Dauphiné, chevalier de l'ordre, tué en 1575 au pont de Blaçons, regretté par ses ennemis eux-mêmes.

LE PUY-SAINT-EUSÈBE. — *État ecclés.* — La paroisse du Puy-Saint-Eusèbe s'étendait, en 1516, sur les deux communautés du Puy-Sanières et du Puy-Saint-Eusèbe : la première était desservie, en 1783, par un vicaire (voir l'art. du Puy-Sanières). La paroisse, placée d'abord sous le vocable de saint Pierre, le changea, au XVIe siècle, pour celui de saint Eusèbe. Avant 1516 il y avait dans cette église une chapelle de Notre-Dame qui existait encore en 1783. Le clergé paroissial se composait au XVIIe siècle de deux curés, et au siècle suivant d'un curé et d'un vicaire pour le Puy-Sanières. La cure était à la collation de l'abbé de Boscodon, qui percevait la dîme avec le curé-prieur de Savines. — *Administr. et Justice.* — Comme à Prunières. — *État féodal.*— Le seigneur majeur de Savines avait la part la plus grande de cette seigneurie. Voici le nom de quelques seigneurs particuliers : Hugues Chabassol, 1298-1334 — Pierre, 1345 — Raymonde, sa sœur, femme de Jean de Turriers, achète la part de Bertrand de Bardonnèche et fait héritiers Fasio de Rame et Pierre Chabassol, son neveu, le 4 novembre 1401 — Pierre Chabassol, 1401-1426 — André, qui achète 150 florins, le 15 mars 1466, la part de Jean et Antoine de Montorcier, 1447-1470 — Claude, 1474 — Gaspard, 1511-1530 — Jacques, qui teste en 1576 — Claude, son frère, 1576-1591 — Melchior, frère des précédents, 1591-1600 — Jacques, 1607-1612. Cette coseigneurie tomba à cette époque dans la seigneurie majeure. La maison-forte de Saint-Julien existait dans cette communauté; elle avait été construite vers 1310 par Pierre de Rame, seigneur de Saint-Julien en Champsaur, qui lui donna le nom de sa seigneurie. Eynard de Rame, neveu et héritier du fondateur, teste en 1374 — Guigues, 1388 — Boniface, 1388-1428 — Antoine, 1428-1450 — Claude qui meurt en 1469; Marthe, sa mère, vend Saint-Julien à Jacques de Saint-Michel, 1469. A la suite de cet achat le château de Saint-Julien prend le nom de Saint-Michel. Claude et Louis, fils de Jacques, 1484-1520 — Antoine, fils de Louis, Louise Chabassol, sa femme, et Simon Roman, son beau-frère, docteur-médecin, échangent leurs parts le 19 novembre 1541 — Claude et Antoine, fils de Claude, 1535-1540 — Antoine vend sa part au seigneur majeur ; Claude a deux filles : Marie, épouse Jean d'Arnaud, 1541-1548 (Anne et Thésin, leurs enfants, vendent à Guy de Levésie, leur oncle, pour 90 livres, le 27 mai 1560 et le 28 avril 1561) et Marie, épouse de Guy de Levésie, 1560 — Michel leur fils, 1580 — François de Calignon, 1637-1642 — Pierre, qui vend 4,000 livres sa part à Daniel de Tholozan le 20 janvier 1643-1640 — Marguerite, sa fille, épouse d'André Arnaud, vend sa part au seigneur majeur en 1712. En outre, une branche de la famille Emé avait eu quelques droits sur Saint-Julien dont elle porta le nom : Barthélemy Emé, 1540-1578 — Jean-Pierre, 1610 — Octavien, 1610-1629

RÉALON. — *État ecclés.* — La paroisse de Réalon, sous le vocable de saint Pélade, est fort ancienne : Albert (t. I, p. 189) pense que jadis elle était dédiée à sainte Luce, mais cette opinion ne repose sur aucun acte authentique. En 1516 il y avait dans cette paroisse quatre chapelles de Saint-Pierre et une de Notre-Dame payant les dîmes. En 1742 il n'existait plus que trois chapelles de Saint-Pierre, Notre-Dame et Saint-Antoine et elles avaient été unies à un vicariat créé peu de temps auparavant. — Le clergé paroissial se composait, en 1783, d'un curé et d'un vicaire; l'archevêque d'Embrun était collateur de la cure et partageait la dîme avec le prieur-curé de Savines. — *Administr. et Justice.* — Comme à Prunières. — *État féodal.* — Outre le seigneur majeur, voici les noms de quelques seigneurs particuliers de Réalon : Jean Chabassol, 1350 — Jean de Baratier (1375), dont la veuve, Catherine de Rame, vend sa coseigneurie au roi en 1390 — Jean Baile-la-Tour, 1380 — Jacques, son fils, 1417-1420 — Fazio de Rame achète la part de Huguenet de Bardounèche pour 1,000 florins le 14 juin 1409 — Antoine de la Villette, 1420 — Huguet de la Villette, 1440 — Antoine du Motet, son héritier, 1450 — Pierre Reynaud, 1467 — Pierre, son fils, 1507 — Balthazard, 1544-1580 — Jacques Clapier et Françoise, sa mère, veuve d'Étienne Clapier, achètent à Marguerite Gontier de l'Ange, veuve d'Étienne Ozonier, sa part pour 250 écus le 15 novembre 1563 — Auguste et Honoré Clapier vendent leur part 50 écus à François Isnel le 10 juillet 1587 — Sébastien Isnel, 1592 — Guillaume de Rame, qui acquiert la part de Françoise Isnel, fille de Sébastien, 1592-1626 — Mathieu de Rame, 1633-1650 — Isabeau, sa fille, femme de Jean de Bovier, vend sa terre au seigneur majeur. — *Histoire.* — 1381, 17 novembre, charte de liberté accordée aux habitants de Réalon par Catherine de Rame, veuve de Jean de Baratier.

SAINT-APOLLINAIRE. — *État ecclés.* — Cette paroisse existait au moins depuis le XIVe siècle, sous le vocable du saint dont elle porte le nom. En 1516 elle possédait une chapelle de Sainte-Catherine encore existante en 1783. — Le clergé se composait d'un curé nommé par l'archevêque d'Embrun. Le prieur-curé de Savines percevait la dîme. — *Administr. et Justice.* — Comme à Prunières. — *État féodal.* — Voici les noms de quelques seigneurs particuliers de Saint-Apollinaire : Rodolphe Albert vend sa part pour 2,200 livres à Guillaume de Freyssinières le 12 décembre 1331 — Guillaume de Freyssinières la revend à Guillaume Abrivat 206 florins le 19 avril 1340 — Pierre Chabassol, mort en 1352 — Jean, son fils, 1360 — Jean Baile-la-Tour, 1380 — Pierre Chabassol, 1390 — Catherine, sa fille, épouse d'Artaud Giraud, mort en 1400 — Pierre Chabassol, 1401-1426 — André, 1447-1470. — Claude, 1500 — Gaspard, Louise et Jeanne ; cette dernière épouse Antoine Albert, et en secondes noces N. Disdier; Blaise Disdier, Joseph, Folquette et Antoine Albert héritent de leur père et de leur mère, 1532 — Louise, sœur de Jeanne, épouse Antoine de Saint-Michel, qui vend sa part à Simon Roman, docteur-médecin, 1542 — Gaspard Chabassol, frère des précédentes, vend 200 florins à Honoré du Bonnet le 1er juin 1552. Vers cette époque cette coseigneurie tombe dans la seigneurie majeure. En 1614 Roux de la Font de Savines vendit Saint-Apollinaire à Gaspard du Bonnet, avec clause de réméré dont il usa en 1618. — *Histoire*. — 1419, l'église est reconstruite. — 1692, août. Saint-Apollinaire est brûlé par les troupes du duc de Savoie.

SAVINES. — *État ecclés*. — La paroisse de Savines était, de toute ancienneté, sous le vocable de saint Florent. Avant 1313, il existait dans le château une chapelle sous le titre de Notre-Dame-des-Roches. En 1318, un prêtre, nommé Jacques Gérard, en fonda une autre dont le vocable ne m'est pas connu. Antérieurement à 1385, Catherine de Rame fonda une troisième chapelle dédiée à Saint-Blaise. En 1478 les chapelles de Savines étaient celles de Saint-Blaise, de Notre-Dame-des-Roches, de Saint-Florent, de Sainte-Marie-Madeleine et de Saint-Ferréol. En 1516 les chapelles suivantes payaient les décimes : Notre-Dame, Sainte-Marthe, Saint-Claude, Saint-Blaise, Sainte-Catherine, Sainte-Marie-Madeleine et une seconde de Notre-Dame. En 1742 ces deux dernières chapelles n'existaient plus ; en 1783 une nouvelle chapelle, dédiée à Saint-Florent, avait été fondée. Celles de Sainte-Marthe, de Notre-Dame et de Saint-Claude étaient sous le juspatronat du seigneur dont les ancêtres en avaient été probablement les fondateurs — Le clergé se composait, en 1783, d'un curé, d'un vicaire et d'un chapelain desservant le hameau de la Charrière (maintenant nommé Savines) ; ce dernier avait la jouissance des chapelles de Notre-Dame et de Sainte-Catherine. Le curé était à la nomination de l'archevêque ; il prenait le titre de prieur-curé parce qu'il percevait une partie des dîmes de Savines, Réalon, Saint-Apollinaire et du Puy-Sanières. — *Ordres hospit*. — L'ordre de Saint-Jean de Jérusalem avait possédé au hameau nommé maintenant la *Chapelle* un hôpital et une chapelle dédiée à sainte Marie-Madeleine ; des terres assez importantes situées au quartier de Saint-Étienne en dépendaient. Elles relevaient de la commanderie d'Embrun. En 1667 l'ordre n'y possédait plus qu'un pré et une censive de 7 florins. — *Hôpitaux*. — Dès le commencement du XIV° siècle un hôpital dédié à sainte Madeleine existait près du pont de Savines, à l'endroit appelé maintenant la *Chapelle*. Il était encore desservi en 1478 par les frères de Sainte-Marie-Madeleine. Au XVI° siècle, il fut uni à l'ordre de Saint-Jean-de-Jérusalem et avait disparu au XVII°. — *Administr. et Justice*. — Par transaction du 1er novembre 1316, le droit de haute justice et de dresser des fourches patibulaires dans le mandement de Savines appartenait au seul Dauphin, les autres seigneurs n'avaient qu'une juridiction inférieure et seulement sur leurs sujets. Une autre transaction du 28 août 1408 constata que l'archevêque d'Embrun n'avait aucune juridiction à Savines. Au XVII° siècle la juridiction seigneuriale s'exerçait à Embrun avec appel au vibailli de cette ville. Savines dépendait d'Embrun au point de vue administratif ; le seigneur majeur y avait un châtelain. — *État féodal*. — Trois coseigneuries avaient concouru à la formation de la seigneurie majeure de Savines. — 1er coseigneurie : Guillaume de Savines, 1085 — Giraud, 1123 — Franquier, 1142 — Guillaume, 1173 — Arnoul 1193 — Guigues, Pierre, Garnier, Béraud, Rodolphe, André, Guillaume, Raymond et Poncet, 1235-1269 — Aynard et Raoul, fils de Raymond, Aynard, fils de Guillaume, Guigues, fils de Guigues. 1297-1317 — Guillaume et Guigues : Guillaume fait héritiers, avant 1347, son fils Raoul et Guillaume de Rame ; le premier garde tous les biens de Savines par transaction du 26 août 1347 — Guigues, mort vers 1350, laisse deux fils, Jean et Guigues : le premier laisse une fille, Marguerite, morte sans postérité en 1400 - Guigues, son oncle, laisse sa part de seigneurie à Raoul de la Font et Antoine Thomassi ; ce dernier cède ses droits au premier, 1342 — Raymond et Guigues de la Font héritent à leur tour de Marguerite de Savines, 1338-1400 — Raoul, fils de Raymond, 1400-1413 — Benoit, 1428-1478 — Benoit, 1478-1500 — Antoine, 1529 — Benoit et Esprit, 1529-1540 — Roux, 1575-1589 — Antoine, 1613 — Jean-Baptiste, 1645-1687 : il achète pour 6.400 livres le quart de la seigneurie à Mathieu de Rame le 18 février 1654 — Antoine, 1687-1715 — Charles, son frère, 1715-1750 — Antoine-Victor-Amédée, 1750-1789. — 2me coseigneurie : issue de Poncet de Savines cité plus haut, à la date de 1235-1269 — Raoul et Guillaume, ses fils, 1300 — Montaigline, fille du premier, épouse Guillaume de Faucon, et Raymonde, fille du second, épouse Isnard de Réotier, 1316-1329 — Raoul de Faucon, 1334 — Bertrand, son frère, acquiert les droits de la famille de Réotier, 1335 — Raoul, 1347 — Bertrand-Raymond, 1400 — Bertrand et Raoul, 1428 — Bertrande, fille de Bertrand, épouse Antoine Rostaing de Saint-Crépin, 1428 — Jean, leur fils, 1490 — Antoinette, sa sœur et son héritière, épouse Antoine Richière, 1490 — Michel, Thomas, François, Jean et Jeannette, ses fils, 1491 — Jean Richière, fils de Michel, 1510 — Louis de la Villette épouse Anne, sa fille, et achète sa part de seigneurie pour 600 florins le 30 mai 1519-1540 — Catherine de la Villette, leur fille, épouse Benoit de la Font, 1556, et ainsi cette seigneurie se trouve confondue avec la précédente. — 3me coseigneurie : Guillaume Caire,

1265 — Gilet, Guillaume et Pierre, 1298-1300 — Jacques, Pierre et Raymond, 1317-1326 — Montaigline, fille du premier, épouse Blacas Rostaing, 1334-1350 — Pierre, leur fils, 1356 — Guillaume, 1360 — Antoine épouse Bertrande de Faucon et acquiert la coseigneurie précédente (1400-1430), qui se confond à son tour avec la première en 1556. — Cette seigneurie fut érigée en marquisat en 1715 en faveur d'Antoine de la Font, lieutenant-général des armées du roi; le marquisat comprenait les paroisses de Savines, Réalon, Saint-Apollinaire et du Puy-Saint-Eusèbe. — J'ajoute à ces listes la descendance de quelques familles qui ont possédé fief dans le mandement de Savines pendant plusieurs siècles. *Abrivat* : Guillaume Abrivat, 1235 — Embrun, 1246-1256 — Guillaume, Raymond et Pierre, 1300 — Guillaume et Jean, le second achète 3,400 livres la part de Guillaume de Bénévent, mari de Raymonde, le 22 juin 1329-1340 — Pons et Antoine, ses fils, 1346 — Guillaume et Antoine, fils de Guillaume, 1347-1356 — Guillaume et Pierre, fils d'Antoine, 1376-1378 — Guillaume, fils de Guillaume, 1378-1400 — Guillaume et Pierre partagent l'héritage paternel le 12 mars 1393, et le premier achète la part de son frère le 3 juin 1424-1428 — Antoine fait héritiers André Chabassol et Pierre Martin, tisserand à Lyon, 1435. — *Albert* : Rodolphe Albert, 1316 — Jean et Jacques, 1334 — Antoine et Pons, fils de Jean, 1346 — Mouin, fils de Jacques, 1355 — Reynaud, Philippe et Mondon, 1390 — Claude, Raymond, Faudon et Antoine, fils de Reynaud, 1426 — Mathieu et Burguet, fils de Claude, 1442 — Antoine, Luc et Pierre, fils de Mathieu, 1482 — Jacques-Balthazard et André, fils d'Antoine, 1512 — Claude, fils de Jacques-Balthazard, 1525 — Jacomin et Jean; le second était marchand; il acheta la part de Sébastien Jomard, mari de Folquette Albert, 30 florins, le 11 avril 1551, et celle d'Antoine de Rame, fils de Gaspard, 700 florins, le 15 juillet 1558 — Osée, fils de Jacomin, 1590 — César, 1600 — Barthélemy, fils de Jean, 1560-1600 — Barthélemy, 1617 — Anne, femme de Guy de Levésie, 1660. — *Chabassol* : Hugues Chabassol, 1295 — Jacques et Pierre, 1334 — Hugues, 1354 — Pierre et Jacques, 1360 — Pierre, dit Chamous, fils de Pierre, 1402-1426 — André, dit Chamous, hérite de la famille Abrivat, 1435-1470 — Claude, 1488 — Denis, 1497-1499 — Gaspard, Melchior et Barthélemy, 1524-1538 — Claude épouse Anne de la Font et fait les la Font ses héritiers, 1555. — *Rame* : Eudes de Rame, 1237-1271 — Aynard, 1275-1292 — Eudes et Guillaume, le premier teste en 1326 — Guillaume et Aynard, fils d'Eudes, 1326-1347 — Aynard, qui teste en 1374 — Guigues, Georges et Jean, 1374-1388 — Isnard, fils de Guigues, achète 425 florins la part de Catherine, fille de Jean du Motet, le 15 novembre 1422 — Jean, son fils, 1423 — Fasio, fils de Georges, 1385-1428 — Antoine, Claude et Jean-François, 1428-1494 — Fasio, fils d'Antoine, 1495 — Gaspard, 1500-1549; il achète la part de Monnet de Rame, chanoine, le 19 novembre 1520, qui lui-même avait acheté pour 160 écus celle de Sébastien de Rame le 24 mars 1514 — Antoine, son fils, vend une moitié de la coseigneurie à Jean Albert, 700 florins, le 15 juillet 1558, teste en 1592 — Guillaume, son fils, 1592-1626 — Mathieu vend le quart de la terre de Savines pour 6,400 livres à Jean-Baptiste de la Font le 18 février 1654. — J'ajoute enfin à ces renseignements toute une série de coseigneurs de Savines par ordre de dates : Arnoul de Meys, 1235 — Guillaume d'Entrevennes vend sa part au Dauphin, le 7 février 1261 — Nicolas de Saint-Martin fait héritiers ses fils Jacques et Philippe et Raymonde, sa femme, qui vendent leur part à Guillaume d'Embrun le 23 juillet 1308 — Giraud Agni, 1315 — Guigues Arthenulphi, Hugonet et Raymond de Rousset, Bertrand de Faucon, mari d'Allemande, Guillaume de Naveisse, mari d'Hugonette de Bardonnèche, Béatrix, veuve, et Béatrix, fille d'Artaud Giraud, Thomas Saramand, 1316 — Raymond Caïre qui vend sa part à Raoul d'Embrun, 1323 — Olive, veuve de Montalin Bermond, vend au même sa part 40 livres le 15 février 1327 — Guillaume de la Tour, 1329 — Raymbaud de Rousset, 1334 — Pierre Caïre, fils d'Étienne, 1333-1344 — Pierre de Malemort, Georges Athenulphi, 1347 — Durand Crozet reçoit une part de fief à Savines du dauphin Humbert II le 3 mars 1349 — Guignes Caïre, fils de Guillaume, 1335 — Jean de Baratier qui vend à Guigues et Eudes de Savines la part qui lui vient de Guillaume de Rame; Hugues de Bardonnèche, 1357 — Jean Rostaing qui achète la part de Bertrand de Faucon; Étienne et Guigues Caïre, 1360-1371 — Catherine Crozet, fille de Durand, vend sa part à Pierre Reynaud pour 120 florins, 1371 — Catherine de Rame, veuve de Pierre de Baratier, 1381 — Lantelme de Saint-Marcel d'Avançon, 1384 — Henri de Saint-Marcel d'Avançon, 1390 — Bertrand de Bardonnèche vend sa part à Raymond Chabassol le 12 mai 1389 — Hugues de Bardonnèche qui vend sa part à Fasio de Rame, 1400 — Pierre Reynaud, 1407-1413; il achète une part de Durand Crozet, de Catherine, sa femme, et d'Hugues Bérard, héritier de son oncle Nicolas de Laval, pour 120 florins d'or, en 1407 — Jacques Baile-la-Tour acquiert d'Antoine d'Embrun ses droits sur le mandement de Savines pour 1,025 florins le 26 novembre 1414 — Antoine de la Villette achète la part de Louis de Naveisse et d'Antoinette, sa femme, pour 100 florins le 10 mars 1428 — Pierre Philochi achète la part d'Antoine Rostaing le 6 novembre 1434 — Pierre Justi acquiert de Benoît de la Font le neuvième du péage de Savines, 1442; il acquiert une part de Nicolas et Antoine du Motet le 5 avril 1455 — Geoffroy des Ecclesias cède au Dauphin la part du péage de Savines qu'il avait acquise à l'encan sur Jacques de Saint-Michel pour 200 florins, le 14 mars 1476 — Gabriel de Bardonnêche échange sa part avec le Dauphin, 1476 — Moudon d'Aymonet, 1477 — Martin de la Villette achète la part de Louis de Saint-Michel, 1492 — Barthélemy Emé achète au domaine le péage de Savines pour 303 livres le 2 mars 1556 — Honoré du Bonnet achète une part de Benoît de la Font et Catherine de la Villette pour 500 florins le 30 avril 1560 — Guy de Levésie achète la part de Thésin et Anne d'Armand 90 livres en 1560 et 1561 — Jacques Clapier et Françoise Esmieu, acquéreurs de la part de Marguerite Crosse, 1563-1572 — Melchior de Girard achète de François de Montaynard la taille comtale qu'il avait acquise du domaine pour 483 écus en 1572 — Gaspard de Montauban du Villard achète 2,000 écus la part du domaine à Savines le 26 octobre 1593 — Jean du Roux, 1603 — Jacques du Val, 1610 — Antoine de la Font achète la part du Dauphin, 1647 — Gaspard de Montauban du Villard lui vend en 1657 la part qu'il a acquise du Dauphin en 1593. — *Industrie et Commerce*. — 1531, 13 juillet, le roi donne à Emmanuel Julien d'Embrun la concession des mines d'or qui peuvent exister dans le mandement de Savines. — *Histoire*. — 1235, 18 avril, traité de ligue entre les consuls de Savines et ceux d'Embrun. — 1316, 1er novembre, transaction entre dix-sept coseigneurs de Savines et Jean II, dauphin, sur leurs droits réciproques, particulièrement sur celui de justice. — 1325, 9 décembre, confirmation de cette transaction par Guigues VIII, dauphin. — 1369, une bande de routiers nommés *les Provençaux* ravage la contrée et fait prisonniers les seigneurs de Prunières et de Savines, qui sont obligés de payer une rançon. — 1495, 25 octobre, Charles VIII revenant d'Italie passe à Savines. — 1581, septembre, le torrent de Réalon déborde et détruit la route et le pont de Savines, qu'on est obligé de reconstruire pour donner passage au duc de Mayenne allant à Embrun. — 1585, novembre, combat de cavalerie entre Aynard de Clermont-Chaste, gouverneur d'Embrun, pour la Ligue, et Lesdiguières: il a lieu entre la Couche et Saint-Julien; les catholiques sont écrasés. — 1629, 26 février, Louis XIII, accompagné de Richelieu, passe à Savines allant en Italie; le curé de Pontis et ses paroissiens viennent le haranguer en patois sur le pont de Savines. Le roi tâche de leur répondre dans le même langage. — 1692, août, l'armée du duc de Savoie brûle Savines. — *Biographie*. SAVINES (Guigues de), fils du seigneur de Savines, né dans le premier tiers du XIVe siècle, embrassa l'état ecclésiastique, fut moine à Boscodon en 1343, prieur de Saint-Maurice de Valserres en 1347, puis fait évêque d'Apt dont il occupa le siège de 1383 à 1384. Le *Gallia* le nomme à tort *Raymond Savini*.

MANDEMENT DE LA TERRE-COMMUNE.

Ce mandement, nommé aussi mandement d'Embrun, appartenait par moitié à l'archevêque et au Dauphin, en vertu de transactions de 1210, 1237 et 1247. Mais si cet état de choses avait été régularisé par ces transactions, il avait une origine beaucoup plus ancienne; il provenait d'usurpations consommées d'un commun accord par l'archevêque et le comte de Provence, à la fin du Xe ou au commencement du XIe siècle, de droits et de revenus qui appartenaient régulièrement aux rois de Bourgogne. Les empereurs, héritiers de ces rois, acceptèrent le fait accompli et le légitimèrent par plusieurs diplômes. Les Dauphins héritant de cette situation quand ils succédèrent aux comtes de Forcalquier, se contentèrent de la régulariser. Tout était commun entre les deux coseigneurs, terres, justice et droits féodaux, et la ville d'Embrun elle-même était partagée par des murailles en deux cités: l'une épiscopale entourant la cathédrale, l'autre delphinale autour du palais du Dauphin (aujourd'hui les casernes).

EMBRUN. — *État ecclés.* — La cathédrale de Notre-Dame-d'Embrun ou plus régulièrement Notre-Dame-des-trois-Rois, a sans doute pour origine une chapelle construite par saint Marcellin, premier évêque d'Embrun, au milieu du IVe siècle. Cette église primitive, dédiée à saint Marcellin après la mort du fondateur de la chrétienté d'Embrun, était déjà placée à l'époque de Charlemagne, qui lui fit des largesses par son testament, sous le vocable de Notre-Dame. Elle est nommée, en 1057, par le pape Victor II, *basilica Nostræ Dominæ genitricis semperque virginis Mariæ*. La cathédrale d'Embrun était le siège d'un chapitre de chanoines composé d'un prévôt, d'un archidiacre, d'un sacristain, d'un chantre et de douze chanoines; au XVe siècle, en comprenant les chapelains, les prétres, les clercs et tout le personnel attaché au chapitre, il comptait plus de cent membres et peut-être ce nombre avait-il été encore plus grand au siècle précédent. En 1783 le chapitre disposait de dix-sept prébendes et touchait une partie de la dîme dans presque toutes les paroisses du diocèse. Les chanoines furent toujours soumis à la juridiction épiscopale et ne possédèrent aucun droit de justice. Voici la liste des prévôts du chapitre d'Embrun : Gotfridus, 1066 — Bohellus, vers 1080 — Gaudin, 1090 — Olivier, 1106 — Guillaume, 1140-1159 — Pierre Radulphi, 1168-1172 — Hugues Bertin, 1194-1198 — Pierre Ébrard, de Valserres, 1212-1248 — Jacques de Sérène, 1256-1263 — Guillaume Pellizon, 1276-1296 — Raymond de Blaquériis, 1296-1316 — Bertrand de Déaux, 1319-1326 — Pierre Durand, 1323-1326 — Hugues de Maudagot, 1328-1359 — Gérard Tesba, 1360 — Gérard de Pousilhac, 1364-1372 — Gérard ou Gaillard de Neuveéglise, 1398-1403 — Jean de Steenhout, 1406-1412 — Jean Savini, 1422-1438 — Jacques Albert, 1442-1464 — Guy Allemand de Champs, 1472-1505 — Robert du Sauze, 1506-1507 — Antoine d'Avalon, 1508-1517 — Jean Allemand de Champs, 1518-1526 — Michel Sigaud, 1547 — Hugues de Saint-Marcel d'Avançon, 1548-1564 — Hugues de Saint-Marcel d'Avançon, neveu du précédent, 1567 — Jean Javelli, 1583-1648 — Louis Jugues, 1648-1661 — Jean d'Hugues, 1662-1666 Sauveur-Étienne de Roux d'Arbaud de la Peyrusse, 1666-1694 — Sauveur-Étienne de Roux d'Arbaud de la Peyrusse, neveu du précédent, 1694-1725 — Guillaume d'Hugues, 1725-1774 — André du Plan de la Beaumelle, 1774-1791. — Le roi de France était premier chanoine d'Embrun depuis Louis XI qui fut nommé à ce bénéfice par un vote du chapitre approuvé par une bulle papale du 23 janvier 1482 ; l'archevêque était le second ; ni l'un ni l'autre ne comptaient dans le nombre des seize chanoines dont j'ai parlé plus haut et ils ne participaient pas aux revenus capitulaires. — Le clergé de la cathédrale se composait de deux curés et de plusieurs chapelains, dont la plupart étaient à la nomination du chapitre. — Les chapelles fondées dans cette église étaient celles de Sainte-Marie, fondée en 1480 par Guillaume d'Aymonet ; de Saint-André, fondée en 1495 par le chanoine Raoul Laurent ; de Notre-Dame-de-Consolation, de Saint-Pierre, de Saint-Pierre et Saint-André, de Saint-Michel, de Saint-Jean, de Sainte-Marie-Madeleine, de Saint-Jean et de Saint-Mathieu, de Saint-Pierre et de Saint-Paul, de la Conception, de Saint-Laurent, de Saint-Hippolyte, de Saint-Philippe et de Saint-Jacques, de Saint-Georges, quatre de la Trinité, quatre de Saint-André, deux de Sainte-Anne, sept de Sainte-Catherine, quatre de Saint-Martin, sept de Saint-Marcellin, quatre de Tous-les-Saints, deux de Saint-Christophe, deux de Saint-Sébastien, deux des Onze-mille-Vierges, trois de la Sainte-Croix, quatre de Saint-Thomas. Tel était l'état des chapellenies en 1516. — Le 18 juillet 1263 le pape autorisa l'augmentation du nombre des prébendes et des distributions capitulaires, indice certain de la richesse qu'apportait dès cette époque à cette église le pèlerinage de Notre-Dame-d'Embrun. — Le 18 octobre 1334 le pape accorde cent jours d'indulgence aux pèlerins. — En 1481 Louis XI donne au chapitre 4,000 ducats par an, à la charge de chanter une messe quotidienne pour le roi ; cette fondation, supprimée par Charles VIII, fut convertie par François Ier en 1533 en une rente de 300 écus. — Les meubles et la chapelle des archevêques étaient dévolus au chapitre après leur mort ; en 1555 Balthazard de Jarente lui laissa 4,000 livres pour fonder une chapelle. — Outre la cathédrale, Embrun avait six autres paroisses : *Saint-Hilaire*, de laquelle dépendaient, en 1321, les hameaux du Petit-Puy et de Caléyère ; *Saint-Marcellin*, de laquelle dépendaient, à la même époque, celui de Chauvet ; *Saint-Pierre*, situé au centre de la ville ; *Saints-Vincent et Oronce, Sainte-Cécile* et *Saint-Donat* dans les autres quartiers. En 1516 les chapelles de Saint-Étienne, Sainte-Marie-de-Consolation, Saint-Claude, Saint-Pélade, Saint-Jacques et Saint-Laurent dépendaient de Saint-Marcellin ; celles de Sainte Anne et de Saint-Antoine de Saint-Pierre ; celle de Saint-Martin de Saint-Donat. — En 1585, après la prise d'Embrun par les protestants, Saint-Hilaire, Saint-Marcellin et Saint-Pierre furent ruinés de telle sorte qu'il fallut les détruire ; les trois autres églises suffisaient aux besoins du culte. En 1777 elles étaient en si mauvais état qu'on dut abattre Saint-Vincent et Sainte-Cécile. On ne conserva que l'église de Saint-Donat dans laquelle on établit deux paroisses et deux curés à la nomination du chapitre ; les hameaux suburbains de Chauvet, du Petit-Puy, de Caléyère, etc., en dépendaient. On avait réuni à cette église les chapellenies suivantes : le Saint-Esprit, Saint-Hilaire, dépendant de l'ancienne paroisse de Sainte-Cécile ; Saint-Antoine et Sainte-Marie-Madeleine, dépendant de Saint-Vincent ; Sainte-Anne, Sainte-Croix, Saint-Claude, Saint-Étienne, Saint-Jacques, Saint-Laurent, Saint-Martin et Saint-Pélade, dépendant de Saint-Donat. — Tel était l'état des paroisses d'Embrun depuis le XIVe siècle jusqu'en 1789, mais antérieurement d'autres églises, probablement avec titre paroissial, y avaient existé. La plus ancienne était celle de *Saint-Celse et Saint-Nazaire*, dont parle Grégoire de Tours comme existant de son temps (vi⁰ siècle). L'église de *Saint-Privat*, hors les murs, était aussi fort ancienne ; d'après la tradition elle s'élevait sur l'emplacement d'un petit oratoire construit par saint Marcellin lors de son arrivée à Embrun au milieu du iv⁰ siècle ; il n'en est plus fait mention à partir du xiii⁰ siècle. Une église de *Sainte-Marie de Artis* (des Champs) est citée dans une bulle (suspecte ?) de 1152 ; c'est la seule mention que l'on en trouve. Au xii⁰ siècle, il existait un cimetière et très probablement une église de *Sainte-Christina*. Enfin, une église paroissiale dédiée à saint Saturnin (maintenant *Saint-Surnin*) était encore debout, en 1218, entre Pont-Frache et Pralong ; elle disparaît à partir de cette date. — Plusieurs chapelles existaient également hors la ville, parmi lesquelles je citerai celle de Saint-Martin, construite avant 1237, réparée en 1311 par l'archevêque Guillaume de Mandagot et démolie par les huguenots en 1585 ; celle de Sainte-Marthe, près du torrent de ce nom, existant déjà en 1417 et dont les ruines se voyaient encore en 1720 ; celle du Saint-Esprit, appartenant à la confrérie de ce nom et construite près du cimetière ; elle existait déjà en 1406 et encore en 1575. — Un chapitre de chanoines réguliers était attaché au xii⁰ siècle à l'église de Saint-Marcellin ; on en trouve encore des mentions au xiv⁰ siècle. On ignore les circonstances de sa fondation et de sa suppression ; en 1402 cette église était desservie par un seul curé prenant le titre de prieur. — Le couvent des *Cordeliers*, fondé au xiii⁰ siècle hors de la ville, fut reconstruit dans la ville de 1334 à 1335 par la libéralité de Humbert II, dauphin. On en croit la tradition. Ce prince lui donna, le 28 février 1338, une rente payable en blé. Le pape Nicolas IV concéda par une bulle du 7 mai 1290 à ce couvent une indulgence d'un an et une quarantaine en faveur de ceux qui visiteraient à certaines fêtes les nombreuses reliques qu'il renfermait. L'église en fut reconstruite en 1413. — Le couvent des *Capucins*, fondé par lettres patentes de Louis XIII, qui lui donna l'emplacement de la citadelle, supprimée au mois de février 1633, fut construit de 1644 à 1645 ; il existait encore en 1789. — Le couvent de la *Visitation* fut fondé en 1623 ; la ville donna le terrain aux religieuses ; ce monastère existait encore en 1789. — Les *Hospitalières de Saint-Augustin*, appelées en 1748 à la direction de l'hôpital d'Embrun, y étaient encore en 1789. — *Ordres hospit.* — L'ordre du Temple eut une commanderie à Embrun ; il possédait une église de Sainte-Marie du Temple dont les ruines se voyaient encore sous le Roi au xviii⁰ siècle. C'était principalement de ce côté qu'étaient ses possessions ; un quartier s'y nommait encore le Temple en 1472. De cette commanderie relevaient les terres possédées par l'ordre à Montmirail (Voyez cet article). L'ordre de Saint-Jean de Jérusalem, héritier des Templiers, eut également une commanderie à Embrun. Au xiv⁰ siècle tous les biens possédés par cet ordre dans l'Embrunais et le Briançonnais en dépendaient ; la petite commanderie de l'Argentière lui fut unie dans les premières années du xiv⁰ siècle. Son existence ne fut néanmoins pas de longue durée : dans l'intervalle de 1319 à 1336 elle fut unie à celle de Gap dont le titulaire porta le titre de commandeur de Gap et d'Embrun jusqu'au xvi⁰ siècle. En 1667 l'ordre de Saint-Jean de Jérusalem ne possédait plus rien dans le territoire d'Embrun. Voici la liste des commandeurs d'Embrun avant l'union de cette commanderie à celle de Gap : Falcon, 1247 — Raymond Chabaud, 1266 — Guillaume Boyson, 1276 — Raymond Osasica, commandeur d'Embrun et de Gap, 1298-1300 — Pierre de Saint-Martin, 1300 — Barras de Barras, 1314 — Geoffroy de Cubriis, commandeur d'Embrun et de Gap, 1316 — Pierre de Saumane, 1319. — *Hôpitaux*. — Les plus anciens établissements hospitaliers que j'aie trouvés à Embrun sont l'hôpital supérieur ou de Saint-Marcellin existant en 1279, l'hôpital inférieur ou du Saint-Esprit à la même époque et enfin une Maladrerie existant en 1316 à peu de distance du cimetière actuel, sur l'ancienne route d'Embrun à Chorges. L'hôpital de Saint-Marcellin était desservi par les frères de Sainte-Marie-Madeleine. L'hôpital du Saint-Esprit, qui existe encore, a absorbé toutes les maisons hospitalières d'Embrun et a hérité d'une partie des biens de l'abbaye de Boscodon lors de sa suppression en 1769. — Sur la rive gauche de la Durance était une ancienne maison hospitalière nommée la Madeleine ; supprimée en xvi⁰ siècle, elle fut donnée au collège des Jésuites d'Embrun, puis aliénée peu d'années après. — *Séminaire*. — L'archevêque Charles Brulart de Genlis fonda le séminaire d'Embrun en 1705 ; il en confia la direction aux Jésuites et le fit construire tout à côté du collège qu'ils dirigeaient. En 1789 le personnel se composait de trois professeurs et d'un supérieur. Avant cette fondation, le chapitre avait réservé deux de ses prébendes pour l'entretien de professeurs chargés d'enseigner aux clercs embrunais la théologie, la philosophie et les autres arts libéraux ; mais la plupart de ceux qui se destinaient au sacerdoce allaient prendre leurs grades à l'université d'Avignon. — *Collège*. — Jean de Embroniaco, fondateur du collège de Saint-Nicolas à Avignon, en 1424, y avait réservé deux places pour des Embrunais ; trois autres places leur étaient également réservées aux collèges de Montélimar et de Valence. Ce fut en 1583 seulement, sous l'inspiration de l'archevêque Guillaume de Saint-Marcel d'Avançon, que fut fondé le collège municipal d'Embrun. La direction en fut confiée aux Jésuites ; mais les protestants s'étant emparés d'Embrun en 1585, et les Jésuites ayant été ensuite chassés du royaume, le collège ne fut réellement organisé que par une ordonnance royale de février 1604. La ville d'Embrun donna au collège une rente de 1,200 livres, l'archevêque 600, le chapitre 600, l'abbé de Boscodon 150 ; on lui unit les prieurés de Saint-André des Beaumes de 1,000 livres de revenu ; du Saint-Sépulcre de Chorges et de Saint-André de Gap. L'archevêque Guillaume d'Hugues fit construire en 1642, à ses frais, son église qui coûta 6,000 livres ; Jacques Javelli, chanoine, lui donna tous ses biens avec lesquels on acheta, en 1686, la seigneurie d'Orcières 8,800 livres. Le personnel se composait de douze pères, dont cinq professeurs. Après la suppression de l'ordre des Jésuites (1763), la direction du collège fut confiée à des prêtres séculiers ; le personnel se composait de neuf ecclésiastiques, dont sept professeurs. L'archevêque de Leyssin y fonda trente bourses Cet établissement a prospéré jusqu'à la Révolution. — *Protestants*. — Le culte protestant fut établi à Embrun après la prise de cette ville par Lesdiguières, et fut exercé jusqu'à la révocation de l'édit de Nantes (1585-1684). Voici les noms de quelques-uns des pasteurs d'Embrun : Perrot, 1596-1597 — Hugues Mathieu, 1600-1622 — Jean Conel, 1617-1630 — Jacques Bailly, 1637 — Siméon Coing, 1660 — Elie Saurin, 1664 — Jacques Pierre, 1675 — Pierre Siméon, 1684. Le temple fut démoli par arrêt du conseil du roi du 20 juin 1684. — *Administr. et Justice*. — Embrun, à l'époque romaine, était une station de la voie de la frontière italienne à Arles ; il devint, après Dioclétien, la capitale de la province des Alpes-Maritimes. Au moyen-âge Embrun fut la résidence du bailli de l'Embrunais, puis du vibailli qui lui succéda en 1447. Il était le siège d'une importante châtellenie. — Trois juridictions siégeaient dans Embrun : 1º le juge du palais delphinal, existait dès 1234, et connaissait des procès pendants entre les sujets du Dauphin de tout l'Embrunais ; ses attributions furent fort augmentées par une transaction du 1er février 1248 par laquelle les habitants d'Embrun l'autorisaient à juger un criminel dans l'enceinte de leur ville. Ce magistrat disparut lors de la création du vibailliage qui absorba sa juridiction ; mais. pendant plus de cinquante ans après la suppression du juge delphinal, le vibailli joignit à son titre celui de juge du palais delphinal ; 2º le juge archiépiscopal, nommé ensuite juge des châteaux épiscopaux. Pendant presque tout le moyen âge il fut confondu avec l'officialité archiépiscopale ; il existait encore en 1789, mais n'était plus qu'un juge inférieur dont les sentences pouvaient être déférées au vibailli en appel ; 3º la Cour commune, à laquelle ressortissaient les procès des terres et hommes communs entre l'archevêque et le Dauphin. Ce tribunal fut définitivement organisé en vertu d'une sentence arbitrale du 2 juin 1247, prononcée par Robert, évêque de Gap et Gratepailli de Clérieu. Il se composait de deux juges : l'un delphinal, siégeant dans les années impaires ; l'autre épiscopal, siégeant dans les années paires. Telle était du moins la dernière forme de ce tribunal. A partir de la création du vibailliage, le juge delphinal fut remplacé par le vibailli. L'appel était porté directement au parlement de Grenoble. L'archevêque avait eu au moyen-âge un juge d'appel, mais il fut contraint de le supprimer et de reconnaître la juridiction du Parlement avant 1530. — On a pu lire la liste des juges majeurs d'Embrun à l'article consacré au bailliage de l'Embrunais ; voici celle des juges de la cour archiépiscopale, plus tard nommés juges des châteaux épiscopaux : Étienne Lombard, 1210 — Pierre Durand, 1297 — Jean Ségurin, 1301 — Pierre Étienne, 1321 — Guillaume de Fabrica, 1326 — Pierres Gautier, 1351 — Claude Albert, 1440-1500 — Michel Savine, 1520 — Guillaume Raymond, 1544 — Honoré Gontier de l'Ange, 1567-1581 — Jean Gontier de l'Ange, 1599 — Jean-Baptiste Gontier de l'Ange, 1648-1669 — Jean Delnas de Réotier, 1671 — Jacques Vial, 1692-1711 — Jean-Baptiste Delnas de Réotier, 1715 — François Cressy, 1750 — Joseph Allard, 1765 — Pierre Roux-la-Mazelière, 1783-1788. — Voici la liste des juges de la cour commune : Pierre Amalvini, 1268 — Jacques de Ravenne, 1272 — Bienvenu de Pavie, 1276 — Bienvenu de Campeis (peut-être le même que le précédent), 1278-1280 — Obert du Caire, 1282 — Guillaume Girard du Sauze, 1285-1287 — Jacques Rosset, 1288 — Richard de Rivaltella, 1290 — Marchon Baile, 1293 — Hugues Bochard, 1297-1306 — Pierre Radulphi, 1307 — Guy du Caire, 1310-1312 — Hugues Bochard, 1312 — Étienne Martin, 1314-1315 — Hugues Bochard, 1316 — Étienne de Roux, 1317 — Pierre Ribe, 1320 — Guillaume de Brens, 1323-

1324 — Hugues Bochard, 1325 — Guillaume de Brens, 1326 — Guillaume Falavel, 1327 — Jacques Valentin, 1330 — Hugues Chabassol, 1334 — Pierre Caire, 1336-1337 — Jean Taxil, 1330-1343 — Guillaume de Galhuaco, 1345 — Rolland de Veynes, 1348 — Jean de Aygaterie, 1346 — Jacques de Roux, 1366 — Jean Bamcheriis, 1371 — Étienne Allemand, 1373 — Pierre Raynaud, 1374 — Jean le Huo, 1379 — Jacques Peyrolerii, 1384 — Jean Pinelli, 1390 — Jean Bonnet, 1392 — Pierre Étienne, 1402-1403 — Jean Sauret, 1405 — Humbert Boyer, 1415 — Pierre Marc, 1417 — Barthélemy Garnier, 1424 — Claude Tholosan, 1426-1427 — Michel Raynaud, 1430 — Antoine Bochard, 1432 — Claude Perron, 1442 — Guillaume Emé, 1444-1446 — Antoine Bochard, 1447 — Moudon d'Aymouet, 1454 — Jean d'Aymonet, 1465-1477 — Hugonet Emé, 1486. — Embrun dépendait de la généralité et de l'intendance de Grenoble et de l'élection de Gap; un subdélégué y faisait sa résidence.— En sa qualité de place forte, Embrun ne tarda pas à avoir un gouverneur; voici la liste de ces officiers à partir de la fin du xvᵉ siècle : Talabart de Vesc, 1473 — Pierre Claret, 1480 — Bertrand Emé, 1541 — Aynard de Clermont-Chaste, 1545 — Jean Armuet de Bonrepos, 1567 — Louis Armuet de Bonrepos, 1570-1579 — Antoine de Rame, 1579 — Jean de Bourrelon de Mures, 1581 — Aynard de Clermont-Gessans, 1581-1585 — Gaspard de Bonne-Prabaud, 1585-1593 — Charles Martin de Champoléon, 1593-1610 — Annibal-Alexandre de Burcio, 1615 — Jean de Bonne de Vitrolles, 1615-1626 — Jacques de l'Olivier de Bonne, 1626-1635 — François de l'Olivier de Bonne, 1635-1670 Pierre Martin de Champoléon, 1671-1684 — Jean-Baptiste de la Font de Savines, 1684-1687 — Antoine de la Font de Savines, 1687-1743 — Antoine-Victor de la Font de Savines, 1743-1789. — J'y joins la liste des sergents-majors, office créé à la fin du xvɪᵉ siècle : Gaspard du Serre, 1620 — Joseph de l'Olivier de Bonne-Rochefort, 1635-1636 — François de l'Olivier de Bonne de Vitrolles, 1675 — Louis Berger, 1692 — François de Sigoin, 1789. — L'état major d'Embrun se composait d'un gouverneur, d'un lieutenant du roi et d'un aide-major. La garnison était, en 1598, de 51 hommes qui coûtaient 233 livres par mois; en 1635 il n'y avait plus de garnison permanente. En 1581 une citadelle ayant été construite par ordre du duc de Mayenne sur l'emplacement du palais delphinal, on y établit un gouverneur particulier; il fut supprimé en même temps que cette citadelle, c'est-à-dire en 1633. — Jusqu'au milieu du xɪɪɪᵉ siècle, Embrun avait eu des libertés municipales assez étendues,

qui lui avaient été confirmées à la fin du xɪɪᵉ siècle par Guillaume, comte de Forcalquier; il en fut dépouillé presque entièrement par un traité du 20 août 1258, consenti par les citoyens après une révolte contre leur archevêque qui dura plus de cinq ans. A la suite de cet événement la ville d'Embrun perdit sa juridiction consulaire, le droit au sceau, et ses habitants se reconnurent hommes-liges de l'archevêque et du Dauphin. Les affaires communales se traitaient, suivant leur importance, soit dans le conseil général ou réunion de tous les pères de famille, soit dans le conseil particulier ou assemblée de vingt notables élus pour un an. Les consuls étaient au nombre de cinq, dont un ecclésiastique et un noble. Tous les Embrunais étaient égaux devant l'impôt, sauf en ce qui concernait les prestations matérielles, qui leur étaient épargnées. A l'époque de sa plus grande prospérité municipale Embrun avait contracté des alliances défensives avec les communautés voisines de Pontis (1210), de Savines (1235) et des Puys (1381). — *État féodal.* — Embrun et son mandement étaient un fief commun entre l'archevêque et le Dauphin, successeur des comtes de Forcalquier. Ce *condominium* organisé, au dire des archevêques, à la suite des victoires du comte Guillaume de Provence sur les Sarrasins, fut confirmé et régularisé par plusieurs transactions depuis 1147 jusqu'en 1247.⁵ Les deux coseigneurs percevaient par moitié les lods ou droits de mutation, les tasches, les corvées, les redevances féodales, la milice, les cas impériaux et les émoluments de la cour commune; c'étaient le châtelain delphinal d'Embrun et le *clavaire* ou trésorier épiscopal qui percevaient ces droits. Le Dauphin avait en outre droit à cent fantassins et à quatre cavaliers fournis par la ville pendant un mois chaque année. Ce prince aliéna sa part de seigneurie, avec faculté de rachat, en 1543 et 1593. Voici la liste de quelques arrière-fiefs de la banlieue, de création généralement assez récente — *La Madeleine* : ancienne maison hospitalière donnée aux Jésuites en 1604, vendue par eux vers 1630 à Daniel Tholozan — Pierre Tholozan, sieur de la Madeleine, 1640 — Paul, 1696 — Antoine, 1750 — Paul-Louis, 1765-1791. — *Pralong* : maison de campagne construite par Jean-Aimé Michel de Beauregard en 1640 - Sixte Michel de Beauregard, sieur de Pralong, 1680 — François, 1701 — Jean-Baptiste, 1757 — Jean-Louis-François Cressy, 1780-1791. — *Rioclar* : maison de campagne au bord du torrent de ce nom : Pierre Sylvestre, sieur de Riouclar, 1749-1771 — Ennemonde-Victoire, sa fille, épouse Jean Agnel, 1771-1780 — Gaspard-Basile Agnel de Riouclar, 1780-1791. — *La Robeyère :* d'abord maisonnette au milieu de vignes, château au XVIIIe siècle : Martin de la Villette, 1530 — Jean des Imberts, sieur de la Robeyère, 1556-1580 — Françoise et Barbe, ses filles, dont l'une épouse Reynaud Lombard, 1583-1610 — Aimé de Colombet, 1660 — Isabeau de Baile, sa veuve, épouse Élie-Guillaume Rochon de la Motte la Peyrouse, 1667-1680 — Gabriel-Théodore, leur fils, 1681-1738— François-David Vallier, son neveu, en hérite, 1738-1776 — Joseph-François Vallier de la Peyrouse, 1776-1786 — Gabriel-Théodore, 1786-1791. — *Serre-Saul :* Gaspard Disdier, sieur de Serre-Saul, 1605 — Bernard, son fils, 1622-1625. — *Industrie et Commerce.* — 1310, Jean II accorde des privilèges aux foires d'Embrun. — 1442 et le 8 avril 1445, le gouverneur du Dauphiné confirme aux Embrunais deux foires : le 22 mai et le 28 octobre. — 1462, 5 septembre, le même magistrat leur concède une nouvelle foire le 18 octobre ; le roi approuve cette concession en 1472. Les habitants de Guillestre s'étant opposés par la violence à la tenue de cette foire, ceux d'Embrun la leur cèdent en 1475 et en compensation ils achètent la foire du 1er novembre qui se tenait à Baratier ; elle est fixée en 1560 à huit jours avant la Toussaint. La même année une autre foire du 1er mai est transférée au 16 mars et l'on en crée nouvelle le 22 août. Les consuls percevaient sur les marchandises apportées à ces foires, qui étaient fort importantes, un droit nommé la *leyda*. Il nous reste un tarif des droits de leyde de l'Embrun du commencement du XVe siècle ; ce document a été publié dans le *Bulletin des sociétés savantes* (1885). — En 1457, un nommé Claude Bellon établit dans la ville d'Embrun une fabrique de draps. En 1338, le 31 janvier, les Lombards qui trafiquaient dans Embrun obtiennent la liberté du commerce moyennant 220 florins par an. — *Histoire.* — Vers 575 les Lombards ravagent l'Embrunais. Vers 576 ils sont vaincus par le patrice Mummol, accompagné de Salonius, évêque d'Embrun, et de Sagittaire, évêque de Gap, à *Mustiæ-Calmes* (probablement la Chaup ou les Chalps, dans la vallée de Barcelonnette). — Vers 578 une troupe de Saxons ayant obtenu l'autorisation de traverser le territoire d'Embrun, le ravage. — Du IXe au Xe siècle le comté d'Embrun est ravagé par les Hongrois et les Sarrasins. — Fin du Xe siècle, le pays, délivré des Sarrasins, tombe sous la domination des comtes de Provence. — 1057, 7 juillet, le pape Victor II, par une bulle, engage l'archevêque Viminien à réparer les maux causés à son église par les Sarrasins et les mauvais archevêques. — 1147, Conrad III, empereur, accorde à l'archevêque d'Embrun la jouissance des droits régaliens. — Vers 1160 un grand nombre de terres, entre autres la moitié de la ville d'Embrun, sont inféodées à l'archevêque par Raymond, marquis de Provence. — 1177, Guillaume, comte de Forcalquier, confirme l'acte précédent. — 1178, 14 juillet, l'empereur Frédéric Barberousse passe à Embrun. — 1202, l'Embrunais passe sous la domination du Dauphin. — 1210, transaction entre l'archevêque, Guigues-André, dauphin, et Othon, duc de Bourgogne, son frère ; par cet acte, passé à Embrun, les deux derniers se reconnaissent vassaux du premier. Même année, le Dauphin confirme les libertés accordées à la ville d'Embrun par Guillaume IV, comte de Forcalquier. Même année, les Embrunais font alliance défensive avec les habitants de Pontis. — 1235, 18 avril, acte de ligue entre les habitants d'Embrun et ceux de Savines. — 1237, 18 mars, les nobles d'Embrun se reconnaissent obligés aux charges municipales, sauf les prestations matérielles. — Même année, les Embrunais se révoltent contre le Dauphin et l'archevêque, forcent les prisons, pillent Châteauroux ; un combat sanglant a lieu autour de la ville. Une transaction du 3 décembre apaise ce soulèvement. — 1238, juin, Frédéric II, empereur, confirme les privilèges de l'archevêque et prend, la même année, les citoyens d'Embrun sous sa protection. — 1247, 2 juin, Robert, évêque de Gap, et Gratepailli de Cléricu règlent par sentence arbitrale le droit de pariage entre le Dauphin et l'archevêque. — 1252, 15 août, les citoyens d'Embrun, ayant Raymond Thiaud et Pierre de Ferrières à leur tête, chassent Henri de Suze, leur archevêque ; ce prélat ne peut rentrer de cinq ans dans la ville. — 1256, Guigues VII vient à Embrun pour tâcher d'apaiser les esprits. — 1257, n'ayant pu y réussir, il s'en empare à la tête de ses troupes. — 1258, 20 août, les citoyens d'Embrun reçoivent leurs chartes de liberté, qui sont anéanties, leurs sceaux, qui sont brisés, et on leur confectionne de nouveaux statuts supprimant tous leurs privilèges ; les maisons des chefs de la révolte sont rasées ; on fonde un anniversaire en mémoire de ces événements. — 1263, 28 juillet, le Dauphin donne aux Embrunais toutes ses forêts, du Barnafred au Rion-de-d'Alps, c'est-à-dire sur une étendue de 20 kilomètres. — 1276, 31 janvier et 4 février, l'empereur confirme les droits régaliens de l'archevêque. — 1294, 19 septembre, Humbert I, dauphin, séjourne à Embrun. — 1297, 14 mars,

Jean, dauphin, comte de l'Embrunais, séjourne dans cette ville. — 1301, 17 juin, Humbert I confirme les libertés de la ville d'Embrun. — 1313, les Embrunais attaquent le palais épiscopal et se livrent à des violences contre les magistrats de l'archevêque. — 1316, à la suite de crimes commis par une compagnie de Gascons au service de l'archevêque, les habitants élèvent une muraille entre le palais épiscopal et la ville. — 1334, du 22 au 24 octobre, Humbert II, dauphin, est à Embrun. — 1338, Boniface d'Embrun, seigneur des Crottes, n'étant pas payé de 2,000 livres que lui doivent les Embrunais, ravage la campagne et détrousse les habitants. — 1368, les murailles de la ville sont réparées fort à propos, car en 1369 une bande de routiers, dits les *Provençaux*, passant en Italie, attaque Embrun, est repoussée, mais pille tout son territoire. — 1380, 10 décembre, Michel Estienne de Perellos, en prenant possession du siège archiépiscopal, jure de respecter les franchises d'Embrun. — 1380, l'archevêque s'oppose à la construction de l'une des murailles de la ville ; les Embrunais se soulèvent contre lui et sont excommuniés. Le Pape suspend cette excommunication. — 1381, 20 mars, les Embrunais font un traité d'alliance avec les habitants des Puys et promettent de leur donner asile en temps de guerre. Même année, juin, le duc d'Aujou allant à la conquête de Naples passe à Embrun avec 10,000 hommes. — 1383, le pape lève l'excommunication prononcée en 1380 contre les Embrunais ; cette absolution leur coûte 2,000 florins. — Vers 1390 les milices embrunaises battent au col de Pontis les troupes du duc de Savoie qui s'étaient emparées de Barcelonnette ; elles fortifient le col des Orres et empêchent l'entrée des ennemis en Dauphiné. — 1420, grandes inondations en Embrunais. — 1424, on répare les fortifications. — 1449, 7 février, Charles Bayle, bourgeois, laisse à la ville des domaines dont le revenu doit être donné, leur vie durant, à de pauvres filles de la bourgeoisie ; cette fondation, nommée les *filleules*, existe encore. — 1449, le 15 août et le 11 septembre, Louis II, dauphin, séjourne à Embrun. — 1455, les fortifications sont réparées. — 1458, 3 mai, Jean Baile prenant possession du siège archiépiscopal jure de respecter les franchises d'Embrun — 1490, 10 novembre, Charles VIII passe à Embrun. — 1494, 31 août, le même prince, allant en Italie, couche à Embrun. — 1495, 24 octobre, il y couche encore revenant d'Italie. — 1496, 31 mai, Rostaing d'Ancézune, prenant possession du siège archiépiscopal, jure de respecter les franchises d'Embrun. — 1502, fin juin, Louis XII couche à Embrun, allant en Italie. — 1515, juillet, Trivulce, Bayart, le connétable de Bourbon, passent avec leurs troupes à Embrun ; août, le roi François Ier y séjourne. — 1537, 18 février, le roi donne deux canons à la ville. Même année, 29 octobre, ce prince couche de nouveau à Embrun ; 10 novembre, Blaise de Montluc y passe avec ses Gascons. — 1540, Étienne Brun, de Réotier, est brûlé vif à Embrun comme protestant. — 1547, 9 septembre, Henri II couche à Embrun. — 1548, 24 octobre, Renée de France, duchesse de Ferrare, et Anne, sa fille, ainsi que son mari François de Lorraine, duc d'Aumale, passent à Embrun. — 1573, juin, le capitaine Chamiseau, dit Châteauredon, tente de s'emparer d'Embrun pour le compte des protestants ; il est écartelé. — 1581, 5 mai, un autre protestant qui avait voulu livrer la ville à Lesdiguières est mis à mort ; 22 septembre, le duc de Mayenne fait son entrée dans Embrun ; on y construit une citadelle par ses ordres. — 1585, 19 novembre, Lesdiguières s'empare d'Embrun par surprise ; le trésor de la cathédrale est pillé. — 1599, le culte catholique est rétabli. — 1604, février, ordonnance de Henri IV autorisant les Jésuites à s'établir à Embrun. — 1629, 26 et 27 février, Louis XIII et Richelieu, allant en Italie, couchent à Embrun. — 1629-1630, la peste sévit dans la contrée ; les consuls font un vœu à la Vierge et à saint Roch. — 1630, 18 février, Richelieu passe de nouveau à Embrun et y a une conférence avec Pancirole, légat. — 1692, du 4 au 16 août, siège d'Embrun par le duc de Savoie en personne ; les assiégés, commandés par le marquis de Larrey, ne se rendent qu'après avoir épuisé leurs munitions. La ville paie 55,961 livres 15 sols de contribution de guerre, les cloches sont enlevées ; 5 septembre, la duchesse de Savoie vient à Embrun ; 6 septembre, le prince Eugène y vient également. Le duc de Savoie y tombe malade de la petite vérole et en sort le 16 septembre ; 19 septembre, son armée bat en retraite. — 1720, la peste sévit de nouveau à Embrun ; renouvellement du vœu des consuls à sainte Marie et saint Roch. — 1727, du 16 août au 28 septembre, concile présidé par Tencin, dans lequel est condamné comme janséniste le vénérable Soanen, évêque de Senès. — 1744, dom Philippe et le prince de Conti, allant en Italie avec leur armée, s'arrêtent à Embrun. — *Monnaies*. — Il y eut à Embrun, à l'époque mérovingienne, un atelier monétaire dont il reste un très petit nombre de spécimens ; on l'a parfois confondu avec celui d'Yverdun (Suisse), dont le nom avait la même forme latine. — L'archevêque, en vertu des privilèges concédés par l'Empereur en 1147, avait le droit de battre monnaie. En 1294, le 13 mai, il y eut entre l'archevêque et le Dauphin une transaction à propos de la monnaie d'Embrun, qu'ils devaient frapper en commun ; cet accord n'eut pas de suite. Il nous reste des monnaies frappées de 1294 à 1355, sous les épiscopats de Raymond de Mévouillon et de Pasteur de Sarrescuderio. Par ordonnance rendue en 1442 par le gouverneur du Dauphiné, la monnaie de l'archevêque d'Embrun fut décriée dans cette province. — Un atelier royal fut créé à Embrun en 1406 et dura jusqu'en 1417 sans interruption. On le transféra alors à Mirabel, puis on essaya, en 1426, mais sans succès, de le rétablir à Embrun. Il fut définitivement installé à Montélimar. Le signe distinctif des monnaies royales d'Embrun est un point sous la troisième lettre de chaque légende. — *Imprimerie.* — Le plus ancien volume imprimé à Embrun l'a été en 1489, par Laurent de Rubeis, imprimeur ambulant ; c'est un bréviaire du diocèse, dont un seul exemplaire est connu. Le missel d'Embrun fut imprimé pour la première fois, en 1520, à Lyon ; il est fort rare. — Pendant le XVIᵉ siècle on trouve quelques ouvrages avec la fausse rubrique d'*Ambrun*; ce sont des publications protestantes la plupart imprimées à Genève. Au XVIIIᵉ siècle on connait quelques opuscules jansénistes imprimés dans les mêmes conditions. — En réalité, le premier imprimeur établi à Embrun d'une manière permanente fut Pierre-François Moyse, installé d'abord sur la Place d'armes, puis dans la rue d'Italie. Son plus ancien imprimé : *Le Jubilé universel de l'année sainte*, date de 1776. Il a imprimé trois ouvrages sérieux : l'*Histoire ecclésiastique, naturelle, géographique et civile du diocèse d'Embrun*, du curé Albert, et deux volumes de botanique de l'abbé Blanc, plus une foule de brochures politiques, religieuses, pédagogiques et littéraires ; son fils, qui lui succéda, ferma boutique dans les premières années de notre siècle. — *Armoiries.* — Le sceau du chapitre d'Embrun, au XIIIᵉ et au XVIᵉ siècle, représentait la Vierge debout. Ses armoiries étaient : *de gueules au pallium d'argent chargé de cinq croisettes de sable, accompagné à gauche d'une mitre d'argent et à droite d'une crosse d'or*. — En 1204 le comte de Forcalquier autorisa la ville d'Embrun à se servir de son sceau pour sceller ses actes ; les consuls s'en servaient encore en 1237 ; en 1254 le sceau représente, d'un côté, les cinq consuls debout, et, de l'autre, une porte de ville. Les armoiries d'Embrun sont : *d'azur à la croix d'argent*. — Les *Jésuites* avaient pour sceau le monogramme I H S sur les trois clous de la passion et surmonté d'une croix. — Les *Capucins* portaient : *d'argent à deux bras de gueules en sautoir cloués d'or sur une croix de gueules.* — La *Visitation* portait : *d'or à un cœur de gueules sur lequel est écrit I H S d'or, surmonté d'une croix de sable, posé sur deux flèches en sautoir d'or, entouré d'une couronne d'épines de sinople, les épines de gueules.* — *Biographie.*

—ALBERT (Jacques), né vers la fin du XIVᵉ siècle, mort vers 1470 ; chanoine, puis prévôt du chapitre d'Embrun (1442-1464), puis confesseur du roi Louis XI. Il fut envoyé comme théologien au concile de Constance, puis, par ce concile, comme légat à la reine Jeanne et à l'empereur de Constantinople, pour faire cesser le schisme. C'était un théologien instruit, un diplomate habile. — ANTOINE (Antoine-Ignace), baron de Saint-Joseph, né le 21 septembre 1741, mort à Marseille le 23 juillet 1826 ; il fonda dans cette ville une importante maison de commerce, obtint de Louis XVI le titre de baron, fit une fortune immense ; ses deux filles épousèrent les rois de Suède et d'Espagne. — AUBERT (Jean) ; cet embrunais n'est connu que par le livre intitulé : *le Voyage de Batarac* qu'il fit imprimer en 1611 chez Rigaud, à Lyon. Ce volume est fort rare. — BAILE (Jean), né vers 1400, mort en 1473, conseiller, puis procureur fiscal au conseil delphinal (1439-1455), premier président du parlement (1455-1464) ; n'ayant pas soutenu le dauphin Louis dans sa révolte contre son père, il fut destitué, exilé et ses biens furent confisqués. — BAILE (Jean), fils du précédent, archevêque d'Embrun (1457-1494), participa à la haine que Louis XI portait à son père et fut forcé de s'exiler pendant plusieurs années. Il persécuta violemment les Vaudois et fit imprimer, en 1489, le premier bréviaire d'Embrun. — BLANC (l'abbé), né à Caléyères, hameau d'Embrun, professeur au collège de cette ville, fit imprimer, en 1784 et 1787, deux ouvrages de botanique aujourd'hui fort rares. — COMIERS (Claude), né vers 1600, mort à Paris en octobre 1693 ; prêtre, jésuite, théologien et mathématicien ; il a écrit une foule d'ouvrages sans grande portée sur les sciences exactes. Il devint aveugle sur la fin de ses jours. — ÉMÉ (Barthélemy), né vers 1500, mort en 1579, d'une famille de notaires de Molines-en-Queyras. Il fut d'abord vibailli d'Embrun (1535), puis président au sénat de Turin (1536), enfin maitre des requêtes de l'hôtel du roi et mourut conseiller au parlement de Grenoble. — GIRARD (Jean de) ; cet archevêque d'Embrun passe généralement pour être né dans cette ville ; c'est une erreur, il était parisien. — JACQUES (Jacques), chanoine d'Embrun ; il publia, de 1657 à 1673, quatre volumes de poésies à la fois morales et burlesques, intitulés : *le Faut mourir*, *l'Ami sans fard*, *le Médecin libéral* et *le Démon travesti*. — La Font de Savines (Charles), né à Embrun le 17 février 1742, y mourut en 1814. Évêque de Viviers depuis 1778, il adopta des premiers les principes de la constitution civile du clergé et fut nommé évêque constitutionnel en 1791. On l'arrêta comme suspect en 1793, il reprit son siège après le 9 thermidor, fut enfermé comme fou en 1802 et rétracta ses opinions avant de mourir. De la même famille étaient deux abbés de Boscodon, *Étienne* (1478) et *Victor-Amédée* (1712-1760), et *Antoine*, lieutenant général des armées du roi, gouverneur d'Embrun et de Bergues, né en 1660, mort en 1748. — Lautier (Philippe de), né vers 1524, mort vers 1600; fut procureur général au parlement de Grenoble, puis président de la cour des monnaies de Paris, et laissa un manuscrit précieux sur les anciennes monnaies françaises : cet ouvrage fut imprimé par Haultin après sa mort. — Morel (Jean), né en 1511, mort le 19 novembre 1581, élève d'Érasme, précepteur de Henri, duc d'Angoulème et grand prieur de France ; il fut maréchal-des-logis et maitre d'hôtel du roi, et l'ami de la plupart des hommes de lettres de son temps ; lui et ses trois filles cultivèrent la poésie, mais aucune de leurs œuvres n'a été imprimée. — *Bibliogr.* — Fabre. *Recherches historiques sur les pèlerinages des rois de France à Notre-Dame-d'Embrun*. Paris, Aubry, 1860, in-8°. — Gaillaud (l'abbé). *Histoire de Notre-Dame-d'Embrun ou la Vierge de la Réat*. Gap, Jouglard, 1862, in-12. — Marigny. *Embrun* (*Album du Dauphiné*, t. II, p. 21). — Roman (J.). *Cinq ans de l'histoire d'Embrun*. Gap, Jouglard, 1877, in-8°. — *Embrun* (*Revue du Dauphiné et du Vivarais*, 1877, p. 257). — Sauret (l'abbé). *Essai historique sur la ville d'Embrun*. Gap, Delaplace, 1860, in-8°.

SAINT-ANDRÉ. — *État ecclés.* — Depuis le XIIIe siècle au moins, l'église paroissiale de Saint-André est sous le vocable du saint dont le village porte le nom. En 1516 et en 1742 il y existait une chapelle de Saint-Jacques. En 1783 le clergé se composait d'un curé et d'un vicaire ; la cure était à la collation de l'archevêque d'Embrun, qui était décimateur de cette paroisse avec son chapitre.— *Hôpitaux.* — En 1465 il y avait dans cette paroisse un hôpital nommé *Eleemosina caritatis pacis*, peut-être n'était-ce qu'une possession de l'un des hôpitaux d'Embrun. — *Administr. et Justice.* — Dépendait d'Embrun au point de vue administratif et de la cour commune au point de vue judiciaire. — *État féodal.* — Appartenait à titre égal à l'archevêque et au Dauphin. Ce dernier vendit, en 1593, ce qu'il possédait dans cette paroisse, avec clause de rachat perpétuel ; les consuls s'en rendirent acquéreurs. — *Histoire.* — 1369, Saint-André est ravagé par une troupe de routiers dits les *Provençaux*. — 1572, avant le 10 septembre, les protestants incendient le village. — 1692, août, les soldats du duc de Savoie incendient et pillent cette paroisse. — *Biographie.* — Tholozan (Antoine), né vers 1687, mort à Lyon le 19 décembre 1754. Parti pour chercher fortune à Lyon, il y fut fabricant de soieries, banquier, fit bâtir un quartier entier sur le quai Saint-Clair, acheta une charge de conseiller des monnaies, la seigneurie de Montfort et mourut laissant de grands biens.

SAINT-SAUVEUR. — *État ecclés.* — La paroisse de Saint-Sauveur est sous le vocable de la Transfiguration. En 1516 la chapelle de Saint-Michel, Saint-Jacques et Sainte-Anne y payait les décimes; elle existait encore en 1742, ainsi qu'une autre chapelle de Saint-Barthélemy nouvellement fondée. — Au hameau de Beauvoir était une très ancienne chapelle dédiée à Notre-Dame ; elle appartint d'abord à l'abbaye de Sainte-Croix de Châteauroux, puis à celle de Boscodon à partir de 1293. — Le clergé paroissial de Saint-Sauveur se composait, en 1783, d'un curé et d'un vicaire de création récente auquel appartenait le revenu des chapelles fondées dans l'église paroissiale. La cure était à la collation de l'archevêque, qui partageait avec son chapitre les dîmes de la paroisse. — *Administr. et Justice.* — Comme à Saint-André. Quoique indépendants d'Embrun au point de vue municipal, Saint-Sauveur et Saint-André étaient dans l'indivision avec cette ville pour tout ce qui concernait les biens communaux, le collège et les hôpitaux. — *État féodal.* — Appartenait par indivis à l'archevêque et au Dauphin — *Histoire.* — Saint-Sauveur aux mêmes époques que Saint-André, dont il est limitrophe, fut brûlé par les protestants et par le duc de Savoie.

2. CHATELLENIE DE CHORGES.

La châtellenie de Chorges, qui fut généralement occupée par les mêmes châtelains que celle d'Embrun, s'étendait sur tout le canton de Chorges actuel, abstraction faite de la commune de Prunières, qui dépendait de la châtellenie d'Embrun. Cette circonscription territoriale, sauf le mandement de la Terre-d'Empire, dont l'annexion ne remonte qu'au milieu du XVe siècle, avait pour origine un état de choses fort ancien. Dès l'époque romaine la cité de Chorges était distincte de celle d'Embrun et s'étendait sur une portion de la peuplade des *Caturiges* ; une inscription du IIe siècle, qualifiant Chorges de *civitas*, et une autre inscription à Mercure *finitimus* (protecteur des frontières), trouvée à la Couche, précisément sur la limite des deux châtellenies du moyen-âge, le démontrent. Au IVe siècle, le pays de Chorges correspond vraisemblablement à la *civitas Rigomagensium* de la *Notitia Galliarum* et au *pagus Rigomagensis* du testament d'Abbon, qui fut le siège d'un évêché supprimé à l'époque des invasions burgondes (vers 480). Chorges eut au moyen-âge une vie propre et indépendante d'Embrun, fut le siège d'une châtellenie, d'une cour de justice commune. Les châtelains de Chorges sont en général les mêmes que ceux d'Embrun ; cependant Hugues d'Orcières (1383) et Guillaume Gandelin (1489-1491), châtelains de Chorges, n'étaient pas châtelains d'Embrun. Un pacte d'union avait été conclu entre les communautés de Chorges, Rousset, Montgardin et Espinasses ; le 4 octobre 1326, elles traitèrent d'un commun accord avec le Dauphin et promirent de lui fournir un contingent annuel de 50 ou 100 hommes d'armes pendant un mois, suivant l'éloignement du théâtre de la guerre. — *Bibliogr.* — ROMAN (J.). *Recherches sur l'emplacement de la civitas et de l'évêché Rigomagensium.* Grenoble, Allier, 1880, in-8°.

MANDEMENT D'AVANÇON.

AVANÇON. — *État ecclés.* — La paroisse d'Avançon est sous le vocable de Saint-Gervais. En 1516 il n'y avait dans cette église aucune chapelle payant décime ; en 1712 on y avait fondé les chapelles de Sainte-Marie, Saint-Antoine et Saint-Gervais. Le clergé paroissial se composait, en 1783, d'un curé et d'un vicaire, créé il y avait peu d'années grâce aux libéralités des habitants d'Avançon. La cure était à la collation de l'archevêque ; le curé prenait le titre de prieur-curé ; l'archevêque percevait les dîmes avec le prieur-curé et l'abbé de Boscodon. — *Ordres hospit.* — Dès 1146 l'ordre de Saint-Jean de Jérusalem possédait des biens à Avançon, entre autre la chapelle de Saint-Pierre (maintenant commune de Théus). Ces biens dépendaient directement de l'église du Saint-Sépulcre de Jérusalem. Un hôpital établi au pont d'Avançon et dédié à saint Grégoire avait appartenu au même ordre jusqu'en 1424 ; le 11 mars de cette année le commandeur de Gap céda cette maison, avec d'autres propriétés, à l'ordre de Saint-Antoine-en-Viennois. Jusqu'en 1582 au moins cet hôpital appartint aux Antonins ; il dépendait de la commanderie de Bannes (Voyez Aubessagne). En 1560 l'ordre de Saint-Jean possédait encore quelques revenus à Avançon, dont le commandeur de Gap fit hommage au Dauphin le 27 juillet. — *Administr. et Justice.* — Le Dauphin avait cédé le 4 avril 1306 tout son droit de justice à Avançon ; cette juridiction s'exerçait au XVIIe siècle à Embrun, avec appel au vibailliage. Avançon et Saint-Étienne-d'Avançon n'avaient constitué, au moyen-âge, qu'une seule communauté. — *État féodal.* — Le mandement d'Avançon est qualifié, de temps immémorial, de baronnie. Voici la liste de ses seigneurs : Giraud de Saint-Marcel, 1202-1248 — Lantelme et Giraud, 1248-1306 — Lantelme et Giraud, fils de Lantelme, 1334-1359 — Lantelme, fils de Lantelme, 1372-1376 — Eudes, dit Odonet, 1384 — Humbert, 1389-1421 — Georges et François, 1421-1477 — Humbert, fils de Georges, 1477-1483 — Georges, 1521-1550 — Jean, 1550-1560 — Laurent, 1560-1567 — Jean, 1600 — Anne, sa sœur, épouse Balthazard de Simiane-Gordes et meurt en 1614 — Armand-Louis-Marie de Simiane-Gordes et Horace de Castellane en héritent, 1614-1657 — Guillaume de Simiane vend sa part à Florent de Renard le 18 septembre 1614 pour 78,000 livres — François de Renard, 1645 — Jacques Amat, 1660 Jean de Renard, 1667 — Jean-François de Castellane lui achète avec clause de réméré, 1677-1688 — Charles de Castellane, 1698 — Charles de Renard use de son droit de réméré, 1699 — Thérèze de Renard meurt sans alliance, 1720 — Pierre Souchon des Preaux, achète 1721 — Pierre-Marie, 1731-1758 — Louis-Marie, 1758-1780 — Marie-Pierrette-Polyxène, épouse Éléonor-Jacques-Jules de Béthizy, 1780-1789. — Dans cette seigneurie était la maison forte de la Bâtie-Saint-Roman. Voici les noms de quelques-uns de ses propriétaires : Giraud de Valserres, 1297 — Jacques Sancelli, 1329-1334 — Antoine, 1350 — Arnaud, 1362 — Bertrand et Antoine, 1364 — Falcon et Hugues, 1408. — Pierre vend à Philibert de Biétaux, 1432, qui lui-même revend à Guélix Rambaud, coseigneur de Montgardin, 1442. Moins d'un siècle plus tard, elle avait été acquise par les seigneurs d'Avançon, auxquels elle appartint jusqu'à la Révolution. — *Industrie et Commerce.* — 1515, 20 mars, permission concédée à Bonin Diano, de Verceil, de tirer l'or et l'argent des mines d'Avançon. — 1526, 25 janvier, même concession à Durand Allard. — *Histoire.* — 1573, les protestants s'emparent d'Avançon. — 1587, 20 octobre, le colonel de Ramefort attaque le capitaine de Poligny à Avançon ; Lesdiguières vient au secours de ce dernier, le dégage et tue trente hommes aux catholiques. — *Biographie*. — ARTAUD (Raybaud), abbé de Boscodon de 1300 à 1307. Les chartes le nomment Raybaud Artaud, d'Avançon, du lieu de sa naissance. — SAINT-MARCEL-D'AVANÇON (François DE), fils de Georges, conseiller au parlement, et de Suzanne de Morges; il embrassa l'état ecclésiastique, fut prévôt du chapitre de Saint-André de Grenoble, conseiller clerc au parlement, évêque de Grenoble (1561-1575). Il mourut le 5 janvier 1575. — SAINT-MARCEL-D'AVANÇON (Jean DE), frère du précédent, obtint la faveur de Henri II qui, de simple conseiller au parlement de Grenoble, le créa successivement maître des requêtes, garde des sceaux, surintendant de ses finances, ambassadeur auprès du Pape (1555). Il mourut vers 1560. — SAINT-MARCEL-D'AVANÇON (Guillaume DE), fils du précédent et de Philippine Allemand, né en 1535, mort en 1600 ; il embrassa la carrière ecclésiastique, fut camérier du Pape, théologien au concile de Trente, abbé de Long-Pont, archevêque d'Embrun (1561-1600). Chef du parti ligueur en Dauphiné, il fut le constant adversaire de Lesdiguières, qui le chassa de sa ville épiscopale en 1585 et du Dauphiné en 1590. Il rentra à Embrun en 1599. — SAINT-MARCEL-D'AVANÇON (Lantelme DE), fut évêque de Grasse de 1287 à 1298; son nom de famille n'a pas été connu par les auteurs du *Gallia*. — Cette famille de Saint-Marcel faisait partie, au commencement du XIIIe siècle, de la bourgeoisie gapençaise ; elle a donné deux prévôts au chapitre d'Embrun, nommés tous deux Hugues, en 1547 et 1548-1564.

SAINT-ÉTIENNE-D'AVANÇON. — *État ecclés*. — Cette paroisse, dédiée à saint Étienne, protomartyr, existait sous ce vocable au moins depuis le XIIIe siècle. Aucune chapelle n'y payait les décimes. Il y avait vers 1380 à Saint-Étienne-d'Avançon un prieuré qui rapportait 20 florins; il fut uni à la cure avant 1516 et le curé prit le titre de prieur-curé. L'archevêque était collateur de la cure et partageait la dîme avec l'abbé de Boscodon et le prieur-curé. — En 1663 une bergère, nommée Benoîte Rencurel, prétendit avoir des visions et des entretiens avec la Vierge, qui lui ordonna de faire élever une église en son honneur au hameau du Laus, sur l'emplacement d'un petit oratoire construit en 1640, sous le titre de Notre-Dame-de-Bon-Rencontre. Georges d'Aubusson de la Feuillade, archevêque d'Embrun, en fit commencer la construction en 1668 et y fonda un couvent où il établit les jésuites ; son successeur, Charles Brulard de Genlis, la fit terminer et plaça en 1712 cette maison sous la direction des missionnaires de Notre-Dame-de-Sainte-Garde. Ce lieu fut pendant le XVIIIe siècle et est encore le but d'un pèlerinage très fréquenté. — *Ordres hospit*. — L'ordre de Saint-Jean-de-Jérusalem possédait en 1560 quelques revenus à Saint-Étienne ; le commandeur de Gap en prêta hommage au Dauphin le 27 juillet de cette année. — *Administr. et Justice*. — Comme à Avançon. — *État féodal*. — Comme à Avançon. — *Biographie*. — RENCUREL (Benoîte), née en 1647, morte en 1718; bergère illettrée ; eut de nombreuses visions au Laus et dans les environs; obtint, à force d'instances, la construction d'une maison religieuse et d'une église dédiée à la vierge Marie. Elle n'avait aucune ambition et donna l'exemple de toutes les vertus ; on a essayé à plusieurs reprises, sans succès, d'obtenir sa canonisation. — *Bibliogr.* — Il existe plusieurs histoires de Notre-Dame-du-Laus ; la plus ancienne, qui est aussi la plus intéressante, a été imprimée sous le titre suivant : *Recueil historique des merveilles que Dieu a opérées à Notre-Dame-du-Laus, près Gap, en Dauphiné, par l'intercession de la Vierge*. A Grenoble, Faure, 1738, in-12. Il y a eu plusieurs éditions de cet opuscule.

MANDEMENT DE CHORGES.

CHORGES. — *État ecclés*. — Chorges a été probablement au IVe siècle le siège d'un évêché supprimé vers 480, au moment de l'invasion des Burgondes. Il y avait deux églises à Chorges au commencement du XIe siècle, sous le vocable de sainte Marie et de saint Christophe ; la première, nommée aussi Notre-Dame de la Blache, était la principale et la paroisse est restée sous ce vocable jusqu'à la fin du XVe siècle. Les moines de Saint-Victor de Marseille y élevèrent une troisième église dédiée à leur patron, et avec le temps elle devint paroissiale. — Le 4 février 1020, Rado, archevêque d'Embrun, et Isoard, vicomte de Gap, fondèrent, en faveur de l'abbaye de Saint-Victor de Marseille, le prieuré de Chorges, qui fut confirmé à cette maison par Guinamand, archevêque en 1066, et par son successeur Lantelme vers 1080. Les trois églises dont j'ai parlé plus haut en dépendaient. — Deux autres prieurés existaient en outre dans la paroisse de Chorges. Celui du Saint-Sépulcre, dont la fondation doit peut-être être attribuée à l'ordre de Saint-Jean-de-

Jérusalem, fut donné en 1136 à l'abbaye de Saint-Victor, puis en 1145 à celle de Boscodon; il avait une certaine importance, et au XIVe siècle plusieurs religieux y résidaient; j'en parlerai plus en détail au chapitre des ordres hospitaliers. Le second prieuré était celui de Saint-Denis; il était moins ancien et appartenait également à l'abbaye de Boscodon, qui en conserva la jouissance jusqu'à l'époque de sa suppression (1769). — Antérieurement à 1512, il y avait dans le territoire de Chorges des chapelles dédiées à saint Pélade, sainte Cécile et saint Jacques; en outre, un ermite s'était construit une cellule près du hameau de Fein. En 1516, voici quelles étaient les chapelles payant les décimes dans cette paroisse : Saint-Pierre, Saint-Christophe, Saint-Victor, Sainte-Madeleine, deux de Saint-Jean-Baptiste et deux de Saint-Jacques; elles existaient encore en 1742. — Le clergé paroissial se composait au XVIIe siècle de deux curés; vers 1723, l'archevêque Tencin en supprima un qu'il remplaça par deux vicaires; le curé percevait les revenus d'une chapelle de Saint-Jacques et les vicaires ceux d'une chapelle de Saint-Jean-Baptiste. L'archevêque d'Embrun, l'abbé de Saint-Victor et celui de Boscodon se partageaient la dîme de cette paroisse. — *Ordres hospit.* — L'ordre de Saint-Jean-de-Jérusalem posséda, dès la fin du XIe siècle ou le commencement du XIIe, un certain nombre de propriétés à Chorges et y fonda une maison hospitalière, qui devint plus tard le prieuré du Saint-Sépulcre. L'archevêque d'Embrun donna cet hôpital à l'abbaye de Saint-Victor, en 1136 (quoiqu'une bulle l'attribue encore par erreur à l'ordre de Saint-Jean en 1146). En 1145, Saint-Victor l'avait cédé à l'abbaye de Boscodon. Il est à remarquer que le prieur du Saint-Sépulcre prit constamment le titre de *præceptor hospitalis Sancti Sepulcri de Caturigis*, ce qui pourrait donner à penser que l'ordre de Saint-Jean en était encore le maître, si on ne voyait pas ces précepteurs assister aux chapitres de Boscodon. Le conseil delphinal prit, le 17 août 1391, cette maison sous sa sauvegarde, moyennant une pension d'un demi-florin d'or. Ruinée pendant les guerres de religion, elle fut unie en 1622 au collège d'Embrun. — *Hôpitaux.* — En 1389, il existait à Chorges une maladrerie sous le titre de Saint-Lazare. — En 1512, il y existait deux hôpitaux nommés *Hospitale* et *Eleemosina*, ou hôpital supérieur et inférieur. — *Protestants.* — L'église protestante de Chorges, d'abord du colloque du Gapençais, fut unie ensuite à celui de l'Embrunais; ses annexes étaient Remollon, Théus, Espinasses et Rochebrune. A cause de sa pauvreté elle fut incorporée avant 1650 à l'église de Gap. — *Administr. et Justice.* — Chorges, nommé dans les itinéraires *Caturrigomagus*, était l'une des capitales de la peuplade gauloise des *Caturiges* et station de la voie d'Arles aux frontières italiennes. Au moyen-âge, il était organisé comme Embrun au point de vue administratif et judiciaire; et possédait une châtellenie et un tribunal ou cour commune entre le Dauphin et l'archevêque. Cette cour demeura indépendante au moins jusqu'au XIVe siècle; elle fut alors absorbée par celle d'Embrun qui, jusqu'en 1530, sinon plus tard, porta le nom de cour commune d'Embrun et de Chorges. Ensuite cette appellation disparut et Chorges fut simplement du ressort de la cour commune d'Embrun. Le Dauphin et l'archevêque n'étaient pas seuls justiciers à Chorges; le quart de la justice de cette terre appartenait, de temps immémorial, en 1424, à la famille de Rame; le 4 février 1436 Aimeric Athenulphi vendit pour 120 florins à son parent Antoine Athenulphi la vingt-quatrième partie de cette juridiction; celui-ci la revendit peu après à la famille de la Villette. Le Dauphin s'en rendit acquéreur au XVIe siècle. — *État féodal.* — Dès le XIIe siècle, le comte de Forcalquier et l'archevêque d'Embrun étaient seigneurs pariers de Chorges. Le premier de ces deux seigneurs fut remplacé, en 1202, par le Dauphin, qui engagea à diverses reprises ses droits féodaux avec faculté de rachat. Voici le nom de quelques-uns de ces seigneurs engagistes : Aymar du Sauze, 1297 — Pierre de Rame, 1334 — Georges Athenulphi, 1339 — Obert d'Aspres qui vend tout ce qu'il possède à Chorges à Aymar d'Orcières pour 260 florins, le 25 mai 1379 — Jean de Rame dit Ramus, 1380 — Pierre de Rame, 1400 — Chaboud de Rame, 1424 — Aimeric Athenulphi et sa sœur Béatrix vendent 120 florins leur part à Chorges à Antoine de la Villette, le 4 février 1436 — Chérubin d'Orcières, évêque de Digne, 1541 — Jean Challier, de Briançon, achète la part domaniale 431 livres, le 23 octobre 1543 — Guillaume du Tanc achète la même part 660 livres, le 22 avril 1558 — Claude de Rame achète le péage de Chorges 760 livres, le 20 septembre 1573 — Roux de La Font achète la part domaniale, 1591 — Les héritiers de Gaspard de Bonne-Prabaud l'achètent pour 1,269 écus, le 20 avril 1593 — Madeleine de Bonne-Prabaud épouse Charles Martin de Champoléon, 1592-1659 — Pierre, leur fils, 1671 — André, 1683 — Gaspard, 1696-1711. — A cette époque, la communauté de Chorges qui, déjà le 12 juin 1633, avait cherché à se rendre adjudicataire de la part du domaine, la racheta moyennant 30,000 livres. — *Industrie et Commerce.* — 1389, 3 août, le gouverneur du

Dauphiné autorise la création à Chorges d'une foire le 29 septembre. — *Histoire*. — Un siècle environ avant 1177, le bourg de Chorges est détruit dans une guerre et est reconstruit à l'endroit qu'il occupe actuellement. — 1297, 14 mars, Jean, dauphin, séjourne à Chorges. — 1369, une bande de routiers, nommés les *Provençaux*, ravage le territoire de Chorges. — 1400, 9 novembre, Charles VIII est à Chorges. — 1494, 31 août, le même roi y passe allant en Italie. — 1517, juin, une bande de lansquenets revenant d'Italie prend Chorges d'assaut et le pille. — 1570, septembre, l'exercice de la religion réformée est autorisé à Chorges ; l'année suivante, on transfère cet exercice à Saint-Bonnet. — 1573, 10 avril, les protestants s'emparent de Chorges. — 1581, février, Jean de Bourrelon de Mures, gouverneur d'Embrun, est battu par Lesdiguières, près de Chorges. Même année, fin d'octobre, le duc de Mayenne, revenant d'Embrun à Gap, visite Chorges. — 1585, 23 juin, Chorges est pris d'assaut par Lesdiguières. — 1586, 1er novembre, une armée royale, conduite par Epernon et la Valette, investit Chorges ; la garnison capitule le 4 décembre après des prodiges de valeur ; l'armée assaillante perd la moitié de son effectif ; le 24 décembre, les fortifications sont rasées. — 1629, 25 février, Louis XIII, accompagné de Richelieu, couche à Chorges, allant en Italie. — 1692, septembre, l'armée du duc de Savoie incendie le bourg. — 1745, nouvel incendie. — 1770, 18 janvier, autre incendie qui détruit entièrement le bourg, sauf une quinze maisons. — 1771, à peine commençait-on à le reconstruire, qu'il est la proie d'un nouvel embrasement. — *Bibliogr*. — PILOT (J.-J.-A.). *Chorges (Album du Dauphiné*, t. I, p. 168).

MANDEMENT D'ESPINASSES.

ESPINASSES. — *État ecclés*. — La paroisse d'Espinasses était sous le vocable de saint Jean-Baptiste. En 1516, aucune chapelle n'y payait de décimes ; en 1742, il y en avait une sous le titre de Notre-Dame. Le clergé paroissial se composait, en 1783, d'un curé et d'un vicaire ; la cure était à la collation de l'archevêque qui percevait la dîme par égale part avec le curé. — *Ordres hospit*. — L'ordre de Saint-Jean-de-Jérusalem possédait dès 1146 dans cette paroisse la chapelle de Saint-Jean (aujourd'hui commune de Théus) ; elle dépendait de l'église du Saint-Sépulcre de Jérusalem. Elle appartenait encore à cet ordre au XIVe siècle. — *Administr. et Justice*. — Dépendait d'Embrun au point de vue administratif et judiciaire. — *État féodal*. — La seigneurie d'Espinasses était divisée en deux parts, dont l'une appartenait à l'archevêque d'Embrun et l'autre à un seigneur particulier qui, probablement, avait succédé au Dauphin. Voici la succession des seigneurs d'Espinasses : Pierre Rostaing de Saint-Crépin, possesseur de la moitié de la seigneurie, 1270. Il la vend à Pierre Reynaud vers 1347 — Georges et Annette, enfants du précédent ; la seconde fait hériter Obert d'Aspres vers 1360. — Celui-ci vend sa part à Aymar d'Orcières 260 florins, le 25 mai 1379 — Jean et Antoine d'Orcières vendent à Pierre Étienne 200 florins, le 31 mai 1397 — Jean Etienne teste en faveur de Pierre, son fils, en 1435 — Pierre Gandelin achète cette terre à ce dernier vers 1440 — Pierre, son fils, 1487 — Antoine Sauret, 1524 — Claude, 1548-1560 — Claude, 1575-1581 — Françoise, sa sœur, épouse de Laurent Baile, 1581-1613 — Pierre Martin de Champoléon achète, 1613 — Charles, 1665-1698 — Gaspard, 1699 — Pierre Blanc-la-Naute, 1700-1714 — Joachim, 1714-1765 — Pierre-Nicolas, 1787-1790. Je trouve encore nom ayant possédé de petites parts de cette seigneurie, Artaud et Rodolphe Rolland, 1384, et Chérubin d'Orcières, évêque de Digne, 1541.

MANDEMENT DE MONTGARDIN.

MONTGARDIN. — *État ecclés*. — La paroisse de Montgardin était sous le vocable de saint Géraud ; ce saint lui fut donné pour patron en même temps que l'on y fonda un prieuré dépendant de l'abbaye de Saint-Géraud-d'Aurillac, et cette fondation date au moins du XIIe siècle. En 1235, ce prieuré, qualifié de monastère, servait d'asile à plusieurs religieux ; le revenu en était de 60 florins d'or vers 1380, et quoique situé dans l'archevêché d'Embrun, il était sous la juridiction de l'évêque de Gap. Ruiné pendant les guerres de religion, il existait cependant encore en 1616 ; peu après, on unit ses revenus à la cure de Montgardin. — Vers 1440 une chapelle de Saint-Antoine fut fondée dans cette paroisse par Antoinette de Rousset, dame de Montgardin ; en 1510, Michel Richière, son petit-fils, en augmenta la dotation ainsi que celle des chapelles de Saint-Pélade et de Sainte-Marie-Madeleine. — En 1516, des chapelles de Sainte-Marie et de Saint-Antoine payaient les décimes ; elles avaient disparu au XVIIe siècle, mais une nouvelle chapelle de Saint-Pélade y avait été créée peu avant 1742. L'archevêque était collateur de la cure et le curé-prieur percevait les dîmes. — *Admi-*

nistr. *et Justice*. — Montgardin dépendait d'Embrun ; le seigneur y avait une juridiction qui s'exerçait à Embrun au xvi⁰ siècle, avec appel au vibailli de cette ville. — *État féodal*. — Montgardin était divisé en plusieurs coseigneuries : 1⁰ Pierre Rambaud, 1202-1255 — Chaillol et Hugues, 1285 — Hugues, fils d'Hugues (1342), et Guigues, fils de Chaillol, 1349 — Pons, 1352 — Étienne, 1373 — Raymbaud et Pierre, 1395 — Guillaume, fils de Raymbaud, et Antoine, fils de Pierre, 1413-1414 — Jean, fils de Guillaume, et Claude, fils d'Antoine, 1424-1443 — Guélix, fils de Jean, 1443-1469 — André, 1469-1495 — Guélix, 1516-1556 — Antoine, mort sans postérité, 1556-1566 — Jacques, son frère, mort sans postérité, 1566-1590. Il laissa à Jean Rambaud, bâtard de son frère Daniel, une part de seigneurie que celui-ci transmit à Gaspard, son fils, dont la femme Judith d'Armand la vendit 1.300 livres à Étienne d'Aiguebelle, le 7 octobre 1619. L'autre partie de son héritage fut le partage du neveu du testateur, Gaspard de Montauban du Villard, 1590-1609 — Joseph, son fils, 1609-1644 — Henri, 1644-1674 — Henri-Laurent, 1715-1728. — Cette coseigneurie, achetée vers cette époque par Joseph de Revillasc, tombe dans la suivante. — 2⁰ Antoine Richière, 1288 — Jean, 1343-1365 — Baudon-Louis, 1380 — Antoine, 1390-1435 — Jean, 1450-1472 — Michel. 1480-1510 — Michel, son petit-fils, 1512 — Jean, mort sans postérité, 1520 — Antoine, son frère, mort sans postérité, 1550 — Catherine, sœur des précédents, épouse de Charles d'Aiguebelle, 1552 — Antoine, leur fils, 1590-1621 — Étienne, mort sans postérité, 1625-1650 — Esprit, son cousin-germain, 1650-1693 — Joseph de Revillasc achète, 1693-1730 — François, 1730-1735 — Charles, 1735-1765 — Jacques, 1765-1775 — Joseph-Marie. 1775-1789. — 3⁰ Pons de Montgardin, 1080 — Pons et Pierre, 1263 — Guy, Lantelme, Artand, Pierre dit Pierret, Rostaing et Guillaume, 1266 — Pierre, 1290 — Rostaing, Raymbaud et Richard, 1297 — Guigues, 1326-1340 — Hugues, 1342-1352 — Antoine, Béatrix et Étienne, 1385 — Étienne, 1450 — Jean, 1468 — Pierre, 1472-1500. Cette coseigneurie se fondit, vers cette époque, dans l'une des coseigneuries précédentes. — 4⁰ Guy de Laval, 1173 — Raymond, 1260 — Boniface, 1280-1329 — Jean, Albert, Guigues, Lombard et Raymond, 1331 — Georges, 1352 — Jorent, fils de Jean, et Grégoire, 1375 — Antoine, Rambaud, Pierre, Denis et Georges, fils de Jorent, 1413-1440 — Guigues et Pierre, fils de Grégoire, 1407 — Jean, 1447-1460 — Guélix Rambaud achète cette part de seigneurie pour 60 florins, le 8 juin 1460. — Je trouve encore comme ayant possédé de petites parts de cette terre : Aymar et Jacques Brunel, les dames Motète et Starlate et leurs enfants, Vraylon et ses frères, Lantelme de Chorges, Rambaud d'Esparron et Pierre Rivière, 1265 ; Jean Baile en 1479, et Antoinette de Rousset qui fait Guélix Rambaud héritier de ses biens en 1450. — *Histoire*. — 1965, 26 décembre, transaction entre le Dauphin et quatorze coseigneurs de Montgardin relativement à leur juridiction. — 1586, novembre et décembre, Epernon et la Valette, pendant qu'ils font le siège de Chorges, établissent leur quartier général à Montgardin. — *Biographie*. — RAMBAUD (Antoine), d'une branche cadette des seigneurs de Montgardin ; jurisconsulte éminent, professeur de droit, éditeur des décisions de Guy-Pape en 1503. — RAMBAUD (Antoine) dit le capitaine Furmeyer ; né vers 1520, assassiné à Gap en 1566 ; l'un des meilleurs lieutenants du baron des Adrets, il prit part au siège de Sisteron et à une foule de combats ; s'empara de Gap (1er mai 1562), de Tallard, de Romette, pilla la Grande-Chartreuse, battit une armée catholique qui assiégeait Grenoble (novembre 1562), déposa les armes à la paix et se retira à Gap où il fut assassiné dans un tumulte populaire en janvier 1566. — RAMBAUD (Jacques), frère du précédent, prévôt du chapitre de Gap (1551-1562), abjura le catholicisme, se maria, hérita après la mort de son frère Antoine de ses seigneuries et fut employé par le parti protestant à d'importantes négociations avec le gouverneur du Dauphiné et la cour. Il testa en 1590 et mourut peu après.

MANDEMENT DE REMOLLON.

REMOLLON. — *État ecclés*. — L'église de Remollon a probablement appartenu, au viii⁰ siècle, à l'abbaye de Saint-Pierre de la Novalaise qui lui a imposé le vocable de Saint-Pierre. Après la destruction de cette abbaye elle aurait été donnée, en 1152, si l'on en croit une bulle très suspecte, à celle de Bréma ; ce qu'il y a de certain, c'est qu'à la fin du xiii⁰ siècle l'abbaye de Boscodon était collatrice de la cure, elle possédait le prieuré et percevait les dîmes qu'elle conserva jusqu'à sa suppression (1709). Le prieuré, sous le titre de Saint-Pierre, rapportait, vers 1380, 120 francs d'or. — Quoiqu'il n'y eût qu'un seul curé à Remollon, il y avait deux églises curiales, celle de Saint-Pierre, la plus ancienne des deux, et celle de Saint-Sébastien. Il n'y avait aucune chapelle payant décimes, mais un habitant de Remollon, nommé Giraud, avait laissé une somme assez importante pour faire prêcher une mission annuelle. Il y avait au XVII° siècle un ermitage dans cette paroisse. — *Ordres hospit.* — Dès la fin du XI° siècle ou le commencement du XII°, des biens avaient été donnés à Remollon et dans les paroisses environnantes aux chevaliers de Saint-Jean-de-Jérusalem ; on en fit une petite commanderie qui fut unie, à une époque que je ne puis préciser, à celle d'Embrun, sous le titre de membre de Remollon. En 1667, le commandeur de Gap, qui avait succédé à celui d'Embrun, y possédait une maison, une vigne, quelques censes et une part de la moyenne justice ; il prenait le titre de coseigneur de Remollon. — En 1311, le 18 juillet, l'évêque de Gap donna à la commanderie de Gap de l'ordre de Saint-Antoine en Viennois des censes qu'il possédait à Remollon ; et ordre les échangea peu de temps après avec celui de Saint-Jean. — *Administr. et Justice.* — Remollon dépendait au moyen-âge du bailliage d'Embrun et de la châtellenie de Chorges. La haute justice y était exercée par les seigneurs de Théus et de Bellaffaire, la basse et la moyenne par l'abbé de Boscodon et le commandeur de Saint-Jean-de-Jérusalem. Cette justice s'exerçait à Embrun avec appel au vibailli de cette ville. — *État féodal.* — Il y avait quatre seigneurs à Remollon, l'abbé de Boscodon, le commandeur de Saint-Jean-de-Jérusalem, le seigneur de Théus et celui de Bellaffaire (Basses-Alpes). Cette dernière coseigneurie avait pris naissance à la fin du XVI° siècle par la vente que le Dauphin avait faite à Jean de Bonne de tous ses droits seigneuriaux à Remollon en 1592. Voici la liste de ces seigneurs engagistes : Jean de Bonne, 1592-1629 — Jeanne, sa fille, épouse Jacques de l'Olivier, et Anne, sa sœur, épouse Pierre de Tholozan ; ce dernier acquiert la part de son beau-frère, 1629-1669 — Pierre de Tholozan, son fils, 1669-1681 — Jean, qui fait héritière Louise d'Hugues, femme de François de Roux de Bellaffaire, 1754 — François, son fils, 1775-1789. — L'abbé de Boscodon possédait une coseigneurie, emportant juridiction, qui lui avait été léguée par Lantelme Aynard, seigneur de Théus, par testament du 31 mars 1329. — On trouvera à l'article suivant le nom des seigneurs de Théus, seigneurs majeurs de Remollon. — *Histoire.* — 1574, 21 octobre, combat entre la compagnie de cavalerie de Lesdiguières et celle de Laborel, gouverneur du Gapençais ; les catholiques ont le dessous. — *Biographie.* — ALLARD (Jean), d'une famille noble de Remollon, était avant 1578 ambassadeur pour le roi de France en Suède. Il prend ce titre dans divers actes qu'il passe à cette époque chez un notaire de Gap. Le surplus de sa biographie m'est inconnu.

THÉUS. — *État ecclés.* — L'église paroissiale de Théus, sous le vocable de saint Nicolas, existait au moins depuis le XII° siècle ; elle a suivi les vicissitudes de celle de Remollon et comme celle-ci a été, depuis le XII° siècle, à la collation de l'abbé de Boscodon qui était décimateur de la paroisse. En 1516, il y existait des chapelles de Saint-Jean-Baptiste, de Saint-Antoine et de Saint-Nicolas ; elles existaient encore en 1783. Le clergé paroissial se composait, à la même époque, d'un curé et d'un vicaire. — *Administr. et Justice.* — Selon la tradition, Théus serait la plus ancienne des deux communautés du mandement de Remollon ; ce dernier village n'aurait d'abord été que les celliers de Théus ; il est positif cependant que ces deux paroisses étaient déjà distinctes au XII° siècle. Théus ne différait pas de Remollon au point de vue administratif et judiciaire. — *État féodal.* — Voici la liste des seigneurs de Théus : Rodolphe d'Orcières pour la moitié, 1270-1297 — Guillaume du Caire et Alix, femme de Rodolphe de Valserres, 1298 — Raymond de Théus, 1300 — Henri Dauphin, évêque de Metz et régent du Dauphiné, achète de ce dernier la terre de Théus et la donne à Pierre Aynard en 1314 — Lantelme Aynard, 1328-1334 — Alix, sa sœur, femme de François de Bardonnèche, 1350 — Pierre Aynard, fils de Lantelme, 1348-1362 — Jean Gras achète, 1370 — Jean de Montorcier achète cette terre 1,380 florins en 1371-1380 — Jacques, son fils, 1384-1413 — Georges, teste en 1431 — Jacques, teste en 1451 — Antoine qui teste en 1501 — Aynard, 1501-1541 — Achille de la Piarre, mari de Marguerite de Rousset, dame de Théus, 1556 — Gaspard de la Piarre en hérite et vend cette seigneurie à Georges de Bardel 4,750 écus, le 7 février 1605-1619 — Étienne et Charles de Bardel, 1619-1663 — Pierre, fils d'Étienne, 1677-1680 — Gaspard, 1697-1716 — Charles, qui meurt en 1766 — Catherine Martin de Champoléon, épouse de N... Le Long de Dréneulk, achète Théus, 1764-1788 — N... Allard-La-Combe, 1789. — Voici le nom de quelques seigneurs engagistes : — Reynaud Reymond, 1351 — Bernadin de Clermont, 1520 — Jacques de Baile qui vend aux habitants la moitié qu'il avait acquise du Dauphin, pour 6,000 livres, le 22 juin 1622. — Les consuls vendent à Jean de Bonne pour 17,500 livres la part qu'ils viennent d'acquérir, le 30 juin 1629 — François de Bonne, 1645 — Pierre de Tholozan, son beau-frère, l'achète 29,600 livres le 2 janvier 1680. — *Industrie et Commerce.* — 1515, 20 mars, le Dauphin concède à Bonin Diano, de Verceil, les mines d'or et d'argent de Théus. — 1526, 25 janvier, même concession à Durand Allard. — 1517-1523, même concession à Antoine Michorel pour les mines de plomb et de cuivre, moyennant une redevance en nature.

MANDEMENT DE ROUSSET.

ROUSSET. — *État ecclés.* — La paroisse de Rousset, sous le vocable de l'Assomption, était à la collation de l'archevêque d'Embrun, qui en percevait les dîmes avec le curé. Une chapelle avait été fondée antérieurement à 1516 dans cette église en l'honneur de sainte Catherine ; elle existait encore en 1783. — *Administr. et Justice.* — Rousset dépendait administrativement d'Embrun ; le seigneur y avait une juridiction qui s'exerçait au XVIIe siècle à Embrun avec appel au vibailli. — *État féodal.* — Il y avait plusieurs coseigneurs à Rousset, mais un seul avait quelque importance et possédait le droit de haute et basse justice. Voici la liste des seigneurs majeurs : Pierre de Rousset, 1050-1062 — Guillaume, 1080 — Robert, 1096 — Béraud et Pons, 1170-1177 — Ysnard, 1212 — Gilles, 1249 — Rostagnet, 1274 — Hugues et Albert, frères ; le premier mort en 1316 — Aynard, fils d'Hugues, 1316-1380 — Hugues, fils d'Albert (1347), et Raymond, dont la fille Béatrix épouse Pierre Gandelin (1380) ; leur fils Elzéard Gandelin était coseigneur de Rousset en 1413 — Pierre de Rousset, fils d'Aynard, 1426-1458 — Antoine et Hugues, 1458-1490 — Albert, fils d'Antoine, 1491-1501 — Ysnard, 1530-1547 — Albert, 1550-1575 — Louis, 1575-1621 — Albert, tué en duel, 1625 — Philippine, sa sœur, épouse de Gabriel d'Estienne, 1625 — Daniel Magallon achète cette terre, 1630 — Jacques, 1650 — Jean, 1666 — Isabeau, sa fille, épouse de Léonard Troussel de Granchamp, vend Rousset aux enchères ; Honoré et Joseph de Félix de Creisset l'achètent 21,700 livres et subrogent à leur place Joseph Magallon, 1681 — Daniel Magallon, 1685 — Jean-Joseph Didier achète, 1720 — Michel, 1761 — Michel, 1771-1789. — Peu d'années avant la Révolution la communauté achète à ce dernier les quatre cinquièmes de la seigneurie. — L'autre moitié du fief de Rousset appartenait à la famille Rostaing de Saint-Crépin : Albert Rostaing, 1091-1101 — Pierre, 1132 — Ysnard et Arnoul, 1230 — Guillaume, 1247 — Pierre, 1270-1297 — Pierre Reynaud achète cette part avant 1347 — Anne, sa fille, fait héritier Obert d'Aspres, qui vend 260 florins à Aymar d'Orcières, le 25 mai 1379 — Antoine et Jean d'Orcières vendent à Pierre Étienne leur part 200 florins, le 31 mai 1397 — Jean d'Orcières, leur descendant, achète des censes à Rousset de Guélix Ramhaud pour 50 écus d'or et 160 florins, en 1469. Cette part de seigneurie fut, vers cette époque, absorbée par la précédente. — *Histoire.* — 1585, août, les protestants s'emparent de Rousset.

MANDEMENT DE LA TERRE D'EMPIRE.

Les paroisses de Bréziers et Rochebrune qui formaient ce mandement constituaient, au commencement du moyen-âge, un franc-alleu relevant directement des rois de Bourgogne, puis de l'Empire. En 1789, il restait encore des traces de cet ancien état de choses ; les habitants de cette petite circonscription territoriale ne payaient aucun impôt, ils étaient exempts de la milice et soumis seulement à la capitation et aux vingtièmes.

BRÉZIERS. — *État ecclés.* — Les paroisses de Bréziers et de Rochebrune n'en formèrent, jusqu'au XVIIe siècle, qu'une seule sous le vocable de saint Marcellin. — *Bréziers.* En 1516, il y avait dans cette église des chapelles sous le titre de Sainte-Catherine et Sainte-Anne ; elles existaient encore en 1742 et le curé jouissait de leur revenu. En 1783, le clergé paroissial se composait d'un curé, prenant le titre de prieur, et d'un vicaire. Le curé était à la nomination de l'archevêque qui partageait la dîme avec lui. — *Rochebrune.* Cette paroisse n'existait pas encore en 1516 ; elle fut créée au XVIIe siècle, sous le vocable de saint Julien, et pourvue d'un curé amovible. Il n'y avait dans cette église aucune chapelle payant décimes ; l'archevêque était collateur de la cure et décimateur de la paroisse. — *Ordres hospit.* — Lors de la création de la commanderie de Saint-Jean de Jérusalem de Gap, à la fin du XIe siècle, il lui fut donné quelques terres à Bréziers. On les unit ensuite à la petite commanderie de Remollon : elles avaient été aliénées avant 1667. — *Hôpitaux.* — Au XVIIe siècle, il existait un petit hôpital à Bréziers ; peut-être, par suite de quelque accord, avait-il été fondé avec les biens qui avaient appartenu à l'ordre de Saint-Jean. — *Administr. et Justice.* — Bréziers ne formait qu'une seule communauté avec Rochebrune ; deux des consuls étaient choisis parmi les habitants de Bréziers et un parmi ceux de Rochebrune. Ces paroisses, en vertu d'anciens privilèges impériaux, ne faisaient partie d'aucune élection et ne payaient aucune taille. Elles dépendaient judiciairement des châteaux épiscopaux et administrativement d'Embrun. — *État féodal*. — Possédés avant 1155 par le comte de Provence, Bréziers et Rochebrune appartinrent à partir de cette époque à l'archevêque d'Embrun ; cependant on y trouve quelques seigneurs particuliers, soit par suite d'aliénations, soit par suite d'une possession plus ancienne. Voici les noms de quelques-uns d'entre eux : Isnard de Beaufort, 1280 — Guigues de Bréziers, mort en 1300 — Ripert, 1309 — Guillaume, 1370 — Bompart, 1440 — Pierre, 1480 — Jean et Bompart, 1512 — Jean Bernard, 1617. — *Histoire*. — 1155, Raymond-Bérenger donne Bréziers et Rochebrune à l'archevêque d'Embrun. — 1238, cette terre est donnée par Raymond-Bérenger, en douaire, à sa femme Béatrix de Savoie. — 1447, elle est unie au Dauphiné. — *Monnaies*. — L'archevêque d'Embrun avait, si l'on en croit la tradition, un atelier monétaire au château de Beaufort, près de Bréziers, mais ce fait n'est pas démontré.

MANDEMENT DE VALSERRES.

VALSERRES. — *État ecclés.* — Par une anomalie singulière, cette paroisse dépendait de l'évêché de Gap, dans lequel on la retrouvera. — *Administr. et Justice*. — Valserres dépendait d'Embrun au point de vue administratif et judiciaire ; il faisait, en effet, géographiquement partie de l'Embrunais, en étant séparé de celui de Gap par la rivière de l'Avance, et Valserres étant sur la rive embrunaise de ce cours d'eau. Il est donc permis de penser que si cette paroisse appartenait au diocèse de Gap, c'était par suite de quelque usurpation ou donation fort ancienne sans doute. — *État féodal*. — Il y avait dans cette terre deux coseigneuries qui se fondirent en une seule au XVe siècle : 1° Lantelme de Valserres, 1190 — Eudes, 1193 — Guillaume, 1225 — Rodolphe et Giraud, 1270 — Giraud, 1300 — Guillaume, 1311 — Ysnard et Giraud, 1334 — Guillaume et Lantelme, 1338 — Guillaume, 1352 — Giraud, 1395 — Louis (1410) qui vend vers cette époque sa part à François de Saint-Marcel d'Avançon. — 2° Lantelme de Saint-Marcel, 1230-1270 — Giraud, 1270-1334 — Guillaume, 1334-1346 — Guillaume, 1352-1357 — Louis, 1360 — Jean, 1394 — François, seigneur de Valserres en entier, 1421 — Louis, 1430-1441 — Jean, 1460-1527 — Alix, Marguerite et Catherine ; cette dernière épouse Antoine de la Villette, 1539-1571 — Jean, leur fils, meurt sans postérité, 1571-1594 — Marguerite, sa sœur, épouse de Gabriel de la Poype, seigneur de Saint-Julin, 1594-1605 — Grégoire Nas de Romane achète 1617 — Grégoire, son fils, 1645-1687 — Joseph, 1687-1750 — François Blanc, dit Blanc-Milord, à cause d'une grande fortune faite dans les colonies anglaises, achète ; il meurt en 1756 — Louis-Marie Souchon des Preaux, achète vers 1760 — Marie-Pierrette-Polyxène, sa fille, épouse d'Éléonor-Jacques-Jules de Béthisy, 1780-1789. Je trouve encore comme ayant possédé quelques droits seigneuriaux à Valserres, Rambaud Olivier et Aymar du Sauze, 1297 — Bertrand d'Eourres, 1359 — Jean Eyraud-Montbrun, 1646. — *Industrie et Commerce*. — 1515, 20 mars, concession des mines d'or et d'argent de Valserres à Bonin Diano de Verceil. — 1526, 25 janvier, même concession à Durand Allard. — *Biographie*. — EBNARD (Pierre), fut prévôt du chapitre d'Embrun de 1212 à 1248.

3. CHATELLENIE DE RÉOTIER.

Cette châtellenie avait été créée par le Dauphin, à côté de Guillestre, bourg important dont l'archevêque était seul seigneur, pour être à portée de protéger ses sujets contre les usurpations vraies ou prétendues de ce prélat. Lorsque la puissance des archevêques eut été amoindrie par l'influence croissante en Dauphiné du roi de France, la châtellenie de Réotier n'eut plus de raison d'être. Les mêmes magistrats étaient généralement titulaires de la châtellenie d'Embrun et de celle de Réotier ; voici cependant trois châtelains de Réotier qui ne le furent pas d'Embrun : Guillaume d'Entrevennes, 1284, Merlin Moret, 1372, et Jacques Gontier, 1479-1483.

MANDEMENT DE L'ARGENTIÈRE.

Le mandement de l'Argentière est de récente création ; il ne date que de la fin du XIIe siècle. Il faisait partie auparavant, avec les communautés de Freyssinières, Champcella et la Roche-de-Briançon, du mandement de Rame. et appartenait au comté de Provence. Mais en 1155, l'empereur ayant concédé au Dauphin des mines d'argent qui existaient dans les gorges du torrent du Fournel, près du village de l'Argentière, ce prince acquit du comte de Forcalquier la seigneurie de cette portion du mandement de Rame qui devint depuis celui de l'Argentière, de telle sorte que Freyssinières, Champcella et la Roche-de-Briançon demeurèrent à l'Embrunais et à la Provence, et que l'Argentière fut uni au Briançonnais et au Dauphiné. Le mandement de l'Argentière fit donc partie d'abord du bailliage du Briançonnais et de la châtellenie de Vallouise, mais lorsque l'Embrunais eut été acquis par le Dauphin, il retourna dans l'intervalle de 1342 à 1386, par la force des choses, à ses juges et administrateurs naturels, le bailli d'Embrun et le châtelain de Réotier.

L'ARGENTIÈRE. — *État ecclés.* — La paroisse de l'Argentière n'est pas très ancienne ; elle date de la fin du XII° siècle ou du commencement du XIII°, du moment où le territoire de l'Argentière fut détaché du mandement de Rame. Avant cette époque, il n'existait pour tout ce mandement qu'une ancienne église située à Rame ; le cimetière en subsiste encore et les habitants vont y prier pour leurs anciens morts, à certaines fêtes de l'année, en vertu d'une tradition de sept cents ans. — La paroisse de l'Argentière est, depuis la fin du XIII° siècle au moins, sous le vocable de saint Apollinaire. En 1516, les chapelles payant décimes étaient celles de Sainte-Catherine, Saint-Laurent et Saint-Michel-de-la-Bessée ; en 1742, à ces chapelles étaient venues s'ajouter celles de Sainte-Marie-Madeleine, de Sainte-Anne et de Saint-Antoine ; la chapelle de Saint-Laurent n'existait plus. Peu auparavant avait été fondée une chapelle de Saint-Roch. Les dîmes de l'Argentière étaient partagées entre l'abbé de Boscodon, l'ordre de Saint-Jean-de-Jérusalem et le curé. — *Ordres hospit.* — L'ordre de Saint-Jean-de-Jérusalem eut à l'Argentière une petite commanderie qui portait le titre de *præceptoria Sancti Johannis de Gradibus Caroli* ; elle datait du XII° siècle au moins, car une chapelle qui en dépendait et qui existe encore, a été construite à cette époque. A côté de cette chapelle était un hôpital pour les voyageurs, dont il subsiste quelques traces. En 1314, cette commanderie était unie à celle d'Embrun ; en 1667, l'ordre de Saint-Jean ne possédait plus à l'Argentière que la chapelle de Saint-Jean, une maison fermière, quelques champs et une rente de 30 livres. Voici le nom de quelques-uns des commandeurs de l'Argentière : Guillaume de Faudon, 1208 — B., 1242 — Faucon de Robina, 1260 — Raymond Chabaud, 1266 — Guillaume Royson, 1270 — Pons de Cornillon, 1292-1298. — *Hôpitaux.* — Un hôpital nommé le Saint-Sépulcre-de-la-Pierre-Sainte, existait dès 1264 à l'Argentière ; à cette époque Pierre de la Blache en était précepteur ; les moines de Boscodon en étaient possesseurs en 1450 ; au XVI° siècle, il n'existait plus. — En outre, en 1312, il y avait une maladrerie à l'Argentière. — *Administr. et Justice.* — L'Argentière fit partie jusqu'en 1155

de la Provence ; acheté après cette époque par le Dauphin, il fut uni au bailliage de Briançon et à la châtellenie de Vallouise, et fit retour de 1342 à 1386 au bailliage d'Embrun. Le seigneur avait un châtelain seigneurial et un juge ; au XVII° siècle, cette juridiction s'exerçait à Embrun avec appel au vibailliage de cette ville. — *État féodal.* — Le Dauphin possédait au XIII° siècle la seigneurie majeure de l'Argentière ; en 1220, il avait le droit de justice, de bannerie, 23 parts sur 32 du droit de leyde et de pulvérage, les lods calculés au tiers des biens vendus et six deniers par radeau descendant la Durance. Il aliéna la plupart de ces droits en faveur des seigneurs inférieurs dont voici la liste : Obert Auruce, possesseur d'un tiers environ de l'Argentière, 1220 — Pierre, son fils, acquiert encore par échange avec le Dauphin 7 trente-deuxièmes de l'Argentière en 1297 — Guigues, 1300-1317 — Alix, épouse de Guillaume Artaud de Montauban, seigneur de Bauchaine. 1328 — Raymond, leur fils, 1340. — Raymond Aynard lui achète la moitié de la seigneurie 1,200 florins, 1371-1387. — Raymond Aynard 1389-1403 — Jean, frère du précédent, 1403-1415 — Raymond, 1415-1489 — Lantelme, 1489 — Hector, frère du précédent, 1499 — Louis, 1500-1549 — François, 1549-1582 — Charles, qui vend à Claude de Perdeyer 9,666 écus d'or, le 18 février 1596-1622 — Jeanne de Perdeyer, épouse de Henri de Philibert, qui meurt en 1624 — Henri, leur fils, 1624-1658 — Jean, neveu du précédent, 1658-1680 — César, 1708 — Laurent vend en 1750 cette terre à Jean Brunet, conseiller du roi ; la vente est ratifiée seulement en 1753 — Jean, son fils, 1765-1780 — Jean-Baptiste, 1780-1789. — Une deuxième coseigneurie avait probablement pour origine une inféodation faite par le Dauphin à Eudes Allemand, et Guigues et Eudes, ses fils, en 1202 — Jean Allemand le possédait encore en 1312-1326 — Bérengère, sa fille, épouse Humbert de Rochefort, seigneur de Pellafol, 1331-1352 — Marguerite, leur fille, épousa Raymond Aynard et lui porta cette terre vers 1355. Déjà en 1331, Raymond Aynard avait acheté à Jean Maynard une petite part de la seigneurie de l'Argentière ; en 1371, il réunit tout le fief entre ses mains. — *Industrie et Commerce.* — 1155, 13 janvier, l'empereur concède au Dauphin la mine d'argent de l'Argentière avec autorisation de battre monnaie à Cézanne avec ses produits ; cette concession est confirmée en avril 1238. On exploitait cette mine d'une façon toute primitive ; les mineurs étaient autorisés à creuser des galeries dans des endroits désignés d'avance, moyennant une redevance de 6 onces 1/4 par 16 marcs d'argent extrait ; si le mineur abandonnait sa galerie, on pouvait la concéder à un autre. Le Dauphin se réservait en outre le droit d'acquérir tout l'argent extrait au cours moyen. Cette exploitation était abandonnée au XV° siècle. Au XVII° et au XVIII°, les intendants Bouchu et Fontanieu voulurent, mais sans succès, faire reprendre les travaux ; un essai également infructueux fut tenté en 1791. L'exploitation de la mine de l'Argentière a été reprise en 1854, mais avec peu de succès. — *Histoire*. — L'Argentière était habité au moyen-âge par des Vaudois ; on peut voir à l'article de la Vallouise ce que j'ai écrit sur les persécutions qu'ils subirent. — *Biographie*. — AUBUCE (Obert). Ce personnage n'est peut-être pas né à l'Argentière, mais il en était seigneur. Il jouit d'une grande considération à la cour des Dauphins et remplit pendant toute sa vie, qui paraît avoir été fort longue, la charge de maréchal du Dauphiné. On trouve son nom comme témoin à presque tous les actes importants émanés de la cour delphinale de 1210 à 1250. — *Bibliogr*. — GUILLAUME (l'abbé P.). *Notice historique sur l'Argentière (Bulletin de la Société d'études des Hautes-Alpes*, 1883, p. 261). — ROMAN (J.). *Monographie du mandement de l'Argentière*. Paris, Picard, 1883, in-8°.

MANDEMENT DE GUILLESTRE.

Ce mandement composé, au XVI° siècle, de quatre communautés, n'aurait formé, si l'on en croit la tradition, qu'une seule paroisse et une seule communauté jusqu'en 1330. Cela est fort douteux, du moins quant aux paroisses : il y avait déjà des églises à Guillestre, Ceillac et Risoul en 1118, et les églises de Notre-Dame et de Saint-Marcellin de Vars existaient en 1321.

CEILLAC. — *État ecclés.* — La paroisse de Ceillac existait déjà en 1118, le pape Gélase II en confirma le 20 décembre cette année les dîmes au monastère de Saint-André d'Avignon, de l'ordre de Cluny. Les fonctions curiales se faisaient, au XVI° siècle, dans deux églises, celles de Sainte-Cécile de la Clapière et de Saint-Sébastien de Ceillac, cette dernière de création plus récente que l'autre. La cure était à la collation de l'archevêque d'Embrun ; les dîmes étaient partagées entre l'abbaye de Saint-André d'Avignon et le chapitre d'Embrun. Il n'y avait aucune chapelle payant les décimes dans cette paroisse, mais deux chapelles de Sainte-Anne et de Saint-Claude, sans revenus, paraissent de fondation ancienne. — *Administr. et Justice*. — Voir plus loin à Guillestre. — *État féodal*. — Même remarque. — *Industrie et Commerce*. — 1524, 3 juin, les mines de Ceillac sont albergées par le Dauphin. — *Histoire*. — 1737, un incendie dévore Ceillac. — *Biographie*. — FOURNIER (Marcellin), né vers 1590, mort à Bourg vers 1660 ; jésuite, professeur au collège d'Embrun (1628), auteur d'une histoire manuscrite des Alpes maritimes et cottiennes. Malgré d'innombrables erreurs et des lacunes considérables, elle mériterait d'être publiée. Un historien de valeur, M. Fabre, dans ses *Recherches sur les pèlerinages des rois de France à Notre-Dame d'Embrun*, a voulu contester le nom et le lieu de naissance de Fournier ; il le nomme Fornier et le fait naître à Tournon. Fournier et Fornier sont absolument la même chose au XVII° siècle, l'orthographe des noms propres n'étant pas encore absolument fixée à cette époque. Fournier est dit *Tournonois* dans une note relativement récente inscrite sur le manuscrit original de son histoire, conservé dans la bibliothèque de Lyon ; mais une tradition constante, le nom de Fournier très répandu à Ceillac, le prénom de Marcellin, qui est celui du patron du diocèse d'Embrun, enfin le fait même d'avoir écrit l'histoire de ce diocèse, sont des preuves de son origine embrunaise, et confirment à cet égard les affirmations de Guy-Allard et du curé Albert.

GUILLESTRE. — *État ecclés.* — La paroisse de Guillestre était sous le vocable de l'Assomption de la Vierge ; elle fut confirmée le 20 décembre 1118 par le pape Gélase II à l'abbaye de Saint-André d'Avignon. Les chapelles payant les décimes étaient celles de Sainte-Catherine, existant déjà en 1321, de la Sainte-Trinité, de Saint-Jacques, de Sainte-Croix, de Saint-Pierre, de Saint-Claude et de Sainte-Croix, en 1516 ; de Saint-Sébastien, de Saint-Crépin, de Saint-Crépinien et de Saint-Antoine, en 1532 ; de Sainte-Anne, de Saint-Lazare, de Sainte-Marguerite, de Saint-Pierre et de Saint-Roch, nommée aussi des Quatre-Champs, en 1742. La cure de Guillestre était à la collation de l'abbé de Saint-André d'Avignon ; l'archevêque nommait le prieur et les dîmes se partageaient entre lui et les moines de Saint-André. — *Protestants*. — Il avaient à Guillestre un temple qui fut démoli par arrêt du conseil du roi du 4 décembre 1684. — *Administration et Justice*. — Guillestre fut, au moyen-âge, le siège d'un châtelain épiscopal et le juge des châteaux épiscopaux y fut transféré de la ville d'Embrun au XV° siècle par l'archevêque Jean Baile ; ce juge, qui portait d'abord simplement le titre de juge de la cour de l'archevêque, avait dix-sept terres sous sa juridiction ; le mandement de

Guillestre était compté pour quatre de ces terres. On a pu lire à l'article consacré à Embrun la liste de ces magistrats. — L'archevêque avait à Guillestre un château fort; une garnison royale y fut mise pendant les guerres de religion; M. de Chaffardon en était gouverneur en 1586, M. de Belmont en 1587. Au point de vue administratif, Guillestre dépendait d'Embrun au XVIIe siècle — *État féodal.* — L'archevêque d'Embrun était seul seigneur de Guillestre. — *Industrie et Commerce.* — 1473, 18 octobre, les habitants de Guillestre massacrent Arnoul Raymond qui vient de la part du gouverneur du Dauphiné leur signifier que la foire de Saint-Luc qui se tenait dans leur bourg, sera désormais transférée à Embrun. A la suite de cet événement les Embrunais cèdent en 1475 à Guillestre leurs droits sur cette foire. — 1537, l'archevêque d'Embrun établit à Guillestre une nouvelle foire franche. — 1524, 3 juin, les mines de Guillestre sont albergées par le Dauphin. — *Histoire.* — 1369, une bande de routiers nommés les *Provençaux*, passant en Italie, saccage Guillestre. — 1373, à la suite d'un différend né entre l'archevêque et le Dauphin, relativement à leur juridiction respective dans l'Embrunais, le bailli d'Embrun s'empare de la ville et du château de Guillestre, qu'il laisse piller, et maltraite les officiers épiscopaux; le Pape et l'archevêque fulminent une excommunication. — 1374, 15 avril, un traité intervient entre le Dauphin et l'archevêque; Guillestre est restitué à ce dernier. — 1380, le Pape lève l'excommunication qu'il avait prononcée. — 1501, 9 septembre, le parlement de Grenoble prend les citoyens de Guillestre sous sa protection moyennant le don d'un écu d'or par an. — 1505, 3 avril, Louis XII enjoint au gouverneur du Dauphiné de prendre sous sa protection les citoyens de Guillestre, tyrannisés par Jean de la Molette, mandataire de l'archevêque, qui leur interdit de s'adresser, pour leurs procès civils, à d'autres qu'à l'archevêque ou au Pape, fait emprisonner les consuls et quitter le pays à ceux qui s'opposent à ses empiétements. — 1515, juillet, Bayart, Trivulce et le connétable de Bourbon, allant en Italie, passent à Guillestre; François Ier s'y arrête au mois d'août de la même année. — 1535, 4 décembre, le connétable de Montmorency traverse Guillestre. — 1537, 30 octobre, François Ier y couche; 11 novembre, même année, Blaise de Montluc et ses Gascons séjournent à Guillestre avant d'envahir la vallée de Barcelonnette par le col de Vars. — 1547, 8 septembre, Henri II couche à Guillestre. — 1586, juillet, Lesdiguières attaque Guillestre; il est repoussé. — 1587, 4 septembre, prise de Guillestre par Lesdiguières. — 1629, 28 février, Louis XIII, accompagné de Richelieu, couche à Guillestre; il pousse une pointe dans les Combes du Queyras pour examiner le chemin, et il le juge impraticable. Il s'arrête au Pont-la-pierre; la maison voisine prend, en souvenir de cette visite, le nom de Maison du Roi. — 1692, du 27 au 31 juillet, le prince de Commercy et le général Caprera, avec quatre mille hommes des troupes du duc de Savoie, passent le col de Vars et mettent le siège devant Guillestre, défendu par M. de la Chalandière; la ville capitule au bout de trois jours, une contribution de 6,000 livres lui est imposée. — *Biographie.* — COURT (Louis), peintre dans la manière de Jouvenet, il signait LVD. COVRT GVILL *(estranus)*; il existe dans l'église paroissiale de Briançon deux tableaux de sa main, datés de 1719 et 1720, et représentant la descente du Saint-Esprit sur les Apôtres et Théodose et saint Ambroise. Je ne connais rien de sa biographie. — *Bibliogr.* — PILOT (J.-J.-A.). *Guillestre (Album du Dauphiné*, t. 1, p. 105).

RISOUL. — *État ecclés.* — L'église paroissiale de Risoul était sous le vocable de saint Martin de Tours; elle fut confirmée le 20 décembre 1118 par le pape Gélase II à l'abbaye de Saint-André d'Avignon. Elle n'avait aucune chapelle payant décimes, mais près du village était une fort ancienne chapelle dédiée à Saint-Sébastien. Le clergé se composait, en 1783, d'un curé et d'un vicaire; la cure était à la collation de l'abbé de Saint-André d'Avignon. La dîme se partageait entre le chapitre d'Embrun et le prieur de Guillestre. — *Administr. et Justice.* — Dépendait de Guillestre. — *État féodal.* — L'archevêque d'Embrun était seigneur de Risoul, mais avait aliéné parfois cette terre avec faculté de rachat; en 1618, Jean de Morard en était engagiste. Plus anciennement une famille qui portait le nom de Risoul parait y avoir possédé quelques droits féodaux. Voici le nom de quelques-uns de ses membres : Gaudin de Risoul, 1308 — Giraud, Alexandre, Hugues et Guillaume, 1310-1329 — Jean, 1329-1350. — *Histoire.* — Quelques auteurs placent au Plan-de-Fazi (autrefois *Planum de Barbaro*) la victoire remportée par Mummol, Sagittaire, évêque de Gap, et Salonius, évêque d'Embrun, sur les Lombards, vers 576. Je crois plutôt que le théâtre de cet événement doit être placé dans la vallée de Barcelonnette.

VARS. — *État ecclés.* — Dès le XIIIe siècle la communauté de Vars était divisée en deux paroisses, celle de Notre-Dame et celle de Saint-Marcellin; cette division existait encore en 1516 et disparut au XVIIe siècle seulement. A partir de cette époque Vars ne forma plus qu'une seule paroisse sous le vocable de Saint-Marcellin. Dans l'église paroissiale existait une chapelle de Saint-Jacques; dans l'église de Notre-Dame une autre de la Sainte-Croix existait en 1516; elle avait disparu en 1742. Le clergé paroissial consistait, en 1783, en un curé et un vicaire desservant l'église de Notre-Dame. Les habitants de Vars avaient fait des démarches dans le cours du XVIIIe siècle pour faire rétablir leurs deux paroisses, mais ils n'y réussirent pas. La cure était à la collation de l'archevêque d'Embrun qui percevait la dîme par moitié avec le chapitre d'Embrun. — *Hôpitaux.* — Il existait à Vars une maison hospitalière nommée la Madeleine, probablement parce qu'elle renfermait une chapelle de sainte Marie-Madeleine. — *Protestants.* — Ils avaient à Vars un temple dont la démolition fut ordonnée par arrêt du conseil du roi du 27 novembre 1684. — *Administr. et Justice.* — Il y avait au milieu du col de Vars un château delphinal destiné à en défendre le passage; il était encore debout au XVIe siècle. Pour l'administration et la justice, comme à Guillestre. — *Histoire.* — 1369, Vars est saccagé par une bande de routiers dits les *Provençaux*, qui passent en Italie. — 1515, juillet, Bayart, Trivulce, le connétable de Bourbon entrent en Italie par le col de Vars. — 1537, 11 novembre, Blaise de Montluc envahit la vallée de Barcelonnette par ce col. — 1692, 26 juillet, combat sur le col de Vars entre les milices du Dauphiné et l'armée du duc de Savoie; les Français se replient sur Guillestre; 21 septembre, l'armée du duc de Savoie repasse en Piémont; pendant ces mouvements de troupes Vars est pillé et ses églises détruites. — 1744, dom Philippe et le prince de Conti entrent en Italie avec leur armée par le col de Vars. — *Biographie.* — HUGUES, né à Vars, fut au milieu du XIIe siècle, prévôt de l'église de Digne, puis évêque de cette ville.

MANDEMENT DE PALLON.

Les trois communautés qui composaient ce mandement constituaient, avec celle de l'Argentière, avant 1155, le mandement de Rame. L'Argentière en fut détaché peu après 1155 par suite d'une acquisition faite au comte de Forcalquier par le Dauphin (Voyez l'article de l'Argentière), et le bourg de Rame, chef-lieu du mandement, fut détruit par les inondations de la Durance. A la suite de ces événements, le mandement de Rame disparut et, avec les trois quarts de cet ancien mandement, on créa celui de Pallon, du nom d'un hameau de la commune de Freyssinières. Il est de tradition que les trois communautés du mandement de Pallon ne formaient qu'une seule paroisse et une seule communauté avant 1396. Cela n'est pas certain.

CHAMPCELLA. — *État ecclés* — La paroisse de Champcella passe pour avoir été créée en 1396 seulement; jusque-là, dit-on, elle faisait partie de celle de Saint-Laurent-de-Rame. Cette paroisse de Saint-Laurent existait de toute antiquité sur l'emplacement de l'ancienne station romaine de *Rama*, aux bords de la Durance, et fut transférée, comme nous le verrons bientôt, en 1444, à la Roche-de-Briançon, Champcella et Rame ne faisaient qu'une seule communauté. — La paroisse de Champcella était sous le vocable de saint Pierre et saint Paul; elle n'avait aucune chapelle payant les décimes. Le clergé se composait d'un curé nommé par l'archevêque d'Embrun, qui partageait avec son chapitre les dîmes de cette paroisse. — *Protestants.* — Ils avaient à Champcella un temple dont la démolition fut ordonnée par arrêt du conseil du roi du 14 mai 1585. — *Administr. et Justice.* — Le seigneur majeur avait une juridiction dans tout le mandement; elle s'exerçait, au XVIe siècle, à Embrun, avec appel au vibailli de cette ville. Au point de vue administratif, Champcella dépendait d'Embrun. — *État féodal.* — Le seigneur majeur résidait au château de Rame, dans le territoire de Champcella; voici la liste de ces seigneurs : Pierre de Rame, 1137-1160 — Aynard, 1168 — Dragonet, 1202 — Eudes, 1237-1274 — Aynard, 1275-1292 — Eudes et Guillaume, frères; le premier teste en 1326 — Guillaume et Aynard, fils d'Eudes, Pierre, fils de Guillaume, 1326-1347 — Aynard, fils de Guillaume, teste en 1374 — Jean, fils de Pierre, 1349-1367 — Guigues, Georges et Jean, 1374-1388 — Ysnard, héritier de Guigues; Fasio, fils de Georges, et Jean, fils de Jean, 1388-1413 — Antoine, Jean-François et Claude, fils de Fasio, 1428-1494 — Philippe, fils de Jean, 1413 — Fasio, fils d'Antoine, 1495 — Sébastien, François, Bertrand, Antoine et Jean vendent leur fief 160 écus d'or à Monnet, chanoine d'Embrun, le 24 mars 1514 — Gaspard, fils de Fasio et héritier de Monnet, 1500-1549 — Antoine, son fils, 1592 — Mathieu, 1592-1629 — Hélène, dame de Pallon, épouse de Claude d'Autric de Ventimille, vend cette terre à la communauté, 1653 — Daniel Jouve l'acquiert de la communauté, qui se réserve la faculté de rachat, 1674 — Salomon Bellon, neveu de Daniel Jouve, en hérite, 1696-1703 — Romain Bellon, mis en demeure de revendre la seigneurie à la communauté, s'y refuse, perd un procès au parlement et la communauté rentre en possession du château de Rame, qui est rasé et les terres partagées entre les habitants, 1768. — Champcella avait, outre ces seigneurs majeurs, des seigneurs inférieurs, parmi lesquels je signalerai Boniface et Hugues Rostaing, 1349 — Jean et Artaud Giraud, 1429 — Antoine Rostaing, 1430 — Jacques Giraud, 1477 — Michel Richière, 1510 — Jean Richière, 1520 — Artaud Giraud, 1540 — Jean Albert, 1550 — Barthélemy Albert, 1560-1600 — Barthélemy, fils du précédent, 1600-1617 — François de Capri, 1621 — Anne Albert, femme de Louis de Lévésie, 1617-1650 — Pierre, leur fils, 1666 — Jean, 1689-1714 — Joseph, 1745-1789. — *Histoire.* — Dans le territoire de Champcella, aux bords de la Durance, existait la station antique de *Rama*; au XIIe siècle, il est encore question de ce bourg dans le poème de Gérard de Rossillon. Elle fut ruinée, d'après la tradition, par des débordements de la Durance; en 1202 elle avait perdu son titre de chef-lieu de mandement; en 1444 elle perdit celui de paroisse; en 1768, le château de Rame, dernier souvenir de son existence, fut rasé. Rame n'est plus aujourd'hui qu'une petite chapelle entourée d'un cimetière. — 1570 ou 1573, 8 juin, Bonrepos et la Cazette, capitaines ligueurs, attaquent Champcella, défendu par quelques protestants; Lesdiguières, à cette nouvelle, passe du Champsaur en Embrunais par un col d'un accès difficile, tombe sur les assaillants et leur inflige un échec sanglant. — *Biographie.* — JACQUI (Sébastien), de Champcella, imprimeur, établit la première imprimerie de Nîmes; il traite, le 24 février 1579, avec les consuls de cette ville, qui lui fournissent une maison, plus 40 écus d'or par an et 80 écus d'or pour acheter les caractères nécessaires.

FREYSSINIÈRES. — *État ecclés.* — Cette paroisse fut démembrée, suivant la tradition, de celle de Saint-Laurent-de-Rame au XIVe siècle; elle était placée sous le vocable de Sainte-Marie-Madeleine. Le 7 septembre 1462 Antoine de Rame y fonda une chapelle dédiée à saint Maur. Aucune chapelle n'y payait les décimes. — Le clergé se composait, en 1743, d'un curé et d'un vicaire créé vers 1735 pour desservir le hameau de Dormillouse. L'archevêque était collateur de la cure et percevait la dîme par égale part avec le chapitre d'Embrun. — *Protestants.* — Ils avaient un temple dont la démolition fut ordonnée par arrêt du conseil du roi du 27 novembre 1684. La population presque toute entière était protestante. — *Administr. et Justice.* — Comme à Champcella. — *État féodal.* — Voici la succession des seigneurs particuliers de Freyssinières : Pierre de Freyssinières, 1210 — Guillaume, 1239-1256 — Gauthier, 1275-1280 — Guillaume, 1320-1330—Jean et Guillaume, 1337-1345 — Pierre Reynaud succède à la famille précédente qui s'éteint, 1371 — Jacques-Antoine Baile-la-Tour, 1426 — Jean, qui acquiert d'Aynard de Rame tout ce qu'il possédait dans cette seigneurie, 1440-1458 — Pierre, Antoine et François, 1486 — Jean et Guigues, fils de Pierre, sont l'origine de deux coseigneuries, 1530 — 1° Enmemond et Hugues, fils de Guigues, 1542 — Hugues, leur neveu et leur héritier, 1542-1580 — Florent de Renard, achète, 1591 — François, 1600-1652 — François, 1652-1683 — Mgr de Genlis, archevêque d'Embrun, achète en 1683 et lègue cette terre à son chapitre, 1714 — 2° Antoine et Gaspard Baile, fils de Jean, 1540-1560—Antoine et Hugues, fils d'Antoine, 1570 — Jérôme, qui vend sa part aux consuls de Freyssinières pour 123 écus d'or en 1593; cette vente est résiliée, 1596 — Benoite, sa fille, épouse d'Antoine Le Bout, 1597 — Jean-Oronce Le Bout, leur cousin germain, en hérite, 1660 — Joachim, son neveu, en hérite, 1661 et vend sa part 17,500 l. à Mgr de Genlis, en 1687; celui-ci fait le chapitre son héritier. — *Industrie et Commerce.* — 1127, le comte de Forcalquier donne à l'église d'Embrun la mine d'argent de Faravel, située au fond de la vallée de Freyssinières. — *Histoire.* — 1565, 25 août, de Gordes, gouverneur du Dauphiné, visite Freyssinières et en chasse un curé qui, contrairement à l'édit de paix, persécutait les protestants. — 1575, 2 septembre, François de Châtillon, fils de Coligny, et Guy de Laval, passent par Freyssinières. — 1692, août, Catinat établit un camp à Pallon pour surveiller l'armée du duc de Savoie.

LA ROCHE-DE-BRIANÇON. — *État ecclés.* — La Roche faisait partie autrefois de la paroisse de Saint-Laurent de Rame; en 1444, cette paroisse fut transférée, avec le même vocable, à la Roche, situé en face, sur l'autre rive de la Durance. Aucune chapelle ne payait les décimes dans cette église. — Le clergé se composait, en 1783, d'un curé et d'un vicaire. La cure était à la collation de l'archevêque, qui partageait la dîme par égale part avec son chapitre. — *Ordres hospit.* — Au commencement du XIVe siècle quelques donations furent faites à la Roche, à l'ordre de Saint-Jean de Jérusalem; les terres qui les composaient furent unies à la commanderie de l'Argentière. Ces biens avaient été aliénés en 1667. — *Administr. et Justice.* — Comme à Champcella. — *État féodal.* — Les seigneurs de la Roche étaient les mêmes que ceux de Champcella.

MANDEMENT DE RÉOTIER.

Réotier et Saint-Clément, qui constituaient ce mandement, ne formaient qu'une communauté au commencement du moyen-âge, et se séparèrent, suivant la tradition, au XIIIe siècle. Ces communautés étaient déjà divisées en 1284.

RÉOTIER. — *État ecclés.* — La paroisse de Réotier, qui s'étendait d'abord aussi sur Saint-Clément, était sous le vocable de saint Pancrace ; après sa séparation de celle de Saint-Clément, vers le XIIIe siècle, la paroisse de Réotier fut dédiée à saint Michel-Archange. En souvenir de leur ancienne union, les paroisses de Saint-Clément et de Réotier se réunissent encore, le Vendredi-Saint, autour des ruines de la vieille église de Saint-Pancrace pour prier pour leurs morts. — Une chapelle, sous le titre de Sainte-Catherine, avait été fondée avant 1516 dans l'église paroissiale de Réotier. — Le clergé se composait, en 1783, d'un seul curé nommé par l'abbé de Boscodon, qui était décimateur de cette paroisse. — *Administr. et Justice.* — Réotier était, comme je l'ai écrit plus haut (Voir l'article de la Châtellenie de Réotier), le siège d'une châtellenie delphinale, dont le titulaire était chargé de protéger les sujets du Dauphin contre les magistrats épiscopaux de Guillestre. Le seigneur engagiste de Réotier avait une juridiction qui s'exerçait, au XVIIe siècle, à Embrun, avec appel au vibailli. Administrativement, Réotier dépendait d'Embrun. — *État féodal.* — Le Dauphin était seigneur majeur de Réotier en vertu de l'acquisition qu'il avait faite, au commencement du XIIIe siècle, des droits de Rodolphe de Savines sur cette terre. Voici les noms des seigneurs inférieurs ou engagistes : Guillaume, Poncet, Albert et Giraud de Réotier, 1263 — Isoard, 1309 — Isnard, 1310 — Guillaume de la Tour, bâtard du Dauphin, 1328 — Jean de Faucigny, 1340 — Durand Crozet achète la part du précédent et de Guillaume Burg pour 135 florins d'or, 1349-1353 — Arnoul Giraud, 1361 — Artaud Giraud, 1429 — Guillaume et Jacques : le premier achète la part du second pour 16 florins le 30 novembre 1440, et le 18 février 1455 il achète également la part de Raymond Giraud pour 17 florins — Artaud Giraud vend sa part pour 25 florins à Étienne Stod le 11 juin 1510 — Jean Chattier acquiert la part du Dauphin pour 1,060 l. le 1er août 1543 — Honoré de Girard est subrogé à ses droits, 1543-1557 — Melchior de Girard renouvelle cette acquisition pour 1,235 l. le 2 avril 1573-1580 — François de l'Olivier acquiert à son tour la part domaniale pour 2,584 écus le 30 avril 1593 — Claude, son fils, 1594-1610 — François et Jacques, 1613-1626 — François, fils de Jacques, 1643 — Guy-François de Ville de Sillans achète la part domaniale le 30 avril 1643 — Il revend 3,300 l. à Marguerite de Levésie, veuve d'Esprit Delmas, le 30 mars 1653 — Jacques Delmas, 1660-1693 — Jean-Baptiste, 1700-1732 — François, 1760-1789. — Je trouve encore Jean Michel de Lestours possesseur d'une part de cette terre en 1617. — *Histoire.* — 1228, 28 juin, charte de privilège accordée par Guigues-André, dauphin, aux habitants de Réotier, les exemptant des tailles moyennant 300 sous et 30 setiers d'avoine. — 1315, 31 mai, les biens communaux indivis entre Réotier et Saint-Clément sont partagés. — 1428, 16 novembre, transaction par laquelle les habitants changent en une somme de 31 florins 3 gros tous les droits que le Dauphin percevait dans cette seigneurie.

SAINT-CLÉMENT. — *État ecclés.* — Une église dédiée à saint Clément existait dès le XIIe siècle dans ce village ; elle ne devint paroissiale qu'au XIIIe siècle. En 1516 on y trouve des chapelles de Sainte-Anne, Saint-Jean-l'Évangéliste et une troisième fondée par Balthazard Savine. Avant 1742 on avait fondé d'autres chapelles sous le titre de Saint-Antoine, Saint-Jean-du-Souchier, Saint-Jacques et Saint-Philippe et Notre-Dame-de-Pitié. Plusieurs n'existaient plus en 1783. — A cette date le clergé paroissial se composait d'un curé et d'un vicaire ; l'abbé de Boscodon était collateur de la cure et décimateur : il avait succédé aux droits de l'abbaye de Sainte-Croix de Châteauroux, unie à Boscodon en 1293, et qui avait elle-même reçu, en 1124, une donation à Saint-Clément de Guy Berton et de sa femme Avicie, nièce de Guillaume, archevêque d'Embrun. — *Hôpitaux.* — Un hôpital était établi à Saint-Clément dès 1306 et il existait encore au XVIe siècle. — *Administr. et Justice.* — Saint Clément dépendait d'Embrun au point de vue administratif et du juge des châteaux épiscopaux. — *État féodal.* — Le chapitre d'Embrun était, de temps immémorial, seigneur de Saint-Clément, dont l'empereur s'était réservé le haut-domaine. En 1276 ce prince donna ce haut-domaine, avec droit de justice, à l'archevêque d'Embrun. Rien ne fut modifié dans cet état de choses jusqu'en 1789. — *Histoire.* — 1585, 20 novembre, prise de Saint-Clément par Salomon Arabin, dit le capitaine Roure, et Louis de Rousset, protestants. — 1692, 1er août, combat au pont de Saint-Clément entre l'armée du duc de Savoie et le régiment Royal-Irlandais, qui est contraint de se replier sur Embrun ; 20 septembre, l'armée ennemie, en quittant l'Embrunais, fait sauter le pont de Saint-Clément pour assurer sa retraite ; le village est incendié.

MANDEMENT DE SAINT-CRÉPIN.

Ce mandement qui se composait, au XVIIIe siècle, de trois communautés et de trois paroisses, n'en avait qu'une seule au XVe et que deux avant 1694.

EYGLIERS. — *État ecclés.* — Cette paroisse n'en fit qu'une seule jusqu'au XVe siècle avec celle de Saint-Crépin, sous le vocable de Notre-Dame. Elle fut dédiée à saint Antoine, ermite, lors de sa création. En 1516 il n'existait dans cette église aucune chapelle payant les décimes; il en fut créé une postérieurement sous le titre de Saint-Jacques; elle existait encore en 1783. — Le clergé paroissial se composait, à cette date, d'un curé et d'un vicaire; l'archevêque était collateur de la cure et décimateur de la paroisse par égale part avec le chapitre d'Embrun. — *Administr. et Justice.* — Eygliers dépendait d'Embrun au point de vue administratif, et du juge des châteaux épiscopaux au point de vue judiciaire. — *État féodal.* — L'archevêque d'Embrun était seigneur d'Eygliers. — *Histoire.* — 1692, juillet, Catinat établit son camp au hameau de Gros pour surveiller les mouvements de l'armée du duc de Savoie.

MONT-DAUPHIN. — *État ecclés.* — Cette paroisse fut détachée de celle d'Eygliers après 1693 et placée sous le vocable de saint Louis, roi de France. Deux ecclésiastiques nommés par le roi en étaient curés et étaient en même temps aumôniers de la garnison et de l'hôpital militaire. — Depuis le XIIe siècle il existait au bas du rocher sur lequel se dresse Mont-Dauphin un prieuré de Notre-Dame de la Chalp (*de Calma*) qui appartenait, en 1145, à l'abbaye d'Oulx et abritait encore deux moines en 1345. Un petit hôpital y était annexé. Le prieur était décimateur d'une partie du territoire d'Eygliers. — *Hôpitaux.* — Le petit hôpital de Notre-Dame de la Chalp fut supprimé par lettres-patentes de 1693, et ses revenus, ainsi que ceux du prieuré, furent unis à ceux de l'hôpital de Mont-Dauphin, créé à la même époque pour l'usage de la garnison. — *Administr. et Justice.* — Mont-Dauphin fut créé en 1693 et 1694, tout d'une pièce, sur les plans de Vauban, qui en fit une place de guerre de premier ordre, capable de résister à une seconde invasion du duc de Savoie si elle venait à se produire. La garnison se composait de deux bataillons, cet état-major d'un gouverneur, d'un lieutenant du roi, d'un major, de deux aides-major, d'un capitaine d'artillerie et d'un ingénieur militaire. — Pour attirer des habitants dans la ville nouvellement créée, on exempta son territoire du paiement des tailles et on l'éleva officiellement au rang de ville en 1753. Malgré ces privilèges particuliers, ses intérêts ne furent jamais absolument distincts de ceux d'Eygliers; ces deux communautés choisissaient ensemble leurs consuls, mais le premier consul devait toujours être de Mont-Dauphin. — Ce bourg dépendait d'Embrun au point de vue administratif, et du juge des châteaux épiscopaux au point de vue judiciaire. L'archevêque y avait en outre un châtelain juge de police; les délits commis dans l'enceinte du fort relevaient de l'autorité militaire. — *État féodal.* — L'archevêque était seigneur du territoire de Mont-Dauphin et le roi de l'enceinte du fort. — *Armoiries.* — *Parti de France et de Dauphiné.* — *Bibliogr.* — ALBERT (A.) *Mont-Dauphin (Hautes-Alpes),* notes historiques. Grenoble, Prudhomme, 1873, in-8º. — PILOT (J.-J.-A.) *Mont-Dauphin (Album du Dauphiné,* t. I, p. 33).

SAINT-CRÉPIN. — *État ecclés.* — Dès le XIe siècle, la paroisse de Saint-Crépin existait et était placée sous le vocable de Notre-Dame. Au XVe siècle la paroisse d'Eygliers en fut détachée et l'église paroissiale de Saint-Crépin fut reconstruite et dédiée à saint Crépin et saint Crépinien. En 1516 il existait dans cette église des chapelles sous le titre de Saint-Antoine, de Notre-Dame-de-Consolation, de Notre-Dame-de-Pitié, de Saint-Philippe et Saint-Jacques, et une deuxième de Notre-Dame-de-Consolation. En 1580 on y avait ajouté des chapelles de Saint-Sébastien et Sainte-Catherine. En 1742 aucune de ces anciennes chapelles n'existaient plus, mais on avait créé deux nouvelles chapelles du Saint-Esprit et de Saint-Guillaume. — Le clergé paroissial se composait, en 1783, d'un curé et de deux vicaires, dont l'un desservait le hameau de Chanteloube. L'archevêque, le chapitre d'Embrun et le curé, qui prenait le titre de prieur-curé, se partageaient la dîme. — L'abbaye de Boscodon possédait des propriétés au hameau de Chanteloube; elles lui furent confirmées par bulles papales de 1195 et 1197, sous le nom de *Grangia de Cantalupa.* — *Administr. et Justice.* — Saint Crépin dépendait d'Embrun au point de vue administratif, et du juge des châteaux épiscopaux au point de vue judiciaire. — *État féodal.* — Par transaction de 1210, le Dauphin céda à l'archevêque d'Embrun tout ce qu'il possédait à Saint-Crépin, sans s'en réserver aucune part. A côté de l'archevêque il y avait un seigneur inférieur dans cette terre. Voici le nom de quelques-uns de ces seigneurs : Albert Rostaing de Saint-Crépin, 1001-1101 — Pierre. 1132 — Isnard et Arnoul, 1230 — Guillaume, 1247 — Pierre, 1248-1297 — François et Guillaume, 1297-1300 — Blacas et Gillon, fils de François, 1334-1349 — Pierre et Boniface, 1352 — Jean, fils de Boniface, et Guillaume, fils de Pierre, 1360-1377 — Antoine, fils de Jean, 1408-1430 — Jean, 1490 — Antoinette, sa sœur, épouse d'Antoine Richière, 1491 — Michel Richière, leur cousin, achète en 1510 — Catherine et Antoine Richière, Gaspard Disdier, Gaspard Estour, 1540 — Bertrand Emé, 1541 — François Emé, 1556-1591 — Isaïe Perrot et Guigues Disdier vendent leur part à Guillaume Emé, 1599-1600 — Antoine d'Urre, 1645. — Une petite part de coseigneurie avait été possédée antérieurement par la famille Caire : Guillaume Caire, 1265 — Pierre, 1280 — Guigues et Pierre, 1316-1346 — Antoine fait héritiers, en 1376, ses cousins Jean et Guillaume Rostaing de Saint-Crépin ; cette parenté avait pris naissance par le mariage de Blacas Rostaing avec Montaigline Caire (1334). — Je trouve encore, comme seigneurs engagistes de la part de l'archevêque, Hugues de Bardonnèche,1299 — Jacques Giraud, 1477 — Artaud Giraud, 1540. — *Histoire.* — 1494, 1er septembre, Charles VIII, allant en Italie, passe à Saint-Crépin. — 1581, 9 février, les protestants s'emparent de Saint-Crépin, où commandait Juvénal Vachier, et probablement avec la connivence de ce dernier.

II.

ÉVÊCHÉ DE GRENOBLE.

L'évêché de Grenoble fut fondé vers la fin du IVe siècle par saint Domnin. Il était divisé en quatre archiprêtrés : celui de Grenoble ou du Graisivaudan, celui de delà le Drac, celui de Viennois et celui de Savoie. Cet évêché subit deux diminutions importantes dans le cours des siècles : il perdit dans les premières années du XIIe la moitié des paroisses du *pagus Salmoracencis* (Voiron), qui, par une bulle du 2 août 1107, furent mises à l'archevêché de Vienne, dont il était suffragant ; on détacha de sa juridiction, le 28 août 1779, le décanat ou archiprêtré de Savoie et on l'érigea en évêché, avec Chambéry pour siège épiscopal. — Lors de la formation du département des Hautes-Alpes, deux communautés du diocèse de Grenoble lui furent unies, celles de la Grave et du Villard-d'Arène, formant quatre paroisses. — Je crois inutile de m'étendre davantage sur l'histoire du diocèse de Grenoble et de donner la liste de ses évêques pour laquelle on voudra bien se reporter simplement à la *Gallia christiana* ; on pourra trouver des renseignements précis et généralement exacts sur cet évêché dans les *Notes pour servir à la géographie et à l'histoire de l'ancien diocèse de Grenoble*, par M. l'abbé Bellet (*Bulletin d'histoire ecclésiastique du diocèse de Valence*, 1881, n°s 1 et 2; 1882, n°s 4 et 5), et un historique de la souveraineté temporelle de ses évêques dans l'excellente *Notice sur les Dauphins de Viennois*, de M. de Terrebasse (Vienne, Savigné, 1875, in-8°).

3.

COMTÉ DE GRAISIVAUDAN.

Ce comté correspondait exactement au *pagus Gratianopolitanus*, duquel il a tiré son nom, c'est-à-dire qu'outre la vallée de l'Isère ou du Graisivaudan proprement dite, il s'étendait sur l'Oisans, la Mateysine et une partie du Triéves. Je renvoie pour son histoire à la *Notice sur les Dauphins de Viennois*, de M. de Terrebasse.

III. — BAILLIAGE DE GRAISIVAUDAN.

Le bailliage du Graisivaudan dut son origine aux mêmes circonstances que celui de Briançon dont j'ai parlé plus haut ; ses magistrats avaient des attributions identiques et, comme lui, il fut supprimé en 1447 par ordonnance du dauphin Louis II et remplacé par un vibailliage. — Le bailli du Graisivaudan étendait sa juridiction sur une portion assez importante du département des Hautes-

Alpes, sur la Grave et le Villard-d'Arène, qui faisaient partie de la châtellenie de l'Oisans, et sur le Champsaur, qui se divisait entre les châtellenies du Champsaur et du Beaumont ou de Mens. Dans les articles particuliers consacrés à ces diverses châtellenies, je traiterai d'une manière spéciale l'histoire de leur union au bailliage du Graisivaudan. Voici les noms des baillis et des vibaillis du Graisivaudan que M. Pilot de Thorey a bien voulu détacher pour moi d'un travail d'ensemble qu'il prépare sur ce bailliage. Baillis : Eudes Allemand, 1281 — Leuczon Bérard, 1309 — Pierre Isoard, seigneur d'Aix, 1309 — Guillaume Grinde, 1310-1313 — Guers de Beaumont, 1313 — Robert Vaguard, 1314-1315 — Guigues de Beaumont, 1317 — Pierre d'Avalon, 1318 — Hugues de Commiers, 1319-1321 — Guigues Falavel, 1323 — Guillaume de Royer, 1323-1324 — Guillaume de Veynes, 1324 — Guy de Grolée, 1327-1333 — Pierre de Loyes, 1334-1335 — Amblard de Briord, 1335 — Amédée de Roussillon, 1339 — Guillaume de Rivo, 1340 — Amblard de Briord, 1342-1348 — Jean de Grolée, 1352 — Guigues de la Tour, 1358 — Didier de Sassenage, 1367 — Artaud d'Arces, 1369 — Rodolphe de Commiers, 1379-1382 — Eymeri de Brizay, 1402-1404 — Girin de l'Aire, 1407 — Yves de l'Aire, 1408 — Lionel de Ersineriis, 1413 — Jean d'Urre de Vinsobres, 1413-1425 — Guionet de Loras, 1425 — Guy de Pruncley, seigneur de la Porte, 1426 — Jean Grinde, 1435 — François de Beaumont, 1440 — Jean Grinde, 1441 — Antoine Vallier, 1446. — Voici la liste des vibaillis : Jean de Ciserin, 1412 — Louis Portier, 1447 — Antoine Vallier, 1453 — Ponce Galbert, 1455-1458 — Jean Mottet, 1459 — François Bovier, 1461-1463 — Guelix Menze, 1488 — Jacques Galleys, 1493 — Philibert d'Arces, 1498-1520 — Claude Falcon, 1520 — Abel de Buffevent, 1535-1560 — Jean de Buffevent, 1560-1565 — Antoine de la Tour, 1565 — Claude de Saint-Rémy, 1565-1568 — Gaspard Baro, 1568-1573 — Claude de Saint-Rémy, 1573 — Claude Mitallier, 1574 — Claude de Saint-Rémy, 1581-1586 — François de Micha, 1586-1607 Thomas de Boffin, 1607-1614 — Jean de Micha, 1614-1631 — Denis de Salvaing de Boissieu, 1631-1637 — Philippe Vivier, 1637-1651 — Pierre Perrot, 1651-1654 — Antoine Armand, 1654-1665 — Antoine Copin, 1665-1667 — Antoine de Petitchet. 1675-1683 — François de Micha, 1683-1684 — Joseph Joubert, 1684-1698 — François Joubert, 1698-1701 — Claude Joubert, 1701-1729 — Antoine Joubert, 1729-1765 — François Sadin, 1765-1790.

1. CHATELLENIE DE L'OISANS.

L'Oisans était habité à l'époque gauloise par la peuplade des *Uceni* qui lui a donné son nom ; elle était probablement cliente des Allobroges. Cette contrée faisait, de temps immémorial, partie de l'évêché et du comté de Grenoble ; elle suivit toutes les vicissitudes historiques du Graisivaudan, appartint aux comtes d'Albon, plus tard dauphins de Viennois, à partir du XIe siècle ; fut, pendant le moyen-âge, sous la juridiction du bailli, puis du vibailli du Graisivaudan, et dépendit ensuite, jusqu'à 1789, de l'intendance et de l'élection de Grenoble. Voici la liste des châtelains de l'Oisans : Hugues de Commiers. 1312-1314 — Guigues Pelissier, 1315-1322 — Guigues Czuppi, 1322 — Humbert Villet, 1325 — Pierre Basson, 1325 — Simonet François, 1325 — Josserand de Coni, 1326 — Nicolas Constans, 1327 — Jean Jamfiliaci, 1329-1330 — Antoine Giroud, 1335 — Guigues Pellissier, 1337 — Gillet de Moras, 1338 — Humbert Cholay, 1338-1340 — Guigues de Villaret, 1341 — Eustache Berlioz, 1342 — Jacques de Die, 1345 — François de Parme, 1348-1356 — Eymonet Richard, 1364-1399 — Clément Calabre, 1400 — André Ardouin de Launay, 1401 — Eymery de Brizay, 1403 — Jean Odoard, 1404-1406 — Pierre de Vanjany, 1407-1409 — Gilles Coppier, 1411-1417 — Aymar de Brins, 1418-1422 — Jean de Viennois, 1444-1452 — Jean Allemand, 1490.

MANDEMENT DE L'OISANS.

La châtellenie de l'Oisans ne formait qu'un seul mandement qui comprenait toute la vallée de la Romanche, depuis sa source, sur le col du Lautaret, jusqu'au territoire de Vizille. Les paroisses de la Grave et du Villard-d'Arène (aujourd'hui du département des Hautes-Alpes) formaient une portion de ce mandement. — En 1261 les habitants du mandement de l'Oisans reconnurent devoir au Dauphin la taille comtale, les cas impériaux, la chevauchée, la corvée une fois l'an ; les hommes établis dans le pays depuis un an, et les bâtards qui y naissaient, lui appartenaient ; il prenait par droit d'aubaine les biens des étrangers morts dans la contrée ; les lods s'y payaient au tiers denier. La justice appartenait exclusivement au Dauphin, sauf les délits ruraux inférieurs à 5 sous, qui étaient de la compétence de quelques nobles. Il n'y avait dans le mandement ni terres delphinales ni bois noirs ; la chasse et la pêche y étaient libres.

LA GRAVE. — *État ecclés.* — Cette communauté comprenait, au XVIIIe siècle, trois paroisses : la Grave, le Chazelet et les Hières. — *La Grave.* Depuis le XIe siècle au moins cette paroisse existait sous le vocable de l'Assomption de la Vierge. Elle fut confirmée en 1080 par saint Hugues, évêque de Grenoble, au monastère d'Oulx ; Urbain II approuva cette donation par une bulle de 1091. En 1115, sous le nom de *Ecclesia de Arenis*, elle s'étendait sur tout le territoire des communes actuelles de la Grave et du Villard-d'Arène. Nous verrons dans un article particulier quand cette dernière en fut détachée. En 1375 elle est nommée *Ecclesia des Arenis inferioribus*. — En 1341 elle contenait des chapelles dites des Bérard et des Chalvin. En 1497 les chapelles étaient les suivantes : celle de Saint-Jean-Baptiste, fondée par Jean Étienne et Aymon Juge ; celle de Saint-Jean, Saint-Félix et Saint-Claude, fondée par Jean Disdier ; celle de la Sainte-Croix et de Saint-Jean, fondée par une femme nommée la Jouvencelle. Les divers hameaux de la Grave avaient également des chapelles : celle du Chazelet, sous le titre de Saint-Michel et Saint-Claude ; celle des Hières, sous celui de Saint-Pierre et Saint-Paul, existant au moins depuis 1416 ; celle des Terrasses, sous celui de Notre-Dame-de-Paris *(de Parisino)*, existant au moins depuis le commencement du XIIe siècle. En 1516 les chapelles étaient celles de Saint-Jean-Baptiste et de Saint-Antoine, de Saint-Jean, Saint-Félix et Saint-Claude. — *Le Chazelet.* Détachée au XVIIe siècle de celle de la Grave, cette paroisse prit le vocable de la chapelle qui existait antérieurement dans ce village sous le titre de Saint-Michel et Saint-Claude. — *Les Hières.* Elle fut fondée vers la même époque que la précédente et prit le vocable de saint Pierre et saint Paul. — Ces trois paroisses étaient sous le juspatronat des moines d'Oulx, collateurs de la cure et décimateurs. — *Hôpitaux.* — Un hôpital nommé l'Hôpital de l'Oche existait à l'entrée des gorges de Malaval et avait été, dit-on, fondé par les Dauphins. Il exista jusqu'à la fin du siècle dernier. — *Protestants.* — Les protestants avaient un temple à la Grave ; il fut démoli en vertu d'un arrêt du conseil du 13 mars 1684. — *Administr. et Justice.* — La Grave dépendait de la châtellenie de l'Oisans, du bailliage, de la subdélégation et de l'élection de Grenoble. Le Dauphin y avait le droit de pleine justice, qui fut aliéné en faveur des seigneurs engagistes. Ces derniers exerçaient, au XVIIe siècle, leur juridiction à Grenoble, avec appel au vibaillage. Dès le XIVe siècle, le mistralie (perception des revenus delphinaux) et le champerie (constatation des délits ruraux) avaient été albergés à des particuliers. — *État féodal.* — La haute seigneurie de l'Oisans appartint exclusivement au Dauphin jusqu'en 1466 ; le 2 juillet de cette année Charles VII donna cette terre au bâtard d'Orléans, comte de Dunois, pour faciliter son mariage avec Agnès de Savoie. Jean d'Orléans, archevêque de Toulouse, leur fils, en hérita. Une ordonnance du 13 décembre 1517 l'unit de nouveau au domaine, avec lequel Philippe de Savoie, duc de Nemours, mari de Charlotte d'Orléans, a un procès qui dure depuis 1532 jusqu'à 1543. Les ducs de Mercœur et de Vaudémont héritent de l'Oisans, 1567-1570. — Il retourne au domaine et est vendu à Lesdiguières le 6 novembre 1593 pour 39,375 l. — Madeleine de Bonne, sa fille, épouse Charles de Créqui, qui en hérite, 1626-1638 — François de Bonne de Créqui, son fils, 1638-1650 — François-Emmanuel, 1650-1675 — Jean-François-de-Paule, 1675-1703 — Alphonse de Créqui-Canaples est son héritier, 1703-1712 — Nicolas de Neuville-Villeroy en hérite, 1712-1719 — François-Camille, 1720-1732 — Gabriel, 1732-1775 — Claude Périer achète au précédent, 1775-1789. — La mistralie de la Grave était albergée à Hugues de la Poype en 1334, et la champerie à Jean de Bressieu ou de Boissieu en 1399. Sa petite-fille Amédée la possédait encore en 1413. — Le dauphin Humbert II, après avoir cédé le Dauphiné au roi de France, donna, le 8 octobre 1351, à son fils naturel, Amédée de Viennois, 150 l. de rentes qu'il percevait sur la châtellenie de l'Oisans ; les descendants de ce seigneur les ont possédées jusqu'en 1789. — Quelques autres coseigneurs se partageaient les revenus féodaux de la Grave ; la famille d'Oisans en avait eu cette part de toute ancienneté : Hugues d'Oisans fut le dernier, vers 1335, et Aymon de Lemps, son héritier, vendit pour 700 florins sa part aux consuls le 20 septembre 1366 — En 1300 Pierre Bérard y possédait quelques droits ; Guigues Bertrand et sa femme Éléonor, ses héritiers, en prêtent hommage en 1341. — Reynaud Bérard, Pierre et Henri Reynaud, les héritiers de Pierre et Eudes de la Beaume vendirent tous leurs droits aux consuls de la Grave avant 1391. La famille Auruce percevait à la Grave quelques droits seigneuriaux ; Guigues Auruce les vendit au Dauphin vers 1300, et ce prince les revendit peu après à Hugues de Commiers ; Rondet et Hugues, ses petits-fils, les cédaient aux consuls avant 1391. — Enfin, le 7 décembre 1322, Herbert de Bardonnèche échangea avec le Dauphin quelques revenus à la Grave contre des revenus semblables à Salebertrand. — *Industrie et Commerce.* — 1482,

14 juin, le Dauphin exempte de tous droits les habitants de la Grave et du Villard-d'Arène qui se rendaient aux foires de Briançon. — 1476, 10 avril, albergement à Louis de Non, de Pignerol, et Antoine Disdier, de Grenoble, des mines d'or, d'argent, étain, fer, cuivre et plomb de l'Oisans. — 1485, 23 septembre, même concession, pour dix ans, à Pierre Fosche et André Gautier, à charge de porter le métal à l'hôtel des monnaies de Grenoble et d'en donner le vingtième au Dauphin. — 1505, 11 janvier, même concession à Christophe Charbonnier. — On fabriquait, au siècle dernier, à la Grave, des dentelles grossières, d'un dessin pittoresque et ne manquant pas d'élégance. — *Histoire*. — 1334, 18 mai, Humbert II passe à la Grave. — 1746, la Grave est détruit par un incendie. — *Biographie*. — Nicolaï (Nicolas de). Ce géographe, qui eut beaucoup de célébrité au XVIe siècle et que l'on a cru originaire de la Grave, était des environs de Bressieux, en Viennois. — *Bibliogr.* — L'*Oisans (Album du Dauphiné*, t. III, p. 149).

LE VILLARD-D'ARÈNE. — *État ecclés.* — La paroisse du Villard-d'Arène fut d'abord placée sous le vocable de saint Blaise, changé ensuite en celui de saint Martin, de Tours. Elle n'existait pas encore en 1115 et fut détachée de celle de la Grave avant 1375; elle portait alors le nom d'*Ecclesia de Arenis superioribus*. En 1497 des chapelles de Saint-Martin et de Sainte-Marie y étaient fondées; cette dernière seule existait en 1516. Le Villard-d'Arène avait été compris dans la donation des églises des Arènes faite en 1080 par saint Hugues, évêque de Grenoble, à l'abbaye d'Oulx. Cette paroisse était donc à la collation de ce monastère, qui en percevait les dîmes. — *Administr. et Justice*. — A l'époque romaine le Villard-d'Arène se nommait *Durotincum* et était une station de la voie de Briançon à Grenoble. Pour le reste, comme à la Grave. — *État féodal*. — Comme à la Grave, mais, de plus, il y avait dans cette paroisse une maison forte que possédait, en 1339, André de Vaulnavais et Jean de Bernard. — *Histoire*. — 1346, 22 septembre, Henri de Villars, gouverneur du Dauphiné, accorde aux habitants le droit de surveiller la levée de leurs impôts par leurs délégués.

III.

ÉVÊCHÉ DE GAP.

L'évêché de Gap a été fondé vers le milieu du IVe siècle par saint Démétrius, personnage dont on ignore également et les actions et la patrie. Par suite de la mauvaise interprétation d'un document du XVe siècle, on a prétendu faire de saint Démétrius un disciple de saint Jean et on a soutenu qu'il avait souffert le martyre en l'an 86 de J. C. Ni l'une ni l'autre de ces affirmations ne se peut soutenir. — L'évêché de Gap ne correspondait pas exactement à une cité gauloise : il s'étendait sur des régions très diverses, habitées avant l'ère chrétienne par une portion des Caturiges, des Voconces, des Tricoriens et des peuples des Alpes. Son territoire n'était pas moins morcelé au moyen âge qu'à l'époque romaine; il était à cheval sur le Dauphiné et la Provence, et ses populations étaient justiciables des quatre bailliages du Graisivaudan, du Gapençais, des Baronnies et de Sisteron. Cet état de choses était la conséquence de la perturbation apportée par les invasions subies par nos contrées depuis les Burgondes (480) jusqu'aux Hongrois et aux Sarrasins (IXe et Xe siècles), et du partage arbitraire que les comtes et les autres seigneurs s'étaient fait de l'empire de Charlemagne. — L'évêché de Gap comprenait 229 paroisses, dont 128 appartiennent aujourd'hui aux départements de l'Isère, de la Drôme et des Basses-Alpes. Ces 229 paroisses étaient divisées en quatre archiprêtrés : ceux du Gapençais, du Champsaur, du Rosanais et de Provence ou d'Oultre-Durance. Un seul de ces archiprêtrés est encore intégralement possédé par l'évêché de Gap, c'est celui du Gapençais; la moitié de ceux du Champsaur et du Rosanais, et celui de Provence tout entier ont été annexés après la Révolution à d'autres évêchés. — Les évêques de Gap avaient la prétention d'être souverains temporels par suite d'une donation du comte Guillaume de Provence, du 5 des calendes de janvier (28 décembre) 986, mais une charte de 1044 nous les montre s'emparant après la mort du dernier roi de Bourgogne de l'autorité dans leur ville épiscopale et la partageant avec le comte de Provence ; les droits régaliens leur furent conférés par un diplôme de l'empereur, du 31 juillet 1178. Ils n'eurent, du reste, jamais qu'une autorité modérée et durent prêter hommage aux comtes de Provence et de Forcalquier, jusqu'au XVIe siècle. La féodalité, beaucoup plus puissante dans l'évêché de Gap que dans l'archevêché d'Embrun, mettait, en outre, une barrière à leur ambition. — Il paraîtrait qu'au XIIIe siècle les évêques de Gap auraient eu une double officialité pour leurs paroisses relevant du Dauphiné et de la Provence, mais je n'ai pas acquis la preuve de ce fait. Au XVIIe siècle, on divisa le diocèse de Gap en un certain nombre de doyennés nommés abusivement archiprêtrés; cette division produisit quelque perturbation dans les anciens archiprêtrés ; il en sera fait mention à l'article particulier de chaque paroisse. — Supprimé lors du Concordat et uni à celui de Digne, l'évêché de Gap a été rétabli en 1823 seulement.— Voici la liste des prélats qui ont successivement occupé ce siège et pour la confection de laquelle M. l'abbé Albanès a bien voulu m'aider de ses conseils : saint Démétrius, v. 350 — saint Constantin, 430-439 — saint Constance, 517-529 — Valesius, 541-560 — Sagittarius, 560-579 — saint Arigius (Arey), 579-604 — Valatonius, 604-643 — Potentissimus, 644-v. 650 — Symphorianus, v. 725 — Donadeus, 791 — Birico, 876-879 — Hugues Ier, v. 900— Castus, v.960-980 — Féraudus, v. 1000-1040 — Rodulphus, 1044-1049 — Ripert, 1060-1063 — saint Arnoul, 1063-1070 — Léger Ier, 1075-1084 — Raoul, 1085 — Isoard, 1088-1092 — Armand, 1092-1105 — Léger II, 1105-1122 — Pierre Ier Graffinel, 1122-1130 — Guillaume Ier, 1130-1149 — Raymond Ier, 1150-1157 — Grégoire, 1157-1179 — Guillaume II, 1180-1187 — Guigues Ier, 1193 — Guillaume III de Géra, 1199-1211 — Hugues II, 1215-1217 — Guigues II, 1217-1219 — Guillaume IV d'Esclapon, 1219-1235 — Robert, 1235-1251 — Othon de Grasse, 1251-1281 — Raymond II de Mévouillon, 1282-1289 — Geoffroy de Laincel, surnommé Ansardus, 1289-1315 — Olivier de Laye, 1315-1316 — Bertrand de Laincel, 1316-1318 — Guillaume V Estienne, 1318-1328 — Dragonet Artaud de Montauban, 1328-1348 — Henri de Poitiers, 1349-1353 — Gilbert de Mendegaches, 1353-1357 — Jacques Ier de Déaux, 1357-1362 — Guillaume VI de Marcossey, dit Fournier, 1362-1366 — Jacques II Artaud de Montauban, 1366-1399 — Raymond III de Baro, 1399-1404 — Jean de Saints, 1404-1409 — François-Alexis de Sirugno, 1409-1411 — Léger III Sapor d'Eyrargues, 1411-1429 — Guillaume VII Forestier, 1429-1442 — Gaucher de Forcalquier, 1442-1484 —

Gabriel Ier de Sclaffanatis, 1484-1526 — Gabriel II de Clermont, 1526-1568 — Étienne Estienne, 1568-1570— Pierre II Paparin de Chaumont, 1570-1600 — Charles-Salomon du Serre, 1601-1637—Artus de Lyonne, 1637-1661—Pierre III Marion, 1661-1675— Guillaume VIII de Meschatin la Faye, 1675-1679 — Victor de Melliand, 1680-1684 — Charles-Bénigne Hervé, 1684-1705 — François Berger de Malissolles, 1706-1738 — Claude de Cabanes, 1738-1741 — Jacques-Marie de Caritat de Condorcet, 1741-1754 — Pierre-Annet de Pérouse, 1754-1763 — François de Narbonne-Lara, 1763-1773 — François-Gaspard de Jouffroy-Gonssans, 1773-1777 — Jean-Baptiste-Marie de Maillé de la Tour-Landry, 1777-1784 — François-Henri de la Broue de Vareilles, 1784-1790. — L'évêché de Gap était suffragant de celui d'Aix. — *Bibliogr.* — CHARRONNET. *Note sur le protestantisme dans le diocèse de Gap*, écrite par trois ou quatre capucins (Bulletin du protest. franç., t. II, p. 368). — CHÉRIAS, *Notions sur les premiers temps historiques du Gapençais*, s. v. l. d., inachevé. — FISQUET. *La France pontificale. Gallia christiana. Métropole d'Aix. Gap.* Paris, Repos, s. d., in-8º — GALLIA CHRISTIANA, t. I. —GAUTIER. *Précis historique de la ville de Gap, suivi de notes et ecclercissements et de notices biographiques sur les évêques de cette ville.* Gap, Allier, 1844, in-8º.— JUVENIS (Raymond). *Histoire séculière et ecclésiastique du Dauphiné et de ses dépendances.* Ms. à la bibl. de Carpentras. — LYONNE (Artus de). *Rolle des évêques de Gap sur lesquels nous avons pu avoir quelque mémoire.* Ms. composé vers 1650, dont se sont servis les auteurs de la *Gallia christiana*, et conservé aux arch. des Hautes-Alpes. — ROCHAS. *Noms de tous les évêques de Gap depuis le commencement de la chrétienté jusqu'à nos jours.* Gap, Genous, 1812, in-8º. — ROMAN (J.). *Sigillographie du diocèse de Gap.* Paris, Rollin et Feuardent, 1870, in-4º. — *Origine des églises des Alpes; saint Marcellin, saint Démétrius*, Grenoble, Allier, 1881, in-8º. — TAILLAS (A. de). *Essai sur l'état monastique de l'ancien diocèse de Gap.* Grenoble, Dupont, 1881, in-8º.

2. CHATELLENIE DE MENS.

Le Beaumont forma au moyen âge une châtellenie particulière, mais au XVIe siècle elle avait été absorbée par celle de Mens. En effet en 1525 les habitants d'Aspres-les-Corps voulant renouveler leur cadastre s'adressent au châtelain de Mens qui préside à la confection de ce document.

MANDEMENT DU BEAUMONT.

Ce mandement, dont Corps était le chef-lieu, tirait son nom d'une montagne de forme conique qui se trouve non loin de ce bourg. La communauté d'Aspres-lès-Corps, actuellement des Hautes-Alpes, en faisait partie.

ASPRES-LÈS-CORPS. — *État eccles.* — La paroisse d'Aspres est connue depuis le XIIe siècle ; elle est sous le vocable de l'Assomption. En 1516, elle ne possédait aucune chapelle payant les décimes ; en 1525, une chapelle de Notre-Dame était construite sur son territoire. Le clergé paroissial consistait, au XVIIe siècle, en un seul curé à la nomination du prieur de Corps, de l'ordre de Cluny ; ce prieur était également décimateur de cette paroisse, qui était de l'archiprêtré du Champsaur. — *Hôpitaux.* — En 1525, il existait une maladrerie sur le territoire d'Aspres. — *Administr. et Justice.* — Aspres faisait partie du bailliage, puis du vibailliage du Graisivaudan ; de la généralité, de l'intendance et de l'élection de Grenoble et de la subdélégation de la Mure. — La champerie ou juridiction rurale appartenait à la famille d'Aspres, dont les membres la vendirent le 4 novembre 1491 et le 29 mai 1493 à François Maréchal-Lacroix. — *État féodal.* — Cette seigneurie fut d'abord possédée par une famille qui portait son nom : Jean d'Aspres, 1220 — Boson, 1235 — Rostaing, 1262-1266 — Raymband, 1310 — Martin, 1350 — Guillot et Jean, 1352 — Obert, 1385-1394 — Arnoul, 1413-1425 — Antoine, 1425-1447 — Jean, 1452 — Albert, 1462 — Martin, Michel et Claude, 1490 — Jean, fils de Martin, Jacques et Jean, fils de Michel, 1493 — Guillaume Bouvard acquiert cette terre, je ne sais à quel titre, 1562 — François, son fils, 1577-1589 — Marguerite, sa fille, femme de Florent de Renard, 1589-1616 — François, leur fils, 1616-1650 — François, 1660-1683 — Charles, 1683-1714 — Scipion, 1714-1767 — Charles-Scipion, 1770-1780 — N. Maigre l'achète, 1780-1790 — Quelques portions de seigneurie appartenaient à des seigneurs voisins : Berthet de la Sallette et Batardin de Pellafol vendirent les leurs à Raymond et Perret d'Ambel en 1372 — Jean, fils de Perret, Henri, Raymond et Perret, fils de Raymond, 1375-1380 — Reynaud, fils de Perret, 1383 — Aymar, fils de Henri, 1393 — Jean de Roux, 1395 — Jean de Montorcier lui succède, 1399. — *Histoire.* — 1506, 6 et 7 septembre, il se tient à Aspres une importante assemblée des députés des réformés du Dauphiné et de Provence, pour insister auprès du roi à l'effet d'obtenir un édit favorable. L'édit de Nantes fut le résultat de ces démarches du corps des protestants. — 1692, juillet, Catinat établit un camp à Aspres pour interdire à l'armée du duc de Savoie l'entrée du Trièves.

MANDEMENT DE SAINT-FIRMIN.

SAINT-FIRMIN. — *État ecclés.* — La paroisse de Saint-Firmin est très ancienne ; sous le pavé de l'église récemment reconstruite on a découvert un tombeau chrétien du VIe ou VIIe siècle. Elle est sous le vocable du saint qui a donné son nom au village. Entre 993 et 1048, un homme riche et pieux, nommé Nantelme, donna cette église à l'abbaye de Cluny ; elle lui fut confirmée par une bulle de 1171. Cette abbaye y fonda un prieuré, uni plus tard à l'abbaye de Saint-Chaffre, et un hôpital situé au point de jonction des routes de Champsaur et du Valgaudemar ; il portait le nom d'hôpital du pont de la Severaisse. Le 10 juillet 1307, le Dauphin octroya au prieur une charte de privilèges. A partir du XIVe siècle, le prieuré de Saint-Firmin fut uni à celui de Saint-Michel-de-Connexe. Voici une liste de ses prieurs publiée par M. Pilot de Thorey dans son excellent travail sur les *Prieurés de l'ancien diocèse de Grenoble* : Jean Allemand, 1307-1323 — Pons Vilat. 1333 — Durand de Montgernac, 1338-1339 — Bernard de Granolier, 1374-1377 — Claude Allemand, 1455 — Pierre de Murat de l'Estang, 1488 — Louis Allemand, 1498 — Jean Allemand de Champ, 1531 — François Allemand, 1545-1555 — Georges Borrel, 1588 — François Fugier, 1588 — Louis Bessons 1597 — Pierre Bonnard, 1597-1618 — Henri Empereur de la Croix, 1618-1627 — Jean-Louis de Portes, 1629 — Louis de Simiane la Coste, 1629-1656 — Alphonse de Simiane la Coste, 1660-1681 — Pierre Armand de la Croix de Castries, 1681-1699 — Marie-Jean-Baptiste-François de Caylus, 1699-1711 — Augustin de la Tour de Tarmelet, 1711-1722 — Daniel-Joseph de Cosnac, 1734 — François Wamberkel, 1734-1770 — Charles-Borromée de Laval, 1770 — Jacques-Antoine de Jerphanion, 1770-1790. — Le prieur était collateur de la cure et décimateur de la paroisse de Saint-Firmin. — Le clergé paroissial se composait d'un curé et de deux vicaires, dont l'un desservait la chapelle de Saint-Laurent des Preaux, l'autre celle de la Trinité de La Broue, fondée antérieurement à 1708 par les consuls. Cette paroisse faisait partie de l'archiprêtré du Champsaur. — *Hôpitaux.* — L'hôpital du pont de la Severaisse, dont j'ai parlé à l'article précédent, avait de beaux revenus. Les prieurs de Saint-Firmin en étaient recteurs. — *Administr. et*

Justice. — Par une charte du 10 juillet 1307, le Dauphin accorda au prieur de Saint-Firmin le droit absolu de justice, sauf en ce qui concernait les crimes; au XVIIe siècle, cette juridiction, fort amoindrie, s'exerçait à Grenoble, avec appel au vibailli de cette ville. Saint-Firmin dépendait de la subdélégation de la Mure. — *État féodal.* — Le Dauphin, par la charte du 10 juillet 1307, que je viens de citer, céda tous ses droits sur Saint-Firmin au prieur, sauf la justice criminelle, le droit de garde et cinq soldats pour ses chevauchées. Le 10 février 1564 le prieur vendit la plus grande partie de ses terres et de ses revenus par ordre du roi, pour subvenir à la guerre contre les protestants; les consuls de Saint-Firmin les acquirent pour 898 l. 19 s. 7 d. Ils les revendirent à Claude Davin le 16 janvier 1592, et celui-ci les céda à Florent de Renard, pour 1000 écus d'or, le 13 mai 1594. Louis de Calignon acquit peu après de ce dernier acheteur 50 setiers de grains de cense. Le prieur racheta bientôt ces propriétés. — Les seigneurs d'Aspres-lès-Corps et du Valgaudemar possédaient également de petites parts de seigneurie à Saint-Firmin, assises sur les hameaux des Preaux et de l'Esparcelet. Jean Gras, seigneur du Valgaudemar, et Jean d'Ambel, seigneur d'Aspres, vendirent ces parts pour 980 florins d'or à Jacques de Saint-Germain, 1386-1413 — Pierre et Jean, ses enfants, furent l'origine de deux coseigneuries : 1° Pierre, 1423 — Jean, 1458 — Louis, 1470 — Antoine et Jean-Jacques, 1500; — 2° Jean vend sa part à Jean de Roux en 1420 — Jean, 1474 — Jean, 1514 — Antoine qui vend la moitié de cette seigneurie à Pierre Gras pour 103 écus d'or le 21 janvier 1534, et donne l'autre à sa femme Françoise de Vesc. Après avoir appartenu pendant environ un siècle aux seigneurs du Valgaudemar, cette coseigneurie fut aliénée de nouveau. En 1698 Claude Souchon était seigneur des Preaux ; Pierre, son fils, en 1720-1751 — Pierre-Marie, 1751-1758.

4.

DUCHÉ DE CHAMPSAUR.

A l'époque gauloise, le Champsaur faisait partie, ainsi que le Valgaudemar, le Dévoluy, le Trièves et la Matésine, de la confédération *Triconienne,* probablement cliente des Allobroges. Il apparaît pour la première fois, en 739, sous le nom de *Campania;* en 1027 il est nommé *regio quæ vocatur Camsaurus.* Dès 940 les comtes d'Albon, plus tard dauphins de Viennois, y ont pris pied ; en 1177 les comtes de Forcalquier leur contestent cette possession et obtiennent l'hommage et le paiement d'une redevance de 200 sous de la part d'un certain nombre d'habitants ; mais cette réclamation ne parait pas avoir eu de suites, car le Champsaur, qualifié de duché, a constamment depuis lors appartenu au Dauphiné — Au XIIIe siècle le Champsaur faisait partie du bailliage du Graisivaudan; en 1318 il était au contraire uni à celui d'Embrun, et un juge majeur spécial portait le titre de *juge d'Embrun et du Champsaur.* Une ordonnance du gouverneur Henri de Villars, du 10 mai 1353, en décréta de nouveau la réunion au bailliage du Graisivaudan; les habitants se plaignent, en 1387, que cette ordonnance n'ait pas reçue son exécution. Il fut fait droit peu après à cette requête. On trouvera à l'article particulier du baillage de l'Embrunais la liste des baillis de cette région ; voici celle des juges d'Embrun et du Champsaur : Antoine Ribe, 1319 — Hugues Bochard, 1319-1321 — Bertrand Chabert, 1321 — Étienne Pellat, 1331-1333 — Guillaume de Brens, 1335 — Guigues Borelli, 1335-1336 — André de Mottet, 1343 — Guigues Borelli, 1350-1351 — Lantelme Aymeri, 1383 — Guy..., 138... — Le Champsaur fit partie du vibailliage du Graisivaudan depuis sa création, en 1447, jusqu'en 1503 ; au mois d'octobre 1503 Louis XII l'unit au vibailliage de Gap ; on trouvera la liste des vibaillis de Gap dans l'article consacré au vibailliage de cette ville. Cent huit ans plus tard, en mai 1611, le Champsaur fut érigé en duché-pairie, sous le titre de Lesdiguières, en faveur du maréchal de ce nom, et on créa peu après un vibailliage particulier pour cette terre, avec droit d'appel direct au parlement de Grenoble, qui fut maintenu jusqu'en 1789. Voici la liste de ces vibaillis seigneuriaux : Henri de Philibert, 1622-1624 — Daniel de Philibert, 1628-1641 — Pomponne de Bertrand, 1642 — Jean d'Abon, 1644 — Jean le Gay, 1653-1658 — Melchior d'Agoult, 1665 — Jacques Le Blanc, 1670-1671 — Philippe Vial de la Coste, 1690 — Esprit Gérard, 1690-1699 — Claude Martin, 1699-1710 — Reynaud-Bruno Le Blanc de Châteauvillard, 1711 — Claude Martin, 1720-1740 — Philippe Vial de la Coste, 1751-1762 — Jean-François Nas de Romane, 1775-1781 — Jean-Dominique de Rochas, 1789. —

Une particularité curieuse de la justice en Champsaur, c'est que les frais des exécutions capitales y étaient supportés par égale part par le Dauphin et par les religieuses du monastère de Montfleury, de Grenoble, qui y possédaient certains revenus dont il sera question plus loin. Une autre anomalie était que, tandis que l'appel du vibailli de Champsaur se portait au parlement de Grenoble, un petit nombre de paroisses avaient obtenu de continuer à porter, après 1611, leur appel au vibailli de Gap. Il en sera question dans leurs articles particuliers.
— Du x° au xvi° siècle les paroisses de Romette, la Bâtie-Neuve, la Bâtie-Vieille et la Rochette, situées entre Chorges et Gap, en dehors de la vallée du Drac, faisaient partie administrativement et ecclésiastiquement du Champsaur. Le duché de Champsaur, tel qu'il avait été créé en faveur de Lesdiguières, comprenait vingt une paroisses; on trouvera à l'article du Glaizil, duquel dépendait le château des Diguières, siège de ce duché, tout ce qui est relatif aux possesseurs de cette terre. Deux mandements, le Valgaudemar et le Dévoluy, quoique ne faisant pas partie du duché de Lesdiguières, étaient néanmoins compris dans l'ancien duché de Champsaur. La majeure partie de cette vallée dépendait de la subdélégation de Gap; quelques paroisses ressortissaient cependant à celle de la Mure. Le Champsaur dépendait de l'élection de Grenoble. — En 1260 les nobles du Champsaur se reconnaissent hommes-liges du Dauphin; il possède le droit absolu de haute et basse justice, la recherche des délits ruraux; les bois noirs, eaux, riverages, pâturages et terres vagues lui appartiennent; il a droit aux tâches et corvées, aux lods et ventes au tiers denier, au chevalage, à la chevauchée, à la chasse et à la pêche; il perçoit la taille comtale, un impôt arbitraire pour les cas impériaux, un droit sur les troupeaux et une quantité de grains par chaque maison. Les feux ou familles imposables portent le nom de *battues*, qu'ils ont conservé jusqu'au siècle dernier. Le 13 mai 1309 le Dauphin accorda à ses sujets du Champsaur le droit de disposer de leurs biens par testament ou donation, et de les recevoir au même titre, sauf à payer au trésor delphinal 12 deniers pour livre de leur valeur. — En 1260 les nobles habitant le Champsaur étaient Raymond de Saint-Bonnet, Guigues d'Aubessagne, Nicolas des Herbeys, Pons Mathieu, Anselme Parent, Falcon, Guigues et Lantelme de Bénévent, Pierre Romain, Giraud Raviant, Raymond, Lombard et Arnoul de Laye, Arnaud et Guillaume Raymond, Rostaing Gras et Guillaume Muisard. — Il n'y a pas de contrée dans les Alpes où la race se soit conservée aussi pure et mieux caractérisée que dans le Champsaur. Le Champsaurin est généralement petit, trapu, vigoureux, sanguin, vif et enjoué. Il s'adonne exclusivement à l'agriculture et pratique avec une remarquable intelligence l'élevage des bestiaux. La langue vulgaire, presque partout extrêmement corrompue dans le reste du département des Hautes-Alpes par le mélange de mots français, provençaux et piémontais, est restée originale en Champsaur et mériterait d'être l'objet d'une étude sérieuse avant qu'elle ne disparaisse. — *Biographie*. — BONTOUX (Bonustosus); ce personnage est originaire du Champsaur, mais on ne peut préciser dans quelle paroisse il était né. Il embrassa l'état ecclésiastique, entra dans la congrégation des frères de Sainte-Marie-Madeleine, qui dirigeait la plupart des hôpitaux des Alpes, et devint précepteur de l'hôpital du Lautaret. Il fonda, avant 1228, un autre hôpital au Villard-la-Madeleine, près de Saint-Chaffrey, et créa un ordre religieux particulier, auquel il donna le nom de Sainte-Pénitence, destiné à soulager les malades et à prier pour la délivrance du Saint-Sépulcre. Quoique approuvé par le Pape et disposant de cinq hôpitaux, cet ordre, auquel le fondateur et son frère avaient donné tous leurs biens, ne fit pas fortune: en 1229 il cessa d'exister. Bontoux paraît pour la première fois dans une charte de 1220; il disparaît à partir de 1229.

3. CHATELLENIE DU CHAMPSAUR.

Le Champsaur rapportait, au xiv° siècle, plus de 5,300 florins d'or au Dauphin; l'office du châtelain qui percevait ces impôts était donc des plus importants, aussi était-il assisté d'un vice-châtelain. Voici la liste de ces administrateurs : Aymar de Bardonnèche, 1282— Guillaume de Montorcier, 1299 — Pierre Claret, 1309 — Perret Aynard, 1310-1312 — Pierre d'Avalon, 1312-1315 — Jean Bontils, 1315 — Pierre d'Avalon, 1317 — Jean des Orres, 1318 — Aymeri Leuczon, 1318-1322 — Jean Jamfiliaci, 1324-1326 — Guigues de Villaret, 1327-1330 — Jean Jamfiliaci, 1330-1334 — Gilet de la Beaume, 1335-1338 — Aymar de la Piarre, 1338 — Gilet de la Beaume, 1340 — Henri Gras, 1341 — Gilet de la Beaume, 1343 — Ancelme de Sézanne, 1345 — Étienne de Roux, 1348 — Gilet de la Beaume, 1349 — François Gras, 1351-1364 — Jean de Roux, 1364 — François Gras, 1366 — Jean Tencin, 1370-1376 — Jean de Roux, 1376-1396 — Guillaume Louvel, 1397-1410 — Thomas du Bois, 1411.

1417 — Raymond de Montauban, 1418-1440 — Antoine de Montauban, 1441-1443 — Catherin d'Oncieu, 1447 — Pierre de Monts, 1462-1484 — Honoré de Bonne, 1498.

MANDEMENT D'AUBESSAGNE.

Le mandement d'Aubessagne et celui de la Motte, dont je parlerai plus loin, ont été distincts pendant tout le moyen âge; leurs seigneurs étaient différents. Il paraîtrait, d'après un document de la fin du XVI⁰ siècle, qu'ils auraient été unis à cette époque; mais cela est loin d'être certain, à cause du peu de précision que présentent les actes du XVI⁰ siècle relativement aux délimitations des mandements.

AUBESSAGNE. — *État ecclés.* — La paroisse d'Aubessagne était en 1408 placée sous le vocable de Notre-Dame-des-Grâces, changé plus tard en celui de Sainte-Anne. A la fin du X⁰ ou au commencement du XI⁰ siècle, un seigneur pieux nommé Nantelme la donne à Cluny, et on l'unit à l'abbaye de Saint-Chaffre; mais à une époque que je n'ai pu déterminer, elle fut soustraite à cette juridiction et donnée au prieuré de Saint-Bonnet qui dépendait de celui de Romette, près de Gap, appartenant lui-même à l'abbaye de Saint-Victor, de Marseille. Ce prieur était collateur de la cure et percevait les deux tiers des dîmes de cette paroisse; le troisième tiers appartenait à l'abbaye d'Oulx, à laquelle il avait été confirmé par une bulle d'Eugène III de 1148. Cette bulle nous apprend que cette abbaye était propriétaire des dîmes qui se percevaient entre les deux rivières de la Severaisse et la Séveraissette. Seulement, il est à observer que la Séveraissette qui traverse aujourd'hui la commune de Saint-Eusèbe, a changé son cours par suite d'un cataclysme dont la tradition nous a conservé le souvenir; avant cet événement, elle se jetait dans le Drac en passant par les hameaux de Beaurepaire (Beaurivage) et du Marais, et le territoire dans lequel l'abbaye d'Oulx touchait la dîme, était bien moins étendu qu'on ne pourrait le penser à l'aspect des lieux tels qu'ils sont aujourd'hui. — En 1703, une chapelle, dont le vocable ne m'est pas connu, fut fondée au hameau de Beaurepaire. — Aubessagne faisait partie de l'archiprêtré du Champsaur. — *Ordres hospit.* — L'ordre de Saint-Jean de Jérusalem avait, par suite d'une donation de Guigues, dauphin et de son frère Othon, duc de Bourgogne, acquis vers 1210 des terres dans cette paroisse; cette libéralité fut confirmée le 23 septembre 1284 par le Dauphin. Le 16 mai 1311, l'ordre de Saint-Jean fit cession à celui de Saint-Antoine en Viennois de toutes les propriétés et redevances qui lui appartenaient depuis Pont-Haut, près de la Mure (Isère), jusqu'au col de Chauvet, près de Gap, moyennant certaines compensations dont nous parlerons ailleurs (*voy.* Gap, Tallard, le Monêtier-Allemont). L'ordre de Saint-Antoine érigea ses possessions du Champsaur en commanderie, dont le siège était au hameau de Bannes, paroisse d'Aubessagne, et qui prit le nom de commanderie de Bannes; le siège de cette commanderie se nomme encore l'*Hôpital;* de 1312 à 1356, il y exista une chapelle sous le nom de Sainte-Marie-Madeleine, plus tard, elle fut placée sous le vocable de saint Antoine. Cette commanderie retourna à l'ordre de Saint-Jean après la suppression de celui de Saint-Antoine en 1778. — *Hôpitaux.* — Un hôpital était annexé à la commanderie de Bannes. — *Administr. et Justice.* — Aubessagne dépendait de l'élection de Grenoble, de la subdélégation de la Mure et du vibailliage du Champsaur. — *État féodal.* — Une famille qui portait le nom de cette terre la possédait dans l'origine; en voici la descendance : Rolland et Guigues d'Aubessagne, 1262 — Isoard, 1290 — Pierre des Herbeys l'acquiert, 1300 — Bermond, 1328-1343 — Pierre, son cousin, fils de Nicolas, lui achète cette terre le 17 septembre 1343-1378 — Lantelme, sa fille, épouse de Jean Gras, 1378-1408 — Jean, leur fils, 1408 — Henri, 1420 — Antoine, son neveu, en hérite, 1420-1436 — Claude, neveu du précédent, en hérite, 1430-1505 — Pierre, 1535-1545 — Claude, 1556 — Melchionne, 1580-1606 — Jean Fulcoud-Saint, anobli en avril 1599, l'achète en 1606 — Pierre d'Armand, son gendre, 1610 — Marguerite, fille de ce dernier, épouse Florent de Renard, qui vend cette terre avec une partie de celle de Saint-Jacques en Valgaudemar, pour 33,000 livres, à son cousin Abel d'Armand, le 14 juin 1626 — Abel d'Armand, 1626-1631 — Pierre, 1641-1656 — Mary et Jacques, 1680-1719 — César, fils de Mary et Claude Ravier, son beau-frère, 1719-1726 — Jacques du Port de Pontcharra, 1726-1760 — Louis-François, 1760-1789 — Raymond de Laye possédait une petite part de cette seigneurie qu'il vendit à Pierre des Herbeys le 19 octobre 1378. — *Histoire.* — 1225, Guigues-André, dauphin, donne la terre d'Aubessagne comme garantie de la dot de sa sœur Marguerite, mariée à Amé, comte de Savoie.

LES COSTES. — *État ecclés.* — La paroisse des Costes, pas plus que le village lui-même, ne paraissent très anciens. Elle existait cependant déjà en 1312 et était placée sous le vocable de saint Jean-

Baptiste. En 1664 l'église étant trop éloignée du principal centre de population, on en construisit une autre plus rapprochée La cure des Costes était à la collation du prieur du Beaumont, de l'ordre de Cluny, qui percevait les deux tiers des dîmes et les moines d'Oulx, le dernier tiers. Les Costes faisaient partie de l'archiprêtré du Champsaur. — *Hôpitaux.* — En 1406 il y avait une maladrerie aux Costes. — *Administr. et Justice.* — Comme à Aubessagne. — *État féodal.* — Comme à Aubessagne.

MANDEMENT DU BUISSARD.

Il comprenait quatre communautés et autant de paroisses.

LE BUISSARD. — *État ecclés.* — La paroisse du Buissard, sous le titre de Saint-Barthélemy, remonte au moins au XII° siècle. En 1152 elle était réclamée par les moines italiens de Bréma, comme une ancienne possession de la Novalaise. En 1516 elle ne renfermait aucune chapelle payant les décimes. Le curé était à la collation du prieur de Chabottes, de l'ordre de Cluny, qui percevait également les dîmes. Le Buissard était de l'archiprêtré du Champsaur. — *Hôpitaux.* — Dès le XV° siècle, il y avait au Buissard un hôpital qui existait encore au siècle dernier. — *Administr. et Justice.* — Le Buissard faisait partie de l'élection de Grenoble, de la subdélégation de Gap et du vibailliage du Champsaur. — *État féodal.* — Au XIV° siècle, le Buissard appartenait en majeure partie à l'évêque de Gap et on a quelques raisons de croire que ce prélat tenait cette seigneurie de la libéralité de Henri de Montbrand, qui en 1220, ainsi que nous le verrons plus loin, avait donné au chapitre de Gap une partie des terres qu'il possédait dans le mandement du Buissard; il est à présumer qu'il montra également la même générosité envers l'évêque. Au XVI° siècle, ce prélat avait perdu ou aliéné cette terre qui fut comprise en 1611 dans le duché de de Lesdiguières, érigé en faveur du connétable de ce nom. On trouve également une famille noble portant le nom du Buissard et y possédant quelques droits seigneuriaux; Guillaume (1300) et Jean (1329) sont les seuls membres que j'en connaisse; cette coseigneurie appartenait en 1334 à Henri Gras.

LAYE. — *État ecclés.* — La paroisse de Laye, sous le vocable de saint Pierre, date du XII° siècle au moins. L'évêque de Gap était collateur de la cure et décimateur de la paroisse qui faisait partie de l'archiprêtré du Champsaur. En 1708 il y avait au hameau de Brutinel une chapelle sous le vocable de la Nativité de la Vierge. — *Administr. et Justice.* — Laye dépendait de l'élection de Grenoble et de la subdélégation de Gap. Le seigneur avait une juridiction particulière qu'il exerçait à Gap, avec appel au vibailli de cette ville. — *État féodal.* — Outre la part delphinale il y avait à Laye deux coseigneuries. Voici la liste des seigneurs de la première: Lantelme de Laye, 1150 — Arnaud, Guillaume et Raymbaud. 1213-1250 — Lombard, Raymond et Raymbaud, 1253-1280 — Thibaud et Guillaume, dit Guillaumet, 1282-1290 — Gillet 1302 — Guigues, Randon et Hubert, 1317-1334 — Eudes et Raymond, 1334-1350 — Arnaud et Antoine, dit le Bossu, fils de Raymond, Guillaume, François et Aymeri, 1350-1393 — Guigues, fils de Guillaume, 1377 — Jean, fils d'Aymeri, 1394 — Jean et François, fils d'Antoine, 1396-1413 — Obert, 1413 — Raymond qui vend la moitié de la seigneurie à François de Bonne pour 100 florins, le 7 octobre 1450 — François de Bonne revend le quart de cette terre à Jacques de Laye, fils de François, qui le revend lui-même à André Basterii pour 1,540 florins, le 16 février 1455 — François de Bonne le rachète au précédent le 27 avril 1461 — Honoré de Bonne, 1504 — Jean Poncet l'achète 750 florins, le 21 février 1513; il achète également 700 florins une part qui avait été acquise par Antoine Lagier, le 30 novembre 1518. La famille de Poncet qui achète alors la moitié de la terre de Laye, possédait antérieurement l'autre moitié par suite de quelque alliance avec la famille de Laye; ces deux familles avaient en effet les mêmes armoiries, ce qui semble indiquer une étroite parenté. Voici la descendance de cette famille: Jean Poncet, 1350 — Antoine et Jacquemet, 1396-1427 — Arnoul, 1427-1458 — Jean, 1458-1525 — Bernardin, 1525-1550 — Jean, 1550-1570 — Jacques, 1570-1595 — Balthazard, 1601-1661 — Étienne-François, 1661-1680 — François-Joseph, 1722-1738 — Jacques-François qui meurt sans postérité, 1738-1742 — Pierre-Marie Souchon des Preaux en hérite, 1742-1758 — Louis-Marie, 1758-1780 — Marie-Polyxène-Pierrette, épouse Éléonor-Jacques-Jules de Béthizy, 1780-1789 — Perret d'Ambel qui possédait le sixième de cette seigneurie, le vendit à Obert d'Aspres, le 27 mars 1383 — Arnoul, fils d'Obert, 1422 — Claude d'Orcières, 1480 — Honoré de Bonne l'achète 100 florins, le 30 avril 1504; il la revend à la famille de Poncet. — La part du Dauphin fut vendue 263 l. 11 s. 6 d. à Jean de Bonne, le 3 octobre 1537. Par lettre du 3 novembre de la même année, François Ier autorisa les consuls de Laye à rembourser cet acquéreur pour n'avoir d'autre seigneur que le roi; ce rachat eut lieu le 16 février 1538. Malgré cette promesse royale, la part domaniale fut vendue de nouveau à Jean de Saint-Sivary ? pour 480 écus d'or le 31 août 1593. — Le maréchal de Lesdiguières en devint peu après propriétaire et elle fit partie du duché de Lesdiguières, lors de sa création. — *Histoire.* — 1368, une bande de routiers dits les Provençaux, s'empare de Laye, pille le village, le château, les lieux environnants, tue plusieurs personnes, emmène le bétail et fait pour 3.000 florins d'or environ de dégat. — 1570, 14 mai, défaite de deux cents gapençais par cinquante protestants dans le territoire de Laye. — 1692, septembre, Laye est brûlé par l'armée du duc de Savoie. — *Biographie.* — LAYE (Olivier de), doyen du chapitre de Gap (1303-1315), puis évêque de cette ville (1315-1316), de la famille des seigneurs de Laye.

SAINT-JULIEN - EN - CHAMPSAUR. — *État ecclés.* — La paroisse de Saint-Julien-en-Champsaur (nommé jusqu'en 1789 Saint-Julien-du-Buissard) date au moins du XII° siècle; elle est sous le vocable du saint dont le village porte le nom. En 1516 une chapelle de Sainte-Marie y avait été fondée par la famille Magallon; elle n'existait plus en 1708. En 1571 une autre chapelle de Saint-Michel y avait été créée. Les hameaux du Forest-Saint-Julien et de Chantaussel possédaient également des chapelles; celle du premier, sous le titre de Sainte-Catherine, existait avant 1571; celle du second, fondée vers 1664, était dédiée à saint Grégoire. La cure était à la collation du prieur de Chabottes, dépendant de l'abbaye de Saint-Chaffre, de l'ordre de Cluny, qui était décimateur de cette paroisse. Saint-Julien faisait partie de l'archiprêtré du Champsaur. — *Administr. et Justice.* — Saint-Julien faisait partie de l'élection de Grenoble et de la subdélégation de Gap. Le seigneur avait une justice particulière s'exerçant à Gap au XVII° siècle, avec appel au vibailli de cette ville. — *État féodal.* — Cette seigneurie se partageait entre le Dauphin, un seigneur majeur et quelques seigneurs particuliers. Voici la liste des seigneurs majeurs : Raymond de Montbrand, 1150-1171 — Henri, 1176-1220 — Lambert, 1230 — Lambert teste en 1320 — Catherine, sa fille, épouse d'Aynard de Rame, 1320-1334 — Pierre, leur fils, 1340 — Aynard, neveu du précédent, 1349-1374 — Isnard, 1374-1412 — Jean, 1413-1420 — Aynard, neveu du précédent, acquiert, par échange, une partie de la portion domaniale le 25 mars 1429; il fait héritier son neveu, Jean Baile, 1447 — Pierre, Antoine et François, ses fils, 1486 — Hugues, fils de Pierre, possesseur de la moitié de la seigneurie, 1523-1542 — Hugues, son neveu, 1570-1580 — Florent de Renard l'achète

5,250 écus d'or le 8 septembre 1580-1616 — François, son fils, 1616-1650 — François, 1650-1704 — Charles, 1704-1718 — Charles, 1718-1737 — Marguerite et Suzanne, ses filles; la seconde épouse Charles de Marillac, 1737 — M. de Gillers, leur gendre, 1789. — Jean Muisard possédait une coseigneurie à la fin du XIV° siècle; il fit héritiers Baudon d'Auriac et Raymond de Savines; ce dernier vendit sa part à Jean de Rame le 15 septembre 1407 pour 130 florins; Baudon et Eustache d'Auriac, héritiers du premier, vendirent leur part à Aynard de Rame 120 florins le 21 février 1447. — Honoré de Bonne possédait également une petite coseigneurie qu'il céda par échange à Hugues Baile en 1523. — Le hameau de Villard-Mouren appartenait à la famille du Serre, coseigneurs du mandement voisin de Montorcier : Jacques du Serre, débiteur envers le Dauphin de 600 livres tournois à cause de quelques malversations commises dans un office de judicature, le céda à ce prince pour 900 livres tournois le 13 novembre 1509; il fut racheté par fractions par Pierre, son fils, et Gaspard, son petit-fils, les 18 juin 1515, 27 novembre 1526 et 12 février 1543. — Une maison forte nommée Beauregard avait été construite tout à côté du village, à la fin du XVI° siècle, par un anobli nommé Esprit Michel de Beauregard, 1584-1618 — Charles, 1618-1660 — Sixte, 1670-1701 — François, 1701-1750 — Jean-Baptiste, 1757-1789. — La part du Dauphin était de la moitié de cette seigneurie; il la vendit à Hugues Baile 1,400 livres tournois le 2 octobre 1521; les consuls de Saint-Julien la rachetèrent 1,400 écus d'or le 2 décembre 1552. Elle est rachetée peu après par le domaine et revendue à Florent de Renard pour 226 l. 15 s. t. le 6 juin 1593. — *Histoire.* — 1692, septembre, les coureurs de l'armée du duc de Savoie incendient Saint-Julien.

SAINT-LAURENT-DU-CROS. — *État ecclés.* — La paroisse de Saint-Laurent-du-Cros, placée sous le vocable de saint Laurent, existait au moins depuis le XI° siècle. A la fin du X° ou au commencement du XI° siècle, un seigneur du Champsaur, nommé Nantelme, y donna quelques droits à l'ordre de Cluny, qui furent unis, à la fin du XI° siècle, à l'abbaye de Saint-Chaffre. En 1152 Saint-Laurent était réclamé par les moines de l'abbaye italienne de Bréma, comme ayant dépendu autrefois de la Novalaise, si toutefois la bulle où ce fait est relaté n'est pas fausse. A partir du XIII° siècle le chapitre de Gap fut à la fois seigneur de Saint-Laurent, collateur de sa cure et il partageait la dîme avec l'abbé de Saint-Chaffre. Une très ancienne chapelle dédiée à saint Mayeul, abbé de Cluny, avait existé dans cette paroisse;

elle n'était plus qu'une ruine en 1526. En 1573 une autre chapelle était fondée dans l'église paroissiale par la famille Martin, sous le titre de Saint-Michel. Cette paroisse était de l'archiprêtré du Champsaur. — *Hôpitaux.* — Une maladrerie existait à Saint-Laurent-du-Cros en 1526.— *Administr. et Justice.* — Le Dauphin et le chapitre de Gap se partageaient la juridiction de Saint-Laurent : une transaction intervint entre ces deux coseigneurs le 30 juin 1332, et fut approuvée par le pape par une bulle du 29 mars 1333 Du reste, cette transaction fut mal observée et des discussions eurent lieu à son sujet pendant tout le moyen âge entre les deux parties. Au XVIIe siècle le chapitre avait une juridiction particulière s'exerçant à Gap, avec appel au vibailli de cette ville. Saint-Laurent faisait partie de l'élection de Grenoble et de la subdélégation de Gap. — *État féodal.* — En 1789 la terre de Saint-Laurent était partagée par moitié entre le Dauphin et le chapitre de Gap. Voici l'historique de la part du chapitre : Raymond de Montbrand en était seigneur en 1150-1171 — Henri, 1176-1220. Ce seigneur donne la moitié de cette seigneurie au chapitre de Gap le 24 août 1220. Guélix Rambaud l'acheta avec clause de rachat en 1563 ; cette vente fut annulée en 1565. Daniel du Serre l'acheta dans les mêmes conditions en 1623, et la vente fut résolue en 1625. — La part du Dauphin fut plusieurs fois engagée : Aymon de Lemps était engagiste en 1350 — Antoine de Laye en 1380 — Jacques et Antoine Boisson, père et fils, achètent la part du précédent pour 725 florins le 18 septembre 1390 — Catherine d'Aspres, veuve, Catherine, Alix et Laurette, filles d'Antoine Boisson, hommagent, 7 avril 1413 — Laurette et Alix vendent leur part à leur sœur, qui épouse Jacques de Bonne, 24 mars 1428, et lui lègue son héritage par testament, 1447 — François de Bonne achète 30 florins une part de François et Jean de Laye, le 7 décembre 1453, et une autre de Claude Vallon, 24 juillet 1454. Le chapitre achète la part d'Alexis de Bonne, 1468 ; celle de Raymond et Jean de Bonne, 15 mars 1491 ; ce que le Dauphin possédait encore, pour 260 l. 12 s., le 5 novembre 1543. Peu après le Dauphin rachète sa part et la vend à Jean du Faur, dont la veuve, Guigone Guion, la revend au chapitre en 1593. En 1600 elle fut engagée de nouveau au maréchal de Lesdiguières, et tomba, en 1611, dans le duché de Lesdiguières. — Les consuls de Saint-Laurent avaient racheté au Dauphin le droit qu'il y percevait, sous le nom d'*arerage*, pour 183 livres, le 21 septembre 1543 ; cette vente fut renouvelée pour 239 l. 13 s. 9 d. le 21 septembre 1577. — *Industrie et Commerce.* —

1442, autorisation accordée par le Dauphin de creuser un canal pour arroser les terres de Saint-Laurent, et de le dériver du Drac à partir du Pont-du-Fossé. — 1537, 6 novembre, le gouverneur du Dauphiné autorise la création d'une foire de trois jours près de la Saint-Laurent (10 août). — *Histoire.* — 972, saint Mayeul, revenant de Rome, est saisi près du hameau du Forest-Saint-Julien par une bande de voleurs sarrasins, auxquels il est obligé de payer une forte rançon. Une chapelle fut fondée en souvenir de cet événement. — 1332, 30 juillet, transaction entre le Dauphin et le chapitre de Gap, relativement au droit de justice à Saint-Laurent. — 1368, Saint-Laurent est dévasté par une bande de routiers provençaux. — 1692, septembre, les coureurs de l'armée du duc de Savoie brûlent Saint-Laurent.

MANDEMENT DE CHAILLOL.

Vers 1350 Chaillol faisait partie du mandement de Montorcier ; il formait, en 1377, un mandement particulier.

CHAILLOL. — *État ecclés.* — Vers 1350 il y avait une seule paroisse dans la communauté de Chaillol, celle de Saint-Michel-de-Chaillol ; postérieurement celle de Saint-Pierre fut créée. — *Saint-Michel-de-Chaillol.* Existait au XIIIe siècle sous le titre de Saint-Michel. En 1516 aucune chapelle ne payait les décimes dans cette paroisse ; en 1641 on en fonda une au hameau des Marrons, sous le vocable de l'Assomption. Le prieur de Chabottes, de l'ordre de Cluny, était collateur de la cure et décimateur de la paroisse.— *Saint-Pierre-de-Chaillol.* Cette paroisse fut fondée après 1350 et avant 1516, sous le vocable de saint Pierre et saint Paul. Elle avait pour origine un petit prieuré dépendant de celui de Romette, de l'ordre de Cluny, et transformé en cure. Le prieur de Romette était collateur de la cure et percevait les dîmes concurremment avec le prieur-curé. Une chapelle de Sainte-Brigitte existait en 1773, au hameau de Chaillolet ; une autre, du Saint-Esprit, à celui de la Villette, en 1690. — Ces deux paroisses faisaient partie de l'archiprêtré du Champsaur. — *Administr. et Justice.* — Chaillol dépendait de l'élection de Grenoble et de la subdélégation de Gap. La partie de la seigneurie qui appartenait au duché de Lesdiguières ressortissait au vibailliage du Champsaur ; le reste de la seigneurie à celui de Gap. Au XVIe et au XVIIe siècles Saint-Michel et Saint-Pierre de Chaillol avaient formé deux communautés distinctes ; peut-être le

hameau de la Villette en avait-il formé une troisième. Un arrêt du Parlement, de 1742, les unit en une seule et prétendit leur imposer le nom de Guillaume-Faudon (qui était celui d'un de leurs anciens seigneurs); cette nouvelle appellation n'a pas été adoptée par les populations. — *État féodal.*
— Cette seigneurie appartenait par moitié au Dauphin et à des seigneurs particuliers. Voici la liste des seigneurs de Saint-Michel: Raymond de Montbrand, 1150-1171 — Henri, 1171-1220 — Lambert, 1230 — Lambert, qui teste en 1320 — Auger, son neveu, 1336 — Lambert, 1400 — Auger, 1498 — Jean, qui teste en 1520 — Pierre et Arnaud de Faudon en héritent, 1520 — Antoine, fils d'Arnaud, 1529 — Gratien, 1540-1561 — Jacques, son petit-fils, fils de Guillaume, 1561-1585 — Philis, sa fille, épouse de Jacques de Gril, 1585-1602 — Guillaume, leur fils, 1611 — Jacques vend vers 1620, à Daniel du Serre, qui revend à Jacques de Gril, fils de Jacques, pour 10,650 livres, le 5 juillet 1661 — François, 1662-1670 — Michel et Nicolas, 1671-1692 — Alexandre, Jacques et Philippe, fils de Nicolas, 1692-1700 — François, fils d'Alexandre, 1732-1762 — Claude-Antoine Michel de Calignon, 1762-1781 — Auguste-Laurent, 1781-1789. — Les seigneurs de la Villette furent les suivants : Nicolas de Saint-Germain, 1324-1341 — Arnoul, 1385 — Jacques, 1393 — Pierre, 1423 — Jacques, 1440 — Mermet, 1460 — Jean-Jacques, 1500 — Jean, son neveu, 1510 — Gilles, Jacques et Pierre, 1534-1543 — Jacques, fils de Pierre, 1607 — Joseph, 1619 — Jacques, son cousin éloigné, en hérite, 1630-1646 — Jean-Louis, 1677 — Jacques, 1680 — Louis et François, 1700 — Claude Tourrès, président à l'élection de Gap, l'achète, 1700 — Esprit Delmas, son gendre, 1705 — François de Gril, l'achète 1732-1755 — Jacques Martin-la-Pierre, conseiller du roi, l'achète, 1756 — Louis-Charles, 1767-1779 — Jacques-Victorin, 1786-1789 — La partie domaniale fut vendue à diverses reprises avec faculté de rachat : Jacques Boisson, engagiste, 1390 — Jean, son fils, 1400 — Jean de Rame, 1413 — Jacques Boisson, 1446 — Gratien de Faudon l'achète 220 livres tournois le 2 avril 1543 — Jacques Barban, 1550 — Gratien Barban, 1580 — Jacques Barban, 1591-1630 — Daniel du Serre, 1646 — *Histoire.* — 1692, septembre, Chaillot est brûlé par les coureurs de l'armée du duc de Savoie.

MANDEMENT DE DÉVOLUY.

Le Dévoluy est une petite vallée froide et stérile, séparée du Champsaur proprement dit par de hautes montagnes, et dont l'issue naturelle, suivant la pente des eaux, est près de Corps (Isère). Le nom de Dévoluy (*Devolodium, Devologium*) est fort ancien; on le trouve dès le xie siècle. Sa signification est inconnue. On trouvera à l'article de Saint-Disdier tout ce qui est relatif aux seigneurs majeurs du Dévoluy.

AGNÈRES. — *État ecclés.* — Dès 1239 au moins la paroisse d'Agnères existait sous le vocable de Notre-Dame-de-Grâce, transformé plus tard en celui de Notre-Dame-de-Nazareth. En 1516 il y avait dans cette église des chapelles de Saint-Pierre et Saint-Paul et de Sainte-Catherine ; cette dernière n'existait plus en 1616. Avant 1708 on avait fondé au hameau de *Malemort* une chapelle de Saint-Jacques. — Il y avait autrefois à Agnères un petit prieuré dépendant de Notre-Dame du Puy-en-Velay; il était uni à la cure au xvie siècle. Le chapitre du Puy était collateur de la cure et percevait, avec le prieur-curé, les dîmes de cette paroisse. Elle dépendait de l'archiprêtré du Champsaur. — *Administr. et Justice.* — Avant 1765 Agnères était de la juridiction du vibaillage de Gap ; en 1765 toutes les paroisses du Dévoluy, sauf celles de Saint-Étienne et de la Cluse, ayant été érigées en marquisat sous le nom de Saint-Disdier, ce seigneur eut une juridiction particulière qu'il exerça à Grenoble, avec appel au vibailli de cette ville. Agnères faisait partie de l'élection et de la subdélégation de Gap. — *État féodal.* — Agnères appartenait aux seigneurs majeurs du Dévoluy, dont on trouvera la nomenclature à l'article de Saint-Disdier. Il y avait, en outre, dans cette communauté, une maison forte nommée Malemort, et dont voici les possesseurs : Pierre et Antoine Baile, 1220 — Imbert Chanard et son fils Jaussaud, 1238 — Olivier Boisset, 1263 — Reynaud Artaud de Montauban, 1329 — Guillaume, son fils, 1350-1373 — Aynard, 1373-1421 — Pierre de Morges, 1430 — Jean Baile, 1435 — Pierre et Antoine, 1486. — Elle tomba peu après dans la seigneurie majeure.

LA CLUSE. — *État ecclés.* — La paroisse de la Cluse est fort ancienne ; elle existait certainement au xiie siècle ; mais elle fut supprimée plus tard, car on ne la retrouve pas dans le rôle des décimes de 1516. Elle avait été rétablie avant 1573. Depuis 1237 au moins elle était sous le vocable de saint Michel-Archange. Le curé prenait le titre de prieur-curé et était à la nomination des Chartreux de Durbon, qui percevaient, concurremment avec lui, les dîmes de cette paroisse, qui faisait partie de l'archiprêtré du Gapençais. — *Administr. et Justice.* — Comme à Agnères. — *État féodal.* —

La Cluse appartenait aux seigneurs majeurs du Dévoluy et de Montmaur; j'ai pourtant trouvé deux seigneurs particuliers de la Cluse : Arnaud Milon, 1212, et Guigues Milon, 1248.

SAINT-DISDIER. — *État ecclés.* — Depuis le XIe siècle, au moins, la paroisse de Saint-Disdier existait sous le vocable du saint dont la communauté portait le nom. Vers 1080, Léger Ier, évêque de Gap, la donna au prieuré de Saint-André-lès-Gap, de l'ordre de Cluny. Cette maison religieuse en conserva le juspatronat jusqu'en 1618 et, jusqu'à cette époque, perçut le tiers des dîmes de la paroisse; mais ayant été alors unie au collège des jésuites d'Embrun, cet établissement succéda à tous ses droits. Les deux autres tiers des dîmes étaient perçus par l'évêque de Gap et le curé. — Jusqu'en 1616 on ne trouve aucune chapelle payant décimes, fondée dans cette église; peu après cette date une chapelle de Saint-Joseph existait dans l'église paroissiale; une autre, de Sainte-Madeleine, au hameau des *Gras*, et deux autres, dont je ne connais pas le vocable, au village de la *Ribière* et dans le château du seigneur. Saint-Disdier faisait partie de l'archiprêtré du Champsaur. — *Administration et Justice.* — Comme à Agnières. — *État féodal.* — Saint-Disdier était le bourg principal du Dévoluy et, à ce titre, nous donnons, dans l'article qui lui est consacré, la liste des seigneurs majeurs de ce mandement. Il est probable qu'au XIe et au XIIe siècles les comtes de Die étaient seigneurs du Dévoluy. Isoard, le dernier d'entre eux, ne laissa qu'une fille Roais, mariée à Hugues d'Aix, 1176 — Guillaume Artaud, leur fils, 1190-1230 — Isoard, 1230-1244 — Raymond Artaud de Montauban, 1244-1279 — Reynaud, 1281-1329 — Guillaume, 1329-1335 — Raymond, Isoard et Reynaud, 1350-1373 — Aynard, fils de Raymond, 1373-1421 — Aynard, fils du précédent, a deux enfants qui se partagent la seigneurie : 1° Raymond, 1421-1429 — Jean, son neveu, 1429-1450 — Gaspard, 1470-1500. — Catherine vend à Antoine de Clermont, pour 9,000 livres, en 1522 — Antoine de Clermont revend au président Artus Prunier, pour 12,000 livres, en 1558-1616 — Adrien Prunier, 1616-1680 — François, 1703 — Jean-Baptiste, 1750 — François-Sébastien de Pina achète cette seigneurie en 1764 et obtient l'érection du Dévoluy (sauf Saint-Étienne et la Cluse) en marquisat, sous le titre de Saint-Disdier, au mois de juin 1765 — Joachim de Pina, 1789. — 2° Marguerite Artaud de Montauban, second enfant d'Aynard, épouse Sochon Flotte en 1434 — Claude Flotte, leur fils, 1468-1498 — Georges, 1498-1531 — Jean, 1531; ce dernier vend sa part au président Artus Prunier, qui réunit ainsi dans ses mains toute cette seigneurie, le 14 août 1573. — La paroisse de Saint-Disdier eut des seigneurs particuliers; voici leur série à partir du XVe siècle : Jean Baile l'acquiert pour 1,268 florins le 23 juin 1446 — Pierre, Antoine et François, ses héritiers, la possédaient en commun en 1486 — Gaspard Baile vend sa part, pour 300 écus d'or, à Jean Flotte, le 4 mai 1527; Robert Baile, la sienne, pour 250 écus d'or, au même, le 8 septembre 1537; Jérôme Baile, la sienne, au même, pour 100 écus d'or, le 9 mai 1574 — Guillaume Flotte, 1601 — Jean et Jean-François Flotte, 1621 — Jean-Oronce Le Bout achète, 1645-1664 — Joachim, son neveu, 1664-1692 — Laurent Thomé, conseiller au Parlement, l'achète, 1692 — Joachim, son fils, 1702-1764 — François-Sébastien de Pina achète, avec le reste du Dévoluy, en 1765.

SAINT-ÉTIENNE. — *État ecclés.* — Vers 1080 Léger Ier, évêque de Gap, donna l'église de Saint-Étienne en Dévoluy au prieuré de Saint-André-lès-Gap, de l'ordre de Cluny. Cette maison religieuse conserva, jusqu'en 1618, le juspatronat de cette paroisse et la perception des dîmes. Le prieuré de Saint-André ayant été uni, en 1618, au collège des jésuites d'Embrun, cet établissement succéda à tous ses droits. — Aucune chapelle n'avait été fondée dans cette église, qui était sous le vocable de saint Étienne, protomartyr, et faisait partie de l'archiprêtré du Champsaur. — *Administr. et Justice.* — Saint-Étienne dépendait de l'élection et de la subdélégation de Saint-Étienne. En 1789, le seigneur avait une juridiction inférieure qu'il exerçait, au XVIIe siècle, à Gap, avec appel au vibailli de cette ville. — *État féodal.* — Jusqu'au XVIe siècle, les seigneurs majeurs du Dévoluy étaient également seigneurs particuliers de Saint-Étienne. En 1500, Jean-François Flotte obtint de Claude, son père, seigneur de la moitié du Dévoluy, la donation de Saint-Étienne — Jean, son fils, le possédait encore en 1550 — Balthazard le vend 14,000 livres tournois à Gaspard et François Fléard, frères, ce dernier évêque de Grenoble, le 30 novembre 1576. — Le maréchal de Lesdiguières le leur achète en 1600 — Charles de Créqui, son gendre, le vend 30,000 livres à Jean le Blanc du Percy, le 10 octobre 1623 — Jean le Blanc du Percy, 1623-1636 — François, 1636-1646 — Hector, 1670 — N. de Charmel ou Chalvet, beau-frère de ce dernier, en hérite, 1703 — Michel de Rosset de la Martelière l'achète, 1704-1720 — François Guérin de Tencin l'achète en 1720 et le revend à l'hôpital d'Embrun, en 1729. Cet établissement possédait encore cette terre en 1789.

10

MANDEMENT DE FAUDON.

D'après la tradition, il y aurait eu autrefois dans ce mandement un bourg assez important qui en était le chef-lieu et lui avait donné son nom ; la chute d'une partie de la montagne nommée les *Casses de Faudon*, l'aurait détruit à une époque que l'on ne saurait préciser. Il est certain qu'en 1152 le pape confirma par une bulle à l'abbaye de Bréma, en Italie, qui prétendait succéder à celle de la Novalaise, l'église de Saint Félix de Faudon, or, aucune église, ni dans le mandement de Faudon, ni aux environs, n'est actuellement sous ce vocable, ce qui porterait à penser qu'il s'agissait en effet, dans cet acte, d'une ancienne paroisse aujourd'hui disparue. Cette bulle est, il est vrai, fort suspecte ; mais, cet acte fût-il faux, la rédaction en est assez ancienne, et il faut tenir compte des renseignements, souvent exacts, qu'on y trouve. Le 1er février 1319 Jean II prit ce mandement sous sa protection.

ANCELLE. — *État ecclés.* — Ancelle fut donné aux moines de la Novalaise par Abbon, dans son testament de 739. Au moyen âge cette communauté formait deux paroisses. — *Sainte-Catherine d'Ancelle.* C'était la paroisse du chef-lieu ; elle existait sous ce vocable au moins depuis le XIIe siècle. En 1516 il n'y avait aucune chapelle fondée dans cette église ; en 1708 on y trouvait des chapelles de Saint-Martin et de Notre-Dame-des-Anges. Depuis le XIVe siècle une chapelle était dédiée à saint Hilaire, dans le hameau de ce nom. — *Saint-Martin d'Ancelle.* Son siège était dans le village du Château d'Ancelle ; elle existait sous ce titre au moins depuis le XIIe siècle Jean Saunière y fonda, le 12 mars 1373, une chapelle ; peut-être la même que nous trouvons en 1516 sous le titre de Saint-Martin, et qui n'existait plus en 1616. — C'est dans le territoire de cette paroisse qu'aurait existé, en 1152, si l'on en croit la bulle citée plus haut, une église de Saint-Félix de Faudon, dont rien ne rappelle plus aujourd'hui l'emplacement. — Une tour en ruines, nommée Tour de Saint-Philippe, existait encore, au siècle dernier, sur la montagne de Faudon, et marquait probablement la place de quelque ancienne chapelle.— Les deux curés d'Ancelle étaient à la nomination du prieur de Romette, qui percevait les dîmes de ces paroisses. Elles faisaient partie de l'archiprêtré du Champsaur. — *Hôpitaux.* — En 1388 il existait à Ancelle une maladrerie non loin du col de Manse. — *Protestants.* — Depuis 1570 les protestants avaient un temple à Ancelle ; il fut démoli en vertu d'un arrêt du conseil du roi du 18 juin 1685.

— *Administr. et Justice.* — Ancelle faisait partie de l'élection de Grenoble, de la subdélégation de Gap et du vibaillage du Champsaur. — *État féodal.* — Cette terre était divisée en plusieurs coseigneuries au moyen âge ; il n'en existait plus que deux en 1780. Voici la descendance des principales familles qui les ont possédées — *Faudon* : Richaud, 1044 — Rolland et Raoul, v. 1100 — Humbert et Raymond, 1307-1311 — Guillaume, 1390 — Michel, 1486 — Pierre, 1520 — Arnaud, 1524 — Antoine, 1524 — Gratien, 1541-1561 — Jacques, son petit-fils, teste en 1585 — Philis, 1585. — *Ancelle :* Rodolphe, 1253 — Hugues, 1260 — Étienne, Giraud et Rodolphe, 1334 — Jean, 1391 — Trophime, 1435. — *Philochi :* Guigues, 1260 — Guillaume, 1336-1357. — Cette coseigneurie se divise en deux parties : 1o Ancelle Philochi, 1349-1361 — Guigues, 1398 — Genton, 1400 — Artaude, épouse Antoine Rambaud, dont il sera question plus bas, 1413 ; — 2o Guigues Philochi, fils de Guillaume, 1357 — Pierre, son frère, en hérite, 1360 — Arnoul, 1382 — Marie, sa fille, épouse Claude d'Orcières, 1427, — *Orcières :* Claude d'Orcières, époux de Marie Philochi, 1427 — Martin, son neveu, en hérite, 1439 — Jacques, 1490 — Aynard, 1530 — André et Antoine, 1541 — Jeanne, fille d'André, épouse Jean d'Yse, 1560-1590 — Jean-Antoine, leur fils, 1590-1600. — *Martin de Champoléon :* Charles Martin de Champoléon achète à Jean-Antoine d'Yse, 1600 — Pierre, 1630-1671 — André, 1683 — Gaspard, 1696-1711 — Charles-Arnoul, 1750-1760 — Catherine, sa fille, épouse de N. Le Long de Dréneulk, 1789 — *Artaud :* Reynaud Artaud, 1309 — Guillaume, 1330-1340 — Françoise, sa fille, épouse Hugues Rambaud en 1342 — Guillaume, son fils, 1371-1377 — Guillaume, 1395 ; les biens de cette famille tombent à celle de Rambaud. — *Rambaud :* Hugues Rambaud, épouse Françoise Artaud, dame en partie d'Ancelle, 1342 — Pierre, épouse Catherine Isoard, dame en partie d'Ancelle et hérite des biens de Guillaume Artaud, coseigneur d'Ancelle, 1395 — Antoine, épouse Artaude Philochi, dame en partie d'Ancelle, 1413 — Jean et Guélix, 1422 ; le second achète à Jacques Motte, Antoine, Julien, Barthélemy de Rousset, Christophe Girard, Jean Martin, Vincent Simian, Guillaume Boysselli, pour 400 florins, entre les années 1511 et 1519 ; il vivait encore en 1556 — Antoine, 1560-1566 — Jacques, son frère, 1566-1590 ; il fait héritier son neveu Gaspard de Montauban. — *Montauban :* Gaspard de Montauban du Villard, 1590-1615 — Joseph, 1615-1644 — Henri, 1644-1674 — Henri-

Laurent, 1674-1728 — Scipion, son grand-oncle, est son héritier, 1728-1733 — Henri de Piolenc de Toury en hérite, 1733 — François-Armand-Léonor d'Hugues, son gendre, 1789. — Isoard : Rodolphe Iscard. 1377 — Guillaume, son fils, vend sa part à Antoine Marcou, pour 472 florins, 1402 — Catherine, sa fille, épouse Pierre Rambaud, 1395. — Voici encore le nom de quelques autres coseigneurs d'Ancelle : Jean de Montorcier vend une coseigneurie à Guillaume Artaud le 10 septembre 1371 — Rambaud Raybaud, 1395 — Aymar de Rognac vend une part à Jacques de Bonne, 1405 — Jean Mottet, 1443 — Hugues de Bataille vend une part à Baudon d'Auriac, 1415 — Arnaud de Bonne, 1446 — Jean de Montorcier, 1446 — Louis de Rousset, 1590-1600. — *Industrie et Commerce*. — Le 14 juin 1312 le Dauphin alberge aux habitants d'Ancelle les moulins de leur territoire. — 1497, 10 avril, Antoine Laurens reçoit du gouverneur du Dauphiné l'autorisation de créer, avec l'eau du Drac, à l'endroit nommé l'Estranguillon, une scierie à bois. — *Histoire*. — 1312, 5 et 6 novembre, Jean II séjourne à Ancelle. — 1425, Ancelle est pillé et brûlé par une compagnie de Lombards au service de la France.

SAINT-LÉGER. — *État ecclés*. — Dès le XIVe siècle nous trouvons des mentions de la paroisse de Saint-Léger, sous le vocable du saint dont le village porte le nom. Aucune chapelle n'était fondée dans cette église ; la cure était à la collation du prieur de Romette, qui percevait les dîmes par moitié avec celui de Saint-André-lès-Gap. Cette paroisse était de l'archiprêtré du Champsaur. — *Administr. et Justice*. — Comme à Ancelle. — *État féodal*. — Le seigneur majeur du mandement de Faudon avait les mêmes droits à Saint-Léger qu'à Ancelle. La part domaniale y était également inféodée au duc de Lesdiguières. Saint-Léger eut aussi des seigneurs particuliers. Voici les noms de quelques-uns d'entre eux : Pierre et Guillaume de Saint-Léger, 1307 — Jean Humbert, 1333 — Bertrand Humbert, qui vend à Guigues de Savines en 1366 — Georges du Serre, 1507-1537 — Antoine, 1537-1577 — Alexandre et Daniel, 1587-1633 — Charles, fils de Daniel, 1634-1670 — Sixte Michel de Beauregard, achète, 1678-1701 — François, 1701-1730 — Jean-Baptiste vend à Étienne Tourrès de la Vallette, 1753 — Sybille-Françoise de Valavoire, veuve et héritière de ce dernier, 1789.

MANDEMENT DE MONTORCIER.

Ce mandement, fort important, tirait son nom d'un château delphinal, dont il ne subsiste plus aujourd'hui que des ruines nommées, je ne sais pourquoi, le Tour de Frustelle. Deux fermes, situées au pied de la colline où se dressent ces ruines, portent encore le nom de Montorcier. — Par une charte du 3 décembre 1288, Guillaume Blanc, seigneur de Montorcier, avait affranchi ses vassaux et leur avait donné la faculté de tester, de vendre, d'échanger et de donner leurs biens. — En 1324 les vassaux de Montorcier avaient la liberté de changer de maîtres, et les seigneurs de ce mandement devaient au Dauphin deux hommes d'armes pour ses chevauchées. — Humbert II, par un acte de 1342, avait donné aux religieuses de Montfleury, près de Grenoble, 267 livres 7 sols 3 deniers de rente à percevoir sur l'ensemble du mandement de Montorcier. — Au mois de mars 1481, Louis XI donna aux moines de l'abbaye de Saint-Claud 4,000 livres de rente, dont 1,055 devaient se prendre sur les revenus delphinaux du même mandement. — Ce mandement comprenait six paroisses.

CHABOTTES. — *État ecclés*. — Cette paroisse existait au XIe siècle, sous le vocable de l'Assomption ; à la fin du Xe ou au commencement du XIe siècle, un pieux seigneur du Champsaur, nommé Nantelme, donna à l'ordre de Cluny certains droits qu'il possédait sur cette église. Ils furent unis à l'abbaye de Saint-Chaffre. En 1152 les moines italiens de Bréma, prétendus successeurs de ceux de la Novalaise, réclamèrent ce titre et se firent adjuger par le Pape l'église de Chabottes (*Sanctæ Mariæ*), mais cet acte n'eut aucun résultat. L'abbaye de Saint-Chaffre fonda à Chabottes un prieuré qui possédait, en 1380, 100 florins de revenu et percevait, par donation du Dauphin (1261), le tiers des amendes pour délits ruraux dans la communauté. Ce prieuré fut démoli et ruiné pendant les guerres de religion. — Il n'y avait dans cette église aucune chapelle payant les dîmes. Le prieur était collateur de la cure et décimateur de cette paroisse qui faisait partie de l'archiprêtré du Champsaur. A la fin du XVIIIe siècle on érigea au hameau de *la Plaine* une église succursale avec un curé qui y disait les offices et administrait les sacrements. — *Ordres hospit.* — En 1386 le commandeur de Saint-Jean de Jérusalem de Gap possédait quelques revenus à Chabottes. — *Administr. et Justice*. — Chabottes dépendait de l'élection de Grenoble, de la subdélégation de Gap, du vibailliage du Champsaur. — *État féodal*. — La seigneurie de Chabottes se partageait entre le Dauphin et le seigneur de Montorcier. — Le 22 juin 1339, le dauphin Humbert II donna à Étienne de Roux, son écuyer, les moulins de Chabottes, qui produisaient un revenu assez important, et les unit à un fief qu'il avait créé pour ce gentilhomme, sous le nom de Prégentil (Voyez à Montorcier). — *Histoire*. — 1369, une troupe de routiers provençaux pille le territoire de cette paroisse. — 1692, septembre, Chabottes est brûlé par les coureurs de l'armée du duc de Savoie.

CHABOTTONNES. — *État ecclés.* — Nantelme, dont il a été question à l'article précédent, donna, à la fin du Xe ou au commencement du XIe siècle, l'église de Chabottonnes, dédiée à saint Benoît, à l'ordre de Cluny. Elle fut unie à l'abbaye de Saint-Chaffre et donnée au prieur de Chabottes, qui conserva jusqu'en 1789 le juspatronat de la cure et la perception des dîmes de la paroisse. Il n'y avait dans cette église aucune chapelle payant les décimes, et, ruinée pendant les guerres de religion, elle n'avait pas été encore reconstruite en 1641. Chabottonnes faisait partie de l'archiprêtré du Champsaur. — *Administr. et Justice.* — Comme à Chabottes. — *État féodal.* — Dépendait, comme Chabottes, du Dauphin et du seigneur de Montorcier.

CHAMPOLÉON. — *État ecclés.* — La paroisse de Champoléon était sous le vocable de saint Vincent; jusqu'en 1662 il n'y avait aucune chapelle dans cette église. Le 20 juillet de cette année on consacra, dans le village lui-même, une chapelle sous le titre de Notre-Dame-des-Neiges, et, à cause de l'éloignement de l'église paroissiale, on y fit les fonctions curiales. Le prieur de Chabottes et celui de Saint-André-lès-Gap se partageaient la dîme; le premier était collateur de la cure qui dépendait de l'archiprêtré du Champsaur. — *Administr. et Justice.* — Champoléon faisait partie de l'élection de Grenoble et de la subdélégation de Gap; le seigneur avait une juridiction inférieure s'exerçant à Gap, avec appel au vibailli de cette ville. — *État féodal.* — Champoléon appartint d'abord au seigneur majeur de Montorcier, qui l'aliéna au XVe siècle : Guillaume de Montorcier, 1222 — Lantelme, Boniface et Pierre, 1258-1262 — Guillaume, Jean et François, fils de Lantelme, 1274-1291 — Pierre, fils de Guillaume, 1323-1334 — Bertrand, 1346-1355 — Guillaume, 1386-1410 — Jean, 1410-1415 — Jean, 1415. — Il vend cette terre à Guillaume Martin, notaire (1425); qui achète également, 125 florins, la part de Jean de Valserres, le 12 mai 1425; celle de Jean d'Orcières, dit Roux, pour 292 florins, le 21 juin 1438; et meurt en 1446 — Jean, son fils, 1446, achète, 120 florins, la part de Lantelme de Montorcier, le 20 mars 1453; celle de Jean Escalier, prêtre, 450 florins, le 10 mai 1455, meurt en 1487 — Aymar teste en 1530 — Olivier, son frère, 1530-1540 — Georges, 1549-1561 — Jean, 1572 — Albert, 1573-1592 — Charles, 1605-1659 — Pierre, 1671-1677 — André, 1683 — Gaspard, 1696-1711 — Charles-Arnoul, 1750-1760 — Catherine, sa fille, épouse N... Le Long de Dréneult, 1789. Au XVIIIe siècle, les Martin de Champoléon se qualifiaient abusivement de marquis. — Nous trouvons encore, en 1453, Jacques de Montorcier; en 1548, Gratien de Faudon, acquéreur d'Antoine et Arnoul d'Orcières, prêtres, pour 700 florins, des montagnes pastorales de Champoléon. — La partie domaniale fut vendue, pour 678 livres tournois, aux consuls de Champoléon, le 2 avril 1543; cette vente fut résiliée en 1559. Enfin, le maréchal de Lesdiguières acquit le domaine delphinal en 1593, et il fut uni au duché de Lesdiguières en 1611. — *Histoire.* — Le 17 janvier 1344 les dames de Montfleury font remise, à cause de leur misère, aux gens de Champoléon des revenus qu'elles perçoivent dans leur territoire. — En 1352 Champoléon est ravagé par une inondation, par des gens de guerre et décimé par la peste; de 160, les maisons sont réduites à 40; le 11 juin de cette année il est exempté d'un tiers de ses impôts; cette concession est renouvelée le 13 mars 1447, pour quarante ans et pour la moitié des impôts; pour vingt ans le 12 décembre 1491, et pour quarante ans le 3 septembre 1514. — 1566, importante assemblée des gentilshommes réformés du Dauphiné à Champoléon. — *Biographie.* — MARTIN (Albert), seigneur de Champoléon, embrassa le protestantisme, s'attacha, dès 1562, à la fortune de Lesdiguières, dont il devint le beau-frère; se signala aux combats de Romette (1562), de Jarnac et Montcontour (1569), de Corps et du Pont-d'Oreille (1575), à la prise de Gap, dont il fut nommé gouverneur (1577); à celle d'Embrun (1585). Il mourut peu après. — MARTIN (Charles), fils du précédent et de Madeleine de Béranger du Gua, fut colonel, maistre de camp de cavalerie, jouit d'une grande autorité dans le parti réformé dauphinois, et fut délégué par les églises du Dauphiné aux synodes de Gergeau (1608), de Saint-Maixent (1609), aux assemblées de Loudun (1611) et de Saumur (1619). Il fut gouverneur d'Embrun (1593-1610); il épousa, en 1605, Madeleine-Marguerite-Claudine de Bonne-Prabaud.

MONTORCIER. — *État ecclés.* — Cette communauté formait, de temps immémorial, deux paroisses. — *Saint-Jean-de-Montorcier* existait depuis le XIe siècle, sous le vocable de saint Jean-Baptiste. En 1708 il y avait, au hameau des *Ranguis*, une chapelle sous le titre de Saint-Joseph. — *Saint-Nicolas-de-Montorcier* existait depuis la même époque que la précédente. Il y avait, en 1708, des chapelles de Sainte-Anne, au hameau de *la Coche*; de l'Assomption, à celui des *Roranches*; de Saint-Grégoire et Saint-Pancrace, à celui des *Ricous*, et enfin une dernière dans le château seigneurial, dont le vocable n'est pas connu. — A la fin du xe ou au commencement du xie siècle, un seigneur du Champsaur, nommé Nantelme, donna ces églises à l'abbaye de Cluny; elles furent unies à l'abbaye de Saint-Chaffre et au prieuré de Chabottes. L'abbé de Saint-Chaffre était collateur de ces deux cures et le prieur de Chabottes, en était décimateur. — Vers le milieu du xive siècle Bertrand Humbert, coseigneur de Montorcier, légua trente-cinq feux qu'il possédait dans cette seigneurie, aux religieuses de Berthaud et aux frères mineurs de Gap, dans le cas où il viendrait à mourir sans enfants. Il n'eut qu'une fille posthume, qui mourut au berceau ; les deux couvents héritèrent de son fief et le vendirent pour 600 florins à Jean de Montorcier et Guigues de Savines, en 1366. — Les paroisses de Saint-Jean et de Saint-Nicolas faisaient partie de l'archiprêtré du Champsaur. — *Administr. et Justice.* — Montorcier dépendait de l'élection de Grenoble et de la subdélégation de Gap. Le seigneur avait une juridiction particulière qui s'exerçait à Gap, avec appel au vibailli de cette ville. — *État féodal.* — Le seigneur majeur du mandement résida d'abord au château de Montorcier, puis à celui de Rivail. La famille de Montorcier posséda primitivement presque toute cette seigneurie, qui fut ensuite divisée en plus de sept coseigneuries. — *Coseigneurie de Saint-Nicolas* : Guillaume de Montorcier, 1222 — Lantelme, Boniface et Pierre, 1258-1262 — Jean, Guillaume, François et Allemand, fils de Lantelme, 1274-1291 — Pierre, Gillet, Artaud, Rostaing et François, fils de Guillaume, 1302-1334 — Cette coseigneurie se divise en deux parties : 1° Jacques, Jean, Guillaume et Lantelme, fils d'Artaud, 1334 — Jacques, fils de Lantelme, 1359 — Artaud, 1410 — Lantelme vend sa part à Jean et Guelix Rambaud, pour 130 florins, le 3 mars 1432; à Jean et Pierre de Montorcier, pour 1,125 florins, le 4 mars 1438 ; à Étienne Guillon, pour 500 livres tournois, le 29 janvier 1440, et à Honoré du Serre, notaire, par échange, le 29 juillet 1452. — Ce dernier rachète la part des autres acheteurs. — Bresson du Serre, 1480 — Antoine teste en 1519 — Georges, 1519-1539 — Benoît, 1539-1573 — Charles, 1599-1627 — Charles, 1630 — Joseph, 1680 — Pierre, son frère, 1695-1713 — Balthazard-Charles, son cousin, 1713-1743 — Charles, 1750 — Charles-Louis Martin-la-Pierre achète, 1767 — Jacques-Victorin, 1789. — 2° Issue de Bertrand de Montorcier, fils de Pierre, 1346-1355 — Guillaume et Boniface, 1386-1410 — Jean, 1410-1415 — Jean, 1415-1495 — Guillaume, qui, condamné à une forte amende pour enlèvement, vend sa juridiction au Dauphin, pour 50 marcs d'argent et 400 livres tournois, montant de cette amende, le 19 juin 1509; teste en 1538 — Philibert, 1538-1574 — Benoît, 1574-1577 — Sa mère, Gillette Tertuelle, remariée à Hector Bot de Cardébat, en hérite, 1577-1590 — Florent de Renard achète, 1595. — Charles du Serre achète, 1599, et cette coseigneurie demeure alors unie avec la précédente. — *Saint-Jean* : Venait de Giraud de Montorcier, fils de Pierre, 1274-1291 — Allemand, 1380 — Guillaume, 1113 — Jacques, 1417 — Lantelme, 1426 — Madeleine, sa fille, épouse d'Antoine Gandelin, 1486 — Esprit, leur fils, 1550 — Alexandre, 1580 — Charles Martin de Champoléon achète, 1601-1659 - Pierre, 1660 — 1679 — André, 1683 — Gaspard, 1696-1711 — Françoise, sa fille, épouse de François Manuel de Locatel, 1726 — Joseph-François Manuel de Locatel, 1760 — N. Colomb, 1789. — *Roranches* : Issue de François de Montorcier, fils de Guillaume, 1323-1334 — Jacques, dit Sarret, 1346 — Antoine et Marguerite : cette dernière femme de Raymbaud de Valserres, hérite de son frère, 1386 — Jean et Louis de Valserres, 1400-1410 — Jean vend à Jean de Montorcier, pour 325 florins, le 25 avril 1432 — Jacques de Saint-Germain achète, 1440 — Mermet, 1480 — Jean-Jacques, 1500 — Gilles, 1556-1560 — Antoinette, femme de Louis de la Pierre, qui vend à Albert Martin, pour 4.000 écus d'or, le 3 août 1593. — Cette coseigneurie se confond, peu de temps après, avec la précédente. — *Les Ricous* : Provenait de Rostaing de Montorcier, fils de Guillaume, 1323-1334 — Guillaume, 1349 — Sochon, 1378 — Jacques, 1386 — Jacques et Guillaume, ses frères, en héritent, 1404 — Jean et Rostaing, petits-fils de Guillaume; Gaspard, petit-fils de Jacques, 1445-1488 — Antoine, fils de Jean, achète 900 florins, la part de Gaspard, 18 août 1518 — Claude, 1541 — Jean Barban l'achète et la vend 60 livres tournois à Benoît du Serre, le 6 juin 1560 — Cette coseigneurie se confond avec celle de Saint-Nicolas. — *La Coche* : Issue de Boniface de Montorcier, fils de Bertrand, 1380 — Antoine, dit Rostaing, 1386 — Aloysia, sa fille, épouse de Jean de Rame, 1387-1415 — Aynard, leur fils, 1421-1446 — Jean Baile, son neveu, 1446 — Antoine, 1486 — Guigues, 1529 — Hugues, son cousin, 1580 — Florent de Renard achète vers 1596. — Il vend à Charles du Serre et cette coseigneurie tombe dans la première coseigneurie. — *Prégentil* : Le 22 juin 1339, Humbert II, dauphin, créa, en faveur d'Étienne de Roux, son écuyer, un fief sous le nom de Prégentil, d'un revenu de 120 florins d'or; il y unit les moulins delphinaux de Chabottes et des terres vagues situées aux abords du Drac, dans la paroisse de Saint-Nicolas-de-Montorcier. — Jacques et Étienne, ses fils, 1350 — Catherine, fille de Jacques, épouse de Pierre Guirimand, 1420 — Catherine et Dauphine, leurs filles; la deuxième épouse Jean Arnaud, 1427 — Michel et Antoine Arnaud, 1446-1460 — Jacques, fils d'Antoine, 1487-1489 — Claude qui teste en 1533, et Jacques qui teste en 1539 — Claude, fils de Claude, 1533-1583 — Claude, 1583-1607 — Arnaude, épouse de Pons Gras, 1620 — Pierre Gras, 1637-1674 — Michel de Gril achète, 1674 — Nicolas, 1692 — Philippe, 1698 — Alexandre, 1700 — François, 1732-1762 — Nicolas, 1762-1789. — Voici encore les noms de quelques autres seigneurs de Montorcier : Guillaume Blanc, 1288-1303 — Jacques de Saint-Germain, 1318 — Jean, Eudes et Guillaume Philochi, 1350 — Bertrand Humbert, possesseur de trente-cinq feux, les lègue, vers 1350, à la chartreuse de Berthaud et aux frères mineurs de Gap, qui les revendent à Guigues de Savines et Jean de Montorcier, 600 florins, en 1366 — Aymeri de Laye, 1370-1394 — Hugues Regard, 1400 — Jean du Mottet, 1413 — Jean Regard, 1414 — Aymar de Rousset, 1510 — Guillaume Armieu, 1607 — Jacques de Montauban, 1616. — Le 28 octobre 1521 Honoré de Bonne achète la part domaniale de cette seigneurie (avec celles de Romette et la Rochette), pour 300 écus d'or. — *Histoire.* — 1494, Jacques d'Orcières fait pendre au Pont-du-Fossé quelques hérétiques, peut-être des Vaudois. — *Biographie.* — MONTORCIER (Guillaume de), prévôt du chapitre de Gap, 1411-1448 — Jean, son père, fut tué à la bataille d'Azincourt, en 1415 — Guillaume, fils de ce dernier, fut prévôt de Gap en 1476 — Philibert, fils de Jean et de Catherine Artaud, fut doyen du même chapitre en 1546. — ROUX (Sébastien de), dit le capitaine Bastien, fils de Martin de Roux, de Montorcier, mari de Catherine d'Orcières, fut l'un des plus courageux capitaines protestants qui s'attachèrent à la fortune de Lesdiguières. Il fut tué en 1574, à l'assaut de la Mure. — SERRE (Salomon du), fils d'Antoine et de Marguerite de Bonne, fut évêque de Gap, de 1601 à 1637; il répara, autant qu'il le put, les maux de la guerre civile, fit reconstruire ou réparer beaucoup d'églises.

ORCIÈRES. — *État ecclés.* — La paroisse d'Orcières était sous le vocable de saint Laurent. Deux chapelles existaient dans cette paroisse en 1516 : l'une de Saint-Claude, probablement au hameau de Prapic; l'autre de Saint-Martin-du-Mélezin (aujourd'hui *Serre-Eyraud*). Cette dernière fut unie, en 1687, le 14 avril, au collège d'Embrun, dirigé par les jésuites. En 1708 la chapelle de Saint-Claude n'existait plus, mais des chapelles de Saint-Jean-Baptiste et de Saint-Antoine avaient été fondées dans l'église paroissiale, et une de Saint-Dominique au hameau du *Forest*. En 1789 le hameau de Prapic avait un desservant. Le prieur de Saint-André-lès-Gap était collateur de la cure d'Orcières et principal décimateur de la paroisse qui faisait partie de l'archiprêtré du Champsaur. — *Protestants.* — Sous le titre d'église d'Orcières la famille Martin de Champoléon, très zélée protestante, avait établi un centre d'exercice de cette religion à Orcières, duquel dépendaient les villages de Champoléon, Saint-Nicolas-de-Montorcier et Chabottes. L'exercice y fut interdit le 11 avril 1685 et le temple démoli par arrêt du conseil du 19 mai de la même année. — *Administr. et Justice.* — Orcières faisait partie de l'élection de Grenoble, de la subdélégation de Gap et du vibailliage du duché de Lesdiguières. — *État féodal.* — Outre la part delphinale, cette terre comprenait plusieurs seigneuries : 1º Lantelme d'Orcières, 1166 — Aynard, 1218 — Eudes et Guillaume, 1205 — Eudes, 1317 — Jean, 1365 — Antoine, 1398-1429 — Jacques, 1429 — Aymar, 1430-1435 — Martin, 1439 — Jacques, 1470-1490 — Aynard, 1530 — André, 1540 — Catherine, sa fille, épouse Claude Arnaud, 1540 — Louis Arnaud, 1559 — Barthélemy, 1600 — Michel, 1620. — Il vend peu après sa part à Gabriel d'Estienne. Joseph d'Estienne vend cette coseigneurie avec la suivante, 2,200 livres, au collège des jésuites d'Embrun, en 1686. — 2º Jean d'Orcières, fils de Jacques, frère d'Aymar, partage l'héritage paternel avec son frère, 1430-1474 — Claude, son fils, teste en 1522 — Antoine et Arnoul, moines, 1543-1578 — Catherine, leur sœur, épouse de Louis de Rousset, 1580-1610 — Albert de Rousset, tué en duel, 1625 — Philippine, sa sœur, épouse de Gabriel d'Estienne, 1625 — Joseph d'Estienne vend cette coseigneurie avec la précédente au collège d'Embrun en 1686. — 3º Elle appartenait à la branche de la famille de Montorcier qui posséda la deuxième coseigneurie de Saint-Nicolas-de-Montorcier (voir p. 77). Guillaume, mort en 1538, laissa cette part de seigneurie à sa fille Benoîte qui épousa Jean de Perdrix, 1538-1560 — Jean et Pierre, leurs fils, 1577-1601 — Jean, fils de Jean, vend à Charles du Serre, le 10 janvier 1627 — Reynaud du Serre vend au R. P. Froment, représentant le collège des jésuites d'Embrun, au prix de 8,800 livres, le 25 octobre 1685. — 4º Une dernière petite part, non vendue en 1685, au collège d'Embrun, avait appartenu à Humbert de Montorcier, dont les filles Bonifacia, Lantelme et Alix vivaient en 1334 — Lantelme de Valserres, mari de cette dernière, vend à Pierre de Saint-Michel, vivant encore en 1400 — Jean de Bardonnèche fait héritier de cette part, valant 650 florins, Antoine de Montauban, en 1426 — Lantelme de Montorcier l'acquiert et la revend pour 1.000 florins à Bertrand Arnaud, notaire, le 19 février 1456 — Gaspard de Montauban l'acquiert et la revend 1,700 florins à Barthélemy, Grégoire et Benoît du Rousset, le 27 septembre 1509 — Jean de Bois-Vert et Clémence d'Arces, sa femme, vendent à Guillaume de Montorcier, et le Dauphin, qui avait reçu une portion des terres d'Orcières et de Montorcier et donné en échange Ambel, Beaufin, le Monêtier et Pellafol (Isère). Gaspard de Montauban du Villard l'acquit du domaine le 26 octobre 1583 ; peu après elle fut revendue au maréchal de Lesdiguières et unie, en 1611, au duché créé en sa faveur. — *Biographie*. — ORCIÈRES (Chérubin d'), prieur de Saint-Victor de Chorges, aumônier de la reine, nommé évêque de Sisteron en 1531 mais non confirmé, promu à celui de Digne en 1596, mort en 1541. Il était fils d'Aymar d'Orcières.

MANDEMENT DE LA MOTTE.

Ce mandement comprenait, au moyen âge, une seule communauté et une seule paroisse ; il en forme deux aujourd'hui : celles de la Motte et de Molines. Il parait avoir été annexé, au XVI° siècle, à celui d'Aubessagne, mais cela est loin d'être certain.

LA MOTTE. — *État ecclés*. — Dès le XI° siècle, la paroisse de la Motte existait sous le vocable de la Transfiguration ; Nantelme, seigneur de Champsaur, la donna au commencement du XI° ou à la fin du X° siècle, à l'ordre de Cluny, qui l'unit à l'abbaye de Saint-Chaffre et au prieuré de Saint-Firmin. En 1708 il y avait deux chapelles dans ces hameaux, entre autres dans celui de *Molines*, qui n'étaient pas encore érigées en paroisses en 1789. Le curé de la Motte était à la nomination de l'abbé de Saint-Chaffre ; le prieur de Saint-Firmin était principal décimateur de cette paroisse qui faisait partie de l'archiprêtré du Champsaur. — *Administr. et Justice*. — La Motte faisait partie de l'élection de Grenoble, de la subdélégation de la Mure et du vibailliage du duché de Lesdiguières. — *État féodal*. — La Motte et Molines ne formèrent d'abord qu'une seule seigneurie, dont Louis de la Motte était seigneur en 1220; ces deux terres étaient divisées, au XIV° siècle — *La Motte* : Guillaume Muisard, 1260 — Imbert, 1300 — Pierre, 1323 — Jean, 1359 — Guillaume, 1369 — Guillaume, Jacques, Antoine et Léon : le premier, chanoine d'Oulx, vend sa part à François de Bonne, le 19 octobre 1378 ; le second fait héritier, vers 1400, Baudon d'Auriac, qui revend, pour 70 florins, à Jean Gras, le 13 novembre 1409 ; le troisième fait héritier, vers 1400, François de Bénévent, dont la part passe à Guigues Athenulphi, qui la vend à Jean et Antoine Gras, le 29 mai 1417 ; le quatrième fait hériter Pierre de Menon en 1429 — Zacharie de Menon, 1480 — Jacques, 1517-1550 — Ennemond-Jean, 1550-1589 — François et Jean, 1616 — Daniel Lagier achète, 1625-1661 — Alexandre, 1690 — La famille de Bonne possédait une part de cette seigneurie, comme on vient de le voir, depuis 1378, par acquisition faite par François de Bonne. 1378-1385 — Jacques, 1405-1409 — Jean, 1458 — Pierre, 1495 — Jean, 1550 — Pierre, 1565-1578 — François de Bonne, plus tard connétable, hérite de son cousin, mort sans alliance et cette coseigneurie tombe, en 1611, dans le duché de Lesdiguières. — *Molines* : Henri Gras, 1331-1354 — Jacques, 1354-1382 — Jean, 1382-1395 — Jean, 1400-1410 — Jean, Antoine et François, 1410-1458 — Claude, fils d'Antoine, 1458-1502 — Jacques de Bonne, 1520-1545 — François, 1545-1578 — Pierre, seigneur de la Motte, son cousin, hérite par droit de substitution, 1578 — Marguerite, fille de François, hérite à la mort de son cousin Pierre, décédé sans alliance, 1580 ; elle épousa François de Roux, Jean-Louis, leur fils, 1637.

MANDEMENT DE SAINT-BONNET.

En vertu de leur acte de fondation par le dauphin Humbert II, datant du 23 décembre 1342, les religieuses de Montfleury avaient à percevoir une rente de 670 livres 19 sols 10 deniers sur l'ensemble du mandement de Saint-Bonnet. Elles la recevaient de la main des consuls des diverses communautés composant ce mandement, au prorata de leur population. Comme compensation à cette libéralité, elles étaient tenues à faire la moitié des frais des exécutions capitales qui avaient lieu en Champsaur.

BÉNÉVENT. — *État ecclés.* — Cette paroisse est sous le vocable de saint Michel. En 1708, il existait une chapelle, sous le titre de Saint-Pancrace, au hameau de *Gentillon*, dans laquelle on disait la messe les jours ouvrables. Le prieur de Saint-Bonnet, de l'ordre de Cluny, était collateur de la cure et décimateur de la paroisse de Bénévent qui dépendait de l'archiprêtré du Champsaur. — *Ordres hospit.* — L'ordre de Saint-Antoine en Viennois possédait, à Bénévent, des biens et un hôpital qui lui avaient été cédés par l'ordre de Saint-Jean-de-Jérusalem, le 16 mai 1311 et relevaient de la commanderie de Bannes (voir Aubessagne). Ces biens retournèrent à l'ordre de Saint-Jean après la suppression de celui de Saint-Antoine, en 1778. — *Hôpitaux.* — Voir l'article précédent. — *Administr. et Justice.* — Faisait partie de l'élection de Grenoble, de la subdélégation de Gap et du vibailliage du duché de Lesdiguières. — *État féodal.* — Une très ancienne famille, qui portait le nom de cette seigneurie, en posséda une partie pendant tout le moyen âge : Guillaume de Bénévent, 1116-1132 — Guillaume, 1166 — Guillaume, 1200 — Faiques, 1250 — Guigues et Lantelme, 1260 — Lantelme, 1337 — Guillaume, 1340 — Jean, 1366 — François, son cousin, 1386-1400 ; il parait avoir été le dernier membre de cette famille ayant possédé la terre de Bénévent. Le duc de Lesdiguières en était seigneur en 1611. — *Biographie.* — BÉNÉVENT (Guillaume de), dit de Champsaur, d'abord doyen du chapitre de Gap, fut de 1134 à 1169, archevêque d'Embrun. — BÉNÉVENT (Guillaume de), probablement neveu du précédent, d'abord chanoine de Fréjus, puis entra dans l'ordre des Chartreux, puis fut évêque de Digne ; il fut enfin archevêque d'Embrun, de 1189-1208. — Cette famille de Bénévent tomba, au XV° siècle, dans la gêne ; au XVI° siècle ses membres étaient les uns ouvriers à Gap, les autres marchands à Marseille.

CHARBILLAC. — *État ecclés.* — La paroisse de Charbillac, placée sous le vocable de saint Gervais était, comme la précédente, de l'archiprêtré du Champsaur. Une très ancienne chapelle dédiée à saint Grégoire, existait au hameau de *Lauberie*. Le curé prenait le titre de prieur curé et était principal décimateur. — *Administr. et Justice.* — Comme à Bénévent. — *État féodal.* — Je ne connais pas de seigneurs particuliers de Charbillac, qui, peut-être, était uni avec Bénévent, au point de vue féodal. Il faisait partie, en 1611, du duché de Lesdiguières.

LES INFOURNAS. — *État ecclés.* — Vers l'an 1030, Humbert, chevalier, donna au prieuré de Saint-André-lès-Gap une terre *in villa Fornax*. Il n'y avait probablement pas encore de paroisse à cette époque aux Infournas ; elle existait au milieu du XIV° siècle, et était placée sous le vocable de l'Assomption de la Vierge. Le prieur de Saint-Bonnet était juspatron de cette cure et principal décimateur de cette paroisse qui faisait partie de l'archiprêtré du Champsaur. — *Administr. et Justice.* — Comme à Bénévent. — *État féodal.* — Appartenait au Dauphin ; fut inféodé au maréchal de Lesdiguières et uni au duché créé en sa faveur en 1611.

SAINT-BONNET. — *État ecclés.* — La paroisse de Saint-Bonnet, sous le vocable du saint dont le bourg porte le nom, date au moins du XII° siècle. En 1152, d'après une bulle suspecte, elle était réclamée par les moines italiens de l'abbaye de Bréma, comme une ancienne possession de celle de la Novalaise, détruite au X° siècle, à laquelle ils prétendaient succéder. Saint-Bonnet était le siège de l'archiprêtré du Champsaur au moins depuis le XIII° siècle ; dès la même époque l'abbaye de Saint-Victor de Marseille, de l'ordre de Cluny, y avait fondé un prieuré important, qui vers 1380, rapportait cent francs d'or. Ayant à la suite des guerres de religion, perdu la plus grande partie de ses revenus, il fut uni à celui de Romette qui dépendait également de Saint-Victor. Le prieur était collateur de la cure et percevait la plus grande partie des dîmes de la paroisse. Le clergé se composait au XVIII° siècle d'un curé et d'un desservant. En 1516 une chapelle de Saint-Claude était fondée dans cette église ; avant 1708 on en avait fondé une seconde sous le titre de Saint-Hippolyte. — *Ordres hospit.* — L'ordre de Saint-Antoine en Viennois possédait des biens et un hôpital à Saint-Bonnet, par suite de la cession qui lui en avait été faite par celui de Saint-Jean-de-Jérusalem, le 16 mai 1311. Ces biens retournèrent à l'ordre de Saint-Jean, après la suppression de celui de Saint-Antoine, en 1778. — *Hôpitaux.* — De temps immémorial il y avait à Saint-Bonnet un hôpital fondé par les Dauphins ; il fut maintenu par lettres-patentes du 25 février 1697, tandis qu'une foule d'autres furent supprimés. — *Protestants.* — Le culte réformé fut autorisé à Saint-Bonnet, par lettres du gouverneur du Dauphiné, de 1571 ; il fut supprimé par ordonnance du 7 avril 1685 et le temple démoli en vertu d'un arrêt du Conseil du roi, du 25 juin de la même année. Voici les noms de quelques pasteurs de Saint-Bonnet : Mathieu Moussy, 1599 — Jean-Paul Perrin, 1600-1601 — Jacques d'Estienne, 1602-1626 — François Guérin, 1630 — Daniel Piffard, 1637 — André Serre, 1660 — Claude Bontoux,

1678-1684. — *Administr. et Justice.* — Saint-Bonnet était le chef-lieu du duché du Champsaur; un châtelain, dont les attributions étaient fort étendues, y résidait au moyen âge; à cause de l'importance de ses fonctions, on lui avait adjoint un vichâtelain. A partir de 1611 on établit à Saint-Bonnet un vibailliage ducal, avec appel direct au parlement de Grenoble; vingt-une paroisses formaient sa juridiction. On trouvera les listes de ces divers magistrats aux articles consacrés au vibailliage et à la châtellenie du Champsaur. Saint-Bonnet dépendait de l'élection de Grenoble et de la subdélégation de Gap. Il était le siège de la mistralie ou administration domaniale du Champsaur tout entier. L'office de mistral était possédé de 1340 à 1345 par Guillaume de Bleis; en 1345 Girard de Saint-Dieudonné lui succéda. Le 21 juillet 1422 la mistralie du Champsaur fut inféodée à Jean de Méreuil. Louis et Jean, ses fils, lui succédèrent, 1466 — Jean, fils de Jean, 1509 — François de Botarne, 1512 — Jean Masaud la vend à Gratien de Faudon en 1519 — Aymar Bourguignon, 1533-1535 — Amblard Soulier l'achète pour 660 écus d'or en 1545 et y subroge immédiatement son frère — Une moitié de cette mistralie avait été inféodée à l'abbé de Saint-Chaffre qui la vendit en 1487 à Yves Levy; celui-ci la céda à Claude Ventolet qui la possédait encore en 1538. — Jean de Saint-Marcel acheta la mistralie toute entière pour 18,420 livres tournois en 1559. Elle appartenait à Claude Escalier en 1648 et ne consistait plus alors qu'en quelques revenus payés par les communautés. — *État féodal.* — Saint-Bonnet était un fief delphinal qui fut vendu parfois avec clause de rachat. La famille de Bonne en avait acquis une partie dès le XIVe siècle : François de Bonne acheta, en 1302, les îles de Saint-Bonnet, du domaine delphinal, et en fit hommage en 1334 — Jean, 1347 — François, 1375-1385 — Gabriel, Martin et Jacques, 1388-1413 — François, fils de Gabriel, 1440-1477 — Raymond, 1480-1490 — Jean son frère, 1492-1531 — Jean, 1531-1541 — François, 1541. A partir de 1585, le domaine delphinal de Saint-Bonnet fut acquis pièce à pièce par Lesdiguières et uni, en 1611, au duché créé en sa faveur. — Jean Gras possédait quelques droits féodaux à Saint-Bonnet en 1400; il les légua à Jean de Bardonnèche, qui les vendit à Jean de Rame, le 25 août 1407; celui-ci les revendit à la communauté pour 108 florins d'or, le 7 juin 1409. — Dans le territoire de Saint-Bonnet était la maison-forte de Daillon; voici une liste bien incomplète de ses possesseurs successifs : Nicolas des Herbeys, 1262 Rolland, Bertrand et Pierre, 1328 — Jean, fils de Rolland, mort en 1351 — Raymond, 1402 — Mathieu Vial, 1635 — Dominique, 1653 — Jacques, qui meurt en 1690 — Vincent, 1698-1730 — Jean-Vincent, 1730-1744 — Louis-Vincent, 1744-1760 — Philippe, son oncle, est son héritier, 1760-1762 — Louis-Jacques, neveu et héritier du précédent, 1762-1789. — *Industrie et Commerce.* — 1338, 31 janvier, Humbert II accorde aux Lombards établis à Saint-Bonnet, la liberté de trafiquer, moyennant 120 florins d'or par an. — 1404, 31 janvier, ordonnance de Charles VI établissant deux foires à Saint-Bonnet. — 1524, 18 août, Claude et Jean Lagier établissent sur le Drac une scierie à eau. — *Histoire.* — 1312, 2 novembre, Jean II est à Saint-Bonnet. — 1340, 18 novembre, séjour de Humbert II. — 1494, 30 août, Charles VIII passe à Saint-Bonnet, allant en Italie. — 1515, août, François Ier passe à Saint-Bonnet avec le même but. — 1524, incendie qui détruit Saint-Bonnet. — 1541, 1er avril, autre incendie. — 1596, 16 juin, Alexandre de Médicis, légat du pape, passe à Saint-Bonnet. — 1626, 2 septembre, autre incendie. — 1629, 24 février, Louis XIII et Richelieu, allant en Italie, passent à Saint-Bonnet. — 1692, septembre, les coureurs de l'armée du duc de Savoie incendient Saint-Bonnet. — *Biographie.* — BONNE (Raymond de), prêtre, religieux de l'ordre de Saint-Dominique, évêque de Vaison (1380-1390 ?). Il était fils de François, notaire à Saint-Bonnet, et d'Alix de Laye. — BONNE (François de), duc de Lesdiguières et du Champsaur, né le 2 avril 1541 (et non en 1543 comme on l'a cru jusqu'ici), guidon de la compagnie du capitaine Furméyer (1562), capitaine d'une compagnie (1565), lieutenant en Gapençais de Montbrun, chef des protestants dauphinois, (1573), chef des protestants du Dauphiné (1577), capitaine de cinquante hommes d'armes (1591), conseiller d'État (1593), lieutenant-général en Provence, lieutenant-général des armées du Roi (1595), lieutenant-général en Dauphiné(1598),en Artois,en Picardie, en Boulonnois (1600),maréchal de France (1609), duc et pair (1611), maréchal de camp général (1621), chevalier du Saint-Esprit, connétable de France en même année, mort à Valence le 2 septembre 1626. Il remporta les victoires d'Esparron, Pontcharra, Salebertrand et les Molettes ; s'empara des villes de Gap, Embrun, Briançon, Grenoble, Exilles, Cavours, Briqueyras, Château-Dauphin, Guillestre, Montélimart, etc. Il devint puissamment riche, posséda pour 600 mille livres de joyaux, eut 500 mille livres de rente et une prodigieuse quantité de seigneuries, donna 700 mille livres de dot à ses filles (environ 4 millions à la puissance actuelle de l'argent). Son influence fut immense sur la politique française pendant les règnes d'Henri IV et de Louis XIII. Il était fils de Jean de Bonne et Françoise de Castellane ; épousa, en premières noces, Claudine de Berenger du Gua (1566); en secondes, Marie Vignon (1617). Parmi ses enfants trois filles seulement vécurent assez pour se marier. Madeleine, femme de Charles de Créqui, eut seule des enfants. La famille de Bonne-Lesdiguières s'éteignit en sa personne. — Lesdiguières est sans contredit la plus grande gloire militaire du Dauphiné; aucune statue ne lui a été encore élevée dans la province qu'il a illustrée.

bre 1521 — Jean, son fils, 1535 — Marguerite de Récingières, femme de Jean de Bérenger du Gua, seigneur du Percy, lui achète 4,000 livres tournois, le 17 juin 1547, les deux tiers de cette seigneurie. Ils furent ensuite acquis par Lesdiguières et tombèrent dans le duché créé en sa faveur, en 1611. Au XVIIIe siècle, M. de Comboursier possédait encore un tiers de cette terre et le duc de Tallard, acquéreur des héritiers de Lesdiguières, en possédait les deux tiers. — *Histoire.* — 1494, 30 août, Charles VIII passe à Saint-Eusèbe, allant en Italie. — 1495, 26 octobre, il y passe de nouveau au retour de cette expédition.

MANDEMENT DE SAINT-EUSÈBE.

SAINT-EUSÈBE. — *État ecclés.* — Cette paroisse datait au moins du XIe siècle. A la fin du Xe ou au commencement du XIe siècle un seigneur du Champsaur, nommé Nantelme, la donna à l'ordre de Cluny, qui l'unit à l'abbaye de Saint-Chaffre et au prieuré de Saint-Firmin. Le vocable de cette paroisse était encore saint Eusèbe au XIVe siècle ; j'ignore l'époque où il fut changé pour celui de Saint-Pierre-aux-Liens. En 1708, il y avait dans cette église une chapelle, sous le titre de Saint-Louis. Le prieur de Saint-Firmin était collateur de cette cure et décimateur de cette paroisse qui faisait partie de l'archiprêtré du Champsaur. — *Hôpitaux.* — Un hôpital, nommé hôpital de Maussale, existait anciennement à Saint-Eusèbe; en 1474, les frères Pierre et Jean André en étaient recteurs et payaient au Dauphin une livre de cire pour droit de sauvegarde. Cette maison hospitalière existait encore au XVIIe siècle ; elle fut unie à l'hôpital de Gap par lettres-patentes du 25 février 1697. — *Administr. et Justice.* — Saint-Eusèbe dépendait de l'élection de Grenoble, de la subdélégation de la Mure et du vibailliage du duché de Lesdiguières. Seulement, en vertu d'un privilège particulier, les habitants de Saint-Eusèbe pouvaient en appeler des jugements de ce magistrat : d'abord au vibailli de Gap, puis au parlement de Grenoble ; ils pouvaient donc bénéficier d'un double appel. — *État féodal.* — Le Dauphin était d'abord unique seigneur de Saint-Eusèbe ; il céda une partie de ses droits à son écuyer Étienne de Roux, le 23 juin 1399 — Jean, fils de celui-ci, fait héritier Jean de Montorcier, vivant en 1413 — Marguerite de Montorcier, fille du précédent, épouse de Louis de Poisieu, 1480 — Claude et Louis, leurs fils, 1500 — Humbert de Comboursier leur achète cette seigneurie 1,100 écus d'or, le 17 septembre 1511 ; il acquiert le domaine delphinal pour 1,600 livres tournois, le 2 octo-

MANDEMENT DE TERRE-D'ÉGLISE.

Cet important mandement comprenait toute la rive gauche du Drac, depuis Laye jusqu'au Pont-Bernard et les quatre paroisses du Noyer, de la Fare, de Poligny et du Glaizil. L'évêque de Gap en était seigneur et c'est cette circonstance qui lui avait valu son nom de *Terre-d'Église.* Ce prélat y avait un juge et un châtelain. Je suis porté à croire que la constitution de ce mandement n'est pas bien ancienne ; en effet, contrairement à ce que l'on remarque dans les très anciens mandements, les communautés qui le composaient étaient de temps immémorial divisées d'intérêts, et leurs biens communaux ne se confondaient pas. Il est à croire que ces paroisses limitrophes formaient autrefois plusieurs mandements qui furent réunis en un seul, lorsque l'évêque de Gap en fut devenu propriétaire. Le juge épiscopal portait le nom de juge des châteaux épiscopaux, probablement par imitation du juge épiscopal d'Embrun ; à partir du XVIe siècle il siégea à Gap et l'appel de ses décisions était porté au vibailli de cette ville.

LA FARE. — *État ecclés.* — La paroisse de la Fare était sous le vocable de l'Assomption de Notre-Dame. Une très ancienne chapelle, but d'un pèlerinage, existait à peu de distance, sous le nom de Notre-Dame-de-Boisvert ou plutôt de Beauvoir. Le curé de la Fare prenait le titre de prieur-curé ; il était à la nomination de l'évêque de Gap, qui percevait, concurremment avec lui, la dîme de cette paroisse ; elle faisait partie de l'archiprêtré du Champsaur. — *Administr. et Justice.* — La Fare dépendait de l'élection de Grenoble, de la subdélégation de Gap et du juge des châteaux épiscopaux, juridiction qui s'exerçait à Gap, avec appel au vibailli de cette ville. Antérieurement au XVIe siècle, un juge épiscopal résidait dans le mandement même de la Terre-d'Église ; on contesta à l'évêque au XVe siècle le droit d'avoir cette judicature, mais il fut maintenu en possession par arrêt du parlement du 28 juin 1473. — *État féodal*. — Depuis une époque reculée l'évêque de Gap était seigneur d'une moitié de la terre de la Fare. Je n'ai pu découvrir d'où lui venait cette seigneurie, mais je pense qu'il la tenait de la libéralité de quelque Dauphin. Ces princes firent, en effet, des donations considérables au commencement du xiii° siècle à l'archevêque d'Embrun, au moment où ils acquirent l'Embrunais ; il est à supposer que pour les mêmes raisons ils tinrent à se montrer généreux envers l'évêque de Gap, en acquérant le comté de Gapençais. — L'autre moitié de la terre de la Fare appartenait à un seigneur particulier. Étienne de la Fare, 1180 — Hugues, 1246 — Guillaume, 1298 — Raoul et Raymond, 1310-1334 — Jacques, fils de Raoul, 1340 — Raoul, 1395-1403 — Jacques Jarenton acquiert cette terre et la vend à Antoine Vieux, le 22 août 1409 — François, 1413-1438 — Guigues de Poligny en était seigneur en 1580 — Élie-Pierre, 1587 — Étienne, 1643 — Pierre, 1645-1677 — Gaspard, 1697-1722 — Angélique, sa fille, épouse de Charles de Revillasc, 1731 — Jacques, leur fils, 1752-1762 — Joseph-Pierre, 1789.

LE GLAIZIL. — *État ecclés*. — La paroisse du Glaizil était sous le vocable de saint Christophe. L'évêque de Gap était collateur de la cure et décimateur de la paroisse, qui dépendait de l'archiprêtré du Champsaur. Le connétable de Lesdiguières avait fait construire un temple protestant dans son château des Diguières ; après sa conversion au catholicisme (1622), il le changea en chapelle, sous le titre de Saint-François et il y fut enseveli ainsi que les principaux membres de sa famille. Deux chapelains y étaient attachés ; en 1703, après l'extinction de la descendance directe du connétable, cette fondation fut réduite à un seul chapelain. En 1789 le château était en ruines ; le logement du chapelain, la chapelle et la tour de l'horloge subsistaient seuls ; le chapelain prenait soin de l'horloge et de la chapelle. — *Administr. et Justice*. — Au xv° siècle la juridiction du Glaizil se partageait par égales parts entre le Dauphin, l'évêque de Gap et un seigneur particulier. En 1611 les parts delphinale et seigneuriale furent unies au duché de Lesdiguières. La juridiction de l'évêque s'exerçait à Gap par le juge des châteaux épiscopaux, avec appel au vibailli. Le Glaizil dépendait de l'élection de Grenoble et de la subdélégation de Gap. — *État féodal*. — En 1400 le tiers de la seigneurie du Glaizil appartenait aux familles de Laye et Fogassi ; Jean et François de Laye vendirent leur part, en 1450, à François de Bonne, notaire à Saint-Bonnet ; Bernard Fogassi, possesseur de l'autre part, vivait en 1400 ; son fils Jean vendit, pour 300 florins, à son cousin Henri Fogassi, le 6 septembre 1454. Celui-ci vendit à son tour, à André Basterii, qui revendit à François de Bonne, le 27 avril 1461. Cette part de fief, acquise par François de Bonne, était assise sur le hameau des *Diguières* et représentait quatre parts de seigneurie sur douze. — Jean de Bonne, fils de François, 1477-1504 — Jean, son fils, vend, avec faculté de rachat, en 1532, à Louis Lobet, et rachète en 1541 — François, son fils, achète toute la part domaniale dans le Champsaur, moyennant 16,000 écus d'or, le 28 juin 1593, et obtient l'érection de vingt et une paroisses en duché-pairie, sous le titre de duché de Lesdiguières, au mois de mai 1611 — Charles de Créqui, maréchal de France, mari de Madeleine de Bonne, hérite de son beau-père, 1626-1638 — François de Bonne de Créqui, son fils, substitué au nom et aux armes de son grand-père, 1638-1650 — François-Emmanuel, 1650-1675 — Jean-François-de-Paule, 1675-1703 — Par sa mort sans postérité, la pairie est éteinte. Alphonse de Créqui-Canaples, cousin du précédent, hérite des droits utiles, 1703-1712 — Nicolas de Neuville-Villeroy est son héritier, 1712-1719 — Camille d'Hostun, duc de Tallard, en devient acquéreur du duché de Lesdiguières, 1719-1725 — Marie-Joseph, son fils, 1725-1740 — Louis-Charles, 1740-1755 — Françoise de Sassenage hérite de son cousin, mort sans postérité, 1755-1784 — Ses deux filles, Mmes de Talaru et de Bruck, 1784-1789. — *Histoire*. — 1629, 23 février, Louis XIII couche au château des Diguières. — 1692, septembre, les coureurs de l'armée du duc de Savoie pillent le château des Diguières et brûlent le Glaizil.

LE NOYER. — *État ecclés*. — La paroisse du Noyer existait dès le xii° siècle ; une bulle de 1152, suspecte il est vrai à plus d'un titre, et principalement parce qu'elle place dans le diocèse de Grenoble cette paroisse qui fit toujours partie de celui de Gap, nous apprend qu'elle était réclamée à cette époque par les moines de l'abbaye italienne de Bréma comme ayant appartenu au ix° siècle à la Novalaise. Le vocable de cette église était, en 1510, Notre-Dame et sainte Agathe. En 1516 elle ne renfermait aucune chapelle payant les décimes ; en 1708 le seigneur de Poligny était juspatron d'une chapelle fondée quelques années auparavant, sous le titre de Notre-Dame, au hameau des *Ecurras* ; dans l'église paroissiale était alors une autre chapelle dédiée à saint Claude. L'évêque de Gap était collateur de cette cure et principal décimateur de cette paroisse qui dépendait de l'archiprêtré du

Champsaur. — *Administr. et Justice.* — Le Noyer dépendait de l'élection de Grenoble, de la subdélégation de Gap et partie du vibailliage du Champsaur, partie du juge des châteaux épiscopaux. Le duc de Lesdiguières et l'évêque de Gap se partageaient, en effet, cette seigneurie. — *État féodal.* — Le Noyer appartenait, par moitié, à l'évêque de Gap et au Dauphin ; ce dernier vendit sa part, le 28 juin 1593, à Lesdiguières, et elle fut comprise, en 1611, dans le duché de Lesdiguières, lors de sa création. — *Biographie.* — VILLARS (Dominique), né le 14 novembre 1745, mort le 24 juin 1814 ; fut docteur en médecine, botaniste, auteur d'un excellent ouvrage sur la flore du Dauphiné. Il appartenait à une très pauvre famille et fut berger dans son enfance.

POLIGNY. — *État ecclés.* — La paroisse de Poligny était sous le vocable de saint Martin. Une très ancienne chapelle, nommée Saint-Étienne au pied du bois, existait, dès le XVIᵉ siècle, auprès du hameau des *Forestons*. L'évêque de Gap était collateur de la cure et décimateur de la paroisse qui dépendait de l'archiprêtré du Champsaur. En 1735, un ermite avait obtenu la permission de s'établir à Poligny. — *Administr. et Justice.* — Poligny dépendait de l'élection de Grenoble, de la subdélégation de Gap et du juge des châteaux épiscopaux, avec appel au vibailli de Gap. — *État féodal.* — La seigneurie de Poligny se divisait, par égales parts, entre l'évêque de Gap et un seigneur particulier. Voici la succession de ces derniers : Rodolphe de Poligny, 1300 — François, 1352 — Léger, 1385 — Jean, 1389-1428 — Jean, 1447-1450 — Antoine et Catherine, femme de Jean du Snau, 1450-1460 — Pierre, fils d'Antoine, 1517 — Ses deux fils furent l'origine de deux coseigneurs : 1º Guigues, 1580 — Élie-Pierre, 1587 — Étienne, 1645 — Pierre, 1645-1677 — Gaspard, 1697-1722 — Angélique, sa fille, épouse de Charles de Revillasc, 1731 — Jacques, leur fils, 1752-1762 — Joseph-Pierre, 1789 ; — 2º Pierre, 1559-1593 — Jacques, 1593-1600 — Pierre, 1600-1641 — Jacques, 1641-1680 — Joseph, 1692 — Louis, chanoine de Gap, fait héritière sa cousine Angélique, 1712-1735 ; cette coseigneurie se confond alors avec la précédente. — A partir du XVIᵉ siècle un arrière-fief se constitua au village de *Villeneuve* ; en voici l'origine : Antoine Fulcon-Saint, capitaine protestant, fils d'un cordonnier de Poligny, s'empara, à main armée, de ce coin de terre du domaine épiscopal, prit le titre de sieur de Villeneuve et ne put plus en être expulsé. Antoine Fulcon-Saint, 1567-1590 — Honoré et Jean, 1590-1600 ; le second est anobli au mois d'avril 1599 — Jean Hébrard, notaire à Saint-Bonnet, en hérite, 1650-1690 — Antoine, 1690-1713 — Louis-Charles, 1713-1750 — Guillaume-Alexis Hébrard de la Valonne, 1750, 1789. — *Biographie.* — POLIGNY (Jean de), nommé mal à propos de Polignac par la plupart des auteurs, fut abbé de Boscodon, de 1415 à 1426. — POLIGNY (Jacques de), l'un des plus braves lieutenants de Lesdiguières, né vers 1550, fit entrer un secours dans La Mure assiégé par Mayenne (1581), se signala à la tête d'un régiment dont il était colonel, au combat d'Esparron (1591), fut gouverneur de Gap (1589-1592), et fut tué le 15 mai 1592 d'une arquebusade, en accompagnant Lesdiguières en Provence. — POLIGNY (Jacques de), petit-fils du précédent, ingénieur habile, travaillait en 1680 à construire la route des Alpes en Italie.

MANDEMENT DU VALGAUDEMAR.

Ce mandement s'étendait sur une vallée tributaire du Drac, mais à peu près indépendante du Champsaur ; elle ne fut pas englobée dans le duché de Lesdiguières en 1611, lors de sa création. Jusqu'en 1250 il n'y eut qu'un seul seigneur en Valgaudemar, alors il fut divisé en deux parts ; en 1352 il y en eut trois ; quatre en 1395 ; cinq en 1400 ; six en 1413 ; sept en 1435. — En 1307, le 16 novembre, les deux seigneurs du Valgaudemar transigèrent avec leurs sujets qui se reconnurent leurs hommes liges, taillables à miséricorde, leurs justiciables pour tous les cas, tenus aux corvées, aux services, à payer les lods ou droits de mutation et une somme arbitraire pour les cas impériaux ; comme compensation on leur accorda le droit de disposer de leurs biens par testament, donation, vente ou *ab intestat*. — Le mandement du Valgaudemar faisait partie du bailliage puis du vibailliage du Graisivaudan, de l'élection de Grenoble, de la subdélégation de la Mure, de l'archiprêtré du Champsaur.

LA CHAPELLE EN VALGAUDEMAR. — *État ecclés.* — La paroisse de la Chapelle sous le vocable de l'Assomption remontait au moins au XIᵉ siècle ; à la fin du Xᵉ ou au commencement du XIᵉ, un seigneur du Champsaur nommé Nantelme, la donne à l'ordre de Cluny, qui l'unit à l'abbaye de Saint-Chaffre et au prieuré de Saint-Firmin ; ce dernier était décimateur de la paroisse. L'abbé de Saint-Chaffre nommait à la cure. Au village des *Andrieux* était une chapelle sous le titre de Saint-Jean, à celui du *Villard-Loubière*, une autre sous le titre de Sainte-Anne, qui eut parfois un desservant. — *Administr. et Justice.* — La

Chapelle était une station de la voie romaine de Briançon à Mens, par la Vallouise, elle portait le nom de *Geminæ*. La juridiction seigneuriale fut divisée, au XVᵉ siècle, en deux parties, dont l'une s'exerçait sur la place publique de la Chapelle, près de la croix qui y était dressée, et l'autre à l'endroit nommé Pierre-Bernard. En 1499, Aynard de Roussillon et Guy de Montauban vendirent à Claude Gras la juridiction de la Croix de la Chapelle. Au XVIIᵉ siècle la juridiction seigneuriale s'exerçait à Grenoble, avec appel au vibailli de cette ville. — *État féodal*. — Voici la liste des seigneurs du Valgaudemar avant le partage de cette seigneurie : Guillaume de Valgaudemar, 1224 — Amédée Gras, 1239 — Rostaing, 1249-1260, qui divise cette terre entre ses deux fils, dont l'aîné, Jacques, fut seigneur de la Chapelle, ou du fond du Valgaudemar, 1300 — Henri, 1307-1352. Par son testament du 1ᵉʳ juin 1352 il fait les habitants du Valgaudemar héritiers des bois et des montagnes dépendant de sa seigneurie et partage ses terres entre ses deux filles Alix et Alarde ; ce partage donne naissance à deux coseigneuries qui portèrent plus tard le nom de Clémence d'Ambel et de Guillaume-Pérouse. — *Clémence d'Ambel :* Alix, fille de Henri Gras, épouse de Henri d'Ambel, 1352-1362 — Pierre et Henri, leurs enfants, 1370 — Raymond et Aymar, fils de Pierre, partagent cette coseigneurie, 1383-1429. — Le second vend 30 florins de rente sur le Valgaudemar, moyennant 600 florins à la chapelle des Ames-du-Purgatoire, fondée dans l'église de Saint-André de Grenoble, pour les âmes de Charles de Bouville et d'Enguerrand d'Eudin, anciens gouverneurs du Dauphiné, le 14 avril 1429; cette vente est résiliée le 19 juillet 1431. Il revend 90 ducats de rente à Guillaume Juvenal des Ursins, pour 850 ducats, le 5 février 1439 ; cette vente est résiliée le 11 juin 1445. Cette part ne tarda pas à tomber dans la suivante. — Raymond, frère du précédent, 1389-1429 — Étienne, qui meurt en 1435. — Ses sœurs Clémence, femme d'Antoine de Montauban; Burguette, femme de Raymond de la Villette; Catherine, femme de Jean Pyer; Claude d'Urre et la famille Gras en héritent. Sauf Claude d'Urre, seigneur du Villard-Loubière, tous les cohéritiers vendent leur part à Aymar de Clermont pour 940 écus d'or, en 1435. Antoine de Clermont revend cette part, dont le revenu était 67 ducats et un quintal de fromage, à Raymond de Montauban, le 10 novembre 1464. — Claude Allemand achète ces terres saisies et vendues à l'encan en 1489 et les revend peu après au même Raymond de Montauban, qui vivait encore en 1495 — Guy de Montauban, 1499-1537 — Jean-Antoine, 1557-1581. — Sa mère, Anne de Motteau, en hérite et fait héritier René de la Tour-Gouvernet, 1605 — Charles de la Tour-Gouvernet vend à Florent de Renard 18,000 livres, le 3 février 1621 — François de Renard, 1640-1650 — François, 1650-1683 — François, 1683-1713 — Charles, 1759-1769 — Françoise, sa sœur, femme de Joseph d'Estienne, est son héritière, 1769 — Joseph, leur fils, 1770 — Henri-Balthazard, 1774-1789. — *Guillaume-Pérouse :* Alarde, fille de Henri Gras, épouse de Jean des Herbeys, 1353-1359 — Lantelme, dite Coquette, leur fille, épouse Jean Gras, 1359. — Celui-ci teste en 1410 — Jean, leur fils, teste en 1415 — Claude, 1415-1502 — François vend à Guillaume Pérouse pour 600 livres tournois, le 8 novembre 1543 — Jeanne Pérouse et Marguerite, femme de Claude de Clarens, ses filles, vendent à Nicolas Reynaud, 1570-1581 — Nicolas Reynaud, fils de Nicolas, vend à René de la Tour-Gouvernet, le 24 juin 1605. Cette coseigneurie tombe dans la précédente. — *Villard-Loubière :* Comme nous l'avons vu ci-dessus, Claude d'Urre hérita d'une part de la seigneurie d'Étienne d'Ambel, 1435-1440 — Jeanne, sa fille, épouse d'Aymar de Roussillon, 1499 — Louise, leur fille, vend à Guillaume Pérouse une maison forte et un revenu de 200 florins, pour 1,600 écus d'or, le 6 juillet 1538. Cette coseigneurie tombe alors dans les précédentes. — *Bibliogr.* — AUGIER (Ernest). *Un seigneur de la Chapelle-en-Valgaudemar, en 1605. (Bulletin de la Société d'études des Hautes-Alpes, 1885, pp. 62-319).*

SAINT-JACQUES. — *État ecclés.* — Un seigneur du Champsaur, nommé Nantelme, donna à la fin du Xᵉ ou au commencement du XIᵉ siècle, à l'ordre de Cluny, l'église de Saint-Jacques, qui était sous le vocable de saint Jacques le Majeur. Elle fut unie à l'abbaye de Saint-Chaffre et au prieuré de Saint-Firmin, et réunie en 1793. Le prieur était collateur de cette cure et principal décimateur de cette paroisse. Une très ancienne chapelle, sous le titre de Notre-Dame, était, au hameau des *Paris*, le but d'un pèlerinage; une autre avait été fondée en 1666, sous le titre de Saint-Pierre, au hameau de *la Chau*, et une troisième de Saint-Pancrace existait en 1708, à celui du *Séchier*. Saint-Jacques faisait partie de l'archiprêtré du Champsaur. — *Administr. et Justice.* — Comme à la Chapelle. — *État féodal.* — Jusqu'en 1273, Saint-Jacques ne forma qu'une seigneurie avec la Chapelle-en-Valgaudemar; Henri Gras, fils de Rostaing, eut, en 1273, pour sa part de l'héritage paternel, les paroisses de Saint-Jacques et Saint-Maurice. — Honoré et

François, ses fils, 1325-1330 — Hugues, fils d'Honoré; François, fils de François, 1330-1364 — Jean, fils d'Hugues, 1354-1382 — Jean, 1382-1395 — Catherine, sa fille, dame de Saint-Jacques, épouse de Jacques de Saint-Germain, 1395 — Jacques de Saint-Germain achète les droits sur Saint-Jacques, de Perret d'Ambel, 530 florins et ceux de Jean Gras, son beau-père, 450 florins en 1413 — Jean, son fils, vend sa part à Jean de Roux, en 1420 — Jean de Roux, fils de Jean, 1474 — Jean, 1514 — Antoine vend pour 103 écus d'or, à Pierre Gras, le 21 janvier 1534-1545 — Claude Gras, 1556 — Melchionne, 1580 — Jean Fulcon-Saint achète en 1606 — Pierre d'Armand, son gendre, 1610 — Marguerite, sa fille, épouse Florent de Renard, qui vend cette terre, avec partie de celle d'Aubessagne, pour 33,000 livres à Abel d'Armand, son cousin, le 14 juin 1626 — Abel d'Armand, 1626-1631 — Pierre, 1641-1656 — Mary et Jacques, 1680-1719 — César, fils de Mary, et Claude Ravier, son beau-frère, 1719-1726 — — Pierre-Jacques du Port de Poutcharra, 1726-1760 — Louis-François, 1760-1780. — La terre de Saint-Jacques fut de 1534 à 1789 entre les mains des mêmes seigneurs que celle d'Aubessagne. — Une petite coseigneurie, sise au hameau du *Séchier*, appartint jusqu'à la Révolution aux seigneurs de Saint-Maurice, dont je vais donner la liste dans l'article suivant.

SAINT-MAURICE. — *État ecclés.* — La paroisse de Saint-Maurice était sous le vocable du saint dont le village porte le nom; elle faisait partie de l'archiprêtré du Champsaur. La cure était sous le juspatronat du prieur du Beaumont, de l'ordre de Cluny, qui était principal décimateur de la paroisse. — *Administr. et Justice.* — Comme à la Chapelle. — *État féodal.* — Jusqu'en 1273 le fief de Saint-Maurice ne fut pas séparé de celui de la Chapelle-on-Valgaudemar; jusqu'en 1395 il ne forma qu'une seigneurie avec Saint-Jacques. Jean Gras, fils de Jean, frère de Catherine, dame de Saint-Jacques, ent Saint-Maurice et le petit fief du Séchier (territoire de Saint-Jacques), pour sa part de l'héritage paternel, 1395-1410 — Jean, son fils, 1410-1425 — Claude, 1482-1502; il achète pour 800 florins, à Louis de Bardonnèche, une part de juridiction qu'il possédait, le 8 septembre 1493 — Guillaume, 1533 — Michel, 1555 — Gaspard, 1583-1633 — Guillaume, son neveu, 1637-1662 — Alexandre, neveu du précédent, 1662-1715 — Marguerite, sa sœur, 1715-1734. Elle vend à François de Roux de Laric, qui revend lui-même à Albin Bernou, notaire, 1770-1789.

5.

COMTÉ DE GAPENÇAIS.

Le territoire qu'occupa, au moyen âge, le comté de Gapençais, était habité par plusieurs nations gauloises ; les *Caturiges* (partie de la vallée de la Durance); les *Voconces* (vallée du Buëch et partie de celle de la Durance); les *peuples des Alpes* (rive gauche de la Durance, depuis Venterol jusqu'à Volonne (Basses-Alpes). Cette région eut à subir les mêmes vicissitudes historiques que le comté d'Embrunais; je me contente donc de renvoyer à l'article consacré à ce comté pour tout ce qui concerne les époques mérovingienne et carolingienne. Au XIe siècle, le Gapençais était la propriété des comtes de Provence et il passa ensuite aux comtes de Forcalquier, au moins la partie située sur la rive droite de la Durance. L'autorité de ces princes avait eu pour origine les victoires remportées à la fin du Xe siècle par le comte Guillaume sur les Sarrasins, mais elle devint définitive seulement après la mort de Rodolphe, dernier roi de Bourgogne (1032); un diplôme impérial du 18 août 1162 vint légitimer la suzeraineté des comtes de Forcalquier dans le Gapençais. — Ce comté fut constitué en dot le 2 juin 1202, à Béatrix, petite-fille de Guillaume, comte de Forcalquier, mariée au dauphin Guigues-André. Béatrix, fille de cette première Béatrix, l'apporta en dot, à Amaury de Montfort, fils de Simon, et enfin, au mois de juillet 1232, le Dauphin racheta définitivement le Gapençais, à sa fille et à son gendre, pour 100,000 sous viennois. Le contrat de 1202 donnait pour limites au comté de Gap les rivières de Buëch et de la Durance; tout ce qui se trouvait sur la rive gauche de cette seconde rivière en était donc exclu ; la vente de 1232 restreignit encore ces limites; les terres de Tallard, de Vitrolles et de Mison, comprises dans la première donation, ne firent pas partie de cette vente, qui fut approuvée par un diplôme impérial du mois de juin 1247. — Depuis cette époque le Gapençais est resté uni au Dauphiné, mais les Dauphins furent souvent troublés dans leur possession par les comtes de Provence, auxquels ils étaient tenus de rendre hommage ; il fut même question, en 1463, de restituer le Gapençais à la Provence, et l'original d'un projet de traité rédigé dans ce but entre Louis XI et le roi René existe encore. — Jean Dauphin, fils de Humbert Ier et d'Anne, reçut, du vivant de ses parents, de 1289 à 1307, le Gapençais et l'Embrunais, en apanage ; il porta le titre de comte de Gapençais. — Telle est, en peu de mots, l'histoire politique de la contrée, située entre la Durance et le Buëch. La rive droite du Buëch, quoique relevant au xe siècle de l'évêché de Gap, ne faisait point partie, à cette époque, du comté de Gapençais ; en 988 c'était le *pagus Rosanensis* ou de Rosans, qui prit ensuite le nom de Baronnies et qui sera l'objet d'un article particulier. Plus tard le comté de Gapençais s'étendit sur la rive droite du Buëch, dans les cantons actuels de Serres, Orpierre, Ribiers et Rosans. A partir du milieu du xiiie siècle, le Dauphin multiplie ses acquisitions dans les limites de l'ancien *pagus* de Rosans ; le 9 octobre 1264 il achète de Galburge de Mevouillon, dame de Serres, Arzeliers, Méreuil, etc., la juridiction et la mouvance de ses différentes seigneuries ; le 3 juin 1298 il acquiert de Charles, comte de Provence, la ville de Serres et ce qu'il possédait encore dans ses environs ; en 1302 et 1317 il unit à son domaine, par achat ou donation, presque tout ce qui dépendait de l'évêché de Gap, sur la rive droite du Buëch. Ces territoires firent encore partie pendant quelque temps des Baronnies et du bailliage du Buis ; mais un bailliage delphinal ayant été établi à Serres, en 1298, peu à peu toute la contrée jusqu'aux limites actuelles du département des Hautes-Alpes fut annexée au Gapençais. — Toutes les terres de ce comté étaient seigneuriales ; les droits féodaux n'avaient pas été, comme en Briançonnais, rachetés par les communautés. Le Dauphin avait une part dans chaque seigneurie et percevait les mêmes droits de lods, de corvée, de justice, de chevauchée, de cas impériaux, etc., que dans l'Embrunais et les mêmes redevances en argent ou en nature pour les albergements qu'il avait consentis. Ses revenus, au xive siècle, étaient d'environ 1,350 florins d'or, non compris des péages fort productifs et les revenus en nature. — L'évêque de Gap possédait, en Gapençais, quinze seigneuries ou portions de seigneuries, mais il était loin d'avoir l'opulence et l'autorité des archevêques d'Embrun. — La race Gapençaise est très mélangée et s'adonne exclusivement à l'agriculture ; la culture de la vigne favorisée par un climat plus doux que dans le reste du département, était, il y a peu d'années encore, l'un des principaux produits des vallées du Buëch et de la Durance. Le Gapençais s'expatrie moins facilement que l'habitant du nord du département, parce qu'il peut se livrer durant presque tout l'hiver aux travaux des champs. Par la même raison l'instruction y est moins répandue que dans le reste des Hautes-Alpes. Les communes y possèdent peu de biens communaux.

IV. — BAILLIAGE DU GAPENÇAIS.

A partir de 1044, le Gapençais fut administré par des vicomtes sous l'autorité des comtes de Provence ; ils rendaient eux-mêmes la justice dans les plaids publics. Voici les noms de ces personnages qui paraissent avoir appartenu à une famille alliée aux comtes de Provence ; plusieurs de leurs parents ont occupé le siège épiscopal de Gap et ils possédaient de nombreuses seigneuries sur la rive gauche de la Durance : Pierre, fils d'Ysoard, mari d'Ingelburge et frère de Guillaume, 1045-1050 — Ysoard, mari de Petronille, frère de Bertrand, 1058-1080 — Hugues, excommunié par le pape Urbain II, vers 1090, est dépossédé. — Pendant le xiie siècle le comte de Forcalquier fut représenté, en Gapençais, par des administrateurs dont le titre et la compétence sont mal connus. Au commencement du xiiie siècle apparaissent les baillis investis des pouvoirs administratif, militaire et judiciaire ; ils sont assistés par des juges-majeurs quand il s'agit de rendre la justice. Le bailli du Gapençais résida d'abord à Upaix ; en 1298 il se transporta à Serres avec son tribunal. En 1447 le bailliage fut transformé en vibailliage, et enfin il fut transféré à Gap, par lettres-patentes de Louis XII, du 8 septembre 1541 et installé dans cette ville le 11 février 1512. Les quatre châtellenies de Montalquier, Serres, Upaix et Veynes relevaient du bailliage de Gapençais. Voici la liste de ses baillis : Jacques de Bagnalco, 1239 — Osasica, 1243 — Silvion de Clérieu, 1247 — Batardin de Montferrat, 1258-1259 — Gérard de Bellecombe, 1259 — Jean de Hautvillard, 1262-1265 — Gérard de Bellecombe, 1269 — Guillaume de Montorcier, 1274 — Jaucerand, 1275 — Girard de Beaumont, 1276 — Philippe de Laveno, 1276-1279 — Jaucerand de Omninis, 1281 — Boniface de Bardonnèche, 1282 — Parceval de Bardonnèche, 1287 — Guillaume Mayfredi, 1290 — Jeoffroy de Castellane, 1290 — Guigues Allemand, 1290-1291 — Philippe de Laveno, 1293 — Raymond-Jeoffroy de Castellane, 1296 — Bienvenu de Campeis, 1297 — Lionel de Campeis, 1297-1298 — Raymond Escoffier, 1299 — Guillaume Grinde, 1302-1305 — Guigues Allemand, 1306 — Guillaume Meyfredi, seigneur de Tournon, 1309 — Osasica Flotte, 1311 — Hugues du Puy, 1313 — Jean Bonfils, 1314 — Guillaume Artaud, 1317 — Pierre Selley, 1317-1318 — Jacques Rivière, 1319 — Guigues de Morges, 1320-1321 — Guillaume de Rame, 1322-1324 — Gentil de Romana, 1326-1331 — Guillaume de Mévouillon, 1332 — Boniface de Bardonnèche, 1333 — Pierre Painchaud, 1334-1335 — Humbert de Paladru, 1341 — Jean de Hautvillard, 1343 — Arnaud Flotte, 1343-1345 — Hugues Falavel, 1346-1349 — Jacques de la Villette, 1351 — Laurent de Condrieu, 1357 — Nicoud de Claude, 1359 — Jean Richière, 1365 — Artaud d'Arces, 1366-1373 — Guillaume de Broxio, 1376 — Guigues Flotte, 1378 — Raymond Aynard, 1381 — Parceval de Bardonnèche, 1385 — Antoine Richière, 1390 — Guillaume de Mévouillon, 1392-1399 — Raoul de Commiers, 1407 — Pierre Gandelin, 1410 — Elzéard Gandelin, 1413 — Guinet de Cauvillon, 1444. — Voici la liste des juges-majeurs correspondants : Batardin de Montferrat, 1257 — Hugues de Masalguis, 1265 — Maître Albert, 1276 — Bienvenu de Campeis, 1283 — Antoine de Casalorcio, 1299-1301 — Arnaud Arnaud, 1302 — Rostaing de Meyronis, 1304 — Boson de Ocardo, 1308 — Guillaume Mayfredi, 1309 — Humbert de Faramans, 1317 — Jordan de Cornillon, 1334-1335 — Raymbaud André, 1338 — Didier de Beaumont, 1344 — Raynaud Raymond, 1348 — Hugues Falavel, 1349 — Humbert d'Auriac, 1350 — Bertrand Agni, 1362 — Guillaume Aygaterie, 1356 — Jean de Rivo, 1370 — Raymond Gras, 1378 — Jean Virduinieus, seigneur de Vinsobres, 1387 — Jacques de Céne, 1389-1390 — Antoine Tholosan, 1393 — Jacques Provansal, 1394 — Barthélemy Garnier, 1397 — Raymond Savine, 1398-1400 — Jean Sauret, 1401 — Guillaume Reboul, 1404 — Ézéchiel de Val-Sévère, 1427 — Pierre Clavel, 1447. — Voici les noms des vibaillis de Gap : Rolland Menze, 1462 — Didier Ramuti, 1471 — Claude Olier, 1477 — Guillaume Menze, 1484 — Guélix Menze, 1497 — Claude Olier, 1499-1508 — Sadon Emé, 1510 — Antoine Bonfils, 1512 — Hodouin Emé, 1513 — Claude Olier de Montjeu, 1514-1546 — Guillaume Choul, 1546-1551 — Benoît Olier de Montjeu, 1551-1602 — Claude Olier de Montjeu, 1602-1611 — Alexandre de Philibert, 1611-1614 — Claude Olier de Montjeu, 1614-1630 — Daniel de Philibert, 1614-1658 — Jacques d'Yse de Saléon, 1658-1664 — Mathieu de Bertrand, 1644-1672 — Joseph-Mathieu de Bertrand du Fresne, 1672-1699 — Louis de Bertrand du Fresne, 1699-1738 — Jean-Antoine Flour de Saint-Genis, 1738-1759 — Pierre-Jean-François Philibert, 1759-1790. — Le Gapençais faisait partie de la généralité et de l'intendance de Grenoble; un subdélégué résidait à Gap. Une élection avait également été établie dans cette ville; tout le Gapençais était de son ressort.

1. CHATELLENIE DE MONTALQUIER.

Le siège de cette châtellenie était un château delphinal situé non loin de Gap, dans un petit mandement nommé Montalquier, aujourd'hui la Tour-Ronde. L'évêque de Gap avait, depuis 1044, une juridiction presque absolue sur sa ville épiscopale, et il fallut toute une suite d'efforts et d'usurpations successives de la part du Dauphin pour y implanter ses magistrats. En 1406 l'évêque se vantait encore d'être, entre le Rhône et les Alpes, le seul prélat qui fût maître dans sa ville épiscopale. Le Dauphin ne pouvait donc pas, au XIII° siècle, songer à installer un châtelain dans Gap même, mais il en plaça un à la porte de cette ville. Le rôle de ce magistrat devint immédiatement des plus importants : avoir l'œil ouvert sur les usurpations tentées par l'évêque au préjudice des droits du Dauphin, protéger les sujets delphinaux habitant la ville de Gap et sa banlieue, percevoir les revenus du Dauphin dans la ville, juger en premier ressort les procès de ses vassaux, ne jamais négliger une occasion d'empiéter sur les droits de l'évêque, telle fut la règle de conduite tracée à ces magistrats pendant trois cents ans. Elle fut couronnée de succès; en 1329, l'évêque consentait à partager sa juridiction avec le Dauphin, en 1352, il l'autorisa à établir un juge delphinal dans l'enceinte même de Gap; le 11 février 1512, le vibailliage royal lui-même y fut installé. — Louis XI donna, au mois de mars 1481, à l'abbaye de Saint-Claude, 4,000 livres de rente, dont une partie était représentée par trois cents setiers de froment et de seigle, perçus sur la châtellenie de Montalquier. — Voici la liste des châtelains de Montalquier : Aymar de Commiers, 1291 — Pierre d'Avalon, 1315 — Jean des Orres, 1318-1319 — Aymeri Leuczon, 1319-1320 — Jean Jamfiliaci, 1322-1324 — Guigues de Villaret, 1327-1330 — Jean Jamfiliaci, 1331-1334. — Gillet de la Beaume, 1337 — Aymon de Saint-Pierre, 1338 — Gillet de la Beaume, 1340 — Jacques de Roux, 1348 — Isoard de Montauban, 1350-1353 — François Gras, 1358-

1864 — Jean Gras, 1370 — Jean de Tencin, 1371-1375 — Jean de Roux, 1378-1390 — Guillaume Louvel, 1390-1410 — Thomas du Bois, 1411-1414 — Guillaume Louvel, 1415 — Thomas du Bois, 1416-1417 — Raymond de Montauban, 1418-1439 — Antoine de Montauban, 1440-1443 — Mermet de Saint-Germain, 1470 — André Mazel. 1471 — Pierre de Monts, 1484.

MANDEMENT DE LA BATIE.

LA BATIE-NEUVE. — *État ecclés.* — En 1152 une bulle papale confirme aux moines italiens de Brêma l'église de *Monte Rovoreo*, aujourd'hui *Montreviol*, hameau de la Bâtie-Neuve. Il est possible qu'au XIIe siècle une église paroissiale commune entre la Bâtie-Neuve et la Bâtie-Vieille fût située dans ce hameau; il y a cependant des réserves à faire relativement à l'authenticité de cette bulle. — La paroisse de la Bâtie-Neuve, sous le vocable de saint Pancrace, remonte au moins au XIIIe siècle. En 1516 il y avait, non loin du village, une chapelle de Saint-Pancrace, but de pèlerinage pour les populations environnantes. En 1616 elle existait encore et, en outre, on avait fondé dans cette église une chapelle de Sainte-Marie-Madeleine. En 1708 nous en trouvons quatre nouvelles, celles de Notre-Dame-de-Consolation, de Notre-Dame-de-Confort, de Sainte-Catherine, et une dernière fondée par Marguerite Argence. — Il existait autrefois, dans cette paroisse, un prieuré de Notre-Dame-de-Tournefort; je ne sais de quelle abbaye il dépendait. Ruiné pendant les guerres de religion, il fut réduit en simple chapellenie et uni à la cure (1616). — L'évêque de Gap était collateur de la cure et principal décimateur de la paroisse. Jusqu'en 1516 la Bâtie-Neuve avait fait partie de l'archiprêtré du Champsaur; avant 1576 il fut uni pour toujours à celui du Gapençais. — *Ordres hospit.* — L'ordre de Saint-Jean de Jérusalem possédait à la Bâtie-Neuve quelques revenus dont le commandeur de Gap fit hommage au Dauphin le 27 juillet 1560. — *Hôpitaux.* — Un hôpital pour les pèlerins était joint à la chapelle de Saint-Pancrace; depuis le XVe siècle pour le moins, il fut administré par les moines de l'abbaye de Boscodon. — *Administr. et Justice.* — Jusqu'au XVe siècle, la Bâtie-Neuve dépendit de la châtellenie du Champsaur et du bailliage du Graisivaudan; en 1463 on l'avait joint à celui de Gap. L'évêque prétendait avec raison, à cette époque, que le hameau de Montreviol devait également dépendre du Gapençais, et il eut, en définitive, gain de cause contre les officiers delphinaux, qui voulaient le rattacher au Champsaur. Ce prélat avait à la Bâtie une juridiction seigneuriale qu'il exerçait par le juge des châteaux épiscopaux, résidant à Gap au XVIIe siècle, et dont les jugements pouvaient être portés en appel au vibailliage delphinal. La Bâtie-Neuve dépendait de l'élection et de la subdélégation de Gap. — *État féodal.* — L'évêque de Gap était, depuis une époque fort ancienne, seigneur de la Bâtie; en 1594 il fut obligé de le vendre à Étienne de Bonne d'Auriac, pour payer les dettes contractées pendant les guerres de religion. Étienne de Bonne d'Auriac, 1594-1631 — Alexandre, 1632-1650 — Catherine, sa fille, épouse de Roger d'Hostun, 1660-1685 — François de Neuville-Villeroy retient cette terre pour les reprises de sa tante, Marie de Neuville, femme d'Alexandre de Bonne, dont il est héritier, et la vend à Mathieu de Louvat, en 1720 — Catherine de Louvat, épouse de César d'Agoult, 1748 — Hippolyte-Auguste-Vinceslas, leur fils, 1789. — *Histoire.* — 1255, 23 juin, Othon, évêque de Gap, s'oblige vis-à-vis du Dauphin, du chapitre et des habitants de Gap, de démolir, dans les huit jours, le château qu'il possédait à Tournefort, près de la Bâtie. — 1574, Balthazard de Comboursier, seigneur du Monêtier, s'empare, pour le roi, du château épiscopal de la Bâtie et y met garnison. — 1576, fin mai, il le brûle pour qu'il ne tombe pas entre les mains des protestants. — 1692, septembre, la Bâtie est incendié par les coureurs de l'armée du duc de Savoie.

LA BATIE-VIEILLE. — *État ecclés.* — La paroisse de la Bâtie-Vieille est sous le vocable de saint Martin de Tours. En 1516 une chapelle, dédiée au patron de l'église, y payait les décimes; en 1616 on y avait fondé une nouvelle chapelle de Saint-Joseph; en 1708 on en avait fondé une troisième de Saint-Barthélemy. L'évêque de Gap était collateur de la cure et décimateur de la paroisse, qui, comme celle de la Bâtie-Neuve, fit partie de l'archiprêtré du Champsaur, puis de celui du Gapençais. — *Ordres hospit.* — L'ordre de Saint-Antoine en Viennois, avait, dès 1198, des biens au hameau de Larra; ils dépendaient de la commanderie de Gap. Il les posséda jusqu'en 1778; alors l'ordre de Malte en devint propriétaire par la suppression des Antonins. — *Hôpitaux.* — Au hameau de Larra existait, dès 1198, un hôpital de Sainte-Madeleine, dont les Antonins étaient administrateurs; Guillaume, comte de Forcalquier, le prit sous sa sauvegarde en 1204. En 1221 l'évêque de Gap le confirma à l'ordre de Saint-Antoine en Viennois, le 18 juillet 1311 cet ordre l'échangea avec l'évêque de Gap; mais il ne tarda pas à le recouvrer, car, en 1778, il le possédait encore.

Il tomba, à cette époque, entre les mains des chevaliers de Saint-Jean de Jérusalem. — *Administr. et Justice.* — Comme à la Bâtie-Neuve. — *État féodal.* — L'évêque, seigneur de temps immémorial de la Bâtie-Vieille, possédait encore cette terre en 1789. — *Histoire.* — 1517, mai, les troupes du maréchal de Saint-André, allant en Italie, incendient la Bâtie-Vieille.

MANDEMENT DE CHATEAUVIEUX.

CHATEAUVIEUX. — *État ecclés.* — Dès 1340 la paroisse de Châteauvieux était sous le vocable de sainte Foi. En 1708 il y avait dans cette église une chapelle sous le même titre. L'évêque de Gap et son chapitre étaient décimateurs de cette paroisse, qui dépendait de l'archiprêtré du Gapençais. — *Administr. et Justice.* — Châteauvieux dépendait de l'élection, de la subdélégation et du vibailliage de Gap. Les seigneurs avaient une juridiction inférieure qu'ils exerçaient à Gap au XVIIe siècle, avec appel au vibailli de cette ville.— *État féodal.* — L'évêque fut d'abord seigneur unique de Châteauvieux, je n'ai pu découvrir en vertu de quel titre. Au commencement du XVe siècle, il vendit la moitié de cette terre à Pierre Gandelin, 1408-1450 — Claude, 1486 — Pierre, 1508-1522 — Antoine, 1531-1551 — Pierre, 1580 — Alexandre, qui vend à André Perrinet, 1595 — Ce dernier vend à Balthazard Flotte, sieur de Freydière, 1608 —Balthazard Flotte vend à Pierre de Poligny, 1649-1671 — Gaspard, son fils, 1697-1722 — Angélique, fille de ce dernier, épouse de Charles de Revillasc, 1731 — Jacques, leur fils, 1752-1762 — Joseph-Pierre, 1789. — L'évêque vendit le reste de cette terre, pour 350 livres tournois, à Pierre de Gaillard, le 21 décembre 1563. Cette coseigneurie consistait dans le hameau de *Villevieille*, la maison-forte de *la Tour* et 12 florins de fournage et de pulvérage. Aimé de Gaillard, fils de Pierre, 1584 — Claudie, sa fille, épouse de François de Chaillol, 1590 — Elle vend à Antoine Baile, pour 18,000 livres, en 1625 — Élisabeth, sa fille, épouse Aimé de Colombet (1654), et en secondes noces Gabriel-Théodore Rochon de la Motte-la-Peyrouse, qu'elle institue son héritier, 1681 — Celui-ci fait, à son tour, héritier son neveu, François-David Vallier, 1738 — Joseph-François, 1776-1782 — Gabriel-Théodore, 1782-1789. — *Histoire.* — 1575, 5 janvier, les protestants s'emparent de Châteauvieux. — 1692, septembre, il est incendié par les coureurs de l'armée du duc de Savoie.

LETTRET. — *État ecclés.* — Dès 1340 nous trouvons Lettret pourvu d'une paroisse, sous le titre de Notre-Dame des Rives-Dures. Vers le commencement du XVIIe siècle, l'ancienne église étant très éloignée du village, on en construisit une nouvelle, mais on conserva à Notre-Dame des Rives un recteur particulier, avec 30 écus de revenu et le cimetière paroissial. En 1516 une chapelle de Saint-Jacques et deux de Notre-Dame existaient à Lettret; il n'en restait plus qu'une seule en 1616. En 1708 on en avait fondé une nouvelle, sous le titre de Sainte-Anne. L'évêque de Gap, collateur de la cure, et le curé, se partageaient les dimes de cette paroisse, qui dépendait de l'archiprêtré du Gapençais. — *Administr. et Justice.* — Comme à Châteauvieux.— *État féodal.* — La seigneurie de Lettret se partageait entre le vicomte de Tallard (Voir à Tallard) et l'évêque de Gap. Ce dernier y possédait un château dont il ne reste plus trace, et une juridiction particulière qui était exercée par le juge des châteaux épiscopaux. — *Histoire.* — 1317, 16 octobre, l'évêque de Gap autorise les habitants de Gap à faire couper la route qui, de Sisteron, allait à Embrun, en suivant la Durance, et permettait ainsi aux voyageurs d'éviter Gap, en passant par Lettret. — 1336, 23 novembre, Humbert II confirme cette autorisation, moyennant 100 florins d'or. — 1536, François Ier fait de nouveau couper cette route, qui avait été rétablie, pour empêcher l'armée de Charles-Quint d'envahir l'Embrunais. — 1574, 5 février, les protestants s'emparent de Lettret.

MANDEMENT DE GAP.

GAP. — *État ecclés.* — La cathédrale de Gap est sous le vocable de Notre-Dame et de saint Arnoul; une église de Notre-Dame fut probablement construite dans cette ville dès le IVe siècle; ce fut seulement au IXe siècle qu'on ajouta à ce vocable celui de saint Arnoul, évêque de Gap, mort en 1070. Un chapitre composé d'un doyen, d'un prévôt, d'un archidiacre, d'un sacristain, d'un précenteur et de douze chanoines (réduits plus tard à dix, puis à neuf), y était attaché. Le clergé paroissial se composait, en 1516, de deux curés, de douze bénéficiers, de six recteurs et de plusieurs chapelains. Le chapitre avait la disposition de treize prébendes, distribuées à ses membres d'après leur ordre d'ancienneté. En vertu d'une bulle du 2 septembre 1176, les chanoines de Saint-Arnoul prétendaient être soustraits à la juridiction épiscopale; aux XIIIe et XIVe siècles, ils avaient un juge capitulaire, et l'un d'eux faisait de droit partie du consulat de la ville de

Gap. Par une transaction du 5 février 1604, les chanoines se soumirent entièrement à la juridiction de leur évêque, à charge par celui-ci d'appeler le doyen et un chanoine comme juges avec l'official dans les causes ecclésiastiques qui intéressaient le chapitre ou ses membres. L'évêque était de droit membre du chapitre de Saint-Arnoul. Une bulle papale ordonna, le 1er juin 1321, de faire des distributions en nature aux membres de ce corps qui seraient assidus aux offices ; une autre bulle du 5 février 1290, accorda quarante jours d'indulgence aux fidèles qui fréquenteraient la cathédrale de Gap aux fêtes de la Vierge, de saint Arnoul, de saint Arey, et les huit jours suivants. Voici la liste des doyens du chapitre de Saint-Arnoul : Ponce, XIe siècle — Lambert, XIe siècle — Ponce Ébrard, 1075-1099— Guillaume de Bénévent, 1134-1169 — W...... 1178-1199 — L..., 1201 — P..., 1237 — Raoul de Montbonod, 1251-1279— Pierre Reynier, 1286-1300 — Olivier de Laye, 1302-1315 — Guillaume d'Ethi, 1317 — Geoffroy Isnard, 1320 — Jacques Geoffroy, 1325-1327 — Raymond Étienne, 1329-1331 — Gaucher de Montauban, 1332-1341 — Guillaume Étienne, 1342 — Raoul de Montbonod, 1344 — Gaucher de Montauban, 1344-1364 — Pierre de Villani, 1372 — Raymond Baro, 1385-1393 — Jacques Artaud de Montauban, 1393 — Guillaume de Marcossey, dit Fournier, 1395 — Nicolas Lupi, 1404-1409 — Pierre Fabri, 1411 — Mathurin Guiffard, 1419-1439 — Jean de Saint-Germain, 1448-1462 — Mathieu de la Porte, 1476 — Antoine Palmier, 1499-1533 — Philibert de Montorcier, 1540— Claude de Ponnat, 1544 — Pierre de Chaponnay, 1557-1576 — Sixte Constans, 1577-1596 — Laurent d'Aréod, 1596-1613 — Félicien de Bouvier, 1614-1626 — Antoine de Bouvier, 1627-1630 — Charles du Serre de la Grange, 1630-1676 — Louis du Serre de Melve, 1682-1685 — Alexandre de Veilhan de Rouserai, 1688-1694 — Claude de Pina, 1694-1747 — Étienne de l'Isle, 1747-1758 — Jean-Baptiste-Claude de la Gache, 1760-1764 - Charles-Bruno Céas, 1764-1769 — Claude-François Parmentier, 1770 — François Pascal, 1771-1777 — Jean Busco, 1777-1790. — Voici maintenant la liste des prévôts : Pierre de Vizille, 1115 — Pierre Guigues, 1116 — Hugues, 1129-1140 — Étienne, 1178-1204 — A. Rousset, 1215 — Hugues, 1226— Guillaume, 1228 —R..., 1232-1237 —Lantolme de Montorcier, 1239-1279 — Bertrand Maceya, vers 1280 — Raoul de Montbonod, 1285 — Pierre Gantier, 1286-1307 — Bertrand de Laincel, 1308-1315 — Jean d'Aubusson, 1320 — Audebert de Vienne, 1330 — Lantelme, 1339 — Jacques Disdier, 1340 — Jean Feraud, 1396 —

Romain Mathieu, 1432 — Guillaume de Montorcier, 1444-1448 — Oronce Mathieu, 1452 — Philippe Robert, 1469 — Guillaume de Montorcier. 1476 — Robert du Sauze, 1476-1525 — Antoine de Rousset, 1526-1549 — Jacques Rambaud de Furmeyer, 1551-1562 — Barthélemy Martin. 1562 — Jacques de la Beaume, 1569 — Guillaume Baile-la-Tour, 1570-1590 — Jacques Paparin de Chaumont, 1622-1628 — Hugues de Ponnat, 1628 — Jean Arnaud de Montorcier, 1634-1655 — Gaspard de Beauvais, 1658-1697 — François Masseron, 1703-1719 — Ignace Céas, 1719-1747 — Charles-Bruno Céas, 1747-1781. — La cathédrale renfermait un grand nombre de chapelles, fondées : par Pierre de Savines et Béatrix, sa femme, vers 1265 ; par l'un des deux évêques de la famille de Laincel qui se sont succédés sur le siège de Gap (1289-1318), sous le titre de Notre-Dame ; par Pierre Gautier, prévôt du chapitre (1286-1307) ; par Guillaume de Barras, sous le titre de Onze mille Vierges, vers 1290 ; par Guillaume d'Esparron, chanoine, sous le même titre, en 1334 ; par Dragonet de Montauban, évêque de Gap (1328-1348) ; par la veuve de Pierre Eudes, sous le titre de Sainte-Marie. vers 1350 ; par Pierre de Revillasc. seigneur d'Aspres, vers 1415 ; par Guillaume Gras, seigneur du Valgaudemar, vers 1500 ; par Jacques Chapelain, Pierre Masson, Jean de Chaillol, Giraud du Valgaudemar, la famille Richière, la veuve de Jacques Bienfait, Robinet de Cand, Andreude de Saint-Laurent, Mme de Saint-Germain, Albert Gervasi, Bonafous, un prêtre de Corps, dont le nom est inconnu, Henri Arnulphi, Pierre Morel, Jacques Pugnet, le sieur d'Arènes ; Pierre Casse, sous le titre de Sainte-Marie-Madeleine ; Rostaing d'Aubusson, sous celui de Tous les Saints ; Bernard Basterii, sous celui de Notre-Dame de Consolation ; Bodon Chassagne, sous celui des Onze mille Vierges. J'ignore le nom des fondateurs des chapelles suivantes : des Onze mille Vierges. deux de Notre-Dame, deux de Sainte-Marie-Madeleine et de Saint-Martin. Enfin, trois autres avaient été fondées, dont je ne connais pas même le titre. Toutes ces chapelles existaient en 1516 ; cinq seulement survécurent aux guerres de religion. En 1708, on en compte vingt-une, dont celle de Sainte-Anne, Sainte-Catherine, Saint-Géraud et Saint-Paul, Saint-Joseph des Agonisants, Notre-Dame du Clocher, Notre-Dame des Horts, Notre-Dame de la Miséricorde, Notre-Dame des Giraud et celle de Bourgogne paraissent nouvellement fondées. — Dès 1250 une chapelle de Saint-Honorat existait dans le palais épiscopal.— A côté de la cathédrale existait un baptistère probablement fort ancien, en forme de rotonde, et nommé, en 1323, *ecclesia sancti Johannis rotundi*; il fut ruiné par les protestants en 1562 ou 1568. — La ville de Gap possédait encore deux autres paroisses. La première, sous le vocable de *saint Étienne*, existait au XIII° siècle. En 1516 elle renfermait des chapelles fondées par Lantelme de Saint-Marcel, évêque de Grasse (1287-1298), sous le titre de Saint-Étienne; par Jean de Chabestan, vers 1475; par Béatrix Avellanie, et deux autres de Sainte-Colombe et de Saint-Étienne. Une dernière, qualifiée de *Inter hortos*, fut unie, après la suppression de cette paroisse, à la chapelle de Tous les Saints, d'Aubusson, de la cathédrale. L'église de Saint-Étienne, détruite pendant les guerres de religion, ne fut pas réédifiée. — La troisième paroisse de Gap existait hors la ville, sous le vocable de *saint André*. Elle avait été fondée, en 1010, par Adalard et sa femme Frodina; en 1029 l'évêque Féraud la donna à l'ordre de Cluny. On y établit un prieuré qui renfermait trois religieux au XIII° siècle, et avait 140 florins de revenus vers 1380. Très maltraitée pendant les guerres de religion, elle fut unie, en 1618, au collège des Jésuites d'Embrun; en 1725 elle menaçait ruine et fut interdite; la paroisse fut alors transportée dans la chapelle des Franciscains, qui prit le nom de Saint-André, qu'elle porte encore. Voici la liste de quelques prieurs de Saint-André-lès-Gap : Hugues, XI° siècle — Humbert, v. 1080 — Albert, v. 1080 — Ymbert, v. 1090 (ces trois personnages n'en sont peut-être qu'un seul) — Guillaume, 1171 — Étienne de l'Hère, 1300-1302 — Guy de Grolier, 138...-1392 — Jean Amicy, 1413 — Marin Chaillol, 1446 — Claude de Conchenod, 1540-1543 — Michel de Bonne, 1555-1570 — Balthazard Espié, 1611-1618. — Voici encore quelques chapelles de la banlieue de Gap : chapelle de Saint-Mains, existant dès 1044, auprès de la ville, sur l'emplacement d'un ancien camp romain; chapelle de Saint-Bonnet, à *la Garde*, existant déjà en 1079, donnée, à cette époque, au prieuré de Saint-André; chapelle de Sainte-Colombe, au faubourg de ce nom, existant au commencement du XII° siècle; chapelle de Sainte-Marguerite, au village de ce nom, existant au XVI° siècle; chapelle de Notre-Dame, à celui des *Bassets*, existant en 1708; chapelle au hameau de *Treschatel*, interdite vers 1740; chapelle de Notre-Dame des Traverses, au quartier de Bonne, érigée en 1691. — Outre le prieuré de Saint-André, dont je viens de parler, il en existait deux autres dans le territoire de Gap. Celui de Saint-Arey, dans le faubourg qui porte encore ce nom, appartenait à l'abbaye d'Oulx, à laquelle il fut con-

firmé par une bulle d'Eugène III, en 1148; en 1343 il renfermait trois religieux. Presque ruiné pendant les guerres religieuses, il disparut au XVII° siècle. — Le second prieuré était celui de Saint-Mains (*sanctus Mamitus*), qui, en 1150, existait déjà sur l'emplacement d'un ancien camp romain et appartenait, dès cette époque, à l'abbaye de Lérins, qui l'aliéna, au XIV° siècle, en faveur du chapitre de Gap. Il existait encore en 1616 et possédait trois chapellenies, mais il n'était plus alors qu'un simple bénéfice. — L'évêque de Gap, le chapitre de Saint-Arnoul, les trois prieurs de Saint-André, de Saint-Arey et de Saint-Mains, ainsi que les ordres hospitaliers dont il va être question plus loin, se partageaient la dîme du territoire de Gap. — En 1708 un ermite avait obtenu l'autorisation de se fixer près du château de Charance, appartenant à l'évêque de Gap. — Les *Cordeliers* s'étaient établis à Gap en 1220, leur église était dédiée à saint François; au XIV° siècle on y avait fondé une chapelle de Sainte-Catherine. En 1725 elle fut érigée en paroisse, sous le titre de Saint-André. Ce couvent existait encore en 1789. — Les *Dominicains* avaient été fondés en 1320, grâce aux libéralités du Dauphin; leur couvent, qui existait encore au moment de la Révolution, était construit au centre de la ville. — Les *Ursulines* avaient été fondées en 1614 et existaient encore en 1789. Leur chapelle était sous le vocable de Saint-Antoine; elles s'étaient installées dans les bâtiments de l'ancienne commanderie de Saint-Antoine qui leur avaient été donnés. — Les *Capucins*, appelés dans son diocèse par Salomon de Serre, évêque de Gap, dans le but de convertir les protestants, s'établirent dans cette ville le 20 juillet 1614. Leur couvent, construit hors la ville, ne fut terminé qu'en 1640; il existait encore en 1789. — *Séminaire*. — Le grand séminaire de Gap ne fut fondé qu'en 1710; d'abord établi à Tallard, il fut transporté à la Roche-des-Arnauds en 1712, et, peu d'années plus tard, à Gap, où il exista jusqu'à la Révolution. — *Écoles*. — La ville avait, dès 1510, des écoles publiques. Les Dominicains donnaient également de l'éducation à un certain nombre d'élèves. Il n'y avait pourtant aucun collège à Gap, et c'était à Embrun, à Avignon, à Orange, à Grenoble ou à Valence que les jeunes gens allaient recevoir l'instruction classique. — *Ordres hospit.* — Dans les dernières années du XII° siècle fut fondée à Gap la commanderie de Saint-Martin, de l'ordre de Saint-Jean de Jérusalem; on lui donna l'ancien hôpital et la chapelle de Saint-Martin et des terres assez nombreuses à Saint-Maius, le Châtelart, Molines, Bonne et autres quartiers du territoire de Gap. Cette commanderie devint très prospère, acquit plusieurs maisons dans l'intérieur de la ville, entre autres de petits fiefs nommés les cours de Chaudun et de Chassagne. La maison et l'église de Saint-Martin ayant été brûlées par les Gapençais, en 1318, le commandeur fit construire dans l'enceinte même de la ville de Gap, dans la rue Saint-Arey, une église sous le vocable de saint Jean, et, tout à côté, un hôtel pour la commanderie. Le commandeur se crut assez fort, au XIIIᵉ siècle, pour tenter de se soustraire à la juridiction du Dauphin, mais la dauphine Béatrix ayant fait saisir ses biens, le 13 mars 1273, il renonça à cette prétention. Au XIVᵉ siècle la commanderie de Gap absorbe toutes les autres commanderies des Hautes-Alpes, excepté celle de Saint-Pierre-Avez, dont il sera parlé en son lieu. Au XVIᵉ siècle elle est en décadence; les guerres de religion la ruinent. En 1667, elle ne possédait plus à Gap que les restes de son église et de son couvent, trois terres et quelques censes ; cependant une bonne administration vint augmenter ces ressources ; en 1692, sept maisons appartenant à la commanderie sont brûlées par l'armée du duc de Savoie. En 1731, les ruines du couvent sont aliénées en faveur du gouverneur de Gap, moyennant une rente de trente sols; en 1781, l'emplacement du cimetière est vendu à la ville moyennant une rente de 60 livres. En 1778, la commanderie s'était enrichie des biens de l'ordre de Saint-Antoine en Viennois supprimé. Voici la liste des commandeurs de Saint-Jean de Gap : Mayfred de Valernes, 1177 — Féraud, 1211 — Portalis, 1234 — Foulque de Tallard, 1263 — Guillaume Macaron, 1271 — Guillaume de Rivière, 1274 — Raymbaud de Bannes, 1287 — Guillaume de Barras, 1289 — Raymond Osasica, 1298-1300 — Barras de Barras, 1303-1306 — Bérial de Baux, 1312-1314 — Jacques de Vitrolles, 1318-1319 — François de Vitrolles, 1319 — Lantelme de Montorcier, 1333-1336 — Jeoffroy de Cubriis, 1348-1366 — Lantelme de Montorcier, 1367-1375 — Raymond Johannis, 1376-1386 — Manuel de Ventimille, 1389 — Maximin de Venterol, 1390-1392 — Jean Flotte, 1394 — Jean de Meyronis, 1395-1428 — Sibeud de Rame, 1429 — Jean de Canalho, 1431 — Reynier-André de Baruciis, 1432 — Georges Flotte, 1450-1452 — Audoyn de la Plaine, 1453-1478 — Pons d'Auriac, 1482 — Guillaume Archynjaud, 1489-1490 — Jean Jouvin, 1496-1509 — Olivier de Laincel, 1515-1522 — Antoine de Barras, 1528-1538 — Pierre de Pontevès, 1538-1540 — Gaspard de Mallet, 1546-1554 — Michel Bot de Gardébat, 1554-1559 — Marc de Simiane, 1559-1561 — Antoine de Justas, 1564 — Jean de Roux de Beauvesct, 1564-1577 — Georges de Bretons de Crillon, 1580-1591 — Melchior de Castellane-Claret, 1594-1622 — Rolland d'Agoult d'Angles, 1632-1639 — Jean-Baptiste de Villeneuve-Tourenc, 1640-1644 — Jean de Colongne, 1658 — Louis de Forbin-Gardanne, 1664-1683 — Annibal de Thomas de Beaulieu, 1692-1703 — Charles de Clément du Castellet, 1723 — François de Boffin de la Sône, 1731-1735 — Laurent de Marcel-Blayn du Poët, 1746-1748 — François de Niepces ou de Crupies, 1755-1756 — N. de Seyves, 1767-1772 — Joseph-Gabriel Olivari, 1775-1781 — Louis d'Yze de Rosans, 1783-1788. — Les Templiers avaient également une commanderie à Gap ; les commandeurs du Temple de Gap étendaient leur juridiction sur toutes les dépendances de cet ordre dans le Gapençais, l'Embrunais et le Briançonnais ; on les voit administrer aussi bien les possessions de Notre-Dame du Creux d'Embrun, que celles de la Madeleine de la Roche-des-Arnauds et de Moydans ; le 27 octobre 1277, le commandeur de Gap aliéna tous les biens du Briançonnais en faveur de Hugues Baile, moyennant une rente annuelle de 6 livres tournois. A Gap même les Templiers avaient une chapelle, une maison et des terres dont hérita l'ordre de Saint-Jean. J'ai retrouvé les noms des commandeurs suivants : Pons Neeli, 1242 — Osilins, 1277-1279 — Roncelin, 1300. — L'ordre de Saint-Antoine en Viennois eut également à Gap une commanderie sous le titre de Saint-Jean-des-Aires : elle fut fondée dans premier quart du XIIᵉ siècle, grâce aux libéralités de l'évêque Pierre Graffinel et de Raymond de Baux. En 1204, le comte de Forcalquier la prit sous sa protection. En 1198, les Antonins avaient à Gap un hôpital sous le patronage de sainte Madeleine. Le 18 juillet 1311 ils cèdent à l'évêque leurs droits sur la terre de Charance et font des échanges très importants avec l'ordre de Saint-Jean. Le 1ᵉʳ juin 1364 une bulle unit la commanderie de Gap avec l'œuvre du monastère de Saint-Antoine. Cette commanderie fut extrêmement maltraitée par les guerres de religion ; les bâtiments en furent cédés, en 1620, aux Ursulines pour y établir leur monastère. Elle fut unie, en 1778, à l'ordre de Saint-Jean, après la suppression de celui des Antonins, ses propriétés étaient alors réduites à fort peu de chose. Voici les noms de quelques-uns des commandeurs de Saint-Jean-des-Aires : Pierre du Pont, 1225 — Guillaume de Roveria, 1264-1293 — Geoffroy de Montanaro 1293 — Francon Giraud, 1301 — G. Braza, 1303-1304 — Geoffroy de Pernans, 1304-1309 — Bernard de la Beaume, 1310-

1314 — Lambert de Chaste, 1317 — Guillaume de Hautvillard, 1322-1323 — Bernard de la Beaume, 1323-1335 — Antoine de Châteauneuf, 1336 — Guillaume de Poitiers, 1336-1338 — Giraud Robert, 1440 — Antoine de Chamberon, 1515 — Jacques de Champs, 1523 — Pierre Bertal, 1531 — Romanet Odonis, 1540 — Théode Laurent, 1543-1550 — Jacques Touzel, 1556 — Charles Anisson, 1556 — Charles Vignon, 1601-1648 — Charles-Augustin Lodi, 1648. — *Hôpitaux*. — Le plus ancien hôpital de Gap dont je connaisse la fondation, était celui de Saint-Martin, établi à la fin du xi⁰ siècle par Étienne Samuel et Pierre de la Freissinouse aux portes de la ville ; peu d'années après sa fondation il fut donné à l'ordre de Saint-Jean de Jérusalem, et devint le siège d'une commanderie. — Une autre maison hospitalière sous le titre de Sainte-Madeleine, appartenait à l'ordre de Saint-Antoine antérieurement à 1198. — Sur le col de Bayard une maison de refuge avec une chapelle sous le titre de Sainte-Madeleine, existait avant 1215 ; W... en était précepteur en 1215 ; maître Brun en 1224 ; en 1309 ces fonctions étaient remplies par Guillaume Reynier. Elle fut donnée au chapitre de Saint-Arnoul, dans le courant du xv⁰ siècle, et possédait quelques revenus à la Motte Charbillac et le mas de Mouren en Champsaur. — Au xiv⁰ siècle il y avait à Gap deux hôpitaux nommés de Giraud-Roger et *de Peireretis*. — L'hôpital de Sainte-Claire, qui est le seul existant actuellement, était déjà fondé avant 1516, sous le nom de *Eleemosina vapincensis* ; il possédait, en 1708, une chapelle sous le vocable de sainte Claire. En 1736, Jean de Girard, gentilhomme embrunais, lui fit de grandes libéralités et fit construire à ses frais une aile de cette maison pour servir de refuge à des orphelins. En 1789, les dames de Saint-Joseph dirigeaient l'hôpital de Gap, sous la surveillance des consuls. A la fin du xvii⁰ siècle beaucoup de petits hôpitaux du Gapençais et du Champsaur furent supprimés et leurs revenus unis à celui de Sainte-Claire. — Dès le xu⁰ siècle une congrégation du Saint-Esprit avait été établie à Gap pour le soulagement des malades ; elle existait encore au commencement du xvi⁰ siècle. — *Protestants*. — Guillaume Farel fonda l'église protestante de Gap en 1561 ; en 1578 un temple fut construit, à l'aide de souscriptions, près de la porte Colombe, pour la somme de 400 florins ; il fut démoli en vertu d'un arrêt du conseil du roi du 30 juillet 1685. Voici la liste des ministres de l'église de Gap : Guillaume Farel et Pierre Raynaud, 1561-1562 — Jean Blanchard, 1562-1565 — Pierre l'Hostelier, 1567 — Michel de Mercure, 1577 — Étienne Noël, 1578-1579 — Jean Nicolet, 1579— Ennemond Falques, 1579-1580 — Jacques Abrard, 1580 — Hugues Mathieu, 1591 — Jean-Pierre Perrin, 1596-1599 — Jacques Barbier, 1599-1613 — David de Piotay, 1613-1620 — Abraham de Colignon, 1620 — Jean Vulson de la Colombière, 1620-1623 — David de Piotay, 1623 — Samuel Cherler, 1624-1659 — Jean Aymin, 1659 — Samuel Carle, 1660 — Élie Chion, 1660-1677 — Esprit Tholosan, 1677-1685. — *Administr. et Justice.* — A l'époque romaine, Gap était une station de la voie de la frontière italienne à Arles, et portait le titre de *civitas*. De 1045 à 1090, les vicomtes de Gap, administrateurs du Gapençais et de l'Embrunais au nom du comte de Provence, y firent leur résidence. Son organisation administrative, au xii⁰ siècle, est mal connue ; le comte de Forcalquier était représenté par un magistrat dont on ignore le titre et les attributions. En 1044 Guillaume Bertrand, comte de Provence, reconnut à Rodolphe, évêque de Gap, un droit absolu de justice sur le territoire de cette ville, ne se réservant qu'un droit supérieur et illusoire pour lequel il touchait encore, en 1231, une somme d'argent annuelle. Au xiii⁰ siècle, l'évêque, maître à peu près absolu de la ville, sous la suzeraineté du comte de Forcalquier, avait deux officiaux pour les causes ecclésiastiques, un juge de première instance et un juge d'appel pour les causes ordinaires, un courrier ou juge de police, un clavaire ou trésorier, et instituait des procureurs et des notaires. Voici la liste des juges épiscopaux de Gap : Giraud Bonfils, 1245- — Pierre de Miravail, 1249 — Reynaud Rancurel, 1250 — Rambaud Morelli, 1250 — Giraud Bonfils, 1251 — Guillaume Chaix, 1251 — Guillaume Gralla, 1252 — Hugues de Saint-Marcel, 1254-1255 — Nicolas, 1257 — Bertrand Maceya, 1257-1258 — Raybaud Morelli, 1265 — Laugier Malisanguinis, 1251-1268 — Jacques de Ravenne, 1268-1278 — Hugues Radulphi, 1281 — Bertrand Sassini, 1293 — Laurent Briconean, 1297 — Guillaume de la Fare, 1298 — Jean de Comitibus, 1302-1305 — Étienne, 1309 — Raoul de la Fare, 1310-1312 — Humbert de Faramans, 1315 — Jean Imbert, 1321 — Reforciat de la Piarre, 1352 — Guillaume d'Auriac, 1345 — Raymbaud de Visans, 1361 — Étienne Reboul, 1370 — Lantelme Aymeri, 1389 — Jean Féraud, 1392 — Arnaud Baron, 1393 — 1395 — Raoul de la Fare, 1395-1403 — Arnaud Baron, 1404-1407 — Justet Menze, 1410 — Raphaël Gentil, 1411 — Grégoire Meynier, 1425 — Geoffroy Menze, 1426 — Joseph Rual, 1438 — Elzéard Artaud, 1484-1497 — Jacques Arnaud, 1498— Pierre Mutonis, 1513-1514— Raoul Arnaud, 1521 — André Gobaud, 1528 — Bertrand Martinel, 1531 — Louis Rivail, 1532 — Guillaume Raymond, 1538 — Olivier Textor, 1539 — Isnard Gautier, 1540 — Olivier Textor, 1545 — Firmin Rochas, 1546 — Gaspard Gautier, 1552-1553 — Roux Arnaud, 1553 — Gaspard Buysson, 1553 — N. Rostaing, 1555 — N. de Poligny, 1557 — Casimir Buysson, 1558 — Eynard Gautier, 1561 — Paul Davin, 1562-1576 — Aynard Davin, 1579-1583 — Gaspard Gautier, 1589-1591 — Antoine Buysson, 1592 — Guillaume Gautier, 1593-1595 — Antoine Buysson, 1601 — Jacques Le Gay, 1633-1636 — Étienne Rolland, 1640-1662 — François de Ricou, 1670 — Jean Gautier, 1677 — Jean-Baptiste Gervasy, 1677-1680 — Jean Masseron, 1685 — Étienne Brutinel, 1688 — Jean Masseron, 1691 — Jean-Mathieu Tournu, 1718-1727 — Jacques Clerc de la Bâtie, 1760 — Pierre de la Font, 1775-1789. — Jusqu'au milieu du XIII° siècle le Dauphin n'eut rien à prétendre dans la juridiction de Gap; le 4 juillet 1262 l'évêque obtient que ce prince lui revende une part de juridiction qu'il avait acquise. Le 11 décembre 1271 le Dauphin achète aux consuls de Gap leur juridiction de police. Le 5 septembre 1300, la justice est rendue, au nom du Dauphin et de l'évêque, par un juge commun. En 1304 le Dauphin tente d'établir à Gap un juge d'appel, mais en est empêché par le comte de Provence, sur les plaintes de l'évêque; le 2 octobre 1334, il proteste contre les agissements du sénéchal de Provence, qui se permet de faire juger à Sisteron les procès entre les habitants du Gapençais; en 1336 l'évêque et le Dauphin promettent de se rendre mutuellement les criminels qui se réfugieront dans leurs domaines respectifs; en 1337 le dernier essaye d'attirer les citoyens de Gap au conseil delphinal de Grenoble, mais l'évêque s'y oppose. Peu à peu, cependant, par la force des choses, les tribunaux delphinaux étendent leur juridiction; le 7 février 1353 l'évêque autorise le Dauphin à établir un juge à Gap. Enfin, le 11 février 1512, la juridiction d'appel de l'évêque était supprimée, le vibaillage delphinal établi dans Gap, et les appels du juge épiscopal devaient lui être déférés. A partir de cette époque, le juge épiscopal prit le nom de juge des châteaux épiscopaux, et sa compétence ne s'étendit plus que sur de menus délits et des procès sans importance, les justiciables étant toujours libres de porter leurs causes au vibaillage plutôt qu'au juge épiscopal. — Le chapitre de Saint-Arnoul avait également une juridiction dans Gap; en 1293 et 1339 son magistrat portait le titre de *judex capituli*, et tenait des assises assisté de jurés. En 1789 le chapitre ne possédait plus qu'un juge de première instance pour le hameau des Méyères, dont il était seigneur. — Quelques seigneurs particuliers avaient eu une juridiction dans Gap; Rolland de Mantéyer vendit la sienne au Dauphin, le 4 avril 1260, pour 30,000 sous viennois; elle consistait dans la moitié de la juridiction de police. Le Dauphin la revendit à l'évêque le 4 juillet 1262. Le 27 avril 1306, Rostaing Blanc faisait hommage au Dauphin pour une part de juridiction de la ville de Gap. — Les citoyens de Gap avaient joui de libertés municipales fort étendues; elles leur furent confirmées, le 5 août 1240, par Gautier, vicaire impérial. Ils pouvaient s'assembler, s'imposer, s'armer suivant leur volonté; ils gardaient les clefs de leur ville, et l'évêque était obligé, avant de prendre possession de son siège, de jurer qu'il respecterait leurs franchises. Ils possédaient une juridiction de police, des moulins, des fours banaux, des montagnes et les seigneuries de Montalquier et de Furmeyer. Les consuls étaient librement élus et au nombre de cinq; au XIV° siècle, un noble et un chanoine faisaient partie de droit du consulat. Gap perdit sa juridiction, la plupart de ses propriétés et de ses privilèges au milieu des luttes à main armée que ses citoyens soutinrent, dans la seconde moitié du XIII° siècle, contre leurs évêques et les Dauphins. Après de nombreuses alternatives de paix et de guerre, une transaction du 7 mai 1378, suivie d'une autre du 15 mai 1383, règle d'une manière définitive les droits réciproques de l'évêque et des citoyens de Gap. — En 1300 la ville de Gap comptait 1,305 feux, sans compter les religieux et les ecclésiastiques, et devait au Dauphin cent hommes armés, chaque année, pendant un mois; en 1725 il n'avait que 4,670 habitants. — Quoique Gap ne fût pas une place forte, il eut des gouverneurs à partir du XVI° siècle; de 1588 à 1633, une forteresse construite par Lesdiguières sur le coteau voisin de Puymaure lui donna une certaine importance militaire; elle fut détruite, en 1633, par ordre de Richelieu. Voici la liste des gouverneurs de Gap : Pierre de Rame, 1500 — Anselme de la Tour de Vinay, 1561 — Claude de Gruel de Laborel, 1562-1563 — Antoine du Serre, 1564 — Anselme de la Tour de Vinay, 1567 — Albert de Rousset, 1568-1573 — Claude de Gruel de Laborel, 1573-1574 — Balthazard de Combourcier du Monétier, 1574-1576 — Albert Martin de Champoléon, 1577-1581 — Gaspard de la Poype Saint-Jullin, 1581-1584 — Étienne de Bonne d'Auriac, 1585 — N. de Loupiac de Tajan, 1586 — Gaspard de la Poype Saint-Jullin, 1587-1588 — Jacques de Poligny, 1589-1592 — Gaspard de Montauban du Villard, 1593-1618 — Joseph de Montauban du Villard, 1618-1640 — Charles de Gruel du Saix, 1649-1670 — Étienne de Gruel de Villebois, 1670-1698 — Jacques de Gruel du Saix, 1698-1715 — Félicien de Boffin d'Argençon, 1716-1738 — Noël-Félicien de Boffin de Pusignieu, 1760-1789 — Voici la liste des sergents-majors correspondants : Claude du Puy, 1577 — Jacques de Gril, 1590-1616 — Claude Amat de Costegiraud, 1636-1647 — André Amat du Vivier, 1650-1666 — Claude Ami de Consonantes, 1666 — Claude de l'Ange, 1680 — Charles de Renard d'Avançon, 1692-1700 — Joseph Barban de Pragastaud, 1720 — N. de la Viorne, 1737 — Balthazard du Suau-la-Croix, 1737-1759 — Balthazard du Suau-la-Croix, fils du précédent, 1759-1789. En 1598 il y avait à Gap une garnison de 24 hommes, payés 130 livres par mois, et dans le fort de Puymaure 60 hommes, coûtant par mois 247 livres. En 1635 Puymaure était démoli et il n'y avait plus de garnison dans la ville. — Gap devint au XVII° siècle le siège d'une élection et d'une subdélégation dépendantes de l'intendance et de la généralité de Grenoble. — *État féodal.* — En 1510 Gap était encore divisé, par de très anciennes murailles, en deux villes, dont l'une nommée le quartier des *Ambalos* ou de la Grande-Rue, était sous la directe du Dauphin, et l'autre sous celle de l'évêque. Ce dernier prétendait tenir des droits d'une donation de Guillaume, comte de Provence, du 5 des calendes de janvier (28 décembre) 986 : cette tradition ne se trouve relatée dans aucun acte antérieur au XV° siècle ; la souveraineté de Gap fut partagée à l'amiable entre le comte de Provence et l'évêque en 1044. Un diplôme impérial du 31 juillet 1178 confirma aux évêques de Gap leur droit régalien. Quant au Dauphin il hérita des droits des comtes de Forcalquier, en 1232, et acquit des consuls de Gap, le 11 janvier 1271, leur juridiction municipale. Le 18 octobre 1292, il fut obligé de reconnaître qu'il devait hommage à l'évêque qui possédait la ville de Gap en franc fief ; le 15 septembre 1300, une transaction intervint entre l'évêque et le Dauphin et régla leurs droits réciproques ; en la parcourant on comprend quel chemin immense avait déjà fait le second dans la suzeraineté de la ville de Gap depuis soixante-dix ans. Cependant depuis l'année 1044, où il avait partagé avec l'évêque la souveraineté de la ville de Gap, le comte de Provence ne négligea aucune occasion d'affirmer son autorité ; en 1257 il fait promettre par le Dauphin de lui restituer le Gapençais s'il n'a pas d'enfant ; il se fait prêter hommage par l'évêque jusqu'en 1480 ; fait hisser à chaque changement de prélat son étendard sur le palais épiscopal, en signe de souveraineté ; se fait fournir régulièrement six hommes d'armes pour trois semaines, pour ses chevauchées, et convoque les milices en cas de besoin ; le Dauphin lui-même lui prête périodiquement hommage, quoiqu'il ait obtenu le 12 mai 1370, de la reine Jeanne, d'en être dispensé si elle mourait sans enfants ; enfin, de 1463 à 1470, il est question de rétrocéder Gap au comte, en échange de la Val-d'Oulle et malgré l'opposition énergique du parlement de Grenoble ; ce projet eût sans doute abouti sans la réunion de la Provence à la France. — Au XVIII° siècle la famille Anglés, par suite de l'achat à l'évêque de quelques menus droits féodaux, prenait le titre ambitieux de coseigneur de Gap. Antoine Anglés vivait en 1700 ; Jacques en 1741 ; Jean-François en 1770. — Nous allons passer en revue quelques arrières-fiefs de la banlieue de Gap. — *Antraix :* Jean d'Abon ayant épousé en 1598 Suzanne de Pioulle, fille du seigneur d'Antraix près de Sisteron, acheta près de Gap une propriété avec la dot de sa femme, et lui donna le nom de la seigneurie de son beau-père. Melchior, son fils, 1620-1634. — Antoine, 1688 — Jean, 1737-1757 — François, 1760-1789. — *Beauchâteau :* François du Tanc, sieur de Beauchâteau, 1480 — François Vitalis, 1580 — Jacques, son fils, 1634 — N. Blanc, 1789. — *Bellevue :* François d'Hugues, sieur de Bellevue, 1563 — Jean Souchon, 1570-1595 — Jean, son fils, 1595-1666 — Jean, 1675. — *Camargues :* Ces prairies entre Gap et Puymaure appartenaient, en 1510, à Sixte de Sclaffanatis, neveu de l'évêque de Gap — Sixte, son fils, 1550 — Benoîte, épouse de Pierre Garret-Catin, 1556 — Benoît Le Blanc achète, 1557 — Claude teste en 1598 — Claude, 1605 — Jacques teste en 1694 — Jean-Jacques, 1720 — François, 1750 — Louise, épouse de Charles-Louis Martin-la-Pierre, 1753-1789. — *Charance :* Si l'on en croit un document de 1510, les vicomtes de Gap auraient fait leur résidence dans ce château au XI° siècle. Il appartint ensuite à une famille qui en portait le nom : Pierre de Charance, 1134 — Giraud, 1176 — Boson et Artaud, 1273 — Lantelme de Saint-Marcel le possédait en 1280 : il l'engage à l'évêque de Gap, en 1305 et le lui vend en 1309. En 1311, l'ordre de Saint-Antoine cède à l'évêque quelques droits qu'il y avait. En 1562, l'évêque le vendit à Antoine du Serre pour faire face aux nécessités des guerres de religion. Daniel du Serre, son fils le rétrocéda, en 1610, à l'évêque qui le possédait encore en 1789. — *Châteauvillard :* Charles Le Blanc, sieur de Châteauvillard, 1650-1679 — Reynaud-Bruno, 1695-1710 — François-Bruno, 1772. — *Combe d'Oze :* François de Ricou, sieur de Combe d'Oze, 1643-1660 — Jacques teste en 1730 — Samson, 1730-1765.

— *Les Méyéres :* appartenait au chapitre de Saint-Arnoul. — *Pragastaud :* Jean Barban, sieur de Pragastaud, 1591-1630 — Jacques, 1664-1679 — François, 1693 — Joseph, 1703. — *Pré-Vivier :* Charles Finette, sieur du Pré-Vivier, 1579 — Jacques, 1579-1594 — Michel, 1607 — Guillaume, 1660-1673 — Jeanne, sa sœur, épouse de Jean Céas, 1673 — Jean-François, leur fils, 1680-1720 — *Sainte-Marguerite :* Jacques de Moustiers, sieur de Sainte-Marguerite, 1582 — Pierre, 1582-1594 — Daniel de Philibert, 1622-1645. — *Industrie et Commerce.* — Dès 1044 il y avait à partir du 8 septembre, à Gap, une foire qui durait huit jours; en 1444, Louis, dauphin, transféra dans cette ville la foire franche de la Saint-Martin qui se tenait auparavant dans le territoire de Montalquier. — Le 18 avril 1334 les Lombards qui trafiquaient à Gap furent mis dans l'alternative de quitter cette ville ou d'acquitter une redevance au Dauphin. — Au commencement du XVIe siècle, l'évêque de Gap établit le long du torrent de Bonne des fabriques de drap. — *Histoire.* — IVe siècle, fondation de l'évêché de Gap — 1010, fondation de la paroisse de Saint-André — 1044, partage de la souveraineté de Gap entre l'évêque et le comte de Provence — Vers 1090, Urbain II, pape, excommunie Hugues, vicomte de Gap, et délie, par une lettre aux évêques de Gap et de Die, ses sujets, du serment qu'ils lui avaient prêté — 1162, 18 août, l'empereur confirme la propriété de Gap à Raymond-Bérenger, comte de Toulouse — 1176, 2 septembre, Alexandre II, pape, accorde une bulle de privilège au chapitre de Gap. — 1178, 18 juillet, Frédéric-Barberousse, empereur, passe à Gap; 31 juillet, il confirme à l'évêque de Gap les droits régaliens. — 1184, les citoyens de Gap se révoltent contre le comte de Provence, tuent Bertrand Causevieille, son magistrat, et sont condamnés à 40,000 sous d'amende et à construire une tour qui appartiendra au comte ; 29 septembre, l'empereur confirme à l'évêque de Gap la possession de ses fiefs — 1187, mars, l'empereur concède à l'évêque de Gap le droit d'empêcher personne d'acquérir des fiefs dans ses seigneuries. — 1202, 3 juin, Gap est donné en dot à Béatrix, petite-fille du comte Guillaume de Forcalquier, qui épouse le dauphin Guigues-André — 1214, Béatrix, fille de Béatrix, porte Gap en dot à son mari Amaury de Montfort. — 1232, juillet, les deux époux vendent Gap au Dauphin ; 10 octobre, le Dauphin prête hommage à l'évêque de Gap — 1240, 5 août, Gautier, vicaire de l'empereur, confirme les libertés de la ville ; 18 octobre, le Dauphin est à Gap — 1246, 5 septembre, Guigues VII y séjourne — 1247, 2 juin, Guigues VII passe à Gap, ainsi que le 7 septembre et le 19 juin 1251 — 1257, 14 décembre, Othon II, évêque, et le Dauphin concluent un traité par lequel ils se partagent la ville de Gap ; à cette nouvelle, l'évêque est chassé — 1260, 4 avril, Rolland de Manteyer vend au Dauphin ses droits sur Gap. — 1262, 4 juillet, le Dauphin revend ces droits à l'évêque — 1271, 11 décembre, les Gapençais s'avouent hommes-liges du Dauphin et lui cèdent leur juridiction ; 19 décembre, l'évêque fait hommage au comte de Provence et se mous sous sa protection — 1271-1274, guerre de trois ans entre les Gapençais et l'évêque qui est emprisonné par ses sujets — 1275, 5 février, l'évêque excommunie le Gapençais — 1275, 19 janvier, il fait un traité favorable à ses sujets — 1281, 1er mai, Othon II appelle le comte de Provence à son secours et lui cède une partie de ses droits sur Gap — 1282, avant avril, le prince de Salerne, fils du comte de Provence, s'empare de Gap, et, par un traité du mois d'avril, confisque les libertés de la ville ; 6 août, il rend à l'évêque les droits sur Gap qu'il tenait de lui. — 1283, le pape annule les conventions faites au préjudice des citoyens de Gap ; 29 mars, le prince de Salerne cède à l'évêque sa part de juridiction — 1284, 24 juillet, l'évêque et le comte rendent à cette ville une partie de ses privilèges — 1291, 5 juillet, transaction entre l'évêque et les citoyens de Gap, relativement aux fours, aux tasches, aux gabelles de la ville. — 1300, 5 septembre, traité entre l'évêque et le Dauphin qui règle leurs droits réciproques sur Gap. — 1302, août, les Gapençais se soulèvent contre leur évêque — 1303, 5 mars, Jean II, dauphin, passe à Gap ; il apaise la révolte — 1304, 1er février, transaction entre l'évêque et les citoyens de Gap, relative aux fouages, monnaie, poids et gabelles — 1318, la commanderie de Saint-Jean est incendiée par les Gapençais et rebâtie aux frais de l'évêque — 1329, du 1er janvier au 22 février, Guigues VIII, dauphin, séjourne à Gap. — 1349, 21 janvier, l'évêque et le vicomte de Tallard, concluent un traité pour la limite réciproque de leurs seigneuries. — 1350, soulèvement des habitants de Gap causé par un assassinat commis par un parent de l'évêque Henri de Poitiers — 1369, vers Pâques, le territoire de Gap est pillé par l'armée de la comtesse de Provence — 1378, 7 mai. transaction entre Jacques Artaud de Montauban, évêque, et ses sujets de Gap, confirmative des libertés municipales — 1383, 15 mai, le même évêque signe une nouvelle transaction et rentre dans la ville de laquelle il avait été chassé à cause d'une violation des privilèges municipaux — 1415, les Gapençais refusent hommage au comte de Provence, qui arme pour les y forcer, mais recule devant la menace du Dauphin de prendre fait et cause pour ses sujets — 1440, les Gapençais se révoltent contre Guillaume Forestier, leur évêque, à propos des exactions de son official — 1444, 21 mai, Louis, dauphin, vend la plupart de ses droits dans la ville de Gap aux habitants, moyennant 1,000 écus une fois payés et 50 écus de rente — 1449, août, Louis, dauphin, séjourne à Gap — 1450, 7 juin, traité entre le Dauphin et Gaucher de Forcalquier, évêque de Gap, qui avait refusé l'entrée de la ville à des soldats allant en Lombardie ; son temporel saisi lui est restitué, il paiera 1,000 florins d'or et 400 livres par an d'amende, la porte où a eu lieu l'attentat sera murée — 1455, René, comte de Provence, vient à Gap — 1460-1463, guerre de trois ans entre les citoyens de Gap et leur évêque ; le Dauphin intervient deux fois en faveur des Gapençais, l'évêque est forcé de se soumettre — 1463, 16 juillet, Louis XI échange, avec le roi René de Provence, la ville de Gap contre le Val-d'Oulle — 1465, 21 juin, le parlement de Grenoble s'oppose à l'exécution de ce contrat ; ce projet fut abandonné par suite de la réunion de la Provence à la France — 1485, troubles dans la ville par suite de la compétition entre Thibaud de la Tour, nommé évêque par le roi, et Gabriel de Sclaffanatis, nommé par le pape — 1490, 8 novembre, Charles VIII passe à Gap — 1494, 30 août, il passe de nouveau à Gap allant en Italie — 1495, 25 février, il y passe au retour de cette expédition — 1502, juin, passage de Louis XII à Gap — 1512, 11 février, le vibaillage royal est installé à Gap — 1513, 20 octobre, la ville de Gap est unie à perpétuité au Dauphiné — 1522, Guillaume Farel prêche la réforme à Gap — 1553, 28 mars, monitoire lancé par l'évêque contre les hérétiques — 1561, 29 juillet, débordement de la rivière de Bonne qui ravage une partie de la ville ; 15 novembre, Farel prêche de nouveau la réforme ; l'évêque Gabriel de Clermont, le prévôt du chapitre Jacques Rambaud, embrassent le protestantisme — 1562, 2 mai, Antoine Rambaud, capitaine Furmeyer, s'empare de Gap pour les protestants et détruit plusieurs monuments religieux ; 4 septembre, à la tête de 400 soldats il va rejoindre le baron des Adrets — 1563, 11 août, le maréchal de Vieilleville est envoyé par le roi pour rétablir la paix à Gap ; 15 septembre, Bressieux y vient dans le même but — 1566, janvier, la peste désole Gap ; 15 septembre, émeutes pendant lesquelles le capitaine Furmeyer est assassiné — 1567, octobre, le capitaine protestant Jean Flotte, sieur d'Aurouse s'empare de Gap — 1568, 9 septembre, il le rend au gouverneur royal — 1571, 9 février, les protestants essayent inutilement de se saisir de Gap — 1574, 7 juin, les Gapençais font une sortie sur les protestants, ils sont massacrés par Lesdiguières et quelques cavaliers, près du torrent du Buzon ; 25 octobre, l'évêque de Gap est blessé dans une émeute d'un coup de pistolet — 1575, fin d'octobre, il quitte Gap — 1576, 8 mai, la ville est étroitement bloquée par Lesdiguières ; septembre, la paix générale ayant été proclamée, ce capitaine demande l'entrée de la ville qu'on lui refuse — 1577, 3 janvier, il s'en empare par surprise ; 11 avril, les catholiques de Tallard viennent brûler les moulins de Gap — 1578, février, le capitaine ligueur Étienne de Bonne d'Auriac demande l'entrée de la ville, on le chasse en lui tuant dix hommes ; mai, on construit le temple protestant — 1579, de juillet à septembre, Gap est le quartier général des protestants dauphinois ; plusieurs réunions importantes y sont tenues, dans lesquelles paraissent Bellièvre, le maréchal de Bellegarde et Vérac, envoyés par Catherine de Médicis — 1580, 10 août, Lesdiguières fait commencer la forteresse de Puymaure ; 8 septembre, le prince de Condé passe à Gap — 1581, du 12 mai au 17 juin, importante assemblée des chefs protestants du Dauphiné et de Provence ; 7 septembre, par ordre de Mayenne, Puymaure est démoli ; 17 septembre, entrée solennelle de ce prince à Gap — 1582, 2 et 3 février, massacre des protestants par les catholiques — 1585, 5 avril, Auriac s'empare de Gap au nom de la Ligue ; 15 juillet, Balthazard Flotte de la Roche veut y entrer au nom du gouverneur Dauphiné ; on lui tue 60 soldats — 1586, 9 avril, Gap est investi par les protestants ; octobre, La Valette en fait lever le siège — 1588, 4 mars, le siège est de nouveau mis devant Gap et la forteresse de Puymaure reconstruite ; 5 avril, les Gapençais tentent une sortie et sont battus ; 19 avril, la Valette essaye de nouveau de faire lever le siège mais n'y réussit pas ; 7 juillet, nouvelle sortie repoussée avec pertes ; 14 juillet, on signe un traité de trêve — 1589, 24 août, Gap se rend à Lesdiguières — 1596, 15 juin, Alexandre de Médicis, cardinal-légat, passe à Gap — 1603, du 30 septembre au 25 octobre, synode général des églises réformées à Gap — 1612, un tremblement de terre détruit plusieurs maisons de la ville — 1629, 24 et 25 février, Louis XIII, accompagné de Richelieu, séjourne à Gap allant en Italie — 1er mai, nouveau séjour du roi revenant d'Italie — 1629-1630, du 1er juillet au 20 décembre, la peste décime des habitants — 1633, démolition de la forteresse de Puymaure — 1664, 8 décembre, construction de l'évêché ; l'emplacement est acheté 10,500 livres à Jacques Amat, baron du Poët — 1692, 29 août, entrée à Gap de l'armée du duc de Savoie ; 12 septembre, elle incendie la ville presque toute entière — 1744, le prince de Conti et dom Philippe, allant en Italie, passent à Gap avec leur armée; la peste se déclare dans la ville et la décime — 1777, une tempête furieuse se déchaîne sur Gap, renverse beaucoup de maisons, une partie des murailles d'enceinte, et cause la mort de plusieurs habitants. — *Monnaies.* — Il y eut à Gap, à l'époque mérovingienne, un atelier monétaire dont il reste un très petit nombre de produits. — Au XIIe siècle les évêques usèrent du droit de frapper monnaie; ils émirent de petits deniers de bas aloi, imités de ceux de Vienne et du Puy. Cette fabrication, dont les produits sont rares, fut de courte durée ; cependant, le 21 août 1286, dans une transaction avec le dauphin, l'évêque Raymond de Mévouillon se réserve, mais probablement pour la forme, le droit exclusif de battre monnaie dans Gap. — *Imprimerie.* — Le premier livre imprimé à Gap est un bréviaire sur lequel on ne lit ni nom d'imprimeur, ni lieu d'impression. Ce rarissime ouvrage fut probablement l'œuvre d'un ouvrier ambulant. Aucune imprimerie ne s'établit à Gap avant 1789. — *Armoiries* — De Gap: *d'azur à une porte de ville surmontée de quatre tourelles, celles du milieu plus hautes et coiffées en pointe, celles des côtés crénelées, d'or, portillées et ajourées de sable.* Pour cimier une fleur de lis rayonnante, par concession de Louis XIV. — Du Chapitre : *de gueules au bras de saint Arnoul bénissant, en pal, d'argent, vêtu de même, au chef cousu d'azur chargé de trois étoiles d'argent.* — Des Dominicains : *d'azur chapé d'or, l'azur chargé d'un chien d'argent courant tenant dans sa gueule une torche enflammée de gueules et surmonté d'une étoile d'or.* — Des Ursulines: *d'azur à une sainte Ursule au naturel, vêtue d'or, tenant une palme de sinople.* — Des Cordeliers : *d'azur à deux bras, l'un nu, l'autre vêtu, cloués de sable, passés en sautoir sur une croix, le tout d'argent.* — *Biographie.* — BORRELY (François), dominicain, inquisiteur de la foi, remplit pendant vingt-quatre ans, à partir de 1369, cet office contre les Vaudois des Alpes, de Vienne, Arles et Aix, et en fit brûler un grand nombre. — FAREL (Guillaume), né vers 1490, d'une famille noble, exerçant à Gap l'office de notaire; il fut docteur en Sorbonne, régent au collège du Cardinal-Lemoine, adopta la réforme, vint la prêcher à Gap en 1522 et convertit sa famille aux idées nouvelles, alla ensuite répandre ses doctrines à Bâle (1524), à Strasbourg et à Montbéliard (1525), dans les environs de Lausanne et de Genève (1526-1532), força Calvin à s'établir dans cette dernière ville (1532), revint évangéliser le Dauphiné et le Languedoc en 1561 et 1562 et mourut à Neuchâtel le 13 septembre 1565. Farel a laissé plusieurs ouvrages de théologie ; c'était un remarquable écrivain et un puissant orateur. — GAP (Étienne de), chevalier de Saint-Jean de Jérusalem, fut, vers 1113, le fondateur de la maison de Saint-Gilles près d'Arles. — GAP (Guillaume de), ainsi nommé du lieu de sa naissance, abbé de Saint-Denis de 1172 à 1186 ; il avait étudié la médecine, les lettres grecques et avait parcouru l'Orient d'où il avait rapporté de précieux manuscrits. — GRAFFINEL (Pierre), évêque de Gap (1122-1129), où il était né, fut d'abord sacristain du chapitre (1090-1122). Il possédait avec Giraud, son frère, des propriétés dans un quartier qui porte encore le nom de Plan-Graffinel. — JUVENIS (Raymond), né vers 1625, mort le 7 janvier 1705, ses ancêtres étaient notaires à Gap, et il fut à la fois consul de cette ville, subdélégué de l'intendant et procureur du roi. Il a laissé un grand nombre de manuscrits, entre autres une *Histoire du Dauphiné (Bibl. de Carpentras),* une suite de l'*Histoire des Alpes maritimes et cottiennes,* du P. Fournier *(Bibl. du séminaire d'Embrun)* et des recueils de notes *(Bibl. de Gap).* — LAFFREY (Arnoul), né à Gap le 19 septembre 1735, mort à Paris le 19 septembre 1794, embrassa l'état ecclésiastique, parcourut presque toute l'Europe, trouva un protecteur dans le prince de Salm-Kirbourg et mourut deux mois après ce prince, qui périt sur l'échafaud. Il a publié la *Vie privée de Louis XV* (Londres, 1781, 4 vol. in-8°), qui eut un grand succès; on l'a abrégé en 1796, sous le titre de *Siècle de Louis XV.* Un dernier ouvrage de lui, les *Annales de la monarchie française,* est resté manuscrit. — LA FONT (Paul DE), surnommé *Poulotti,* mort à Paris le 20 avril 1793, officier, écuyer du prince de Ligne ; il a composé plusieurs ouvrages estimés sur l'hippiatrique et les haras. — LA MOTTE-LA-PEYROUSE (Gabriel-Rochon DE), né le 1er octobre 1667, d'une famille qui s'était fixée à Gap à la suite d'un mariage, peu d'années auparavant. Il fut lieutenant à six ans, colonel en 1714, brigadier des armées du roi (1719), gouverneur de Guipuscoa (1721), maréchal de camp (1734). Il chercha vainement à ravitailler Dantzick en 1734, fut nommé, en 1735, gouverneur de Valenciennes, commandeur de l'ordre de Saint-Louis, et mourut le 13 juillet 1738. — LE BLANC (François-Bruno), sieur de Châteauvillard, né en 1710, mort à Paris le 30 septembre 1772; il était fils de Reynaud-Bruno Le Blanc et d'Anne du Bousquet, il fut maître des comptes à Paris, commissaire des guerres et mourut gouverneur des Invalides. — MANNE (Mathieu-Laurent-Michel) né le 23 mars 1734, mort à Toulon le 19 mars 1806, chirurgien en chef de la flotte qui alla, en 1779, au secours des États-Unis; chirurgien en chef à Toulon jusqu'à sa mort; c'était un homme modeste et plein de mérite. — PELA (Honoré), sculpteur, se fixa à Gênes, où il produisit plusieurs morceaux de sculpture estimables; ils sont datés de 1680 et 1716. Sur l'un d'eux il se qualifie de natif de Gap. — PHILIBERT (François), surnommé le Cadet de Charance, seigneur de Montalquier, né vers 1550, mort en 1635. Il appartenait à une famille de petite bourgeoisie, embrassa la carrière des armes, défendit, en 1573, le château de Serres contre les protestants, puis, ayant lui-même embrassé la réforme, il contribua puissamment à la prise de Gap (1577), à celle d'Embrun (1585); ravitailla Chorges assiégé par La Vallette (1586), se distingua au combat de Pontcharra (1591), à la prise du fort Barraux (1598). Il fut anobli en 1591 et commanda dans la citadelle de Puymaure jusqu'à la démolition (1633). — RAMBAUD (Honorat), né à Gap, mais maître d'école à Marseille, publia, en 1578, un ouvrage dans lequel il proposait une réforme générale de l'orthographe française. Sa principale innovation était la création de vingt-huit lettres nouvelles. — ROCHAS (Joseph-Dominique DE), né en 1732, avocat, consul de Gap, mort en 1807. Cet homme, justement estimé pour ses vertus, a laissé des *Mémoires* sur sa ville natale ; ils sont encore inédits ; le manuscrit original est conservé dans la bibliothèque de Grenoble. — VALLON-CORSE (François), né en 1715, mort en 1791, consul de Gap, jurisconsulte, auteur de nombreux mémoires, d'un travail sur l'histoire de la communauté de Tallard et de plusieurs fragments historiques sur le Gapençais, qui dénotent de la méthode et des recherches. Quelques-uns ont été publiés récemment. — *Bibliographie*. — GAUTIER (Théodore). *Précis historique de la ville de Gap, suivi de notes et eclaircissements*. Gap, Allier, 1844, in-8°. — *Lettres sur l'histoire de la ville de Gap pendant le XVIe siècle* (Revue du Dauphiné, 1838-1839). — GUILLAUME (abbé). *Origine des chevaliers de Malte et rôle des donations de la commanderie de Gap* (Bulletin d'histoire ecclésiastique du diocèse de Valence, 1881 p. 145-177). — *Notice historique et documents inédits sur le prieuré de Saint-André de Gap*, (Ibid., 1882. p. 249). — LA VILLE LE ROUX (DE). *La commanderie de Gap* (Bulletin de l'école des chartes, 1882). — MASSOT (Théodore). *Gap* (Album du Dauphiné, t. I. p. 158 ; t. II, p. 21). — ROCHAS (J. D. DE). *Mémoires sur la ville de Gap*, manuscrit à la bibliothèque de Grenoble. — ROMAN (Joseph). *Deux chartes dauphinoises du XIe siècle*. Grenoble, Allier, 1886, in-8° (Partage de la ville de Gap en 1044). — *Expédition projetée par le comte de Provence contre la ville de Gap en 1415*. Valence, Céas, 1885, in-8°. — *Gap* (Revue du Dauphiné, 1877, p. 257). — *Inventaires du trésor du chapitre de Saint-Arnoul de Gap*, Paris, Picard, 1874, in-8°. — *La première guerre de religion à Gap*. Gap, Jouglard, 1877, in-8°. — *Le prieuré de Saint-André-lès-Gap* (Bulletin de la société d'études des Hautes-Alpes 1884, p. 320). — *L'ordre de Saint-Jean de Jérusalem dans les Hautes-Alpes*. Grenoble, Dupont, 1884, in-8°. — TAILLAS (A. DE). *Le pouvoir temporel des évêques de Gap*, Grenoble, Dupont, 1879, in-8°.

RAMBAUD. — *État ecclés.* — Autrefois l'église paroissiale de Rambaud était sous le vocable de la Sainte-Croix; elle fut démolie par les protestants, qui n'en conservèrent que le clocher. Vers 1600 on transféra la paroisse dans une chapelle de Saint-Marcel, dont elle emprunta le vocable. En 1708 il existait dans cette paroisse des chapelles de Saint-Géraud, de Saint-Paul, de Saint-Nicolas, plus une dernière placée sous le juspatronat de la famille de Saint-Germain et dont je ne connais pas le titre. La cure était à la collation de l'évêque de Gap, principal décimateur de cette paroisse, qui faisait partie de l'archiprêtré du Gapençais. Un ermite avait obtenu, en 1708, de s'établir près d'une chapelle nommée Notre-Dame des Érables, qui fut unie quelques années plus tard à l'hôpital de Gap. — *Ordres hospit.* — A la fin du XIe siècle ou au commencement du XIIe, on fit à Rambaud quelques donations à la commanderie de Saint-Jean de Gap. Ces biens avaient été aliénés ou perdus avant 1667. — En 1303, 17 octobre, l'ordre de Saint-Antoine de Viennois acheta de l'évêque une part de cette seigneurie; il ne parait pas en avoir joui longtemps. — *Administr. et Justice.* — Peut-être Rambaud formait-il un mandement particulier, mais je n'en ai pas la preuve; l'évêque, qui en était seigneur, en était aussi justicier. Les procès se portaient, en première instance, au juge des châteaux épiscopaux, et, en appel, au vibailli de Gap. Rambaud dépendait de l'élection et de la subdélégation de cette ville. — *État féodal.* — Rambaud appartenait à l'évêque de Gap ; je n'ai pu trouver l'époque où il en devint seigneur, mais Frédéric-Barberousse le lui confirma le 29 septembre 1184. Le 17 octobre 1303 l'ordre de Saint-Antoine acquit une partie de cette seigneurie de l'évêque. En 1577, un capitaine protestant, François Bruchailler, dit le capitaine La Broussaille, s'en empara et la garda, au détriment de l'évêque, jusqu'à sa mort (1583); son fils Philippe la restitua environ dix ans plus tard. En 1760 Barthélemy Tournu l'acheta à l'évêque; son fils Antoine (1787) et son petit-fils Gaspard-Aloïs-Édouard (1789) lui succédèrent. — *Histoire.* — 1274, les Gapençais s'emparent du château de Rambaud, où s'était réfugié l'évêque Othon II, et emmènent ce prélat en captivité.

MANDEMENT DE JARJAYES.

JARJAYES. — *État ecclés.* — Le 31 octobre 928, Raimbert et Girberge, sa femme, firent à l'église Sainte-Foy de Conques une donation à Jarjayes. En 1118 l'église paroissiale, sous le vocable de saint Pierre, appartenait à l'abbaye de Saint-André-lès-Avignon, de l'ordre de Cluny; le pape Gélase la lui confirme le 20 décembre de cette année par une bulle. En 1190 il y avait à Jarjayes une seconde église, dédiée à saint Thomas; elle existait encore comme chapelle au XVI° siècle. En 1516 il y avait dans cette paroisse des chapelles sous le titre de Saint-Martin et de Sainte-Madeleine. — L'abbaye de Saint-André avait fondé à Jarjayes un prieuré, sous le vocable de saint Martin; elle avait la collation de la cure et percevait les dîmes de la paroisse, qui faisait partie de l'archiprêtré du Gapençais. — *Ordres hospit.* — L'ordre de Saint-Jean de Jérusalem possédait quelques terres à Jarjayes, pour lesquelles il se fit passer des reconnaissances en 1306, 1336 et 1342. En 1667 il ne possédait plus rien dans cette paroisse. — *Hôpitaux.* — Une maison hospitalière de Sainte-Madeleine, située au confluent de la Durance et de la Laye, appartenait, au XIV° siècle, à l'ordre de Saint-Jean; elle n'existait plus au XVI° siècle. — *Protestants.* — Le culte réformé fut autorisé à Jarjayes en 1572, sur la requête de Jean Flotte, seigneur du lieu; au XVII° siècle, Jarjayes fut annexé à l'église de Gap. — *Administr. et Justice.* — Jarjayes dépendait de l'élection et de la subdélégation de Gap. Le seigneur possédait une juridiction inférieure qui s'exerçait à Gap au XVII° siècle, avec appel au vibailli de cette ville. — *État féodal.* — Jarjayes était divisé en plusieurs coseigneuries; les deux principales familles qui les possédaient, les Flotte et les Jarjayes, étaient issues de la même souche. 1re coseigneurie : Lantelme de Jarjayes, 1080 — Giraud et Lantelme, 1100-1140 — Jean, 1213 — Raymond et Abon, 1238 — Lantelme, 1240-1248 — Arnaud, Raymond et Bertrand, 1278-1300 — Lantelme et Arnaud, fils de Raymond, et Raymond, fils de Bertrand, 1308-1334 — Armand et Lantelme. 1338 — Baudon et Claude, 1352-1353 — Nicolas de Saint-Germain, 1360 — Arnoul, 1385 — Jacques, 1393-1415 — Jacques, 1440 — Mermet, 1460 — Antoine et Jean-Jacques, 1490-1499 — Louis et Gilles, fils d'Antoine, 1529-1544 — Robert, fils de Gilles, 1550-1608 — Joseph qui meurt sans postérité, léguant ses biens à Catherine, sa sœur, femme de Pierre Béatrix-Robert. Pierre, leur fils, vendit le tiers de la terre de Jarjayes 22,000 livres à Joseph de Montauban du Villard, en 1626 — Henri de Montauban, 1644-1674 — Henri-Laurent, 1715-1728 — Scipion, son cousin, 1728-1733 — Henri de Piolenc-Thoury en hérite, 1733 — Honoré-Jean-Baptiste vend à François-Auguste de Reynier, 1760 — Ce dernier vend à Jean-Antoine Tournu, 1787-1789. 2° coseigneurie : Béatrix de Jarjayes épouse Arnaud Flotte en 1178 et lui apporte en dot une part de cette terre — Arnaud et Arnaudet, leurs fils, 1188-1244 — Arnaud et Osasica, 1253-1291 — Osasica, 1297-1308 — Arnaud, 1309-1350 — Raymbaud, 1362-1404 — Henri, son neveu, 1413-1441 — Pierre, 1479-1515 — Jean, qui teste en 1518 — Jean, qui teste en 1557 — Georges, son fils, mort en 1557 — Jean, 1557-1573; il meurt sans postérité et Catherine, sa tante, porte la coseigneurie de Jarjayes à Gaspard de Montauban, son mari, 1573 — Gaspard, leur fils, 1600 — Joseph, réunit en une seule les deux coseigneuries précédentes, en 1626. — 3° coseigneurie : Lantelme de Saint-Marcel et Raymond, son frère, 1259 — Lantelme, fils de Lantelme, 1277 — Guillaume, 1300 — Lantelme de Montorcier, 1323 — Jacques, 1359-1407 — Artaud et Claude. 1413-1424 — Jacques, fils de Claude, 1446 — Antoine, 1489-1526 — Louis, 1550 — Antoine de Barras, son cousin, en hérite, 1560 — Philippe de la Font, 1566 — Pierre Béatrix-Robert, qui vend sa part à Gaspard de Montauban, en 1600, elle est unie à la coseigneurie précédente. — 4° coseigneurie : Arnaud Osasica possédait une part en 1291 — Raymond, qui teste en 1348 — Joffroy teste en 1361 — Catherine, sa sœur, femme de Taxil Pellegrin — Taxil, leur fils, fait hériter Pierre Gillin, qui acquiert en outre une part de Giraud de Valserres, 1375 — Jacques de Saint-Germain achète cette part en 1400 et l'unit à la 1re coseigneurie. — 5° coseigneurie : Jean d'Auriac, qui teste en 1360, fait héritières Garcende et Alays Eudes. — Ayrette, leur sœur, femme d'Arnaud Meynier, en hérite en 1368 — Antoine et Lantelme Meynier, ses fils, vendent leur part à Raymbaud Flotte en 1388 — François du Tanc, notaire de Lavars, diocèse de Die, l'acquiert, et le château *des Tancs* prend le nom de cette famille, 1405-1408 — Jacques, 1433 — Jean, 1520 — Jean, 1550-1571 — Sixte, 1575-1584 — Gaspard, 1590-1608 — Sixte, 1627 — Paul, 1656-1660 — Jacques, 1670 — Jacques d'Yse en hérite, 1694 — Jean d'Yse, archevêque de Vienne, 1751. Cette part tomba, vers cette époque, dans la 1re coseigneurie. — L'ancien hôpital de la *Madeleine*, dont j'ai parlé ci-dessus, ayant été aliéné, fut acquis par Gaspard Davin, qui se faisait nommer, en 1576, sieur de la Madeleine. En 1663 Étienne Guialié prenait ce titre. — Nous trouvons encore Pons et Antoine Callard, coseigneurs de Jarjayes, en 1366. Le Dauphin échangea, en 1291, avec Bertrand de Jarjayes, tous les droits qu'il possédait dans cette terre contre des revenus aux environs de Gap, ne se réservant que le haut domaine. Jean Flotte acquit également le domaine delphinal en 1517. — *Histoire*. — 1259, 8 octobre, charte de liberté concédée par Arnaud Flotte, Arnaud et Osasica, ses neveux, aux citoyens de Jarjayes, leur accordant le droit de posséder, de tester, de n'être plus arbitrairement imposés. — 1278, 1er avril, autre charte de liberté concédée aux mêmes par Arnaud, Raymond et Bertrand de Jarjayes, et relative aux corvées et au paquérage. — 1291, 30 août, confirmation par Arnaud et Osasica Flotte, de la charte concédée par leurs parents en 1259; ils accordent exemption de tailles et services personnels à leurs sujets moyennant une rente de 30 livres. — 1308,6 avril, autre charte de liberté accordée à ses sujets par Arnaud de Jarjayes. — 1327, 21 mars, autorisation donnée par le Dauphin aux habitants de cadastrer leurs terres. — 1562, vers le 15 juillet, Senas et Mouvans battent entre Jarjayes et Valserres les catholiques d'Embrun qui venaient au secours de Tallard — 1572, 22 février, Jean Flotte, seigneur de Jarjayes, y établit le culte réformé. — 1588, du 17 au 23 mars, siège et prise de Jarjayes par les protestants.

MANDEMENT DE MANTEYER.

LA FREISSINOUSE. — *État ecclés*. — Il n'y avait aucune paroisse à la Freissinouse en 1516, mais seulement deux chapelles de Notre-Dame et de Saint-André, dépendant toutes deux de la paroisse de Manteyer. Il est certain cependant qu'antérieurement il y eut dans cette communauté, non seulement une, mais deux paroisses sous les vocables de Notre-Dame et de saint André. En 1245, cette dernière existait encore. On tenta vainement, à plusieurs reprises, au XVIIe siècle, de faire ériger une paroisse à la Freissinouse ; vers le milieu du XVIIIe siècle on accorda un desservant à la chapelle de Saint-André, peu d'années avant 1789 on y installa un curé. Il était à la nomination de l'évêque de Gap ; l'ordre de Malte et le chapitre de Saint-Arnoul étaient décimateurs de cette paroisse qui dépendait de l'archiprêtré du Gapençais. Les Chartreusines de Berthaud possédèrent à la Freissinouse une petite terre nommée Quint qui leur avait été donnée le 17 novembre 1226 par Arnaud Flotte et confirmée le 6 octobre 1270 par son fils Osasica, en compensation de certaines violences exercées contre leur maison. Après la suppression de la maison de Berthaud, les Chartreux de Durbon héritèrent de ce domaine. — *Ordres hospit*. — Vers 1100, l'ordre de Saint-Jean de Jérusalem reçut en don l'église Notre-Dame de la Freissinouse et les dîmes qui y étaient attachées. En 1667 il possédait encore la juridiction et les dîmes de cette portion de communauté et y percevait quelques censes. — *Administr. et Justice*. — Notre-Dame de la Freissinouse dépendait du vibaillage de Gap, Saint-André, du seigneur de Manteyer qui y possédait une juridiction s'exerçant à Gap avec appel au vibaillage. Les Chartreux de Durbon avaient une juridiction particulière pour la terre de Quint qui leur appartenait; elle s'exerçait également à Gap dans les mêmes conditions que la précédente. En 1346, l'ordre de Saint-Jean de Jérusalem avait un juge à la Freissinouse. La Freissinouse faisait partie de la subdélégation et de l'élection de Gap. — *État féodal*. — Notre-Dame-de-la-Freissinouse appartenait à l'ordre de Malte; le 19 juin 1298, Guillaume Auger lui donna, en outre, pour la part d'héritage de Françon d'Oze, chevalier de Saint-Jean, son frère, tout ce qu'il possédait dans Saint-André de la Freissinouse. Pendant les guerres de religion, cette seigneurie fut usurpée par quelques membres de la famille de Castellane ; elle avait été restituée avant 1667 — Saint-André de la Freissinouse appartenait aux seigneurs de Manteyer dont on trouvera la liste à l'article suivant.

MANTEYER. — *État ecclés*. — La paroisse de Manteyer était sous le titre de Notre-Dame *de Pomeriis* ou des Vergers ; le prieuré de Manteyer, qui appartenait à la prévôté de Chardavon, près de Sisteron, règle de Saint-Augustin, portait également ce titre. Postérieurement à 1516, ce prieuré qui avait beaucoup souffert des guerres de religion, fut uni à la cure. Il n'existait dans cette église qu'une chapelle sans titre connu. La cure était à la nomination des chanoines de Chardavon, qui percevaient, avec l'archidiacre du chapitre de Gap, les dîmes de la paroisse, qui dépendait de l'archiprêtré du Gapençais. Au XVIIe siècle, le prieur-curé

était décimateur à la place des chanoines de Chardavon. — *Ordres hospit.* — Les Templiers eurent à Manteyer des possessions assez importantes qui dépendaient de leur domaine de la Roche-des-Arnauds. — L'ordre de Saint-Jean de Jérusalem succéda à celui du Temple. Il possédait à Manteyer, en 1667, un domaine de douze charges de blé de revenu. — *Hôpitaux*. — Il existait, au XIVe siècle, à Manteyer, une maison hospitalière sous le titre de Sainte-Marie-Madeleine. Peut-être dépendit-elle de l'ordre du Temple, puis de celui de Saint-Jean, mais je n'en ai pas trouvé la preuve. — *Administr. et Justice.* — Manteyer faisait partie de l'élection et de la subdélégation de Gap. Le seigneur avait à Manteyer une juridiction inférieure à laquelle ressortissait également Saint-André de la Freissinouse ; elle s'exerçait à Gap avec appel au viballi de cette ville. — *État féodal.* — Manteyer appartenait d'abord à une famille de ce nom : Ricard de Manteyer, 1057 — Guillaume. 1110 — Guy, 1188 — Lantelme, 1248 — Rolland, 1250-1293, et Raymbaud, son frère, qui vend, en 1271, une moitié de la seigneurie majeure à l'évêque de Gap. Rolland eut un fils, Raymond, qui vendit en 1317 sa part au Dauphin, et deux filles nommées Béatrix et Bérengère, la seconde porta le quart de cette terre à Ferrand de Rosans, son mari, vers 1280 — Leur fils Féraud échangea cette seigneurie avec Guillaume Auger. Ce dernier était déjà propriétaire de la moitié de Manteyer qui lui avait été donnée en 1291 par Pierre Reynier, doyen du chapitre de Gap, son oncle, qui, lui-même, l'avait acquise de Béatrix de Manteyer. En 1318, le Dauphin et l'évêque de Gap se partageaient par égale part le haut domaine de Manteyer ; ce dernier avait droit à deux cavaliers armés, fournis par les seigneurs inférieurs. Guillaume Auger possédait presque toute la seigneurie inférieure, sauf de petites parts appartenant aux familles Reynier, Flotte et d'Oze ; il l'aliéna on ne sait en faveur de qui, la racheta avant 1357 et la transmit à ses descendants qui, de père en fils, portèrent tous le prénom de Guillaume, jusqu'à Georges Auger qui en était seigneur en 1399 ; il mourut sans postérité, et sa sœur, Marguerite, femme de Jean de Varey, en hérita, 1400. — Gaspard et Melchior de Varey vendent, pour 2,000 florins d'or, Manteyer à Bernadin de Clermont, le 19 janvier 1496, et le rachètent peu après ; Gaspard teste en 1531 — Jean, son fils, 1531-1542 — Julien-Balthazard, 1542-1582 — Louise, sa fille, épouse d'abord de Balthazard de Baschi, puis de Charles du Faur, 1582-1617 — Balthazard du Faur 1617-1636 — Étienne d'Aiguebelle, créancier du précédent fait saisir sa seigneurie, s'en rend acquéreur et la conserve jusqu'en 1645 — Marie du Faur, épouse d'Étienne du Bousquet, la rachète, 1645-1660 — Charles du Bousquet, 1676 — Jean, 1700 — Marie, sa fille, épouse de Henri-Joseph de Quinson de Villardy, 1750 — Gabriel-Henri-Raymond, leur fils, 1772 — Jean-Joseph-André Pinet' achète, 1783-1789 — Le 22 août 1299, Jean, comte du Gapençais, donna à Pierre Reynier, neveu du doyen du chapitre de ce nom, tous ses droits à Manteyer, la Freissinouse et Pelleautier. en franc fief. Celui-ci légua cette part de seigneurie à son frère, Francon d'Oze ; Galburge de Manteyer, veuve de ce dernier, vendit ce fief à Raymond de Montauban, baron de Montmaur, avant 1350. — *Histoire*.
— 1271, 16 septembre, le sénéchal de Provence signifie à Othon, évêque de Gap, de cesser de faire la guerre aux seigneurs de Manteyer qui sont sous la protection du comte de Provence, et de rendre la veuve de Rolland de Manteyer qu'il avait enlevée — 1308, 11 juillet, transaction entre l'évêque de Gap et Guillaume Auger et Osasica Flotte. seigneurs de Manteyer, par laquelle ces derniers reconnaissent lui devoir hommage pour la moitié de leur terre, et être obligés de tenir la bride de son cheval lors de son entrée dans Gap — 1309, 25 octobre, transaction confirmative de la précédente — 1500, 4 janvier, transaction entre Gaspard de Varey, seigneur de Manteyer, et les consuls, relativement aux droits seigneuriaux, qui y sont spécifiés avec le plus grand détail. Cet acte très important est l'un des plus récents et des plus complets de cette nature qui existent dans les Alpes. — *Biographie*.
— MANTEYER (Rolland de), seigneur de Manteyer, de 1238 à 1293, fut un des personnages les plus influents du Gapençais au XIIIe siècle. Son influence fut heureuse et pacifique, il fut choisi pour arbitre dans une foule de différends entre les plus grands seigneurs, le Dauphin. l'évêque de Gap et les citoyens de cette ville.

MANDEMENT DE MONTALQUIER.

En 1789, ce mandement ne formait ni communauté ni paroisse indépendante de celle de Gap dont il était limitrophe. — *État ecclés.* — Abbon donna, en 739, à l'abbaye de la Novalaise, le hameau de Saint-Jean-de-Chassagne qu'il nomme *Cassaniola*. Il est bien possible que les moines de cette abbaye aient fondé, dans ce hameau, une église dédiée à saint Jean, qui ait été paroissiale. Plus tard, la chapelle de Saint-Jean fut donnée au prieuré de Saint-André-lès-Gap auquel elle appartenait encore en 1516. Au milieu du XIVe siècle, une autre église rurale existait au hameau de la

Tour ronde. Montalquier formait une prébende appartenant au prévôt du chapitre. — *Ordres hospit*. — Vers 1090, Guila, dame de Montalquier, donne des biens à l'ordre de Saint-Jean de Jérusalem ; le commandeur de Gap, duquel ils relevaient, ayant tenté de se soustraire à la juridiction delphinale, ces biens furent saisis le 13 mars 1273 ; une transaction les lui fit restituer. En 1667, l'ordre les possédait encore, du moins en partie. — *Hôpitaux*. — Une maladrerie existait dès 1323 sur le territoire de Montalquier ; les consuls de Gap y fondèrent, le 17 mai 1633, une chapelle en l'honneur de saint Roch. Cette maison hospitalière fut unie à l'hôpital de Gap, par lettres patentes du 25 février 1697. — *Administr. et Justice*. — De 1271 à 1512, Montalquier fut la résidence d'un châtelain delphinal dont la juridiction s'étendait sur les hommes et les terres du Dauphin à Gap et dans son territoire. En 1328, le 28 juillet, l'évêque de Gap se plaignait au comte de Provence que le Dauphin avait établi à Montalquier une ville franche, des tribunaux, pour débaucher ses sujets de Gap. Malgré ces réclamations, une cour de justice fut maintenue à Montalquier ; le Dauphin acheta, le 24 avril 1330, la juridiction de Sybille Bonfils, veuve de Pierre Reynier ; cette cour fut supprimée comme faisant double emploi avec le bailliage de Serres, le 14 décembre 1410. Au XVIIe siècle, les seigneurs de Montalquier avaient une juridiction inférieure s'exerçant à Gap avec appel au vibailli. — *État féodal*. — Au commencement du XIIIe siècle, Montalquier appartenait au Dauphin ; en 1257, les Gapençais se firent livrer le château par celui qui en était dépositaire, et le rasèrent ; aussitôt le Dauphin les força à l'acheter pour 50,000 sous viennois et il se le fit rendre en 1271. Cette terre fut vendue à plusieurs reprises avec clause de rachat de perpétuel ; voici les noms de quelques-uns de ces engagistes : Jean Bonfils, 1280-1314 — Sybille, sa fille, femme de Pierre Reynier, 1320 — Eynard Ysoard, 1399 — Jean de Menon l'achète 1,500 livres le 4 mai 1574 — Étienne de Bonne d'Auriac, 1587 — François Philibert, 1597-1607 — Jacques Amat l'achète 7,000 livres le 30 août 1638 — Claude-Noël, son fils, 1660-1680 — Balthazard, le vend à Camille d'Hostun, duc de Tallard, 1719 — Marie-Joseph d'Hostun, 1725-1740 — Louis-Charles meurt en 1755 — Françoise de Sassenage, sa cousine, est son héritière, 1755-1784 — Ses deux filles, Mmes de Bruck et de Talaru, 1784-1790. — Il y avait trois petits arrière-fiefs dans le mandement de Montalquier. — *Saint-Jean-de-Chassagne* : Bertrand de Manteyer, 1240 — Galburge, sa fille, 1270 — Jean Bonfils, 1280-1314 — Sybille,

sa fille, le vend en 1315, au Dauphin, qui le donne à Arnaud de Trians, vicomte de Tallard, 1332. Quelques années auparavant, Arnaud de Trians avait déjà acheté une part de ce fief à Jean Odonis et à Armande, sa fille. Il retomba dans le domaine delphinal vers 1340. — *La Terrasse* : Bernardin Poncet, sieur de la Terrasse, 1542 — Barthélemy, 1550 — Jean, 1571-1574 — Balthazard, 1601 — Étienne, 1656 — Dominique, 1700 — Jean-Jacques-François, 1750 — Louise de Gervasy, sa veuve et son héritière, se remarie en 1777 à François Alexandre de Trécour qui disparut le soir même de ses noces sans qu'on ait plus jamais entendu parler de lui. Mme de Trécour était dame de la Terrasse de Montalquier, en 1789. — *Fontreine* : Raoul de la Font, 1380 — Henri de Laveno le lui achète, 1381 — Pierre Mutonis, 1513 — Françoise, sa fille, le vend à Louis de Chappan, son beau-frère, 1567-1594 — Louis et Claude de Chappan, 1602-1640. — *Industrie et Commerce*. — 1444, le Dauphin transfère à Gap la foire de la saint Martin qui avait lieu, de temps immémorial, dans le mandement de Montalquier. — *Histoire*. — 1257, les Gapençais détruisent le château de Montalquier, ils paient au Dauphin 50,000 sous viennois pour ce fait — 1273, 13 mars, le commandeur de Saint-Jean de Jérusalem de Gap ayant refusé de reconnaître la juridiction du Dauphin à Montalquier, tous ses biens sont saisis — 1337, le vicomte de Tallard, seigneur de Saint-Jean-de-Chassagne, veut se soustraire à la juridiction delphinale, il est contraint par le châtelain delphinal de la reconnaître.

MANDEMENT DE RABOU ET CHAUDUN.

CHAUDUN. — *État ecclés*. — Il n'y avait pas de paroisse à Chaudun au XIVe ni au XVIe siècle, elle fut créée seulement dans le cours du XVIIe. En 1685, elle existait sous le vocable de Notre-Dame. Le chapitre de Saint-Arnoul était collateur de la cure et décimateur de la paroisse qui faisait partie de l'archiprêtré du Gapençais. — *Administr. et Justice*. — Chaudun dépendait de l'élection et de la subdélégation de Gap. Le chapitre de Saint-Arnoul, seigneur de Chaudun, y avait une juridiction qui s'exerçait au XVIIe siècle, à Gap, avec appel au vibailli. — *État féodal*. — Le fief de Chaudun appartenait, de temps immémorial, au chapitre de Saint-Arnoul, il lui fut confirmé par l'empereur Frédéric II, en avril 1238 — Le 2 décembre 1639, il fut vendu à Jacques Amat, avec faculté de rachat, pour 18,400 livres — Claude-Noël, son fils, 1660-1680 — Étienne de Guers l'achète en 1681 — Frédéric d'Aiguebelle en hérite, 1686-1699. Un arrêt du parlement, de 1699, déclare la vente nulle et restitue Chaudun au chapitre.

RABOU. — *État ecclés.* — La paroisse de Rabou, sous le titre de saint Sébastien et saint Gervais, s'étendit jusqu'au XVIIᵉ siècle sur les communautés de Rabou et de Chaudun. Le chapitre avait les mêmes droits sur cette paroisse que sur celle de Chaudun ; le 29 septembre 1184, l'empereur la confirma à l'église de Gap — Le 30 septembre 1188, Adélaïde, femme d'Arnaud Flotte, seigneur de la Roche-des-Arnauds, et son fils donnèrent aux Chartreusines de Saint-André de Prébaïon un territoire nommé *Berthaud*, situé dans les communautés de Rabou et de Chaudun, moyennant 1,500 sous viennois. Une colonie de ces religieuses vint s'y fixer ; une chartreuse y fut fondée qui porta indifféremment les noms de *Berthaud* ou de *Sainte-Marie d'Aurousa*, de celui d'une montagne voisine. Cette donation fut encore augmentée par Arnaud Flotte, le 20 juillet 1193, et par les seigneurs du Dévoluy, en 1200 ; Rolland et Lantelme de Manteyer donnèrent, le 30 juillet 1248, le droit de pâturage, dans toutes leurs terres, aux troupeaux du monastère ; d'autres libéralités considérables lui furent faites, à Saint-Saturnin, à Ventavon et à Quint (La Freissinouse). La chartreuse de Berthaud y comptait, au XIIIᵉ siècle, 25 religieuses et 6 frères chargés des intérêts matériels, prospéra jusqu'en 1448, et fut alors détruite par un incendie, les religieuses se retirèrent à la suite de cet événement, en 1467, à Durbon (voir à Saint-Julien en Beauchaine). Je donne ici la liste des prieures de la chartreuse de Berthaud, même après leur translation à Durbon, pour ne pas la scinder en deux parties : Sarra, 1188-1193 — Agnès, 1212-1214 — Raymonde, 1220-1222 — Stéphanie, 1237-1241 — Rambaude, 1241 — Agathe, 1242-1245 — Jeanne, 1248-1250 — Petronille Regard, 1270-1283 — Rambaude, 1283-1284 — Flota, 1296 — Reymbaude de Montauban, 1299-1302 — Raymbaude Vert, 1323-1328 — Barrasse de Barras, 1335 — Alaysia, 1340-1348 — Philippe Flore, 1354 — Bertrande, 1364 — Antoinette de Montorcier, 1432-1435 — Marguerite de Saint-Marcel, 1446-1453 — Guigonette de Montorcier, 1462 — Marguerite de la Font de Savines, 1478 — Georgette de Saint-André, 1482-1497 — Judith, 1513 — Huguette Putrain, 1515-1516 — Jeanne Marquet, 1531 — Claude Guiffrey, 1582 — Artaude Grinde, 1573-1583 — Jeanne Franco, 1583-1592. — *Administr. et Justice.* — Comme à Chaudun. — *État féodal.* — Frédéric-Barberousse confirma à l'église de Gap la propriété de Rabou, en 1184. Cette terre a la même histoire féodale que Chaudun, seulement Jean Flotte, seigneur de la Roche, l'acheta au chapitre en 1563, et la vente fut résiliée en 1565. — Il existait à Rabou un arrière-fief nommé *La Gardette*, il appartenait à Gaspard Flotte en 1600-1623 — Pierre, son fils, 1623-1654 — Charles, 1670-1700 — Charles, son fils, chanoine de Gap, le vendit ou le légua au chapitre, vers 1727. — *Histoire.* — 1188, fondation de la chartreuse de Berthaud — 1394, 2 mai, Arnaud Flotte qui a envahi à main armée, la terre de Rabou, est condamné à 300 florins d'amende envers le chapitre — 1448, destruction du monastère de Berthaud par un incendie — Vers 1577, Antoine Fulcon-Saint, capitaine protestant, s'empare de cette seigneurie au préjudice du chapitre de Gap. — *Armoiries.* — De la chartreuse de Berthaud, d'après les sceaux de ce monastère, de 1222 et 1245 : *une croix pattée.* — *Biographie.* — CHAIX (Dominique), né à Berthaud, le 8 juin 1730, mort aux Beaux, commune de la Roche-des-Arnauds, le 22 juillet 1799 — Il embrassa la carrière ecclésiastique, fut curé des Beaux, étudia avec fruit la botanique, dont il enseigna les premiers éléments à Villars (voir au Noyer). — *Bibliogr.* — CHARRONNET (Ch.) *Monastères de Durbon et de Berthaud, diocèse de Gap.* Grenoble, Merle (s. d.), in-8°.

MANDEMENT DE LA ROCHE-DES-ARNAUDS.

LA ROCHE-DES-ARNAUDS. — *État ecclés.* — Cette communauté était divisée en deux paroisses, les Beaux et la Roche — *Les Beaux.* J'ignore à quelle époque a été créée cette paroisse qui existait déjà au XIVᵉ siècle ; elle était sous le vocable de l'Assomption de la Vierge. En 1516, elle renfermait une chapelle sous le titre de Sainte-Anne ; en 1708, il y avait une seconde chapelle nommée de Sauveterre (le Sauveur du monde). — *La Roche.* La paroisse de la Roche, sous le vocable de saint Pierre, existait au moins depuis la fin du XIIᵉ siècle. En 1300, le château renfermait une chapelle ; en 1708, l'église paroissiale en avait une autre sous le vocable de Saint-Blaise. Il existait dans cette paroisse un prieuré sous le titre de Saint-Pierre, dépendant de l'abbaye de Saint-Michel de la Cluse. Le 8 septembre 1398, le Dauphin le prit sous sa sauvegarde spéciale moyennant le cens d'une obole d'or. — Le prieur de la Roche et les Chartreusines de Berthaud étaient décimateurs de ces deux paroisses qui dépendaient de l'archiprêtré du Gapençais. L'abbé de Saint-Michel de la Cluse en était le collateur. — Le grand séminaire du diocèse de Gap fut transféré, en 1712, de Tallard, où il avait été fondé, en 1710, à la Roche ; il n'y resta que quelques années et fut définitivement établi à Gap. — *Ordres hospit.* — Dès 1243, les Templiers possédaient de nombreuses propriétés à la Roche, une maison dite le Temple, un domaine dit le Condamine, une chapelle dédiée à sainte Marie-Madeleine et un hôpital. Ces biens passèrent des Templiers aux chevaliers de Saint-Jean de Jérusalem. Le 16 mai 1311, cet ordre les céda à celui de Saint-Antoine-en-Viennois, mais cette cession n'eut probablement point d'effet, car en 1667, l'ordre de Malte possédait encore, à la Roche, six terres et une vigne portant le nom du Temple. — *Hôpitaux.* — En 1226, il y avait une maladrerie à la Roche. — En 1243, une maison hospitalière sous le titre de Sainte-Madeleine y appartenait aux Templiers, puis elle passa aux hospitaliers de Saint-Jean. — *Administr. et Justice.* — Sous le nom de *Fines* (limites entre les Cauriges et les Voconces), la Roche-des-Arnauds était une station de la voie romaine de Gap à Die. Au XVIIe siècle, il dépendait de l'élection et de la subdélégation de Gap. Le seigneur y avait une juridiction s'exerçant à Gap avec appel au vibailli de cette ville. — *État féodal.* — Par une anomalie assez étrange, aux XIIIe et XIVe siècles, la Roche ne faisait pas partie du Dauphiné, mais du comté de Valentinois. Les Poitiers, comtes de Valentinois et de Diois, en avaient le haut domaine ; ils consentirent cependant vers le milieu du XIVe siècle à reconnaître la suzeraineté delphinale pour quelques-unes de leurs terres parmi lesquelles était celle de la Roche. En 1404, Louis II, dernier comte de Valentinois, vendit ou donna tous ses biens au Dauphin et le fief Roche-des-Arnauds fut seulement alors uni au Dauphiné. Voici la raison probable de ce fait : un membre de la famille Arnaud, de Crest, surnommé Flotte, acquit fort anciennement, peut-être, au commencement du XIe siècle, la terre de la Roche, et comme il était, avant cette acquisition, vassal, à Crest, du comte de Valentinois et de Diois, il se reconnut également son vassal pour la terre qu'il venait d'acquérir. La Roche est une des rares seigneuries qui sont demeurées dans la même famille depuis le moyen âge le plus reculé jusqu'en 1789. Arnaud Flotte, 1060 — Henri, 1080 — Arnaud, 1125-1164 — Arnaud, 1178 — Arnaud, 1188-1244 — Lantelme, 1244-1250 — Osasica, son frère, 1250-1271 — Arnaud, 1272-1292 — Osasica, son frère, 1292-1308 — Sochon, 1308 — Arnaud, son frère, 1309-1350 — Arnaud, 1350-1363 — Osasica, son frère, 1363-1386 — Arnaud, 1390 — Arnaud, 1396 — Jean, son frère, 1398-1424 — Sochon, 1424-1446 — Claude, 1463-1498 — Georges, 1498-1531 — Jean, 1531-1569 — Balthazard, 1569-1614 — Charles-Emmanuel, 1614-1633

— Jean-Guillaume, son frère, 1633-1667 — François-Marie, 1667-1688 — Joseph-Balthazard, 1688-1718 — Charles-Raymond-Emmanuel, 1760-1784 — Arnaud-Emmanuel, 1784-1790 — La Roche fut érigé en comté en 1592 en faveur de Balthazard Flotte (voir à Montmaur) — En 1388, le haut domaine de la Roche avait été donné par le comte de Valentinois à Étienne de Poitiers, son bâtard — En 1648, le comte de la Roche vendit à Oronce Le Bout quelques revenus féodaux pour 600 livres. — *Histoire.* — 1253, Osasica Flotte concède une charte de liberté aux habitants de la Roche — 1294, Arnaud Flotte ne pouvant résister à ses voisins qui s'étaient coalisés pour tirer vengeance de ses méfaits, se donne lui et ses fiefs à Louis de Poitiers, comte de Valentinois, qui accepte et fait élever son étendart sur le château — 1342, 2 mars, Humbert II accorde une charte de privilège à Arnaud Flotte, seigneur de la Roche et de Montclus, moyennant 500 florins d'or — 1343, 18 août, Arnaud Flotte consent au transport projeté du Dauphiné à la France, à condition que les privilèges qui lui ont été concédés seront respectés — 1386, 4 janvier, Osasica Flotte ayant refusé l'année précédente de payer les redevances qu'il devait au Dauphin, il est déclaré rebelle, son château est pris et confisqué. Peu de temps après il lui est rendu à la suite d'une transaction — 1573, la Roche est pris par les protestants — 1577, 18 mars, nouveau siège et prise de la Roche par les mêmes. — *Biographie.* — FLOTTE (Jean), surnommé le capitaine Aurouse, chef des protestants du Gapençais (1566), s'empare de Gap par surprise (1567), lève un régiment, rejoint l'armée des princes et est tué le 3 octobre 1569, à Montcontour — FLOTTE (Antoine), commandeur de l'ordre de Saint-Jean de Jérusalem, fut gouverneur de Grenoble et du Graisivaudan (1585-1588). Il était frère du précédent.

MANDEMENT DE LA ROCHETTE.

Ce mandement n'en faisait, au commencement du moyen âge, qu'un seul avec celui de Romette ; ces seigneuries furent divisées le 14 novembre 1303.

LA ROCHETTE. — *État ecclés.* — En 1152 le pape confirme à l'abbaye italienne de Bréma l'église de Saint-Jean d'Auriac comme ayant dépendu jadis de la Novalaise ; or, la paroisse de la Rochette est sous le vocable de saint Jean et le mandement de la Rochette a parfois porté le nom de mandement d'Auriac, du hameau de cette communauté où existait le château seigneurial. Au XVIIe siècle l'église de la Rochette était dédiée à l'Assomption de Notre-Dame et Saint-Jean ; en 1708, il y avait dans l'église paroissiale deux chapelles de Notre-Seigneur et de Notre-Dame, et au hameau d'Auriac une chapelle de Saint-Jean. Le prieur de Romette était collateur de cette cure ; par transaction du 14 novembre 1303 il fut réglé que le prieur de Romette percevrait les trois cinquièmes de la dîme, le chapitre de Gap et le commandeur de Saint-Antoine, chacun un cinquième. En 1747, le chapitre d'Embrun percevait, je ne sais à quel titre, une petite partie de ces dîmes. Jusqu'en 1516, la Rochette fit partie de l'archiprêtré du Champsaur, avant 1576, il fut uni à celui du Gapençais. — *Ordres hospit.* — En 1323, la commanderie de Saint-Antoine-en-Viennois, de Gap, possédait une portion de la terre d'Auriac et y avait une juridiction. — *Administr. et Justice.* — Au hameau de Manse était l'ancienne station romaine, nommée dans les itinéraires *mansio Ictodurum*, elle était près de l'entrée d'une petite voie secondaire, qui de la *via Domitia* se dirigeait vers Mens à travers le Champsaur. — La seigneurie de la Rochette fit partie du duché et de la châtellenie du Champsaur jusqu'en 1463 au moins, en 1500, elle était unie au Gapençais. Elle dépendait, au XVIIe siècle, de l'élection et de la subdélégation de Gap ; le seigneur y possédait une juridiction particulière qui s'exerçait, au XVIIe siècle, à Gap, avec appel au vibailliage. — *État féodal.* — La terre de la Rochette et Auriac appartint d'abord à une famille d'Auriac : Hugues d'Auriac, 1177 — Guillaume et Raymbaud, 1261 — Guillaume, 1296 — Guillaume, 1334 — Humbert, 1344-1350 — Jean, 1352-1362 — Baudon, 1371-1402 — Baudon et Raymbaud, 1413-1422 ; le premier achète à Hugues Bataille sa part pour 201 florins, le 8 décembre 1414 — Jean, fils de Raymbaud, achète 100 florins la part d'Arnoul de Bénévent, le 6 juin 1439, et celle d'Arnoul de Sigoyer — Lantelme, son fils, vend sa part à Jacques et François de Bonne, le 20 décembre 1454 — Baudon, frère de Raymbaud, a deux fils, Justet et Eustache, 1438; le second marie sa fille Isabeau à Alexis de Bonne, en 1458 ; le premier a pour fils Baudon (1458), et André qui fait hériter André Rambaud — Celui-ci vend 200 florins cet héritage à Honoré de Bonne, le 15 février 1406, ainsi qu'une petite coseigneurie qu'il avait acquise précédemment de Jean Richière — La famille de Bonne avait, dès 1434, une part de la seigneurie de la Rochette acquise par Honoré de Bonne. Celui-ci fit ses héritiers Jacques et Alexis, ses neveux, 1452-1470 — Alexis achète 250 florins la part de Lantelme de Montorcier, fils de Jacques, le 10 mars 1452 — Pierre, fils d'Alexis 1495 — Honoré, son fils, achète la part de feu Raymond de Montauban 100 écus d'or, le 9 octobre 1497, et acquiert par échange celle d'Hugues Baile, en 1523 — Charles, son fils, 1543-1580 — Étienne, réunit toute la seigneurie sur sa tête, 1580-1631 — Alexandre, 1632-1640 — Catherine, sa fille, épouse de Roger d'Hostun, 1650-1685 — François de Neuville-Villeroy, garde cette seigneurie pour les reprises de Marie de Neuville, sa tante. femme d'Alexandre de Bonne, 1686 — Il la vend à Mathieu de Louvat, 1720 — Catherine de Louvat, épouse de César d'Agoult, 1748 — Hippolyte-Auguste-Vincesias, leur fils, 1789 — Nous trouvons encore Rostaing de Bataille, coseigneur de la Rochette, en 1343 — Rostaing, son fils, en 1373 — Hugues, 1387 — Raymbaud, 1400 — Hugues, 1413 — Esprit, Georges et Claude, 1542 — Voici encore les noms de quelques seigneurs de la Rochette : Rodolphe et Raymond Chaine, Arnoul de Sigoyer, Raymond et Humbert de la Rochette, Eudes et Pierre Eudes. Guillaume Albert, les Escalons, les héritiers d'Eynard de Bardonnèche, 1261 — Arnaud Arnoul, 1316 — Estendart Arnoul, 1327 — Pierre Arnoul, Pierre et Humbert Allemand, Pierre et Guillaume Eudes, 1400 — Jean du Suau, mari de Catherine de Poligny, 1446 — Le Dauphin possédait le quart de la seigneurie de la Rochette, il le vendit à Honoré de Bonne, avec ce qu'il possédait à Romette et Montorcier, pour 300 écus d'or, le 28 octobre 1521. — *Histoire*. — 1515, août, François Ier allant en Italie est harangué sur le col de Manse par les consuls de Gap. — *Armoiries*. — Au XVe siècle, la Rochette avait les armoiries suivantes : *De..... au toit pointu couvert de tuiles imbriquées, et surmonté d'un coq chantant, au chef chargé à droite d'une fleur de lis, à gauche d'un dauphin*. — *Biographie*. — BONNE D'AURIAC (Étienne de), né vers 1550, mort en 1631; capitaine, colonel, maréchal de camp, gouverneur de Tallard (1577-1578), chef de la Ligue en Gapençais (1580-1590), plus tard réconcilié avec son cousin Lesdiguières, il l'accompagna dans toutes ses campagnes contre le duc de Savoie. Il avait acheté le vicomté de Tallard, en 1600, et avait été fait chevalier de l'ordre du roi. — BONNE-FONTCLAIRE (Gaspard de), frère du précédent ; il entra dans les ordres, fut archidiacre du chapitre de Saint-Arnoul, puis prit les armes pour la Ligue avec son frère, et fut tué en 1589 dans le sac de Moras, par les soldats d'Ornano, gouverneur du Dauphiné.

MANDEMENT DE ROMETTE.

Ce mandement n'en faisait qu'un seul, au commencement du moyen âge, avec celui de la Rochette; la division de ces deux seigneuries date du 14 novembre 1303.

ROMETTE. — *État ecclés.* — En 739, Abbon donna, par son testament, Romette à l'abbaye de la Novalaise. Vers 940, Guigues, comte d'Albon, donna Romette à l'ordre de Cluny; en 1027, cette donation fut confirmée. Cluny y fonda un prieuré sous le titre de Saint-Pierre. D'abord uni à l'abbaye de Saint-Victor, de Marseille, au XII° siècle, il fut donné à l'abbaye de Bréma, diocèse de Pavie, comme une ancienne possession de la Novalaise; Urbain V, par une bulle du 1er mai 1366, la rendit de nouveau à Saint-Victor; malgré la promesse d'obéir à cette bulle faite dans un chapitre solennel, le 7 juillet 1367 par le prieur de Romette et ceux de Veras, de Chabestan et de Saint-Bonnet, qui lui étaient soumis, la décision du pape ne reçut complète exécution que quatre-vingts ans plus tard, le 13 mai 1447. En 1317, il y avait quinze religieux à Romette. Le 2 août 1289, Nicolas IV accorda à ce monastère une indulgence d'un an et quarante jours pour les fidèles qui fréquenteraient son église aux jours des fêtes de la Vierge et de saint Pierre, huit jours après, et à l'anniversaire de sa dédicace. En 1250, le 5 octobre, le prieuré était sous la sauvegarde du Dauphin; en 1321, le prieur fut obligé de reconnaître la suzeraineté de ce prince; en 1380, le prieuré avait un revenu de 300 florins d'or, il percevait la dîme de beaucoup de paroisses du Gapençais, et avait sous sa direction plusieurs prieurés inférieurs et plusieurs maisons hospitalières telles que celles du Mont-Genèvre et du Saint-Sépulcre de la Beaumette. Voici la liste des prieurs de Romette : Bernard Martin, 1177-1178 — W....., 1183 — Raoul de la Roche, 1245; mort en 1252 — Guigues de Chabestan, 1259 — François, 1300-1305 — Hugues de Saint-Genis, 1307 — Guy de Lens, 1311 — Roger de Montbrand, 1317-1326 — Étienne Aubert, évêque d'Ostie, cardinal de Saint-Jean et Saint-Paul, puis pape sous le nom d'Innocent VI, 1345-1352 — Roux de Roux, 1352 — Gentelme de Saint-Amand, 1359 — Jean Olerii, 1365-1367 — Pierre Flamenchi, qui fut abbé de Saint-Victor, 1382-1402 — Jean de Vitrolles, 1409-1429 — Antoine Allemand, 1455 — Antoine Guinimand, évêque de Digne, 1474-1513 — Guillaume Geoffroy, 1520 — Auguste Trivulce, évêque de Bayeux et cardinal, 1543 — Jean de Baratier, 1556 — François Malleveys, 1546-1567 — Jean-Paul Malleveys, 1572 — Jérôme Malleveys, 1590 — Jérôme Maloc, 1602 — Reynaud de Revillasc, 1623-1640 — Hugues de Ponnat, 1650 — Reynaud de Revillasc, v. 1660 — Reynaud de Revillasc, neveu du précédent, 1685 — Guillaume de Revillasc, 1699 — Claude de Pina, en procès avec Gaspard-Martin de la Garde, 1700-1710 — Louis de Poligny, 1710-1725 — Charles de Raffélis-Soissans, 1726 — Jean-Baptiste Gavet, 1729 — Félix de Chevalier des Oches de Sinard, 1738-1743 — Antoine-René de Bardonnèche, évêque de Vence, 1747-1783 — L'abbé de Ros, 1789 — La paroisse de Romette était sous le vocable de saint Pierre comme le prieuré, le curé était à la collation du prieur, principal décimateur de cette paroisse. Jusqu'en 1516, elle avait fait partie de l'archiprêtré du Champsaur et fut uni à celui de Gap avant 1576. — *Administr. et Justice.* — Romette dépendit, jusqu'au milieu du XV° siècle, du bailliage du Graisivaudan et de la châtellenie du Champsaur, puis fut uni à celle du Gapençais. Le prieur avait une juridiction particulière qui s'exerçait à Gap, au XVII° siècle, avec appel au vibailli de cette ville. Romette faisait partie à cette époque de l'élection et de la subdélégation de Gap. — *État féodal.* — Le prieur de Romette en était également seigneur. Le Dauphin avait quelques droits seigneuriaux qu'il vendit à Honoré de Bonne avec ceux de la Rochette et de Montorcier pour 300 écus d'or, le 28 octobre 1521. — *Histoire.* — 739, Abbon donne par son testament Romette à l'abbaye de la Novalaise — Vers 940, Guigues, comte d'Albon, le donne à l'ordre de Cluny — 1235, 26 juin, Guigues-André, dauphin, y séjourne — 1245, 15 novembre, Guigues VII y passe — 1250, octobre, le Dauphin prend le prieuré sous sa sauvegarde — 1282, 26 octobre, Humbert Ier, dauphin, séjourne à Romette — 1320, Guigues de Morges, accompagné de six châtelains, un vice-bailli, trois chevaliers et d'une troupe armée, s'empare de Romette, l'incendie et maltraite les moines, pour les punir d'avoir refusé de reconnaître la suzeraineté du Dauphin. Il est excommunié avec ses compagnons; une transaction du 9 juillet 1321 pacifia ce différend — 1326, le 13 février ; 1329, le 23 février et le 3 juin, Guigues VIII, dauphin, séjourne à Romette — 1339, 1er mars, Humbert II est à Romette — 1517, 25 janvier, les gens d'armes conduits en Italie par Pedro Navarro, irrités de se voir refuser les portes de Romette, y entrent de force et y mettent le feu qui dévore 23 maisons — 1563, 11 mars, le capitaine protestant Antoine Rambaud de Furmeyer. s'empare de Romette et fait pendre la garnison ainsi que son chef, le capitaine Mongin. La garnison de Gap va au secours de celle de Romette, elle est battue sur les bords du torrent du Buzon — 1572, avant le 10 septembre, Romette est brûlé par les protestants — 1574, 7 juin, une troupe de Gapençais est massacrée par Lesdiguières et quelques cavaliers qui l'accompagnent, sur le bord du torrent du Buzon.

MANDEMENT DE SIGOYER.

SIGOYER. — *État ecclés.* — La paroisse de Sigoyer était sous le vocable de saint Pierre-aux-Liens. En 1516, il y avait dans cette église une chapelle de Sainte-Marie-Madeleine-de-Bramafam. En 1616 nous en trouvons une seconde de Saint-Jacques ; en 1708 elle était tombée en ruines, mais en revanche on avait fondé des chapelles de Notre-Dame-de-Consolation, rapportant 60 livres ; de Sainte-Catherine, des Onze mille Vierges, de Saint-Martin, de Saint-Hippolyte, de l'Annonciation, de Saint-Sébastien et de Saint-Antoine-de-Padoue ; une nouvelle chapelle de Saint-Jacques avait été réédifiée en 1770. L'église paroissiale fut démolie pendant les guerres de religion. Il existait à Sigoyer deux prieurés : l'un, sous le titre de Saint-Laurent, dépendait de l'abbaye de Saint-Michel-de-la-Cluse, règle de Saint-Benoît ; l'autre, situé au hameau d'*Aups*, était sous le titre de Saint-Martin et dépendait de la prévôté de Chardavon, près de Sisteron, règle de Saint-Augustin. Le prieur de Saint-Laurent percevait la moitié des dîmes de la paroisse, l'ordre de Saint-Jean de Jérusalem et le chapitre de Saint-Arnoul chacun un quart. Sigoyer faisait partie de l'archiprêtré du Gapençais. — *Ordres hospit.* — En 1288, l'ordre de Saint-Jean de Jérusalem était propriétaire de la moitié de la seigneurie de Sigoyer qui lui avait été donnée environ un siècle auparavant par le comte de Forcalquier ; le 23 octobre 1297, le grand maître transige avec Humbert Ier, dauphin, et consent à lui prêter hommage et à lui fournir un cavalier armé pour cette seigneurie. Le 16 mai 1311, l'ordre de Saint-Antoine-en-Viennois céda à celui de Saint-Jean quelques droits qu'il possédait à Sigoyer, dépendants de la maison de Tallard. En 1667, l'ordre de Saint-Jean ne possédait plus rien à Sigoyer. — *Administr. et Justice.* — Sigoyer dépendait de l'élection et de la subdélégation de Gap ; le seigneur avait une juridiction particulière, s'exerçant au XVIIIe siècle dans cette ville avec appel au vibaillage ; cette juridiction était double pour les deux coseigneuries de Sigoyer et du Villard-Sigoyer. — *État féodal.* — Il y avait trois fiefs à Sigoyer : *Sigoyer* : Guillaume Arnoul ou Arnulphi, 1100 — Arnoul, 1184-1202 — Giraud, 1250 — Giraud, Rostang et Albert, 1257-1274 — Arnaud et Boniface, fils de Giraud, 1290-1301 — Eudes, Guillaume, Reymond et Armand, 1308-1324 — Étendart, fils d'Armand, Amédée, fils de Guillaume, 1327-1329 — Pierre et Amédée, fils d'Amédée, 1360 — Pierre qui teste en 1366, partageant ses biens entre Montarcine, sa nièce, Louis de Bardonnèche, son neveu, et Louis de Moustiers ; il avait acquis la plus grande partie de ses biens de Ferrand de Villosc et de sa nièce Albarona — Montarcine Arnulphi, fille d'Amédée, épouse de Jacques de Montorcier, qui testa en 1382 — Georges, leur fils, seigneur des trois quarts de Sigoyer, teste en 1431 — Jean teste en 1451 — Étienne (1501), acquiert pour 100 écus d'or une part de Gaspard Gruel qui, lui-même, l'avait acquise de Justet de Bardonnèche, en 1509 ; il teste en 1551. Sa femme, Louise de Rame, et sa sœur Florette, sont ses héritières ; Louise de Rame fait hériter Soffrey de Rame, qui vend sa part à Florette de Montorcier, femme de Charles Gras, en 1551 — Pierre Gras, leur fils, 1556 — Claude, 1557 — Melchionne, sa fille, épouse de Jacques Gruel, 1580-1631 — Claude Gruel, teste en 1631 — Charles, 1631-1644 — Benoît Amat achète, par expropriation, en 1643, teste en 1673 — Jacques, son fils, 1673-1681 — Jacques de Guers, achète, 1681-1686 — Frédéric d'Aiguebelle, son neveu, en hérite, 1686-1687 — Étienne Gruel, achète, 1687, teste en 1698 — Jacques, 1698-1715 — Étienne, 1715-1760 — Jean-Jacques, 1760-1789. — *Le Villard-Sigoyer :* Ce fief fut vendu par le Dauphin à Léonard et Barthélemy de Amorosio (de Morose), vers 1337 — Sybille, fille de Barthélemy, le vend en 1380 à Justet de Bardonnèche, 1400 — Pierre, 1440-1458 — Jean, 1463-1473 — Antoine de Bermond, qui teste en 1519 — Louis de Bermond, fait héritières Jeanne de Montorcier, sa femme, et Florette, sa fille, 1550 — Jeanne de Montorcier porte sa part aux seigneurs de la précédente coseigneurie ; Florette de Bermond épouse Jean de Castellane, 1550 — Élion, leur fils, 1580 — François, 1586-1600 — Claude, 1616 — Jean-Baptiste, 1664-1668 — N... de Chaix, 1774 — N... de Barthélemy, 1789. — *Céas :* Petit arrière fief ; voici les noms de quelques-uns de ses possesseurs : Armand Athenulphi, 1308-1324 — Étendart, son fils, 1327-1329 — Guillaume Auger, 1337 — Guillaume, son fils, 1344 — Georges, 1399-1400 — Alix de Saporis, sa veuve, se remarie à Jean Gaste, qui aliène ce fief en faveur des autres coseigneurs. — Nous avons vu, que du XIIIe siècle jusqu'à la fin du XIVe, l'ordre de Saint-Jean-de-Jérusalem avait été seigneur de la moitié de Sigoyer ; cette part de seigneurie fut aliénée vers cette époque, en faveur des autres seigneurs de Sigoyer. — *Histoire.* — 1347, les habitants profitent de l'état de guerre qui règne entre l'évêque de Gap et le vicomte de Tallard, pour ravager les terres de ce dernier ; le Dauphin le leur interdit le 10 janvier 1348 — 1574, 21 février, les protestants s'emparent de Sigoyer — 1581, 21 janvier,

Lesdiguières s'en empare une seconde fois — 1692, août, Sigoyer est brûlé par les coureurs de l'armée du duc de Savoie. — *Biographie.* — SICARD (Jean), notaire, à la fin du XIV° siècle, devint secrétaire et homme d'affaires de Louis d'Orléans-Valois, il rédigea, en cette qualité, divers actes dans les possessions italiennes de ce prince, notamment dans la ville d'Asti.

MANDEMENT DE VALSERRES.

VALSERRES. — *État ecclés.* — J'ai déjà parlé de cette communauté à propos du bailliage d'Embrun et de la châtellenie de Chorges, dont elle faisait partie. Par une anomalie qu'aucun document ne vient expliquer, la paroisse de Valserres dépendait de l'évêché de Gap, quoiqu'en dehors de ses limites naturelles. — Il y avait à Valserres deux églises paroissiales, l'une sous le vocable de l'Assomption de Notre-Dame, la seconde sous celui du Saint-Esprit. La première forma, au moins jusqu'en 1561, une chapellenie indépendante, sous le nom de Notre-Dame-du-Puy-Servier; au XIV° siècle elle était même le siège d'un prieuré dont le revenu était, vers 1380, de 20 florins d'or, et lorsqu'elle fut unie à la cure de Valserres, le curé prit le titre de prieur-curé. — Un second prieuré existait à Valserres sous le vocable de saint Maurice; Alexandre III en confirma, en 1176, la propriété à l'abbaye de Boscodon. En 1190, Béatrix, dame de Jarjayes, donna à cette abbaye des possessions importantes à Valserres, entre autres le territoire de Malcor; elles furent unies au prieuré de Saint-Maurice. En 1708, une chapelle de Sainte-Catherine existait dans l'église paroissiale de Valserres. Le prieur-curé et l'abbé de Boscodon étaient, avec le chapitre de Gap, décimateurs de cette paroisse qui dépendait de l'archiprêtré du Gapençais.

2° CHATELLENIE DE SERRES.

En 1298, le Dauphin ayant acquis Serres et son territoire, du comte de Provence, y établit le siège du bailliage du Gapençais et une châtellenie. Cette châtellenie fut composée de la vallée du Buëch, dont une partie reconnaissait la suzeraineté delphinale depuis la fin du XII° siècle, et dont l'autre venait d'être cédée par le comte de Provence; elle s'étendait de Lus-la-Croix-Haute à Lagrand. Cependant il y eut à plusieurs reprises entre les châtellenies de Serres et du Buis des modifications de limites que l'historien a peine à suivre, faute de documents. Avant 1298, le châtelain du Buis avait sous sa juridiction le Rosanais et la baronnie d'Orpierre; au XIV° siècle, la plupart de ces terres relevaient au contraire de la châtellenie de Serres. De plus, jusqu'au milieu du XIV° siècle, le Val-d'Oulle, qui relevait directement du comte de Provence, avait un châtelain particulier et ressortissait au bailliage de Sisteron. Voici la liste des châtelains de Serres : Jacques Rivière, 1312-1313 — Humbert de Faramans, 1315 — Pierre Jay, 1318 — Pierre Selley, 1319 — Reynaud de Morges, 1321 — Jacques Rivière, 1322 — Bernard Julien, 1324-1325 — Vilain Bérard, 1334 — Nicolas Constans, 1337 — Aymon de Saint-Pierre, 1339 — Reynaud Rivière, 1340-1345 — Drouët d'Entremonts, 1346-1849 — Guillaume Jourdan du Melon, 1359-1362 — Martinet Martin, 1364-1369 — Artaud d'Arces, 1370 — Jean de Vaux, 1379 — Bermond d'Arzeliers, 1381-1383 — Guigues d'Ambel, 1384-1394 — Pierre Philochi, 1395-1422 — Gabriel de Berne, 1422-1442 — Pierre Damnis, 1442-1445 — Aymar de Poysieu, dit Capdorat, 1448-1453 — Henri Gruel, 1470 — Gratien de Grammont, 1477-1483 — Jean Flotte, 1494 — Antoine Gruel, 1498-1499.

MANDEMENT D'ARGENÇON.

ARGENÇON. — *État ecclés.* — Cette communauté formait deux paroisses de temps immémorial, Saint-Martin et Saint-Pierre-d'Argençon. — *Saint-Martin-d'Argençon.* Cette paroisse, d'après une tradition dont je n'ai pu contrôler l'exactitude, passait pour la plus ancienne des deux. Au XIV° siècle elle existait déjà sous le vocable de saint Martin. En 1516, deux chapelles dont le titre n'est pas connu, étaient unies à la cure; en 1708, il en existait une seule, dédiée à saint Georges. — *Saint-Pierre-d'Argençon.* Cette église était sous le vocable du saint dont le village porte le nom; une chapelle de Saint-Georges y était fondée en 1516; elle existait encore en 1708, ainsi que deux autres dédiées à sainte Madeleine et à Notre-Dame. — Il y avait dans cette paroisse un prieuré sous le titre de Notre-Dame-de-Font-Vineuse; il avait pris ce nom d'une source d'eau minérale très bienfaisante, qui jaillit non loin de là et dont l'eau a, dit-on, le goût du vin. Elle passait pour l'une des sept merveilles du Dauphiné. Du XIII° au XIV° siècle, ce prieuré dépendait de l'abbaye de Lérins, il fut ensuite uni à celle de Saint-Ruf, près de Valence, règle de Saint-Augustin. L'abbé de Saint-Ruf était collateur de la cure et décimateur principal de ces deux paroisses qui dépendaient de l'archiprêtré du Gapençais; un rôle des décimes du XIV° siècle enregistre, probablement par erreur, deux prieurés à Argençon sous les titres de Sainte-Marie et de Font-Vineuse. — *Ordres hospit.* — En 1331, la commanderie de Saint-Antoine-en-Viennois de Gap avait quelques revenus dans le mandement d'Argençon. — *Administr. et Justice.* — Ce mandement dépendait de l'élection et de la subdélégation de Gap. Les seigneurs avaient une juridiction particulière, s'exerçant au XVII° siècle, à Veynes, avec appel au vibailli de Gap. — *État féodal.* — Le mandement d'Argençon, comme toute la vallée du Buëch, depuis Serres jusqu'au col de la Croix-Haute, fit d'abord partie du comté de Die ; en 1166, Isoard, comte de Die, et son fils Pierre Isoard, en étaient encore les maitres. Avant la fin du XII° siècle, cette région tomba, par héritage, entre les mains des Artaud qui, issus de Roais, fille du dernier comte de Die, et d'Hugues, seigneur d'Aix, reconnurent la suzeraineté des Dauphins. Au XIII° siècle elle avait été unie au comté de Gapençais. — De même qu'il y avait deux paroisses, il y avait deux coseigneuries dans le mandement d'Argençon. — *Saint-Pierre* : Appartint d'abord à une famille d'Argençon dont voici la descendance : Osasica d'Argençon, 1190 — R. Osasica, 1240-1270 — Raymbaud et Isoard, 1280-1298 — Le partage entre ces deux frères donne lieu à deux coseigneuries : 1° Bertrand, fils de Raymbaud, 1319 — Agoult et Osasica, 1348-1349 — Duret Rolland l'acquiert, 1396 — Humbert, 1434 — Pierre, son neveu, qui achète à André Ferruchii une part qui avait appartenu auparavant à Hugues Osasica, pour 200 florins, en 1435-1461 — Monnet, 1495-1510 — Pierre-Antoine, 1540-1550 — Félicien de Boffin, achète, 1550 — Félicien, son fils, 1590-1640 — Jean, 1660 — Thomas, 1680-1684 — Louis-Félicien, 1750 — Aymar-Félicien, 1771 — Noël-Félicien, 1771-1789 ; — 2° Guillaume d'Argençon, fils d'Isoard, 1318 — Raymond et Raymbaud, 1334-1348 — Guillaume, 1364-1377 — Guillaume, 1383 — Agoult, 1400 — Hugues, 1413-1427 — Antoine, 1457 — Hugues, 1475 — Cette seigneurie tombe vers cette époque dans la précédente, et Monnet Rolland devient le maître de la plus grande partie de la terre de Saint-Pierre d'Argençon. — *Saint-Martin* : Il est probable que la famille d'Argençon posséda d'abord cette seigneurie, comme la précédente ; elle fut acquise ensuite par celle de Flotte, s'exerçant : Osasica Flotte, 1297 — Arnaud et Jean, 1300-1350 — Osasica, fils d'Arnaud, 1364-1406 — Jean, 1406-1424 — Sochon, 1424-1446 — Claude, 1464-1498 — Jean, 1498-1541 — Jacques, 1541-1580 — Pierre, 1580-1642 et Jacques, son frère, qui teste en 1624 — Gaspard et Claude fils de Pierre, 1642, et Gabriel, fils de Jacques, 1624-1629 — Jean-Joseph, fils de Gaspard, meurt en 1692; Étienne, son cousin, fils de Claude, réunit les deux coseigneuries sur sa tête, en 1693 — Henri, son fils, 1694-1734 — Joseph, 1750-1789. — Il y avait encore dans cette terre quelques petites parts de seigneurie dont il est difficile de suivre la trace ; Raymond, fils de Berlion était coseigneur en 1131 ; N. Vial en 1725 ; François de Vitalis en 1771. — *Biographie.* — FLOTTE (Joseph de), dit le marquis d'Argençon, né le 11 mars 1734, tué à Toulon, le 10 (ou le 26) septembre 1792. D'abord page de Louis XV, puis officier de marine, dont il conquit tous les grades par des actions d'éclat, capitaine de vaisseau en 1779, chef de division en 1786, commandant d'escadre en 1789, contre-amiral en 1792. Il avait accompli de beaux faits d'armes contre les pirates barbaresques. Il fut pendu et déchiré par les ouvriers du port de Toulon révoltés.

MANDEMENT D'ASPREMONT.

ASPREMONT. — *État ecclés.* — La paroisse d'Aspremont était sous le vocable de saint Pierre-aux-Liens. En 1516 une chapelle, dont je ne connais pas le titre, y était fondée ; en 1708 il y existait une chapelle de Sainte-Catherine, peut-être la même que la précédente. Elle était sous le juspatronat du seigneur d'Aspremont. Le curé prenait le titre de prieur-curé ; il était à la nomination de l'abbé d'Aurillac. Il existait à Aspremont un prieuré sous le titre de Notre-Dame de Suane, aujourd'hui Tuoux ; il appartenait à l'abbaye de Saint-Géraud d'Aurillac et fut uni au prieuré d'Aspres-lès-Veynes, qui appartenait à la même abbaye. — Après les guerres de religion, l'église paroissiale d'Aspremont ayant été détruite, le service divin se fit pendant plusieurs années dans la chapelle du prieuré de Suane. — Les dîmes se partageaient entre le prieur d'Aspres-lès-Veynes et celui de Suane. Aspremont faisait partie de l'archiprêtré du Gapençais. — *Ordres hospit.* — En 1372 la commanderie de Gap de Saint-Jean de Jérusalem possédait quelques terres à Aspremont. — *Administr. et Justice.* — Aspremont dépendait de l'élection et de la subdélégation de Gap ; le seigneur avait une juridiction particulière qui, au XVII° siècle, s'exerçait à Veynes, avec appel au vibaillage de Gap. — *État féodal.* — Jusqu'à la fin du XII° siècle, Aspremont releva des comtes de Die ; il appartint, au XIII° siècle, à la famille Artaud de Montauban, sous la suzeraineté du Dauphin. La seigneurie inférieure appartint d'abord à une famille d'Aspremont : Albert d'Aspremont,

1237 — Athénulphe, Pierre, Albert, Guillaume et Rostaing, 1297 — Aymon, 1313 — Jacques, 1374 Antoine, 1400. — En 1265 Guigues VII, dauphin, se repentant de s'être emparé de la grande partie de cette seigneurie, au préjudice de ses maîtres légitimes, la leur restitua. — En 1238 Bertrande de Valernol et Falcon de Veynes, son époux, vendirent, pour 6,000 sous, leurs droits sur Aspremont à Lambert de Montbrand, fils de Henri, dont les héritiers les revendirent pour 500 livres au Dauphin, en 1270. — En 1298 les coseigneurs d'Aspremont étaient, outre les membres de la famille d'Aspremont, Pierre de la Piarre, Guillaume de Hautvillard, Guillaume Sylve, Poncet de la Chaup, Bertrand de Valerne et Jean Millet. — Le Dauphin ayant acheté, le 12 mai 1270, la plus grande partie de cette seigneurie à Raymond de Montauban et à Lambert de Montbrand, pour 500 livres, Jean II la donna, le 2 février 1315, à Robert Vaginard, l'un de ses familiers. — Robert eut deux fils, Hugonet et Pierre; le premier revendit, pour 2,000 florins, sa part à Humbert II, vers 1340; le second eut un fils, nommé Jean, qui fit hommage en 1345 et aliéna bientôt après sa seigneurie en faveur du Dauphin. Ce prince la vendit à François Frédulphi, de Parme, jurisconsulte et chancelier du Dauphiné, pour 1,200 florins, le 17 août 1345. Ce seigneur mourut sans alliance ; Hugues Ruber et Paul Frédulphi, ses neveux, furent ses héritiers, 1360-1373 — Guillaume et Jean Frédulphi, neveux des précédents, en héritent, 1399-1417 — Philippine, fille de Guillaume, épousa Jean Sauret et testa en 1430 — Raymond Sauret, son fils, 1430 — Jean, 1453 — Raymond, son cousin, en hérite, 1476 — Antoine, 1495-1534 — Antoine, 1534-1550 — Claude, 1550-1560 — Claude, 1560-1582 — Françoise, sa sœur, épouse de Laurent Baile, en hérite, 1582 — Jacques Baile, 1641 — Antoine, 1641-1664 — Balthazard, 1664-1710 — Antoine, 1710-1748 — N. Le Pelletier la Garde, son gendre, 1748-1789. — *Biographie.* — SAURET (Claude), seigneur d'Aspremont, l'un des plus brillants capitaines protestants. Il fut chargé par Lesdiguières de défendre le bourg de La Mure contre le duc de Mayenne, à la fin de 1580, et s'acquit beaucoup de gloire par sa résistance acharnée. Deux ans plus tard il fut tué en duel à Montmaur par M. de la Villette, seigneur de Créyers, et sa mort fut sur le point de faire naître une guerre civile dans les Alpes.

MANDEMENT D'ASPRES-LÈS-VEYNES.

ASPRES-LÈS-VEYNES. — *État ecclés.* — Il y eut deux paroisses dans cette communauté. La plus ancienne était sous le vocable de saint Jean-Baptiste; elle remontait certainement au XIe siècle pour le moins, et était la paroisse primitive du bourg d'Aspres. Elle existait encore en 1516, mais extrêmement maltraitée par les guerres de religion, elle avait disparu cent ans plus tard. La seconde, située également dans le bourg d'Aspres, était la chapelle du prieuré dont il sera parlé tout à l'heure ; elle était sous le vocable de saint Géraud, était déjà paroissiale en 1516, et après la suppression de celle de Saint-Jean-Baptiste, elle devint l'unique paroisse d'Aspres. — A cette époque il y avait à Aspres trois chapelles, dont l'une était sous le vocable de saint Michel; les titres des autres ne me sont pas connus ; en 1664, il n'en existait plus que deux, celles de Saint-Philibert et de l'Assomption ; en 1708, leur nombre était fort augmenté, elles étaient dédiées à saint Jacques et saint Philippe, saint Michel, saint Mayme, sainte Madeleine, sainte Catherine, sainte Madeleine Pérollière et Furmeyère, fondée vraisemblablement par les seigneurs de Furmeyer; enfin deux dernières portaient le nom des Chabert et des Sigoin leurs fondateurs. — Il existait dans la communauté d'Aspres un prieuré conventuel important; il appartenait à l'abbaye de Saint-Géraud d'Aurillac et était lui-même sous le titre de Saint-Géraud. Fondé au XIe siècle, il resta conventuel jusqu'aux guerres de religion, étendit sa juridiction spirituelle sur plusieurs prieurés inférieurs dont il sera parlé en leur lieu ; le prieur était coseigneur d'Aspres et de Montbrand, collateur de la cure de Saint-Géraud et même probablement de celle de Saint-Jean-Baptiste, et décimateur principal de la paroisse. Ruiné pendant les guerres de religion, le prieuré de Saint-Géraud ne se releva pas depuis et ne fut plus qu'un simple bénéfice. Voici la liste de quelques-uns de ces prieurs : Féraud, 1190 — Rostaing, 1232 — Roger Auger de Montbrand, 1232-1239 — Mainfroy, 1241-1247 — Pierre, 1248-1249 — Féraud, 1258-1261 — Rigaud, 1265-1267 — Guillaume Artaud, 1269-1278 — Aynard, 1285 — Barral d'Agoult, 1289-1291 — Pierre du Pilon, 1292 — Pierre Bouche, 1303 — Pierre de la Colombière, cardinal, 1315 — Bertrand de Saint-Marcel, cardinal. 1317-1321 — Bertrand Poyet, cardinal d'Ostie, 1328-1335 — Étienne Aubert, cardinal d'Ostie, pape sous le nom d'Innocent VI, 1347-1352 — Gentelme de Saint-Amand, 1359 — François de Revillasc, 1400-1424 — Reynier de Revillasc, 1445 — Reynaud de Revillasc, 1450 — François de Revillasc, 1466-1476 — Géraud de Revillasc, 1487 — Antoine de Revillasc, 1510 — Robert du Sauze, 1516 — Hugues de Ponnat, 1535-1537 — Antoine de Revillasc, 1541-1554 — Pierre de Revillasc, 1567 — Guillaume de Revillasc, 1581 — Jean-Claude de Revillasc, 1590-1597 — Claude Marrou, v. 1600 — Hugues de Ponnat, 1628 — Reynaud de Revillasc, v. 1640 — Reynaud de Revillasc, neveu du précédent, v. 1660 — Guillaume de Revillasc, sieur de Combefère, 1685-1725 — N... de Revillasc, 1766 — La paroisse d'Aspres faisait partie de l'archiprêtré du Gapençais. — *Ordres hospit.* — L'ordre de Saint-Jean de Jérusalem avait, au XIIIe siècle, des possessions dans le territoire d'Aspres. — *Hôpitaux.* — Il y avait à Aspres un hôpital et une maladrerie situés tous les deux dans le bourg d'Aspres; la seconde datait au moins de 1274; le premier, en 1447, était qualifié d'*antiquitus fondatus*. — *Administr. et Justice.* — La voie romaine de Gap à Die traversait le territoire d'Aspres; au lieu dit *la Beaumette* était une station qui portait le nom de *Mons-Seleuci*, à cause du bourg de ce nom, aujourd'hui la Bâtie-Mont-Saléon, qui en était peu éloigné. Au XIIIe siècle, le prieur d'Aspres avait une juridiction nommée *curia asperensis*, et partageait le droit de justice avec le Dauphin. En 1789, cette juridiction fort réduite s'exerçait à Veynes, avec appel au vibailli de Gap. — *État féodal.* — Le haut domaine appartint d'abord aux comtes de Die, puis, à la fin du XIIe siècle ou au commencement du suivant, aux Dauphins; cependant, jusqu'en 1342 au moins, le comte de Provence percevait 10 tournois d'argent, à Aspres, comme signe de suzeraineté. La famille Artaud, alliée par les femmes aux comtes de Die, leur succéda dans la seigneurie d'Aspres : Hugues, 1176-1191 — Guillaume, 1190-1230 — Isoard, 1239-1244 — Raymond, 1244-1264 — Reynaud, 1281-1321 — Guillaume, 1319-1340 — Guigues, 1350-1380 — Pierre ou Perron de Revillasc, marchand, à Gap, achète Aspres, 1415 — Gabriel, 1453-1458 — Jacques, 1473-1477 — Claude, 1501-1561 — Guy, son petit-fils, 1570-1634 — François et Louis, 1634-1662 — François, fils de François, 1662-1693 — Joseph, 1693-1730 — François, 1730-1735 — Charles, 1735-1765 — Jacques, 1765 1775 — Joseph-Pierre, 1775-1789 — L'évêque de Gap avait aussi une part du fief d'Aspres, à laquelle il associa le comte de Provence le 1er mai 1281 — Le prieur d'Aspres était également coseigneur de cette terre; sa part était évaluée, avant le XVIe siècle, à la moitié environ. — *Industrie et Commerce.* — Le 25 septembre 1314, Jean II, dauphin, accorda aux habitants d'Aspres des privilèges pour leurs foires et marchés. — *Histoire.* — 1190, avril, Guillaume, comte de Forcalquier, est à Aspres — 1237, 1er juin, Guigues, dauphin, et sa mère Béatrix, sont à Aspres — 1314, 3 septembre, transaction entre les habitants d'Aspres et le Dauphin, par laquelle les premiers s'engagent à donner au second cent sous pour sauvegarde et 50 soldats chaque année, et reconnaissent sa juridiction; 25 septembre, le Dauphin leur accorde la liberté de commercer et l'exemption de tout péage — 1322, 24 avril, Guigues VIII passe à Aspres — 1350, 22 janvier, transaction nouvelle entre le Dauphin, les habitants et le prieur d'Aspres, confirmant celle du 3 septembre 1314 — 1555, 11 octobre, le cardinal de Lorraine couche à Aspres. — *Armoiries.* — D'après des sceaux de 1273 et 1279, le prieuré d'Aspres avait pour armoiries : *quatre coquilles de Saint-Jacques posées en losange*. — *Biographie.* — REVILLASC (Girard de), sieur de Darnes, né le 25 juin 1564, mort le 6 janvier 1650, capitaine, s'attacha à la fortune de la Valette, puis d'Ornano, fut gouverneur du Pont-Saint-Esprit, du Château-Trompette, à Bordeaux, puis enfin de Moras. La famille de Revillasc a produit un grand nombre de capitaines, de prieurs et de conseillers, au parlement de Grenoble. — *Bibliogr.* — BONNIOT (A. et I. de). *Une commune bénédictine avant la Révolution. Villa de Asperis*. Paris, de Soye, 1884, in-8°.

MANDEMENT DU BAUCHAINE.

Le nom de ce mandement, écrit généralement fort mal à propos *Beauchêne*, vient de celui de la rivière du Buëch, *Biochium*; *vallis Biochiana*, a fait vallée du Bauchaine. Il est à croire qu'il était, au XIIe siècle, beaucoup plus étendu qu'il ne le fut par la suite, et que les seigneuries de Montbrand, d'Aspres et d'Aspremont en faisaient partie. Quand elles en furent détachées, au commencement du XIIIe siècle, elles constituèrent des mandements particuliers. Jusque vers 1170 les comtes de Die eurent le haut domaine du Bauchaine; le Dauphin leur succéda peu après cette date, mais le comte de Forcalquier ou de Provence y avait également des prétentions auxquelles il ne renonça qu'à la fin du XIVe siècle. Les seigneurs du Bauchaine prirent parfois le titre de barons. On trouvera à l'article de Saint-André tout ce qui est relatif aux seigneurs majeurs de cette terre.

AGNIELLES. — *État ecclés.* — La paroisse d'Agnielles était, au XIIe siècle, sous le vocable de saint Michel, changé plus tard en celui de saint Philippe. Les Chartreux de Durbon étaient collateurs de la cure; ils percevaient les dîmes de cette paroisse concurremment avec le curé, qui prenait le titre de prieur-curé. Agnielles faisait partie de l'archiprêtré du Gapençais. — *Administr. et Jus-*

tice. — Il n'est pas douteux qu'il n'y ait eu autrefois, jusqu'au XVIᵉ siècle, une cour de justice pour le Beauchaine tout entier, et qu'Agnielles n'ait fait partie de cette juridiction. Au XVIIᵉ siècle il n'existait plus trace de cette institution et Agnielles faisait partie du vibailliage de Gap, ainsi que de l'élection et de la subdélégation de cette ville. — *État féodal*. — Agnielles n'avait pas de seigneurs particuliers, mais dépendait de la baronnie de Saint-André-en-Bauchaine. On voudra bien s'y reporter.

SAINT-ANDRÉ-EN-BAUCHAINE.—*État ecclés.* — Il y eut dans cette communauté trois paroisses différentes. — *Notre-Dame du Villard*. Depuis 1183, au moins, cette paroisse existait sous le titre de Sainte-Marie du Bauchaine ou de Notre-Dame du Villard. Deux chapelles de Saint-Claude et Saint-Jean y avaient été fondées avant 1516; il n'en subsistait plus qu'une seule, dont le titre n'est pas connu, en 1616. Cette paroisse fut supprimée vers 1620. — *La Rochette*. La paroisse de la Rochette était aussi ancienne que la précédente; elle était sous le vocable de saint Jean. En 1608 la Rochette n'étant plus habitée que par quatre ou cinq familles, on supprima la paroisse et on l'unit à celle de Saint-André, dont je vais parler; ce ne fut pas cependant sans difficulté: la cure de la Rochette fut rétablie et reparaît encore en 1616 et en 1642; à partir de cette dernière époque elle disparaît pour toujours. — *Saint-André*. Cette paroisse est de création récente, elle est postérieure à 1616; mais, dès 1359, une chapelle de Saint-André existait dans ce village. La paroisse nouvelle fut formée de la réunion des paroisses supprimées de Notre-Dame et de la Rochette, et prit le vocable de saint André, Notre-Dame et saint Valentin. En 1708 une chapelle de Saint-Jean existait au hameau de *La Seille*. La cure de Saint-André était à la collation de l'évêque de Gap; les Chartreux de Durbon et le prieur de Notre-Dame s'en partageaient les dîmes. Elle dépendait de l'archiprêtré du Gapençais. L'abbaye d'Aurillac possédait, dans cette communauté, un prieuré sous le titre de Notre-Dame du Villard; il existait sous ce nom dès le XIIIᵉ siècle et n'était pas encore supprimé en 1706. La chapelle de ce prieuré était paroissiale. — *Hôpitaux*. — Une maladrerie existait, au XIVᵉ siècle, à Saint-André-en-Bauchaine, sur le parcours de la route de Sisteron à Grenoble, par la Croix-Haute. — *Administr. et Justice*. — Comme à Agnielles. Au XVIIᵉ siècle le nom de Saint-André était encore celui de la paroisse et du fief, mais le principal centre de population était *la Faurie*, nommé alors les Fauries. Ce nom est également celui de la commune moderne. — Le Dauphin vendit en 1535 à Simon de Montauban, la juridiction de la paroisse de Notre-Dame.— *État féodal*. — Le Bauchaine portait le titre de baronnie, tantôt sous le nom de Bauchaine, tantôt sous celui de Saint-André; plus anciennement les seigneurs portaient le nom de seigneurs du Bauchaine et de la Beaume-Noire; un de leurs châteaux était en effet construit à l'entrée d'une caverne, et on en voit encore les restes dominant l'ancienne route de la Croix-Haute. Le château de la Rochette était également l'une de leurs possessions et ils en prenaient parfois le titre; le 9 janvier 1334, Guillaume Artaud fait hommage pour les châteaux de Saint-André, Saint-Julien, la Rochette, la Beaume-Noire, Beaumugne et Montamat. — Les plus anciens possesseurs de Bauchaine furent les comtes de Die dont la généalogie n'est pas très bien connue. Isoard était comte de Die en 1095. Un autre Isoard, de 1149 à 1166; il eut un fils nommé Pierre-Isoard, qui paraît être mort avant son père. De ces comtes, la suzeraineté tomba entre les mains de la famille Artaud, qui descendait, par les femmes, des comtes de Die. Roais, fille d'Isoard, sœur de Pierre-Isoard, fils du dernier comte de Die, épousa Hugues, seigneur d'Aix (1176) et eut pour fils Guillaume, qui porta le nom de Guillaume Artaud, 1199-1230 — Isoard, 1239-1244— Raymond, 1244-1263 — Reynaud, 1281-1319 — Guillaume, 1319-1340—Isoard et Reynaud, 1344-1350— Dragonet, fils d'Isoard, 1365-1385 — Raymond, fils de Reynaud, seigneur de la moitié du Bauchaine, 1377 — Raymond, Louis et Isabelle, enfants de Dragonet, 1413-1439 — Raymond, fils de Raymond, 1463 — Claude, 1500 — Louis et Isabeau : 1º cette dernière épouse, en 1501, Gaucher de Brancas — Marguerite, leur fille, épouse Jean de Pontevés en 1560 — Michel de Pontevés, leur fils, vend sa part du Bauchaine à François de Bonne-Lesdiguières pour 10,125 écus, le 5 novembre 1592 — Madeleine de Bonne épouse, en 1595, Charles de Créqui — 2º Louis, frère d'Isabelle, 1511-1543 — Jean, 1543-1560 — François et Jean, 1560 — François et Louis, fils de François; ce dernier teste, en 1573, en faveur de Charles de Créqui, fils d'un premier mariage de Chrétienne d'Aguerre, sa mère. — En 1626, par la mort de Lesdiguières, Charles de Créqui réunit sur sa tête toute la seigneurie du Bauchaine, sauf une petite part dont je parlerai ci-après. — François de Bonne de Créqui, son fils, vend le Bauchaine 42,000 livres à Laurent Prunier, en 1642 — Gabriel Prunier, 1660-1687 — Nicolas, 1701 — René-Ismidon, 1730-1765 — Anne-Joséphine, épouse de Nicolas-François de Langon,

1765-1789. — Un petit fief, nommé Notre-Dame du Villard, avait été détaché du Bauchaine en 1417 : il fut vendu cette année-là par Louis et Isabelle Artaud de Montauban à Raymond de Montauban, qui était probablement leur frère naturel — Parceval, son fils, l'augmenta de quelques acquisitions en 1491— Simon, son fils, acquit du Dauphin la juridiction de cette terre en 1535 — Gaspard, son fils, vivait en 1549 ; il acheta à Michel de Pontevés tout ce qu'il possédait à Notre-Dame du Villard, pour 500 écus d'or, le 5 novembre 1592, et mourut en 1624 — François, 1624-1640 — François, 1680 — Lucrèce, sa fille, épouse François Robin, descendant du médecin du roi René de Provence, en 1710 — Daniel, leur fils, 1740 — David, qui se faisait nommer Robin du Villard de Barbantane de la Picardière d'Artaud de Montauban de Montauban, 1752-1789. — *Biographie.* — MONTAUBAN (Gaspard DE), seigneur du Villard, né vers 1545, mort à Grenoble en 1624, embrassa la carrière des armes, servit d'abord dans les gardes de Charles IX, puis, s'étant converti au protestantisme, il fut nommé gouverneur de la citadelle de la Mure en 1580, maître de l'artillerie en Dauphiné en 1590, gouverneur de Gap, de 1593 à 1619 ; il fut, en 1602, général au service de Genève. Il assista Lesdiguières dans presque toutes ses expéditions, fut député par la noblesse des Alpes à tous les états de la province, et, par les protestants, à plusieurs synodes.

SAINT - JULIEN - EN - BAUCHAINE. — *État ecclés.* — Dès 1116, la paroisse de Saint-Julien en Bauchaine était sous le vocable du saint dont elle porte le nom. Elle fut donnée en 1166 par l'évêque de Gap, et en 1204 par le prieur de Saint-Marcel de Die, aux Chartreux du Durbon, qui furent, depuis lors, collateurs de la cure et décimateurs de la paroisse — A la fin du XVIIe siècle, un vicaire y fut créé — Un acte de 1344 qualifie de paroisse le hameau de *Beaumugne;* je ne connais pas d'autre document qui lui attribue cette qualité — Saint-Julien faisait partie de l'archiprêtré du Gapençais — Le 28 octobre 1116, les familles Albuin et de Beaudinar, qui possédaient une notable partie du territoire du Bauchaine, donnèrent à l'ordre des Chartreux une vaste terre couverte de forêts et nommée *Durbon.* Cette donation fut approuvée par Léger II, évêque de Gap, et son clergé, qui se dépouilla, en faveur des Chartreux, de tous les droits qu'il pouvait posséder soit comme dîmes, soit comme juspatronat dans le territoire de Saint-Julien. En 1204, l'église de Saint-Julien fut entièrement soustraite à la juridiction du prieur de Saint-Marcel de Die, auquel elle avait appartenu jusqu'alors, du moins en partie. Une colonie de moines conduite par dom Lazare vint se fixer dès 1116 à Durbon, et y construisit deux monastères, l'un dans la plaine et l'autre dans les hauteurs, et deux chapelles dédiées à Notre-Dame et à saint Jean-Baptiste. La Chartreuse reçut une foule de donations, fit beaucoup d'acquisitions dans les deux vallées du Buëch, et reçut un grand nombre de privilèges, parmi lesquels il faut signaler ceux de Frédéric Ier, empereur, du 15 août 1178, de Raymond V, comte de Toulouse, vers 1163 et en 1184, d'Isoard, comte de Die, 1149 et 1166, de Guillaume, comte de Forcalquier, vers 1171 et le 2 novembre 1174, de Roais, fille du comte de Die, en 1176, d'Alfonse, roi d'Aragon, en février 1183, de Guillaume d'Orange, en 1184, de Taillefer, dauphin de Viennois, en 1183, enfin d'une foule de papes, de cardinaux et de prélats. Des chapelles furent fondées dans leur église, le 26 juin 1310, par Jacques Bonet, et le 28 septembre 1317, par Marcel Mercier. Les Chartreux se livrèrent à l'agriculture et à l'industrie, desséchèrent les marais de Luc-en-Diois, exploitèrent une mine de fer, à Mens, créèrent des hauts-fourneaux dans leur ferme de Rioufroid. Ils n'eurent pas trop à souffrir des guerres de religion ; en 1789, ils possédaient environ 20,000 livres de rente. Les archives de Durbon sont encore à peu près intactes dans celles du département des Hautes-Alpes, sauf le cartulaire qui appartient à M. Amat, à Gap. Voici la liste des prieurs de Durbon : Lazare, 1116-1146 — Othon, 1146-1149 — Bertrand, 1150-1172 — André, 1172-1173 — Chabert, 1174-1195 — Olivier et Jean, de 1196 à 1199 — Guigues, 1199-1202 — Durand, 1203-1205 — Guillaume Gibelin, 1205-1222 — Garnier, 1230-1252 — Pierre, 1256-1257 — Jacques Achard, 1258-1272 — Raymond Olivier, 1276-1279 — Guillaume du Bousquet, 1281 — Jacques de Suze, 1283-1297 — Martin Lunel, 1297-1298 — Guigues, 1299 — Guillaume d'Avalon, 1301-1305 — Romain, 1305 — Bertrand du Vilar, 1308 — Jacques de la Croix, 1309-1310 — Pons Chaix, 1311-1318 — Albert de Villars, 1321-1324 — Pons Chaix, 1325-1327 — Louis, 1385-1396 — Jean de Vitalis, 1408 — Bertrand Besson, 1410-1412 — Jean Jacques, 1416 — Guillaume Marconis, 1417 — Pierre de Granges, 1430 — Jean Valentin, 1431-1445 — Raymond de Codercio, 1431 — Jacques de Ventes, 1453 — Jean Moulin, 1460-1462 — Claude Chays, 1469-1470 — Antoine Autrand, 1482-1483 — André Bosquet, 1497 — Vincent de Lanhuaco, 1505 — Pierre Léonard, 1510-1513 — Jean Sulpice, 1516 — Guillaume Marc, 1517-1524 — Guillaume Masse, 1526 — Pierre Estienne, 1528 — Pierre Jaquier, 1531-1542

Antoine Metailler, 1556 — Hugues Rondellet, 1558 — Claude Mauritain, 1573 — Jean Thurin, 1583 — Olivier Rousset, 1583-1585 — Jean Thurin, 1587 — Pascal Rousseau, dit Prélieux, 1580 — Jacques Denys, 1597-1609 — Simon Végenond, 1611 — Ennemond Martin, 1612-1620 — Boniface d'Auguéres, 1623-1625 — N.... Baudry, 1638 — François d'Arbaud de Rognac, 1653 — Étienne le Sauvaige, 1662 — Agathange d'Oraison, 1664 — Jean Barthélemy, 1666-1683 — François Henry, 1685-1689 — François Guyot, 1691-1695 — Jean-Baptiste du Pont, 1696-1697 — Jean-Thomas Théric, 1698-1699 — Bruno de Ricou, 1704 — Simon de Villiers, 1707 — Benoît Rivoire, 1715-1718 — Guillaume Moreau, 1724 — Jean-Pierre Rey, 1757-1761 — Blaise Claret, 1765. — En 1448, les Chartreusines de Berthaud (voy. à Rabou), après l'incendie de leur monastère, vinrent demander asile aux Chartreux de Durbon ; on les installa, en 1467, dans la maison supérieure de Durbon, elles y demeurèrent jusqu'en 1601. A cette époque, elles furent définitivement supprimées à la suite des représentations faites par l'évêque de Gap, sur les inconvénients et le scandale même de cette cohabitation. Leurs biens passèrent entre les mains des Chartreux de Durbon ; mais cette suppression n'eut pas lieu sans difficulté et elle donna lieu à plusieurs procès. — *Administr. et Justice.* — Comme à Agnielles. Les Chartreux avaient une juridiction particulière qui s'exerçait à Gap, avec appel au vibailli ; autrefois cette juridiction avait eu une certaine importance. En 1326, en vertu de l'acte par lequel il prenait sous sa protection la Chartreuse de Durbon, le comte de Provence prétendait que la juridiction supérieure de Durbon et du Bauchaine lui appartenait et que les appels des tribunaux locaux devaient être portés au bailliage de Sisteron. — *État féodal.* — Jusqu'en 1116, la plus grande partie de la seigneurie de Saint-Julien-en-Bauchaine appartenait aux familles Albuin et de Beaudinar ; dix-neuf membres de ces familles concoururent à l'acte de fondation de la chartreuse de Durbon et se dépouillèrent d'une partie de leur fief en faveur de ce monastère. Des acquisitions postérieures rendirent les Chartreux maîtres de presque tout le surplus. Cependant le haut domaine appartint toujours aux seigneurs du Bauchaine ainsi que la seigneurie des hameaux de Beaudinar et de Beaumugne : le premier appartenait, en 1381, à Alarde de Leycharène qui payait une obole d'or au Dauphin pour droit de sauvegarde ; le second fut hommagé, en 1350, par Reynaud Artaud de Montauban. Ils tombèrent, au xve siècle, dans la baronnie de Saint-André. La maison forte de *Montamat* eut également, jusqu'au xve siècle, des seigneurs particuliers qui en portaient le nom. Richaud de Montamat vivait en 1028 — Guillaume, 1116 — Hugues, son fils, 1116 — Arnoul, Raymond et Jordan, 1177 — Rostaing et Humbert 1241 — Guigues, 1280 — Pierre et Hugues, 1291-1339 — Pierre, 1380 — Raymond, 1390 — Les Chartreux de Durbon acquirent, vers cette époque, cette terre. — *Histoire.* — Pendant deux siècles et demi, de 1250 à 1500, les contestations surgirent à chaque instant entre les seigneurs de Montmaur et l'abbaye de Durbon, relativement à certains territoires contestés entre les deux parties. Ces conflits furent encore aggravés par l'ingérance des comtes de Provence et des Dauphins dont chacun prétendait posséder la juridiction de cette contrée. Reynaud de Montauban, seigneur de Montmaur, fut excommunié vers 1280, des sentences furent prononcées contre lui et ses successeurs, à plusieurs reprises, notamment en 1303 et 1316. Ces luttes ne prirent fin que par la lassitude des deux partis. — *Armoiries.* — Au xiiie siècle, le sceau de Durbon représentait un buste de saint Bruno, de face ; au xviie siècle, les armoiries suivantes furent adoptées : *d'or à la croix ancrée de gueules*, avec la devise : DVRA BONIS SED VTILIS. — *Bibliogr.* — CHARRONNET (Ch.). *Monastères de Durbon et de Berthaud, diocèse de Gap. Documents historiques.* Grenoble, Merle, s. d., in-8° — ROMAN (J.) *Le cartulaire de Durbon* (1116-1216) (*Notices et dissertations ;* publication de la Société de l'Histoire de France, 1884, in-8°, p. 101).

MANDEMENT DE LA BEAUME.

LA BEAUME. — *État ecclés.* — Dès 1235, cette paroisse existait sous le vocable de Notre-Dame. Dans la deuxième moitié du xive siècle, Isnard d'Agoult, seigneur en partie de la Beaume, y fonda une chapelle de Saint-Georges dont ses descendants conservaient le juspatronat. En 1516, outre cette chapelle il en avait dans cette église une autre de Saint-Magnus et deux dont le titre n'est pas connu. En 1616, il n'existait plus que trois de ces chapelles, et en 1708, deux autres de Saint-Michel et des Eyrauds étaient de création récente. En 1685, le curé était assisté d'un secondaire qui desservait le village de la *Haute-Beaume* — Dès le xiiie siècle, il y avait dans cette paroisse un prieuré, d'abord sous le titre de Notre-Dame du Puy, puis sous celui de Saint-Michel. Il appartenait à l'abbaye de Saint-Michel de la Cluse, règle de Saint-Benoît. Le prieur était collateur de la cure et décimateur de la plus grande partie de la paroisse qui dépendait de l'archiprêtré du Gapençais. — *Hôpitaux.* — En

1403, il existait à la Beaume une maladrerie, transformée plus tard en hôpital, et qui a subsisté jusqu'à la Révolution. Ses biens ont été vendus, il y a peu d'années, au profit du bureau de bienfaisance. — *Administr. et Justice*. — A l'époque romaine, la Beaume était une station de la voie de Gap à Die par le col de Cabre *(Gavra mons)*, et portait le nom de *Cambonum* — Au moyen âge, le seigneur majeur de la Beaume avait droit de haute et basse justice. Au XVIIe siècle, il n'y avait plus dans cette terre que deux juridictions inférieures ; la première, pour la Beaume, évaluée aux trois quarts, s'exerçait à Serres, la seconde évaluée à un quart, pour la Haute-Beaume, s'exerçait à Veynes. Toutes deux étaient appelables au vibailli de Gap. La Beaume faisait partie de l'élection et de la subdélégation de Gap. — *État féodal*. — La Beaume comprenait deux fiefs distincts, la Beaume et la Haute-Beaume — *La Beaume :* Cette terre, qui appartenait aux comtes de Die, se divisa après leur extinction en six coseigneuries. 1re coseigneurie : Roais, fille du dernier comte de Die, épouse d'Hugues d'Aix, 1176-1190 — Isoarde, leur fille, dame de la Beaume, épouse Raymond d'Agoult, vers 1200 — Raymond, leur fils, 1220 — O....., 1240 — Pons, 1242 — Isnard, 1286-1292 — Bertrand et Mabille, femme de Guillaume Artaud, 1307 — Raymond, 1320 — Geoffroy, héritier de sa grand'tante Mabille et fils de Raymond, 1322-1346 — Isnard et Bertrand, 1360-1380 — Geoffroy et Antoine, fils d'Isnard, 1408-1415 — Antoine, fils de Geoffroy, 1457 — François, 1491 — Barthélemy, 1520-1543 — François et Claude ; le premier vend pour 2,000 livres et 50 écus d'or, le 7 octobre 1577, une partie de son fief à Jean Perdrix dont il sera parlé plus loin, 1543-1577 — François, fils de François, 1600 — Antoine-René, 1650-1698 — Thomas, 1714-1720 — François-Henri, 1770-1789 — 2e Issue de Bertrand d'Agoult, fils de Geoffroy et frère d'Isnard. Ayant été condamné, en 1372, à 200 francs d'or d'amende, pour assassinat, il vend ses biens à Parceval de Campeis — Lionel, fils de Parceval, 1374 — Antoine, son cousin, en hérite, 1374 — Jacques, 1413 — François de la Piarre en hérite, 1422 — Antoine, son fils, 1458 — Pierre, 1462 — Pierre Perdrix l'achète vers cette époque et elle se confond avec la suivante — 3e Venue d'Antoine d'Agoult, fils d'Isnard, frère de Geoffroy, 1393-1413 — Sa veuve Marguerite Gruel est son héritière et porte sa seigneurie à Pierre Perdrix, son second mari ; sa fille du premier lit, Antoinette d'Agoult, épouse Amieu Perdrix, fils de son beau-père, 1480 — Geoffroy, fils de Pierre, fait héritier Pierre, son neveu, fils d'Amieu, 1480-1514 — Barthélemy et Jean ; ce dernier achète une part de seigneurie de François d'Agoult, 1531-1549 — Catherine, fille de Barthélemy, et héritière de Jean, épouse Louis Gandelin, 1587 — Alexandre, leur fils, 1594 — Jean du Pilon lui achète sa seigneurie, 1594 — Henri et Alexandre, 1600 — Laurent, fils de Henri, 1650 — Isabeau-Françoise, sa fille, épouse François de Morges, 1674 — Georges de Bonivard-Mazet achète, 1674 — Louis, sa fille, épouse Joseph d'Estienne, 1712 — Henri-Balthazard, leur fils, 1774-1789 — 4e La quatrième coseigneurie était assise sur le hameau nommé aujourd'hui *le Villard-la-Beaume* et au XIVe siècle *Roveria*, de la famille de Rivière qui le possédait : Rolland de Rivière le donne, le 18 avril 1318, au prieur d'Aspres sous le cens d'une obole d'or. Il fut revendu peu après à Ferrand de Rosans qui le vendit au Dauphin, le 22 mars 1330 — 5e Issue de Claude d'Agoult, fils de Barthélemy, frère de François, 1577-1589 — Gabriel, 1589-1604 — Aymar, 1544-1668 — Jean-François, 1700 — Étienne de Sigoin achète, 1730 — Étienne-Gabriel, 1751 — François, 1789 — 6e Eut pour origine une libéralité du Dauphin qui inféoda une partie de son domaine à Bienvenu de Campeis, jurisconsulte italien et bailli du Gapençais, 1297-1300 — Guigues et Parceval, ses fils, ce dernier achète la part de Bertrand d'Agoult, 1329-1372 — Laurent, fils de Guigues, 1340 — Lionel, fils de Parceval, 1374 — Antoine, fils de Laurent, 1374 — Jacques, 1413 — François de la Piarre en hérite, 1422 — Antoine, 1458 — Pierre, 1462 — Pierre Perdrix achète cette seigneurie, retombée sous le domaine delphinal, en 1453. Elle se confond avec la troisième — Autres coseigneurs : Jordan de Rosans, 1288 ; Giraud Humbert, Raybaud de Montbrand et Spata, sa sœur, en 1339 ; Jean de Montbrand, en 1372 ; Augustin de la Tour de Taillade, engagiste. 1717. — Le Dauphin avait en outre conservé une part de cette seigneurie — *La Haute-Beaume* nommé jusqu'en 1789 *le Château-la-Beaume :* Cette terre se subdivisait également en plusieurs coseigneuries : 1o Appartenait à la famille de Flotte : Arnaud Flotte, 1060 — Henri, 1080 — Arnaud, 1125-1164 — Arnaud, 1178-1244 — Arnaud, 1260 — Raymond, 1260 — Pierre, 1280-1289 — Pierre et Guillaume, 1330-1358 — Raymbaud, fils de Pierre, 1359 — Guicharde, sa sœur et son héritière, épouse Reynaud Raymond, 1361-1392 — Henri, leur fils, 1392-1427 — Baudon et Gabriel ; ce dernier donne son nom à une partie de cette terre qui s'est nommée *les hommes de Gabriel Raymond*, 1490 — Antoine, fils de Gabriel, 1500-1515 — Esprit, 1530 — Breton, 1560 — Claudie, épouse de Jacques Flotte, 1580 —

Pierre et Claude, leurs fils, 1642 — Étienne, Jean-Joseph et Pierre, fils de Pierre, 1689-1693 — Henri et Pierre, fils d'Étienne, 1693-1711 — Joseph, fils de Henri, 1720 — Jacques Vial, 1725 — François-Hyacinthe de Vitalis, 1750 — Jean-Auguste de Vitalis et Pierre Veynes, 1783 — 2ᵉ Appartenait à une famille du nom de la Beaume. Boniface et Olivier de la Beaume, 1125 — François et Géraud, 1242 — Roger, 1255; il vend la moitié de sa seigneurie au prieur d'Aspres. Béatrix, sa fille, épouse de Jacques de Montalin, 1340 — Alix, leur fille, épouse Bertrand de Chabestan, 1417-1480 — Rostaing de Chabestan, 1458 — Jean, 1525 — Simon de Montauban achète, 1550 — Gaspard, fils, son 1560-1583. Il est probable que cette coseigneurie dont j'ai perdu la trace, à cette époque, se fondit avec la précédente — 3ᵉ Appartenait au prieur d'Aspres qui l'avait acquise de Guillaume Anger, le 30 avril 1235 — 4ᵉ Elle appartenait au Dauphin qui l'engagea souvent à des seigneurs particuliers. Voici les noms de quelques-uns de ces engagistes: Jordan de Rosans, 1282 — Lambert de Montbrand, 1321 — Auger de Montbrand, 1326 — Raymond Osasica, 1334 — Georges de Bello-Deportu. 1408 — Jean Armand, 1480 — Pierre Armand acheta la part domaniale pour 545 écus, en 1591. — *Histoire.* — 1318, 27 mars, Jean II, dauphin, est à la Beaume — 1372, Bertrand d'Agoult, seigneur de la Beaume, furieux de ce que Jean de Montbrand avait revendu au Dauphin quelques hommes qu'il lui avait vendus lui-même, le fait saisir et lui fait trancher la tête sous de vains prétextes, après un simulacre de jugement et malgré son appel. Le 4 avril, le conseil delphinal le condamne à 200 francs d'or d'amende envers les héritiers du mort — 1629, 4 mai, Louis XIII revenant d'Italie passe et séjourne à la Beaume.

MANDEMENT DE MÉREUIL.

MÉREUIL. — *État ecclés.* — La paroisse de Méreuil, sous le vocable du saint Sauveur, faisait partie de l'archiprêtré du Rosanais. Il n'y avait aucune chapelle fondée dans cette église. Le prévôt de Chardavon, près de Sisteron, était collateur de la cure et décimateur de la paroisse. — *Administr. et Justice.* — Jusqu'en 1298 Méreuil fit partie du comté de Forcalquier et du bailliage de Sisteron; il fut uni à cette époque au bailliage du Gapençais et à la châtellenie de Serres. Il faisait partie, au XVIIIᵉ siècle, de l'élection et de la subdélégation de Gap. — *État féodal.* — Le haut domaine de Méreuil appartenait aux barons de Mévouillon; Galburge de Mévouillon, fille de Bertrand, le transmit au Dauphin vers 1257, et le 11 juin 1264, et Charles, comte de Provence, approuva cette acquisition, le 17 juillet 1257. La seigneurie inférieure se divisait, au XIVᵉ siècle, en deux parts : 1ʳᵉ coseigneurie : Guillaume de Moustiers, 1140 — Anselme, 1150 — Guillaume, 1200 — Guillaume, 1250-1298 — Béraud, 1307 — Guillaume, 1323-1334 — Louis et Étendart, 1337-1381 — Guillaume, fils de Louis, 1382-1395 — Antoine, 1412-1445 — Claude Gruel l'achète au précédent pour 600 florins, en 1445 — Gaspard, 1500 — Claude, 1539 — Claude, son fils, vend Méreuil pour 6,130 écus à Étienne de Bardel, en 1597. Cette part tombe alors dans la suivante. — 2ᵉ coseigneurie : issue de Philippine de Moustiers, fille de Béraud, sœur de Guillaume, et épouse de Bertrand Porcelet, qui hérita de la moitié de Méreuil, 1337 — Philippine, leur fille, épouse de Parceval de Vibrehuel, la vendit à Gerin d'Ymola, jurisconsulte italien, en 1347 — Helmore, sa fille, épousa Guillaume Grand, de Romans, et vendit sa seigneurie pour 420 florins d'or à Henri Raymond, en 1362-1366 — Reynaud et Claude, ses fils, 1366-1409 — Claude eut un fils, nommé Jean, qui fut seigneur d'un quart de Méreuil, et eut lui-même un fils nommé Antoine. Ce dernier mourut sans postérité et fit héritier son cousin Henri, dont nous parlerons plus bas, en 1439 — Reynaud eut un fils, nommé Henri, seigneur aussi d'un quart de Méreuil, 1409-1427 — Pierre, 1427-1439 — Henri, qui hérite de son cousin Antoine et réunit la moitié de la seigneurie sur sa tête, 1439-1440 — Claude, 1480-1500 — Il meurt sans postérité, laissant comme héritiers, Louise, veuve de Benoît de la Font, Gaspard, Melchior et Claudie de Bésignan, et Jacinthe, fille d'Antoine, son neveu — Gabriel de Chambaud, mari de cette dernière, rachète les autres parts et vend le tout 1,200 écus d'or à Guillaume de Bardel, 1520-1549 — Pierre, 1570 — Antoine et Étienne, possesseurs de toute la seigneurie, 1597 — Louis Disdier en achète la moitié, avec clause de rachat, 1599 — Alexandre, son fils, achète 14,700 livres l'autre moitié, avec semblable clause, en 1603 — Abel, 1644 — Joseph et Gaspard de Lastic, petits-fils d'Antoine de Bardel par leur mère Gabrielle, femme de Joseph de Lastic, usent de leur droit de rachat, 1644 — François Disdier rachète une seconde fois, 1674 — Françoise, sa fille, épouse Jacques-Pompée de Bardel, 1696 — Jean, leur fils, 1728 — Nicolas-Joseph-Aquin, 1758 — Charles, 1789. — L'avant dernier de ces seigneurs vendit la moitié de Méreuil à Jacques Martin-la-Pierre, vers 1758 — Charles-Henri, fils de ce dernier, 1767-1779 — Jacques-Victorin, 1786-1789. — En 1346 le Dauphin avait acquis de Guigues

Allemand, pour 1,000 florins d'or, une part de seigneurie et la juridiction de cette terre.— *Histoire.* — 1299, 4 février, dans l'année même où il acquit Méreuil du comte de Provence, le Dauphin accorde aux habitants une charte de liberté et les prend sous sa sauvegarde.

MANDEMENT DE MONTBRAND.

MONTBRAND. — *État ecclés.* — Cette paroisse est connue, dès le XIVe siècle, sous le vocable de saint Georges. En 1340 Augustin de Montbrand y fonda une chapelle de Notre-Dame de Champsaur, qui existait encore en 1708. Les autres chapelles étaient, en 1516, celle de Saint-Michel, et, au XVIIe siècle, celle de Saint-Sébastien. — Le prieuré de Montbrand appartenait à l'abbaye de Saint-Géraud d'Aurillac; il fut uni à celui d'Aspres-les-Veynes, dépendant de la même abbaye. Le prieur d'Aspres était collateur de la cure et décimateur de la paroisse, qui faisait partie de l'archiprêtré du Gapençais. Montbrand eut beaucoup à souffrir pendant les guerres de religion; son église fut démolie; elle n'était pas encore relevée en 1641. — *Administr. et Justice.* — Montbrand fut probablement détaché, à une époque que je ne puis déterminer, du mandement du Bauchaine; jusqu'à la fin du XIIe siècle il fit partie, comme ce mandement, du comté de Die. Il fut, au siècle suivant, uni au bailliage du Gapençais; au XVIIIe siècle il dépendait de l'élection et de la subdélégation de Gap. — *État féodal.* — Pour ce qui concerne le haut domaine, je renvoie à ce que j'ai écrit à l'article du mandement de Bauchaine. La seigneurie appartenait à trois seigneurs différents : 1º Raymond de Montbrand, 1150-1171 — Henri, 1171-1220 — Lambert, 1230 — Lambert, qui teste en 1320 — Henri et Jean, 1320-1336 — Parceval et Guigues, fils de Jean, 1373 — Lambert, fils de Henri, 1400 — Auger, fils de Lambert, 1498 — Jean, son fils, meurt sans postérité, 1520 — Claude de Revillasc acquiert cette terre, 1520-1561 — Guy, son petit-fils, 1570-1634 — François, 1634-1662 — François, 1662-1693 — Joseph, 1693-1730 — François, 1730-1735 — Charles, 1735-1765 — Jacques, 1765-1775 — Joseph-Pierre, 1775-1789. — 2º La famille Auger possédait la moitié de Montbrand; Guillaume Auger la vendit à Roger, son frère, prieur d'Aspres, moyennant 4.000 sous, le 30 avril 1235, avec la clause de ne pas imposer à ses anciens vassaux plus de 300 sous et huit corvées par an. Depuis cette époque le prieur d'Aspres fut coseigneur de Montbrand. — 3º Les barons de Montmaur possédaient également une part de cette terre. Le Dauphin, qui l'avait saisie, la fit restituer, le 7 juin 1311, à Reynaud de Montauban, seigneur de Montmaur, à condition de lui prêter hommage — Guillaume, son fils, 1329 — Raymond, 1330-1373 — Aynard, 1373-1421 — Raymond, 1421-1429 — Jean, 1434-1450. Elle fut probablement vendue vers cette époque à la famille de Revillasc. — *Histoire.* — 1235, 30 avril, vente par Guillaume Auger de la moitié de Montbrand au prieur d'Aspres, avec la clause, fort intéressante, de ne pas imposer ses sujets outre mesure. — 1304, 15 mars, Jean II, dauphin, accorde des lettres de sauvegarde aux habitants de Montbrand, moyennant une émine de blé par an, par habitant.

MANDEMENT DE MONTCLUS.

MONTCLUS. — *État ecclés.* — La paroisse de Montclus était, dès 1215, sous le vocable de saint Michel-Archange. Deux très anciennes chapelles existaient dans cette paroisse, l'une de Sainte-Catherine, depuis le XIVe siècle; l'autre, de Notre-Dame de Mont-Renas (aujourd'hui de Mourenas); elles avaient disparu en 1516. L'évêque de Gap était collateur de cette cure; le curé, qui prenait le titre de prieur-curé, percevait une partie des dîmes. Montclus faisait partie de l'archiprêtré du Rosanais. — *Administr. et Justice.* — Montclus dépendit, jusqu'au XIVe siècle, du bailliage des Baronnies, puis fut annexé à celui de Gap, et, au XVIIe siècle, à l'élection et à la subdélégation de cette ville. Le seigneur de Montclus possédait une juridiction particulière qui s'exerçait à Veynes, avec appel au vibailliage de Gap. — *État féodal.* — Depuis le XIIe siècle la famille de Flotte possédait cette seigneurie. Arnaud Flotte, 1145-1164 — Arnaud, 1178 — Arnaud, 1188-1244 — Lantelme, 1244-1250 — Osasica, son frère, 1250-1271 — Arnaud, 1272-1292 — Osasica, son frère, 1292-1308 — Sochon, 1308 — Arnaud, son frère, 1309-1350 — Arnaud, 1350-1363 — Osasica, son frère, 1363-1386 — Arnaud, 1390 — Arnaud, 1396 — Jean, son frère, 1398-1424 — Sochon, 1424-1446 — Claude, 1463; il vend Montclus, pour 800 écus d'or, à Pierre de La Beaume-Suze, avec faculté de rachat, le 31 mai 1498 — il exerce ce droit de rachat en 1498 — Jean, son fils, 1498-1541 — Marin, 1554-1559 — Antoine, 1560-1587 — Gaspard, 1587 — François, 1621-1642 — Jean, 1661-1692 — Marie-Anne, sa fille, épouse Pierre de Bimard, 1702 — Joseph de Bimard, 1754 — Émilie, sa fille, épouse N... de Sade, 1770-1789. — *Histoire.* — 1342, 2 mars, Humbert II concède, moyennant 500 florins, le droit au seigneur de Montclus de transmettre librement son fief à ses successeurs.

MANDEMENT DE MONTROND.

MONTROND. — *État ecclés.* — La paroisse de Montrond était sous le vocable de Notre-Dame; elle existait au XIVᵉ siècle. En 1516 il n'y avait aucune chapelle fondée dans cette église, dont le curé prenait le titre de prieur-curé. Montrond fit partie, jusqu'au XVIIᵉ siècle, de l'archiprêtré du Gapençais; il fut annexé alors à celui du Rosanais. L'évêque de Gap était collateur de la cure et décimateur concurremment avec le prieur-curé. — *Administr. et Justice.* — Montrond faisait partie du vibailliage, de l'élection et de la subdélégation de Gap. — *État féodal.* — La seigneurie de Montrond se partageait entre une famille de ce nom et le Dauphin. Guigues de Montrond, 1200 — Pierre, 1230-1232 — Jean, 1250 — Isnard, 1325 — Eudes Raymond lui succède, 1360 — Raynaud et Claude, 1366-1409 — Henri, fils de Reynaud; Jean, fils de Claude, 1409-1427 — Pierre, fils de Henri; Antoine, fils de Jean, 1427-1439 — Henri, fils de Pierre, hérite de son cousin Antoine, 1440 — Claude, 1490-1500. — Ses héritiers sont Louise, veuve de Benoît de la Font, Gaspard, Melchior et Claudie de Bésignan, et Jacinthe, fille d'Antoine, son neveu. Cette dernière épouse Gabriel de Chambaud, qui rachète la part de ses cohéritiers et vend le tout, pour 1,200 écus d'or, à Guillaume de Bardel, vers 1525 — Guillaume de Bardel, 1525-1549 — Pierre, son fils, vend, pour 900 écus d'or, à Antoine Du Pont, le 28 mars 1556 — Antoine de Bardel rachète cette seigneurie en 1576 — Gabrielle et Lucrèce, ses filles, épouses de Joseph et Gaspard de Lastic, vendent, pour 24,350 livres, à Gaspard de Perrinet, le 28 octobre 1610 — Gaspard de Perrinet, 1610-1654 — Alexandre, son fils, 1654; il vend à Georges de Bardel vers 1663 — Charles-Étienne, 1670 — Jean, 1690 — Jean-Pompée, 1696 — Jean, 1728 — Nicolas-Joseph-Aquin, 1758 — Charles, 1760-1789. — Une autre coseigneurie venant de Jean de Bardel, frère d'Antoine, dont il a été question ci-dessus, fut vendue par Lucrèce de la Tour, sa veuve, administratrice, au nom de Jacques-Pompée et René, ses enfants, à Jacques d'Agoult, pour 15,383 livres, le 27 février 1659 — Thomas, neveu de Jacques, fut son héritier, 1714-1719 — François-Henri, 1780-1789. — Guy de Morges possédait une part de la seigneurie de Montrond, qu'il vendit à Reynaud Reymond en 1337 — Eudes, fils de Reynaud, ayant acquis en 1366 le reste de cette terre, ces deux parts se confondirent. — Le Dauphin possédait une moitié de Montrond et la juridiction toute entière. Voici les noms de quelques seigneurs engagistes : Philippe de Laveno, 1292 — Jean, son fils, 1297 — Guillaume d'Agoult, 1329 — Henri de Bourgogne, 1334-1339 — Barthélemy d'Amorosio achète la part du Dauphin à la Piarre, Sigottier et Montrond. pour 9,000 florins, le 14 mai 1337 — Léonard, son fils, 1337 — Barthélemy et Agoult, 1340-1370 — Catherine d'Agoult, 1377-1413. — *Biographie.* — BARDEL (Georges DE), surnommé le capitaine Montrond, l'un des plus braves capitaines de cavalerie de son temps. Il naquit vers 1542 et mourut en 1619 ; accompagna, depuis 1570, Lesdiguières dans presque toutes ses entreprises; s'illustra en défendant, en 1580, la Mure contre le duc de Mayenne; son frère Pierre fut tué à ce siège. Cette famille a produit plusieurs autres braves capitaines.

MANDEMENT DE LA PIARRE.

LA PIARRE. — *État ecclés.* — La paroisse de la Piarre était sous le vocable de la Nativité de la Vierge; aucune chapelle n'y était fondée en 1516. L'ordre de Cluny y possédait un prieuré qui, après 1215, fut uni à celui de Saint-Marcel, de Die. Le prieur et le curé se partageaient les dîmes de cette paroisse qui dépendait de l'archiprêtré du Rosanais. La cure était à la collation du prieur de Saint-Marcel. — *Administr. et Justice.* — La Piarre fit partie d'abord du bailliage des Baronnies, puis, après 1298, de celui du Gapençais, et, enfin, de l'élection et de la subdélégation de Gap. Le seigneur possédait une juridiction inférieure qui s'exerçait à Serres, avec appel au vibailliage de Gap — *État féodal.* — D'abord partagé entre une famille qui portait le nom de la seigneurie et le Dauphin, successeur du comte de Provence, la Piarre fut divisé en plusieurs parts à partir du XIVᵉ siècle. Guarin de la Piarre, 1100 — Hugues, 1137 — Lagier, 1150 — Lantelme, 1161-1174 — Nicolas, Guigues et Lagier, 1202-1208 — Raymond, fils de Guigues, 1210-1220 — Rambaud, fils de Lagier, et Milon, fils de Guigues, 1250 — Isoard, fils de Rambaud, 1270-1276 — Isnard. Arnaud, Lagier, Garrel, Raymond, Boyer, Armand, Henri, Giraud, Hugues, fils de Guillaume, 1297-1299 — Guillaume, fils de Giraud, 1299 — Raymbaud, 1320 — Lagier, Raymond, Gaydon, Rolland, Guillaume, Giraud et les héritiers d'Isnard, 1334 — Louis, 1334-1390 — Gueydon et Guérin, 1392-1394 — Gaudin, fils de Gueydon, et Louis, fils de Guérin, 1413-1423 — François, 1423-1450 ; il achète la part de son cousin Louis, le 21 décembre 1424 — Astorge, 1465 — Gaspard, 1533-1567 — Antoine et Melchior, chanoine, 1584 — Louis, fils d'Antoine, 1590-1592 — Pierre, mort jeune, 1600 — Philippine, sa sœur, épouse d'Ennemond Moret de Bourchenu, 1600 — Pierre, leur fils, 1674 — Humbert, son fils, 1677-1739 — Françoise, sa fille, épouse de Joseph Bailly, 1739 — Joseph-François, leur fils, 1750 — Jean-Pierre qui meurt sans postérité (1789), faisant son héritier son neveu le chevalier Gratet du Bouchage qui vend à Jean-Joseph-André Pinet, 1791. — La deuxième coseigneurie avait pour origine la part d'héritage de Guérin de la Piarre, frère de Gueydon, et fils de Louis, 1392-1394 — Louis et Guillaume, ses fils : ce dernier fait héritier, en 1422, Pierre de Saint-Marcel d'Avançon, dont le fils, également nommé Pierre, vend sa part à Antoine de la Piarre, en 1499 — Le premier a pour fils Antoine, 1458-1490 — Jean, son fils, 1498 — Antoine qui réunit toute la coseigneurie sur sa tête, 1499-1500 — Isabeau, sa fille, épouse Antoine de Grolée-Mévouillon, 1520, et revend sa part aux possesseurs de la première coseigneurie. — La troisième coseigneurie était possédée par Guigues de Morges en 1335 ; il la devait probablement à un mariage — Guillaume, son fils, 1350-1353 — Aynard, 1373 — Guillaume, son frère, la vend pour 240 florins, à Jean Esmin, prieur de Trescléoux, le 13 février 1383 — Celui-ci la revend, pour le même prix, à Raymond Raymond, en 1400. — Ce nouvel acquéreur la vend à son tour à Antoine Vieux, en 1407 — Raymond, fils d'Antoine, la vend 400 florins à François de la Piarre, le 9 novembre 1429 ; cette acquisition la fait retomber dans la première coseigneurie. — La part domaniale fut vendue, avec clause de rachat, à plusieurs reprises. Voici les noms de quelques-uns des acquéreurs : Guillaume et Poncet d'Aspres, 1297 — Barthélemy d'Amorosio achète au Dauphin son domaine à la Piarre, Sigottier et Montrond, pour 9,000 florins, le 14 mai 1337 — Léonard, son fils, 1337 — Agoult et Barthélemy, 1340-1390 — Sybille et Dragonet, enfants de Barthélemy, et Agoult, leur oncle, donnent naissance à trois coseigneuries : 1° Sybille, épouse Baudon de Grolée-Mévouillon, 1390 — Pierre, leur fils, 1405 — Aymar, 1466 — Antoine revend le tout aux possesseurs de la première coseigneurie, vers 1520. — 2° Dragonet vend, vers 1410, la moitié de sa seigneurie à Réforciat de la Piarre — Louis, fils de Réforciat, 1415. La seconde moitié de cette seigneurie fut dévolue par héritage à Béatrix du Puy, veuve de Dragonet, laquelle fit, vers 1415, son héritier Pierre de Grolée-Mévouillon, dont je viens de parler à propos de la coseigneurie précédente. — 3° Agoult, oncle des précédents, vend, avant 1399, sa part à Eynard Gillin, tuteur de son fils Antoine, qui la revendit pour 200 florins d'or à Antoine Vieux, en 1399. Cette acquisition la fait retomber dans la troisième coseigneurie. — Voici encore les noms de quelques possesseurs de petites parts de la terre de la Piarre : Nicolas Rolland, 1345 — Eudes Raymond, 1350 — Reynaud Raymond, 1359 — Louise Codane, veuve de François Ancelon, 1392 — Guillaume Rabot, 1408 — Jean et Antoine Liotard, 1404 — Catherine de Chaset et son gendre Jacques Artaud, 1422 — Jean et Antoine Liotard, 1490. — Toutes ces petites parts étaient retombées dans la seigneurie majeure au xvii° siècle. — *Industrie et Commerce*. — Une mine de plomb argentifère était exploitée à la Piarre vers le milieu du xvii° siècle ; les travaux en étaient suspendus vers 1670. — *Histoire*. — 1334, 8 janvier, les coseigneurs de la Piarre, au nombre de huit au moins, reconnaissent au Dauphin le droit d'élever chaque année, pendant une nuit, son étendard sur le château de la Piarre, en signe de suzeraineté.

MANDEMENT DE SAINT-GENIS.

SAINT-GENIS. — *État ecclés*. — Dès le xii° siècle la paroisse de Saint-Genis était sous le vocable du saint dont le village porte le nom ; ce vocable fut changé plus tard ; au xvii° siècle l'église était sous le titre de Notre-Dame de l'Oche, et elle avait été ruinée pendant les guerres de religion. Le chapitre du Puy en Velay avait le juspatronat de cette cure. — Dès 1152, au moins, l'abbaye de Montmajour, près d'Arles, possédait, à Saint-Genis, le prieuré de Saint-Léger et Notre-Dame de Laup-Jubeo (*Alpis et Jobia*) ; il fut soumis au prieur d'Antonaves, auquel il payait, en 1326, 4 livres, et, en 1330, 7 livres de censes. En 1644 son revenu était de 200 livres, et provenait de quelques terres et d'une partie des dîmes de la paroisse qui lui appartenaient ; l'autre portion des dîmes était perçue par le chapitre du Puy en Velay. Saint-Genis avait fait, jusqu'au xvii° siècle, partie de l'archiprêtré du Gapençais ; à cette époque il fut annexé à celui du Rosanais. — *Administrat. et Justice*. — Saint-Genis faisait partie du bailliage, de l'élection et de la subdélégation de Gap. Les seigneurs possédaient une double juridiction, l'une pour Saint-Genis, et l'autre pour le hameau de Laup-Jubeo ; toutes deux s'exerçaient, au xvii° siècle, à Gap, avec appel au vibailliage. — *État féodal*. — Saint-Genis était divisé en deux portions égales par deux coseigneuries : le siège de l'une était à Saint-Genis, celui de l'autre à Laup-Jubeo. — *Saint-Genis* : cette seigneurie appartenait, depuis le xii° siècle, au chapitre du Puy en Velay, probablement par suite d'une donation des comtes de Provence ou de Forcalquier. Il la vendit au xviie siècle, car, en 1725, Jean-Antoine Flour était seigneur de Saint-Genis, et en prenait par usurpation le titre de marquis ; son fils Louis-Balthazard lui succéda de 1761 à 1789. — *Laup-Jubeo* : Raymond de Saint-Genis en était seigneur en 1209, puis elle tomba entre les mains des seigneurs du mandement voisin de Savournon. O. d'Agoult, 1240 — Isoard, 1270 — Isnard, 1286-1292 — Bertrand, 1307 — Guillaume, 1329 — Barral, Bertrand et Agoult, 1334-1350 — Guillaume, 1352-1382 — Raymond, 1400-1436 — Catherine, sa fille, épouse d'abord Foucaud Osasica, puis Raymond de Morges, 1438-1457 — Jean de Morges, 1458-1464 — Antoine, 1491-1528 — Jean, 1542-1579 — Jean, qui vend à Jacques, son frère, pour 4,000 écus d'or, le 5 novembre 1599 — Jacques, 1599-1621 — Jean-Balthazard, 1633-1660 — François, 1680-1732 — Claire, sa sœur, épouse d'Alphonse de Clermont-Chatte, vend à Jean-Antoine Flour, 1732 — Louis-Balthazard Flour, 1761-1789. — Alexandre de Rastel de Rocheblave se qualifiait de coseigneur de Saint-Genis en 1702.

MANDEMENT DE SAVOURNON.

LE BERSAC. — *État ecclés.* — La paroisse de Bersac était sous le vocable de saint Laurent. En 1516 il existait dans cette église une chapelle de Saint-Georges, qui subsistait encore en 1708 ; une seconde, dont j'ignore le titre, y fut fondée en 1787. Il ne paraît pas qu'il y ait eu jamais de prieuré dans cette paroisse, mais plusieurs chapellenies y avaient été fondées : elles avaient été unies à la cure avant 1516 ; le curé prenait le titre de prieur-curé, était à la collation de l'évêque de Gap et percevait une partie des dîmes de la paroisse. Jusqu'au xviie siècle le Bersac faisait partie de l'archiprêtré du Gapençais ; il fut alors uni à celui du Rosanais. — *Administr. et Justice.* — Le Bersac faisait partie du bailliage, de l'élection et de la subdélégation de Gap. Le seigneur avait une juridiction particulière qui s'exerçait à Serres, avec appel au vibailli de Gap. — *État féodal.* — Jusqu'au xvie siècle le Bersac et Savournon ne formèrent qu'une seule seigneurie. Dès le commencement du xiiie siècle la famille d'Agoult possédait ces deux terres : Rostaing d'Agoult, 1200 — O., 1240 — Isoard, 1270 — Isnard, 1286-1292 — Bertrand, 1307 — Guillaume, 1329 — Barral, Bertrand et Agoult, 1334-1350 — Guillaume, fils d'Agoult, 1352-1382 — Raymond, 1400-1436 — Catherine, sa fille, épouse Raymond de Morges, qui achète 150 florins la part de certains cohéritiers de sa femme, en 1438 — Jean, son fils, 1458-1464 — Antoine, 1491-1526 — Marguerite Claret, veuve de Hugues de l'Hère, achète, pour 8,000 écus, le 20 octobre 1526 ; vivait encore en 1561 — Hugues, son fils, vend, pour 758 florins, à Honoré de Penchinat, en 1590 — Gaspard de Perrinet lui achète pour 2,760 écus, en 1597 ; vivait encore en 1645 — Suzanne de Launay, sa veuve, garde le Bersac pour ses reprises et le vend 24,500 livres à Pierre de Léotaud en 1655 — François de Genton achète au précédent, pour 31,000 livres, en 1659 ; vivait encore en 1671 — François, son fils, 1700 — François, 1708 — Angélique Lombard, veuve d'Alexandre de Rastel de Rocheblave, seigneur de Savournon, achète, 28,000 livres, en 1708 — Jean-Joseph de Rastel de Rocheblave, 1708-1759 ; ses descendants possédaient encore cette terre en 1789. — Antoine de Rivière se qualifiait de coseigneur du Bersac en 1602 — Le seigneur du Bersac possédait une maison-forte située sur les limites de Saint-Genis et du Bersac, et qui portait le nom de *Bastida marmorea*, aujourd'hui Mourmoirières.

SAVOURNON. — *État ecclés.* — Cette communauté se divisait en deux paroisses, Savournon et le Plan-du-Bourg. — *Savournon.* La paroisse de Savournon, sous le vocable de saint Jacques et de saint Philippe, remontait au moins à 1178. En 1516 deux chapelles de Saint-Jean et de Sainte-Catherine y étaient fondées ; elles existaient encore au xviiie siècle. — *Le Plan-du-Bourg.* Cette paroisse est certainement antérieure au milieu du xive siècle, car, dans un rôle des décimes de cette époque, nous trouvons la mention de deux curés à Savournon, et l'un d'eux faisait très certainement sa résidence au Plan-du-Bourg. Placée sous le vocable de saint Pierre, elle n'eut qu'une existence intermittente ; à plusieurs reprises elle a été, dans le cours des xviie et xviiie siècles, unie à celle de Savournon par suite d'absence de desservant. — La plus grande partie des dîmes de ces deux paroisses appartenaient au chapitre de Saint-Arnoul, de Gap, qui y possédait une importante prébende. Avant le xviie siècle Savournon et le Plan-du-Bourg faisaient partie de l'archiprêtré du Gapençais ; ils furent, à cette époque, annexés à celui du Rosanais. — *Administr. et Justice.* — Savournon faisait partie du bailliage, de l'élection et de la subdélégation de Gap. Le seigneur y possédait une juridiction particulière qui s'exerçait à Gap, avec appel au vibailli de cette ville. Une châtellenie delphinale avait été établie à Savournon pendant un petit nombre d'années. — *État féodal.* — Savournon eut les mêmes seigneurs que le Bersac jusqu'à

Raymond d'Agoult qui testa en 1436, partageant ses terres entre Catherine, sa fille, et Jean de Poitiers, évêque de Die ; j'ignore quel degré de parenté l'unissait à ce dernier, qui était encore seigneur de Savournon en 1442. — Quelques années plus tard cette seigneurie appartenait à Claude de l'Hère, soit par héritage, soit par acquisition, 1463-1475 — Hugues, son fils, 1520 — Marguerite Claret, sa veuve, tutrice d'Hugues, son fils, 1526-1561 — Hugues vend à François de Bonne de Lesdiguières, pour 2,200 écus d'or, le 12 avril 1589 — Charles de Créqui, son gendre et son héritier, vend à Gaspard de Perrinet, pour 49,050 livres, le 9 septembre 1632 — Balthazard de Grégoire achète, pour 49,500 livres, le 1er avril 1661 — Augustin-Pierre, son fils, 1687-1689; il s'expatrie pour cause de religion — Alexandre de Rastel de Rocheblave lui succède dans la seigneurie de Savournon, 1702-1708 — Jean-Joseph, son fils, 1708-1759 — Cette famille possédait encore cette terre en 1789. — Les hameaux du Plan-du-Bourg et de Villelongue avaient fait partie de la baronnie d'Oze jusqu'au commencement du XVe siècle ; ils furent alors vendus par Georges Auger, baron d'Oze, aux seigneurs de Savournon. On voudra bien, pour la série de leurs seigneurs jusqu'en 1400, se reporter à l'article consacré aux seigneurs majeurs de la Val d'Oze. — *Histoire.* — En 1708 Alexandre de Rastel de Rocheblave, gentilhomme d'un caractère violent, ayant tué l'un des chiens de M. de Genton du Bersac, qui chassait sur ses terres, et l'ayant menacé de le tuer lui-même, celui-ci le blessa, pour sa défense, d'un coup de fusil dont il mourut. A la suite de ce tragique événement, et quoique M. de Genton eût obtenu des lettres de grâce, la famille de Genton quitta le pays après avoir vendu la seigneurie du Bersac à la veuve de M. de Rocheblave.

MANDEMENT DE SERRES.

SERRES. — *État ecclés.* — La paroisse de Serres, sous le vocable de saint Arey, évêque de Gap, remonte au moins au XIe siècle. En 1403 deux frères, nommés Bertrand et Étienne, y fondèrent une chapelle dédiée à saint Antoine ; en 1516 il y avait dans cette église des chapelles de Saint-Jacques et de Saint-Étienne ; elles n'existaient plus en 1616. En 1708 de nouvelles chapelles de Notre-Dame, Sainte-Marie-Madeleine, Saint-Grégoire et Saint-Arey avaient été fondées. Deux autres chapelles de Saint-Jean et de Saint-Claude existaient au XVe siècle et avaient disparu au siècle suivant. Cette paroisse eut extrêmement à souffrir des guerres de religion ; l'église fut en partie démolie et perdit tous ses revenus. Le clergé paroissial se composait, en 1616, d'un curé et d'un secondaire. Au XVIIe siècle le curé de Serres prenait le titre d'archiprêtre du Rosanais qui, jusque-là, avait été porté par le curé de Rosans. L'ordre de Cluny possédait à Serres, au XIIIe siècle, un prieuré sous le titre de Saint-Arey, qui dépendait en 1250 de l'abbaye de Saint-Michel de la Cluse ; il avait eu une certaine importance et fut sécularisé au commencement du XVIIe siècle. Le prieur était décimateur d'une partie de cette paroisse qui dépendait de l'archiprêtré du Rosanais. — *Hôpitaux.* — Un hôpital fondé, suivant la tradition, par les Dauphins, existait encore à Serres au siècle dernier. — *Protestants.* — Le culte protestant s'était introduit de bonne heure à Serres, et cette Église devint nombreuse et importante quand la ville eut été donnée, en 1576, comme place de sûreté aux protestants. Voici le nom de quelques-uns de ses pasteurs : Jean Antoine Cante, 1596-1602 — Jean de Martinel, 1603-1612 — Barthélemy Durand, 1612-1622 — Isaac Cholier, 1622 — Jean-Paul Perrin, 1622-1626 — André Serre, 1637 — N... de Saintanoz, 1669 — Alexandre Piffard, 1670 — N... Cholier, 1676 — Louis Vigne, 1684. Le temple de Serres fut démoli en vertu d'un arrêt du conseil du roi du 4 décembre 1684. Un grand nombre d'habitants émigrèrent à la suite de la révocation de l'édit de Nantes. — *Administr. et Justice.* — Jusqu'en 1208 Serres fit partie du comté de Provence et du bailliage de Sisteron ; cependant, les Dauphins y avaient déjà auparavant acquis quelques droits ; en effet, le 9 octobre 1264, Galburge de Mévouillon leur vendit la juridiction qu'elle possédait dans cette ville. En 1298, par l'acquisition que le Dauphin en fit du comté de Provence, Serres devint fief delphinal, siège d'une châtellenie et d'un bailliage, transformé, en 1447, en vibailliage. Ce vibailliage fut lui-même transféré à Gap en 1511. — Serres, situé à l'entrée d'un défilé très resserré, est une position stratégique exceptionnelle ; aussi, pendant les guerres de religion , son château eut des gouverneurs royaux ou protestants, suivant la fortune de la guerre. Voici les noms de la plupart d'entre eux : Jean du Pilon, 1567 — Joseph de Martinel, 1571 — Esprit Michel de Beauregard, 1573 — Gaspard de Montauban du Villard, 1577 — Alexandre Disdier d'Allons, 1588-1592 — Gaspard de Brunel, 1593 — Denis Moreau de Vérone, 1597 — Louis Disdier d'Allons, 1599 — Denis Moreau de Vérone, 1600-1620. — En 1598 la garnison se composait de dix hommes, coûtant à l'État 77 livres par mois.

Serres avait été donné aux protestants par l'édit de Nantes comme place de sûreté. Cette ville était le siège d'un certain nombre de juridictions seigneuriales dont l'appel se portait au vibailliage de Gap; elle faisait partie de l'élection et de la subdélégation du Gapençais. — *État féodal.* — Serres appartenait par moitié, au xiie siècle, au comte de Provence et à une famille portant le nom de Lagier : Raymond Lagier, vers 1150 — Galburge, sa fille, épouse Pierre de Mévouillon vers 1200 — Bertrand et Raymond, leurs fils, 1247-1263 — Le second eut un fils nommé comme lui, Raymond, qui reconnut feudataire du Dauphin le 10 juillet 1293. Bertrand, son oncle, ayant commis quelque crime capital, toutes ses seigneuries, Serres, Orpierre, Montéglin, Sainte-Colombe, Lagrand, Étoile, Arzeliers, Pomet, Le Poët, Saléon et Méreuil furent confisquées et données à Arnaud Flotte et Philippe de Laveno, mais chargées en 1272 d'une rente au profit de ses héritiers. Galburge, fille de Bertrand, obtint quelques années plus tard par une transaction la restitution de la plupart des biens de son père. Cependant Philippe de Laveno était encore seigneur de Serres en 1292. Galburge fut en butte aux attaques continuelles des seigneurs voisins. Profitant de sa faiblesse Rostaing de Saluces et N... de Monferrat, usurpèrent violemment ses seigneuries. Pour se créer un protecteur elle vendit, en 1257, puis le 4 juin 1264, au Dauphin, pour 28,000 sous, la juridiction et le haut domaine de toutes ses terres au nombre desquelles était Serres. Le comte de Provence céda au même prince ses droits sur Serres le 1er mai 1298. Le Dauphin vendit à plusieurs reprises cette terre avec clause de rachat. Voici le nom de quelques seigneurs engagistes : Pierre Raymond, 1381 — Pierre de Grolée-Mévouillon, 1400 — Jean de Berne, écuyer du roi, 1408-1442 — Aymar de Mévouillon, 1466 — Thomas l'Écuyer, écossais, mort en 1472 — Antoine de Mévouillon, 1495-1522 — Aymar, 1535-1565 — Laurent qui vend à François de Bonne-Lesdiguières, 1577-1626 — Charles de Créqui, gendre du précédent, 1626-1638 — François de Bonne de Créqui, son fils, 1638-1650 — François-Emmanuel, 1650-1675 — Jean-François de Paule, 1675-1703 — Alphonse de Créqui-Canaples, son cousin et son héritier, 1703-1712 — Nicolas de Neuville-Villeroy, son héritier, 1712-1719 — François-Camille 1720-1732 — Gabriel, 1732-1775 — Claude Périer achète, 1775-1789. — Le Dauphin avait concédé, au xive siècle, le péage de Serres à la famille de Poitiers ; Aymar de Poitiers, comte de Valentinois, le vendit 23,200 florins à Charles de Vesc, le 13 juillet 1504 — Jeanne de Vesc en prêta hommage en 1560 — *Industrie*

et Commerce. — En 1315 Serres était habité par une colonie assez nombreuse de Juifs se livrant au négoce ; en 1321 ils payaient au Dauphin 100 sous d'or de redevance ; en 1324 ils payaient 6 livres d'or pour le même objet, ce qui donne une haute idée de l'importance commerciale de Serres à cette époque. — Le 28 décembre 1337 le Dauphin y établit une gabelle de sel ; un péage très productif y avait été institué auparavant, et il fut vendu, en 1504, 23,200 florins d'or, environ 2 millions à la puissance actuelle de l'argent, ce qui démontre l'importance de Serres comme lieu de transit. Ses foires étaient renommées. — Le 9 novembre 1543, Juvenal Vachier obtint le privilège d'établir à Serres un four pour les petits pains blancs et la pâtisserie ; c'est le plus ancien établissement de ce genre de notre région. — Enfin, pendant plusieurs siècles, Serres eut des manufactures très nombreuses et très achalandées de chapellerie, dirigées surtout par des protestants ; elles disparurent la plupart après la révocation de l'édit de Nantes. — *Histoire.* — 1247, 26 février, charte de libertés accordée par Bertrand de Mévouillon à ses sujets de Serres.— 1282, autre charte de libertés concédée par Raymond de Mévouillon. — 1298, 1er mai, Serres est annexé au Dauphiné et devient le siège du bailliage du Gapençais. — 1309, 28 août, Jean II, dauphin, est à Serres. — 1318, 16 juin, Jean II, dauphin, confirme les libertés de Serres. — 1371, la peste décime le Serrois ; la plupart des magistrats du bailliage périssent. — 1438, la peste fait de nouveaux ravages. — 1511, le bailliage de Serres est transporté à Gap. — 1562, Serres est pris par les protestants. — 1566, une assemblée de gentilshommes protestants a lieu à Serres, sous la présidence de Saint-Auban. — 1567, 13 décembre, la garnison protestante incendie l'église. — 1568, octobre, les catholiques rentrent dans Serres, abandonné par les protestants. — 1573, 27 avril, Montbrun s'empare de la ville et assiège la garnison catholique dans le château ; elle capitule vers le 10 mars. — 1576, Serres est donné aux protestants comme place de sûreté — 1582, 7 février, une assemblée de gentilshommes protestants a lieu à Serres, sous la présidence de Lesdiguières. — 1588, 14 février, Lesdiguières et Maugiron, gouverneur du Dauphiné, se réunissent à Serres pour chercher à pacifier la province ; cette conférence est sans effet. — 1633, le château de Serres est démoli par ordre de Richelieu. — *Biographie.* — VIDEL (Louis), né vers 1598, mort à Grenoble en 1675. Il était fils de Jacob Videl, châtelain de Briançon, et de Claire Autard de Bragard. Il devint secrétaire de Lesdiguières en 1617 ; à la mort de son protecteur, il passa aux mêmes conditions dans la domesticité des Créqui, composa, d'après les ordres de cette famille, l'*Histoire de la vie du connétable de Lesdiguières* (Paris, Rocolet, 1638, in-4°). Chassé, on ne sait pour quel méfait, de chez les Créqui, il entra chez la maréchale de l'Hôpital, en fut également chassé et mourut dans la misère. Outre son histoire de Lesdiguières, il a publié un recueil de lettres, la vie de Bayard, deux romans et deux ouvrages de piété. — *Bibliogr.* — PILOT (J.-J.-A.). *Serres (Album du Dauphiné*, t. III, p. 131).

MANDEMENT DE SIGOTTIER.

SIGOTTIER. — *État ecclés.* — La paroisse de Sigottier était sous le vocable de saint Laurent. Dans le courant du XVII° siècle on y fonda deux chapelles, l'une de Sainte-Catherine et l'autre dont le titre n'est pas connu. Dès le XII° siècle un prieuré existait dans cette paroisse ; il était encore distinct de la cure en 1516, mais lui avait été uni cent ans plus tard ; il dépendait de l'abbaye de Saint-Géraud d'Aurillac. Au XVII° siècle le curé prenait le titre de prieur-curé et était principal décimateur de cette paroisse qui faisait partie de l'archiprêtré du Rosanais. — *Ordres hospit.* — De 1088 à 1091 Arnulphus et Regoardis, sa femme, donnèrent à l'hôpital de Saint-Martin, de Gap, de l'ordre de Saint-Jean de Jérusalem, une maison à Sigottier ; peu à peu cet ordre agrandit ses possessions dans cette paroisse, et en 1429, la moitié de la seigneurie lui appartenait. Il l'aliéna ou la perdit ensuite, car, en 1667, il n'avait plus aucune propriété à Sigottier. — *Administr. et Justice.* — Sigottier dépendait de l'élection, de la subdélégation et du vibailliage de Gap. Le seigneur avait une juridiction particulière s'exerçant à Serres, avec appel au vibailli de Gap. — *État féodal.* — Il y eut dans la terre de Sigottier au moins six coseigneuries qui se confondirent en une seule en 1670. Première coseigneurie : elle appartint d'abord à une famille du nom de Sigottier. Bertrand de Sigottier, 1121 — Lagier, 1232 — Raymond et Lagier, 1235 — Raymond, Pierre, Humbert, Pierre, Lagier, Pierre, Humbert, Pierre et Guy, 1297 — Humbert et Amédée ; le second vivait encore en 1350 ; le premier vend sa part à Bernard Osasica en 1319 — Agoult Osasica, 1366 — Guillaume, son fils, vend à Guy de la Piarre, 1394 — Gueydon de la Piarre, 1413-1427 — François, 1427-1450 — Gaspard, 1533-1562 — Antoine et Melchior, 1567 — Louis, fils d'Antoine, 1580- 1592 — Catherine, sa fille aînée, épouse Jean de la Tour-Mirabel, 1603-1620 — Françoise-Catherine, leur fille, épouse Pierre de la Tour, qui vend sa coseigneurie à Louis de Léotaud en 1660 — Philippine, deuxième fille de Louis de la Piarre, épouse Ennemond Moret, 1600-1631 — Pierre, leur fils, acheta, vers 1670, la portion de seigneurie de Louis de Léotaud — Humbert, son fils, 1677-1739 — Françoise, sa fille, épouse de Joseph Bailly, 1739 — Joseph-François, leur fils, 1750 — Jean-Pierre, qui meurt sans postérité en 1789 — Le chevalier Gratet du Bouchage en hérite et vend à Jean-Joseph-André Pinet, 1791 — Deuxième coseigneurie : elle appartenait à la famille de la Penne, qui s'éteignit au commencement du XIV° siècle, par un fils nommé Athenulphe et une fille mariée à Eudes Raymond. Athenulphe de la Penne vendit sa part à Aynard Lioutard, déjà coseigneur de Sigottier par sa femme Garcinde, et, dont la fille Guigonette était femme de Raymond Geoffroy en 1413 ; ils eurent un fils nommé Baudon qui paraît avoir aliéné sa part en faveur de la famille Raymond — Eudes Raymond, mari de N... de la Penne en 1318, laissa un fils, nommé Raymond, 1340 — Eudes, 1350 — Reynaud, son oncle est son héritier, 1359 — Raymond et Guillaume, 1370 — Eudes et Arnaud, 1376 — Pierre, 1380 — Pierre et Eudes, qui vend sa part 80 florins à son frère, 1394 — Henri, fils de Pierre, 1423-1427 — Claude, Gabriel et Pierre, 1430 — Baudon et Eudes, fils de Pierre, 1480 — Antoine, fils de Baudon, 1500-1515 — Esprit, 1530 — Breton, 1560 — Sébastienne, sa fille aînée, épouse Jean de la Piarre, 1579 — Achille, leur fils, vend sa part à Jean de la Tour-Mirabel en 1603 — Claudie, fille cadette de Breton Raymond, épouse Jacques Flotte, qui teste en 1581 — Jacques, leur fils, vend également sa part à Jean de la Tour-Mirabel en 1617. — Cette coseigneurie tombe dans la première par la vente qu'en fait Pierre de la Tour à Louis de Léotaud vers 1670. — Troisième coseigneurie : elle était sise sur le hameau du *Château* ou Haut-Sigottier. Pierre de Mévouillon, 1200 — Bertrand. 1247-1263 — Galburge, 1263-1276 — Le Dauphin l'acquit de cette dernière et l'inféoda à Barthélemy d'Amorosio, 1328-1337 — Léonard, 1337 — Barthélemy, 1337 — Agoult et Sybille, qui épouse Pierre-Baudon de Grolée-Mévouillon, 1351-1380 — Ce fief passe ensuite à Jean Agnel, 1381 — Guillaume Auger, 1399 — Madeleine Bonfils, 1400 — Sybille Bonfils, femme de Giraud Lombard, sa nièce et son héritière — Marguerite Amelin, nièce de la précédente, en hérite à son tour, et vend à Antoine et Jean Vieux en 1411 — Raymond, fils d'Antoine, 1413-1438

— Jacques, 1470 — Jean, 1480 — Guigues vend sa part à Antoine de Grolée-Mévouillon, 1515 — Louis de Roux rachète tout le domaine delphinal en 1564 — Antoine, Jean et Henri, 1590; ce dernier vend sa part à ses frères — Louis et Charles de Roux et Louis de Pontis, leur beau-frère, 1640 — Lucrèce, fille de Louis de Roux, épouse Louis de Léotaud, (1660), qui achète la part de Louis de Pontis en 1661, et celle de Charles de Roux, oncle de sa femme, en 1664 ; il vend sa coseigneurie à Ennemond Moret en 1670. Elle se confond avec la première. — Quatrième coseigneurie : elle appartenait aux seigneurs de la Beaume, fief tout voisin : Bertrand Osasica, 1319 — Raymond, 1334 — Arnaude, sa fille, épouse Raymond de la Beaume, 1342-1343 — Arnaudète, leur fille, épouse Jacques de Montalin, 1380 — Alix, leur fille, épouse Bertrand de Chabestan, 1407 — Pierre, leur fils, 1450 — Jean, 1480 — Louis, 1525 — Arnaud vend à Juvenal Vachier pour 80 livres tournois, 1545-1584 — Jean Fiquet, acquéreur du précédent, 1593-1613.

— Je ne connais pas la suite de cette coseigneurie qui paraît s'être confondue, vers cette époque, avec la première. — Cinquième coseigneurie : Guillaume Auger, qui possédait une part de cette terre, la donna, à la fin du XIIIᵉ siècle, au prieur de Sigottier; le prieuré et la cure ayant été unis au XVIIᵉ siècle, le curé devint coseigneur de sa paroisse. — Sixième coseigneurie : dès la fin du XIᵉ siècle, l'ordre de Saint-Jean de Jérusalem acquit des possessions à Sigottier ; en 1429 il était seigneur de la moitié de cette terre. En 1667 il semble qu'il l'avait aliénée depuis longtemps. — A la fin du XIVᵉ siècle, Pierre Gillin était également coseigneur de Sigottier. Sa fille Andrevette épousa Louis de Bardonnèche, fils de Justet, et tous deux vendirent leur part à Henri Raymond pour 240 florins, en 1423. — On trouve encore Hugues Richaud et Guillaume de Calabre en 1235, Pierre et Isnard Fabry, et Guigues d'Arzeliers en 1297, coseigneurs de Sigottier. — *Industrie et Commerce.* — Il est de tradition qu'une mine de plomb argentifère a été exploitée, au XVIIᵉ siècle, dans la montagne nommée l'*Argentière;* je n'ai trouvé aucune mention de cette industrie sur laquelle on raconte beaucoup de fables.

3° CHATELLENIE D'UPAIX.

Upaix fut, de 1232 à 1298, le siège du bailliage delphinal du Gapençais; après cette époque, une simple châtellenie y fut maintenue. Située sur les limites de la Provence et du Dauphiné, elle avait une certaine importance. Toutes les communes de cette châtellenie faisaient partie de l'élection et de la subdélégation de Gap. Voici la liste des châtelains d'Upaix : R. Ferland, 1278 — Guigues Allemand, 1290 — Hugues de Commiers, 1291 — Baptiste Baile, 1312 — Pierre Ismidon, 1313-1315 — Jean de Bardonnèche, 1334 — Nicolas Constans, 1337 — Aynard de Bellecombe, 1339 — Guillaume de Ruin, 1340 — Guillaume, bâtard de la Tour, 1351 — Pons Fabri, 1359-1362 — Humbert Boniface, 1364 — Artaud d'Arces, 1369-1371 — Antoine de Dorgeoise, 1372 — Artaud d'Arces, 1373-1375 — Guillaume Esmin, 1378 — Raymond Aynard, 1379-1387 — Pierre Clément, 1388-1391 — Étienne Marin, 1392 — Guillaume de Mévouillon, 1393-1429 — Jacques Guiffrey, 1437-1438 — Pierre Damni, 1439-1446 — Raymond Viravance, 1447-1456 — Guillaume de la Mare, 1458-1459 — Antoine de Dorgeoise, 1462-1495 — Balthazard Malpou, 1496-1500.

MANDEMENT D'ARZELIERS.

ARZELIERS. — *État ecclés.* — La communauté d'Arzeliers était divisée en deux paroisses, celles d'Arzeliers et de Laragne. — *Arzeliers.* Cette paroisse, placée sous le vocable de saint Marcellin, pape, était la plus ancienne des deux. En 1611 on y avait fondé une chapelle de Saint-Michel; en 1686 une autre de Sainte-Catherine. L'église paroissiale se trouvait dans l'enceinte du château, et fut soustraite au culte catholique à partir de la fin du XVIᵉ siècle, époque à laquelle la terre d'Arzeliers tomba entre les mains de seigneurs protestants; en 1611 les offices se disaient dans la chapelle de Saint-Michel. Le curé était à la nomination de l'abbé de Montmajour; il prenait le titre de prieur-curé et était principal décimateur de sa paroisse. — *Laragne.* La paroisse de Laragne était sous le vocable de saint Martin-de-Tours. Elle existait déjà au milieu du XIVᵉ siècle. En 1516 la cure de Laragne était à la collation de l'abbé de Montmajour et le curé en partageait la dîme avec celui d'Arzeliers. Le 14 décembre 1743 Marie-Thérèze Guéraud, veuve Ferrier, y fonda une chapelle, avec un revenu de 150 livres; la commune ajouta 50 livres et obtint la création d'un vicaire au lieu d'un simple chapelain. En 1747 Louise des Noyers laissa 250 livres de rente aux pauvres du mandement d'Arzeliers. — Les paroisses d'Arzeliers et Laragne faisaient partie de l'archiprêtré du Gapençais. — *Ordres hospit.* — L'ordre de Saint-Jean de Jérusalem possédait un hôpital au lieu dit Piénault, à peu près à égale distance d'Arzeliers, Lazer et Laragne ; quelques terres et une chapelle de Saint-Jean y étaient attachées. Cet hôpital était situé sur une ancienne route nommée le chemin de l'*Huguenot* qui, de Ventavon, passait à Lazer, Arzeliers, et de là se dirigeait sur Orpierre et le Comtat-Venaissin. Ces biens avaient été acquis par l'ordre de Saint-Jean, au XIVe siècle ; ils appartenaient à la commanderie de Saint-Pierre-Avez, unie, au XVe siècle, à celle de Joucas, au Comtat. En 1667 toutes ces propriétés avaient été perdues ou aliénées. — *Protestants*.— L'église protestante de Laragne se constitua en 1618 seulement ; auparavant elle dépendait de celle d'Orpierre. Un arrêt du conseil du roi supprime l'exercice de la religion réformée à Laragne, le 5 janvier 1682. — *Administr. et Justice*. — Arzeliers faisait partie, au moyen âge, de la baronnie de Mévouillon et, par conséquent, du bailliage établi dans cette vaste seigneurie. Le 9 octobre 1264 Galburge de Mévouillon vendit au Dauphin la mouvance et la juridiction d'Arzeliers ; en 1298 cette juridiction fut unie au bailliage de Serres. Le baron d'Arzeliers avait une juridiction particulière qui s'exerçait à Serres au XVIIe siècle, avec appel au vibailli de Gap. — Arzeliers faisait partie de l'élection et de la subdélégation de la même ville. — *État féodal*. — De temps immémorial Arzeliers était qualifié de baronnie ; au XVIIe siècle ses seigneurs prirent le titre de marquis, mais par usurpation. Il y avait deux seigneuries dans cette terre, l'une majeure, l'autre inférieure. La première appartenait, dès le XIIe siècle, à la puissante famille de Mévouillon. Raymbaud de Mévouillon, 1120 — Raymbaud-Cotta, 1150 — Guillaume, 1177 — Raymond Ier, 1190 — Bertrand-Raymond et Bertrand, 1220-1249 — Le second a une fille, Galburge, qui vend sa part au Dauphin, en 1264 — Le premier a pour fils Raymond II, qui meurt sans postérité masculine ; son héritage se partage entre sa fille Béatrix, qui fait héritière sa parente Galburge de Mévouillon, femme de Raymbaud de la Chaup, 1305, et sa femme Mabille Adhémar, qui donne tous ses biens à sa sœur Éléonore Adhémar, femme de Pierre de la Chaup. Ces deux seigneuries ne tardèrent pas à se réunir dans les mêmes mains. Bertrand de Mévouillon-la-Chaup, fils de Pierre, 1292-1294 — Raymbaud, 1297-1307 — Pierre-et Guillaume, 1338 — Le second a un fils nommé Guillaume (1376-1390), dont le fils nommé aussi Guillaume fit héritier son cousin Aymar de Grolée, 1414-1466 — Le premier eut un fils nommé Raymbaud, qui fit héritier son beau-frère Pierre Baudon de Grolée, 1370-1426 — Guillaume, Urbain et Jacques, ses fils, étant morts sans postérité, leur cousin Aymar de Grolée en hérite et réunit toute la seigneurie sur sa tête, 1466 — Antoine, son fils, 1495-1520 — Aymar, 1555-1564 — Laurent vend à Gaspard de Perrinet, 1591-1654 — Alexandre, 1654-1658 — Daniel, 1658-1679 — Gaspard, son frère, s'expatrie pour cause de religion, 1679-1689 — Gaspard de Calvière, beau-frère du précédent, 1689-1700 — François Martignan de Villeneuve, lui succéda, 1717 — Camille d'Hostun, duc de Tallard, achète Arzeliers, 1719-1728 — Marie-Joseph, 1728-1740 — Louis-Charles fait héritière sa cousine Françoise de Sassenage, 1740-1755 — Mmes de Bruck et de Talaru, filles et héritières de cette dernière, 1787-1789. — La seigneurie inférieure fut possédée par une famille du nom d'Arzeliers : Isnard, Bermond et Bertrand d'Arzeliers vivaient en 1091 — Isnard en 1140 — Bermond et Geoffroy, 1177 — Isnard, 1202-1204 — Guillaume, 1251. — Guigues, 1297 — Giraud, 1351 — Bertrand, 1390. — Cette part de seigneurie retombe, vers cette époque, dans la seigneurie majeure. — *Industrie et Commerce*. — 1615, une ordonnance royale crée une foire à Laragne au 25 avril. — Une mine avait, au moyen âge, été exploitée au quartier de l'Argentière. En 1786 une compagnie dirigée par un sieur Ducros en obtint une nouvelle concession et n'y fit pas de brillantes affaires. — *Histoire*. — 1555, 10 octobre, le cardinal de Lorraine couche à Laragne. — Le bourg de Laragne ne date que du XVIIe siècle, il se groupa autour d'un château que le seigneur d'Arzeliers y fit construire en 1614 ; auparavant il n'y avait là qu'une église, une auberge et des fermes non agglomérées. — *Biographie*. — PERRINET (Alexandre DE), fils de Gaspard, président de la Chambre des comptes du Dauphiné, fut guidon des gendarmes de Lesdiguières et de Créqui, colonel de dragons du régiment d'Arzeliers (1638), maréchal de camp (1651), gouverneur de Sisteron (1652), député général des églises réformées. Il avait pris part à presque toutes les guerres de son temps. — *Bibliogr*. — ALLARD (abbé). *Monographie de Laragne*, Gap, Richaud, 1885, in-16.

EYGUIANS. — *État eccles*. — La paroisse d'Eyguians existait, au milieu du XIVe siècle, sous le vocable de sainte Madeleine. Elle fit partie, jusqu'au XVIIe siècle, de l'archiprêtré du Gapençais ; elle fut unie alors à celui du Rosanais. Un petit prieuré, de l'ordre de Cluny, avait existé à Eyguians ; il fut annexé, postérieurement à la seconde moitié du XIVe siècle, à celui de Lagrand qui en était tout voisin. Le prieur de Lagrand était principal décimateur de cette paroisse. — *Administr. et Justice*. — Comme à Arzeliers. — *État féodal*. — Jusqu'à la fin du XVIe siècle Eyguians n'eut pas d'autres seigneurs que les seigneurs majeurs d'Arzeliers. En 1595 Daniel Autard de Bragard ayant épousé Jeanne de Perrinet, fille du seigneur d'Arzeliers, reçut en dot quelques droits féodaux sur Eyguians ; il vivait encore en 1630 — Cyrus, son fils, 1633-1679 — Abel, 1679-1700 — Alexandre, 1700-1711 — Sa sœur Olympe, femme de N. La Jaune, en hérite, 1711 — Son gendre François de Laget est son héritier, 1718 — Pierre de Laget, 1750-1789.

MANDEMENT DE LAZER.

LAZER. — *État ecclés.* — La paroisse de Lazer, sous le vocable de saint Georges, date au moins du XII° siècle. En 1560 une chapelle de Notre-Dame des Épinettes y était fondée ; en 1708 il y avait en outre deux autres chapelles de Notre-Dame de Consolation et de Sainte-Catherine. Il existait autrefois dans cette paroisse un prieuré sous le titre de Saint-Georges, que des bulles de 1152 et 1183 confirmèrent à l'abbaye de Montmajour, ainsi que les chapelles de Saint-Georges et du Château. Ce prieuré avait été, avant 1516, uni à l'évêché de Gap. L'évêque était collateur de la cure et décimateur de la paroisse qui faisait partie de l'archiprêtré du Gapençais. — *Administr. et Justice.* — Les seigneurs majeurs d'Arzeliers et l'évêque de Gap se partageaient, au XIII° siècle, la juridiction de Lazer ; Galburge de Mévouillon, dame d'Arzeliers, vendit sa part au Dauphin le 9 octobre 1264. L'évêque conserva à Lazer un tribunal dont l'appel était porté au juge épiscopal de Gap ; à partir du XVII° siècle cette juridiction fut exercée à Gap par le juge des châteaux épiscopaux. — *État féodal.* — La seigneurie de Lazer était partagée d'abord entre l'évêque de Gap et les seigneurs majeurs d'Arzeliers ; j'ignore comment l'évêque avait acquis cette seigneurie. Galburge de Mévouillon, dame d'Arzeliers, vendit, le 9 octobre 1264, sa part au Dauphin. La part du Dauphin, aussi bien que celle de l'évêque, furent engagées ou vendues à diverses reprises. Balthazard de Moustiers, sieur de Gargas, était engagiste du Dauphin en 1582—Balthazard de Bonne, engagiste de l'évêque, ainsi que Charles Faucher, pour 425 livres, en mai 1562. Cette vente est résiliée le 20 novembre 1564. — *Industrie et Commerce.* — 1786, concession aux sieurs Ducros et C°, des mines qui peuvent exister à Lazer. — *Histoire.* — 1255, 23 juin, le Dauphin rend à l'évêque de Gap le château de Lazer dont il s'est emparé. — 1312, 31 mai, transaction entre l'évêque de Gap et les habitants de Lazer relativement à ses droits seigneuriaux et aux redevances ecclésiastiques qui lui sont dues. — 1391, novembre, Guilhem Camisard, chef de routiers, s'empare du château de Lazer et exerce des déprédations aux environs. Il fut fait prisonnier dans une sortie, mais Lazer ne fut pas rendu par Vilhavia, son lieutenant. — 1392, le château est rendu moyennant une somme de 1,000 fr. — Vers 1510 on découvre une fabrique de fausse monnaie au château de Lazer ; le curé et le châtelain en étaient les organisateurs. Ils sont condamnés à une forte amende. — *Biographie.* — AMAT (Jacques), baron du Poët et d'Avançon, seigneur d'Upaix, Rabou, Chaudun, Montalquier et Châteaurenard, fils de Claude et de Claudine de Grimaud. Né vers 1590, il fut d'abord syndic des communautés villageoises (1627), puis conseiller et maître d'hôtel du roi (1646), conseiller d'État (1647), fermier général ; il fit une fortune énorme, fut gouverneur de Château-Dauphin et mourut à Paris en 1660. — Son fils Claude-Noël fut conseiller au parlement de Metz.

MANDEMENT DE MONTÉGLIN.

MONTÉGLIN. — *État ecclés.* — La paroisse de Montéglin était sous le vocable de sainte Marguerite ; elle ne devait pas être fort ancienne, mais elle existait au milieu du XIV° siècle. Le curé était à la nomination de l'évêque de Gap ; il prenait le titre de prieur-curé et percevait une partie des dîmes de sa paroisse qui faisait partie de l'archiprêtré du Gapençais. Il est à croire qu'à une époque très ancienne la cure de Montéglin était unie à celle d'Arzeliers. Le 19 août 1266 les frères prêcheurs d'Arles vendirent au prieur d'Antonaves quelques droits qu'ils possédaient à Montéglin. — *Administr. et Justice.* — Le mandement de Montéglin dut être détaché de celui d'Arzeliers avant la fin du XIV° siècle. Les seigneurs majeurs de Montéglin et d'Arzeliers furent généralement les mêmes. Il faisait partie de l'élection, de la subdélégation et du vibailliage de Gap. — *État féodal.* — Les barons d'Arzeliers étaient seigneurs majeurs de Montéglin depuis le temps le plus reculé. Louis de Grolée-Mévouillon, fils de Laurent, qui avait vendu la baronnie d'Arzeliers à Gaspard de Perrinet en 1591 (voyez à Arzeliers), possédait la terre de Montéglin. Ce fief fut vendu à la requête de Gaspard de Perrinet, auquel Louis de Grolée-Mévouillon devait près de 35,000 livres, le 20 octobre 1614. Pierre du Perier s'en rendit acquéreur pour 6,000 livres, mais il y eut surenchère et revente amiable presque immédiatement à Gaspard de Perrinet. Depuis lors les seigneurs de Montéglin furent les mêmes que ceux d'Arzeliers. — Malgré l'exiguïté de cette terre, plusieurs seigneurs inférieurs y possédaient des droits ; voici le nom de quelques-uns d'entre eux : Jacques de Rame, 1399 — Pierre de Rauco, 1400 — Jean de Rame, 1419 — Jean de Rauco et Antoine Raybaud, 1431 — Claude de Rame, 1450-1469 — Pierre, son neveu, 1469 — Pierre, 1500-1521 — François, 1530-1575. — *Bibliogr.* — ALLARD (abbé). *Le prieuré-curé de Monteylin, ses revenus, ses prieurs (Annales du Laus*, 1882, p. 297 ; 1883, p. 10).

MANDEMENT DU POET.

LE POET. — *État ecclés.* — La paroisse du Poët est connue depuis le XIIe siècle et elle est sous le vocable de saint Pierre. En 1708 il y avait dans cette église des chapelles de Notre-Dame, Sainte-Anne et une chapelle dans le château, dont j'ignore le titre. En 1612 on créa un secondaire pour aider au service religieux, à cause de l'étendue de cette paroisse. Une confrérie de Saint-Esprit, avec d'assez riches revenus, existait au Poët et payait les décimes en 1516. La dîme était perçue par le curé et le prieur de Saint-Jacques d'Upaix, dépendant de la prévôté de Chardavon, près Sisteron. Le Poët faisait partie de l'archiprêtré du Gapençais. — *Administr. et Justice.* — Le 9 octobre 1264 Galburge de Mévouillon, fille de Bertrand, vendit au Dauphin la mouvance et juridiction qu'elle possédait au Poët. Cette communauté faisait partie de l'élection, de la subdélégation et du vibaillage de Gap. — *État féodal.* — Les seigneurs du Poët furent d'abord de la famille de Mévouillon : Raymbaud de Mévouillon, 1120 — Rambaud-Cotta, 1150 — Guillaume, 1177 — Raymond, 1190 — Bertrand, 1247-1263 — Galburge, sa fille, qui vend son fief à Philippe de Laveno, en 1264, lequel le revend au Dauphin en 1291. — Ce prince en engagea le haut domaine à Bienvenu de Campeis, 1297-1300 — Pierre Séley l'acheta à son tour, le 13 août 1317 — Pierre Painchaud épouse la fille de Séleus Séley, 1328 ; il cède sa seigneurie au Dauphin le 3 septembre 1336 — Bienvenu de Campeis la rachète en 1336 — Pierre Painchaud la rachète pour 2,500 florins en 1338 pour terminer un procès qui durait depuis 1335 avec les seigneurs inférieurs du Poët et le Dauphin — Le Dauphin la reprend et la donne au prince d'Orange le 17 juin 1339, qui la conserve jusqu'en 1379 ; elle fit alors retour au domaine delphinal. — La seigneurie inférieure fut acquise avec la majeure du Dauphin par Pierre Séley, le 13 août 1317 — Étienne et Jean, ses fils, Pierre et Séleus, ses neveux, 1330 : Séleus consent à vendre son fief au Dauphin pour 3,717 florins le 29 avril 1339 ; ces conventions sont annulées le 16 janvier 1341 — Jean et Reynaude, enfants de Séleus, 1344 — Guillemette, veuve de Séleus, épouse de Guillaume de Rame, 1345 — Reynaude, fille de Séleus, épouse de Jacques de Rame, fils de Guillaume, 1346. — Tous meurent sans postérité ; Guillaume et Jean, neveux de Guillaume, en héritent, 1349-1382 — Jordan, 1400 — Jean, Pierre et Claude, 1419-1430 — François et Claude, 1430-1463 — Pierre, fils de François, 1463-1487 — Soffrey et Pierre, 1500-1557 Gaspard et Balthazard, fils de Soffrey, 1557 — Pierre, fils de Gaspard, cède le Poët à Claude de Périssol pour représenter 4,500 écus d'or qu'il lui devait, le 8 avril 1583.—Lucrèce de Rame, fille de Balthazard, et Jean de Barras, son mari, vendent leur part à Florent de Renard pour 102,000 livres, le 20 janvier 1611 — Ils usent du droit de rachat en 1615 et revendent à Mathieu de Rame le 12 mai 1621 — Hélène, sa fille, vend pour 91,000 livres à Jacques Amat le 21 janvier 1640-1660 — Claude-Noël Amat, 1660-1680 — Balthazard, qui vend à Camille d'Hostun, duc de Tallard, pour 290,000 livres, le 11 novembre 1719 — Marie-Joseph d'Hostun, 1720 — Louis-Charles, 1740-1755 — Antoine de Gautier achète, 1755-1775 — Joseph-Henri, son fils, 1775-1789. — Le Poët était de temps immémorial qualifié de baronnie ; au commencement du XVIIIe siècle Balthazard Amat se qualifiait, par usurpation, de marquis du Poët. — *Industrie et Commerce.* — Un péage important était établi au Poët dès le XIIIe siècle.

MANDEMENT D'UPAIX.

UPAIX. — *État ecclés.* — La paroisse d'Upaix, dont l'existence est connue au moins depuis le XIIe siècle, était sous le vocable de Notre-Dame de Bellevue. En 1418 nous y constatons l'existence des chapelles de Saint-Jean, Sainte-Catherine, Saint-Étienne, Saint-Antoine et Saint-Blaise, cette dernière fondée par le seigneur d'Upaix et placée sous le juspatronat de ses successeurs ; celle de Saint-Jean avait disparu en 1516, mais on y trouvait à cette époque les chapelles nouvelles de Saint-Pierre et Saint-Sauveur et de Saint-Vincent. En 1616 il n'existait plus que quatre des précédentes chapelles ; enfin, en 1708, les chapelles étaient celles de Saint-Étienne, Sainte-Catherine, Saint-Blaise, Saint-Martin, Notre-Dame des Grâces, Saint-Étienne et Saint-Sauveur, Saint-Claude, Sainte-Barbe, Sainte-Catherine, Saint-Antoine et Saint-Claude, Notre-Dame des Agraniers et des Escoffiers, et Saint-Joseph, située au hameau de *Rourebeau ;* en 1770 on trouve en outre celle de Sainte-

Anne. — Le clergé paroissial se composait, à la même époque, d'un curé et d'un secondaire desservant spécialement le village de Rourebeau. — Il existait trois prieurés à Upaix. Celui de Saint-Andriol, nommé plus particulièrement le prieuré d'Upaix, existait dès le XIII° siècle; il appartenait à l'abbaye de Saint-Michel de la Cluse, règle de de saint Benoit. Celui de Saint-Jacques qui était uni à la prévôté de Chardavon, près de Sisteron; le prieur était décimateur d'une partie de la paroisse du Poët. Enfin, le troisième dont le titre véritable était Saint-Martin des Horts (des jardins), est nommé, à partir de 1305, *prioratus domus dominarum subtus Upaisium;* il appartenait, en effet, au couvent des religieuses de Sainte-Claire de Sisteron, auquel Humbert II, dauphin, fit à la date du 1er décembre 1335, d'importantes donations de terres et de revenus à Upaix. Le couvent de Sainte-Claire de Sisteron ayant été supprimé vers 1740, l'évêque de Gap devint le possesseur du prieuré qui leur appartenait. — Le rôle des décimes de 1516 enregistre en outre un *monachus de Upaisio* cotisé à la somme de 2 florins; c'était peut-être un ermite possédant dans cette paroisse quelques terres ou quelques revenus. Il n'en est plus question dans les rôles subséquents. — Les dîmes d'Upaix se partageaient entre les trois prieurés qui se divisaient son territoire. Cette paroisse faisait partie de l'archiprêtré du Gapençais. — *Ordres hospit.* — Quelques donations avaient été faites à l'ordre de Saint-Jean de Jérusalem dans le territoire d'Upaix; au XIII° siècle la commanderie de Saint-Pierre-Avèz y possédait des terres et une chapelle sous le titre de Saint-Jean. Ces biens appartinrent, au XV° siècle, à la commanderie de Joucas, qui absorba celle de Saint-Pierre-Avèz; en 1667 l'ordre de Saint-Jean ne possédait plus rien à Upaix. — *Hôpitaux.* — Au XIII° siècle un hôpital dédié à sainte Madeleine existait au hameau de Rourebeau, sur le parcours de la voie romaine de Gap à Sisteron. En 1224 le directeur prenait le titre de *preceptor* et se nommait Hugues. Cette maison hospitalière existait encore au XVI° siècle. — *Administr. et Justice.* — De 1232 à 1298 Upaix fut le siège du bailliage de Gapençais; il conserva ensuite une châtellenie et, lorsque l'importance des châtelains eut été amoindrie, il fut encore le siège d'une juridiction seigneuriale particulière s'exerçant à Gap, avec appel au vibailli de cette ville. Upaix faisait partie de l'élection et de la subdélégation de Gap. — *État féodal.* — Jusqu'en 1202 le comte de Forcalquier fut seigneur unique d'Upaix ; la seigneurie passa au Dauphin de 1202 à 1214 et à Amaury de Montfort, son gendre, de 1214 à 1232; depuis cette dernière époque le Dauphin fut seul seigneur d'Upaix, mais il le vendit à plusieurs reprises avec clause de rachat. Voici la liste de quelques-uns des seigneurs engagistes: Guigues de Veynes et Anselme de la Villette, 1297 — Guillaume Aymar, 1337 — Guillaume Esmini, 1352 — Guillaume Baile, 1355 — Antoine Boisset, 1413 — Claude Sylve, 1443 — Pierre Sylve, 1460 — Pierre d'Aiguebelle, héritier du précédent, 1500 — Balthazard de Bonne achète Upaix au Dauphin pour 3,000 livres le 6 août 1537; il le cède aux consuls la même année; le leur rachète en 1559 et le revend au domaine. — Daniel de Comboursier s'en rend acquéreur pour 10,000 livres le 22 avril 1594 — Anne, sa fille, vend à André Amat, 1637 — Jacques Amat achète à son frère André en 1638 et au domaine pour 6,000 livres le 8 février 1640 — Claude-Noël, son fils, 1660-1680 — Louis-Balthazard, 1690-1710 — Gaspard d'Hugues, 1725 — François d'Agoult achète par moitié à ce dernier et par moitié aux consuls d'Upaix engagistes, 1710-1725 — César, son fils, 1748 — Hippolyte-Auguste-Winceslas, 1789. — Le hameau de *Rourebeau* eut des seigneurs particuliers : Antoine de Capris, 1485-1500 — François, qui teste en 1560 — Jean, 1560-1564 — Antoine, 1566 — César d'Aiguebelle, son héritier, 1580-1630 — David de Reynier, son héritier, 1640-1650 — Daniel, 1656 — André, 1688-1712 — Georges, 1712 — Fiacre-Barbe, qui meurt en 1757 — Jean-Antoine, son cousin germain, 1757-1770 — François-Augustin, 1770-1789. — Le domaine du *Brusset* donna son nom à quelques-uns de ses possesseurs : Barthélemy Bontoux, sieur du Brusset, 1580 — Balthazard, 1592-1615 — François, 1650 — Jacques Amat, 1667 — Claude-Noël, son cousin, est son héritier, 1667-1680 — Louis-Balthazard, 1680-1719. — Il vend à Camille d'Hostun, duc de Tallard, le 11 novembre 1719. Depuis ce moment le Brusset appartient aux seigneurs du Poët. — Voici les noms des gentilshommes qui possédaient des biens à Upaix en 1340: Raymond, Barthélemy et Jean *Fertand*, Lantelme, Bertrand et Guillaume *Geoffroy*, Raymond *du Saix*, Pierre *Austolin*, Guillaume, Pierre et Étienne *Garnier*, Jean et Raymond *de Rosans*, Pierre *Pellit*, Raymond *Esmini*, Bertrand *du Sault*, Bertrand et Jacques *Roen*, Raymond et Pierre *Raudus*. — *Industrie et Commerce.* — Upaix était au XIII° siècle, un bourg important faisant avec tous ses environs un commerce considérable; il étnit habité par une colonie de juifs industrieux. En 1263 Léon, juif, fils d'Abraham, stipula avec le Dauphin, au nom de la communauté, une charte de libertés. Au XVII° siècle il se tenait à Upaix trois foires importantes à Pâques, le 3 février et le 1er août. — *Histoire.* — 1253, 11 mai, Guigues, dauphin, concède aux habitants d'Upaix une importante charte de libertés pendant un séjour qu'il fait dans cette communauté. — 1263, 7 janvier, le Dauphin confirme la charte précédente et accorde de nouveaux privilèges à Upaix dans un séjour qu'il y fait. — 1270, du 16 au 30 juin, le Dauphin y séjourne. — 1316, le 28 septembre et le 1er octobre, Jean II, dauphin, séjourne à Upaix. — 1317, 13 août, autre passage du même dauphin. — 1327, 19 février, Guigues VIII est à Upaix. — 1334, du 9 au 12 juillet, Humbert II séjourne à Upaix. — 1476, décembre, Louis XI inféode à Elion de Tressemanes la châtellenie d'Upaix.

MANDEMENT DE VENTAVON.

LE MONÊTIER-ALLEMONT. — *État ecclés.* — Avant 960 il n'y avait pas de paroisse au Monêtier-Allemont, mais seulement une chapelle dédiée à saint Martin (*cella sancti Martini dicta*); l'impératrice Alix, sœur de Conrad-le-Pacifique, la donna à l'abbaye de Montmajour, et cette libéralité fut confirmée le 8 décembre 965 par le roi Conrad. Montmajour y créa une paroisse et un prieuré sous le vocable de saint Martin. En 1086 les moines de Montmajour se plaignaient au pape que l'abbaye de l'Ile-Barbe s'était emparée de cette possession; leurs réclamations furent vaines, paraît-il, car, au XIIIe siècle, le prieuré du Monêtier appartenait sans conteste à l'abbaye de l'Ile-Barbe. Ce prieuré était opulent; il acquit, le 26 juin 1288, tous les droits de l'ordre de Saint-Antoine en Viennois sur le Monêtier moyennant diverses compensations; cet échange fut confirmé et augmenté le 26 mai 1338. L'abbé de l'Ile-Barbe fut, jusqu'à la Révolution, collateur de la cure et décimateur de la paroisse. — En 1299, outre l'église paroissiale, nous trouvons une église de Notre-Dame des Marches (*de Gradibus*), avec un cimetière. — En 1516 il existait au Monêtier une chapelle dont le titre n'est pas connu; en 1708 les chapelles étaient celles de Notre-Dame de Consolation, de Notre-Dame de Pitié, de Sainte-Catherine et des Onze-Mille-Vierges; le chapitre de Gap était juspatron de ces deux dernières. La paroisse du Monêtier dépendait de l'archiprêtré du Gapençais. — *Ordres hospit.* — Le 23 août 1215 Tibour et Raymbaud d'Orange donnèrent à l'ordre de Saint-Jean de Jérusalem tout ce qu'ils possédaient au Monêtier-Allemont; celui-ci céda bientôt ces biens au prieur du Monêtier et à l'ordre de Saint-Antoine; à la fin du XIIIe siècle il n'avait conservé aucune possession dans cette paroisse. — L'ordre de Saint-Antoine en Viennois avait, au XIIIe siècle, des droits sur le Monêtier. Le 26 juin 1288 le commandeur de Gap céda au prieur du Monêtier tout ce qu'il possédait sur ce territoire. Le 18 juillet 1311 il y devint de nouveau propriétaire, par suite de l'échange qu'il fit avec l'évêque de Gap de certaines dîmes acquises par celui-ci du prieur du Monêtier, avec le prieuré de Pierre-Verte, au diocèse de Sisteron. Enfin, le 26 mai 1338 l'ordre de Saint-Antoine fit un nouvel échange avec le prieur du Monêtier, par lequel il lui restitua ces dîmes moyennant la cession de l'église de Saint-Pierre d'Esparron, dans la vallée de Vitrolles. — *Administr. et Justice.* — Le Monêtier, nommé à l'époque romaine *Alabons*, était une station de la voie des frontières italiennes à Arles. Les seigneurs de Ventavon possédaient sur le village une juridiction seigneuriale particulière qui s'exerçait à Gap au XVIIIe siècle, avec appel au vibailliage de cette ville. Le Monêtier faisait partie de l'élection et de la subdélégation de Gap. — *État féodal.* — Les seigneurs du Monêtier étaient les mêmes que ceux de Ventavon. Je renvoie pour ce qui les concerne à l'article consacré à cette seigneurie. Cependant, par suite d'une aliénation momentanée, nous trouvons, en 1550, François d'Hugues, seigneur du Monêtier, et, en 1573, son fils François qui teste cette année même. La terre du Monêtier fit alors retour aux seigneurs de Ventavon qui l'aliénèrent définitivement, vers 1745, en faveur de Jean-Baptiste Toscan. Barthélemy, son fils, vivait en 1760; Jean-André et Jacques, ses fils, en 1770-1789. Le prieur du Monêtier en était également coseigneur; il prêta, jusqu'au milieu du XVe siècle, hommage au comte de Provence, auquel les habitants payaient encore, à la même époque, une émine d'avoine par feu pour droit de sauvegarde. — *Histoire.* — 1346, 16 janvier, Arnaud Flotte ayant appris qu'un trésor avait été découvert au Monêtier, en acquiert la propriété moyennant 1,200 florins qu'il compte au Dauphin; il se livre aux plus grandes cruautés pour se faire restituer par les habitants ce qu'il prétend avoir été dissimulé par eux de leur trouvaille. Une plainte ayant été portée à ce sujet à Henri de Villars, administrateur du Dauphiné, les conventions entre le Dauphin et Arnaud Flotte furent annulées le 12 septembre 1346, et on consentit à arrêter des poursuites criminelles commencées contre ce dernier, à condition qu'il perdrait son titre de bailli du Gapençais et les 1,200 florins qu'il avait payé d'avance. — 1586, mars, combat entre les gardes de Lesdiguières et une partie de la garnison de Tallard.

VENTAVON. — *État ecclés.* — La paroisse de Ventavon est connue depuis le XII° siècle sous le vocable de saint Laurent. Au XIII°, il existait dans cette paroisse deux anciennes chapelles de Saint-Martin (1302) et de Saint-Maion (1370); en 1516, il y avait deux chapelles de Notre-Dame de Pitié et de Saint-Jean; en 1708, outre ces deux chapelles, il en existait trois autres de Notre-Dame du Château, de Saint-Joseph et de Bardonnèche, cette dernière fondée par Georges et Guy de Bardonnèche. Le clergé paroissial se composait, à la même époque, d'un curé et d'un secondaire. Il y avait deux prieurés dans le territoire de Ventavon : celui de Saint-Laurent de Ventavon qui appartenait à la prévôté de Chardavon, près Sisteron, règle de saint Augustin; celui de Saint-Pierre de *Beaujeu* fondé par Waldemar et Agnès, sa femme, entre octobre 1022 et octobre 1023, et donné par eux à l'abbaye de Cluny. Il fut uni ensuite à l'abbaye de Ganagobie, au diocèse de Sisteron. Les dîmes de Ventavon se partageaient entre ces deux prieurés.
— Le 7 octobre 1198, Chauza, dame de Ventavon, donna aux Chartreusines de Berthaud (voyez à Rabou), une ferme qu'elle possédait dans cette paroisse ; en 1220 et 1250, les seigneurs de Ventavon renouvelèrent et augmentèrent cette libéralité. Cette maison était sous la protection du comte de Provence. Les Chartreusines y établirent un petit monastère et une exploitation rurale qu'elles conservèrent jusqu'en 1600, époque où leurs biens furent donnés aux Chartreux de Durbon, après la suppression de leur maison. Les Chartreux possédèrent jusqu'en 1789 cette propriété, qui avait pris le nom de Berthaud. — En 1745, une confrérie de pénitents blancs du Saint-Esprit fut fondée à Ventavon. — Cette paroisse était de l'archiprêtré du Gapençais. — *Ordres hospit.* — L'ordre de Saint-Jean de Jérusalem avait, au XV° siècle, quelques possessions à Ventavon; elles dépendaient de la commanderie de Gap et un écart en a conservé le nom du *Commandore*. En 1667, l'ordre ne possédait plus rien à Ventavon. — *Hôpitaux.* — Un hôpital dont l'époque de la fondation n'est pas connue existait encore à Ventavon en 1708; il ne jouissait alors d'aucun revenu. — *Protestants.* — Une église protestante fut créée à Ventavon au commencement du XVII° siècle ; le temple fut démoli en vertu d'un arrêt du conseil du roi du 5 janvier 1682. — *Administr. et Justice.* — Le seigneur de Ventavon possédait une juridiction particulière s'exerçant à Gap avec appel au vibailli de cette ville. Ventavon faisait partie de l'élection et de la subdélégation de Gap. — *État féodal.* — Aussi loin que l'on peut remonter dans le passé, on trouve en possession de la seigneurie de Ventavon trois familles étroitement alliées, les Moustiers, les Agoult et les Oraison. Il est probable que ces trois familles avaient une commune origine et n'en faisaient qu'une en réalité, car des frères portent indifféremment le nom d'Agoult ou d'Oraison. Voici la descendance de la famille de Moustiers qui a fini par rester seule à la tête de ce fief : Guillaume de Moustiers, 1140 — Anselme, 1150 — Guillaume, 1200 — Guillaume, 1250-1290 — Bertrand, surnommé Étendart, 1307 — Guillaume, 1323-1334 — Étendart, 1343-1350, et Louis, son frère, 1337-1350 — Guillaume, fils de Louis, 1350-1395 — Antoine, 1412-1458 — Pierre, 1458-1478 — Louis, 1487-1493 — Henri, 1533-1535 — Charles, 1541-1590 — Suzanne, sa fille, épouse Jacques de Morges, 1590-1621 — Jean-Balthazard, leur fils, 1621-1660 — François, mort sans postérité, 1678-1732 — Claire, sa sœur, épouse d'Alphonse de Clermont-Chatte, 1733 — Charles-Balthazard, leur fils, 1734 — François-Ferdinand, 1735-1745 — Barthélemy Tournu achète Ventavon, 1745-1760 — Jean-Antoine, 1760-1780 — Gaspard-Aloïs-Édouard, 1780-1789. — Dans le territoire de Ventavon existait, en outre, le fief de *Beaujeu* qui eut des seigneurs particuliers et forma deux coseigneuries : 1° coseigneurie : Raymbaud de Beaujeu, 1146 — Raymbaud, 1240 — Humbert, 1268 — Isoard d'Agoult, 1297 — Guillaume, 1391 — Gaspard, 1337 — Raymond et Guillaume, 1352 — Catherine, fille de Raymond, 1400-1413 — Rolland Menze achète, 1413 — Justet, 1430-1463 — Guélix, 1470-1495 — Rolland, 1533-1566 — Claude, 1580-1616 — Isabeau, sa fille, épouse de Bonaventure Davin, 1616-1642 — Claude Davin, 1660 — Bonaventure, 1668-1700 — Jean-Baptiste Jaubert achète, 1700-1733 — Jean-Jacques-Hiacynthe, 1757-1763 — Henri, 1763-1789; — 2° coseigneurie : Raymond Salvator, 1381 — Raymbaud Osasica, 1399 — Hugues, 1413-1427 — Antoine, 1458 — Hugues, 1475 — Hector de Genton, 1509 — Jacques, 1589 — Gaspard de Perrinet, 1632 — Balthazard de Grégoire, 1661-1679 — Augustin-Pierre de Grégoire, 1689 — Jean-Baptiste Jaubert achète vers 1700 et réunit toute cette seigneurie sur sa tête. — *Industrie et Commerce.* — 1786, concessions des mines qui pouvaient exister à Ventavon à MM. Ducros et Ci°. — *Histoire.* — 1581, janvier, prise de Ventavon par Lesdiguières. — 1587, janvier, Gouvernet attaque l'arrière-garde de la Valette qui défilait sous Ventavon et lui tue vingt cavaliers.
— *Biographie.* — MOUSTIERS (Balthazard DE),

sieur de Gargas, fils de Henri, seigneur de Ventavon, fut l'un des plus vaillants capitaines catholiques de notre contrée, devint gouverneur de Tallard (1562-1563), perdit le 8 mai 1573 la bataille de la Bâtie-Mont-Saléon contre Montbrun et Lesdiguières et mourut vers 1585 après avoir pris part à une foule de combats et sans laisser de postérité. — MOUSTIERS (Jean DE), sieur de Saint-Martin, neveu du précédent. Il embrassa tour à tour le protestantisme et le catholicisme suivant ses intérêts. Au mois d'avril 1587, il tua traîtreusement la Marcousse, gouverneur de Tallard, d'un coup d'arquebuse. Après les guerres de religion, ne se croyant pas récompensé suivant ses mérites, il conspira avec le duc de Savoie et promit de lui livrer quelques places fortes du Bas-Gapençais. Ses projets furent révélés à Lesdiguières et il fut saisi et décapité en 1596. Sa femme, Marguerite de Bosse, fut appliquée à la question, ses trois fils et ses deux gendres bannis du royaume. — *Bibliogr.* — ALLARD (abbé). *Notice sur le village, le château et les anciens seigneurs de Ventavon.* Marseille, Olive, 1877, in-12.

CHATELLENIE DE VEYNES.

La châtellenie de Veynes, quoique très peu étendue, avait une certaine importance; elle fut quelquefois unie avec celle de Montalquier. Voici la liste de ses châtelains : Eustache de Réotier, 1290-1291 — Pierre de Treffort, 1312-1313 — Jean Nicolas, 1315 — François Jaussaud, 1318-1321 — Reynaud de Morges, 1321 — Guigues de Villaret, 1324 — Soffrey d'Arces, 1324-1325 — Bermond Raffin, 1326-1327 — Thomas de Somane, 1330 — Boniface de Bardonnèche, 1331-1332 — Jean de Freyssinières, 1336 — Pierre de la Tour, 1337-1341 — Le seigneur d'Aiguille, 1342-1345 — Bertrand Lamy, 1386-1389 — Jean Barban, 1389-1396 — Pierre d'Aygatière, 1396-1400 — François d'Orange, 1401 — Pierre Gandelin, 1402-1403 — Aubert Le Fèvre, 1415 — Nicolas Erloud, 1443 — André de Montrigaud, 1476-1481.

MANDEMENT DE FURMEYER.

FURMEYER. — *État ecclés.* — La paroisse de Furmeyer était au XIV° siècle sous le vocable de Saint-Michel qui fut ensuite transformée et celui de Notre-Dame de Consolation. Le 1er juillet 1374, Humbert de la Tour y fonda une chapelle de 5 florins de revenu. Aucune chapelle payant les décimes n'y existait en 1516. L'évêque de Gap était probablement collateur de la cure ; le curé prenait le titre de prieur-curé et partageait avec l'évêque les dîmes de cette paroisse qui faisait partie de l'archiprêtré du Gapençais. — *Protestants.* — Le culte protestant fut autorisé à Furmeyer le 11 février 1572, à la requête d'Isabeau Rambaud, veuve du seigneur du lieu. On n'en trouve plus aucun exercice au XVII° siècle. — *Administr. et Justice.* — Furmeyer dépendait de l'élection et de la subdélégation de Gap. Le seigneur avait une juridiction particulière s'exerçant dans cette ville, au XVII° siècle, avec appel au vibailli. — *État féodal.* — Furmeyer était subdivisé en deux coseigneuries. — 1re coseigneurie : Elle appartint d'abord à une famille qui portait le nom de Furmeyer : Guy de Furmeyer, 1239 — Romaine, Hugues, prêtre, Alix, Laure et Allemande, ses nièces, vendent cette terre aux consuls de Gap pour 144 livres viennoises, le 3 janvier 1253. Le Dauphin la reçoit en nantissement des consuls de Gap, en 1255 ; il l'acquiert définitivement le 11 décembre 1271. Il en inféoda une portion à Raymond Raymond vers 1350 — Pierre, Raymond et Claude. ses fils, 1366-1409 — Henri, fils de Raymond ; Jean, fils de Claude, 1409-1427 — Pierre, fils d'Henri ; Antoine, fils de Jean, 1427-1430 — Henri, fils de Pierre, 1440 — Claude, 1480-1500 — Jacinthe, fille d'Antoine, neveu du précédent, en hérite, épouse Gabriel de Chambaud et en 1525 vendent cette seigneurie à Guélix Rambaud en 1525 — Antoine Rambaud, 1556-1566 — Jacques, son frère, 1566-1590 — Daniel de la Villette, son neveu, dont le père nommé Gaspard avait déjà hérité d'une partie de cette terre d'Antoine Rambaud, 1590-1600 — Aubert, 1615-1642 — Antoine-François, 1690-1717 — Pompée, 1718-1730 — Charles-Antoine, 1759-1789. — 2° coseigneurie : Elle était assise sur la maison-forte de *Prabaud*. Le Dauphin l'inféoda à Guillaume de la Tour, son frère naturel le 26 juillet 1331 — Humbert, son fils, 1353-1374 — Dragonette de la Tour, épouse Roger de Furmeyer, 1374, puis Jacques de Montorcier, et teste en 1380 — Georges de Montorcier qui teste en 1431 — Jacques, 1431-1451 — Antoine qui teste en 1501 — Aymar, 1525 — Bonnet de Bonne achète en 1545 — Jean, son fils, qui meurt en 1590 — Gaspard, 1590-1593 — Marguerite-Madeleine-Claudie, sa fille, épouse Charles Martin de Champoléon, 1600-1659 — Pierre, leur fils, 1660-1671 — André, 1693 — Oronce Mathieu achète, 1700-1720 — Laurent, 1720-1733 — Mathieu, 1789.— *Biographie.* — BONNE (Gaspard DE), dit le capitaine Prabaud, fils de Jean et de Geneviève de Theys ; il fut capitaine puis colonel d'infanterie, gouverneur d'Embrun (1585-1593), et fut tué le 6 mai 1593 à Saint-Colomban, en Italie. Il avait fait, sous les ordres de Lesdiguières, qui l'estimait fort, toutes les campagnes contre le duc de Savoie et les Ligueurs.

MANDEMENT DE MONTMAUR.

MONTMAUR. — *État ecclés.* — La paroisse de Montmaur, sous le vocable de saint Pierre-aux-Liens, est connue depuis le xiie siècle. En 1516 il y avait dans cette communauté une seconde église paroissiale sous le vocable du Saint-Esprit, desservie par un curé. En 1616 cette deuxième paroisse avait été supprimée, et le clergé paroissial se composait d'un curé et de deux desservants, dont l'un pour la chapelle du Saint-Esprit. En 1708 il n'y avait plus qu'un curé et un desservant pour la chapelle du Saint-Esprit. Cette chapelle est sans doute celle qui existe sur un mamelon, au milieu de la plaine de Montmaur; au xiie siècle elle est nommée l'église des Sept-Fonts, au xvie siècle l'église du Saint-Esprit; elle porte maintenant le nom de chapelle de Sainte-Philomène. Elle dépendait, avant 1238, du prieuré de Saint-Géraud, d'Aspres et fut donnée le 11 décembre de cette année, par le prieur, à la chartreuse du Durbon. — Une autre chapelle, sous le titre de Sainte-Marie des Prats existait à Montmaur en 1310. — Dès 1170 Montmaur était le siège d'un prieuré qui dépendait de la prévôté de Chardavon, près de Sisteron, règle de Saint-Augustin. Le prieur partageait avec l'évêque de Gap et les Chartreusines de Berthaud les dîmes de cette paroisse qui faisait partie de l'archiprêtré du Gapençais. — *Hôpitaux.* — Un hôpital existait au moyen âge à Montmaur; la tradition rapporte qu'il était joint à l'église des Sept-Fonts, aujourd'hui chapelle de Sainte-Philomène. — *Administr. et Justice.* — Humbert II, dauphin, accorda, le 2 mars 1342, au seigneur de Montmaur, le droit de haute et basse justice sur sa terre, en première instance et en appel, et d'autres privilèges très considérables; moyennant une somme de 500 florins. Cette juridiction, fort amoindrie, s'exerçait à Veynes au xviie siècle, avec appel au vibailli de Gap. Montmaur dépendait de l'élection et de la subdélégation de cette ville. — En 1322 le comte de Provence prétendait encore au haut domaine et à la juridiction de cette seigneurie. — *État féodal.* — Dès 1265 Montmaur est qualifiée de baronnie; elle était la quatrième parmi les quatre grandes baronnies anciennes du Dauphiné, dont les titulaires avaient le privilège de siéger aux états provinciaux en tête du corps de la noblesse. Les barons de Montmaur avait la charge héréditaire de grands-veneurs du Dauphiné. Cette seigneurie fut possédée d'abord par une branche cadette de la famille de Montauban qui prit le nom de Montmaur : Girald de Montmaur, 1100 — Pierre-Raymond et Didon, 1140 — Lantelme, 1209 — Eudes, Guillaume et Isnard, 1250-1260 — Guichard, 1289. — Montmaur tomba alors entre les mains de la famille Artaud, qui joignit à son nom celui de Montauban et qui possédait déjà la moitié de la baronnie en vertu du testament de Pierre-Raymond, frère de Didon (1140), dont j'ai fait mention ci-dessus. Voici la descendance des Artaud de Montauban : Hugues d'Aix, 1176-1190 — Guillaume, 1191-1230 — Isoard Artaud, son fils, 1239-1244 Raymond Artaud de Montauban, 1244-1263 — Reynaud, 1282-1329 — Guillaume, Reynaud et Raymond, 1329 — Raymond, fils de Guillaume, 1330-1373 — Aynard, 1373-1421 — Raymond, 1421-1429 — Isoarde et Marguerite; cette dernière porte la moitié de la terre de Montmaur à Sochon Flotte, son mari, 1434-1450 — Isoarde, sa sœur, épouse Guillaume Artaud, 1429-1432 — Jean, leur fils, 1450 — Gaspard, 1486-1550 — Antoinette, sa fille, épouse de Jean Flotte (1550), qui réunit sur sa tête toute la seigneurie dont il possédait déjà la moitié comme héritier de Georges, son père (1498-1531), fils et héritier de Claude (1464-1498), héritier lui-même de Sochon Flotte et de Marguerite Artaud de Montauban (1434-1450) — Balthazard, fils de Jean, 1569-1614 — Charles-Emmanuel, 1614-1633 — Jean-Guillaume, son frère, 1633-1661 — Uranie de Calignon, épouse d'Hector-Charles d'Agoult, achète Montmaur, 1661 — Charles d'Agoult, leur fils, 1692 — Hector-Samson, 1710-1730 — Marie-Justine-Espérance, sa fille, épouse Jean-Joseph-Antoine de Trémolet de Montpésat, 1738-1765 — François de Vachon de Belmont, leur gendre, 1769-1789. — Jean Flotte, qui testa en 1569, donna à son fils naturel Jean la petite terre de *la Frédière*, dans le mandement de Montmaur. Ce Jean mourut en 1590, et son fils Balthazard paraît avoir revendu la Frédière aux barons de Montmaur. — Dès 1182 l'évêque de Gap était co-seigneur de Montmaur pour le hameau de *Brunsel* et pour la *Bâtie-de-Montmaur*. Il ne possédait, au xvie siècle, plus aucun droit dans cette seigneurie; mais au xiiie le baron lui rendait hommage; le 26 février 1290 Reynaud de Montauban le reconnut pour son suzerain. — *Histoire.* — 1340, du 9 au 11 novembre, Humbert II séjourne à Montmaur. — 1390, les soldats de Raymond de Turenne, révolté contre le comte de Provence, dévalisent, à Montmaur, des marchands piémontais. — 1405,

Geoffroy le Meingre, dit Boucicaut, gouverneur du Dauphiné, veut restreindre le droit de chasse du baron de Montmaur, et, pour avoir raison de sa résistance, fait le siège de son château. Les seigneurs du Gapençais prennent les armes et forcent le gouverneur à se retirer. — *Biographie.* — FLOTTE (Balthazard), baron de Montmaur, comte de la Roche, né en 1554, décapité à Paris le 6 août 1614. Il embrassa le parti des armes, fut guidon du grand-prieur (1577), capitaine d'une compagnie (1581), colonel et gouverneur de Romans (1587). Il voulut livrer cette ville au duc de Savoie et en fut chassé le 23 octobre 1597. Il se retira à la cour du duc; revint en France en 1603; Henri IV lui pardonna et le nomma son écuyer; il retourna de nouveau en Savoie en 1610; n'ayant pas été bien accueilli, il revint en France en 1613; puis voulant rentrer en grâce auprès du duc, il fit assassiner, près de Tarare, un prêtre italien qui portait à la régente des papiers compromettant le duc de Savoie. Il fut arrêté, convaincu de ce crime et eut la tête tranchée en place de Grève. Outre ce crime, il avait commis celui de bigamie, ayant épousé Marthe de Clermont d'Amboise du vivant de sa première femme, Isabeau des Astars de Loudun. Il avait été créé comte de la Roche en 1592. — GRÉGOIRE (Balthazard DE), colonel, maître d'hôtel du roi, seigneur de la Gâche et de Savournon (1625-1680). C'était un protestant zélé et influent; sa famille s'expatria à la révolution de l'édit de Nantes. — La famille Artaud de Montauban a donné à l'église de Gap deux évêques, Dragonet (1328-1348) et Jacques (1365-1399), et deux doyens nommés tous deux Gaucher (1332-1341—1344-1364); mais il n'est pas sûr qu'ils appartinssent à la branche de cette famille qui possédait la seigneurie de Montmaur.

MANDEMENT DE LA VAL-D'OZE.

Ce mandement est l'un des plus intéressants à étudier du Gapençais. Il s'étendait sur la vallée de Maraise et sur une portion de celle du Drouzet, mais il avait été plus considérable autrefois. La terre du Furmeyer en faisait probablement partie au XIIIe siècle, et les hameaux du *Plan-du-Bourg* et de *Villelongue* en avaient été détachés au XVe pour être mis au mandement de Savournon. La seigneurie de la Val-d'Oze, qualifiée, depuis 1265 au moins, de baronnie, resta à l'état de franc-alleu jusqu'au XIIIe siècle; le seigneur majeur reconnut alors la suzeraineté du Dauphin. Ce seigneur majeur étendait son autorité sur les neuf paroisses de la baronnie, et chaque communauté avait un seigneur particulier vassal du seigneur majeur. Cet état de choses se maintint sans altération notable jusqu'au XVIIe siècle. La seigneurie majeure paraît avoir été divisée, au début, entre deux familles étroitement unies par des liens de parenté, les familles Reynier et Auger; voici la filiation de la première : Pierre Reynier, 1080 — Pierre, 1140-1150 — Pierre, 1200 — Pierre, doyen du chapitre de Gap, qui fait héritiers ses neveux, Pierre Reynier et Guillaume Auger vers 1292. — Voici la descendance des Auger : Guillaume, 1180-1190 — Guillaume, 1235-1260 — Guillaume, seigneur de toute la baronnie, par héritage de Pierre Reynier, son oncle, 1270-1308 — Guillaume, 1308-1310 — Guillaume, 1318-1339 — Guillaume, 1339-1358 — Guillaume, 1380-1399 — Georges, 1399-1460 — Alix de Saporis, sa femme, garde la baronnie d'Oze pour ses reprises et épouse Louis Gaste, 1460-1486 — Jeanne, leur fille, épouse François de Castellane, 1500-1525 — Melchior, fils des précédents, fait héritière sa sœur Honorade, femme de Jean du Mas, substitué au nom et aux armes de Castellane, 1558 — Alexandre du Mas de Castellane, 1610 — Jean de l'Olivier de Bonne achète la Val-d'Oze 100,000 livres (avec la baronnie de Vitrolles), le 15 novembre 1610 — François, son fils, la revend à son oncle Pierre de Tholosan, 1629-1669 — Jean de Tholosan, 1669-1700 — Celui-ci fait héritière sa tante Louise d'Hugues, veuve de Pierre de Roux de Bellaffaire, 1700-1717; elle vend avec faculté de rachat à Jean-François de Roux de Gaubert, 1719; elle rachète en 1734 et revend définitivement à François de Roux de Gaubert en 1751 — Alexandre-Louis-Gabriel de Roux de La Ric, 1780. — La baronnie d'Oze avait été érigée en comté en 1729 sous le titre de La Ric; le siège de ce comté était le château de Chabestan. La famille de Roux avait la prétention, qui paraîtrait justifiée par quelques titres, de descendre des Ruffo, puissants seigneurs de Calabre, partisans des princes d'Anjou, rois de Sicile, et forcés de s'expatrier après les Vêpres siciliennes. Leur fidélité à la France leur ayant fait perdre la seigneurie de la Ricca près de Naples, Jean-François de Roux obtint que la terre de la Val-d'Oze érigée en comté en sa faveur, en 1729, prendrait le titre de La Ric en souvenir de la seigneurie que ses ancêtres avaient perdue quelques siècles auparavant. La famille de Roux de Gaubert changea même son nom en celui de Ruffo de La Ric. — Voici la liste des nobles qui en 1399, se reconnurent vassaux du baron d'Oze : Antoine, Bertrand et Guillaume *de Chabestan,* Isnard *de Vitrolles,* Didier *Tabati,* Guillaume, Mondon et Jean *de Montrond,* Jean *Ferrus,* Jean *Gruel,* Isnard *de Lazer,* Mondonne *du Saix,* femme de Guillaume de Parme, Catherine *du Fort*, femme de Raymond de Rosans, Madeleine, héritière de Raymond *du Saix* et femme de Jean de Bardonnèche, Perceval et Justet *de Bardonnèche*, Bertrand de *Barras*, Guigues *d'Oze*, Montaline, veuve de Guillaume *Sylve*, Raymond *Geoffrey*, les héritiers de Montarcine *Arnulphi*, femme de Jacques de Montorcier. — Le baron d'Oze exerçait un droit absolu de haute et basse justice par le ministère d'un baile qui siégeait à Oze. Le 6 décembre 1268, il transigea solennellement avec les seigneurs ses vassaux, de la Val-d'Oze, il laissa à chacun d'eux une juridiction inférieure se réservant la haute justice et l'appel de leurs tribunaux. Il dut lui-même, bientôt après, se reconnaître justiciable du conseil delphinal de Grenoble et permettre à ses sujets d'en appeler de son tribunal à cette cour souveraine. Ayant voulu mettre quelque empêchement à l'un de ces appels, il fut condamné, au mois d'octobre 1376, à 50 florins d'amende pour avoir entravé le cours régulier de la justice. Au XVII° siècle, sa juridiction fort amoindrie s'exerçait à Veynes, avec appel au vibailli de Gap. En 1729, Jean-François de Roux obtint, en même temps que l'érection de sa baronnie en comté, que sa juridiction s'exercerait à Grenoble avec appel immédiat au parlement. — *Bibliogr.* — ALLEMAND (abbé). *Monographie de la Val-d'Oze*. Gap, Jouglard, 1884, in-8°.

LA BATIE-MONT-SALÉON. — *État ecclés.* — L'église paroissiale de la Bâtie-Mont-Saléon était sous le vocable de Notre-Dame; en 1516, il existait dans cette église une chapelle dont le titre n'est pas connu; elle avait disparu en 1616. — Il y avait un prieuré dans cette paroisse; je n'ai pu découvrir à quel ordre religieux il appartenait au moyen-âge; en 1708, il était uni au chapitre de Gap, qui était, à cette époque, juspatron et principal décimateur de la paroisse. La Bâtie, jusqu'au XVII° siècle, fit partie de l'archiprêtré du Gapençais, elle fut unie alors à celui du Rosanais. — *Ordres hospit.* — Au XIV° siècle, le commandeur de Gap de l'ordre de Saint-Jean de Jérusalem possédait quelques revenus à la Bâtie, dont il fit hommage au Dauphin en 1560. Un domaine porte encore dans cette commune le nom de *la Commanderie*. — *Administr. et Justice.* — La Bâtie-Mont-Saléon est une ancienne ville romaine qui portait, au IV° siècle, le nom de *Mons Seleuci* et paraît avoir eu une certaine importance à cette époque. Une station située à l'embranchement des voies de Gap à Die et du Monêtier-Allemont à Aspres, à l'endroit nommé actuellement *la Beaumette* (commune d'Aspres), portait également le nom de *Mons Selenci*. — Le seigneur de la Bâtie avait une juridiction particulière qui s'exerçait à Veynes avec appel au vibailliage de Gap. Cette communauté faisait partie de l'élection et de la subdélégation de la même ville. — *État féodal.* — En 1296, le comte de Provence prétendait encore au haut domaine de cette seigneurie. Le baron de la Val-d'Oze posséda jusqu'en 1406 la moitié de la terre de la Bâtie-Mont-Saléon. Georges Auger forcé de payer à Pierre de Grolée-Mévouillon, son beau-frère, la dot d'Anne, sa sœur, vendit ce qu'il possédait à la Bâtie, à Antoine Vieux, en 1406 — Raymond et François, fils d'Antoine (1413-1438), paraissent avoir revendu leur part à l'autre coseigneur de la Bâtie. Voici la liste de ces autres seigneurs: Arnaud Flotte, 1125-1164 — Arnaud, 1188-1244 — Lantelme, 1244-1250 — Osasica, son frère, 1253-1270 — Arnaud, 1270-1292 — Osasica, son frère, 1292-1308 — Sochon, 1308-1309 — Arnaud, son frère, 1309-1350 — Arnaud et Raymond, 1350-1390 — Osasica, fils d'Arnaud, 1390-1406 — Jean, 1406-1424 — Sochon, 1424-1446 — Jean, 1446-1498 — Jean, 1498-1541 — Marin-Claude, 1541-1559 — Antoine, dit Antonin, 1559-1587 — Gaspard, 1587-1642 — Jean et Jean-François, 1642-1691 — Marianne, fille de Jean, épouse Pierre de Bimard, 1702 — Joseph, leur fils, 1758 — Émilie, sa fille, épouse M. de Sade, 1770-1789. — *Histoire.* — 353, 11 août, Constance II, empereur, gagne à la Bâtie-Mont-Saléon une victoire contre l'usurpateur Magnence. — 1573, 8 mai, Montbrun, chef des protestants, bat, à la Bâtie, les capitaines catholiques Laborel et Gargas et leur tue cent cinquante hommes. — 1594, 6 octobre, Épernon attaque, à la Bâtie, des troupes amenées de Provence par le marquis d'Oraison au secours de Lesdiguières et leur tue trente cavaliers.

CHABESTAN. — *État ecclés.* — La paroisse de Chabestan était sous le vocable de saint Cassien. L'église paroissiale ayant été incendiée pendant les guerres de religion, on transféra la paroisse dans la chapelle du prieuré où elle se trouvait encore en 1685. En 1708, l'église paroissiale avait été reconstruite sous le vocable de saint Barthélemy et on y avait fondé une chapelle sous le titre de Notre-Dame de Chantrousse. En 1670, Jacques Amat, seigneur de Chabestan, fit construire dans son château une chapelle dédiée à saint Antoine de Padoue. Les dames du prieuré de Nossage (voir Lagrand), qui dépendaient de l'abbaye de Souribes, percevaient, au XIV° siècle, quelques revenus dans cette communauté. — Le prieuré de Chabestan, sous le titre de Saint-Sauveur ou de Notre-Dame de la Val-d'Oze, existait en 1247, et dépendait, dès

1329, du prieuré conventuel de Romette, près Gap, qui appartint d'abord à l'abbaye de Bréma puis à celle de Saint-Victor. Le prieur de Romette était collateur de la cure et principal décimateur de la paroisse qui dépendit de l'archiprêtré du Gapençais jusqu'au xvii° siècle et fut alors uni à celui du Rosanais. — *Administr. et Justice.* — Chabestan dépendait de l'élection et de la subdélégation de Gap. Comme je l'ai écrit plus haut, la juridiction seigneuriale s'était d'abord exercée à Gap avec appel au vibailli, puis, à partir de 1729, elle s'exerça à Grenoble avec appel direct au parlement. A cette époque, Chabestan dut changer son nom contre celui de La Ric, mais l'usage a été plus fort à cet égard que les ordonnances royales, Chabestan est resté le nom de la commune et La Ric celui du château. — *État féodal.* — La terre de Chabestan était divisée en plusieurs coseigneuries. — 1re coseigneurie : Guillaume de Chabestan, 1210 — Rostaing, 1270-1300 — Rostaing, 1357 — Guillaume, 1382-1398 — Bertrand, 1400-1430 — Rostaing, 1454-1458 — André et Jean, 1472-1525 : la part du second forme la coseigneurie de *Montescur ;* André fait héritiers Gaspard Gruel et Jacques Pelegni ; ce dernier vend sa part à Gaspard Gruel, 1525-1556 — Jacques Gruel, 1560-1630 — François de Revillasc achète 4,200 livres, le 19 février 1630 — Benoît Amat achète 25,000 livres, le 31 mai 1645 — Jacques, son fils, 1680 — Jean-Louis, mort sans postérité ; sa mère, Angélique de Gras de Prégentil, garde Chabestan pour ses reprises et le vend à Jean-François de Roux de Gaubert en 1720 — Alexandre de Roux, 1729 — François, 1741 — Alexandre-Louis-Gabriel, 1789. — Cette coseigneurie constituait la moitié de la terre de Chabestan ; — 2e coseigneurie : Guillaume de Vitrolles, 1155 — Raymond, 1200 — Jacques, 1222 — Jean, 1334 — Isnard, 1372 — Isnard, 1389-1400 — Antoine, 1400-1458 — Pierre, 1458-1495 — Gaspard qui vend la moitié de sa part à Pierre Berger ; Jacques de Vitrolles, son fils, hérite du reste qui forme la coseigneurie de *la Ferraye.* Pierre Berger, avocat à Die, 1531-1543 — Jeanne, sa fille, épouse de Jean de Revillasc, 1543 — Guy, leur fils, 1560 — François, 1610-1645 — Benoît Amat achète, le 19 février 1645, cette part qui tombe dans la coseigneurie précédente ; — 3e coseigneurie : Le seigneur majeur de la Val-d'Oze possédait à Chabestan le fief et maison forte de *Champcrose.* Georges Auger les vend 1,400 florins d'or, à Antoine et Jean Vieux, en 1409 — Jeoffroy, fils de Jean, cède sa part à Raymond et François, fils d'Antoine, le 11 juin 1435 : le premier échange sa part contre des revenus dans la ville de Gap avec Pierre Gruel, en 1438 — Jacques Vieux, 1470 — Jean, 1480 — Guigues et Catherine : le premier vend sa part à Gaspard Gruel, en 1531, et elle tombe dans la première coseigneurie ; la seconde vend la sienne à Claude de Revillasc en 1511 — Pierre Berger, créancier de l'acquéreur, fait saisir ses biens en 1531 ; puis Jeanne, sa fille, épouse Jean de Revillasc la même année, et reçoit en dot la propriété saisie. Cette coseigneurie tombe dans la deuxième ; — 4e coseigneurie : Elle était sise sur la ferme de *Montescur* et provenait de Jean de Chabestan, fils de Rostaing, 1502-1525 — Gaspard, son fils, 1525 — Jean, 1562 — César et Antoine, 1618-1650. — Cette coseigneurie paraît avoir été absorbée par les autres vers cette époque ; — 5e coseigneurie : Située à *la Ferraye,* elle était issue de Jacques de Vitrolles, fils de Gaspard, 1520 — Claude, 1562-1567 — Jean, 1592-1649 — Madeleine, sa fille, épouse Marchon de Brunel, 1618-1649 — Isabeau, leur fille, épouse Artus d'Urre, 1650 — Antoinette, leur fille, épouse Jean Augier de Glandevés, 1700 — Claude, 1721 — Jean, 1730-1789 ; — 6e coseigneurie : Le Dauphin aliéna vers 1320 une partie des droits réels qu'il possédait à Chabestan en faveur de Jean Reboul, notaire à Serres — Étienne Reboul, 1369 — Guillaume, 1404-1415 — Antoine vend 100 florins sa part à Pierre Gruel, notaire au Saix, en 1443 — Claude Gruel, 1458-1465 — Henri, 1475 — Gabriel, 1485-1489 — Gaspard qui réunit cette coseigneurie à la première, en 1525. Une maison forte nommée *la Bâtie-Arbaud,* existait dans cette communauté. — *Bibliogr.* — ALLEMAND (abbé). *La paroisse et le prieuré de Chabestan (Annales du Laus,* 1883, pp. 132-145).

CHÂTEAUNEUF-D'OZE. — *État ecclés.* — La paroisse de Châteauneuf était sous le vocable de l'Assomption ; je ne la crois pas antérieure au xiv° siècle. Il n'y avait aucune chapelle fondée dans cette église. Le prieur de Véras, dont il sera question plus loin, était collateur de cette cure et décimateur de cette paroisse qui faisait partie de l'archiprêtré du Gapençais. — *Administr. et Justice.* — Châteauneuf-d'Oze dépendait de l'élection et de la subdélégation de Gap. Le seigneur y possédait une juridiction particulière s'exerçant au xvii° siècle à Veynes, avec appel au vibailliage de Gap. — *État féodal.* — Avant le xiv° siècle le Dauphin et le seigneur-majeur de la Val d'Oze se partageaient la seigneurie de Châteauneuf. Le Dauphin vendit vers 1320 sa part à Jean Reboul, notaire à Serres — Étienne Reboul, son fils, 1369 — Pierre, 1415 — Catherine du Fort, épouse de Raymond de Rosans, est son héritière, 1430 — Pierre des Herbeys achète la moitié de cette seigneurie à

Jean de Varey pour 2,162 florins d'or le 31 janvier 1492, et l'autre moitié à Jean de Glandevés, acquéreur lui-même de Louis Gaste, pour 893 florins le 18 octobre 1502-1510 — Jean, son fils, 1541 — Sa veuve, Louise de Rousset, vend cette terre pour 1,700 écus d'or à Antoine de Roubaud le 9 octobre 1583 — Antoine de Roubaud vend à Florent de Renard, avec clause de réméré, en 1615, et rachète en 1616 — Pierre, son fils, 1625 — Jean, 1639 — François de Sigoin, son gendre, 1651-1661 — Jean-Pierre de Sigoin de Roubaud, 1680-1685 — Étienne, 1693-1730 — Henri, 1734 — Étienne, Gabriel et Charles, 1755-1765 — François, fils d'Étienne, 1789. — *Histoire.* — 1692, septembre, les soldats du duc de Savoie massacrent presque toute la population masculine de ce village.

CHATILLON. — *État ecclés.* — Il y avait deux paroisses dans la communauté de Châtillon, celles du Désert et de Châtillon. — *Le Désert.* Cette paroisse était la plus ancienne des deux; elle était placée sous le vocable de l'Assomption de Notre-Dame. Une chapelle y avait été fondée vers 1420 par Henri Gras, seigneur du Valgaudemar. L'église ayant été démolie pendant les guerres de religion, la cure demeura unie à celle de Châtillon jusqu'en 1685; elle fut rétablie à cette époque; mais l'église ayant été interdite en 1708, la paroisse fut supprimée; il n'y avait du reste à cette époque plus que six familles habitant le hameau du Désert. Le prieur de Véras était collateur de cette cure; le curé prenait le titre de prieur-curé et était principal décimateur de sa paroisse qui faisait partie de l'archiprêtré du Gapençais. — *Châtillon.* Cette paroisse existait déjà au milieu du XIV° siècle, sous le vocable de saint Michel. L'église paroissiale fut démolie pendant les guerres de religion: les deux paroisses du Désert et de Châtillon, unies de 1664 à 1685, furent de nouveau séparées de 1685 à 1708, pour n'en former plus qu'une seule à partir de cette dernière époque. Le prieur de Véras était collateur et décimateur de cette paroisse qui faisait partie de l'archiprêtré du Gapençais. — *Administr. et Justice.* — Comme à Châteauneuf. — *État féodal.* — Le Dauphin et le seigneur-majeur de la Val d'Oze se partageaient cette terre; ce dernier s'était emparé au XIII° siècle de la part de seigneurie appartenant à Parceval de Bardonnèche condamné pour félonie à la perte de son fief. Châtillon fut aliéné aux mêmes personnes et dans les mêmes conditions que celles de Châteauneuf. Pierre des Herbeys (1492-1510) la légua à son fils Honoré, 1533 — Émeraude, sa fille, épousa Gaspard de Baronnat, qui vendit Châtillon à Claude de Chappan en 1578 — Madeleine de Chappan, épouse Pierre du Clot du Serre, 1600-1645 — Pierre, leur fils, épouse Antoinette de Montauban du Villard, qui est son héritière en 1684. — Elle se remarie avec Joseph de Millière et meurt sans postérité en 1703, en faisant Henri de Montauban du Villard, son neveu, son héritier — Henri-Laurent, 1713-1728 — Scipion, son cousin, 1731 — Henri-Honoré de Piolenc-Thoury, son cousin, en hérite, 1733 — Victor-Amédée de La Font de Savines se fait adjuger cette seigneurie en qualité de créancier, 1773 — Antoine-Victor-Amédée, son neveu, 1774-1789. — *Histoire.* — XIII° siècle, Parceval de Bardonnèche, seigneur en partie du Désert, est condamné pour félonie envers Guillaume Auger, son suzerain, à la confiscation de sa terre. — 1579, le capitaine protestant Blosset, caché à Châtillon dans le château du seigneur, fait prisonnier, dans une embuscade, Étienne de Bonne d'Auriac, chef de la Ligue en Gapençais. — 1692, septembre, les coureurs de l'armée du duc de Savoie incendient Châtillon.

CLAUSONNE. — *État ecclés.* — La paroisse de Clausonne, sous le vocable de Notre-Dame, était de la collation de l'abbé de Clausonne qui en était décimateur. L'église ayant été démolie pendant les guerres de religion, le service divin se fit depuis lors dans la chapelle abbatiale. Cette paroisse dépendait de l'archiprêtré du Gapençais. — L'abbaye de Notre-Dame de Clausonne avait appartenu, sans doute, comme toutes les autres abbayes fondées dans les Hautes-Alpes, à l'ordre de Chalais. Il n'existe plus rien de ses archives; mais comme son existence est connue dès l'année 1200, il est certain que sa fondation date du XII° siècle. En 1570 douze religieux habitaient encore cette abbaye, et la tradition rapporte qu'une troupe de protestants pilla les bâtiments abbatiaux et massacra les moines; cette tradition est des plus suspectes. Quoi qu'il en soit, à partir du XVII° siècle, l'abbaye de Clausonne fut un simple bénéfice, le titulaire n'y résidait pas et le curé habitait seul le monastère. En 1708 son revenu n'était plus que de 550 livres. Voici la liste que j'ai pu dresser des abbés de Clausonne: W., 1200 — Guillaume, 1220 — Montlaus de Vernays, 1268 — Artaud, 1357 — André Baron, 1397 — Jean de Gilbertesio, 1446 — Marc de Canasses, 1560 — Giraud Broët ou Brouet, 1574 — Balthazard du Faur de Varey, 1627-1629 — Gabriel Martin, 1635-1640 — Antoine Amat, 1657-1658 — Sauveur de Grimaldi de Regusse, 1682-1685 — Jean-Balthazard de Cabanes de Vins, 1685-1697 — Claude de Monet de Saint-Amand, 1697-1705 — Charles de Grimaldi, 1705 — N. de Roubion, 1735-1740 — Étienne de l'Isle, 1717 — Guillaume-Pompée de la Villette, 1765-1789. — *Administr. et Justice.* — Comme à Châteauneuf. — *Etat féodal* — La seigneurie de Clausonne se divisait entre le baron de la Val d'Oze et l'abbé de Clausonne. — *Bibliogr.* — ALLEMAND (abbé). *Note sur l'abbaye de Clausonne* (Annales du Laus, 1885, p. 555).

OZE. — *État ecclés.* — Il y avait deux paroisses dans cette communauté, celles d'Oze et de Saint-Auban d'Oze — *Oze.* La paroisse d'Oze est connue depuis le XIIe siècle sous le vocable de saint Laurent. En 1516, il y avait dans cette église plusieurs chapelles dont le titre n'est pas connu et qui étaient unies à la cure; l'une d'elles était sans doute celle de Saint-Auban qui existait en 1525. Pendant les guerres de religion, l'église paroissiale d'Oze fut démolie et les offices religieux durent se célébrer pendant près de cent ans, dans la chapelle du prieuré de Saint-Pierre de *Véras* dont nous allons parler. En 1708, l'église paroissiale d'Oze était reconstruite sur un emplacement fort éloigné de l'ancien. — Le prieuré de Saint-Pierre de Véras existait dans le territoire de cette paroisse; la plus ancienne mention que j'en connaisse date de 1184, il appartint d'abord à l'ordre de Cluny puis fut uni au prieuré de Romette, près Gap, dépendant de l'abbaye de Bréma; cette union était déjà consommée à la fin du XIIIe siècle. Le prieuré de Véras avait été fort important, il payait, en 1516, 35 florins pour les décimes. — Un second prieuré, sous le titre du Saint-Sépulcre, avait été fondé sur les limites des communautés d'Oze et d'Aspres, au lieu dit *la Beaumette;* il était situé au point de jonction de deux anciennes voies romaines et près d'un camp de la même époque. Au XIIIe siècle, il était uni au prieuré de Romette, près Gap, et un acte du XIVe siècle nous apprend que les populations environnantes venaient les dimanches et jours de fête entendre les offices dans sa chapelle. En 1516, il avait peu de revenus et ne payait que 4 florins pour les décimes. Ruiné pendant les guerres de religion il fut vendu par le prieur de Romette à celui d'Aspres dans les dernières années du XVIe siècle, et dès lors cessa d'exister. — Au XIVe siècle, les dames du prieuré de Nossage, appartenant à l'abbaye de Sourribes (voir à Lagrand) percevaient quelques revenus à la Beaumette. — *Saint-Auban d'Oze.* Lorsque l'église paroissiale d'Oze eut été démolie et quand le service divin dut se faire dans la chapelle du prieuré de Véras, on accorda un desservant aux habitants des hameaux de Saint-Auban et de *Richardet*, à cause de leur éloignement; on le leur maintint pour la même raison, quand, en 1708, l'église d'Oze eut été reconstruite. Enfin, Saint-Auban fut érigé en paroisse le 15 février 1715 sous le vocable de saint Paulin. Le prieur de Véras était collateur des deux cures et décimateur des deux paroisses précédentes qui faisaient partie de l'archiprêtré du Gapençais. — *Hôpitaux.* — Un hôpital exista sur les limites des paroisses d'Oze et d'Aspres, du XIIIe au XVIe siècle, au lieu dit la Beaumette; il était uni au prieuré du Saint-Sépulcre dont nous avons parlé plus haut, et disparut avec lui. — *Administr. et Justice.* — Comme à Châteauneuf. — *État féodal.* — La famille Auger dont j'ai donné la descendance à l'article consacré au mandement de la Val-d'Oze, posséda d'abord la seigneurie d'Oze tout entière; en 1171, la moitié en fut donnée à un puiné de cette famille nommé Francon dont les descendants prirent le nom de leur seigneurie. Voici les degrés de cette famille : Francon d'Oze, 1171-1258 — Pons, 1300 — Francon, 1320-1350 — Hugues, 1354 — Humbert, 1379 — Hugues, 1389. Vers cette époque, cette part de seigneurie revint par droit héréditaire ou autrement, à la famille Auger et ne fut plus séparée dès lors de la seigneurie majeure de la Val-d'Oze. — Une maison-forte existait près du prieuré de Véras, nommée La Bâtie-de-Véras. — *Histoire.* — 1358, transaction fort importante passée entre Guillaume Auger et ses vassaux d'Oze, stipulant des libertés en leur faveur. — 1472, 20 avril, Alix de Saporis, dame d'Oze, permet aux habitants de construire un nouveau village dans la plaine.

LE SAIX. — *État ecclés.* — La paroisse du Saix existait depuis le commencement du XIIIe siècle au moins, sous le vocable de saint Vincent et sainte Catherine. En 1516, il y avait dans cette église des chapelles unies à la cure dont le titre n'est pas connu. Peut-être l'abbé de Clausonne était-il collateur de cette cure et décimateur de cette paroisse qui faisait partie de l'archiprêtré du Gapençais. — *Administr. et Justice.* — Le Saix dépendait de l'élection et de la subdélégation de Gap. Le seigneur y avait une juridiction particulière s'exerçant à Serres avec appel au vibailli de Gap. — *État féodal.* — Le Dauphin, le baron de la Val-d'Oze et un seigneur particulier se partageaient cette terre. La famille du Saix en possédait une part dès le XIIIe siècle : Pierre de Saix, 1203-1247 — Guigues et Jean, 1307-1353 — Pons et Guillaume, fils de Guigues, 1363-1397 — Raymond, 1397-1400 — Pierre Gruel, notaire, l'acquiert en 1438-1459 — Claude, 1459-1465 — Henri, 1475 — Gabriel, 1485-1489 — Gaspard, 1510-1556 — Jacques, 1560-1630 — Claude qui teste en 1631 — Charles, 1631-1673 — Étienne, son frère, 1673-1698 — Jacques, 1608-1715 — Étienne, 1715-1760 — François-Xavier de Bimart l'achète, 1760-1789. — En 1337, Étendart Aténulphi possédait la moitié de la terre du Saix, sans doute par inféodation delphinale. Étienne Reboul la possédait au commencement du xvᵉ siècle, et il la vendit à Pierre Gruel le 18 février 1442. — *Histoire.*—1574, octobre, Montbrun, chef des protestants, s'empare du Saix.— *Biographie.* — GRUEL (Pierre), fils d'un notaire du Saix, il entra dans la magistrature, fut clerc, puis président de la chambre des comptes de Grenoble vers 1450 ; il fut nommé premier président de parlement en 1461 et mourut sans postérité en 1478. Il avait obtenu la faveur de Louis XI qui l'employa dans plusieurs importantes négociations, principalement lors de l'union de la principauté d'Orange au Dauphiné. — GRUEL (Claude), seigneur de Laborel, capitaine de cinquante hommes d'armes, chevalier de l'ordre du roi ; il fut gouverneur de Gap (1562-1563-1573-1574), du Gapençais, puis du Graisivaudan. Ses capacités militaires n'étaient pas à la hauteur de la position qu'il occupait ; il fut battu à plusieurs reprises, sa défaite principale lui fut infligée par Montbrun à la Bâtie-Mont-Saléon le 8 mai 1573. Il mourut en 1592 sans postérité.

MANDEMENT DE VEYNES.

VEYNES. — *État ecclés.* — Il existait trois paroisses dans cette communauté, celles de Veynes, de Saint-Marcellin et de Châteauvieux. — *Veynes.* Vers 1090, Isoard, évêque de Gap, donne à Cluny l'église de Notre-Dame de Veynes. Depuis le xiiᵉ siècle la paroisse de Veynes est connue sous le vocable de saint Sauveur ou de la Transfiguration. En 1787, on y créa un succursaliste pour le hameau de *Glaise.* Vers 1280, Falcon de Cugno, seigneur de Veynes, fonda dans cette église une chapelle de Sainte-Lucie. Outre cette chapelle, il existait, en 1516, celles de Sainte-Catherine, de Saint-Georges, de Tous-les-Saints, de Notre-Dame de Pitié, de Saint-Pierre et de Sainte-Croix, plus huit autres dont le titre n'est pas connu. En 1616, les trois châteaux des principaux seigneurs de Veynes avaient chacun une chapelle. En 1633, une chapelle de Notre-Dame des Miracles avait été fondée aux abords du bourg. En 1708, il ne subsistait plus que cette dernière avec celles de Sainte-Lucie, de Tous-les-Saints, de Saint-Sauveur et de Notre-Dame de Pinasses. — Dès 1173, un prieuré, dépendant des moines augustins de Chardavon, existait à Veynes sous le titre de Saint-Sauveur ; donné plus tard à l'ordre de Saint-Antoine, il fut confirmé le 13 novembre 1312 par l'évêque et le chapitre de Gap au commandeur de Saint-Antoine de Veynes. Ce commandeur était également collateur de la cure. — *Saint-Marcellin.* En 1150, cette paroisse existait déjà sous le vocable de saint Marcel ou Marcellin. En 1516, elle possédait quelques chapelles dont le titre n'est pas connu. Au xivᵉ siècle, le commandeur de Saint-Antoine de Veynes était collateur de cette cure et décimateur de cette paroisse, mais, au xviiᵉ, ces privilèges appartenaient aux dames religieuses de Sainte-Claire de Sisteron auxquelles ils avaient été cédés, j'ignore dans quelles conditions et à quelle époque. Sainte-Claire ayant été supprimée vers 1740, l'évêque de Gap hérita de ces prérogatives. — *Châteauvieux-sur-Veynes.* Cette paroisse était placée sous le vocable de saint Jean l'évangéliste. Dès 1312, le commandeur de Saint-Antoine de Veynes en avait le juspatronat. L'église paroissiale ayant été démolie pendant les guerres de religion, le curé résidait encore à Veynes en 1664. En 1708, le culte était rétabli à Châteauvieux et une chapelle de Saint-Antoine y avait été fondée. — Le commandeur de Saint-Antoine de Veynes partageait avec les dames de Sainte-Claire de Sisteron les dîmes de ces trois paroisses ; après la suppression de l'ordre des Antonins, ces droits passèrent à celui de Saint-Jean de Jérusalem. Ces paroisses dépendaient de l'archiprêtré du Gapençais. — *Ordres hospit.* — L'ordre de Saint-Antoine en Viennois avait à Veynes une commanderie ; le 13 novembre 1312 l'évêque et le chapitre de Gap lui donnèrent le prieuré de Saint-Sauveur, le juspatronat des trois paroisses et les dîmes qui en dépendaient. Une possession de la commanderie porte encore le nom de *Clastre (Claustrum).* — L'ordre du Temple avait eu, très certainement, des propriétés à Veynes, dont un quartier se nomme encore le *Temple ;* ces biens de l'ordre du Temple furent dévolus vraisemblablement à celui de Saint-Jean de Jérusalem et de ce dernier tombèrent dans les mains des Antonins avec lesquels l'ordre de Saint-Jean fit, le 16 mai 1311, un très important acte d'échange. La commanderie de Veynes revint à l'ordre de Saint-Jean après la suppression de celui de Saint-Antoine (1778). — *Hôpitaux.* — En 1377, il y avait à peu de distance du bourg de Veynes un hôpital sous le titre de Sainte-Marie-Madeleine. La Madeleine de Veynes existait encore au siècle dernier. Une maladrerie avait été fondée également dans cette communauté, avant 1389. — *Protestants.* — Le culte protestant fut autorisé à Veynes le 22 février 1572 ; à partir de 1593, cette église eut une existence non interrompue jusqu'au 19 mai

1685 époque où un arrêt du conseil du roi ordonna la démolition du temple. Voici la liste des pasteurs de Veynes : Michel de Mercure, 1593 — Jacques Barbier, 1596 — Félix de Vignaulx, 1598 — Bertrand Faugier, 1600-1607 — Jean Moze, 1608-1611 — Martin Faubert, 1612-1619 — Gaspard Vidil, 1619-1622 — Isaïe Mathieu, 1626 — Salomon Faure, 1630 — Hugues Rollin, 1637-1659 — Pierre Demaffé, 1660 — Charles Boustier, 1670. — *Administr. et Justice.* — Veynes nommé à l'époque romaine *Davianum* était une station de la voie de Briançon à Die. — Les coseigneurs de Veynes avaient le droit de haute et basse justice ; les trois seigneurs majeurs l'exerçaient deux ans chacun à Veynes et les autres coseigneurs une septième année à Gap. Les jugements de leurs magistrats pouvaient être déférés en appel au vibailli de Gap. Par privilège delphinal concédé le 21 mai 1253, la justice delphinale devait être gratuite pour les seigneurs de Veynes. Il est douteux que ce privilège ait été maintenu au XVII° siècle. — Veynes était le siège d'un tribunal seigneurial assez important auquel ressortissaient la plupart des terres du voisinage, d'une châtellenie et d'une mistralie delphinales. Il dépendait de l'élection et de la subdélégation de Gap. — *État féodal.* — La seigneurie de Veynes est, de toutes les Hautes-Alpes, celle dont l'histoire est la plus difficile à faire ; ce n'est pas faute de documents, car ils abondent, mais au contraire à cause de la multitude extraordinaire de seigneurs qui ont possédé cette terre à la fois, et successivement. Il y eut, très certainement, au commencement du moyen âge, une seule seigneurie majeure à Veynes et un certain nombre de seigneuries inférieures vassales de la précédente, comme dans la Val-d'Oze et les autres terres voisines. Au XII°, cette seigneurie majeure était divisée en deux parts, en trois au XIV°, au XVII° siècle elle formait quatre parts. 1° coseigneurie majeure : Boson de Veynes, 1135 — Guillaume, Amédée et Pons, 1150 — Giraud, 1155 — Richard et Pierre, 1178-1188 — Falcon qui teste en 1239 — Falcon et Richard, 1240 — Guigues, Rostaing, Lantelme, Pierre, Boniface, Raymond, Richard et Guigues, 1253-1273 — Guillaume, Arnoul, Artaud, Jordan, Henri, Garnier, Aynard, Albert et Falcon, fils de Guigues, 1273-1339 — Raymond et Jacomin, son neveu, 1346 — Raymond, Guigues, Antoine, Rolland, Pierre et Jacomin, 1350 — Forestier, 1376 — Guillaume, 1399-1423 — Jean et Isnard, 1423-1447 — Guillaume, 1474 — Jean et Antoine, 1513 — Claude, 1582 — Jean, 1600 — Jean et Abel, 1638 — Pierre-Louis, 1664-1671 — Claude, 1695-1704 — Louis, 1720 — François, 1750 — Charles de Revillasc achète de ce dernier, 1750-1765 — Jacques, son fils, 1770 — Joseph-Pierre 1789 ; — 2° coseigneurie majeure : Elle fut détachée de la précédente par une vente que fit Falcon de Veynes au Dauphin, de sa part, en 1317. Aymar de Poitiers l'acquit de ce prince le 20 janvier 1345, avec deux parts qui lui appartenaient antérieurement à cette date comme paiement de 6,000 livres tournois, qui lui étaient dues pour la restitution de la dot de Béatrix de Baux, femme de Guy, dauphin ; elle rapportait 700 florins. — Louis, son fils, 1366-1419 — Louis, cousin du précédent, 1419-1427 — Charles, 1427-1454 — Aymar, son fils, vend cette seigneurie à Louis de Beaumont en 1499, qui la même année la revend à Monnet Rolland, 1499-1510 — Antoine, 1540 — François, son cousin, 1564 — Pierre-Lantelme, 1605-1650 — Jean-Joseph, 1692-1724 — Charles de Revillasc l'acquiert et l'unit à la coseigneurie précédente ; — 3° coseigneurie majeure : Boson de la Villette, 1127 — Boson, 1258 — Guillaume, Ancelme, Richaud et Albert, 1296-1325 — Jacques, dit Bonami, Humbert, Pierre, Henri et Boson, 1333-1365 — Raymond, 1386-1397 — Jacques, 1407-1450 — Jean, 1458 — Antoine, François et Guillaume, 1467-1520 — Gaspard, fils d'Antoine, 1545-1570 — Daniel, 1570-1587 — Aubert, 1615-1642 — Pompée et Charles-Emmanuel : le premier vend sa part à Jacques Baile d'Aspremont pour 11,500 livres, le 8 août 1645 — Alexandre de Toulouse-Lautrec l'acquiert, 1677-1692 — Jean, son fils, 1698 — Joseph-François qui vend, vers 1721, sa part à Baptiste-Laurent Neveur d'Aiguebelle — Pierre-Victoire Neveur d'Aiguebelle, 1789 ; — 4° coseigneurie : Issue de la précédente par la vente que Charles-Emmanuel de la Villette fit de la part à Gaspard Masseron de la Versanne en 1645 — Jean, son fils, revend à Pierre Neveur d'Aiguebelle, 1689 — Baptiste-Laurent, son fils, 1707-1721, l'unit à la précédente. — Il y avait donc en 1789 deux seigneurs majeurs. — Voici à leur ordre de date les noms d'une foule de coseigneurs inférieurs de Veynes : Vitet et Jacques d'Aignelles, Pierre et Robert d'Escharène, Hugues de Furmeyer, Guigues de Haut-Villard, Réné de la Cocheria, Lantelme du Villard, Falcon de Rousset, Raymond et Januensis de Châteauneuf, Armand Lessasierge, Guy de Saint-Marcellin, 1239 — Falcon le Mecers, 1248 — Boson et Richard d'Escharène, Guillaume et Robert, leurs neveux, Amédée, Albert, Guigues et Raymond de Châteauvieux, Falcon le Doux, Guillaume Arnulphi, Falcon de Cugno, Albert de Châtillon, Falcon de Rousset, Astabaica, 1253 — Boson de Châtillon, Falcon de Châteauvieux, Jean et François Bontemps, Rolland et Guillaume Achard, Pierre Arnulphi, Artaud Jordan, Rostaing de Chime, François Jordannenc, Rolland Taparel, 1260 — Guigues et Lantelme de Châteauvieux, Eudes d'Escharène, Albert Rostagnet, Guigues Saunier, François Artaud, Guigues et Artaud, 1270 — Boson et Artaud de Charance, Falcon de Cugno, Abbon de Châtillon, Boson et Guillaume Robert, Falcon de Rousset, 1273 — Eudes d'Escharène, Guillaume Eyraud, Arnoul de Montalin, Rostaing de Châteauvieux, Albert, Aimon, Arnoul et Pierre de Cugno, Pierre de Serre, Jean Colaud, fils de Rambaud, 1296 — Pierre de Châteauvieux, Guillaume Arnulphi, Pierre de Saint-Paul, Arnaud Saunier, Albert et Arnaud de Châtillon, Guillaume Taparel, Hugues de Rousset, Artaud, Giraud, Royer, Henri, Arnaud, Raymond et Lagier de la Piarre, 1297 — Artaud Jordannenc, Rolland Taparel, Boson de Châtillon, 1300 — Jordanne de Châtillon, femme de Bodon Eudes, 1316 — Eudes Raymond, Arnoul de Cugno, Guillaume, Arnaud et François Jordannenc, Raymond de Laborel, au nom de Marcelle, sa femme; Jean Bonchamp, Falcon de Châteauvieux, Guillaume Achard, Geoffroy de Forty, au nom d'Aynarde, sa femme, 1318 — Guillaume, François et Artaud Jordannenc, Falcon de Châteauvieux, 1329 — Guillaume Achard, Eudes Raymond, Rolland Taparel, 1334 — Lantelme de Domène, Falcon de Châteauvieux, Guillaume Arnulphi, Boson de Châtillon, Rolland Achard, Artaud et François Jordannenc, Bernard Jaussaud, au nom de Baudonne, sa femme, 1337 — Amédée Arnulphi, Guillaume Gruel, 1344-1346 — Hugues de Chesiis, sieur de Beaudinar, vend à Raymond de Montauban, seigneur de Montmaur, une maison et quelques droits seigneuriaux pour 30 florins d'or en 1347 — Falcon de Cugno, Bertrand, Guigues et Guillaume Jordannenc, Humbert Antoine, dit Taparel, Raymond Eudes, mari de Jordanne de Châtillon, Albert et Jaquinet Lobassi, Antoine Achard, 1350 — Barrasse, veuve de Falcon Gautier, 1362 — Pierre de Bénévent, mari d'Alix Jordannenc, Catherine et Philippe, ses belles-sœurs, 1363 — Guillaume de Bénévent, 1368 — Amédée Arnulphi, 1371 — Raymond de Savines, 1380 — Guigues Gruel, Guillaume Jordannenc, Jean Ferrus, 1381-1390 — Aynard de Montauban vend au Dauphin sa seigneurie pour 30 florins d'or en 1387 — Guillaume Lobassi et Ayette Jordannenc qui partage son héritage entre les familles Gruel et Vieux, 1391 — Guigues Gruel, Jean Ferrus, Jean de Burgo-Malo, Humbert Taparel, 1397 — Guillaume Auger, 1399 — Jaquemet et Catherine Jordannenc, Jean Vieux, héritier de son oncle Guillaume Jordannenc, de la part de Falcon de Cugno, Jacques de Montorcier, Antoine et Jean Vieux, Rambaud Ferrus, Aynard de Montauban et Humbert Taparel, 1400 — Antoine de la Piarre vend sa part à Antoine Vieux, Guillaume Lobassi, Jacques de Montorcier, mari de Montarcine Arnulphi, Jean et Antoine Vieux, Rambaud Ferrus, fils de Barthélemy, et Raymond de Savines, 1413 — Briande Taparel, femme de Jacques de la Villette, Catherine, femme de Henri Raymond, 1426 — Guillaume Lobassi, 1429 — Jeoffroy Vieux, 1435 — Dragonette, femme de Jean d'Urre, vend sa part à Jean de la Villette, 1442 — Guigues, Jacquemet et Bertrand Jordannenc, 1450 — Guiffrey, Gabriel, Antoine et Claude Vieux, 1458 — André Ferrus achète la part de Raymbaud Ferrus pour 100 florins le 29 mai 1459 — Claude Raymond, Jacques Vieux et André Sarrasin, 1487 — Antoine Ferrus, neveu et héritier de Raymbaud Ferrus, vend sa part à François de la Villette, 1490 — Raymond de Bonne, 1495 — Jacinthe Raymond, nièce de Claude Raymond, en hérite, 1500 — Bonnet de Bonne, seigneur du hameau d'Auriol, 1502 — Parceval Blache achète les parts de Jacques de la Villette et d'Antoine Ferrus pour 800 florins et 40 écus d'or en 1504 — Monnet Rolland vend sa part à Jean Griffon pour 140 écus d'or le 26 février 1510 — Gabriel de Chambaud, mari de Jacinthe Raymond, vend sa part à Guélix Rambaud en 1525 — Alix de Veynes, fille d'Antoine, femme de Balthazard de Malpinet, vend sa part à Gaspard du Villard pour 1,000 écus d'or le 27 août 1532 — Balthazard de la Font, 1533 — Gaspard Faure, héritier de Parceval Blache, 1534 — Antoine de Beaumont vend sa part à Jean Flotte pour 1,400 écus d'or le 26 septembre 1535 — Gaspard Faure et Guélix Rambaud, 1535 — Claude Griffon, 1541 — Antoine de Beaumont vend pour 50 écus d'or à Gaspard du Villard quelques droits seigneuriaux le 15 mai 1541 — Bonnet de Bonne, 1545 — Jean et François du Villard acquéreurs pour 30 écus d'or de la part d'Hugues Vieux, 1558 — Antoine de la Font, 1562 — Antoine de Beaumont vend à Jean de la Villette pour 4,400 livres une portion de la coseigneurie majeure le 31 mai 1564 — Gaspard Faure, 1565 — Jean et François du Villard, 1567 — Antoine Faure, 1570 — Claude Sauret vend sa part à Jean de la Villette pour 200 écus d'or le 5 octobre 1571 — Jacques Rambaud, 1576 — Antoine Faure, 1580 — Antoine Griffon, 1581 — Louis Faure, 1584 — Jean et Gaspard de Bonne, 1589 — Marguerite de la Villette, femme de Gabriel de la Poype, succède à la part de Montorcier, 1504 — Marguerite de Bonne, fille de Gaspard, épouse de Charles Martin de Champoléon, 1605 — Gaspard de la Piarre achète la part de Marguerite de la Villette, 1617 — Pierre du Villard, 1621 — Lucrèce de Bonne, fille de Jean, épouse de Jacques de Revillasc, et lui porte la seigneurie d'Auriol, 1629 — François de Revillasc, fils de Guy, 1630 — Bernard de Toulouse-Lautrec, 1632—Claude Griffon achète une part de la Villette, 1637 — Melchior de la Poype et Alexandre de Vallin vendent leurs parts pour 12,000 livres à Jacques de Revillasc et Gaspard Masseron de la Versanne le 17 mars 1646 — Charles et Barthélemy Griffon, 1649 — Gaspard de la Piarre, qui vend à François de Rolland de Reillannette, et Raymond Masseron, 1650 — François de Revillasc qui teste en 1663 — Pierre du Clot du Serre achète une part de Pierre de Veynes, 1664 — Pierre Martin de Champoléon, 1671 — Charles et Barthélemy Griffon, 1673 — Alexandre de Toulouse-Lautrec, 1677 — Pierre du Clot du Serre, 1678 — André Martin de Champoléon, 1683 — Isabelle de Montauban hérite de son mari, Pierre du Clot du Serre 1684 — Charles Griffon, Jean-Louis de Revillasc, 1685 — Alexandre de Toulouse-Lautrec, Gaspard Masseron, 1692 — Charles de Revillasc-Auriol; Lucrèce, sa fille, épouse Joseph de Revillasc-Aspres ; François de Revillasc-Veynes teste en faveur de Joseph, son fils, 1693 — Jean de Toulouse-Lautrec, 1698 — Henri de Montauban, héritier d'Isabelle de Montauban, vend à Alexandre de Revillasc-Colonne, 1704 — Étienne Griffon, 1705 — Charles-Arnoul Martin de Champoléon et Charles Griffon, 1711 — Jacques Masseron, 1714 — Jean-François de Toulouse-Lautrec vend une part à N. Bucelle ; Oronce Mathieu achète la part de Champoléon, 1721 — Joseph de Revillasc, 1730 — Laurent Mathieu, fils d'Oronce, et François de Revillasc, 1733 — Jean-Jacques Anglès achète la part de Griffon, et Charles de Revillasc celle de Bucelle, 1743 — Charles de Revillasc-Auriol, 1748. — En 1775 la terre de Veynes était divisée en huit parts possédées par les familles suivantes : Revillasc-Aspres et Neveur d'Aiguebelle, seigneurs majeurs, Revillasc-Colonne, Revillasc-Auriol, Anglès, la Villette, Veynes et Mathieu, seigneurs inférieurs. —

Industrie et Commerce. — Au XIVe siècle il y avait à Veynes une colonie assez nombreuse de juifs pratiquant le commerce. Le 31 janvier 1338, les Lombards reçurent du dauphin la liberté d'y commercer moyennant 120 florins par an. — 1584, 4 novembre, établissement à Veynes de trois foires et d'un marché hebdomadaire. — *Histoire.* — 1253, 21 mai, hommage à Veynes par les seigneurs de Veynes avec le dauphin Guigues VII, alors présent à Veynes, qui leur confirme leurs privilèges. — 1296, 17 novembre, charte de transaction entre les coseigneurs et les citoyens de Veynes, par laquelle plusieurs privilèges sont concédés à ces derniers. — 1345, septembre, Humbert II et sa suite, en route pour la croisade, séjournent à Veynes. — 1348, mai, massacre d'une centaine de juifs de Veynes accusés de répandre la peste. — 1369, Veynes est pris et brûlé par l'armée de la comtesse de Provence. Les murailles sont reconstruites à la suite de cet événement. — 1581, 12 juillet, une importante assemblée de protestants a lieu à Veynes pour décider si on doit se soumettre au duc de Mayenne. — 1629, 3 mai, Louis XIII, accompagné de Richelieu, passe à Veynes. — 1692, août, Veynes est incendié par les coureurs de l'armée du duc de Savoie. — *Monnaies.* — Il y eut à Veynes un atelier delphinal pour la fabrication des monnaies de l'année 1327 à l'année 1329 pour le moins. Aucun signe particulier ne permet de reconnaître ce monnayage. — *Armoiries.* — Du bourg : *de... à un porte ville à trois tours, celle du milieu plus élevée que les autres est surmontée d'un dauphin.* — De la commanderie de Saint-Antoine : *d'argent à un saint Antoine au naturel, vêtu de sable, tenant un bâton en tau de gueules et une clochette d'or; à ses pieds un porc de sable; le tout dans une bordure de gueules.* — *Biographie.* — BONNE (Jean DE), coseigneur de Veynes, baron de Vitrolles et d'Oze, fils de Jean de Bonne et de Jeanne de Theys; il fut colonel sous les ordres de Lesdiguières et gouverneur d'Embrun de 1615 à 1626.

6.

BARONNIES.

Les cantons actuels d'Orpierre, de Ribiers, de Rosans et même la baronnie d'Arzeliers dont il a été question ci-dessus dans un article spécial, ne furent réunis que fort tard au Dauphiné. Ils appartenaient aux barons de Mévouillon et de Montauban sous la suzeraineté des comtes de Provence. Le 10 juillet 1298, Raymond de Mévouillon se reconnaît vassal du Dauphin pour toutes les terres qu'il possédait ; en 1302, Hugues-Adhémar de Loubières, baron de Montauban, vend toutes ses possessions au même prince ; en 1317, Raymond de Mévouillon le fait héritier de toutes ses seigneuries. Ainsi fut consommée l'union au Dauphiné de la plus grande partie de l'évêché de Gap situé sur la rive droite de la rivière du Buëch, circonscription territoriale qui a conservé le nom de Baronnies. Le mandement de la Val d'Oulle demeura jusqu'à la fin du xv° siècle sous la juridiction du comte de Provence. Les populations des Baronnies sont de la même race que celles du Gapençais, les mœurs, les usages, les institutions municipales de ces deux contrées voisines ne diffèrent pas sensiblement. — *Bibliogr.* — ALLARD (abbé). *Çà et là dans la vallée du Buëch.* Gap, Richaud, 1878, in-12.

V. — BAILLIAGE DES BARONNIES.

Les Dauphins, dès qu'ils eurent implanté leur autorité dans les Baronnies, créérent au Buis un bailliage pour rendre la justice à leurs nouveaux sujets. L'étendue de ce bailliage varia beaucoup et ne tarda pas à être restreinte; en effet, le bourg de Serres, siège du bailliage du Gapençais, de 1298 à 1511, était situé sur la limite extrême du bailliage des Baronnies et ne tarda pas à attirer à lui les justiciables les plus voisins. Je ne connais pas les époques successives auxquelles les communes du Rosanais et des vallées environnantes furent unies au bailliage de Serres; il est probable que cette annexion eut lieu peu à peu et pour ainsi dire insensiblement. En 1789, le tiers de la communauté de Rosans faisait encore partie du vibailliage du Buis, les communes de l'Épine, Rosans et Saint-André de Rosans dépendaient de la subdélégation de la même ville et l'Épine se rattachait à l'élection de Montélimar. Tout le reste de la contrée ressortissait à Gap, au point de vue administratif et judiciaire. — Voici la liste des baillis des baronnies : Eudes de Châtillon, 1300 — Hugues du Puy, 1302 — Albert de Sassenage, 1333 — Guigues de Morges, 1333 — Guillaume de Mévouillon, 1334 — Henri de Dreins, 1335-1336 — Hugues de l'Hère, 1337 — Ponce Claret, 1343-1344 — Raymond Sardi, seigneur de Tain, 1357 — Reynaud Raymond, 1360-1379 — Amédée de La Motte, 1378 — Didier de Bésignan, 1382 — Pierre Gandelin, 1390 — Guillaume d'Hostun, 1406 — Antoine d'Hostun, 1417-1427 — Guillaume Artaud, 1427 — Louis Artaud, 1440. — En 1447, une ordonnance de Louis, dauphin, supprima le bailliage des Baronnies, comme les autres bailliages du Dauphiné, et le remplaça par un vibailliage, mais, en même temps, elle réunit les quatre bailliages des Baronnais, de Gapençais, d'Embrunais et de Briançonnais en un seul grand bailliage qui prit le nom de bailliage des Montagnes. Le bailli des Montagnes avait des attributions exclusivement administratives et militaires ; il était comme le lieutenant du gouverneur du Dauphiné, et faisait sa résidence au Buis. Cette charge ne tarda pas du reste à devenir une sinécure, lorsque l'administration provinciale eut été perfectionnée et centralisée; au xvii° siècle, les intendants et les subdélégués concentrèrent dans leurs mains toute l'administration effective et ne laissèrent au gouverneur du Dauphiné et aux grands baillis qu'un vain titre purement honorifique. A la fin du xviii° siècle, on négligea même de pourvoir le bailliage des Montagnes d'un titulaire, tant son inutilité était bien constatée. Voici les noms de la plupart de ces administrateurs : Jean de Villaneys, 1449-1454 — Guillaume de Viennois, 1462 — Guillot de Veynaco, 1463-1467 — Pierre de Courcillon, 1475 — Étienne de Poysieu, 1482-1494 — Antoine de Grolée-Mévouillon, 1494-1502 — Louis de Poysieu, 1520 — Aymar de Grolée-Mévouillon, 1535 — Nicolas de Choul, 1553 — Hector de Montaynard, 1560 — André Allemand de Pasquiers, 1564 — François de la Beaume-Suze, 1583 — Gaspard de Montauban du Villard, 1597-1618 — Louis-François de la Beaume-Suze, 1651-1671 — Léon de Valbelle-Rians, 1691 — Bruno de Valbelle-Montfuron, 1691-1702 — Cosme-Alphonse de Valbelle, 1702-1750 — Charles-François de Calvière, 1752.

1. CHATELLENIE DU BUIS.

Les châtelains du Buis avaient sous leur juridiction presque toute l'étendue des cantons actuels de Ribiers, Orpierre et Rosans ; voici les noms de ces magistrats : Guigues de Morges, 1331 — Henri de Dreins, 1335 — Primacio Jeannet, dit Jean l'Hospitalier, de Florence, 1339-1343 — Lambert de Monteil, 1344-1345 — Pierre de Carignan, 1345-1350 — Hugues Rivière, 1351-1356 — Jordan Rolland, 1357-1359 — Guillaume Merle, 1362-1364 — Jordan du Port, 1366 — Andrevon Richard, 1369 — Guillaume Merle, 1373 — Georges Athenulphi, 1375-1379 — Pierre Chomar, 1381-1401 — Jean Garcin, 1402-1404 — Pierre Brunel, 1406-1408 — Jean du Marest, échanson du roi, 1409-1420 — Guillaume du Noyer, 1421-1427 — Jean Bérard,

1428-1430 — Michel Fogassis, 1443-1447 — Charles de Lalande, 1448 — Antoine d'Alauson, 1451-1452 — François du Croissant, 1455-1456 — Reynaud Regis, 1458 — Raymond Achard, 1459-1461 — Jean Gratuel, 1466-1471 — Guélix Menze, 1484 — Raymond Achard, 1485-1488 — Hector de Beaumont, 1493 — Pierre d'Alauson, 1493-1494 — Guy des Places, 1495-1500.

MANDEMENT D'ANTONAVES.

ANTONAVES. — *État ecclés.* — Dans une bulle de 1152 la paroisse d'Antonaves est placée sous le vocable de sainte Marie ; ce vocable fut changé dans la suite, car, au xvii° siècle, cette église était dédiée à saint Pierre-aux-Liens. Elle était à la collation du prieur d'Antonaves. Une chapelle de Saint-Cyr était construite, dès 1177, sur le haut d'une montagne fort élevée située sur les limites d'Antonaves et de Saint-Pierre-Avez ; une autre chapelle de Sainte-Eutrope existait au xvi° siècle dans cette paroisse. — Antonaves possédait un prieuré fort important. Vers 960, l'impératrice Alix, sœur de Conrad-le-Pacifique, donna à l'abbaye de Montmajour la terre d'Antonaves ; cette libéralité fut approuvée, en 965, par le roi Conrad. Montmajour y établit un prieuré qui resta jusqu'en 1789 sous sa juridiction ; le prieur était à la fois collateur de la cure, décimateur de la paroisse et seigneur temporel. Voici le nom de quelques-uns de ces prieurs ; W., 1215 — G. de Saint-Genis, 1265-1266 — R. Raybaudi, 1268-1273 — Bertrand Malisanguinis, 1277 — Pierre de la Tour, 1288-1342 — Rostaing Malisanguinis, 1314-1315 — Pierre de Meyes, 1323-1330 — Bérenger Allègre, 1330 — Michel Castagne, 1332 — Pierre Arquerius, 1334 — Raymond de Chaudeiraco, 1338-1373 — Bertrand, 1373 — Astorge Giletti, 1380-1399 — Mathieu Reynaud, 1430-1439 — Jean de Valaton, 1447 — Jacques Simeoni, 1468 — Jean Gruel, 1474 — Étienne des Herbeys, 1540-1549 — Étienne Giraud, 1568-1571 — Benoît Thomé, 1572 — Jacques Viguier, 1573 — Pierre Charpentier, 1583 — Charles Gleyrod, 1583 — Humbert de Lyonne en procès avec les précédents, 1583-1584 — Jean Leautier, 1586-1603 — Clément Tourniaire, 1601 — Honorat Tourniaire, 1603 — Paul Florens, 1609-1611 — Alexandre Tourniaire, 1614 — Alexandre de Lyonne, 1625-1628 — Charles de Lyonne de Leyssins, 1661-1675 — Sébastien de Lyonne de Leyssins, 1675-1691 — N... Bouchu, 1718 — Pierre Charpentier, 1725-1730 — Félicien Bacon de la Marlière, évêque démissionnaire d'Apt, 1769-1788. — Les Frères Prêcheurs d'Arles possédaient des droits assez importants à Antonaves, Ribiers, Pomet, Châteauneuf-de-Chabre, Arzeliers et Montéglin ; ils les cédèrent le 19 août 1266 au prieur d'Antonaves. — La paroisse d'Antonaves faisait partie de l'archiprêtré du Rosanais. — *État administr.* — Le prieur, seigneur d'Antonaves, avait une juridiction particulière s'exerçant au xvii° siècle à Serres avec appel au vibailliage de Gap. Antonaves dépendait de l'élection et de la subdélégation de cette ville. — *État féodal.* — Depuis le x° siècle le prieur d'Antonaves était seigneur de cette paroisse. En 1580, le capitaine Blaise Penchinat, protestant, s'empara sans forme de procès de cette terre et la garda pendant plus de dix ans, en faisant nommer comme titulaires du prieuré des créatures à lui, qui, moyennant quelque argent, lui en laissaient palper les revenus. Il se qualifiait de seigneur d'Antonaves et il ne fallut rien moins que plusieurs procès pour l'expulser. — *Histoire.* — 1338, Guillaume de Mévouillon, seigneur de la Val-de-Barret, s'empare d'Antonaves à main armée. — 1342, 5 novembre, le prieur renonce au droit de succéder à ceux qui meurent sans enfants moyennant le trente-huitième de tout ce qui se cuit au four. — 1351, 6 juin le Dauphin prend la communauté d'Antonaves sous sa protection, moyennant une redevance annuelle de 2 florins. — 1353, 9 novembre, et 1358, 19 août, le Dauphin rend au prieur son château, saisi pour le mettre en défense contre le comte de Provence. — 1390, quatre-vingts cavaliers de l'armée de Raymond de Turenne, révolté contre le comte de Provence, se saisissent d'Antonaves et le mettent au pillage.

MANDEMENT DE CHATEAUNEUF-DE-CHABRE.

CHATEAUNEUF-DE-CHABRE. — *État ecclés.* — Dès la fin du xi° ou le commencement du xii° siècle, l'existence de la paroisse de Châteauneuf-de-Chabre nous est connue. Elle était sous le vocable de sainte Madeleine et à la collation du prieur d'Antonaves. Au milieu du cimetière existait une ancienne chapelle sous le titre de Saint-Michel ; une autre dédiée à Notre-Dame était au lieu dit *les Faysses* et appartenait à l'ordre de Saint-Jean de Jérusalem ; cette dernière servit quelque temps après les guerres de religion d'église paroissiale, l'église du village ayant été détruite. Le prieur d'Antonaves était décimateur de cette paroisse qui dépendait de l'archiprêtré du Rosanais. — *Administr. et Justice.* — Les seigneurs de Châteauneuf avait une juridiction particulière s'exerçant à Gap avec appel au vibailliage de cette ville, Châteauneuf faisait partie de l'élection et de la subdélégation de Gap. — *État féodal.* — Châteauneuf-de-Chabre était qualifié, de temps immémorial, de baronnie et il appartenait au moyen âge aux mêmes seigneurs que la Val-de-Barret avec laquelle il ne formait peut-être alors qu'un seul mandement. La famille de Mévouillon avait la seigneurie majeure de ces deux terres. Raymbaud de Mévouillon, 1120 — Rambaud Cotta, 1150 — Guillaume, 1177 — Raymond, 1190 — Bertrand-Raymond et Bertrand, 1220-1262 — Raymond, fils du premier, meurt sans postérité et fait héritière Mabile Adhémar, sa femme, qui fait elle-même héritière Éléonore, sa sœur, femme de Pierre de la Chaup, 1290 — Bertrand de Mévouillon-la-Chaup, leur fils, 1292-1294 — Raymbaud, 1297-1307 — Pierre et Guillaume, 1338. — Le premier a pour fils Raymbaud qui fait héritier Pierre-Baudon de Grolée, 1370-1421 — Pierre de Grolée-Mévouillon, fils de Pierre-Baudon, 1425 — Aymar, 1466 — Guillaume de Mévouillon-la-Chaup eut un fils du même nom que lui (1376-1414), qui eut deux fils nommés Guillaume et Louis, 1415. Ce dernier donna son héritage à Pierre de Grolée-Mévouillon, son oncle, nommé ci-dessus — Aymar, fils de Pierre, 1466 — Antoine, son fils, 1495-1528 — Il vendit Châteauneuf à Honoré des Herbeys pour 900 écus d'or en 1528 — Émeraude, fille de ce dernier, épousa Gaspard de Baronnat, qui revendit sa seigneurie à Balthazard de Clarens pour 3,200 écus en 1587 — Henri de Clarens la céda à Gaspard de Perrinet pour 46,000 livres en 1605 — Ce dernier la revend à Samson de Bardonnèche en 1677 — Charles d'Armand l'achète à Samson de Bardonnèche 34,000 livres en 1688 — Joseph d'Armand, 1723 — Léon, 1735-1750 — Marie-Thérèse, sa fille, épouse de M. d'Arbaud-Joucques qui la revend pour 44,641 livres à Jean-Louis Rivet, notaire à Upaix, en 1776. Ce dernier la possédait encore en 1789. — En 1324, Agnel Merle et Jean Merle, en 1385, étaient seigneurs des deux tiers de Châteauneuf et le prieur d'Antonaves d'un tiers ; cette dernière coseigneurie existait encore en 1789. — *Bibliogr.* — Allard (abbé). *Notice historique sur Châteauneuf-du-Chabre*, Gap, Richaud, 1884, in-16.

MANDEMENT DE L'ÉPINE.

L'ÉPINE. — *État ecclés.* — La paroisse de l'Épine était placée sous le vocable de Notre-Dame de Beaulieu. En 1686, nous y trouvons deux chapelles sous le titre de Saint-Joseph et du Saint-Esprit. Un petit prieuré de l'ordre de Cluny avait été fondé à 'Épine ; en 1330 il dépendait de Lagrand, plus tard il fut uni à celui de Rosans. Le prieur était décimateur de cette paroisse qui dépendait de l'archiprêtré du Rosanais. — *Administr. et Justice.* — L'Épine faisait partie, au XIVe siècle, du bailliage du Buis, et, au XVIIe, du bailliage de Gap, de la subdélégation du Buis et de l'élection de Montélimar, quoique séparé de cette dernière ville par des paroisses qui ressortissaient à l'élection de Gap. — *État féodal.* — Une famille de l'Épine possédait, au XIIIe siècle, la plus grande partie de cette seigneurie, Melchior de l'Épine, 1239 — Richau, 1274 — Rostaing, 1298 — Raymond et Amédée, 1317-1330 — La famille de Morges se substitua peu à peu à elle dans cette terre ; Barthélemy de Morges était coseigneur de l'Épine en 1300 Augier en 1320 — Guigues, seigneur de toute la terre de l'Épine, 1332-1350 — Guillaume, 1364-1373 — Aymar et Guillaume, ses fils, 1373-1380 — Charles, 1413 — Raymond, 1417-1426 — Claude, 1426-1440 — Jean, 1454-1464 — Antoine, 1491-1528 — Jean, 1542-1579 — Jacques, 1579-1621 — Jean-Balthazard, 1633-1660 — François, 1695-1732 — Claire, sa sœur, épouse d'Alphonse de Clermont-Chatte, 1732 — Charles-Balthazard, leur fils, 1732 — François-Ferdinand, 1732-1740 — Louis de Caillabot-la-Salle, mari de Charlotte de Clermont-Chatte, 1779-1789 — Quelques autres coseigneurs eurent à différentes époques des droits sur l'Épine ; nous trouvons entre autres : Bernard de Lesches, 1246 — Osasica, qui cède ses droits au Dauphin vers 1240 — Le Dauphin les cède à Raymond de Mévouillon, 1251 — Rostagnet de Rousset, seigneur de la moitié de l'Épine, 1274 — Agoult de Baux, 1324 — Guillaume Auger, 1325 — Raymond de Montauban, 1331.

MANDEMENT DE LAGRAND.

LAGRAND — *État ecclés.* — La paroisse de Lagrand était sous le vocable de la Nativité de Notre-Dame ; le prieur en était collateur. Plusieurs anciennes chapelles y existaient sous les titres de Saint-Agricol, Saint-Avon, Saint-Jouvent et Saint-Crigne ; cette dernière était le but d'un pèlerinage. En 1708, nous y trouvons une nouvelle chapelle de Saint-Jean-Baptiste au hameau des *Aubres*. La paroisse de Lagrand était de l'archiprêtré du Rosanais. — Un prieuré conventuel fort important existait dans cette paroisse sous le titre de Sainte-Marie. Avant 1091, il appartenait, j'ignore par suite de quelle donation, au Saint-Sépulcre d'Aquapendente, qui était lui-même une possession immédiate de l'église du Saint-Sépulcre de Jérusalem. Urbain V, par une bulle du 6 décembre 1365, le donna à l'ordre de Cluny.

Il fut, vers cette époque, placé sous la dépendance de l'abbaye de Ganagobie, au diocèse de Sisteron, puis, sous celle de Notre-Dame de Rochefort, près Villeneuve-les-Avignon, au xvii° siècle. Le prieur de Lagrand était seigneur temporel pour la plus grande partie et décimateur de cette paroisse ainsi que de *Nossage* et *Bénivent*, qui ne formaient alors avec Lagrand qu'une seule communauté. A Nossage, le prieuré possédait une exploitation rurale assez considérable qui porte aujourd'hui encore le nom de *Prieuré* et dans laquelle il y avait une chapelle. En 1550, cinq religieux habitaient encore le prieuré de Lagrand. Voici les noms de quelques-uns de ses prieurs : Pierre, 1252 — Hugues de Boduin, 1258 — Hugues de Brioino, 1266 — Bernard de Laborel, 1309-1317 — Arnaud de Venasque, 1330-1340 — Jean de Châteauvieux, 1365 — François de Champs, 1414 — Pierre Richière, 1426 — Maillard de Theys, 1439-1462 — Bertrand Batailler, 1474 — Claude de Tournatour, 1480 — Jean-Baptiste Reynaud, 1559 — Jean Vignau ou Vinçon, 1560 — Philippe Reynaud en procès avec Anselme Dromenc, 1575 — Bernard Garnier, 1579 — Isnard Bresson en procès avec Philippe Vinson, 1582-1584 — Jean Faure en procès avec Bernard Garnier et Isnard Bresson, 1584 — Gaspard de Bonne, 1587 — Antoine Buisson, 1589 — Jérôme Bernard, 1600 — Esprit Hugues, 1602 — Jean de Morges en procès contre Vincent Allemand et Pierre Bernard, 1604-1607 — Claude Ruffi, par cession volontaire des précédents, 1610 — Louis de Simiane-la-Coste, 1616-1657 — Antoine Loubat, vers 1660 — Jean de Morges-Saint-Ferréol, vers 1670 — Jean d'Yse de Saléon, vers 1680 — François Carles-Loubat, 1687 — Jean d'Yse de Saléon, 1688-1691 — Philippe Giraud, 1699-1720 — Philippe Bence, 1725 — Louis de Simiane, 1745 — Charles-François Mercier, 1745-1789. — Il suffit de jeter les yeux sur la liste précédente pour constater quel trouble apportèrent dans le prieuré de Lagrand les guerres de religion; le monastère et l'église paroissiale furent en partie démolis et la plupart des revenus furent saisis par les prête-noms des capitaines protestants. — Au milieu du xiv° siècle, un autre prieuré existait à Nossage; il appartenait aux religieuses de Sourribes et ne paraît pas avoir existé longtemps après cette époque. Il possédait des revenus à la Beaumette (Oze) et à Saint-Cassien (Chabestan) et Béatrix de Sabran en était prieure en 1348 — *Administr. et Justice*. — Lagrand faisait partie du vibaillage, de l'élection et de la subdélégation de Gap. — *État féodal*. — Le prieur de Lagrand était seigneur de cette communauté sous le haut domaine d'abord des comtes de Provence puis des Dauphins. Au xvii° siècle, nous trouvons dans le village de Bénivent un petit arrière-fief dont voici les possesseurs : François Hugues, 1620 — David, 1630 — David, 1680-1704 — Pierre, 1751 — Hugues et Pierre de Laget, 1770-1789. — *Histoire*. — 1317, 15 août, transaction entre le Dauphin et Bernard de Laborel, prieur, par laquelle celui-ci reconnaît devoir au Dauphin l'hommage, le service militaire et que sa seigneurie est sous la juridiction delphinale pour les causes criminelles. — 1390, les troupes de Raymond de Turenne révolté contre le comte de Provence s'emparent de Lagrand et pillent le trésor du prieuré d'où ils emportent une valeur de 1,500 fr. d'or, plus de 100,000 fr. à la puissance actuelle de l'argent. — 1562, 2 septembre, combat entre le chef protestant Montbrun et La Beaume-Suze, capitaine catholique; l'armée protestante entièrement défaite se replie sur Orpierre. — *Bibliogr.* — ALLARD (abbé). *Le prieuré de Notre-Dame de Lagrand* (*Annales du Laus*, 1882, p. 235).

MANDEMENT DE MONTJAY.

CHANOUSSE. — *État ecclés*. — La paroisse de Chanousse était sous le vocable de Notre-Dame du Serre. En 1371 il existait dans cette communauté une église du Saint-Sépulcre qui nous est connue seulement par le testament de Lantelme Aynard, seigneur de Chanousse, qui y fonda, le 4 août de cette année, une chapelle sous le titre de Notre-Dame, et légua 15 florins pour réparations à faire à l'édifice et quelques revenus dans la paroisse de Trescléoux. Peut-être cette église du Saint-Sépulcre était-elle à cette époque paroissiale et le vocable en fut-il changé postérieurement. La chapelle de Notre-Dame, fondée par Lantelme Aynard, était sous la juspatronat des seigneurs de Chanousse. En 1695 un prêtre nommé Guillaume Blanc fonda une seconde chapelle au hameau des *Courtilles*. Il n'y avait pas de prieuré à Chanousse, mais le curé prenait le titre de prieur-curé parce qu'il était décimateur de cette paroisse qui faisait partie de l'archiprêtré du Rosanais. — *Administr. et Justice*. — Chanousse faisait partie du vibaillage, de l'élection et de la subdélégation de Gap. — *État féodal*. — Le haut domaine de Chanousse appartint jusqu'au 2 septembre 1317 à la famille des barons de Mévouillon, puis au Dauphin à partir de cette époque. Cependant avant 1246 ce prince possédait une part de seigneurie à Chanousse ; Guillaume de Montjay lui en vendit une seconde le 28 mars 1246. Le Dauphin engagea en 1297, à Pierre Boche, sa part de cette seigneurie ; il la reprit l'année suivante et l'échangea avec Bertrand de Taulignan contre la terre d'Orpierre, 1,300 livres et 700 de pension le 16 octobre 1298. Il l'avait rachetée en 1315 et l'échangea avec Lantelme Aynard pour des terres aux environs de Grenoble. Pierre Aynard, 1329 — Jacques, 1349 — Lantelme, neveu du précédent, teste en 1371 — Raymond et Lantelme, ses fils, 1371-1389 — Raymond, fils de Raymond, 1389-1403 — Jean, son frère, 1403-1415 — Jacques, 1415 — François, neveu du précédent, 1480 — Louis, son fils, vend les trois quarts de Chanousse à Hugues de l'Hère pour 1,100 écus d'or vers 1520 — Barthélemy d'Agoult l'achète en 1543 — François, 1545-1577 — François, 1577-1621 — Antoine-René, son frère, 1621-1670 — François-Pie, 1670-1699 — Thomas, 1714-1737 — François-Henri, 1789. — Le dernier quart de la seigneurie de Chanousse, resté dans la famille Aynard, fut vendu par François de Montaynard (car cette famille avait légèrement modifié son nom) à Antoine Morard pour 5,450 livres en 1570. — Celui-ci le revendit pour 6,500 livres à François d'Agoult qui réunit toute la seigneurie sur sa tête en 1577.

MONTJAY. — *État ecclés.* — Cette communauté formait deux paroisses, Montjay et Vaucluse. — *Montjay.* La paroisse de Montjay était sous le vocable de saint Martin de Tours; il n'y avait aucune chapelle fondée dans cette église. — *Vaucluse.* Cette paroisse, beaucoup moins ancienne que la précédente, existait cependant déjà au milieu du XIVe siècle; elle était sous le vocable de sainte Marie. — En 1751 le curé de Montjay prenait le titre de prieur-curé et devait entretenir le secondaire de Vaucluse, ce qui démontre qu'à cette époque il n'y avait plus de cure dans ce village, mais un simple vicaire. Le prieur de Saint-André de Rosans, le prieur-curé de Montjay et l'ordre de Saint-Jean de Jérusalem se partageaient les dîmes de Montjay qui faisait partie de l'archiprêtré du Rosannais. — *Ordres hospit.* — L'ordre de Saint-Jean de Jérusalem possédait quelques terres à Montjay; le 27 juillet 1560 le commandeur de Gap en fit hommage au Dauphin; elles avaient été aliénées au XVIIe siècle. — *Administr. et Justice.* — Comme à Chanousse. — *État féodal.* — La famille de Mévouillon posséda jusqu'en 1317 le haut domaine de Montjay; le Dauphin l'ayant acquis cette année-là, le céda, le 3 décembre 1322, à Aymar de Poitiers, comte de Valentinois, mais il ne tarda pas d'en reprendre possession. Le Dauphin possédait, avant 1246, une part de la seigneurie de Montjay; il en acheta une seconde pour 8,000 sous viennois à Guillaume de Montjay, fils d'Albert, le 28 mars 1246. Il l'inféoda, sous réserve d'hommage, à Albert de Montjay, fils de Geoffroy, le 5 décembre 1296 — Albert de Montjay, 1297 — Les héritiers de Bertrand et Lagier de Montjay, 1322. Cette part, évaluée à la moitié de la seigneurie, revint, vers cette époque, entre les mains du Dauphin. — Le reste appartenait, au XIIIe siècle, à la famille de l'Épine — Marchon de l'Épine, 1235 — Richau, 1274 Jordan de Rosans, 1282 — Raymond de l'Épine, 1317-1320 — Léonard de Amorosio l'acquiert, 1320 — Barthélemy, son fils, acquiert en outre la part du Dauphin, 1328-1337 — Agoult, 1351 — Dragonet et Sybille, femme de Baudon de Mévouillon-la-Chaup, ses enfants, 1362-1380 — Pierre de Mévouillon-la-Chaup, héritier de Sybille, 1395-1413 — Pierre-Baudon de Grolée-Mévouillon, héritier du précédent, 1413-1421 — Pierre, son fils, 1425 — Aymar, 1466 — Antoine, 1495-1520 — François d'Agoult, seigneur de Chanousse, l'achète, 1520. — A partir de cette époque la succession des seigneurs est la même à Montjay qu'à Chanousse, avec cette différence qu'en 1661 Antoine-René d'Agoult vendit cette terre à Étienne Cruel, avec faculté de rachat dont il ne tarda pas à user. — Un petit fief nommé l'*Hommage* existait dans le territoire de Montjay; François Marin et Telmon Lieutard en étaient seigneurs en 1392; il se confondit bientôt avec la seigneurie principale. — Vaucluse formait également un fief particulier: Charles d'Anjou, comte de Provence, le donna, le 30 avril 1262, à l'abbaye de l'Ile-Barbe. Cette abbaye l'aliéna au commencement du XIVe siècle et la famille de Morges en fit l'acquisition. Il fut confisqué par le Dauphin en 1392 sur Guillaume de Morges, pour crime de félonie, et donné à Guillaume de Mévouillon; il se confondit alors avec la seigneurie principale; sa valeur était de 60 livres tournois au XIVe siècle. En 1270, Mathelin de Pommerol avait prêté hommage pour une partie du fief de Vaucluse. En 1734, le seigneur de Ribeyret en possédait une part. — *Histoire.* — En 1737 Thomas d'Agoult, seigneur de Montjay, fut victime d'un assassinat commis dans des circonstances horribles et qui donna lieu à un émouvant procès criminel.

MANDEMENT DE MOYDANS.

MOYDANS. — *État ecclés.* — La paroisse de Moydans qui n'existait pas encore à la fin du Xe siècle existait au XIIIe; elle était sous le vocable de sainte Florence. Avant les guerres de religion on avait fondé dans cette église des chapelles de Notre-Dame d'Espinouse et de Notre-Dame du Rosaire qui furent détruites par les protestants. La cure de Moydans était à la collation des Templiers auxquels succédèrent, en 1312, les chevaliers de Saint-Jean de Jérusalem. Le commandeur de Gap était décimateur de cette paroisse qui dépendait de l'archiprêtré du Rosanais. — *Ordres hospit.* — L'ordre du Temple était possesseur des revenus ecclésiastiques de Moydans, j'ignore par suite de quelle donation ou acquisition. Après la suppression des Templiers, les chevaliers de Saint-Jean les remplacèrent et possédèrent paisiblement ces biens jusqu'en 1789. Ils choisissaient le curé, percevaient la dîme au douzième et étaient propriétaires, en 1667, d'un pré et de trois champs. Ces biens relevaient de la commanderie de Gap. — *Administr. et Justice.* — Comme à Chanousse. — *État féodal.* — Le haut domaine de Moydans appartint d'abord aux barons de Montauban; Hugues-Adhémar de Loubières le vendit, en 1302, au Dauphin avec tous ses autres domaines. Guy, frère de Jean II, dauphin, reçut ces terres en apanage en 1307, mourut en 1317 en les transmettant à son frère Henri, évêque élu de Metz, qui, le 5 décembre 1327, échangea Moydans avec Guillaume Auger contre une terre que ce dernier possédait à Crémieux (Isère), du chef de sa femme Gillette Aynard. Guillaume Auger céda son acquisition à la famille de Morges, ainsi que nous allons le voir. — La seigneurie inférieure appartint d'abord à une famille de Moydans; André de Moydans vivait en 1173; la famille de Morges l'acquit ensuite : Pierre de Morges vivait en 1248-1253 — Florimond, 1270 — Pierre, 1284 — Reynaud, 1327; il achète la part acquise par Guillaume Auger de Henri Dauphin. — Guigues, 1353-1364 — Guillaume, 1364-1373 — Guillaume et Aymar ses fils, 1373-1380 — Charles, 1413 — Reynaud, 1417-1457 — Jean, 1457-1470 — Guichard, 1472 — Antoine, 1491; il vend Moydans à Jean Flotte en 1523 et le rachète en 1527 — Jean de Morges, 1542-1579 — Jacques et Jean, 1579-1611 — Olympe, fille de Jacques, épouse Jean de Boffin qui achète la part de Jean de Morges, 1617-1660 — Thomas, leur fils, 1680-1684 — Jean-Baptiste, chevalier de Malte 1692 — Catherine de Boucher d'Orsay, veuve de Pierre Martin de Champoléon, achète 1698 — François-Antoine de Meynier-Rochefort, 1700 — Joseph et Mathieu-Christophe, ses fils, 1717-1720 — Joseph, 1750-1789.

MANDEMENT D'ORPIERRE.

ORPIERRE. — *État ecclés.* — La paroisse d'Orpierre sous le vocable de saint Julien remonte au moins au XII° siècle. En 1516, il y avait quatre chapelles fondées dans cette église; elles existaient encore en 1708, mais alors unies à la cure. Le curé prenait le titre de prieur de Saint-Martin et de Notre-Dame des Grâces et percevait la majeure partie des dîmes de sa paroisse qui était à la collation du prieur de Lagrand. — Un petit prieuré rural sous le titre de Saint-Vincent existait dès le XIV° siècle dans le territoire de cette paroisse : une chapelle de Saint-Jean-Baptiste en dépendait. Il appartenait au prieuré conventuel de Lagrand et fut détruit pendant les guerres de religion. Orpierre faisait partie de l'archiprêtré du Rosanais. — *Hôpitaux.* — Un hôpital existait à Orpierre où passait la route la plus fréquentée du Mont-Genèvre au Comtat-Venaissin. Cette maison hospitalière subsistait encore en 1745. — *Protestants.* — Orpierre fut un foyer très actif de propagande protestante dans les Alpes. En 1561, les Huguenots s'y assemblaient déjà pour prier, mais leur église ne fut vraiment organisée qu'à la fin du XVI° siècle. Le temple d'Orpierre fut détruit ensuite d'un arrêt du conseil du roi du 9 avril 1685. Voici les noms de quelques-uns des pasteurs de cette église : Hugues Mathieu, 1586-1591 — François de Jarry, 1596 — Jean-Antoine Javel, 1600-1605 — Josias Montagne, 1607-1612 — Isaac Férand, 1613-1622 — Charles du Suau-la-Croix, 1626-1646 — Jean Chérubin, 1646-1651 — Jacques Maréchal-la-Croix, 1650-1679 — Jean Thiers, 1683-1684 — Salomon Gallifier, 1684-1685. — *Administr. et Justice.* — La terre d'Orpierre fit partie du bailliage des Baronnies jusqu'en 1317; le 10 février 1334, Humbert II, dauphin, l'ayant donné au seigneur d'Orange, de nouveau possesseur y établit un magistrat qui y rendait la justice en son nom. En 1700, le roi d'Angleterre, comme héritier des princes d'Orange, nomma pour la dernière fois un juge à Orpierre pour trois ans. Le prince de Conti ayant été mis l'année suivante en possession des biens du roi d'Angleterre en France, les vendit le 10 juin 1703, au roi, et Orpierre fut uni au vibailliage de Gap et à l'élection et à la subdélégation de cette ville. Les sentences du juge du prince d'Orange à Orpierre pouvaient être déférées en appel au parlement de Grenoble; le parlement établi à Orange au milieu du XV° siècle et supprimé en 1703, n'avait aucune juridiction à Orpierre. — *État féodal.* — Orpierre appartient d'abord à la branche des seigneurs de Mévouillon qui possédaient Serres (voir cet article), sous la suzeraineté des comtes de Provence. Vendu au Dauphin par Galburge de Mévouillon, le 11 juin 1264, il fut cédé par celui-ci, avant 1295, à Bertrand de Tauligran. Ce seigneur et Catherine, son épouse, le revendirent au Dauphin moyennant 1.300 livres, une pension de 700 et la terre de Chanousse, le 16 octobre 1298. Guigues VIII le donna en apanage à son frère Humbert, le 29 juin 1329, et celui-ci, une fois monté sur le trône, l'inféoda à Jean de Châlons, seigneur d'Orange, le 10 février 1334. Cette terre passa ensuite dans la maison de Nassau par le testament de Philibert de Chalons qui fit héritier en 1502 son neveu René de Nassau. Les descendants de ce dernier possédèrent Orpierre jusqu'à Guillaume III qui devint roi d'Angleterre en 1689 et mourut en 1700. Une foule de compétiteurs se disputèrent son héritage : le roi de Prusse, le prince de Nassau-Frise, le marquis de Nesle, le maréchal d'Allégre et enfin le prince de Conti. Ce dernier fut mis en possession provisoire par arrêt du 28 mai 1702 et vendit cet héritage au roi de France le 10 juin 1703. Le roi de Prusse renonça à ses droits par le traité d'Utrecht (1713), et le prince de Nassau-Frise reçut la même année une indemnité pécuniaire en échange de la renonciation à ses prétentions. Le roi de France n'ayant pas rempli ses engagements vis-à-vis le prince de Conti, celui-ci demanda, en 1718, à être remis en possession des terres qu'il avait cédées ; il l'obtint, et lui et ses héritiers jouirent d'Orpierre jusqu'en 1731. A cette époque, la princesse douairière de Conti, au nom de son fils mineur, renouvela l'échange de 1703, c'est-à-dire qu'elle céda les terres qui avaient dépendu de la couronne d'Angleterre au roi de France, moyennant des seigneuries d'une égale valeur ou une rente annuelle de 80,000 livres. En 1758, le prince de Conti voulut réclamer contre cet échange comme ayant été fait par une tutrice qui n'en avait pas le pouvoir, mais avant le procès il intervint une nouvelle transaction confirmative. — Plusieurs familles nobles d'Orpierre ou des environs se qualifiaient de coseigneurs d'Orpierre dont elles possédaient de petites portions telles que les moulins ou les fours banaux qui leur avaient été inféodés au XVI° siècle par le prince d'Orange. Voici les principales : *Autard de Bragard* : Balthazard, 1600-1620 — Paul, 1625 — Jacques, 1630 — Samson, 1650-1679 — Alexandre, 1706 — Jacques, 1750 — François-Alexandre, 1789 ; — *Maigre* : Samson, sieur de la Motte, 1660-1706 — Samson, son neveu, teste en 1726 — Jacques, 1760 ; — *Bozonnier* : André, sieur de Fontfréde, 1625-1692 — Pierre, 1722-1755 ; — *Achard-Ferrus* : Charles, 1647 — Jacques-Marie, 1686-1700 — Victor, 1750 — Isidore-Étienne, 1770-1789. — *Industrie et Commerce.* — 1431, 26 juillet, le gouverneur du Dauphiné concède à Pierre Disdier, Jacques Jordan et N. Clair les mines d'or, argent, cuivre et plomb d'Orpierre, moyennant le quinzième pendant les trois premières années et le dixième ensuite. — 1610, Philippe-Guillaume de Nassau, donne aux habitants les moulins banaux de la seigneurie. — *Histoire.* — 1317, 15 août, Jean II, dauphin, y passe. — 1561, décembre, des inconnus saccagent l'église d'Orpierre ; les protestants d'Orpierre protestent ainsi que les catholiques devant le juge contre cette violence. — 1562, prise d'Orpierre par les protestants ; 2 septembre, les troupes protestantes battues à Lagrand se réfugient à Orpierre avec Montbrun, leur chef ; la Beaume-Suze et les catholiques les y poursuivent et les en expulsent. — 1573, avril, les protestants s'emparent de nouveau d'Orpierre. — 1628, 17 mai, les protestants dauphinois partisans du duc de Rohan se saisissent d'Orpierre. — 1633, le château est démoli par ordre de Richelieu.

MANDEMENT DE RIBEYRET.

RIBEYRET. — *État ecclés.* — La paroisse de Ribeyret existait au XIV° siècle et était placée sous le vocable de saint Pierre et saint Paul. En 1516 il n'y avait aucune chapelle fondée dans cette église ; en 1616 on y trouve une chapelle de Saint-Michel ; en 1708 deux nouvelles chapelles de Saint-Jacques et de Saint-Philippe y existaient. Au moyen âge un prieuré dépendant de Cluny et sous le titre de Notre-Dame des Courtines avait été fondé à Ribeyret ; il avait été uni à la cure avant 1516. Le curé prenait le titre de prieur-curé et était principal décimateur de cette paroisse qui dépendait de l'archiprêtré du Rosanais. — *Administr. et Justice.* — Le seigneur de Ribeyret avait une juridiction particulière s'exerçant à Serres, avec appel au vibailliage de Gap. Ribeyret dépendait de l'élection et de la subdélégation de cette ville. — *État féodal.* — Le haut domaine de Ribeyret appartint jusqu'au 2 septembre 1317 à la famille des barons de Mévouillon. Le 25 juin 1282 Jordan de Rosans fait hommage à Raymond de Mévouillon d'une part de la seigneurie qu'il possédait. La plus grande partie de cette terre appartenait, au XIII° siècle, à la famille d'Alauson : Guillaume d'Alauson, 1262 — Géronton, 1347 — François, Ferrand et Géranton, 1368 — Bérengère ; veuve de Géranton, dame pour partie de Ribeyret, 1399 — Rostaing, Richaud et Catherine, femme de Bérenger de Rosans, enfants de François, 1400 — Jordan de Rosans-Alauson, fils de Catherine, 1413 — Antoine, 1442-1472 — Pierre, 1489 — Géronton et Marie, épouse de François Achard, 1500-1520 — Louis, Bertrand et Louise, épouse de Vincent de Chabestan, enfants de Géranton, et Marguerite Achard, fille de Marie et épouse de Rostaing Manent, 1534-1550 — Antoine de Chabestan-Alauson, fait héritier par les deux branches, réunit en ses mains toute la seigneurie, 1557 — Louis, 1576-1587 — Pierre, 1623 — Fouquet, 1661 — François-Ignace, 1672-1699 — Ignace-François, 1699-1722 — François-Joseph, 1737 — Charles-Arnoul Martin de Champoléon achète Ribeyret, 1750-1760 — Catherine, sa fille, épouse de M. Le Long de Dréneulk, 1789. — Je trouve encore en 1329 Hugues de l'Étoile, coseigneur de Ribeyret.

SORBIERS. — *État ecclés*. — La paroisse de Sorbiers n'était pas antérieure au XIV° siècle ; elle était placée sous le vocable de sainte Luce, ne possédait aucune chapellenie et faisait partie de l'archiprêtré du Rosanais. Les curés de Sorbiers et de Ribeyret en étaient les principaux décimateurs. — *Administr. et Justice*. — Comme à Ribeyret. — *État féodal*. — Les seigneurs de Sorbiers étaient les mêmes que ceux de Ribeyret ; cependant je trouve les personnages suivants possesseurs de quelques parties de cette terre : Jordan de Rosans, 1202 — Parceval, 1250 Jordan qui fait hommage à Raymond de Mévouillon en 1282 — Rolland et sa cousine Bérangère font hommage au Dauphin, chacun pour une moitié de Sorbiers en 1324 — Guillaume Auger, hommage pour six parties de cette terre en 1325 — Jordan de Rosans, 1334 — Guillaume Auger, 1350 — Georges Auger, 1399-1420 — Osasica Flotte, seigneur de la Roche, 1400 — Antoine de Saint-Marcel d'Avançon, 1441 — Alix de Saporis, veuve de Georges Auger, 1468 — Montarcine d'Alauson vend sa part à Jean de Layno (de Leygue?) le 30 novembre 1509. — En outre, les seigneurs de Chanousse avaient quelques droits sur cette terre, car Melchior d'Agoult-Chanousse, prêtre, prenait le titre de sieur de Sorbiers en 1673.

MANDEMENT DE RIBIERS.

RIBIERS. — *État ecclés*. — La paroisse de Ribiers est sous le vocable de l'Assomption de Notre-Dame et date au moins du XII° siècle. En 1516 et 1616 il n'y avait aucune chapelle fondée dans cette église ; en 1708 nous y trouvons des chapelles de Saint-Joseph, Saint-Jacques, de Sainte-Catherine des Saillosses, et une dernière, dont le titre n'est pas indiqué, fut fondée par Jean Bonnet en 1715 ; la famille du fondateur en conserva le juspatronat. Une chapelle de Saint-Norguis et une autre de Saint-Pansier existaient de temps immémorial dans cette paroisse ; la deuxième, située sur les limites de Ribiers et de Bevons (Basses-Alpes), était le but d'un pélerinage. En 1708 le clergé paroissial se composait d'un curé et d'un secondaire. — En 1178 il existait dans le bourg et le château de Creyssint, aujourd'hui disparus et dont il sera question plus loin, une église sous le vocable de Notre-Dame ; le pape la donna à l'abbaye de Saint-André-lès-Avignon. Cette église, peut-être paroissiale, disparut probablement, ainsi que le bourg et le château de Creyssint, au commencement du XV° siècle, et elle fut remplacée, vers 1765, par un succursaliste au village de *Rougnouse*. Dès 1241 il existait une chapelle de Saint-Étienne avec un chapelain dans le château de ce nom. — Il existait deux prieurés dans la paroisse de Ribiers : le plus ancien, sous le titre de Notre-Dame du Serre, appartenait à l'ordre de Cluny. J'ignore l'époque précise de sa fondation, mais il existait déjà au XIII° siècle ; il fut uni, postérieurement au XIV° siècle, à l'abbaye de Saint-André-lès-Avignon. Le prieur de Notre-Dame du Serre était décimateur d'environ un tiers du territoire de Ribiers et la cure était à sa collation. — Le second prieuré, sous le titre de Saint-Étienne, se trouvait dans la partie de la paroisse la plus rapprochée de la ville de Sisteron (Basses-Alpes) et appartenait au chapitre cathédral de cet évêché. Quoi qu'il n'en soit fait aucune mention dans le rôle des décimes de 1516, je crois que sa fondation était antérieure à cette date et avait pour origine une donation faite par le seigneur de Ribiers au chapitre de Sisteron et peu postérieure à l'année 1368. Ce seigneur ayant fait raser cette année-là le château-fort qu'il possédait à Saint-Étienne, donna probablement quelques terres environnantes et la chapelle du château, à ce chapitre, qui y fonda un prieuré. Les ruines de la chapelle de Saint-Étienne se voient encore aujourd'hui. Le prieur était décimateur du territoire qui l'avoisinait. — De 1680 à 1708 un ermite obtint de l'évêque de Gap l'autorisation de se fixer dans la paroisse de Ribiers. — Cette paroisse dépendait de l'archiprêtré du Rosanais. — Dans les dernières années du XII° siècle ou les premières du XIII°, une abbaye de l'ordre de Chalais fut fondée au lieu dit *Clairecombe*, près de Ribiers. Il est probable que les moines furent attirés par quelque libéralité de la famille de Mévouillon qui possédait alors la seigneurie de Ribiers. Ils construisirent un monastère et une église sous le vocable de sainte Marie, reçurent en don des possessions assez vastes dans les environs et les dîmes d'une grande partie de la paroisse. La décadence de cette maison commence à Ollivier, son neuvième abbé, qui aliéna ou dissipa la plus grande partie de ses biens, malgré l'opposition de ses religieux. Peut-être même vendit-il l'abbaye elle-même aux chevaliers de

Saint-Jean de Jérusalem, car la commanderie de Saint-Pierre-Avez en prit possession, sauf quelques parties qui revinrent au seigneur de Ribiers, quoique les religieux eussent protesté contre cette annexion en nommant, en 1282, un dernier abbé. Le titre d'abbé de Clairecombe ne fut pas éteint et un prêtre de l'ordre de Saint-Jean le porta jusqu'en 1789. Le nom des trois premiers abbés n'a pas été retrouvé, le quatrième se nommait W., 1234. — Nous trouvons ensuite. D., 1236 — Jacques, 1241 — Richaud, 1255-1256 — Maizaccius, 1257 — Olivier, 1268-1278 — Raymond Ruffi, 1282. — *Ordres hospit.* — Dès le XII⁰ siècle, l'ordre de Saint-Jean de Jérusalem possédait à Ribiers un hôpital et une chapelle de Saint-Jean; une autre chapelle de Saint-Aubert en dépendait également. En 1282, cet ordre devint possesseur des biens et revenus de l'abbaye de Clairecombe; comme successeur de cette abbaye il était décimateur d'une grande partie de la paroisse. Ces possessions dépendaient de la commanderie de Saint-Pierre-Avez, unie au XV⁰ siècle à celle de Joucas au Comtat. Le commandeur prêtait pour elles hommage au seigneur de Ribiers. — *Hôpitaux.* — Outre l'hôpital de Saint-Jean dont je viens de parler, une maladrerie existait de temps immémorial à Ribiers, au quartier nommé aujourd'hui Saint-Roch. Elle n'était pas supprimée en 1708 mais n'avait alors aucun revenu. — *Administr. et Justice.* — Ribiers, comme presque toute la vallée du Buëch, fit partie jusqu'à la fin du XIV⁰ siècle du bailliage de Sisteron, ou du moins le comte de Provence prétendit jusqu'à cette époque un droit de haute justice sur cette contrée. Ce n'est que peu à peu et par la force des choses qu'elle finit par ressortir exclusivement au bailliage de Gap et au parlement de Grenoble. Le seigneur de Ribiers avait une juridiction particulière qui s'exerçait à Gap, au XVII⁰ siècle, avec appel au bailli de cette ville. Ribiers dépendait de la subdélégation et de l'élection de Gap. — *État féodal.* — La terre de Ribiers fut érigée en comté, en 1711, en faveur de Cosme-Alphonse de Valbelle avec le mandement de la Val-de-Barret qui en était voisin. La seigneurie de Ribiers se composait de quatre châteaux dont les territoires sont soigneusement délimités dans les hommages prêtés par les seigneurs aux Dauphins. Le premier était celui de Ribiers dont le territoire longeait la rivière du Buëch. Le second était celui de Saint-Étienne *(bastida sancti Stephani)*, limité par les territoires de Sisteron, Ribiers, Bevons *(Beoncium)* et Creyssint. Le troisième était celui de Creyssint *(Castrum Creyssentis)*, limité par les territoires de Bevons, Eourres,

Saint-Étienne et Château-Giraud. Il avait été acquis en partie avant 1241 par Rambaud de Mévouillon de Bertrand et Guillaume de Villemur. Le dernier était celui de Château-Giraud, limité par les territoires de Creyssint, Ribiers, Saint-Pierre-Avez et Antonaves. Les châteaux de Creyssint et Château-Giraud ont disparu sans laisser aucune trace; celui de Saint-Étienne existe encore à l'état de ruines; Ribiers seul est un bourg habité. — La seigneurie majeure de Ribiers appartenait aux barons de Mévouillon: Raymbaud de Mévouillon, 1120 — Rambaud-Cotta, 1150 — Guillaume, 1177 — Raymond, 1190 — Bertrand-Raymond et Bertrand. 1220-1262 — Raymond, fils du premier, meurt sans postérité et fait héritière Mabille Adhémar, sa femme, qui transmet cet héritage à sa sœur Éléonore, femme de Pierre de la Chaup, 1290 — Bertrand de Mévouillon-la-Chaup, leur fils, 1292-1294 — Raymbaud, 1297-1307 — Pierre et Guillaume, ses fils, 1338 — Le premier eut pour fils Raymond qui fit héritier Pierre-Baudon de Grolée, 1370-1421 — Pierre de Grolée-Mévouillon, son fils, 1425 — Aymar, 1466 — Guillaume de Mévouillon-la-Chaup, nommé ci-dessus, eut pour fils Louis et Guillaume (1356-1414), le dernier eut deux fils nommés Guillaume et Louis (1415). Ce dernier donna son héritage à Pierre de Grolée-Mévouillon, son oncle, nommé ci-dessus, 1425 — Aymar, 1466 — Antoine de Grolée-Mévouillon, fils du précédent, fut seigneur de tout Ribiers, 1495-1528 — Aymar, 1535-1564 — Laurent, 1590 — Aymar, 1590-1635 — Louis, 1635 — Catherine, sa cousine, en hérite; elle épouse Rostaing de la Beaume-Suze, 1641 — Louis-Jean François, leur fils, 1669 — Léon de Valbelle-Rians achète Ribiers et la Val-de-Barret pour 213,000 livres le 9 septembre 1681 — Cosme-Alphonse, son fils, meurt sans postérité; Léon d'Armand est son héritier, du chef de sa femme Marguerite, fille de Marguerite de Valbelle, 1732 — Marianne-Thérèse de Félix en hérite; elle épouse Charles-Marie de Créqui, 1751-1789. — Les barons de Montauban possédaient également une partie de la terre de Ribiers: Dragonet de Montauban, 1206-1214 — Raymond, son fils, 1214-1220 — Dragonet, 1228-1242 — Dragonet, 1276 — Randonne, sa fille, épouse de Raymond-Geoffroy de Castellane, 1276-1284 — Roncelin de Lunel, son héritier, 1291-1294 — Hugues-Adhémar, oncle du précédent, en hérite et vend sa part au Dauphin, 1294-1307. — Cette coseigneurie s'étendait sur la moitié de Ribiers. — Une autre part était possédée par Jordan de Rosans en 1202 — Parceval, son fils, 1250 — Jordan, 1280-1298 — Jordan, 1309-1329 — Bérengère, sa fille, épouse de Jordannenc Rivière,

1370 — Louis de la Pierre, 1404 — Antoine, 1480-1500 — Isabeau, sa fille, épouse d'Antoine de Grolée-Mévouillon, seigneur majeur de Ribiers, 1530. — *Industrie et Commerce.* — 1617, janvier, Louis XIII crée quatre foires à Ribiers le jour de la confession de Saint-Paul (18 janvier), le mardi après l'octave de Pâques, le jour de la Visitation (2 juillet) et celui de la Toussaint (1er novembre); plus un marché chaque jeudi. — *Histoire.* — 1292, frère Dominique, chevalier de Saint-Jean de Jérusalem, est assassiné à Ribiers sans que les auteurs de ce crime puissent être connus. — 1368, décembre, les habitants de Sisteron craignant de voir le château de Saint-Étienne saisi par une bande de routiers qui parcourait le pays, le détruisent de fond en comble avec l'autorisation du seigneur de Ribiers. — *Biographie.* — MÉVOUILLON (Guillaume de), fils de Guillaume de Mévouillon-la-Chaup, seigneur de Ribiers, de la Val-de-Barret, de Saléon, etc., seigneur lui-même d'une partie de ces terres, fut capitaine d'une compagnie (1415-1420), sénéchal de Beaucaire (1425-1426) ; il avait épousé une princesse de la maison de Carrara et mourut probablement sans postérité, laissant la réputation d'un très brave capitaine. — *Bibliogr.* — ALBANÈS (abbé). *Notre-Dame de Clairecombe, abbaye chalaisienne au diocèse de Gap (Bulletin d'histoire ecclésiastique du diocèse de Valence*, 1882, n° 1). — ALLARD (abbé). *Extrait d'une étude sur Ribiers (Annales du Laus*, 1877, p. 54). — *Notice sur Ribiers (Bulletin de la société d'études des Hautes-Alpes*, 1883, n°s 1 et 2). — *Une paroisse avant la Révolution (Annales du Laus*, 1882, p. 156). — ROMAN (J.). *Note sur l'abbaye de Clairecombe, au diocèse de Gap (Bulletin d'histoire ecclésiastique du diocèse de Valence*, 1881, n° 3).

MANDEMENT DE ROSANS.

ROSANS. — *État ecclés.* — La paroisse de Rosans remontait certainement au delà du x° siècle ; elle était sous le vocable de Notre Dame-la-Blanche. En 1516, il y avait dans cette église deux chapelles de Saint-Jean et de Sainte-Catherine, elles existaient encore en 1708. Rosans possédait un prieuré sous la règle de Saint-Benoit ; le prieur était décimateur de la paroisse et de quelques paroisses environnantes et collateur de la cure. Rosans fut le chef-lieu de l'archiprêtré du Rosanais jusqu'au XVIIIe siècle ; à cette époque le titre d'archiprêtre du Rosanais fut donné au curé de Serres. — *Protestants.* — Les protestants eurent de bonne heure un temple et un ministre à Rosans, grâce à l'influence de Lesdiguières qui en était seigneur. Le culte y fut interdit et le temple démoli par arrêt du conseil du roi du 25 juin 1685. Voici le nom de quelques-uns de ses pasteurs : Jean Martinel, 1600-1602 — Pierre de la Croze, 1606-1609 — Pierre de Bonniot, 1613-1618 — Gervais Alexis, 1618-1622 — Isaac Féraud, 1626-1630 — Marc Félix, 1637 — Claude Chapon, 1660 — N. Gras, 1672 — Cyrus Chion, 1672. — *Administr. et Justice.* — Au x° siècle, Rosans était le chef-lieu d'une circonscription territoriale nommée le *pagus Rosanensis* (988); il est à présumer qu'elle s'étendait sur toute la portion du diocèse de Gap située sur la rive droite du Buëch. Après le x° siècle, le nom de *pagus Rosanensis* disparaît, mais celui de *Rosanais* est demeuré à Rosans et aux communes qui l'entourent. Les deux vibaillages de Gap et du Buis se partageaient encore au XVIIIe siècle le territoire de Rosans; le seigneur avait une juridiction particulière s'exerçant à Serres, au XVIIe siècle, avec appel au vibaillage de Gap. Rosans faisait partie de l'élection et de la subdélégation de cette ville. — *État féodal.* — Le haut domaine de Rosans appartint d'abord à la famille de Mévouillon ; Raymond de Mévouillon le céda au Dauphin le 2 septembre 1317, en se réservant une coseigneurie que ses descendants possédaient encore en 1413. Il y avait en outre plusieurs seigneurs inférieurs. 1re coseigneurie : Elle appartenait à la famille de Rosans : Gaudemar de Rosans, 1027 — Parceval et Humbert, 1166 — Jordan, 1202 — Étienne et Parceval, 1250-1277 — Raymond, fils d'Étienne, 1296 — Giraud, 1300 — Claude et Ferrand, 1326-1344 — Didier, 1349-1360 — Jacques et Philippine, 1380, 1399 — Jordan, 1413-1447 — Pierre, 1447-1489 — Louis, 1500 — Claude, 1550 — Delphine, 1581 — François de Bonne-Lesdiguières achète, 1581 — Jean-Antoine d'Yse achète au précédent, 1600 — François, 1645 — François, 1660-1692 — Jacques, 1737 — Claude-Artus, 1772-1788 — Paul Motte achète, 1788-1790 ; — 2e coseigneurie : Elle avait pour origine Parceval de Rosans, fils de Jordan, vivant en 1250 et dont le nom a paru ci-dessus. Jordan, son fils, 1278-1292 — Jordan et Rolland, 1324-1340 — Jordan, fils de Jordan, Raymond, Barral et Féraud, fils de Rolland, 1344 — Bérenger, fils de Jordan, Jacques et Barral, fils de Raymond; 1380 — Jordan, fils de Bérenger, héritier des parts de Jacques et Barral, ses cousins, 1413 — Raymond, son fils, meurt sans postérité et fait héritier son cousin Pierre, possesseur de la première coseigneurie; — 3e coseigneurie : Elle comprenait une moitié de la seigneurie et fut possédée d'abord par une branche cadette de la famille de Montauban, Dragonet de Montauban, 1256 — Raymond de Montauban, 1300 — Guigues de Morges l'acquiert, 1332-1350 — Guillaume, 1350-1380 — Jean, 1426-1457 — Jean, 1464 — Antoine, 1491 — Jean, 1542 — Jean, 1595-1600. Il vend à Jean-Antoine d'Yse, possesseur de la première coseigneurie ; — 4° coseigneurie : Une petite part fut donnée vers 1350 par Guillaume Auger au prieur de Lagrand ; elle appartint à ce prieuré jusque vers 1600 et fut alors vendue à Jean-Antoine d'Yse dont je viens de parler ; — 5° coseigneurie : Voici encore le nom de quelques personnages qui ont eu des droits sur la terre de Rosans : Montalin de Bruis, possesseur de la moitié, 1251-1256 — Mathelin de Pommerol, 1270 — Pons de Remusat, 1300 — Guigues du Puy, 1319 — Hugues du Puy, 1330 — Parceval du Puy, 1350 — Béatrix, sa fille, épouse de Dragonet de Amorosio, 1302. — En 1370, les revenus de cette seigneurie étaient évalués à 100 florins d'or (7,000 fr.). — *Histoire*. — 1256, Jordan de Rosans et Dragonet de Montauban assiègent Montalin de Bruis dans Rosans. Cette guerre se termine par un traité fait par l'entremise du Dauphin et de l'évêque de Gap le 25 décembre. — 1390, les troupes de Raymond de Turenne, révolté contre le comte de Provence, envahissent le Rosanais et y font des dégâts pour 6,000 florins (500,000 fr.). — 1574, octobre, Montbrun s'empare de Rosans à la tête d'une troupe de protestants. — 1585, juin, importante assemblée de gentilshommes et de ministres protestants. — *Biographie*. — Yse (Jean-Antoine d') surnommé le capitaine Rosans ; il était fils de Jean d'Yse et de Jeanne d'Orcières et épousa Marie de Rivière. Il s'attacha à la fortune de Lesdiguières, fut nommé en 1594 gouverneur d'Exilles, battit complètement, en 1597, quinze cents Italiens qui voulaient envahir le Dauphiné par le Mont-Genèvre, se signala à la prise du fort Barraux en 1598. Il était gentilhomme de la chambre du roi ; j'ignore la date précise de sa mort ; elle eut lieu peu d'années après 1601.

MANDEMENT DE SAINT-ANDRÉ DE ROSANS.

SAINT-ANDRÉ DE ROSANS. — *État ecclés*. — Le 19 avril 988 un prêtre nommé Richaud fonda un prieuré à Saint-André de Rosans et le donna à l'ordre de Cluny. Cette libéralité comprenait non seulement l'église de Saint-André, mais des possessions assez considérables dans la paroisse et les paroisses environnantes. Les religieux de Cluny ne tardèrent pas à construire un monastère qui jouit d'une assez grande prospérité pendant tout le moyen âge. En 1296 six moines y habitaient. Il fut en partie détruit pendant les guerres de religion et depuis ne s'est pas relevé de ses ruines. Voici la liste de quelques-uns des prieurs de Saint-André : Pons, 1029 — Ripert, xi° siècle — Bernard, 1171 — Guillaume, vers 1280 — Jean de l'Escale, 1343 — Dalmas de Cornillon, 1369 — Jean Lautier, 1381 Jean de Thorigny, 1443-1474 — Guillaume Robertet, 1502 — Claude de Bourges, 1538 — François de Bourges, 1559-1566 — Michel d'Aiguebelle, 1588 — Charles d'Aiguebelle, 1590-1595 — Antoine Rosset, 1601-1643 — Henri de Fortia de Montréal, 1661 — Jean-Louis de Fortia de Montréal, 1685 — Pierre de Marc, 1693-1700 — Blaise de la Rochette, 1702 — Mélande Disdier, 1725 — L'abbé de Bourgel, 1735 — Étienne-Ignace Amat, 1766-1789. — Dans l'acte de fondation de 988 il est question d'une église de Saint-Arey existant dans les environs ; peut-être était-elle alors paroissiale et le vocable fut-il changé plus tard en celui de saint Laurent, qui était celui de la paroisse au xviii° siècle. Une chapelle de Saint-Martin existait anciennement au hameau des *Inières*. Le clergé se composait d'un curé et d'un vicaire créé en 1787 pour les Inières. Le prieur était collateur de la cure et décimateur de la paroisse qui dépendait de l'archiprêtré du Rosanais. — *Administr. et Justice*. — Saint-André faisait partie de l'élection de Gap et de la subdélégation du Buis ; le prieur y possédait une juridiction seigneuriale particulière qui s'exerçait au xvii° siècle, à Serres, avec appel au vibailliage de Gap. — *État féodal*. — La terre de Saint-André de Rosans appartenait à plusieurs coseigneurs dont le plus important était le prieur. Une autre part de la seigneurie dépendait du château-fort de la *Beaume-Rison*, située au pied de la montagne de Rison. Le haut domaine appartenait, par égale part, aux barons de Mévouillon et de Montauban, qui le cédèrent, en 1307 et 1317, au Dauphin. Jordan de Rosans fit hommage de la moitié de ce château à Raymond de Mévouillon le 25 juin 1282 ; Guillaume Auger fit le même hommage au Dauphin le 1ᵉʳ octobre 1326. Le château tomba en ruines au xv° siècle et perdit toute son importance. Jean de Tholon de Sainte-Jalle l'acquit en 1483 et le revendit en 1492 à Raymond Silvion qui le céda en 1502 à Barthélemy Achard — Antoine, son fils, 1532-1545 — Antoine et Claude, 1562 — Louis, fils d'Antoine, 1580 — Pierre, 1584-1600 — Horace, 1614-1654 — Jean-Baptiste, 1654-1713 — Jean-Jacques-Philippe, 1713 — Élisabeth, femme d'Aymar de Manent, 1725-1730 — François-Ignace de Manent de Montaut, 1736-1789 — La famille de Manent possédait une part de seigneurie à Saint-André dès 1614. — *Histoire*. — 1369, les châteaux de Saint-André et du Châtelet, appartenant au prieur, sont ruinés par l'armée des Provençaux ; le Dauphin s'en saisit et les fait reconstruire aux frais des habitants. — 1574, octobre, Montbrun, chef des protestants dauphinois s'empare de Saint-André de Rosans et détruit le prieuré.

MANDEMENT DE SAINTE-COLOMBE.

ÉTOILE. — *État ecclés.* — Au XIVe siècle, Étoile était déjà érigé en paroisse ; en 1516 il formait une seule paroisse avec Villebois (Drôme) ; il en fut détaché de nouveau avant 1616 et placé sous le vocable de sainte Madeleine. Il y avait un prieuré à Étoile au moyen âge ; il fut donné par l'évêque de Gap au commandeur de l'ordre de Saint-Antoine en Viennois de Gap le 13 novembre 1312. Dans la deuxième moitié du XVe siècle le prieur de Lagrand en devint le possesseur ; il le supprima bientôt après, et en unit les revenus à la cure. Le curé prenait le titre de prieur-curé ; il était à la collation du prieur de Lagrand et la paroisse d'Étoile faisait partie de l'archiprêtré du Rosanais. — *Ordres hospit.* — Comme je viens de l'écrire, l'ordre de Saint-Antoine en Viennois posséda le prieuré d'Étoile.— *Administr. et Justice.* — Étoile dépendait, au XVIIe siècle, de l'élection, de la subdélégation et du vibaillage de Gap. — *État féodal.* — Le mandement de Sainte-Colombe appartenait à la famille de Mévouillon ; je renvoie pour sa généalogie à l'article de Serres et à celui de Ribiers. Guillaume de Mévouillon-la-Chaup vendit, vers 1396, la seigneurie d'Étoile à Henri, Jacques et Gabriel Gruel, frères, pour 1,400 florins. — Guillaume Gruel, 1397 — Pierre, 1438-1459 — Claude, 1459-1465 — Henri, 1475 — Gabriel, 1485-1489 — Gaspard, 1510-1556 — Jacques, 1592-1631 — Claude teste en 1631 — Charles, 1631-1673 — Étienne, son frère, 1673-1698 — Jacques, 1698-1715 — Étienne, 1715-1760 — Jean-Jacques, 1760-1789. — Dans l'acte d'acquisition de 1396 étaient comprises les terres d'Étoile, Laborel et Villebois qui restèrent toujours unies.

SAINT-CYRICE. — *État ecclés.* — La paroisse, ainsi que le prieuré de Sant-Cyrice, existaient déjà en 1173 sous le vocable du saint dont le village porte le nom. Le 13 novembre 1312 l'évêque de Gap donna à l'ordre de Saint-Antoine en Viennois le prieuré qui, jusque-là, appartenait aux Augustins de Chardavon, et le juspatronat de la cure. Une bulle d'Eugène IV, datée de 1439, unit ce prieuré à celui de Veynes qui appartenait aux Antonins. En dernier lieu il fut joint au prieuré de Lagrand, de l'ordre de Cluny, le 22 août 1462, et n'en fut plus séparé jusqu'en 1789. Le prieuré ne tarda pas à être supprimé et ses revenus furent unis à la cure ; le curé prit le titre de prieur-curé ; il était à la nomination du prieur de Lagrand qui était également décimateur de cette paroisse ; elle dépendait de l'archiprêtré du Rosanais. — *Administr. et Justice.* — Saint-Cyrice faisait partie de l'élection et de la subdélégation de Gap. Le seigneur avait une juridiction particulière qui s'exerçait à Serres, avec appel au vibailli de Gap. — *État féodal.* — Jusqu'à la fin du XIVe siècle Saint-Cyrice eut les mêmes seigneurs qu'Étoile. Raymbaud de Mévouillon-la-Chaup le vendit vers cette époque à Raymond Achard — Antoine, son fils, 1450 — Barthélemy, 1500 — Antoine, 1512-1555 — François, 1555-1580 — Victor, son frère, 1580 — Robert-David, 1587-1597 — Charles, 1647 — Jacques-Marie, 1686-1700 — Victor, 1750 — Isidore-Étienne, 1770-1789. — Le prieur de Lagrand était coseigneur de Saint-Cyrice.

SAINTE-COLOMBE. — *État ecclés.* — La paroisse de Sainte-Colombe, placée sous le vocable de la sainte dont le village porte le nom, existait au XIVe siècle. Le prieur de Saint-Cyrice était décimateur de son territoire et ses droits passèrent en 1312 à l'ordre de Saint-Antoine et à la fin du XVe siècle au prieur de Lagrand. En 1708, la cure de Sainte-Colombe fut momentanément supprimée et le curé de Saint-Cyrice y fit les fonctions curiales ; cette union due à des circonstances qui me sont inconnues, fut, sans doute, de courte durée. En 1708, il y avait dans cette église une chapelle de Sainte-Colombe. Le prieur de Lagrand était collateur de la cure et décimateur de la paroisse qui faisait partie de l'archiprêtré du Rosanais. — *Ordres hospit.* — Les Templiers avaient, en 1308, un domaine à Sainte-Colombe ; il dépendait de la commanderie de la Chaup (Drôme). Cette propriété ne passa pas aux Chevaliers de Saint-Jean de Jérusalem. — *Administr. et Justice.* — Comme à Saint-Cyrice. — *État féodal.* — Les mêmes seigneurs possédèrent Sainte-Colombe et Saint-Cyrice. Seulement, Robert-David Achard vendit, le 23 novembre 1597, à Balthazard Abel, capitaine protestant d'Orpierre, le petit arrière-fief du Chevalet, moyennant 180 écus. Cette famille, qui fut anoblie par le même de cette acquisition, la conserva jusqu'en 1789. Balthazard Abel était seigneur du Chevalet en 1672-1720 et Louis en 1734.

MANDEMENT DE SALÉON.

SALÉON. — *État ecclés.* — La paroisse de Saléon existait au XIVe siècle ; elle était placée sous le vocable de saint Antoine ; en 1516, il y avait dans cette église une chapelle de Sainte-Catherine et, en 1708, une deuxième chapelle de Notre-Dame. Il existait au XIVe siècle, à Saléon, un prieuré sous le titre de Saint-Sauveur; il fut uni à la cure antérieurement à 1516. Le prieur-curé était décimateur de cette paroisse qui dépendait de l'archiprêtré du Rosanais. En 1687, l'église, ruinée pendant les guerres de religion, n'était pas encore entièrement reconstruite. — *Administr. et Justice.* — Saléon faisait partie de l'élection, de la subdélégation et du vibailliage de Gap. — *État féodal.* — Saléon appartenait aux barons de Mévouillon, comme Ribiers; je renvoie à cet article pour leur généalogie. Antoine de Grolée-Mévouillon vendit cette seigneurie à Antoine Achard pour 1,000 écus d'or, le 14 avril 1534 — Antoine Achard, 1534-1555 — François, 1555-1580 — Victor, son frère, 1580 — Robert-David, 1587-1602 — Daniel d'Armand achète Saléon au précédent moyennant 1,900 écus et une autre terre en échange, le 9 mars 1602 — Il la vend avec faculté de rachat à Jean Francou, seigneur des Herbeys, pour 10,680 livres, le 17 octobre 1606 — Marguerite d'Armand, fille du vendeur, use du droit de rachat avant 1626 et Florent de Renard, son mari, vend Saléon à François d'Yse vers 1640 — Jacques d'Yse, 1660-1694 — François, 1740 — Honoré-Henri de Piolenc-Thoury, son beau-frère, par son mariage avec Françoise d'Armand, reçoit Saléon comme dot de sa femme, 1750 — Françoise de Sassenage l'acquiert, 1779 — MM^{mes} de Bruck et de Talaru, filles de la précédente, 1789.

MANDEMENT DE TRESCLÉOUX.

TRESCLÉOUX. — *État ecclés.* — Avant 1075, il existait à Trescléoux deux églises sous le titre de Sainte-Marie et de Saint-Victor; en 1115, les églises étaient au nombre de trois, dédiées à sainte Marie, saint Michel et saint Clément. Au XVIe siècle, il n'y en avait plus qu'une, sous le vocable de sainte Marie ou de Notre-Dame de Bellevue; elle fut détruite pendant les guerres de religion, reconstruite en 1657 et consacrée alors à sainte Agathe. — Le 21 août 1075, Ripert Géraldi, seigneur de Trescléoux, et Ripert, évêque de Gap, y fondèrent un prieuré en faveur de l'abbaye de Saint-Victor de Marseille, qui le conserva jusqu'en 1789. Cette libéralité fut augmentée le 11 octobre 1094 par Ripert et Odila, sa femme, Guillaume, Ripert Géraldi, Pons et Ségura, ses enfants. Le prieuré rapportait 18 florins en 1494. L'abbé de Saint-Victor était collateur de la cure et décimateur de la paroisse qui faisait partie de l'archiprêtré du Rosanais. En 1516, il y avait dans cette église une chapelle de Saint-Jacques qui disparut pendant les guerres de religion. — *Administr. et Justice.* — Trescléoux était uni à Orpierre au point de vue administratif et judiciaire. — *État féodal.* — Ripert Géraldi, seigneur de Trescléoux, qui fonde en 1075 le prieuré de Trescléoux, disait tenir cette terre de ses aïeux. Le haut domaine en appartenait au comte de Forcalquier en 1180; il acheta le tiers de ce fief à Gérard de Padernis pour 10,000 sous melgoriens, et le sixième à Albert de Montclus, beau-frère du précédent, pour 5,000 sous de la même monnaie, le 5 mars de la même année. De même qu'à Orpierre, à Ribiers, etc., les barons de Mévouillon avaient des droits à Trescléoux; Guillaume de Mévouillon-la-Chaup en était coseigneur en 1338. La famille de Laborel y possédait également une coseigneurie; Rambaud de Laborel est coseigneur de Trescléoux en 1270. Toutes ces seigneuries particulières furent peu à peu acquises par le Dauphin qui, le 10 février 1334, donna Trescléoux en même temps qu'Orpierre, au seigneur d'Orange. Depuis lors, Trescléoux et Orpierre furent étroitement unis, eurent les mêmes seigneurs et suivirent les mêmes vicissitudes historiques. Trescléoux était qualifié, de temps immémorial, de baronnie. — *Histoire.* — 1316, 1er octobre, Jean II, dauphin, accorde aux habitants de Trescléoux une charte de privilèges; il leur concède la forêt de la Garenne et le droit de pêche.

MANDEMENT DE LA VAL DE BARRET.

Ce mandement comprenait six communautés, et la seigneurie majeure en fut partagée, au moyen âge, entre deux familles; les Adhémar de Monteil, qui possédaient également les seigneuries de Montélimar et de la Garde, tenaient une part de la seigneurie majeure de la Val de Barret, au moins de 1280 à 1423 ; la famille de Mévouillon, de la branche de Ribiers, eut une autre part de cette seigneurie majeure depuis le commencement du XIIe siècle; elle l'eut tout entière à partir du milieu du XVe siècle, à la suite d'une vente ou d'un échange consenti en sa faveur par les Adhémar de Monteil. Le mandement de la Val de Barret et celui de Ribiers furent donc possédés par les mêmes seigneurs depuis Raymond de Mévouillon, vers 1120, jusqu'à Anne-Marie-Thérèse de Félix, épouse de Charles-Marie de Créqui, en 1789. Ces deux mandements furent même absolument unis, en 1711, quand Ribiers fut érigé en comté au profit de Cosme-Alphonse de Valbelle; le comté de Ribiers comprenait le Val de Barret. Je renvoie donc à l'article que j'ai consacré à Ribiers, pour la série des seigneurs majeurs de la Val de Barret de la famille de Mévouillon, et ceux qui leur ont succédé jusqu'en 1789.

BARRET-LE-BAS. — *État ecclés.* — Les paroisses de Barret-le-Bas et de Barret-le-Haut étaient séparées l'une de l'autre au XIVe siècle ; elles n'en formaient qu'une seule, en 1516, sous le vocable de Saint-Laurent; elles étaient de nouveau divisées en 1573. — A la fin du XIe siècle, il y avait à Barret trois églises ou chapelles sous le titre de Saint-Laurent, Saint-Jean et Sainte-Marie. Une bulle d'Alexandre III, du 5 juin 1178, cite, en outre, une église de Saint-Michel. Cette dernière devint la paroisse particulière de Barret-le-Bas, dont le vocable a toujours été saint Michel. En 1708, il existait dans cette paroisse deux chapelles sous le titre de Sainte-Croix et de Sauveterre. — Vers 1080, l'évêque de Gap et son chapitre donnèrent à l'abbaye de Saint-André-lès-Avignon, de l'ordre de Cluny, les églises de Saint-Laurent, Sainte-Marie et Saint-Jean de Barret; cet acte fut approuvé par une bulle de Gélase II du 20 décembre 1118 ; en 1178, Alexandre III ajouta à ces églises celle de Saint-Michel. Les moines de Saint-André fondèrent aussitôt à Barret un prieuré sous le titre de Saint-Michel ; il leur appartenait encore en 1789. Ils étaient collateurs de la cure et décimateurs d'une partie de cette paroisse, qui dépendait de l'archiprêtré du Rosanais. — *Ordres hospit.* — Le commandeur de Saint-Pierre-Avez, de l'ordre de Saint-Jean de Jérusalem, était décimateur d'une partie de Barret-le-Bas ; il y percevait, en 1667, une émine de blé par maison et la taxe d'un huitain. — *Administr. et Justice.* — Le seigneur majeur de la Val de Barret avait, au moyen âge, un baile ou juge particulier pour cette terre, mais à partir du XVIIe siècle il n'y eut plus qu'une unique juridiction seigneuriale pour Ribiers et la Val de Barret. Elle s'exerçait à Gap avec appel au vibailli de cette ville. Barret faisait partie de l'élection et de la subdélégation de Gap. — *État féodal.* — Les seigneurs majeurs de la Val de Barret étaient seigneurs particuliers de Barret-le-Bas. En 1293, Raymond de Mévouillon vendit cette terre à Isoard Rigaud qui la lui rétrocéda peu après. En 1618, Louis de Grolée-Mévouillon vendit Barret-le-Bas à Gaspard de Perrinet, qui était son créancier pour près de 35,000 livres. Déjà, le 20 octobre 1614, Barret et Pomet avaient été vendus 40,200 livres, par autorité de justice, à la requête de Gaspard de Perrinet ; Daniel Autard de Bragard s'en était rendu acquéreur, mais il y eut surenchère, revente amiable et dernière analyse, retour à l'ancien propriétaire après paiement de sa dette.

BARRET-LE-HAUT. — *État ecclés.* — En 1178, il existait à Barret-le-Haut une église de Saint-Jacques, mais peut-être n'était-elle pas paroissiale, et Barret-le-Haut et Barret-le-Bas ne formaient-ils, à cette époque, qu'une seule paroisse sous le vocable de saint Laurent. Au XIVe siècle, Barret-le-Haut existait comme paroisse particulière sous le vocable de saint Blaise. Supprimée avant 1516, elle fut rétablie avant 1573. — Le 5 juin 1178, Alexandre III donna ou confirma à l'abbaye de Saint-André-lès-Avignon l'église de Saint-Jacques de Barret-le-Haut. Cette abbaye avait la collation de la cure et percevait les dîmes de cette paroisse. Barret-le-Haut faisait partie de l'archiprêtré du Rosanais. — *Administr. et Justice.* — Il est à présumer qu'au moyen âge Barret-le-Haut et Barret-le-Bas ne formaient qu'une seule communauté, mais la date où elles furent séparées ne m'est pas connue. Pour le reste, voyez l'article de Barret-le-Bas. — *État féodal.* — Comme à Barret-le-Bas. — *Armoiries.* — Des sceaux de 1691 et 1692 donnent à cette communauté les armoiries suivantes : *burelé de six pièces, au chef parti, chargé de quatre bésants deux et deux*. Ces bésants sont placés d'après un sceau sur le canton dextre, d'après l'autre sur le canton senestre du chef.

EOURRES. — *État ecclés.* — La paroisse d'Eourres était, depuis le XIVe siècle, sous le vocable de saint Étienne. Le curé prenait le titre de prieur-curé et était décimateur d'une partie du territoire de sa paroisse. Le prieur de la Chau (Drôme), était décimateur du reste et collateur de la cure qui dépendait de l'archiprêtré du Rosanais. — *Administr. et Justice.* — Comme à Barret-le-Bas. — *État féodal.* — Le seigneur majeur de la Val-de-Barret était seigneur d'Eourres.

POMET. — *État ecclés.* — La paroisse de Pomet était, dès le XIIIe siècle, sous le vocable de saint Antoine. Le prieur d'Antonaves était collateur et décimateur de cette paroisse qui faisait partie de l'archiprêtré du Rosanais. — *Administr. et Justice.* — Comme à Eourres. — *Histoire.* — Guillaume de Mévouillon-la-Chaup, seigneur de la Val-de-Barret, qui résidait habituellement au château de Pomet, eut à subir, en 1338 et 1339, un procès criminel qui rappelle quelque peu celui du célèbre Gilles de Rais, le prototype de Barbe-Bleue. Il fut accusé devant le conseil delphinal de Grenoble de nombreux viols, de séquestrations, de vols à main armée, d'assassinats ; il emprisonnait les voyageurs paisibles et les torturait pour en tirer une rançon. Tous ces faits sont racontés dans une volumineuse enquête faite pour l'instruction de ce procès dont j'ignore la conclusion.

SAINT-PIERRE-AVEZ. — *État. ecclés.* — La paroisse de Saint-Pierre-Avez était sous le vocable de la chaire de saint Pierre. Cette église fut confirmée, le 20 décembre 1118, par le pape Gélase à l'abbaye de Saint-André-lès-Avignon, de l'ordre de Cluny. Dès 1177, une chapelle de Saint-Cyr existait sur le haut d'une montagne qui était sur les limites de Saint-Pierre-Avez et d'Antonaves; elle fut le but d'un pèlerinage. — Au commencement du XIIe siècle, les chevaliers de Saint-Jean de Jérusalem étant devenus seigneurs temporels de Saint-Pierre-Avez, partagèrent avec les moines de Saint-André-lès-Avignon le juspatronat et les dîmes de cette paroisse qui dépendait de l'archiprêtré du Rosanais. — *Ordres hospit.* — Raymbaud de Mévouillon, seigneur de la Val-de-Barret, donna, au commencement du XIIe siècle, la terre de Saint-Pierre-Avez aux chevaliers de Saint-Jean de Jérusalem; cette libéralité fut confirmée, en 1177, par Guillaume et Isoard, ses petits-fils. L'ordre de Saint-Jean y fonda une commanderie qui ne tarda pas à s'enrichir, par suite de diverses donations qui lui furent faites dans les mandements de la Val-de-Barret, d'Upaix et d'Arzeliers, et qui, à la fin du XIIIe siècle, acquit presque tous les biens de l'abbaye de Clairecombe de Ribiers. En 1667, les chevaliers de Saint-Jean percevaient à Saint-Pierre-Avez un huitain et une émine de blé par maison. Voici le nom de quelques-uns des commandeurs de Saint-Pierre-Avez : Pons de Cornillon, 1268 — Isnard de Flayosc, 1290 — Barras de Barras, 1326-1330 — Philippe de Reillane, 1352-1356 — Bérenger de Laincel, 1372 — Pons Barre, 1376 — Pierre de Amati, 1389. Peu après cette date la commanderie de Saint-Pierre-Avez perdit son existence propre et fut unie à celle de Joucas au Comtat-Venaissin, à laquelle elle appartenait encore en 1789. — *Administr. et Justice.* — L'ordre de Saint-Jean possédait à Saint-Pierre-Avez une juridiction seigneuriale particulière qui s'exerçait à Gap, au XVIIe siècle, avec appel au vibailli de cette ville. Cette terre dépendait de l'élection et de la subdélégation de Gap. — *État féodal.* — Depuis la donation de Raymbaud de Mévouillon à l'ordre de Saint-Jean, cet ordre fut seigneur de Saint-Pierre-Avez; il possédait encore cette terre en 1789. — *Histoire.* — 1357, 16 août, Charles, dauphin, prend les habitants de Saint-Pierre-Avez sous sa sauvegarde, moyennant un don de 30 livres tournois.

SALÉRANS. — *État ecclés.* — La paroisse de Salérans était sous le vocable de saint André; elle fut donnée, vers 1080, par l'évêque de Gap à l'abbaye de Saint-André-lès-Avignon. En 1516, il y avait dans cette église une chapelle dont le vocable ne m'est pas connu; elle n'existait plus en 1616. Le curé prenait le titre de prieur-curé; il partageait les dîmes de sa paroisse avec l'abbé de Saint-André-lès-Avignon. Salérans faisait partie de l'archiprêtré du Rosanais. — *Administr. et Justice.* — Comme à Barret-le-Bas. — *État féodal.* — Comme à Barret-le-Bas.

2e CHATELLENIE DE CORNILLON.

Cette châtellenie s'étendait sur tout le bassin de la rivière de l'Oulle et comprenait beaucoup de paroisses actuellement dans le département de la Drôme telles que la Charce, Pommérol, Cornillac, la Motte-Chalancon, etc. Le 26 décembre 1303, le comte de Provence s'opposa à l'acquisition que le Dauphin en avait faite de Raymond de Mévouillon; il fit plus, et le 5 novembre 1305 il acquit lui-même les droits de la famille de Mévouillon pour le prix de 5,000 livres provençales, et, le 26 mars 1306, la juridiction du monastère de l'Ile-Barbe sur ces terres, moyennant une rente de 1,333 livres. Jusqu'à la fin du XVe siècle ces seigneuries restèrent sous le domaine direct du comte de Provence et elles ne furent annexées au Dauphiné que lorsque la Provence fut elle-même annexée à la France. En 1463, Louis XI voulut supprimer cette enclave provençale, entourée de toutes parts par des terres delphinales, et il proposa au roi René de l'échanger contre la ville de Gap et son territoire. L'opposition du parlement de Grenoble, le 12 août 1465, empêcha seule la réalisation de ce projet. A peine réunie au Dauphiné cette châtellenie fut supprimée; quelques-unes de ses paroisses furent annexées au vibailliage du Buis, d'autres à celui de Gap.

MANDEMENT DE LA VAL D'OULLE.

BRUIS. — *État ecclés.* — L'église paroissiale de Bruis était sous le vocable de l'Assomption de Notre-Dame du Palais; elle était située à côté de la tour seigneuriale, sur la hauteur qui domine le village, et fut démolie pendant les guerres de religion. Les habitants, en 1664, obtinrent l'autorisation de construire dans la plaine une nouvelle église qui fut placée sous le vocable de saint Michel. — Au commencement du Xe siècle, Humbert, évêque de Gap, donna des propriétés importantes à l'abbaye de l'Ile-Barbe de Lyon; le roi Conrad-le-Pacifique confirma cette libéralité le 20 août 971. Il est probable que dans cette donation étaient comprises les terres qui dépendaient du prieuré de Bruis. Pendant tout le moyen âge ce prieuré appartint en effet à l'abbaye de l'Ile-Barbe ; il fut sécularisé en 1564. Le prieur était collateur de la cure et décimateur de la paroisse qui dépendait de l'archiprêtré du Rosanais. — *Administr. et Justice.* — Bruis, jusqu'au XV° siècle, fit partie du bailliage de Sisteron ; il fut ensuite annexé au vibailliage de Gap, à l'élection et à la subdélégation de cette ville. — *État féodal.* — La seigneurie majeure de Bruis appartenait à l'abbé de l'Ile-Barbe. Au-dessous de lui la famille de Mévouillon possédait une part de cette terre ; le 2 juin 1242, Raymond de Mévouillon préta hommage à l'abbé de l'Ile-Barbe ; en 1413, Pierre de Mévouillon-la-Chaup était encore coseigneur de Bruis. — En 1166, Parceval de Rosans était possesseur d'une autre part de cette coseigneurie ; il eut deux enfants Jordan et Philis qui donnèrent naissance à deux coseigneuries. — 1re coseigneurie : Jordan, 1202 — Parceval, 1250 — Jordan, 1280-1294 — Jordan, 1340 — Arnaude, sa fille, épouse d'Hugues du Puy, 1340 — Parceval, leur fils, 1360 — Béatrix, sa fille, fait héritier Dragonet de Amorosio, 1362-1398. — Vers cette époque cette coseigneurie tombe dans la suivante ; — 2e coseigneurie : Philis de Rosans, épouse de Reynaud Roveria ou de Rivière, 1166 — Jacques, leur fils, 1230 — Hugues, 1280 — Jacques, 1300-1332 — Reynaud, 1339-1381 — Jordan, 1390 — Jordan et Pierre, 1413-1415 — Giraud, fils de Jordan, 1458 — Antoine, 1484 — Claude, son frère, 1490 — Antoine et Jean, 1544-1550 — Claude, fils d'Antoine, 1570-1587 — Antoine, 1595-1618 — Jean-François, 1670 — Françoise, sa fille, épouse César de Vincens de Mauléon (1700), et leurs descendants possédaient encore cette terre en 1789. — Les seigneurs de Montmorin avaient également des droits sur Bruis. — *Histoire.* — 1303, Raymond de Mévouillon s'empare violemment de Bruis, en chasse le prieur et vend cette terre au Dauphin. Le comte de Provence le fait punir lorsqu'il apprend la vérité. — 1345, le prêtre Humbert se saisit, les armes à la main, du prieuré dont était titulaire Jean de Beaumont ; le Dauphin intervient et le fait restituer à son légitime possesseur. — 1414, 6 février, le Dauphin prend le prieur de Bruis sous sa protection, moyennant la redevance d'une obole d'or.

MONTMORIN. — *État ecclés.* — La paroisse de Montmorin était sous le vocable de saint Arnoul, évêque de Gap. La cure était à la collation du prieur de Bruis qui dépendait de l'abbaye de l'Ile-Barbe. Ce prieur était également décimateur de cette paroisse qui faisait partie de l'archiprêtré du Rosanais. — *Ordres hospit.* — L'ordre de Saint-Jean de Jérusalem possédait à Montmorin quelques revenus dont le commandeur de Gap fit hommage au roi-dauphin, le 27 juillet 1560. — *Administr. et Justice.* — Comme à Bruis. — *État féodal.* — Les abbés de l'Ile-Barbe et sous eux les barons de Mévouillon possédaient la seigneurie majeure de Montmorin, comme celle de Bruis. Les seigneurs de Bruis avaient également des droits sur Montmorin. Le reste de cette terre était divisé en plusieurs coseigneuries. — 1re coseigneurie : Parceval de Rosans, 1166 — Jordan, 1202 — Parceval, 1250 — Jordan, 1280-1294 — Jordan, 1340 — Ce dernier a deux filles entre lesquelles sa part se divise : 1° Arnaude, épouse d'Hugues du Puy, 1340 — Parceval, leur fils, qui achète quelques droits de Reynaud Rivière, 1360-1362 — Béatrix, épouse de Dragonet de Amorosio, 1362 — Pierre de Mévouillon-la-Chaup hérite de la précédente, dont il est le petit-fils, 1398-1413 — Pierre, son fils, achète la part que possédait Raymond d'Agoult, 1413-1418 — Baudon, 1421 — Pierre, 1433 — Antoine de Grolée est son héritier, 1476-1515 — Antoine de Grolée-Mévouillon épouse Isabeau de la Piarre et acquiert ainsi une part possédée par Antoine de la Piarre, son beau-père, 1530 — Aymar, 1580 — Laurent qui meurt sans postérité, faisant héritière sa femme Marguerite de Saint-Michel ; elle vend cette seigneurie à Daniel Armand pour 333 écus d'or un tiers, le 19 décembre 1599 — Ce dernier vend à Daniel Achard-Ferrus, le 9 mars 1602 — Catherine de Rosset achète, le 3 janvier 1603. Cette coseigneurie est absorbée, vers cette époque, par la suivante. — 2e Bérengère de Rosans épouse Reynaud de Rivière, 1361-1381 — Jordan, leur fils, 1399 — Jordan, 1407-1415 — Guillaume de Contour de Saignes lui avait acheté sa part pour 300 florins d'or, le 31 novembre 1407, mais il ne tarda pas à la lui rétrocéler — Giraud de Rivière, 1458 — Antoine, 1484 — Claude, son frère, 1490 — Antoine, 1544-1550 — Claude, 1570-1587 — Antoine qui vend à René de la Tour-Gouvernet pour 9,000 livres, le 21 juillet 1618 — Jean de la Tour-Mirabel, son fils, 1619-1640 — Catherine-Françoise, sa fille, épouse Pierre de la Tour de la Charce, son cousin germain, 1650-1709 — Louis, leur fils, 1709-1714 — Jacques-Philippe-Auguste, 1714-1746 — Philippe-Antoine-Gabriel, 1746-1760 — François de Laget achète en 1760 — Pierre, son fils, 1772-1789 ; — 2e coseigneurie : Roger de Montmorin, 1096 — Montalin de Bruis, 1256 — Guigues de Montalin, 1297 — Parceval de la Roche hérite de Dragonet de Amorosio, 1334-1362 — Jacques achète une part à Reynaud Rivière, 1362 — Parceval, 1409-1414 — Louis Nicat, notaire, achète au précédent, 1473 — François, 1490 — Marie, sa fille, épouse Guillaume du Faur puis Pierre de Gaillard, 1570-1574 — Françoise de Gaillard à laquelle Daniel Achard-Ferrus achète la part 2,000 écus d'or (avec celle de Daniel Armand), le 0 mars 1602. Elle tombe, à la suite de cette acquisition, dans la première part de la coseigneurie précédente ; — 3° coseigneurie : Guillaume Auger, seigneur de six parties de Montmorin, 1326 — Guillaume, 1380 — Georges vend à Antoine Vieux, 1407 — Raymond et Antoine Vieux, 1413 — Catherine et Briande Taparel, femmes de Henri Raymond et de Jacques de la Villette, possédaient cette coseigneurie en 1423. — Nous trouvons encore Raymond Franconis, coseigneur de Montmorin, en 1300-1311, et son fils François, en 1344. — Arnaud Flotte, en 1330 — François de Saint-Vincent, 1320 — Dragonette, sa femme, 1330 — Isnard de Saint-Vincent, fils et héritier de cette dernière, 1338. — *Histoire*. — 1340, 6 novembre, Humbert II, dauphin, passe à Montmorin. — *Biographie*. — TOUR (Philis ou plutôt, paraît-il, Philippe de la), dite Mlle de la Charce, fille de Pierre de la Tour, seigneur de la Charce, et de Françoise de la Tour-Mirabel, née à Montmorin, le 5 janvier 1645. Née protestante, elle embrassa le catholicisme et reçut du roi une pension de 2,000 livres. Elle servit utilement l'État au moment de l'invasion des Alpes par le duc de Savoie, en 1692, mais on ne sait pas précisément en quoi consistèrent ses services. Il est probable qu'elle contribua par son argent et ses exhortations à armer les populations des Baronnies, et surtout qu'elle empêcha les protestants de se réunir à l'envahisseur, comme ils en étaient vivement pressés. Il est certain qu'elle ne prit pas elle-même les armes et ne livra aucun combat à l'ennemi, dont les troupes ne dépassèrent pas la rivière du Buëch. On a fort exagéré la part qu'elle prit à ces événements; ni son portrait, ni ses pistolets ne furent, comme on l'a si souvent écrit, déposés à Saint-Denis. Une réaction en sens contraire a été la conséquence de ces exagérations et on est arrivé à considérer Philis de la Tour pour ainsi dire comme un mythe. Il faut se tenir sagement entre ces deux opinions extrêmes. Elle mourut en 1703. — *Bibliogr*. — LESBROS (abbé). *Philis de la Tour-du-Pin, Mademoiselle de la Charce ; étude historique*. Paris, Téqui, 1883, in-8°.

SAINTE-MARIE. — *État ecclés*. — La paroisse de Sainte-Marie existait au XIV° siècle; elle fut supprimée plus tard ; en 1516 elle était unie à celle de Bruis. Les habitants obtinrent de nouveau en 1664 l'érection de ce village en paroisse particulière, lorsque l'ancienne église paroissiale de Bruis ayant été reconstruite à un endroit assez éloigné de Sainte-Marie, ils eurent de grandes difficultés pour assister aux offices. Dès 1152, il existait à Sainte-Marie une chapelle sous le titre de Notre-Dame. Le prieur de Bruis était collateur de la cure et décimateur de la paroisse qui dépendait de l'archiprêtré du Rosanais. — *Administr. et Justice*. — Comme à Bruis. — *État féodal*. — Les seigneurs majeurs de Bruis l'étaient également de Sainte-Marie. La seigneurie inférieure appartenait à Parceval de Rosans en 1166 — Jordan, son fils, 1202 — Parceval, 1250 — Jordan, 1294 — Jean Aubert de la Roche l'acquiert en 1297 — Osasica Flotte en 1308 — Arnaud Flotte vend à Jean Yllaire en 1319 — Ce dernier fait héritière Randonne de Rivière, sa femme, en 1362 — Jordan de Rivière hérite de la précédente, 1399 — Jordan, 1407-1415 — Giraud, 1458 — Antoine, 1484 — Claude, son frère, 1490 — Antoine, 1544-1550 — Claude, 1570-1587 — Gaspard et Antoine, ses fils, 1600-1645 — Le premier a pour fils Gaspard, 1680 — Henri, 1700 Joseph-Henri-Balthazard, 1774-1789 — Le second a pour enfants Jean-François et Gabrielle qui font héritiers la famille d'Autane, 1678-1686. Cette famille possédait une part de cette seigneurie dès le commencement du XVII° siècle. Jean d'Autane vivait en 1600 ; Claude, en 1654 ; Étienne, en 1686. — *Biographie*. — RIVIÈRE (François de), dit le capitaine Sainte-Marie, fils d'Antoine, seigneur de Sainte-Marie ; né vers 1540, il embrassa la carrière des armes, s'y distingua parmi les capitaines catholiques pendant les guerres de religion, fut fait gouverneur de Doulens (1574-1588), chevalier de l'ordre, et mourut vers 1590.

PROVENCE

Les comtes de Provence et de Forcalquier ont possédé, comme je l'ai dit à plusieurs reprises dans le cours de cet ouvrage, la majeure partie de ce qui constitue aujourd'hui le département des Hautes-Alpes jusqu'au commencement du XIII° siècle. En 1202, Guillaume, comte de Forcalquier, ayant marié Béatrix, sa petite-fille, au dauphin Guigues-André, lui donna en dot les comtés de Gap et d'Embrun. Les limites des territoires cédés au Dauphin furent, au midi, les rivières de la Durance et du Buëch jusqu'à leur confluent, près de Sisteron. Après avoir perdu le comté de Gap, par suite de l'annulation de son mariage, le Dauphin l'acquit définitivement, en 1232, de son gendre Amaury de Montfort pour 100,000 sous viennois, mais les limites en furent modifiées. On en retrancha le vicomté de Tallard, les baronnies de Vitrolles et de Mison et enfin un petit territoire situé au confluent même des rivières du Buëch et de la Durance et appartenant à la communauté de Sisteron. Jusqu'au XVI° siècle, ces quatre terres furent dans la juridiction du bailliage de Sisteron. Au mois d'octobre 1503, la vicomté de Tallard fut unie au Dauphiné; c'est en 1810 seulement qu'une loi annexa au département des Hautes-Alpes le canton de Vitrolles. Quant à Mison et à la portion de la communauté de Sisteron placée au confluent des deux rivières, elles ont fait partie de la Provence jusqu'en 1789, puis ont été réunies au département des Basses-Alpes; il ne saurait donc en être question dans ce travail.

MANDEMENT DE TALLARD.

D'abord simple seigneurie, érigée en vicomté en 1326 par le comte de Provence en faveur d'Arnaud de Trians, en duché en 1712, et en pairie en 1715, en faveur de Marie-Joseph d'Hostun, Tallard fut uni au Dauphiné, comme je viens de l'écrire, au mois d'octobre 1503. Avant cette époque, le seigneur majeur de Tallard avait un juge civil et criminel, des sentences duquel on pouvait en appeler au parlement de Provence et un administrateur qui portait le nom de viguier (vicarius). Le plus ancien de ces magistrats que j'ai trouvé est Auger de Montbrand qui vivait en 1319. Apres 1503, Tallard fut uni au ressort du parlement du Dauphiné, mais on y créa une judicature particulière dont les décisions pouvaient être directement déférées en appel au parlement. La coutume de Provence fut toujours la règle suivie dans ce tribunal, au lieu de celle du Dauphiné. Au XVII° siècle, Tallard faisait partie de la généralité et de l'intendance de Grenoble, et de la subdélégation de Gap. — Le seigneur majeur du mandement de Tallard fut d'abord de la famille des seigneurs d'Orange : Tibour ou Tiburge d'Orange, fille de Guillaume, femme de Raimbaud Guiran, et Raimbaud d'Orange, fils de Guillaume, son cousin, seigneurs tous deux de Tallard, donnèrent, le 23 août 1215, toute cette terre aux chevaliers de Saint-Jean de Jérusalem. L'ordre de Saint-Jean l'échangea. en 1319. ainsi que d'autres terres, contre le comté d'Alife, près de Naples, avec Arnaud de Trians-Montmajour, cet acte de vente fut solennellement rédigé le 27 décembre 1322 seulement ; le comte de Provence approuva, le 7 mai 1323, cette transaction et accorda à Arnaud de Trians, le 9 janvier 1350, moyennant 10,000 florins, la jouissance de tous les droits régaliens dans sa seigneurie. — Louis de Trians, fils d'Arnaud, 1360 — Louis mort jeune sous la tutelle d'Anne, sa sœur, 1386 — Anne hérite de son frère; elle épouse d'abord Antoine de Tarente (1408), puis Antoine de Sassenage, 1425 — Françoise de Sassenage, sa fille, épouse d'Antoine de Clermont, 1426-1479 — Bernadin de Clermont, 1496-1522 — Antoine, 1522-1563 — Henri, 1563-1573 — Charles-Henri, 1573-1600 — Étienne de Bonne d'Auriac achète Tallard au précédent, le 10 mars 1600, cette vente est renouvelée en décembre 1605 ; il meurt en 1630 — Alexandre, son fils, 1631-1660 — Catherine, sa fille, épouse de Roger d'Hostun, 1660-1680 — Camille d'Hostun, maréchal de France, 1680-1728 — Marie Joseph, 1728-1735 — Louis-Charles, 1740-1755. Il meurt sans postérité et Françoise de Sassenage, sa cousine, est son héritière, 1755 — MM^{mes} de Bruck et de Talaru, filles de la précédente, 1789. — Aucune seigneurie dans les Alpes n'était accablée d'impôts plus énormes que la vicomté de Tallard ; au commencement du xv° siècle, le seigneur majeur percevait, sur les sept communautés qui la composaient, 1,250 florins d'or 3 gros 9 deniers, trois cent soixante-quinze setiers quatre émines un civayer un quart de blé, cent cinquante-huit setiers une émine trois civayers d'avoine ou d'orge, cinq cent quarante et un setiers sept pots une émine de vin, trente-sept poules et deux perdrix. En outre, chaque habitant lui devait une poule et quelquefois un sol pour droit de chapage, une émine d'avoine pour droit de chevalage, une émine de vin pour droit de fournage, une émine de vin par bête de bât, une corvée et un ou deux gros par bœuf, et dans quelques endroits la dîme du blé. Cette énumération donne une idée de l'énormité des impôts qui accablaient Tallard au moyen âge.

FOUILLOUSE. — *État ecclés.* — Fouillouse n'était pas une paroisse, mais il y avait sur le territoire de cette communauté une très ancienne chapelle sous le titre de la Sainte-Croix qui était un but de pèlerinage. Ce fut la vue de certaines tromperies et superstitions qui avaient lieu dans cette chapelle qui décida Guillaume Farel à embrasser le protestantisme. Par une singulière anomalie cette chapelle n'appartenait à aucune paroisse et son chapelain ne dépendait que de l'évêque de Gap. En 1690 on la rattacha à la paroisse de la Saulce et on lui attribua un secondaire qui y disait les offices les dimanches et fêtes. Avant cette décision, la plus grande partie du territoire de Fouillouse dépendait déjà de la paroisse de la Saulce. — Un prieuré assez important sous le titre de Saint-Martin existait au hameau d'Aups, dans la communauté de Fouillouse. L'évêque de Gap le donna, en 1311, à l'ordre de Saint-Antoine en Viennois qui ne le possédait plus au xvii° siècle. — *Ordres hospit.* — Je n'ai rien à ajouter à ce que je viens d'écrire relativement à l'ordre de Saint-Antoine en Viennois. — *État féodal.* — Fouillouse appartenait au vicomte de Tallard. Au xvii° siècle, un petit arrière-fief nommé la *Pinée* existait sur son territoire; en voici les possesseurs : Charles Michel de Beauregard, 1660 — Charles, son fils, 1691 — Élisabeth, sa fille, épouse de Jean-François d'Abon, 1699 — Charles, leur fils, 1707-1746 — Madeleine-Élisabeth, épouse de Jacques Blanc puis de Joseph Blanc, 1746-1786 — Joseph, son fils, 1786-1789.

NEFFES. — *État ecclés.* — La paroisse de Neffes était sous le vocable de la Nativité de Notre-Seigneur; elle existait au xiv° siècle. Le prieur de Saint-Martin d'Aups, dans la communauté de Fouillouse, était le principal décimateur de Neffes. Il y avait, au xvi° siècle, une chapelle sous le titre de Saint-Roman, dans cette paroisse qui faisait partie de l'archiprêtré du Gapençais. — *Administr. et Justice.* — Voyez le mandement de Tallard. — *État féodal.* — Le vicomte de Tallard était seigneur de Neffes, toutefois, quelques gentilshommes y possédaient des terres. Voici le nom de quelques-uns d'entre eux : Hugues de la Font, 1135 — Raoul, 1243 — Hugues, 1246 — Guillaume et Raybaud de Neffes, Guillaume, Pierre et Arnoul de la Font, 1300 — Lantelme de la Font, 1340 — Raymond Flotte, 1389-1404 — Jean, son fils, 1413 — Pierre, son neveu, 1473-1515 — Jean, 1515-1518 — Jean qui teste en 1557 — Georges, mort en 1557 — Jean, 1557-1573. Il meurt sans postérité et Catherine, sa tante, porte cette coseigneurie à Gaspard de Montauban, son mari, 1573 — François de Montauban, 1600-1628 — François, 1650 — Lucrèce, sa fille, épouse François Robin de la Picardière, 1710 — David, leur fils, 1740.

LARDIER. — *État ecclés.* — Cette communauté renfermait deux paroisses, Lardier et Valença. — *Lardier.* Dès 1152, il y avait à Lardier deux églises et une chapelle dans le château; elles appartenaient à l'abbaye de l'Ile-Barbe à laquelle des bulles papales les confirmèrent en 1152 et 1183. En 1235, ces deux églises existaient encore et étaient sous le vocable de saint Pierre et de saint Marcellin; la première seule a subsisté et le vocable de la paroisse était, au xvii° siècle, saint Pierre-aux-Clefs. En 1311 et 1338, il existait à Lardier une église de Saint-Martin, que l'évêque de Gap avait donnée le 18 juillet 1311 au commandeur de Saint-Antoine de Gap. En 1215, les chevaliers de Saint-Jean de Jérusalem ayant reçu en don la seigneurie de Lardier avec une portion des dîmes de la paroisse, une transaction du 11 avril 1235 fut passée avec le prieur, et il y fut stipulé que chacun toucherait la moitié des dîmes, sous la cense de 12 deniers esterlins. De nouvelles contestations ayant surgi entre les décimateurs, l'évêque de Gap unit le prieuré de Lardier à l'ordre de Saint-Jean qui, jusqu'en 1789, fut collateur de la cure et décimateur de la paroisse. — *Valença.* L'église paroissiale de Notre-Dame de Bellevue de Valença est connue dès 1235. L'histoire de la paroisse de Valença est la même que celle de Lardier. — Elles faisaient toutes les deux partie de l'archiprêtré du Gapençais. — *Ordres hospit.* — L'ordre de Saint-Jean était, comme je viens de le dire, seigneur de Lardier depuis 1215; il conserva cette terre jusqu'en 1319 : il était, en outre, collateur de la cure et prieur, titres qu'il conserva jusqu'en 1789. — *Hôpitaux.* — En 1215, il existait à Lardier un hôpital dirigé par les frères de Sainte-Marie-Madeleine qui possédaient tant de maisons hospitalières dans les Alpes. Le directeur (preceptor) se nommait alors Pierre Simon. Peut-être cette maison fut-elle acquise et absorbée peu de temps après par l'ordre de Saint-Jean. — *Administr. et Justice.* — Je renvoie à l'article du mandement de Tallard. L'ordre de Saint-Jean avait un châtelain à Lardier; en 1300, ce magistrat était un chevalier espagnol nommé Rodrigue de Velasco. — *État féodal.* — Le seigneur majeur de Tallard était seigneur particulier de Lardier. — *Histoire.* — 1498, 18 décembre, transaction entre Bernadin de Clermont, vicomte de Tallard, et ses sujets de Lardier, relativement aux limites de Lardier et de la Saulce et au droit des habitants sur les conquêtes faites sur la Durance.

PELLEAUTIER. — *État ecclés.* — La paroisse de Pelleautier, sous le vocable de Notre-Dame de Beauvoir, existait dès le XIe siècle; vers 1080, Autran et Pierre donnèrent cette église au prieuré de Saint-André-lès-Gap, de l'ordre de Cluny. Ce monastère fonda à Pelleautier un petit prieuré qui existait encore en 1789. Le prieur de Saint-André était collateur de la cure et décimateur des trois quarts du territoire; l'ordre de Saint-Jean de Jérusalem était, depuis 1215, décimateur du dernier quart qui, auparavant, appartenait aux seigneurs de Tallard. La dîme du grain se payait au vingtième, celle du vin au quatorzième. L'église paroissiale de Pelleautier, ruinée pendant les guerres de religion, fut reconstruite dans le cours du XVIIe siècle. Cette paroisse dépendait de l'archiprêtré du Gapençais. — *Ordres hospit.* — L'ordre de Saint-Jean étant devenu, en 1215, seigneur du mandement de Tallard et décimateur du quart de Pelleautier, une transaction eut lieu, le 15 mars 1299, entre lui et les nobles de Pelleautier, relativement aux services qu'ils lui devaient; une autre transaction eut lieu, le 30 janvier 1571, entre le commandeur de Gap, l'évêque et le prieur de Pelleautier, relativement à leur part respective des dîmes. — *Administr. et Justice.* — Comme au mandement de Tallard. Les chevaliers de Saint-Jean avaient, à Pelleautier, un châtelain particulier; il se nommait, en 1300, Barras de Barras. — *État féodal.* — Le seigneur majeur de Tallard était seigneur de Pelleautier, mais un certain nombre de familles nobles y possédaient des droits seigneuriaux. Voici le nom de quelques-uns de leurs membres : Hugues de la Font, 1135 — Raoul de la Font, 1243 — Falques et Raymond de Pelleautier, 1248 — Hugues de la Font, 1250 — Chagnard, 1271 — Arnoul de la Font, 1280 — Jean, Guillaume, Bertrand et Jaussaud Bonfils, Chagnard, Pierre, Guillaume et Pierre de Pelleautier, Guillaume et Raybaud de Neffes Bertrand Bertodune, Guillaume, Pierre, Rodolphe, Arnoul, Hugues, Pierre et Arnoul de la Font, Giraud Guichard, Raoul de Poligny, 1299 — Raymond de la Font, fils de Rostaing, 1325 — Giraud de Pelleautier, 1328 — Antoine Autran, 1353 — Arnoul Autran, 1360 — Raymond de la Font, 1370 — Jean et Jacques Queyrel, 1494. — *Histoire.* — 1299, 15 mars, vingt et un nobles de Pelleautier font avec Raymond Osasica, commandeur de l'ordre de Saint-Jean de Gap, une transaction solennelle relative à leurs services — 1300, 17 mai, Guigues de Villaret, prieur de Saint-Gilles, confirme cet acte — 1499, 1er septembre, Bernadin de Clermont, vicomte de Tallard, transige avec les habitants de Pelleautier, relativement à ses droits seigneuriaux.

LA SAULCE. — *État ecclés.* — La paroisse de la Saulce, sous le vocable de saint Jean-Baptiste, existait dès le XIIIe siècle. En 1215, l'ordre de Saint-Jean de Jérusalem acquit, en même temps que la seigneurie de Tallard, les dîmes de la Saulce; il en percevait les trois quarts et le reste appartenait au curé. En 1690, on créa un secondaire dans cette paroisse pour Fouillouse; en 1703, un habitant nommé André Isnard y fonda une chapelle de Notre-Dame de Consolation. La Saulce faisait partie de l'archiprêtré du Gapençais. — *Ordres hospit.* — L'ordre de Saint-Jean de Jérusalem fut décimateur et seigneur de la Saulce, de 1215 à 1319; il conserva la possession des trois quarts de la dîme et de quelques terres, même après avoir aliéné la seigneurie; il les possédait encore en 1789. — *Administr. et Justice.* — Voyez au mandement de Tallard. — *État féodal.* — Le vicomte puis le duc de Tallard était seigneur majeur de la Saulce; il existait dans cette communauté un arrière-fief nommé *Gaudière*, duquel voici quelques possesseurs : Sauvaire Astier, 1675 — Jean-Louis, 1680 — Louis, 1692 — Jeanne, sa fille, épouse Charles Michel de Beauregard, 1712 — Louis, leur fils, 1750 — Jean François Nas de Romane achète en 1753 — Joseph, 1753-1764 — Marie-Thérèse, sa fille, épouse Jacques de Rochas, 1764-1789. — *Histoire.* — 1585, du 11 mai et 12 juin, les capitaines ligueurs Albigny, Vins, Auriac et Sault sont battus à la Saulce par le Grand-prieur, gouverneur de Provence, assisté de Maugiron, gouverneur du Dauphiné. — *Armoiries.* — Les consuls timbraient leurs actes, en 1689, du cachet suivant : *de....* à *trois pals de.... au chef de.... chargé d'une étoile de....* — *Biographie.* — HILAIRE (Claude), né au commencement du XVIe siècle, devint prieur des Augustins de Lyon. Il a traduit un livre allemand sur les *Mystères de la Messe* qui a été imprimé à Lyon, en 1544. On ignore l'époque de sa mort.

TALLARD. — *État ecclés.* — La paroisse de Tallard était sous le vocable de saint Grégoire, évêque d'Armuice, mais une seconde église paroissiale qui paraît avoir été la principale jusqu'au XVI° siècle, était située hors du bourg, au milieu du cimetière, et dédiée à saint Étienne. Elle fut détruite pendant les guerres de religion et l'église de Saint-Grégoire construite au centre du bourg fut agrandie et devint, à partir du XVII° siècle, la seule église paroissiale de Tallard. Le 17 septembre 1340, Augustin de Montbrand fonda dans cette paroisse une chapelle de Notre-Dame de la Miséricorde de Montbrand et de Champsaur; à la même époque existaient deux chapelles rurales de Saint-Martin et de Saint-Adon, et une de Sainte-Colombe située près de la Porte-Belle. En 1516, des chapelles de Saint-Jean-Baptiste, Notre-Dame de Pitié, deux de Sainte-Catherine et deux autres dont le titre ne m'est pas connu, payaient les décimes; en 1616, outre ces chapelles, il en existait deux autres de Saint-Jacques et Saint-Grégoire. En 1708, nous trouvons trois autres chapelles sous le titre de Saint-Claude, Sainte-Catherine de Donagète et une dernière fondée par Isabeau du Mazel. Parmi ces chapelles, celle de Saint-Grégoire était sous le juspatronat de la famille Platel. Il y avait, en outre, dans le château, deux chapelles, l'une supérieure, dédiée à saint Jean-Baptiste, l'autre inférieure, dédiée à sainte Colombe; la première avait été fondée antérieurement à 1319 par les chevaliers de Saint-Jean de Jérusalem, et la seconde au commencement du XVI° siècle par la famille de Clermont dont sainte Colombe était la patronne. Un chapelain y était attaché. Au XVII° siècle la famille de Bernard de Saint-Barthélemy avait fondé une chapelle de Saint-Barthélemy et Étienne de Bonne d'Auriac, seigneur de Tallard, avait fait construire près du château une chapelle pour la confrérie des pénitents. Après la destruction de l'église de Saint-Étienne par les protestants, le service divin se fit, pendant environ cinquante ans, dans la chapelle du château; puis l'église de Saint-Grégoire ayant été agrandie, de 1640 à 1643, devint l'unique église paroissiale. Tallard faisait partie de l'archiprêtré du Gapençais. — Un prieuré important existait à Tallard, il appartenait à l'abbaye de Saint-Michel de la Cluse, règle de Saint-Benoît, et le prieur était décimateur de la plus grande partie de la paroisse. — Abbon, par son testament du 5 mai 739, légua des biens à Tallard, à l'abbaye de la Novalaise. Au milieu du XIV° siècle, l'abbaye de Boscodon, près Embrun, y possédait d'assez importantes propriétés: elle les avait aliénées au XVI° siècle. — *Séminaire.* — Entre les années 1667 et 1671, Marguerite Baud, veuve d'Aubert de la Villette, seigneur de Veynes et de Furmeyer, laissa, par son testament, une partie de ses biens à l'évêque de Gap pour créer un grand séminaire; en 1710, ses intentions furent remplies et un grand séminaire diocésain établi à Tallard. Les consuls donnèrent le terrain, emplacement d'un ancien hôpital, l'évêque 4,000 livres et le clergé 3,000. Au bout de deux ans, ce séminaire fut supprimé et transporté à la Roche des Arnauds. — *Ordres hospit.* — Les Templiers avaient des biens dans cette paroisse, entre autres, une maison forte située à l'angle des murailles du bourg qui regarde le cimetière; dès 1279, elle portait le nom de Temple. — L'ordre de Saint-Antoine en Viennois y possédait également un hôpital nommé la Maison de l'Aumône, il le céda aux chevaliers de Saint-Jean par acte du 16 mai 1311. — L'ordre de Saint-Jean possédait lui-même, à Tallard, dès le XIII° siècle, un domaine et une chapelle sous le titre de Saint-Martin, qui dépendait de la commanderie de Gap. Le 23 août 1215, Tibour et Raimbaud d'Orange donnèrent aux chevaliers de Saint-Jean la seigneurie majeure de Tallard; ces chevaliers absorbèrent, au commencement du XIV° siècle, toutes les possessions appartenant aux autres ordres hospitaliers, Templiers ou Antonins, et échangèrent, en 1319, leurs possessions de Tallard, Montmellian, Saint-Julien, Montfort et Régusse, contre le comté d'Alife, au royaume de Naples, avec Arnaud de Trians. Cet acte confirmé par le comte de Provence, le 7 mai 1323, fut passé par Elion de Villeneuve, grand-maître de l'ordre. En 1667, l'ordre de Saint-Jean ne possédait plus rien dans la paroisse de Tallard. En 1318 et 1319, un chevalier nommé Bérial de Baux prend le titre de précepteur ou commandeur de Tallard, mais il est douteux qu'il y ait jamais eu une véritable commanderie de Saint-Jean à Tallard, et ce chevalier était probablement un simple administrateur créé à cause de l'importance des possessions de l'ordre de Saint-Jean dans ce mandement. Tallard dépendait de la commanderie de Gap. — *Hôpitaux.* — Avant 1311, l'ordre de Saint-Antoine possédait à Tallard un hôpital nommé *hospitale seu eleemosina*; il le céda, le 16 mai de cette année, aux chevaliers de Saint-Jean. En 1536, une maladrerie existait dans cette paroisse. — *Administr. et Justice.* — Je renvoie à l'article du mandement de Tallard pour ce qui concerne le bourg de Tallard, siège de l'administration et de la justice de la vicomté. Les chevaliers de Saint-Jean créèrent à Tallard un châtelain;

en 1300, le titulaire se nommait Rostaing de Clermont. Les franchises municipales de Tallard étaient assez étendues ; les seigneurs d'Orange avaient octroyé, en 1209, aux habitants de Tallard une charte de libertés, en vertu de laquelle ils possédaient la garde des clefs de leur ville, la nomination des consuls et le droit d'élire un baile ou magistrat chargé de vider les contestations survenues entre les habitants du bourg ; cette juridiction fut plus tard restreinte à un simple tribunal de police. Ces libertés furent confirmées et augmentées en 1268 et 1278. Le duc de Calabre, fils du comte de Provence (1285-1309), accorda aux habitants de Tallard le droit d'être mis en liberté sous caution lorsqu'ils étaient accusés de crime. — Tallard, très forte place, eut des gouverneurs pendant les guerres religieuses ; voici les noms de ces officiers : Benoît du Serre du Rivail, 1562 — Balthazard de Moustiers-Gargas, 1562-1563 — Jacques de Faudon, 1568 — Louis du Suau-la-Croix, 1568 — Honoré Armand, dit Pontalhec, 1573 — Étienne de Bonne d'Auriac, 1577-1578 — Charles de Bonne de la Rochette, 1578 — Antoine Blosset, 1579 — Étienne de Bonne d'Auriac, 1582-1585 — Jacques de Faudon, 1585 — Pierre de Chissé de la Marcousse, 1587-1588 — N. de Grammont, 1588 — N. Baron, 1589 — N. d'Arces, 1589 — Gabriel de Genton, 1590 — Étienne de Bonne d'Auriac, 1600-1630 — Alexandre de Bonne d'Auriac, 1630-1631. — *État féodal.* — Le seigneur majeur du mandement de Tallard en possédait le bourg et le château. Un petit arrière-fief existait, dès le xive siècle, au lieu nommé La Croix ; en voici les titulaires : Jacques du Suau *(Suavis),* 1367 — Antoine, 1396-1399 — Jean, 1440-1470 — Gaspard, 1498-1545 — Barthélemy, 1545-1578 — Philibert, 1595-1600 — Philippe, 1603-1603 — Isaac, 1603-1694 — François-Emmanuel, 1694-1740 — Balthazard, 1740-1759 — Balthazard, fils du précédent, 1759-1790. — *Industrie et Commerce.* — 1497, mai, Charles VIII crée à Tallard un marché tous les jeudis. 1534, François Ier, par lettres patentes, le transfère au vendredi. — Une foire se tenait à Tallard de temps immémorial le 21 octobre ; en 1700 il en fut créé deux autres au 25 juin et au 19 décembre. — *Histoire.* — 1209, charte de liberté octroyée par les seigneurs de Tallard à leurs vassaux. — 1268, 11 juillet, Féraud de Barras, prieur de Saint-Gilles, de l'ordre de Saint-Jean, concède aux habitants de Tallard une charte de liberté par laquelle il s'engage à ne leur imposer aucune taxe nouvelle et il règle l'administration de la justice. — 1279, 13 février, ces privilèges sont confirmés et augmentés par Guillaume de Villaret, prieur de Saint-Gilles. — 1347, guerre entre le vicomte de Tallard et l'évêque de Gap. — 1348, une trêve est conclue. — 1349, 21 janvier, traité entre l'évêque de Gap et le seigneur de Tallard, relatif à la limite de leurs seigneuries. — 1392, 1er mars, les habitants transigent avec leur seigneur relativement à la gabelle. — 1394, 24 décembre, transaction entre les mêmes sur les droits de cosse. — 1397, transaction sur les droits d'hommage et de chevalage. — 1503, octobre, réunion de Tallard au Dauphiné. — 1562, 12 juin, prise de Tallard et pillage du trésor de son église par le capitaine protestant Furmeyer ; 20 juin, le capitaine Gargas, catholique, s'en saisit, mais est obligé de l'abandonner ; 13 juillet, reprise de Tallard par le capitaine Pons de Gentil, à la tête des catholiques fugitifs. — 1567, Louis du Suau, protestant, se rend maître du château. — 1568, 24 août, Louis du Suau abandonne le bourg après avoir massacré plusieurs catholiques. — 1575, de février à mai, siège et blocus de Tallard par Lesdiguières. — 1578, du 12 avril à juin, nouveau blocus de Tallard. — 1579, Lesdiguières surprend le bourg, mais, le château lui résistant, il est contraint de se retirer devant des forces supérieures, conduites par le catholique Bonrepos. — 1580, mars, Lesdiguières attaque Tallard de vive force et est repoussé ; 24 septembre, le colonel d'Ornano et le maréchal de Tavanes font lever le blocus de Tallard. — 1581, 21 septembre, entrée solennelle du duc de Mayenne à Tallard. — 1585, 23 mai, le Grand-prieur, gouverneur de Provence, passe la Durance en face de Tallard pour chasser les ligueurs du Gapençais. — 1586, 28 juillet, les huguenots tentent vainement de surprendre Tallard ; octobre, La Valette, gouverneur de Provence, fait lever le blocus de Tallard par les protestants. — 1588, 9 mars, Lesdiguières, trompé par le gouverneur de Tallard, La Marcousse, croyant surprendre le château, perd, par trahison, plusieurs de ses soldats : 5 avril, comme vengeance de cette trahison, La Marcousse est assassiné d'un coup d'arquebuse, par le capitaine protestant Saint-Martin ; 7 avril, on jette hors de la place les bouches inutiles ; 14 juillet, on conclut avec Lesdiguières une trêve d'un an. — 1589, 24 août, Tallard se rend à Lesdiguières. — 1692, 3 septembre, Tallard est incendié par les troupes du duc de Savoie. — *Armoiries.* — Les armoiries d'or à la bande componée d'argent et de sinople, données par l'Armorial général de 1693, sont évidemment supposées. Les armoiries de Tallard ne sont pas connues. — *Biographie.* — BONNE (Alexandre DE), vicomte de Tallard, fils d'Étienne et de Marguerite de Rousset ; né probablement à

Tallard, au commencement du XVIIe siècle, il embrassa la carrière des armes, obtint, en 1631, la lieutenance générale du gouvernement du Lyonnais, servit sous le maréchal de Créqui, en Italie, en 1635 et 1636, obtint le grade de maréchal de camp] et mourut vers 1660. — CLERMONT (Bernadin DE), vicomte de Tallard, fils d'Antoine et de Françoise de Sassenage, épousa, en 1496, Anne de Husson, dame de Tonnerre. Il fut conseiller, chambellan du roi, capitaine de cinquante hommes d'armes. Ce fut lui qui fit restaurer, de 1499 à 1522, le beau château de Tallard; il mourut en 1522. — CLERMONT (Antoine DE), fils du précédent, conseiller, chambellan du roi, capitaine de cinquante hommes d'armes, grand maître des eaux et forêts de France; il fut nommé, en 1554, lieutenant général au gouvernement du Dauphiné, en remplacement de Guillaume de Poitiers, son beau-frère; il fut aussi gouverneur de Savoie. Ayant été enveloppé dans la disgrâce qui atteignit la famille de Poitiers après la mort de Henri II, il donna la démission de ses charges et mourut en 1562. — CLERMONT (Gabriel DE), frère du précédent, nommé à l'évêché de Gap en 1527, il se montre d'abord très ardent contre le protestantisme, puis en adopta les maximes. Il se maria, se retira en 1562 dans son château de Selles en Berry, et donna sa démission en 1574 seulement, moyennant une pension viagère — CLERMONT (Théodore-Jean DE), frère du précédent, évêque de Senés et vice-légat d'Avignon (1533-1560). — CLERMONT (Louise DE), nommée dans sa jeunesse Mlle de Tallard, fut célèbre par son esprit et par sa beauté. Ronsard lui dédia plusieurs de ses poésies. Elle épousa en premières noces François du Bellay, diplomate et homme d'État, en secondes noces Antoine de Crussal, chef des protestants du Languedoc; elle mourut elle-même protestante. Elle était sœur des précédents. — FAURE DE BEAUFORT (Pascal), fils de Pierre Faure, chirurgien des armées du roi; il naquit le 27 mars 1712, fut d'abord chirurgien militaire, puis professeur de médecine à Aix, et médecin du maréchal de Belle-Isle. En 1744, il fut honoré du titre de médecin du roi et devint celui du cardinal de Rohan et de beaucoup de grands seigneurs; les rois, les empereurs le consultèrent et voulurent, mais vainement, le retenir auprès d'eux. Il gagna des sommes énormes qu'il dépensa avec une égale facilité, et mourut en 1795. — GENTIL (Pons DE), né vers le premier tiers du XVIe siècle, il fut d'abord avocat au parlement de Grenoble, puis ayant pris les armes pendant les guerres de religion, il chassa le 13 juillet 1562, les protestants qui s'étaient emparés de sa ville natale. Le 24 août 1568, les protestants se vengèrent de lui en massacrant toute sa famille. A la fin de sa vie, il fut juge de Corps (Isère), et mourut au commencement du XVIIe siècle. Il a laissé un petit récit de ses exploits dont on va trouver le titre à l'article bibliographique. — *Bibliogr.* — GENTIL (Pons DE). *Harangue et remonstrances faictes à Mgr le duc de Mayenne par Pons de Gentil, natif dudit Tallard.* Lyon, Benoît Rigaud, 1583. Il a été donné de cet opuscule une deuxième édition avec des notes, (Paris, Jouaust, 1872). — M[ASSOT] (Théodore). *Le château de Tallard (Album du Dauphiné*, Grenoble, Prudhomme, 1831, t. I, p. 59, planche). — ROMAN (J.). *Inscriptions et armoiries de la chapelle du château de Tallard* (Paris, Société bibliographique, 1880, in-8º). — *Tallard, département des Hautes-Alpes (Magasin pittoresque*, 1885, p. 265, vignette). — TAILLAS (Alexandre DE). *Notice historique sur l'ancienne communauté de Tallard.* (Grenoble, Allier, 1868, in-8º).

MANDEMENT DE VITROLLES.

Le mandement de Vitrolles était qualifié, de toute ancienneté, de baronnie. Maintenu à la Provence par le traité de 1232, qui unit le Gapençais au Dauphiné, il en fit partie jusqu'en 1789. Vitrolles dépendit donc de la généralité et de l'intendance d'Aix, de la subdélégation, de l'élection et du bailliage de Sisteron. — Le majeur domaine de la baronnie de Vitrolles appartint probablement d'abord aux comtes de Forcalquier et de Provence; aux XIIIe et XIVe siècles, les chevaliers de Saint-Jean de Jérusalem en sont seigneurs majeurs, sans doute par suite d'une libéralité de ces comtes. Je n'ai plus trouvé trace de droits exercés à Vitrolles par les chevaliers de Saint-Jean, postérieurement à 1374; peut-être peu d'années après cette date vendirent-ils leur seigneurie aux barons de la Val-d'Oze qui la possédèrent jusqu'en 1629. Avant d'acquérir cette seigneurie majeure, les barons de la Val-d'Oze possédaient déjà, depuis le XIIIe siècle, la seigneurie inférieure de Vitrolles.

BARCILLONNETTE. — *État ecclés.* — La paroisse de Barcillonnette, sous le vocable de Notre-Dame de la Val-Sainte, existait dès le XIVe siècle. Un document de 1708 nous fait connaître que certaines chapelles dont j'ignore le titre lui avaient été unies. Les prieurs de Vitrolles, de Douzard Voyez à Vitrolles), et l'ordre de Saint-Antoine en Viennois étaient décimateurs de cette paroisse, qui dépendait de l'archiprêtré du Gapençais. — *Administr. et Justice.* — Voyez mandement de Vitrolles. — *État féodal.* — Les seigneurs de la

Val-d'Oze furent, pendant tout le moyen âge, seigneurs également de Barcillonnette, de Vitrolles et d'Esparron, sous le haut domaine des comtes de Provence, puis des chevaliers de Saint-Jean. Le 4 mars 1365, nous voyons l'ordre de Saint-Jean, par la main du prieur de Saint-Gilles, investir de ces seigneuries Guillaume Auger, baron de la Val-d'Oze. Il est probable que l'ordre de Saint-Jean vendit le haut domaine de la baronnie de Vitrolles aux seigneurs de la Val-d'Oze, avant la fin du xive siècle. Les deux baronnies d'Oze et de Vitrolles ayant été unies jusqu'en 1629, je renvoie à l'article que j'ai consacré à la première, en ce qui concerne la liste des seigneurs de la seconde. En 1629, François de l'Olivier de Bonne, seigneur d'Oze et Vitrolles, vendit Oze à Pierre de Tholosan et se réserva Vitrolles — François, son fils, 1649-1666 — Jean, 1699 — Pierre, 1700-1738 — Jean-Joseph, 1738-1752 — Alphonse-Louis d'Arnaud acquiert cette terre moyennant 100,000 livres, le 29 mai 1753 — Eugène-François-Auguste d'Arnaud de Vitrolles, 1789.

ESPARRON. — *État ecclés.* — La paroisse d'Esparron était, dès le xiiie siècle, sous le vocable de saint Pierre et saint Paul. Le 18 juillet 1311, l'évêque de Gap la donna à l'ordre de Saint-Antoine en Viennois qui fut, depuis cette époque, collateur de la cure et décimateur du territoire. — Une seconde paroisse avait existé dans le village du *Peyssier*, qui était bâti sur une montagne, non loin d'Esparron ; un rôle des décimes du milieu du xive siècle en fait mention. Il est probable qu'elle fut supprimée quand ce village disparut, c'est-à-dire vers le xve siècle. Antérieurement à 1286, le prieur du Monétier-Allemont la possédait ainsi que le juspatronat d'une chapelle de Saint-Pierre, au hameau des *Preaux*, et quelques dîmes qui y étaient attachées ; l'évêque de Gap les donna à l'ordre de Saint-Antoine, le 18 juillet 1311 ; le prieur du Monétier fit la même cession, le 26 mai 1338. Dans les premières années du xviie siècle, les habitants des Preaux, profitant du désordre que les guerres de religion avaient jeté dans l'administration ecclésiastique, parvinrent à faire ériger cette chapelle en paroisse ; mais une enquête minutieuse ayant été ordonnée, cette paroisse fut supprimée en 1616. A la même date, des chapelles de Notre-Dame de Pitié et de Saint-Pierre, cette dernière au hameau du *Cros*, existaient dans cette paroisse, qui dépendait de l'archiprêtré du Gapençais. — Un petit prieuré, sous le titre de Saint-Paul, avait été fondé à Esparron, il appartenait à l'abbaye de Ganagobie, près de Sisteron. — *Ordres hospit.* — Le 18 juillet 1311, l'ordre de Saint-Antoine acquit l'église paroissiale et les dîmes d'Esparron, le 26 mai 1338, il acquit la chapelle de Saint-Pierre des Preaux et ses dîmes. Ces possessions étaient assez importantes pour autoriser à Esparron la création d'une commanderie spéciale ; elle existait encore en 1516, mais fut annexée avant 1616 à celle de la Déoulle, dont je parlerai plus loin. A la suppression de l'ordre des Antonins, en 1778, ces biens devinrent la propriété de l'ordre de Saint-Jean de Jérusalem. — *Administr. et Justice.* — Voyez mandement de Vitrolles. — *État féodal.* — Comme à Barcillonnette. Une ancienne famille d'Esparron possédait quelques droits seigneuriaux dans cette terre. J'ai trouvé le nom de quelques-uns de ses membres : Ponce d'Esparron, 1220 — Rambaud et Rambaudet, 1266 — Raymbaud, 1339. — *Histoire.* — Un village assez important nommé le Peyssier *(Castrum de Peysseriis)*, existait encore au xve siècle, sur une montagne, tout proche d'Esparron. Il a disparu, on ignore par suite de quel événement ; il n'en reste plus trace. — *Armoiries.* — *De sinople à deux rochers d'argent issants des deux côtés de l'écu. Celui de senestre est percé d'une caverne de laquelle sort un ruisseau d'argent* (Armorial général).

VITROLLES. — *État ecclés.* — La paroisse de Vitrolles était placée sous le vocable de saint Michel. En 1708, il existait dans cette église deux chapelles, l'une de Saint-Michel et l'autre dont j'ignore le titre. L'évêque de Gap donna cette paroisse et ses dîmes à l'ordre de Saint-Antoine en Viennois, le 18 juillet 1311. — Il y avait deux prieurés à Vitrolles, celui de Saint-Michel appartenait aux moines Augustins de Chardavon et celui de Saint-Pierre de Douzard, existant déjà au xiie siècle et appartenant à l'abbaye de Ganagobie, de l'ordre de Cluny, près Sisteron. Les bâtiments en furent démolis pendant les guerres de religion. — L'ordre de Saint-Antoine auquel succéda, en 1778, celui de Saint-Jean de Jérusalem, était collateur de la cure et décimateur de la paroisse qui faisait partie de l'archiprêtré du Gapençais. — *Ordres hospit.* — L'ordre de Saint-Antoine possédait à Vitrolles une importante commanderie qui avait emprunté à un torrent voisin le nom de la Déoulle. Le 18 juillet 1311, l'évêque de Gap lui fit don de ses revenus ecclésiastiques dans cette paroisse ; le 28 mars 1471, la dame de Vitrolles lui fit encore des libéralités ; dans le cours du xvie siècle, on lui unit la commanderie voisine d'Esparron ; au xviie, celle de la Beaume-lès-Sisteron. A la suppression de l'ordre des Antonins (1778), ces biens tombèrent entre les mains des chevaliers de Saint-Jean. — *Administr. et Justice.* — Voyez au mandement de Vitrolles. —

État féodal. — Comme à Barcillonnette. Une famille de Vitrolles, aujourd'hui éteinte, possédait des droits seigneuriaux dans cette terre : Guillaume de Vitrolles vivait en 1155 — Jacques et Raymond, 1200-1222 — Hugues, 1308 — Jean, 1334 — Hugues, 1372 — Isnard, 1389-1400 — Antoine, 1400-1458 — Pierre, 1458-1495. Cette famille quitta alors le pays pour s'établir dans la Val-d'Oze. — *Histoire.* — 1193, Vitrolles est donné comme gage de la paix conclue entre Guillaume IV, comte de Forcalquier, et Alfonse d'Aragon, et comme garantie d'un mariage projeté entre leurs deux maisons souveraines. — 1487, Louis de Moustiers, seigneur de Ventavon, s'empare de vive force de Vitrolles pour se venger de ce que les habitants avaient saisi ses troupeaux qui pâturaient dans leurs terres. — 1586, novembre, la dame de Vitrolles rend son château à La Valette, gouverneur de Provence, qui y fait entrer le capitaine Lartigue et cinquante soldats catholiques. — *Armoiries.* — *D'or à la fasce ondée d'argent à un pin sur un mont de sinople brochant sur le tout* (Armorial général). — *Bibliogr.* — [BONNET (l'abbé)]. *Les Antiquités de Vitrolles (Annales du Laus*, 1882, p. 180).

TABLEAU COMPARATIF DE LA POPULATION DES HAUTES-ALPES AUX XVe, XVIIIe ET XIXe SIÈCLES.

Ce tableau est extrait de documents officiels; ce sont la revision des feux du Graisivaudan de 1458 *(Archives de l'Isère, B, 2,749)*; l'affouagement des communautés de la Provence en 1472 *(Archives des Bouches-du-Rhône, B, 200)*; la revision des feux du Haut-Dauphiné en 1474 *(Archives de l'Isère, registre non inventorié)*; la revision des feux du Graisivaudan de 1700 *(mêmes archives, C, 246)*; la réformation des forêts de 1727 *(mêmes archives, C, 266 à 270, 284 et 285)*; l'affouagement des communautés de la viguerie de Sisteron de 1728 *(Archives des Basses-Alpes, C, 59)*, etc. Comme les documents du xviiie siècle ne renferment pas la population du Briançonnais, qui ne faisait partie d'aucune élection, j'ai emprunté pour cette région le recensement que l'on en trouve dans l'*Histoire du diocèse d'Embrun* du curé Albert, imprimée en 1783.

Le chiffre donné par les manuscrits dont je me suis servi, n'est pas exactement celui de la population, mais celui des chefs de famille; j'ai cru devoir le multiplier par cinq pour arriver à un total approximativement exact. En effet le curé Albert dans la statistique qui accompagne son histoire donne côte à côte le chiffre des chefs de famille et celui de la population véritable : en additionnant séparément ces deux colonnes de chiffres pour les soixante-trois communes dauphinoises du diocèse d'Embrun on constate, qu'à une minime fraction près, la moyenne des membres de chaque famille était de cinq en 1783. C'est donc la proportion que je me suis cru autorisé à adopter.

ABRIÈS............	440	1.600	910	BATIE-MONT-SALÉON (La)...	115	375	296
AGNIELLES.........	50	120	177	BATIE-NEUVE (La)..........	?	320	947
AGNIÈRE...........	325	300	439	BATIE-VIEILLE (La).........	?	165	208
AIGUILLES..........	460	940	604	BEAUME (La)..............	280	595	565
ANCELLE...........	545	1.500	1.193	BÉNEVENT ET CHARBILLAC.. (avec Saint-Bonnet)			494
	avec St-Léger			BERSAC (Le)..............	40	120	205
ANTONAVES........	85	350	222	BREZIERS.................	?	605	401
ARGENTIÈRE (L')....	445	780	1.290	BRIANÇON................	920	3.600	5.439
ARVIEUX...........	490	1.060	888	DRUIS...................	100	425	404
ASPREMONT........	165	575	512	BUISSARD (Le)............	70	165	152
ASPRES-LES-CORPS..	?	405	540	CEILLAC.................	?	700	556
ASPRES-LES-VEYNES.	350	650	732	CERVIÈRES...............	575	881	702
AUBESSAGNE.......	290	460	848	CHABESTAN...............	145	190	213
AVANÇON..........	240	600	574	CHABOTTES..............	230	400	684
BARATIER..........	140	150	225	CHABOTTONNES..........	55	120	109
BARCILLONNETTE...	?	350	298	CHAMPCELLA............	(avec Freyssinières)	600	621
BARRET-LE-BAS.....	75	550	372				
BARRET-LE-HAUT...	20	105	73	CHAMPOLÉON............	265	500	563

TABLEAU HISTORIQUE

Chanousse..............	125	225	189	Monêtier-Allemont (Le)..	45	165	198
Chateauneuf-de-Chabre...	70	225	149	Montbrand...............	200	375	360
Chateauneuf-d'Oze.......	45	145	116	Montclus................	65	180	214
Chateauroux............	?	1.610	1.616	Mont-Dauphin............	(avec Eygliers)		398
Chateauvieux...........	?	220	202	Montéglin...............	70	100	134
Chateau-Ville-Vieille ...	670	1.411	906	Montgardin.............	180	330	411
Chatillon-le-Désert.....	75	65	88	Mont-Genèvre....... (avec le Val des Prés)		459	324
Chaudun................	(avec Rabou)	130	126	Montjay................	330	550	432
Chorges................	865	1.520	1.989	Montmaur...............	205	550	630
Clausonne..............	?	65	39	Montmorin..............	145	675	567
Clémence-d'Ambel.......	?	230	300	Montrond...............	40	60	78
Cluse (La).............	120	310	262	Motte (La)..............	90	290	429
Costes (Les)...........	140	280	284	Moydans................	55	180	166
Crévoux................	?	500	483	Neffes..................	130	400	407
Crottes (Les)..........	410	1.050	1.313	Névache................	705	525	690
Embrun................	1.935	3.525	4.008	Nossage-et-Bénévent ..... (avec Lagrand)		50	66
Eourres................	?	555	332	Noyer (Le)..............	?	585	749
Épine (L').............	125	600	594	Orcières...............	415	1.150	1.241
Esparron...............	?	280	190	Orpierre...............	405	930	752
Espinasses.............	25	300	437	Orres (Les)............	410	900	1.008
Étoile.................	45	130	151	Oze....................	170	135	176
Eygliers...............	110	550	698	avec St-Auban-d'Oze			
avec Mont-Dauphin				Pelleautier............	160	500	430
Eyguians...............	60	145	179	Piarre (La)............	95	375	310
Fare (La)..............	50	250	514	Pisse (La).............	(avec Vallouise)		809
Faurie (La)............	130	600	566	Poet (Le)..............	175	450	503
Forest-Saint-Julien (Le)..	125	180	528	Poligny................	?	555	691
Fouillouse.............	?	40	184	Pomet..................	100	275	154
Freissinouse (La).......	90	225	359	Prunières..............	200	400	462
Freyssinières..........	375	250	770	Puy-Saint-André (Le)...	310	420	502
avec Champcella				Puy-Saint-Eusèbe (Le)....	105	250	355
Furmeyer...............	55	240	189	Puy-Saint-Pierre (Le)...	120	397	510
Gap...................	6.525	4.670	10.765	Puy-Saint-Vincent (Le)...	(avec Vallouise)		685
avec Rambaud				Puy-Sanières (Le).......	170	225	291
Glaizil (Le)...........	115	400	531	Rabou.................	54	270	300
Grave (La).............	565	800	1.251	avec Chaudun			
avec le Villard-d'Arène				Rambaud..............	avec Gap	125	248
Guillaume-Pérouse......	?	235	407	Réalon................	275	800	790
Guillestre.............	?	600	1.491	Remollon..............	55	430	659
Haute-Beaume (La)......	40	85	59	Réotier...............	235	455	520
Infournas (Les)........	110	170	152	avec St-Clément			
Jarjayes...............	340	425	480	Ribeyret..............	145	130	411
Lagrand...............	80	200	198	avec Sorbiers			
avec Nossage et Bénévent				Ribiers...	285	1.515	1.091
Laragne...............	210	620	1.049	Risoul................	?	250	812
Lardier et Valença.....	85	495	425	Ristolas..............	200	875	411
Laye..................	135	225	354	Rochebrune............	?	205	202
Lazer.................	?	310	282	Roche-de-Briançon (La)...	?	560	893
Lettret...............	?	110	117	Roche-des-Arnauds (La)...	400	1.000	942
Manteyer..............	150	600	511	Rochette (La)..........	200	315	382
Méreuil...............	85	225	180	Romette...............	375	375	547
Molines-en-Champsaur...	120	105	138	Rosans................	200	920	782
Molines-en-Queyras.....	1.000	802	792	Rousset...............	70	150	224
Monêtier-de-Briançon (Le).	1.175	2.111	2.287	Saint-André-d'Embrun....	225	1.000	792

DES HAUTES-ALPES.

Saint-André-de-Rosans	190	450	506	Saix (Le)	140	275	309
Saint-Apollinaire	120	180	141	Saléon	100	225	167
Saint-Auban-d'Oze	(avec Oze)	180	120	Salérans	80	325	270
Saint-Bonnet	850	1.545	1.763	Salle (La)	700	980	1.187
avec Bénévent et Charbillac				Saulce (La)	60	400	710
Saint-Chaffrey	640	1.175	1.329	Sauze (Le)	?	750	310
Saint-Clément	(avec Réotier)	460	637	Savines	475	300	1.308
Saint-Cyrice	20	135	70	Savournon	225	700	521
Saint-Crépin	?	800	1.081	Serres	530	1.280	1.469
Saint-Disdier	240	495	528	Sigottier	175	275	308
Sainte-Colombe	45	360	347	Sigoyer	440	1.000	674
Sainte-Marie	35	110	126	Sorbiers	65 (avec Ribeyret)		113
Saint-Étienne-d'Avançon	195	250	327	Tallard	325	1.180	982
Saint-Étienne-en-Dévoluy	440	705	750	Théus	225	400	412
Saint-Eusèbe	245	385	509	Tresclèoux	185	575	491
Saint-Firmin	?	640	1.116	Upaix	765	900	563
Saint-Genis	80	140	135	Val-des-Prés (Le)	680	650	503
Saint-Jacques	?	215	482	avec le Mont-Genèvre			
Saint-Jean-Saint-Nicolas	350	310	930	Vallouise	1.475	2.915	1.083
Saint-Julien-en-Bauchaine	315	600	532	avec la Pisse et le Puy-Saint-Vincent			
St-Julien-en-Champsaur	315	270	553	Vaiserres	145	310	510
Saint-Laurent-du-Cros	320	650	1.071	Vars	?	605	780
Saint-Léger	200(avec Ancelle)		220	Ventavon	460	980	802
St-Martin-de-Queyrières	303	1.350	1.413	Veynes	785	1.700	1.688
Saint-Maurice	?	300	398	Vigneaux (Les)	?	480	565
Saint-Michel-de-Chaillol	120	165	505	Villard-d'Arène (Le)	(avec la Grave) 360		421
Saint-Pierre-Avez	?	135	168	Villard-Loubière	?	185	222
Saint-Pierre-d'Argençon	220	225	360	Villard-Saint-Pancrace (Le)	510	880	959
Saint-Sauveur	240	895	732	Vitrolles	?	360	350
Saint-Véran	335	800	639				

Nota. — *Dans le tableau précédent le premier chiffre est celui de la population au XVe siècle ; le second celui de la population au XVIIIe ; le troisième celui donné par le recensement de 1881.*

ADDITIONS ET CORRECTIONS.

P. 4, col. 2, l. 43, *ajoutez* : le 17 septembre 1316 le Dauphin accorda aux Briançonnais le privilège de pouvoir obtenir leur mise en liberté provisoire sous caution pour les crimes et délits, sauf le flagrant délit.
    l. 49, 1312-1314, *lisez* : 1312-1316.
P. 5, col. 1, l. 1, 1315-1317, *lisez* : 1316-1317.
    l. 13, Soffrey d'Arces, *lisez* : Artaud d'Arces.
    l. 15, *ajoutez* : Soffrey de Gumin, 1297 — Pierre de la Tour, 1319.
    l. 20, *ajoutez* : Soffrey Tholon, 1388.
  col. 2, l. 5, *ajoutez* : Jean de Goncelin, 1437.
    l. 32, *ajoutez* : Leuczon Bérard, 1330.
    l. 36, du Mottet, *lisez* : Motet.
P. 11, col. 1, l. 49 et 51, 1282, *lisez* : 1272.
P. 14, col. 2, l. 20, *après Histoire, ajoutez* : 1332, 6 juillet, Guigues VIII passe à Saint-Martin-de-Queyrières.
P. 15, col. 2, l. 2, le Val-des-Prés. Mont-Genèvre, *lisez* : le Val-des-Prés — Mont-Genèvre.
P. 16, col. 1, l. 6, *ajoutez* : 1310, 13 janvier, le Dauphin renonce en faveur des habitants au droit de bannerie et de tasche, moyennant une rente de 20 sous — 1314, 18 novembre, il confirme cette concession.
    l. 16, *ajoutez* : 1596, 12 septembre, Alexandre de Médicis, cardinal, avec une suite de 11 prélats allant comme légat vers Henri IV, traverse le Mont-Genèvre.
P. 18, col. 2, l. 8, 1284, *lisez* : : 1272.
P. 19, col. 2, l. 7, *ajoutez* : 1309, 25 novembre, Jean II renonce au droit de bannerie en faveur des habitants moyennant 30 livres.
    l. 8, *ajoutez* : 1317, 11 novembre, le Dauphin cède aux habitants les canaux, les moulins et les bois noirs de leur communauté, moyennant 100 setiers de froment chaque année.
    l. 31, 1274, *lisez* : 1275.
    l. 32, 1320, *lisez* : 1321.
    l. 34, *ajoutez* : Jean Galo, 1371.
    l. 37, Livet de Commiers, 1418, *lisez* : Huet de Commiers, 1414.
P. 20, col. 2, l. 24, *ajoutez* : le 14 février 1339, le Dauphin autorisa les Lombards habitant le Queyras à y trafiquer pendant dix ans, moyennant une rente annuelle de 32 florins d'or.
P. 21, col. 2, l. 18 et 29, *au lieu de* : Isnard Isoard, *lisez* : Isoard Isoard.
P. 23, col. 2, l. 4, *ajoutez* : 1310, 13 et 16 septembre, Jean II y séjourne.
    l. 5, 28 juin, *lisez* : les 16, 27 et 28 juin.
P. 24, col. 2, l. 24, Eudes de Rame, 1317, *lisez* : 1316-1317.

P. 24, col. 2, l. 26, Richelet Constans, *lisez* : Nicolas Constans.
    l. 36, *ajoutez* : Reynaud Aynard, 1355.
    l. 49, 1326, *lisez* : 1324.
P. 25, col. 1, l. 1, *ajoutez* : Bertrand Laurent, 1343.
    l. 6, *ajoutez* : Lantelme Allemand, 1381.
    l. 21, Barthélemy Emé, 1535, *lisez* : 1535-1548.
    l. 22, 1537, *lisez* : 1548.
    l. 52, ses administrateurs, *lisez* : ces administrateurs.
    col. 2, l. 1, *ajoutez* : Guillaume de Rame, 1314 — Giraud de Montorcier, 1316.
P. 26, col. 1, l. 29, *ajoutez* : en 1725, Laurent de la Coste, de Montélimar, était engagiste de la partie domaniale de Baratier.
    l. 32 et 33, *les remplacer par les suivantes* : le 10 mai 1371 le gouverneur du Dauphiné autorise la création à Baratier d'une foire le jour de la Toussaint ; le 5 octobre 1477 cette foire est transférée à Embrun.
P. 29, col. 1, l. 1, 1132, *lisez* : 1130.
    l. 49, Giraud, 1205; Raymond, *lisez* : Giraud, 1205 — Raymond.
    col. 2, l. 4 et 6, Guillaume Albert et Guillaume de Rame ne sont qu'un même abbé, originaire de Rame, en Embrunais ; il faut supprimer Raoul Richaud donné mal à propos par le *Gallia*.
    l. 30, *au lieu de* : il avait été aliéné avant 1667, *lire* : il avait été vendu le 23 mai 1308 par le Dauphin aux consuls d'Embrun moyennant une rente de 20 livres et 50 livres une fois payées.
    l. 48, *ajoutez* : 1234, 2 août, Guigues-André y passe.
P. 30, col. 2, l. 42, *ajoutez* : en 1725, Laurent de la Coste, de Montélimar, était seigneur engagiste des Orres.
P. 32, col. 1, l. 28, Athenulphie, *lisez* : Athenulphi.
P. 37, col. 1, l. 4, *ajoutez* : l'archidiaconé d'Embrun avait été fondé et doté par l'archevêque Henri de Suze le 14 février 1256.
    l. 11, *ajoutez* : ..... Salvinus, 1136.
    l. 12, *ajoutez* : Gaudin, 1190.
    l. 20, 1398, *lisez* : 1396.
P. 38, col. 1, l. 34, *ajoutez* : d'après une bulle d'Innocent III, du 13 mai 1198, elle était à cette époque sous la direction et le juspatronat de l'abbaye de Saint-Géraud d'Aurillac, à laquelle elle appartenait encore en 1258.
    col. 2, l. 2, Sainte-Marie du Temple, *ajoutez* : ou du Creux (*de Croso*).
    l. 16, de 1319 à 1336, *lisez* : de 1330 à 1336.
    l. 22, *compléter de la manière suivante la liste des commandeurs de Saint-Jean à Embrun* : Jean Moisson, 1227 — Falcon, 1247 — Raymond Chabaud, 1265-1266 — Guillaume Boysson, 1276 — Geoffroy de Moissac, 1286-1289 — Pons de Cornillon, 1298 — Raymond Osasica, commandeur d'Embrun et de Gap, 1298-1300 — Pierre de Saint-Martin, 1300 — Bernard de Saint-Maurice, 1305 — Barras de Barras, 1314 — Geoffroy de Cubriis, commandeur d'Embrun et de Gap, 1316 — Pierre de Saumane, 1319 — Ridigalis de Villose, 1321 — Rostaing de Camaret, 1322 — Pierre de Saumane, 1323-1328 — Guillaume de Méolans, 1330.
P. 39, col. 2, l. 28, *ajoutez* : En 1177 le chapitre d'Embrun possédait une juridiction sur un certain nombre d'habitants d'Embrun ; il l'avait perdue au xviiie siècle.
P. 41, col. 2, l. 3, *ajoutez* : 1120, 15 mars, Calixte II, pape, passe à Embrun.
    l. 35, *ajoutez* : 1249, 1er février, Guigues VII est à Embrun.

P. 41, col. 2, l. 39, 1256, *lisez* : 1255, 28 décembre.
    l. 48, *ajoutez* : 1259, décembre, Guigues VII est à Embrun.
    l. 53, *ajoutez* : 1287, 4 octobre, Humbert Ier, dauphin, pardonne aux habitants d'Embrun qui avaient insulté sa famille et lui avaient refusé hommage.
    l. 54, 1297, 14 mars, *lisez* : 1298, 15 mars.
P. 42, col. 1, l. 3, *ajoutez* : 1310, 18 septembre, et 1312, 6 novembre, Jean II est à Embrun.
    l. 9, du 22 au 24, *lisez* : le 23 et le 24.
    l. 14, *ajoutez* : 1340, du 15 au 17 novembre, Humbert II séjourne à Embrun.
    l. 16, passant en Italie, *lisez* : qui faisaient partie de l'armée de la comtesse de Provence
    col. 2, l. 22, *ajoutez* : 1596, 14 juin, Alexandre de Médicis, cardinal, et sa suite, séjournent à Embrun.
P. 43, col. 2, l. 27, en 1473, *ajoutez* : le 17 août.
P. 44, col. 1, l. 16, *ajoutez* : LAMBERT (Jacques), né le 7 octobre 1697, mort à Lyon le 2 mai 1775 ; il était fils de Joseph Lambert, marchand, et d'Hélène Lions ; il suivit la carrière du commerce, s'établit à Lyon dont il fut échevin en 1739, épousa une espagnole nommée Barbara Perfuma, fut consul d'Espagne à Lyon, chargé d'affaires dans cette ville de S. M. catholique et anobli par elle. Il avait fait une grande fortune.
P. 46, col. 2, l. 42, et Isoard, vicomte, *lisez* : et Isoard, père de Pierre, vicomte.
P. 47, col. 2, l. 54, 3 août, *lisez* : 13 août.
P. 48, col. 1, l. 5, *ajoutez* : 1258, 29 juillet, Guigues VII est à Chorges — 1274, 5 juillet, Jean Ier et Béatrix, sa mère, y passent — 1297, *lisez* : 1298.
    l. 6, *ajoutez* : 1326, 4 octobre, transaction entre le Dauphin et les habitants relative aux chevauchées ; ces derniers s'engagent à fournir 50 soldats par an pendant un mois.
    col. 2, l. 34, de monastère, *ajoutez* : et nommé Saint-Géraud de *Roveria*.
P. 49, col. 2, l. 7, *Histoire*, *ajoutez* : 1252, 20 juillet, Guigues VII séjourne à Montgardin.
P. 52, col. 2, l. 12, Jean Eyraud-Montbrun, 1646, *ajoutez* : et Benjamin du Bois, 1725-1734.
P. 53, col. 2, l. 9, 1220, *lisez* : 1262.
P. 54, col. 1, l. 14, *ajoutez* : 1334, 23 octobre, Humbert II passe à l'Argentière.
P. 55, col. 1, l. 22, passant en Italie, *lisez* : faisant partie de l'armée de la comtesse de Provence.
P. 56, col. 1, l. 25, qui passaient en Italie, *lisez* : qui faisaient partie de l'armée de la comtesse de Provence.
P. 61, col. 1, l. 35, Jean Mottet, 1459, *lisez* : Jean Motet, 1458-1459.
P. 63, col. 1, l. 12, *ajoutez* : 1781, 20 mars, et 1782, 30 novembre, même concession aux habitants de la Grave.
P. 67, col. 1, l. 42, le 13 mai, *lisez* : le 30 septembre.
P. 70, col. 1, l. 6, 1368, *lisez* : 1369.
P. 79, col. 1, l. 11, du Rousset, *lisez* : de Rousset.
P. 81, col. 2, l. 14, après *Histoire*, *ajoutez* : 1297, 25 juin, Jean, comte de Gapençais, passe à Saint-Bonnet. — 1310, 21 septembre, et
P. 87, col. 2, l. 43, *supprimez* : Gérard de Bellecombe, 1259.
P. 88, col. 1, l. 25, *ajoutez* : Pierre Gandelin, 1417 — Artaud d'Arces, 1421 — Pierre Gandelin, 1423.
    col. 2, l. 49, *ajoutez* : Guillaume Galbert, 1337.
P. 89, col. 2, l. 7, *ajoutez* : *Industrie et commerce*. — Au moment de la Révolution un industriel, nommé Guiramand, avait établi à la Bâtie une fabrique de porcelaine imitée de

celle de Moustiers; il recevait en 1797 une subvention du département. Cette industrie ne tarda pas à disparaître; ses produits sont fort rares.

P. 89, col. 2, l. 20, 1255, 23, *lisez* : 1256, 26.

P. 93, col. 1, l. 1, Saint-Maius, *lisez* : Saint-Mains.

l. 35, *ajoutez* : Giraud Ami, 1251.

P. 94, col. 2, l. 45, *ajoutez* : Guillaume Sicard, 1353.

P. 95, col. 1, l. 51, 1293, *lisez* : 1298.

P. 97, col. 1, l. 16. En 1496 il y avait à Gap quatre foires importantes.

l. 29, *ajoutez* : 1120, 11 mars, Calixte II, pape, passe à Gap.

col. 2, l. 38, du 1er janvier au 22 février, *lisez* : le 21 et le 22 février.

P. 100, col. 2, l. 23, *ajoutez* : au XVe siècle il y avait à Rambaud une chapelle dédiée à Saint-Michel.

P. 106, col. 2, l. 16, Louis de Poitiers, *lisez* : Aymar de Poitiers.

P. 108, col. 2, l. 14, à celle du Gapençais, *lisez* : à ceux du Gapençais.

l. 38, le 3 juin, Guigues VIII, *lisez* : le 3 juin 1328, Guigues VIII.

P. 111, col. 2, l. 8, N. Vial, *lisez* : Jacques Vial.

P. 112, col. 2, l. 48, *ajoutez* : Pasteur de Sarrescuderio, cardinal, ancien archevêque d'Embrun, 1358-1359.

l. 49, *ajoutez* : Pierre de Thureyo, cardinal, 1396.

l. 50, 1445, *lisez* : 1426-1445.

P. 114, col. 1, l. 39, à la collation de l'évêque de Gap, *ajoutez* : au XVIIe siècle, mais une bulle d'Innocent III, du 13 mai 1198 nous apprend qu'à cette époque les trois paroisses de Notre-Dame-du-Villard, de la Rochette et de Saint-André, appartenaient à l'abbaye de Saint-Géraud d'Aurillac.

P. 115, col. 2, l. 43, *ajoutez* : Foulque de Couvet, 1335 — Pierre de Dutiaco, 1336-1337 — Jean Chabrier, 1343-1348 — Jean Arier, 1355 — Jacques Baudran, 1360 — Henri de Crennaco, 1363 — Michotin Malet, 1368.

P. 116, col. 2, l. 11, l'abbaye de Durbon, *lisez* : la chartreuse de Durbon.

P. 117, col. 2, l. 9, Louis, sa fille, *lisez* : Louise.

P. 122, col. 1, l. 10, Isnard, 1286-1292, *lisez* : 1298.

l. 26, de Saint-Laurent, *ajoutez* : au XVIIe siècle, au XVIIIe elle était sous celui de Notre-Dame.

l. 47, Isnard, 1286-1292, *lisez* : 1298.

P. 123, col. 1, l. 17, Alexandre de Rastel de Rocheblave, *ajoutez* : époux d'Angélique de Lombard de Château-Arnoux, sa veuve.

l. 28, *après Histoire, ajoutez* : 1298, 2 août, transaction entre l'évêque et le chapitre de Gap et les habitants de Savournon et du Bersac, relativement aux dîmes.

col. 2, l. 21, *ajoutez* : J. Perrilat, 1578.

P. 124, col. 2, l. 32, *ajoutez* : 1426, Gabriel de Berne, châtelain de Serres, refuse de reconnaître l'autorité de Dragonet de Lastic, lieutenant du gouverneur du Dauphiné, qui met le siège devant la ville; une transaction du 11 mai règle ce différend.

P. 128, col. 1, l. 47, 1255, 23 juin, *lisez* : 1256, 21 juin.

P. 142, col. 1, l. 13, de Saint, Paul, *lisez* : de Saint-Paul.

P. 144, col. 1, l. 5, Bnech, *lisez* : Buëch.

P. 149, col. 2, l. 21, *ajoutez* : G. de la Mer, 1578.

P. 150, col. 2, l. 10, les en expulsent, *lisez* : sans pouvoir les en expulser.

INDEX

Abbon, 9, 10, 21, 43, 74, 108, 164.
Abel (fam.), 155.
Abon (fam. d'), 66, 96, 162.
Abraham, juif, 130.
Abrard (Jacques), 94.
Abriès, 19, 20, 21, 22.
Abrivat (fam.), 25, 30, 33, 35.
Achard (fam.), 115, 141, 142, 145, 150, 154, 155, 156.
Achard-Ferrus (fam.), 150, 159, 160.
Adam, 5.
Adam (Pierre), 29.
Adhémar (fam.), 127, 146, 152, 156.
Adrets (baron des), 49, 98.
Agay (Jean-Gabriel d'), 29.
Agnel (fam.), 41, 125.
Agnères, 72.
Agni (fam.), 14, 16, 28, 30, 35, 88.
Agnielles, 113, 114, 115.
Agoult (fam. d'), 66, 89, 93, 107, 112, 117, 118, 120, 122, 123, 130, 132, 134, 148, 151, 159.
Aguerre (Chrétienne d'), 114.
Aignelles (Jacques d'), 141.
Aiguebelle (fam. d'), 11, 49, 103, 104, 109, 130, 154.
Aigueblanche (Humbert d'), 13.
Aiguille (le seigr d'), 133.
Aiguilles, 19, 21.
Ailefroide (l'), 17.
Aire (fam. de l'), 61.
Aix (diocèse d'), 64, 111, 114.
... (ville d') 99, 166.
... (seigneurie d'), 111, 114, 117, 134.
Alabons, 131.
Alauson (fam. d'), 144, 150, 151.
Albanès (abbé), 2, 64, 153.
Albert (fam.), 11, 20, 28, 29, 33, 35, 37, 39, 57, 88, 107, 173.
.... (curé), 3, 4, 13, 20, 22, 24, 33, 54.
.... (Aristide), 9, 10, 59.
.... (Jacques), 43.
Alberts (les), 15.
Albigny, 163.
Albon (cte d'), 1, 3, 61, 63.
Albrand (fam.), 27, 28.
Albrands (les), 27.

Albuin (fam.), 115, 116.
Alei (Guillaume), 4.
Alley (Poncet), 10.
Alexandre II, 97.
Alexandre III, 110, 157.
Alexis (fam.), 7, 153.
Alife (comté d'), 161, 164.
Alix (impératrice), 131, 145.
Allard (fam.), 39, 45, 51, 52.
.... (abbé), 127, 129, 133, 144, 146, 147, 153.
.... (Jean), 50.
Allard-la-Combe (fam.), 50.
Allègre (mis d'), 150.
.... (Bérenger), 145.
Allemagne (empereurs d'), 3, 29, 36.
Allemand (fam.), 5, 23, 24, 32, 37, 40, 46, 53, 61, 65, 85, 88, 108, 118, 119, 126, 144, 147, 173.
.... (abbé), 136, 137, 139.
Allobroges, 61, 66.
Alloi (fam.), 7.
Aloys (Jean), 5.
Alpes (les), 1, 67, 88, 99, 112, 160, 161, 163.
...... (peuples des), 3.
Alpes-Maritimes (les), 39.
Alphand (Jean), 5.
Alphonse, roi d'Aragon, 115.
Amalvini (Pierre), 39.
Amat (fam.), 23, 25, 29, 45, 96, 98, 104, 109, 115, 128, 129, 130, 137, 138, 154.
..... (Claude-Noël), 128.
..... (Jacques), 128, 136.
Amati (Pierre de), 158.
Ambalos (les), 96.
Ambel, 79.
...... (fam. d'), 65, 66, 69, 85, 86, 110.
Ambrois (fam.), 11, 12.
Amé, cte de Savoie, 68.
Amédée (fam.), 7.
Amelin (Marguerite), 125.
Amicy (Jean), 92.
Ami (Giraud), 175.
.... de Consonantes (Claude), 96.
Amiel ou Amelii (Pierre), 2.

TABLEAU HISTORIQUE

Amnica, 163.
AMOROSIO (fam. de), 109, 120, 121, 125, 148, 154, 159, 160.
Ancelle, 74, 75.
.... (fam.), 74.
ANCELON (François), 121.
ANCESUNE (Rostaing d'), 2, 42.
ANDRAULT DE LANGERON (fam.), 7.
ANDRÉ (fam.), 7, 82, 88.
Andrieux (les), 84.
ANGE (Claude de l'), 96.
ANGLÈS (fam.), 96, 143.
ANGLETERRE (roi d'), 149, 150.
ANGOULÊME (duc d'), 44.
Angrogne, 3.
ANISSON (Charles), 94.
ANJOU (duc d'), 42, 135.
ANNE, dauphine, 6, 10, 12, 21, 87.
ANNIBAL, 16.
ANTOINE (Antoine-Ignace), 43.
.... (Humbert), 142.
Antonaves, 121, 128, 145, 146, 152, 157.
Antraix, 96.
Apt, 39.
ARABIN (fam.), 27, 58.
ARAGON (Alphonse d'), 168.
ARBAUD DE ROGNAC (François d'), 116.
ARBAUD-JOUCQUES (fam. d'), 146.
ARCES (fam. d'), 5, 24, 29, 61, 79, 88, 110, 126, 132, 165, 172, 174.
ARCHYNJAUD (Guillaume), 93.
ARDOUIN DE LAUNAY (André), 61.
.... DE SAINT-MAURICE (Jean-Charles), 7.
ARÈNES (fam. d'), 28, 91.
ARÉOD (Laurent d'), 91.
ARGENCE (Marguerite), 89.
Argençon (mandement d'), 110, 111.
.... (fam. d'), 111.
Argentière (l'), 3, 9, 38, 52, 53, 54, 56, 126, 127, 174.
.... (commanderie de l'), 53, 57.
ARIER (Jean), 175.
Arles, 2, 7, 39, 47, 94, 99, 121, 145.
.... (frères prêcheurs d'), 128.
.... (rois d'), 1.
ARLO (Rodolphe d'), 19.
ARQUERIUS (Pierre), 145.
ARMAND (fam. d'), 33, 36, 49, 118, 146, 156, 159, 160.
.... (fam.), 61, 68, 86, 91, 165.
ARMESSAN (fam. d'), 23.
ARMIEU (Guillaume), 78.
Armoiries, 8, 12, 42, 43, 50, 99, 105, 107, 113, 116, 143, 157, 163, 165, 167, 168.
ARMUET DE BONREPOS (Jean), 40, 57, 165.
ARNAUD (fam. d'), 167.

ARNAUD (fam.), 7, 25, 28, 33, 78, 79, 88, 94, 95.
ARNULPHI (fam.), 91, 107, 109, 136, 141, 142.
Artaillaud (l'), 7.
ARTAUD (fam.), 24, 29, 53, 74, 75, 78, 88, 94, 112, 113, 121, 134, 142, 144.
.... (Raybaud), 116.
ARTAUD DE MONTAUBAN (fam.), 64, 72, 73, 91, 97, 111, 114, 115, 116, 117, 119, 135.
Artois (l'), 81.
Arvieux, 19, 21.
.... (fam. d'), 20.
Arzeliers (mandement d'), 87, 124, 126, 127, 128, 143, 145, 158.
.... (fam. d'), 110, 126, 127.
ASCAR (Bertrand d'), 29.
ASFELD (général d'), 8.
Aspremont, 111, 112, 113.
.... (fam. d'), 112.
ASPRES (fam. d'), 4, 47, 48, 51, 65, 69, 71, 121.
.... (prieurs d') 112, 113.
Aspres-les-Corps, 64, 65, 66.
Aspres-les-Veynes, 91, 111, 112, 113, 117, 118, 119, 134, 136, 139.
ASTARS DE LOUDUN (Isabeau des), 135.
Asti, 110.
ASTIER (fam.), 163.
ASTOD (Antoine), 17.
ASTRES (Annibal d'), 7.
ATHENULPHI (fam.), 7, 32, 35, 47, 79, 109, 140, 144, 173.
Aubergeries (les), 26.
AUBERT (Étienne), pape, 108, 112.
.... (Jean), 43.
Aubessagne, 45, 68, 69, 79, 80, 86.
.... (fam. d'), 67, 68.
Aubres (les), 146.
AUBUSSON (Georges d'), 3, 46, 91.
AUDIFFRED (fam. d'), 7.
AUGER (fam.), 102, 103, 109, 119, 123, 125, 126, 135, 136, 137, 138, 139, 142, 146, 149, 151, 154, 160, 167.
AUGIER (Ernest), 85.
.... DE GLANDEVEZ (fam.), 137.
AUGUÈRES (Boniface d'), 116.
AUGUSTE, empereur, 8.
AUMALE (duc et duchesse d'), 42.
Aups, 162.
AURELLE (fam. d'), 14, 16, 26.
Auriac (mandement d'), 106, 107.
.... (fam. d'), 71, 75, 79, 88, 93, 94, 101, 107.
.... Voyez BONNE.
AURIGNAC (Jean d'), 11.
Aurillac, 111, 114, 173.
Auriol, 142, 143.

Aurouse, 98.
AURUCE (fam.), 53, 62.
.... (Obert), 54.
AUSTOLIN (Pierre). 130.
AUTANE (fam. d'), 160.
AUTARD DE BRAGARD (fam.), 124, 127, 150, 157.
AUTRAND (fam.), 115, 163.
AUTRIC DE VENTIMILLE (fam. d'), 28, 56.
AVALON (fam. d'), 4, 5, 24, 37, 61, 67, 88, 115.
Avance (l'). 52.
Avançon, 29, 45, 128.
AVELLANIE (Béatrix), 92.
AVICIE, 58.
Avignon, 39, 92, 166.
AYGATERIE (fam.), 25, 40, 88, 133.
AYMAR (Guillaume), 130.
AYMERI (fam.), 25, 66, 94.
AYMIN (Jean), 94.
AYMONET (fam. d'), 25, 36, 37, 40.
AYNARD (fam.), 24, 50, 53, 67, 88, 126, 147, 148, 149, 173.
AZINCOURT, 78.

BABOTI (Pierre), 29.
BAGNALCO (Jacques de), 24, 87.
BAILE (fam.), 2, 7, 10, 17, 25, 27, 39, 41, 42, 48, 49, 50, 71, 72, 73, 77, 90, 91, 93, 107, 112, 126, 130, 141.
...... (Jean), archevêque, 42, 43, 54.
...... (Jean), président, 43.
BAILE-LA-TOUR (fam.), 11, 19, 33, 35, 57.
.... (Pierre), 19.
BAILLY (fam.), 39, 121, 125.
...... DE LA CORCELLE (Pierre-François), 25.
Bâle, 99.
Balme (la), 32.
BANCHERIIS (fam.), 5, 40.
Bannes (commanderie de), 45, 68, 80.
.... (Raymbaud de), 93.
Bavatier, 25, 26, 27, 41, 173.
.... (fam. de), 25, 30, 33, 35, 108.
BARBAN (fam.), 72, 77, 96, 97, 133.
BARBIER (fam.), 94, 141.
BARCELONNE (c^{tsa} de), 29.
Barcelonnette (vallée de), 2, 3, 41, 42, 55, 56.
Barcillonnette, 166, 167, 168.
BARD (Dodon), 19.
BARDEL (fam. de), 50, 118, 120.
.... (Georges de), 120.
Bardonnèche, 3, 11.
.... (fam. de), 4, 5, 7, 11, 13, 14, 16, 17, 18, 19, 28, 33, 35, 36, 50, 60, 62, 67, 79, 80, 86, 87, 88, 107, 108, 109, 126, 132, 133, 136, 138, 146.
Barnafred (le), 41.

BARO (fam.), 61, 64, 91.
BARON (fam.), 94, 138, 163.
BARONNAT (Gaspard de), 138, 146.
Baronnies (les), 1, 63, 87, 120, 143, 144, 149, 160.
BARRAS (fam. de), 38, 91, 93, 105, 129, 136, 158, 163, 165, 173.
Barraux (fort), 100, 154.
BARRE (Pons), 158.
Barret-le-Bas, 157, 158.
Barret-le-Haut, 157.
Barri (le), 18.
BARTHÉLEMY (fam. de), 109.
.... (Jean), 116.
BARUCIIS (Reynier-André de), 93.
BASCHI (Balthazard de), 108.
Bas-Gapençais (le), 133.
Bassets (les), 92.
BASSON (Pierre), 61.
BASTERII (fam.), 69, 83, 91.
BATAILLE (fam. de), 75, 107.
BATAILLER (Bertrand), 147.
Bâtie (mandement de la), 89, 90.
......-*Arbaud* (la), 137.
......-*de-Montmaur* (la), 134.
......-*des-Vigneaux* (la), 18.
......-*de-Véras* (la), 140.
......-*Mont-Saléon* (la), 113, 133, 136, 140.
......-*Neuve* (la), 67, 89, 90, 174.
......-*Saint-Romain* (la), 45.
......-*Vieille* (la), 67, 89, 90.
Bauchaine (mandement du), 113, 114, 115, 116, 119.
BAUD (Marguerite), 164.
BAUDRAN (Jacques), 175.
BAUDRY (fam.), 116.
BAUX (fam. de), 93, 141, 146, 164.
Bayard (col. de), 94.
BAYART (le chevalier), 42, 55, 56, 124.
Bayeux, 108.
BAYLE (Charles), 42.
BÉATRIX, dauphine, 93, 113, 174.
BÉATRIX DE SABRAN, 23, 86, 97, 161.
BÉATRIX, fille du dauphin, 23, 86, 97.
BÉATRIX-ROBERT (Pierre), 101.
Beaucaire, 153.
Beaudinar, 142.
.... (fam. de), 115, 116.
Beauchâteau, 96.
Beaufin, 79.
Beaufort, 52.
.... (Isnard de), 52.
Beaujeu, 132.
.... (fam. de), 23, 132.
Beaume (la), 116, 117, 118, 126.
........(famille de la), 62, 67, 88, 91, 93, 94, 118, 126.

Beaume-lès-Sisteron (la), 167.
Beaume-Noire (la), 114.
Beaume-Rison (la), 154.
BEAUME-SUZE (fam. de la), 119, 144, 147, 150, 152.
Beaumes (les), 26, 39.
Beaumette (la), 108, 113, 136, 139, 147.
Beaumont (mandement du), 61, 64, 65.
.... (prieuré du), 69, 86.
.... (fam. de), 23, 29, 61, 87, 88, 141, 142, 145.
Beaumugne, 114, 115.
Beauregard, 70.
Beaurepaire, 68.
BEAUVAIS (Gaspard de), 91.
Beauvillard, 27.
Beauvoir, 44.
.... (Aimé de), 5.
Beaux (les), 105.
Bellaffaire, 50.
BELLAY (François de), 166.
BELLECOMBE (fam. de), 87, 126, 174.
BELLEGARDE (Jean de), 19.
.... (maréchal de), 98.
BELLE-ISLE (maréchal de), 166.
BELLET (abbé), 60.
Bellevue, 96.
BELLIÈVRE (le président de), 98.
BELLO-DEPORTU (Georges de), 118.
BELLON (fam.), 41, 56.
BELMONT (fam. de), 55.
BENCE (Philippe), 147.
Bénévent, 80.
.... (fam. de), 2, 35, 67, 79, 80, 91, 107, 142.
.... (Guillaume de), 80.
Benivent, 147.
BENOIT XIII, 29.
BÉRARD (fam.), 5, 7, 10, 13, 15, 20, 35, 61, 62, 110, 144, 172.
.... (Flocard), 15.
BÉRAUD (fam.), 7.
BERENGER (fam. de), 23, 76, 82.
BERGER (fam.), 40, 64, 137.
Bergues, 44.
BERLIOZ (Eustache), 61.
BERMOND (fam.), 7, 10, 13, 14, 15, 17, 23, 35, 109.
BERNARD (fam.), 62, 63, 147.
.... DE SAINT-BARTHÉLEMY (fam. de), 164.
BERNE (Gabriel de), 110, 124, 175.
BERNIN (Aymar de), 2.
BERNOU (Albin), 86.
Berry (le), 166.
Bersac (le), 122, 123, 175.
BERTAL (Pierre), 94.
Berthaud (chartreuse de), 77, 78, 102, 105, 116, 132, 134.

BERTIN (Hugues), 37.
BERTODUNE (Bertrand), 163.
BERTON (Guy), 58.
BERTRAND (fam.), 10, 20, 62, 66, 88.
BÉSIGNAN (fam. de), 5, 118, 120, 144.
BESSON (Bertrand), 115.
BESSONS (Louis), 65.
BETHIZY (Éléonor-Jacques-Jules de), 45, 52, 69.
Bevons, 151, 152.
Bez (le), 14.
.... (ruisseau du), 15.
BIENFAIT (Jacques), 91.
BIÉTAUX (Philibert de), 45.
BIGOT (Guillaume), 5, 24.
BIMARD (fam. de), 119, 136, 139.
BLACHE (Parceval), 142.
.... (Pierre de la), 53.
Blacons (pont de), 32.
BLANC (fam.), 20, 52, 75, 78, 79, 95, 96, 147, 162.
...... (abbé), 43.
BLANC-LA-NAUTE (fam.), 48.
BLANCARD (Mr), 22.
BLANCHARD (Jean), 94.
BLAQUERIIS (Raymond de), 37.
BLEIS (Guillaume de), 81.
BLOSSET (Antoine), 138, 165.
BOCHARD (fam.), 24, 25, 39, 40, 66.
BOCHE (Pierre), 147.
BOCON DE LA MERLIÈRE (Félicien), 145.
BODUIN (Hugues de), 147.
BOFFIN (fam. de), 7, 61, 93, 96, 111, 149.
BOHÈME (Henri de), 10.
Bois (le), 28.
BOISSET (fam.), 72, 130.
BOISSIEU (Jean de), 62.
BOISSON (fam.), 71, 72.
BOIS-VERT (Jean de), 79.
BONCHAMP (Jean), 142.
BONET (Jacques), 115.
BONFILS (fam.), 4, 24, 67, 88, 94, 104, 125, 163.
BONIFACE (Humbert), 126.
BONIN DIANO, 45, 50, 52.
BONIVARD-MAZET (fam. de), 32, 117.
BONNABEL (Pierre), 25.
BONNARD (Pierre), 65.
Bonne (torrent de), 92, 93, 97, 98.
BONNE (fam. de), 14, 18, 40, 47, 50, 62, 68, 69, 70, 71, 75, 76, 78, 79, 81, 82, 83, 89, 92, 95, 98, 104, 107, 108, 114, 123, 124, 128, 130, 133, 138, 142, 143, 147, 153, 161, 163, 164, 165, 166.
...... (François de), *voyez* LESDIGUIÈRES.
...... (Jean de), 143
...... (Gaspard de), 133.

...... (Raymond de), 81.
BONNE D'AUBIAC (Alexandre de), 165, 166.
.... (Étienne), 107, 138, 163, 164, 165.
BONNET (fam.), 25, 40, 151.
.... (abbé), 168.
BONNET (famille du), 18, 25, 26, 33, 34, 36.
BONNIOT (A. et I. de), 113.
.... (Pierre de), 153.
BONNIVARD-MAZET, *voyez* BONIVARD-MAZET.
BONNOT (fam.), 7.
BONREPOS, *voyez* ARMUET.
BONTEMPS (fam.), 141.
BONTOUX (fam.), 80, 130.
.... prêtre, 10, 13, 67.
Bordeaux, 113.
BORDES (Guillaume de), 2.
BOREL (fam.), 10, 11, 13.
BORELLI (fam.), 5, 24, 25, 66.
...... (François), 17, 18, 99.
BORREL (Georges), 65.
BORRELLY, *voyez* BORELLI.
BOSC (Jean), 27.
Boscodon (abbaye de), 21, 26, 27, 28, 29, 30, 31, 32, 36, 38, 39, 44, 45, 46, 47, 49, 50, 53, 58, 59, 84, 89, 110, 164.
BOSON, 1, 3.
BOSQUET (André), 115.
BOSSE (fam.), 28, 133.
BOTARNE (François de), 81.
BOT DE CARDÉBAT (fam.), 77, 93.
BOUCHE, 1.
.... (Pierre), 112.
BOUCHER D'ORSAY (Catherine de), 149.
Bouchet (torrent du), 21.
Bouchier (le), 13, 14.
BOUCHU (fam.), 54, 145.
Boulins (les), 6.
Boulonnais (le), 81.
BOURBON (le connétable de), 42, 55, 56.
BOURDEAUX (Guillaume de), 29.
Bourg-en-Bresse, 54.
BOURGEL (abbé de), 154.
BOURGES (fam. de), 154.
Bourget (le), 9.
Bourgogne (royaume de), 3, 36.
.... (rois de), 36, 51, 63, 86.
.... (Henri de), 120.
BOURGUIGNON (Aymar), 81.
BOURGUIGNONS (les), 9.
BOURRELON DE MURES (Jean de), 7, 40, 48.
BOUSQUET (fam. de), 99, 103, 115.
BOUSTIER (Charles), 141.
BOUT (fam. le), 30, 57, 73, 106.
BOUVARD (Guillaume), 65.

BOUVIER (fam. de), 91.
BOUVILLE (Charles de), 85.
BOVIER (fam. de), 33, 61.
BOYER (Humbert), 40.
BOYSSELI (fam.), 5, 74.
BOYSSON (fam.), 38, 53, 173.
BOZONNIER (fam.), 150.
Bramfam, 109.
Bramousse, 21.
BRANCAS (Gaucher de), 114.
BRAZA (G.), 93.
BREMA (abbaye de), 40, 69, 70, 74, 75, 80, 83, 84, 106, 108, 137, 139.
BRENS (fam. de), 24, 39, 40, 66.
Bressieux, 63.
.... (fam. de), 24, 62, 98.
BRESSON (Isnard), 147.
BRETON DE CRILLON (fam. de), 93.
Breziers, 51, 52.
.... (fam. de), 52.
Briançon, 3, 4, 5, 6, 7, 8, 9, 10, 11, 12, 13, 14, 15, 16, 18, 19, 20, 23, 47, 53, 55, 63, 81, 85.
.... (Athenulphe de), 28.
Briançonnais, 1, 3, 4, 5, 6, 10, 11, 14, 19, 20, 21, 24, 28, 38, 52, 53, 87, 93.
.... (bailliage de), 1, 4, 5, 60, 144.
.... (principauté de), 1, 3, 20, 23.
BRICONEAN (Laurent), 94.
BRINS (Aymar de), 61.
BRIOINO (Hugues de), 147.
BRIOND (Amblard de), 61.
Briqueyras, 81.
BRIZAY (Eymeri de), 61.
Broue (la), 65.
BROUE DE VAREILLES (François-Henri de la), 64.
BROUET (Girard), 138.
BROXIO (Guillaume de), 88.
BRUCHAILLER (fam.), 191.
BRUCK (fam. de), 83, 104, 127, 156, 161.
Bruis, 158, 159.
...... (Montalin de), 154, 159.
BRULART DE GENLIS (Charles), 3, 38, 46, 57.
BRUN (fam.), 5, 14, 17, 42, 94.
BRUNEL (fam), 49, 123, 137, 144.
BRUNET (fam.), 13.
...... (Jean), 4, 9, 53.
BRUNISSARD (fam.), 11, 19.
Brunsel, 134.
Brussat (le), 130.
Brutinel, 60.
.... (fam.), 10, 95.
BUCELLE (fam.), 143.
Buëch (le), 1, 86, 87, 110, 111, 113, 115, 144, 152, 153, 160, 161.

BUFFEVENT (Abel de), 64.
Buis (bailliage du), 87, 110, 144, 146, 153, 154, 158.
Buissard (le), 69.
.... (fam. du), 69.
BUISSON (Antoine), 147.
BULLION (le conseiller), 8.
BURCIO (Annibal de), 40.
BURG (Guillaume), 58.
BURGO-MALO (Jean de), 142.
BURGONDES (les), 63.
BUSCO (Jean), 91.
BUYSSON (fam.), 95.
Buzon (le), 98, 108.

CABANES (fam. de), 64, 138.
Cabre (col. de), 117.
CAFFIER (Alexis), 10.
CAILLABOT-LA-SALLE (Louis de), 146.
CAIRE (fam. du), 32, 34, 35, 39, 40, 50, 60.
CAIRE-MORAND (Antoine), 8.
Calabre (la), 135.
.... (duc de), 165.
.... (fam. de), 61, 126.
Caleyères, 37, 43.
CALIGNON (fam. de), 33, 66, 134.
CALIXTE II, 11, 14, 16, 173, 175.
CALLARD (fam.), 102.
CALVIÈRE (fam. de), 127, 144.
CALVIN, 99.
CAMARET (Rostaing de), 173.
Camargues, 96.
Cambonum, 117.
CAMISARD (Guilhem), 128.
CAMPEIS (fam. de), 24, 39, 88, 117, 129.
CANALHO (Jean de), 93.
CANASSES (Marc de), 133.
CAND (Robinet de), 91.
CANTE (Antoine), 123.
CAPRERA (le général), 55.
CAPRI (François de), 57.
CAPRIS (fam. de), 130.
CAPUCINS, 38.
CAQUERAN (Borgne), 20.
CARBONNEL (fam.), 7, 10.
CARDEBAT DE SAIGNON (Hector), 23.
Cardinal-Lemoine (collège du), 99.
CARIGNAN (Pierre de), 144.
CARITAT DE CONDORCET (Jacques-Marie de), 64.
CARLE (Samuel), 94.
CARLES ou CHARLES (fam.), 14, 18.
CARLES-LOUBAT (François), 147.
CAROLINGIENS (les), 1.
Carpentras, 99.
CARRARA (fam.), 152.

CASALORTIO (Antoine de), 88.
CASSE (Pierre), 91.
Casses de Faudon (les), 74.
Casset (le), 9, 10.
CASTAGNE (Michel), 145.
CASTELLANE (fam. de), 16, 45, 82, 87, 88, 93, 102, 109, 135, 152.
CATANE (Albert de), 18.
CATINAT (maréchal de), 8, 14, 16, 59, 65.
Caturiges, 63, 86, 106.
CAUSEVIEILLE (Bertrand), 97.
CAUVILLON (Guinet de), 24, 88.
Cavours, 81.
CAYLUS (Marie-Jean-Baptiste de), 65.
CAZETTE (le capitaine la), 16, 21, 22, 57.
Céas, 109.
..... (fam.), 91, 97.
Ceillac, 54.
CELCE (Antoine), 14.
CELLON (Joseph), 28.
CÈNE (Jacques de), 88.
Cercei en Oisans, 13.
Cerveyrette (la), 6.
Cervières, 6, 9.
CÉSAR, 16.
Cezanne, 53.
CHABANE (Jean), 12.
CHABASSOL (fam. de), 28, 32, 33, 35, 40.
CHABAUD (fam.), 38, 53, 173.
CHABERT (fam.), 2, 5, 24, 66, 112.
Chabestan, 108, 135, 136, 137, 147.
.... (fam. de), 92, 108, 118, 126, 135, 137, 150, 151.
CHABO (Claude de), 20.
Chabottes, 69, 70, 71, 75, 76, 77, 78.
Chabottornes, 75.
CHABRAND (doct.), 9, 21.
CHABRIER (Jean), 175.
CHAFFARDON (fam. de), 55.
Chaillol, 71, 72.
.... (fam. de), 5, 10, 91, 92.
Chaillolet, 71.
CHAINE (fam.), 107.
CHAIX (fam. de), 109.
...... (fam.), 5, 11, 17, 94, 115.
...... (Dominique), 105.
CHALAIS (ordre de), 26, 29, 138, 151.
CHALANDIÈRE (fam. de la), 55.
CHALLIER (Jean), 47.
CHALONS (fam. de), 150.
Chalp (la), 14.
Chalps (les), 22.
CHALVIN (fam.), 62.
CHAMBAUD (fam. de), 118, 120, 133, 142.

CHAMBERON (Antoine de), 94.
Chambéry, 60.
CHAMBEYRAC (fam.), 11.
CHAMISEAU dit CHATEAUREDON (le cap^{ne}), 42.
Champcella, 52, 56, 57.
Champ-Chevalier, 20.
Champcrose, 137.
Champ-Foran (torrent du), 15.
Champoléon, 76, 78.
Champrouet, 19.
CHAMP (fam. de), 94, 147.
Champsaur (le), 1, 13, 24, 57, 61, 63, 65, 66, 67, 68, 69, 72, 75. 77, 79, 81, 82, 89, 94, 108.
.... (archiprêtré du), 68, 69, 70, 71, 72, 73, 74, 75, 76, 77, 78, 79, 80, 82, 83, 84, 85, 86, 89, 107, 108.
.... (duché de), 1, 66, 67, 81.
.... (vibaillage du), 66, 67, 68, 69, 71, 74, 84.
CHANARD (fam.), 72.
Chanousse, 147, 148, 149, 151.
.... (fam. de), 7.
Chantaussel, 70.
Chanteloube, 59.
Chante-Merle, 12.
Chantereine, 27.
CHAPELAIN (Jacques), 91.
Chapelle de Savines (la), 34.
.... *en Valgaudemar* (la), 84, 85, 86.
CHAPON (Claude), 153.
CHAPPAN (fam. de), 104, 138.
CHAPPONAY (fam. de), 25, 91.
Charance, 93, 96, 100.
.... (fam. de), 96, 142.
Charbillac, 80, 94.
CHARBONNEL (fam.), 13, 15.
CHARBONNIER (Christophe), 63.
Charce (la), 158, 160.
Chardavon, 102, 103, 109, 118, 129, 130, 132, 134, 140, 155, 167.
CHARLEMAGNE, 2, 36, 63.
CHARLES (fam.), *voyez* CARLES.
CHARLES Ier, c^{te} de Provence, 87, 118, 148.
CHARLES VI, roi de France, 81.
.... VII, 62.
.... VIII, 4, 8, 16, 17, 18, 36, 37, 42, 48, 60, 81, 82, 98, 165.
.... IX, 115.
.... DAUPHIN, 158.
.... QUINT, 90.
CHARMEL OU CHALVET (fam.), 73.
CHARPENTIER (Pierre), 145.
Charrière (la), 34.
CHARRONNET (M^r), 64, 105, 116.
CHARTREUX (les), 10, 12, 80, 105, 115. 116.

CHARVERIE (Guillaume), 5.
CHASET (Catherine de), 121.
CHASSAGNE (Rodon), 91.
CHASTE (Lambert de), 94.
Château (le), 125.
.... (fam. du), 20.
.... *d'Ancelle* 74.
.... *Dauphin*, 81, 128.
.... *Giraud*, 152.
.... *la-Beaume*, 117.
CHATEAUNEUF (fam. de), 2, 7, 94, 141.
Châteauneuf-de-Chabre, 145, 146.
.... *d'Oze*, 137, 138, 139.
Château-Queyras, 19, 20, 21, 22, 23
Châteaurenard, 128.
Châteauroux, 26, 27, 41, 44.
.... (Baudon de), 19.
Château-Trompette (le), 113.
CHATEAUVIEUX (fam. de), 141, 142, 147.
Châteauvieux-les-Veynes, 140.
.... *sur-Tallard*, 90.
Châteauvillard, 96, 99.
Châtelart (le), 93.
.... (Hugues du), 11.
Châtelet (le), 154.
Châtillon, 138.
.... (fam. de), 141, 142, 144.
.... (François), 57.
CHATTIER (Jean), 58.
Chau (la), 85.
CHAUDEIRACO (Raymond de), 145.
Chaudun, 104, 105, 128.
Chaup (la), 155, 157.
.... (fam. de la), 112, 127, 146, 148, 152.
Chauvet, 37, 68.
CHAUVIN (Pierre), 29.
CHAUZA, dame de Ventavon, 132.
CHAYS (fam.), 115.
Chazelet (le), 62.
CHENEVIÈRES (Rodolphe de), 24.
CHÉRIAS (M^r), 64.
CHERLER (Samuel), 94.
CHÉRUBIN (Jean), 149
CHESUS (Hugues de), 142.
Chevalet (le), 155.
CHEVALIER (fam.), 10. 108.
CHIME (Rostaing de), 142.
CHION (fam.), 94, 153.
CHISSÉ DE LA MARCOUSSE (Pierre de), 153, 162.
CHOLAY (Humbert), 61.
CHOLIER (fam.), 123.
CHOMAR (Pierre), 144.
Chorges, 24, 32, 38, 44, 45, 46, 47, 48, 49, 50, 67, 79, 100, 110, 174.

.... (Lanteime de), 19.
CHORIER, 1.
CHOUL (fam. de), 88, 144.
Christol, 15.
CISERIN (Jean de), 61.
CLAIR (fam.), 150.
Clairecombe (abbaye de), 151, 152, 158.
CLAPIER (fam.), 33, 96.
Clapière (la), 54.
Clarée (la), 5, 15.
CLARENS (fam. de), 85, 146.
CLARET (fam.), 4, 5, 40, 67, 116, 122, 123, 144.
Clastre (le), 140.
CLAUDE (Nicoud de), 24, 88.
Clausonne, 138, 139.
Claux (les), 16.
CLAVAISON (cap^{ne}), 10.
CLAVEL (Pierre), 88.
CLAVERI (cap^{ne}), 16.
CLAVIÈRE (Jeanne), 13.
Clémence d'Ambel, 85.
CLÉMENT (fam.), 93, 126.
CLERC DE LA BATIE (Jacques), 95.
CLÉRIEU (fam.), 24, 39, 41, 87.
CLERMONT (fam. de), 50, 64, 73, 85, 98, 103, 161, 163, 165.
.... Antoine ; Bernadin ; Gabriel ; Louise ; Théodore (de), 166.
CLERMONT-CHASTE (fam. de), 36, 40, 122, 132, 146.
CLERMONT-D'AMBOISE (Marthe de), 135.
CLOT-DU-SERRE (fam. du), 138, 143.
CLUNY (ordre de), 9, 15, 65, 68, 69, 70, 71, 73, 75, 76, 77, 79, 80, 82, 84, 85, 86, 92, 101, 108, 120, 127, 139, 140, 146, 150, 151, 154, 155, 157, 158, 163, 167.
Cluse (la), 72, 73.
Coche (la), 77.
COCUERIA (René de la), 141.
CODANE (Louise), 121.
CODERCIO (Raymond de), 115.
COING (Siméon), 39.
COLAUD (fam.), 5, 142.
COLIGNON (Abraham de), 94.
COLIGNY (l'amiral de), 57.
COLISIEUX (François de), 23.
Collège d'Embrun, 26, 38, 39, 47, 78, 92.
COLOMB (fam.), 77.
COLOMBAT (Claude), 19.
COLOMBET (Aimé de), 41, 90.
Colombier (ruisseau du), 24.
.... (Hugues de), 9.
COLOMBIÈRE (Pierre de la), 112.
COLONONE (Jean de), 93.
COMARE (Vincent), 5.

Combe-d'Oze, 96.
...... Meyranne, 27.
COMBES (Raymond des), 20.
...... du-Queyras, 19, 55.
COMBOURSIER (fam. de), 82, 89, 95, 130.
COMITIBUS (Jean de), 94.
Commanderie (la), 136.
Commandore (le), 136.
COMMERCY (prince de), 55.
COMMIERS (fam. de), 4, 19, 61, 62, 88, 126, 172.
.... (Claude), 43.
COMPENIO (Alexandre de), 29.
Comtat-Venaissin (le), 127, 149, 152, 158.
CONDÉ (prince de), 98.
CONEL (Jean), 39.
CONI (Josserand de), 61.
CONCHES (fam. de), 23.
CONDRIEU (Laurent de), 24, 88.
CONRAD III, empereur, 2, 41.
CONRAD le Pacifique, 131, 145, 158, 159.
Constance (concile de), 43.
CONSTANCE II, empereur, 136.
CONSTANT (fam.), 61, 91, 110, 126, 173.
Constantinople, 43.
CONTI (prince de), 42, 56, 99, 149, 150.
CONTOUR DE SAIGNES (Guillaume de), 159.
COPIN (Antoine), 61.
COPPIER (Gilles), 61.
CORDELIERS (les), 6, 8, 18, 38, 92, 98.
CORDIER (fam.), 13, 19.
Cornillac, 158.
Cornillon (châtellenie de), 158, 159, 160.
.... (fam. de), 53, 88, 154, 158, 173.
Corps, 65, 76, 91, 166.
...... (Pierre de), 29.
COSNAC (Daniel de), 65.
COSTE (Laurent de la), 173,
Costes (les), 68.
COTTIUS (le roi), 3.
Couche (la), 36.
COUCHENOD (Claude de), 92.
Couleau (le), 6, 26.
COUR (Pierre de la), 18.
COURCILLON (Pierre de), 144.
Cour de Chassagne (la), 93.
..... de Chaudun (la), 93.
COURT (Louis), 55.
COUVET (Foulques de), 175.
Crémieux, 149.
CRENNACO (Henri de), 175.
CREQUI (fam. de), 8, 62, 73, 82, 83, 114, 123, 124, 125, 127, 152, 156, 166.
CRESSY (fam.), 25, 28, 39, 40.
Crest, 106.

Crévoux, 27.
Creyssint, 151, 152.
CROISSANT (François du), 145.
Croix (la), 165.
...... (col la), 13, 22.
...... (fam. de la), 29, 115.
CROIX DE CASTRIES (Pierre-Armand de la), 65.
Croix-de-la-Chapelle (la), 85.
...... Haute (la), 111, 114.
Cros (le), 107.
CROSSE (Marguerite), 36.
Crottes (les), 27, 28, 29, 42.
CROZET (fam.), 25, 35, 58.
CRUSSOL (Antoine de), 166.
CUBRIIS (Geoffroy de), 38, 93, 173.
CUGNO (fam. de), 140, 141, 142.
CZUPPI (Guigues), 5, 25, 61.

Daillon, 81.
DAMNI ou DAMNIS (Pierre), 110, 126.
DANIEL (Lantelme), 14.
Dantzick, 99.
DAUPHINS, 3, 4, 7, 9, 10, 11, 12, 14, 15, 17, 19, 20, 21, 23, 24, 25, 26, 27, 29, 30, 31, 32, 35, 36, 39, 40, 41, 44, 45, 47, 48, 49, 50, 53, 54, 55, 56, 58, 61, 62, 63, 66, 67, 68, 69, 70, 71, 75, 78, 80, 82, 83, 84, 86, 87, 88, 89, 92, 93, 95, 96, 97, 98, 102, 104, 105, 106, 107, 108, 109, 112, 113, 114, 115, 116, 117, 118, 119, 120, 121, 123, 124, 125, 127, 128, 129, 130, 131, 135, 136, 137, 138, 139, 141, 143, 144, 145, 146, 147, 148, 149, 151, 152, 153, 154, 156, 158, 159, 161, 172, 173, 174.
Davianum, 141.
DAVIN (fam.), 66, 95, 102, 132.
DAYE (fam.), 14, 17.
DEAUX (fam. de), 2, 37, 64.
DELMAS (fam.), 14, 39, 58, 72.
DEMAFFÉ (Pierre), 141.
DÉMETRIUS (saint), 63, 64.
DENYS (Jacques), 116.
Déoulle (la), 107.
Désert (le), 138.
Dévoluy (le), 60, 67, 72, 73, 105.
Die, 101, 106, 111, 113, 115, 117, 136, 137.
.... (comtes de), 73, 111, 113, 114, 115.
.... (évêques de), 97, 123.
.... (Jacques de), 61.
Digne, 28.
...... (évêché de), 29, 64, 79.
Diguières (les), 67, 83.
DIOCLÉTIEN, 39.
DIOCQUE (fam.), 25.
Diois (le), 106.

DISDIER (fam.), 33, 41, 51, 60, 62, 63, 91, 118, 123, 150, 154.
Doire (la), 3.
DOMÈNE (Lantelme de), 142.
DOMINICAINS (les), 6, 8, 92, 99.
Domitia (voie), 107.
DOMNIN (saint), 60.
DONNET (fam), 7.
DONZEL (fam.), 20.
DORGEOISE (Antoine de), 126.
Doulens, 160.
DOUSAN (fam), 11.
Douzard, 166.
Drac (le), 60, 67, 68, 71, 75, 78, 81, 82, 84.
DREINS (Henri de), 144.
DROMENC (Anselme), 147.
Drouzet (le), 135.
Druentia, 15.
DUBOIS (fam.), 67, 89, 174.
DUCROS (fam.), 127, 132.
DUNOIS (c^{te} de), 62.
Durance (la), 3, 5, 8, 13, 19, 24, 27, 38, 53, 56, 57, 86, 87, 90, 101, 161, 163, 165.
DURAND (fam.), 37, 39, 123.
Durbon (chartreuse de), 72, 102, 105, 113, 114, 115, 116, 132, 134, 175.
Durotincum, 63.
DUTIACO (Pierre de), 175.

EBRARD (Pierre), 37, 52.
.... (Ponce), 91.
ECCLESIAS (Geoffroy des), 36.
Échelle (col de l'), 11.
Écoles, 92.
ÉCRIVAIN (fam.), 7.
ÉCUYER (Thomas l'), 124.
Éduits (les), 12.
Églises protestantes, 7, 18, 20, 21, 22, 39, 47, 54, 55, 56, 57, 62, 74, 78, 80, 94, 101, 123, 127, 132, 133, 140, 141, 143, 149, 153.
ÉLIE (Guillaume), 29.
EMBRONIACO (Jean de), 39.
Embrun, 2, 8, 18, 24, 25, 26, 27, 30, 31, 36, 37, 38, 39, 40, 41, 42, 43, 44, 45, 46, 47, 48, 49, 50, 51, 52, 53, 54, 56, 58, 59, 66, 73, 76, 81, 82, 90, 92, 93, 99, 100, 102, 133, 143, 164, 173, 174.
.... (archevêques d'), 1, 2, 6, 9, 12, 13, 14, 15, 16, 18, 20, 23, 26, 27, 29, 31, 33, 34, 36, 37, 39, 41, 42, 43, 44, 46, 47, 48, 51, 52, 54, 55, 56, 58, 59, 64, 80, 83, 87, 175.
.... (chapitre d'), 4, 6, 9, 12, 15, 16, 18, 26,

24

27, 30, 32, 36, 37, 51, 55, 56, 57, 58, 59, 107.
Embrun (commanderie d'), 29, 30, 38, 50, 53.
.... (séminaire d'), 26, 38.
.... (fam. d'), 26, 27, 31, 32, 35, 42.
Embrunais, 1. 2, 23, 24, 25, 26, 28, 38, 39, 41, 42, 52, 53, 57, 83, 86, 87, 90, 93, 94, 173.
.... (baillinge d'), 1, 24. 25, 39, 66, 110, 144.
.... (comté d'), 1, 23, 161.
EMÉ (fam.), 5, 11, 12, 13, 14, 20, 25, 28, 33, 36, 40, 60, 88, 173.
.... (Barthélemy), 43.
EMPEREUR DE LA CROIX (Henri), 65.
ENTREMONTS (Drouët d'), 24, 110.
ENTREVENNES (Guillaume d'), 35, 52.
Eourres, 152, 157.
.... (Bertrand d'), 52.
ÉPERNON (duc d'), 32, 48, 49, 136.
Épine (l'), 144, 146, 147.
...... (fam. de l'), 146, 148.
ERASME, 44.
ERLOUD (Nicolas). 133.
Ermitages, 50, 84, 92, 100, 151.
ERSINERIIS (Lionel de), 61.
ESCALE (fam. de l'), 29, 154.
ESCALLIER (fam.), 76, 81.
ESCALON (fam.), 107.
ESCHARÊNE (fam. de l'), 141, 142.
ESCLAPON (Guillaume d'), 64.
ESCOFFIER (Raymond), 88.
Escoyères (les), 21.
ESMIEU (Françoise), 36.
ESMIN (fam), 124, 126, 130.
Espagne (l'), 174.
.... (roi d'), 43.
.... (Jacques d'), 28.
Esparcelet (l'), 66.
Esparron, 131, 167.
.... (combat d'), 81, 84.
.... (fam. d'), 49, 91, 167.
ESPIÉ (Balthazard), 92.
Espinasses, 45, 47, 48.
ESTIENNE (Pierre), 115.
.... (fam. d'), 51, 64, 78, 80.
.... DE PRUNIÈRES (fam. d'), 32. 85, 117.
ESTOUR (Gaspard), 60.
Estranguillon (l'), 75.
États-Unis (les), 100.
ETHI (Guillaume d'), 91.
ÉTIENNE (fam.), 25, 39, 40, 48, 51, 62, 91.
.... DE PERELLOS (Michel), 2.
Étoile, 124, 155.
...... (Hugues de l'), 151.
EUDES (fam.), 20, 91, 101, 107, 142.

EUDIN (Enguerrand d'), 85.
EUGÈNE III, 9, 12, 18, 68, 92.
.. .. IV, 155.
Évarras (les), 83.
Eychauda (l'), 16.
Eygliers, 21, 59.
Eyguians, 127, 128.
EYMIN (Jean), 7.
EYNARD (Gonet), 13.
EYRAUD (fam.), 116, 142.
........-MONTBRUN (Jean), 52, 174.
Exilles, 3, 81, 154.

FABRE (Mr), 44, 54.
FABRI (fam.), 5, 13, 91, 126.
FABRICA (Guillaume de), 39.
Fabriques, 10, 15, 21, 97, 124.
FALAVEL (fam.), 40, 61, 88.
FALCON (Claude), 61.
FALQUES (Ennemond), 94.
FARAMANS (Humbert de), 94, 110.
Faravel, 57.
Fare (la), 82, 83.
...... (fam. de la), 83, 94.
FAREL (Guillaume), 94, 98, 99, 162.
FAUBERT (Martin), 141.
FAUCHÉ-PRUNELLE (Mr), 4.
FAUCHER (Charles), 128.
FAUCIGNY (Jean de), 24, 58.
FAUCON (fam. de), 34, 35.
Faudon (mandement de), 74, 75.
.... (fam. de), 53, 72, 74, 76, 81, 165.
FAUGÈRES (Guy de), 29.
FAUGIER (Bertrand), 141.
FAUR (fam. du), 7, 71, 103, 138, 160.
FAURE (fam.), 10, 141, 142, 166.
..... DE BEAUFORT (Pascal), 166.
..... DE VERCORS (Alexandre), 30.
Faurie (la), 114.
Faysses (les), 145.
FÉLIX (Marc), 153.
..... (Marianne-Thérèse de), 152, 156.
..... DE CREISSET (fam. de), 51.
FENOUL (Jean), 20.
FERAUD (fam.), 91, 94, 149, 153.
FERLAND (fam.), 126, 130.
FERRARE (duchesse de), 42.
FERRARI (Confortinus), 21.
Ferraye (la), 137.
FERRIER (fam.), 126.
FERRIÈRES (Pierre de), 41.
FERRUCHII (André), 111.
FERRUS (fam. de), 7, 11, 12, 26, 135, 142.
FIESQUE (Nicolas de), 2.

FINE (fam.), 19, 25.
..... (Oronce), 8, 19.
..... DE BRIANVILLE (Claude-Oronce), 8.
FINETTE (fam.), 97.
FIQUET (Jean), 126.
FISQUET (Mr), 3, 64.
FLAMENCHI (Pierre), 108.
FLAYOSC (Isnard de), 158.
FLÉHARD (fam.), 73.
FLORENS (Paul), 145.
FLORE (Philippe), 105.
FLOTTE (fam.), 73, 88, 90, 93, 98, 101, 102, 103, 105, 106, 110, 111, 117, 119, 124, 125, 131, 134, 136, 142, 149, 151, 160, 162.
...... (Balthazard), 135.
...... (Jean), 106.
...... (Joseph de), 110.
FOGASSI (fam.), 83, 145.
Foires et marchés, 7, 8, 10, 17, 20, 21, 22, 23, 26, 41, 48, 55, 63, 97, 104, 113, 124, 127, 130, 143, 153, 165.
FONT (fam. de la), 95, 99, 104, 118, 120, 138, 142, 162, 163.
Fontaine de Jérusalem (la), 30.
FONTANIEU (l'intendant), 54.
FONT DE SAVINES (fam. de la), 25, 28, 29, 31, 32, 34, 35, 36, 40, 44, 47, 105.
.... (Charles de la), 44.
Fontenil (le), 6.
Fontgillarde, 22.
Fontreine, 104.
FORBIN-GARDANNE (Louis de), 93.
FORCALQUIER (c^{te} de), 23, 24, 29, 30, 31, 36, 40, 43, 47, 52, 56, 57, 64, 66, 86, 87, 94, 97, 109, 113, 122, 130, 156, 161, 166, 168.
.... (Gaucher de), 64, 98.
Forest (le), 27, 78.
FORESTIER (fam.), 64, 98.
Forestons (les), 84.
Forest-Saint-Julien (le), 70, 71.
FORT (Catherine du), 136, 137.
FORTIA DE MONTRÉAL (Henri de), 154.
FORTY (Geoffroy de), 142.
FOSCHE (Pierre), 63.
Fouillouse, 162, 163.
FOUQUET (Bernardin), 3.
Fournel (torrent du), 52.
FOURNIER (Marcellin), 3, 54, 99.
.... (Mr), 2.
FRANC (Guillaume), 20.
Francfort, 2.
☦ FRANCO (Jeanne), 105.
FRANÇOIS (Simonet), 61.
FRANÇOIS Ier, 8, 16, 17, 19, 37, 41, 55, 69, 81, 90, 107, 165.

FRANÇONIS (Raymond), 160.
FRANCOU (Jean), 156.
FRÉDÉRIC Ier Barberousse, 4, 97, 105, 115.
.... II, 41, 104.
Fredière, voyez Freydière.
FREDULPHI (fam.), 112.
Freissinouse (la), 102, 105.
.... (Pierre de la), 94.
Fréjus, 80.
FRÈRES MINEURES (les), 77, 78.
FRÈRES PRÉCHEURS (les), 145.
Freydière (la), 90, 134.
Freyssinet (le), 9.
Freyssinières, 52, 56, 57.
.... (fam. de), 24, 33, 57, 133.
FROMENT (Antoine), 8, 7.
.... (le P.), 78.
FUGIER (François), 65.
FULCON-SAINT (fam.), 68, 84, 86, 105.
FUNCTO (Pierre de), 29.
Furmeyer, 49, 95, 98, 112, 133, 135, 164.
.... (fam. de), 133, 141.
.... (cap^{ne}), *voyez* RAMBAUD.
Fusins (la), 21.

GACHE (Claude de la), 91.
GAILLARD (fam. de), 31, 90, 160.
GAILLAUD (abbé), 9, 44.
GALBERT (fam.), 61, 174.
GALHUACO (Guillaume de), 40.
GALLES (Pierre de), 15.
GALLEYS (Jacques), 61.
GALLIFFIER (Salomon), 149.
GALO (Jean), 5, 24, 25, 172.
GALVAING (Aymon), 11.
Ganagobie (abbaye de), 132, 147, 167.
GANDELIN (fam.), 24, 45, 48, 51, 77, 88, 90, 117, 133, 144, 174.
Gandière, 163.
GANDOUIN (fam. de), 7.
Gap, 67, 68, 76, 90, 91, 92, 93, 94, 95, 96, 97, 98, 99, 100, 105, 106, 108, 113, 128, 130, 132, 135, 137, 139, 141, 144, 145, 146, 158, 173, 175.
..... (chapitre de), 31, 32, 69, 70, 71, 78, 80, 90, 91, 92, 94, 95, 97, 98, 100, 104, 105, 107, 110, 122, 135, 136, 140.
..... (commanderie de), 10, 13, 15, 38, 45, 46, 50, 51, 89, 125, 131, 132, 149, 164.
..... (élection de), 25, 40, 73, 96, 100, 103, 106, 108, 111, 120, 122, 124, 125, 127, 128, 129, 131, 132, 133, 137, 139, 141, 145, 146, 147, 149, 150, 152, 153, 154, 155, 156, 157, 158, 159.
..... (évêché de), 1, 24, 29, 39, 41, 47, 48, 49, 50, 52, 63, 64, 69, 73, 80, 81, 82, 83, 84, 87, 88,

89, 90, 92, 97, 98, 100, 101, 103, 109, 110, 114, 115, 116, 117, 120, 121, 122, 123, 128, 130, 131, 133, 140, 141, 144, 151, 153.
Gap (gouverneurs de), 32, 84, 95, 96, 115, 140.
..... (subdélégation de), 69, 70, 71, 72, 73, 75, 76, 77, 78, 80, 81, 82, 84, 89, 90, 96, 100, 103, 106, 108, 111, 118, 120, 121, 122, 124, 125, 126, 127, 128, 129, 130, 131, 132, 133, 137, 139, 141, 146, 147, 149, 150, 152, 153, 155, 156, 157, 158, 159, 161.
..... (vibailliage de), 66, 67, 72, 76, 77, 84, 87, 88, 90, 100, 102, 104, 106, 114, 119, 120, 124, 125, 127, 128, 129, 134, 136, 139, 141, 145, 147, 149, 150, 152, 153, 154, 155, 156, 157, 159.
..... (vicomtes de), 24, 87, 97.
..... (Étienne de), 99.
..... (Guillaume de), 99.
Gapençais, 1, 63, 81, 83, 86, 87, 88, 89, 93, 94, 95, 100, 102, 107, 108, 135, 140, 144, 166, 175.
.... (archiprêtré du), 72, 89, 100, 101, 107, 108, 109, 110, 111, 113, 114, 115, 116, 119, 121, 122, 126, 127, 128, 129, 130, 131, 132, 133, 137, 138, 139, 140, 162, 163, 166, 167.
.... (bailliage du), 1, 63, 87, 89, 110, 118, 120, 123, 124, 126, 131, 144, 146, 152.
.... (comté du), 1, 87, 161, 174.
Garcin (fam.), 19, 27, 144.
.... (Bertrand), 13.
Garde (la), 92.
......-Adhémar (la), 156.
Gardette (la), 105.
Gardon de Perricau (Jean-Antoine), 5.
Garenne (la), 156.
Gargas, voyez: Moustiers.
Garin (fam.), 7.
Garnier (fam.), 27, 40, 88, 130, 147.
Garret-Catin (Pierre), 96.
Gasaud (Jean), 23.
Gascons (les), 42, 55.
Gaste (fam.), 109, 135, 138.
Gautier (fam.), 24, 39, 63, 91, 95, 142.
.... (fam. de), 129.
.... (Mr), 64, 100.
.... vicaire de l'empire, 95, 97.
Gavet (Jean-Baptiste), 108.
Gélase II, 54, 55, 101, 157, 158.
Gélu (Jacques), 2.
Geminæ, 85.
Gênes, 21, 100.
Genève, 43, 99, 115.
Génevez (Étienne), 28.

Gentil (fam.), 94, 165, 166.
..... (Pons de), 165, 166.
Gentillon, 80.
Genton (fam. de), 122, 132, 165.
Geoffroy (fam.), 91, 108, 125, 130, 136.
Géra (Guillaume de), 64.
Géraldi (Ripert), 156.
Gérard (fam.), 34, 66.
Gergeau, 76.
Gervasi (fam.), 91, 95, 104.
Gibelin (Guillaume), 115.
Gilbertesio (Jean de), 138.
Gilleti (Astorge), 145.
Gilli (Bernard), 5.
Gilliers (fam. de), 71.
Gillin (fam.), 101, 121, 126.
Girard (fam. de), 2, 30, 36, 43, 58, 94.
.... (Christophe), 74.
.... du Sauze (Guillaume), 39.
Giraud (fam.), 5, 14, 17, 20, 33, 35, 49, 57, 58, 60, 93, 145, 147.
Gironde (la), 3, 6.
Giroud (Antoine), 61.
Glaise, 140.
Glaizil (le), 67, 82, 83.
Glandevez (Jean de), 138.
Gleyrod (Charles), 145.
Gobaud (André), 94.
Goncelin (Jean de), 15, 172.
Gontier (Jacques), 52.
.... de l'Anoe (fam.), 33, 39.
Gordes (de), 22, 57.
Gouvernet (de), 132.
Graffinel (Pierre), 64, 93, 99.
Graisivaudan (le), 1, 60, 106, 140.
.... (bailliage du), 1, 24, 60, 61, 63, 65, 66, 89, 108.
.... (comté du), 1.
Gralla (Guillaume), 94.
Grammont (fam. de), 110, 165.
Grand (Guillaume), 118.
...... de Champrouet (fam.), 6, 19.
Grand Prieur (le), 163, 165.
Grande-Chartreuse (la), 49.
Granges (les), 21.
.... (Pierre des), 115.
Granolier (Bernard de), 65.
Granon, 15.
Gras (les), 73.
..... (fam.), 19, 24, 50, 66, 67, 68, 69, 78, 79, 81, 85, 86, 88, 89, 91, 109, 137, 138, 153.
Grasse, 32, 46, 92.
.... (Othon de), 64, 97.
Gratet du Bouchage (fam.), 121, 125.

Gratianopolitanus (pagus), 60.
GRATUEL (Jean), 145.
Grave (la), 60, 61, 62, 63, 174.
GRAVIER (fam.), 7.
GRÉGOIRE (fam.), 123, 132.
.... (Balthazard de), 135.
Grenoble, 10, 29, 44, 46, 49, 60, 61, 62, 63, 66, 75, 81, 85, 92, 95, 100, 106, 114, 115, 124, 137, 140, 148.
.... (élection de), 67, 68, 69, 70, 71, 74, 75, 76, 77, 78, 79, 80, 81, 82, 83, 84.
.... (évêché de), 1, 46, 60, 62, 73, 83.
.... (généralité de), 5, 25, 40, 65, 88, 95, 161.
.... (intendance de), 23, 40, 65, 88, 161.
.... (parlement de), 18, 39, 55, 66, 67, 81, 96, 98, 136, 149, 152, 157, 158, 166.
Grève (place de), 135.
GRIFFON (fam. de), 142, 143.
GRIL (fam. de), 72, 78, 96.
GRIMALDI DE REGUSSE (fam. de), 138.
GRIMAUD (Claudine de), 128.
GRINDE (fam.), 5, 61, 88, 105.
GROLÉE (fam. de), 61, 121, 124, 125, 126, 127, 136, 144, 146, 148, 152, 153, 156, 157, 159.
GROLIER (Guy de), 92.
Gros, 59.
GRUEL (fam. de), 95, 96, 109, 110, 117, 118, 135, 137, 139, 140, 142, 145, 148, 155.
...... (Claude de), 50, 136, 140.
...... (Pierre), 140.
GUALIÉ (Étienne), 102.
GUÉRAUD (Marie-Thérèse), 126.
GUÉRIN (François), 7, 80.
.... DE TENCIN (fam.), 3 73.
GUERS (fam. de), 7, 104, 109.
GUIBERT (fam.), 7.
Guibertes (les), 9.
GUICHARD (Giraud), 163.
GUIDIAN (fam.), 7.
GUIFFARD (Mathurin), 91.
GUIFFREY (fam.), 105, 126.
GUIGUES (Pierre) 91.
.........-ANDRÉ, 8, 23, 41, 58, 68, 86, 108, 161, 173.
.... comte d'Albon, 108.
.... le Gras. 8.
.... VII, 8, 10, 12, 16, 20, 28, 36, 41, 97, 108, 112, 113, 131, 143, 173, 174.
.... VIII, 8, 7, 97, 108, 113, 130, 149, 172, 175.
Guil (le), 3.
GUILA, dame de Montalquier, 104.
GUILHEM DE SALA (fam. de), 28.
GUILLAUME (abbé), 9, 54, 100.
.... (Melchior), 17.
...........-BERTRAND (le c^{te}), 94.

GUILLAUME (comte de Forcalquier), 41, 89, 97, 115, 161, 168.
.... (comte de Provence), 2, 23, 40, 63, 86, 96, 113.
.... roi d'Angleterre, 150.
Guillaume-Faudon, 71.
Guillaume-Pérouse, 85.
Guillestre, 24, 41, 52, 54, 55, 56, 58, 81.
GUILLON (Étienne), 77.
GUINIMAND (Antoine), 108.
Guipuscoa, 99.
GUIRAN (Raimbaud), 161.
GUIRIMAND (fam.), 78, 174.
Guisane (la), 6.
GUMIN (Soffrey de), 172.
GUY-ALLARD, 54.
GUY, dauphin, 141, 149.
GUYON (Guigone), 71.
GUYOT (François), 116.
GUY-PAPE, 49.

HAULTIN, 44.
Haute-Beaume (la), 116, 117.
Haut-Sigottier (le), 125.
HAUTVILLARD (fam. de), 5, 24, 28, 87, 88, 94, 141.
HÉBRARD (fam.), 84.
HÉNIN-LIÉTARD (Jean-François de), 3.
HENRI, dauphin, 8, 28, 50, 149.
...... II, 8, 42, 46, 55, 166.
...... III, 23.
...... IV, 21, 28, 42, 82, 135, 172.
HENRY (François), 116.
Herbeys (les), 156.
.... (fam. des), 67, 68, 81, 85, 137, 138, 145, 146.
HÈRE (fam. de l'), 5, 92, 122, 123, 144, 148.
HERVÉ (Charles-Bénigne), 64.
Hières (les), 62.
HILAIRE (Charles), 163.
Hommage (l'), 148.
Hommes de Gabriel Raymond (les), 117.
HONGROIS (les), 1, 3, 16, 23, 41, 63.
Hôpital (l'), 30.
.... (maréchal de l'), 125.
Hôpital de Saint-Jean (l'), 32.
Hôpitaux, 6, 10, 11, 13, 14, 15, 16, 19, 21, 22, 26, 34, 38, 44, 45, 47, 53, 56, 58, 59, 62, 65, 68, 69, 71, 73, 74, 80, 82, 89, 93, 94, 101, 103, 106, 109, 113, 114, 116, 117, 123, 130, 132, 139, 140, 149, 162, 164.
HOSPITALIÈRES DE SAINT-AUGUSTIN (les), 38.
HOSTELIER (Pierre l'), 94.
HOSTUN (fam. d'), 82, 83, 89, 104, 107, 127, 129, 130, 144, 161.
HOSTUN-CLAVAISON (Philibert d'), 7.

Huguenot (chemin de l'), 127.
HUGUES (fam. d'), 3, 8, 37, 39, 50, 75, 96, 130, 131, 135.
.... (fam.), 17, 147.
.... duc de Bourgogne, 8.
.... évêque de Digne, 56.
.... (saint), 29, 62, 63.
.... vicomte de Gap, 97.
HUMBERT (fam.), 13, 20, 23, 30, 75, 77, 78.
.... I, 6, 8, 10, 12, 21, 41, 42, 87, 108, 109, 173.
.... II, 3, 8, 10, 12, 14, 17, 20, 21, 22, 23, 28, 35, 38, 42, 62, 63, 75, 77, 79, 81 90, 106, 108, 119, 131, 134, 143, 149, 150, 160, 174.
.... (Antoine), 23
.... chevalier, 80.
.... prêtre, 159.
HUMIÈRES (maréchal d'), 8.
HUSSON (Anne de), 166.

Ictodurum, 107.
Ile-Barbe (l'), 131, 148, 158, 159, 160, 162.
Iles de Saint-Jean (les), 19.
IMBERT (Jean), 94.
IMBERTS (fam. des), 41.
Imprimerie, 43, 99.
Infournas (les), 80.
Inières (les), 154.
INNOCENT III, 173, 175.
.... IV, 108, 112.
Isère (l'), 17, 60.
ISLE (fam. de l'), 91, 138, 139.
ISMIDON (Pierre), 126.
ISNARD (fam.), 91, 163.
ISNEL (fam.), 33.
ISOARD (fam.), 10, 21, 26, 61, 74, 75, 172.
Italie, 7, 8, 10, 14, 16, 18, 19, 22, 42, 48, 55, 56, 74, 81, 82, 99, 118, 134, 166, 174.

JACQUES (Jean), 115.
.... (Jacques), 43.
JACQUI (Sébastien), 57.
JAMFILIACI (Jean), 61, 67, 88.
JAQUIER (Pierre), 115.
JARENTE (Balthazard de), 2, 37.
Jarjayes, 101, 102, 110.
.... (fam. de), 101, 102, 110.
Jarnac, 76.
JARRY (François de), 149.
JAUBERT (fam.), 132.
JAUSSAUD (fam.), 133, 142.
JAVEL (Jean-Antoine), 149.
JAVELLI (Jean), 37, 39.
JAY (Pierre), 110.
JEAN I, 174.

JEAN II, 8, 10, 12, 14, 15, 17, 19, 20, 36, 41, 42, 48, 75, 81, 86, 97, 103, 113, 118, 124, 130, 150, 156, 172, 174.
JEANNE (la reine), 43, 96.
JEANNET (Primacio), 144.
JERPHANION (Joseph-Antoine de), 65.
JÉSUITES (les), 38, 39, 40, 43, 46, 73, 78, 79, 92.
JOHANNIS (Raymond), 26, 32, 93.
JEOFFROY (fam.), 11, 12, 13, 15.
JOANARD (Sébastien), 35.
JORDAN (fam.), 142, 150.
JORDAN-CŒUR (Jean), 5.
JORDANNENC (fam.), 142.
JOUBERT (fam.), 61.
Joucas (commanderie de), 127, 152, 158.
JOUFFREY (fam. de), 7.
JOUFFROY-CONSSANS (François-Gaspard de), 64.
Jouglards (les), 26.
JOUR (du), 7.
JOURDAN (fam.), 7, 110.
JOUVE (fam.), 30, 31, 56.
JOUVENCELLE (la), 62.
JOUVIN (Jean), 93.
JUGE (Aymon), 62.
JUIFS (les), 124, 130, 143.
JULIEN (fam.), 20, 36, 74, 110.
JUSTAS (Antoine de), 93.
JUSTI (fam.), 25, 26, 36.
JUVENIS (Raymond), 64, 99.

Laborel, 155.
.... (fam. de), 142, 147, 156.
.... gouverneur de Gap, *voyez* GRUEL.
LACROZE (Pierre de), 153.
LAFFREY (Arnoul), 99.
LAGET (fam. de), 128, 147, 159.
LAGIER (fam.), 14, 79, 81, 124.
Lagrand, 110, 124, 127, 136, 139, 146, 147, 149, 150, 154, 155.
LAINCEL (fam. de), 64, 91, 93, 158.
LAJAUNE (fam.), 128.
LALANDE (Charles de), 145.
LAMBERT (fam.), 5, 174.
.... (Jacques), 174.
LAMY (Bertrand), 133.
LANGON (Nicolas-François de), 114.
Languedoc (le), 99, 166.
LANHUACO (Vincent de), 115.
Laragne, 126, 127.
Lardier, 162, 163.
Laric, 135, 137.
Larra, 89.
LARREY (Mⁱˢ de), 42.
LARTIGUE (cap^ne), 168.

LASTIC (fam. de), 118, 120, 175.
Lauberie, 80.
LAUNAY (Suzanne de), 122.
Laup-Jubéo, 121, 122.
LAURENS (Honoré du), 3.
.... (fam.), 12, 75.
LAURENT (fam.), 37, 94, 173.
Laus (le), 46.
Lausanne, 99.
Lautaret (le), 10, 13, 61, 67.
LAUTIER (fam. de), 44, 154.
Lauzet (le), 9.
LAVAL (fam. de), 14, 17, 35, 49, 65.
...... (Guy de), 57.
...... voyez VALPUTE.
Lavars, 101.
LAVENO (fam. de), 87, 88, 104, 120, 124, 129.
LAVILLE LE ROUX (de), 100.
Laye, 69, 70, 82.
...... (fam. de), 64, 67, 68, 69, 71, 78, 83, 91.
...... (Olivier de), 70.
LAGNO (Jean de), 151.
Lazer, 126, 127, 128.
.... (Isnard de), 135.
LEAUTIER (Jean), 145.
LE BLANC (fam.), 66, 96, 99.
.... DU PERCY (fam.), 73.
LE DOUX (Falcon), 141.
LE FEVRE (Aubert), 133.
LE GAY (fam.), 66, 95.
LE LONG DE DRÉNEULE (fam.), 50, 74, 76, 151.
LE MEINGRE DIT BOUCICAUT (Geoffroy), 135.
LE MECERS (Falcon), 141.
LENPS (Aymon de), 62, 71.
LÉNONCOURT (Robert de), 2, 3.
Lens (hôpital de), 13.
..... (Guy de), 108.
LÉON, juif, 130.
LÉONARD (Pierre), 115.
LÉOTAUD (fam.), 24, 122, 125, 126.
.... (Vincent), 18.
Lérins (abbaye de), 92, 110.
LESBROS (abbé), 160.
LESCHES (Bernard de), 146.
LESDIGUIÈRES, 8, 10, 16, 23, 28, 32, 36, 39, 42, 46,
48, 50, 55, 57, 62, 67, 70, 71, 73,
75, 76, 78, 79, 80, 81, 83, 84, 98,
108, 110, 112, 114, 115, 120, 123,
124, 125, 127, 132, 133, 134, 136,
143, 153, 154, 165.
.... (duché de), 66, 67, 69, 70, 74, 76,
78, 79, 80, 82, 83, 84.
LESSASIERGE (Armand), 141.
LESTOURS (Jean-Michel de), 58.

Lettret, 90.
LEUCZON (fam.), 5, 19, 67, 88.
LEVÉSIE (fam. de), 33, 35, 36, 57, 58.
LÉVI DE CHATEAUMORAND (Antoine de), 2.
LÉVY (Yves), 81.
LEYSCHARÈNE (Alarde de), 116.
LEYSSIN (fam. de), 3, 29, 39.
LIGNE (prince de), 99.
LIEUTARD (Telmont), 148.
LIONS (Hélène), 174.
LIOTARD (fam.), 121.
LIOUTARD (Aymar), 125.
LOBASSI (fam.), 112.
LOBET (Louis), 83
LODI (Charles-Augustin), 94.
LOMBARD (fam.), 5, 39, 41, 122, 125, 175.
Lombardie (la), 98.
LOMBARDS (les), 8, 16, 41, 55, 75, 81, 97, 143, 172.
Londres, 99.
Longpont (abbaye de), 46.
Longuet (le), 15.
LORAS (Guionet de), 61.
LORRAINE (card¹ de), 113, 127.
LOTHAIRE, empereur, 3.
LOUBAT (Antoine), 147.
LOUBIÈRES (Hugues-Adhémar de), 143, 149.
Loudun, 76.
LOUIS II, dauphin, 5, 8, 42, 43, 60, 97, 98, 144.
..... II, cᵗᵉ de Valentinois, 106.
..... XI, 4, 17, 37, 43, 75, 87, 88, 98, 131, 140, 158.
..... XII, 18, 42, 55, 66, 87, 98.
..... XIII, 8, 14, 16, 22, 36, 42, 48, 55, 81, 82, 83,
98, 118, 143.
..... XIV, 99.
..... XV, 99, 111.
..... XVI, 43.
LOUPIAC (fam. de), 95.
LOUVAT (fam. de), 89, 107.
LOUVET (Guillaume), 67, 89.
LOYES (Pierre de), 61.
LUBERATI (Ospinelli), 30.
Luc en Diois, 115.
Lucerne, 3, 22.
.... (fam. de), 5, 14, 16, 18, 19.
LUNEL (Roncelin de), 152.
...... (Martin), 115.
LUNY (fam. de), 23.
LUPI (Nicolas), 91.
Lus-la-Croix-Haute, 110.
Luye (la), 101.
Lyon, 8, 9, 10, 43, 44, 158, 163, 164, 171.
...... (Guillaume de), 29.
Lyonnais (le), 166.
LYONNE (fam. de), 64, 145.

MACARON (Guillaume), 93.
MACEYA (Bertrand), 91, 94.
MACHAULT (le conseiller), 8.
Madeleine (la), 10, 40, 101, 102.
MAGALLON (fam.), 51, 70.
MAGISTRO (Joachin de), 24.
MAGNANCE, empereur, 136.
MAGNIN (Jean), 17.
MAIGNET (cap^{ne}), 19.
MAIGRE (fam.), 65, 150.
MAILLÉ DE LA TOUR-LANDRY (Jean-Baptiste de), 64.
Maison de l'Aumône, 164.
.... *de Saint-Jean*, 19.
.... *du Roi*, 55.
Maladrerie (la), 6.
Malaval (la), 62.
Malcor, 110.
Malemort, 72.
.... (Pierre de), 35.
MALET (Michotin), 175.
MALISANGUINIS (fam.), 94, 145.
MALLET (Gaspard de), 93.
MALLEVEYS (fam.), 108.
MALOC (Jérôme), 108.
MALPINET (Balthazard de), 142.
MALPOU (Balthazard), 126.
MANDAGOT (fam. de), 2, 37, 38.
MANENT (fam. de), 55, 150, 151, 154.
MANNE (Mathieu), 100.
Manse, 107.
Manteyer, 102, 103.
.... (fam. de), 95, 97, 103, 104, 105.
.... (Rolland de), 103.
MANUEL DE LOCATEL (fam. de), 77.
Marais (le), 68.
Maraise, 135.
MARC (fam.), 5, 25, 40, 115.
...... (Pierre de), 154.
MARCEL-BLAYN (Laurent de), 93.
MARCELLIN (Guillaume), 10.
MARCHAND (fam.), 79.
MARCONIS (Guillaume), 115.
MARCOSSEI DIT FOURNIER (fam. de), 64, 91.
MARCOU (fam.), 74, 75.
MARCOUSSE (la), *voyez* CHISSÉ.
MARE (Guillaume de la), 126.
MARÉCHAL-LA-CROIX (fam.), 65, 149.
MAREST (Jean du), 144.
MARGAILLAN (Alexandre de), 7.
MARGUERITE, dauphine, 68.
MARIGNANE (François de), 31.
MARIGNY (M^r), 44.
MARILLAC (Charles de), 71.
MARIN (fam.), 126, 148.

MARION (Pierre), 64.
MARNAIS (Henri de), 7.
MARQUET (Jeanne), 105.
MARRONS (les), 74.
MARROU (Claude), 113.
Marseille, 43, 68, 80, 100.
MARTIGNAN DE VILLENEUVE (François), 127.
MARTIN (fam.), 10, 14, 17, 19, 20, 35, 39, 66, 71, 74, 91, 95, 108, 110, 116, 138, 151.
.... DE CHAMPOLÉON (fam.), 40, 47, 48, 50, 74, 76, 77, 142, 143, 149.
.... (Albert), 76.
.... (Charles), 76.
.... LA PIERRE (fam.), 72, 77, 96, 118.
MARTINEL (fam. de), 95, 123, 153.
MAS (fam. du), 135.
MASALGUIS (Hugues de), 88.
MASAUD (Jean), 81.
Mas de Mouren (le), 94.
MASSE (Guillaume), 115.
MASSERON (fam), 91, 95, 141, 143.
MASSON (Pierre), 91.
MASSOT (Théodore), 100, 166.
Mateysine (la), 60, 66.
MATHIEU (fam.), 39, 67, 91, 94, 133, 141, 143, 149.
Matrona, 15.
MAUGIRON, 124.
MAURITAIN (Claude), 116.
Maussale, 82.
MAYENNE (duc de), 36, 40, 42, 48, 84, 98, 112, 120, 143, 165, 166.
MAYEUL (saint), 74.
MAYFREDI (Guillaume), 87.
MAYNARD (Jean), 53.
MAZEL (André), 89.
...... (Isabeau du), 164.
MÉDICIS (fam. de), 2, 8, 81, 98, 172, 174.
MEFFRE (Antoine), 26.
MÉLAT (Claude), 23.
MÉLEZET (le), 30.
MELLIAND (Victor de), 64.
MENDEGACHES (Gilbert de), 64.
MENON (fam. du), 79), 104.
Mens-en-Trièves, 16, 61, 64, 85, 107, 115.
MENZE (fam. de), 61, 88, 94, 132, 145.
MÉOLANS (Guillaume de), 173.
MER (G. de la), 175.
MERCŒUR (duc de), 62.
MERCIER (fam.), 115, 147.
MERCURE (Michel de), 94, 141.
Méreuil, 87, 118, 119, 124.
.... (Jean de), 81.
MERLE (fam.), 144, 146.
MÉROVINGIENS (les), 1.

MESCHATIN LA FAYE (Guillaume de), 64.
MÉTAILLER (Antoine), 116.
Metz, 8, 28, 128.
Mévouillon (baronnie de), 1, 127.
.... (fam. de), 2, 5, 24, 43, 64, 87, 88, 90, 118, 123, 124, 125, 126, 127, 128, 129, 143, 144, 145, 146, 148, 149, 150, 151, 152, 153, 154, 155, 156, 157, 158, 159.
.... (Guillaume de), 153.
Meyères (les), 95, 97.
MEYES (Pierre de), 145.
MEYFREDI (Guillaume), 88.
MEYNIER (fam.), 25, 94, 101.
........-ROCHEFORT (fam. de), 149.
MEYRONIS (fam. de), 88, 93.
MEYS (Arnoul de), 35.
MICHA (fam. de), 61.
MICHALON (Jacques), 27.
MICHEL DE BEAUREGARD (fam.), 40, 70, 75, 123, 162, 163.
.... DE CALIGNON (fam.), 72.
MICHOREL (Antoine), 51.
Milan, 18.
MILLET (Jean), 112.
MILLIÈRE (Joseph), 138.
MILON (fam.), 73.
Mines. 10, 17, 21, 26, 36, 45, 54, 55, 57, 63, 126, 127, 128, 132, 150.
Mirabel, 43.
MIRAVAIL (Pierre de), 94.
MITALLIER (Claude), 61.
Mison, 86, 164.
MOISSON (Jean), 173.
MOLETTE (Jean de la), 55.
Molettes (les), 81.
Molines, 93.
.... (fam. de), 20.
.... en Champsaur, 79.
.... en Queyras, 19, 21, 43.
MONCHE (fam.), 7.
MONET DE SAINT-AMAND (Claude de), 138.
Monêtier-Allemon (le), 68, 131, 136, 167.
..........-d'Ambel (le), 79, 89.
..........-de-Briançon (le), 8, 9, 10, 13, 15.
Monnaies, 7, 8, 42, 43, 52, 90, 143.
Mons Seleuci, 112, 136.
Monta (la), 22.
Montagne (la), 27.
.... (Josias), 149.
MONTALIN (fam. de), 118, 126, 142, 150.
Montalquier, 87, 88, 95, 97, 100, 103, 104, 128, 133.
Montamat, 114, 116.
.... (fam. de), 116.
MONTANARO (Geoffroy de), 93.

Montauban (baronnie de), 1.
.... (fam. de), 68, 78, 79, 85, 88, 89, 91, 103, 105, 107, 112, 134, 142, 143, 146, 149, 152, 153, 154.
.... DE VILLARD (fam. de), 36, 49. 74. 75, 79, 95, 96, 101, 114, 115, 118, 123, 138, 144, 162.
.... (Gaspard de), 115, 144.
MONTAYNARD (fam. de), 36, 144, 148.
Montbardon, 21, 22.
Montbéliard, 90.
MONTBONOD (Raoul de), 91.
Montbrand, 112, 113, 119.
.... (fam. de), 69, 70, 71, 72, 108, 112, 117, 118, 119, 161, 164.
MONTBRUN (Charles du Puy de), 81, 124, 133, 136, 140, 147, 150, 154, 155.
Montclus, 106. 119, 120.
.... (Albert de), 156.
Montcontour, 76, 106.
Mont-Dauphin, 14, 59.
Montéglin, 124, 128, 129, 145.
MONTEIL (Lambert de), 141.
Montélimar, 28, 39, 43, 81, 156, 173.
.... (élection de), 146.
Montescur, 137.
Montfleury (abbaye de), 21, 22, 67, 75, 76, 79.
MONTFERRAT (Batardin de), 87, 88, 124.
Montfort, 44, 164.
.... (fam. de), 23, 86, 97, 130, 161.
Montgardin, 45, 48, 49.
.... (fam. de), 49.
Mont-Genèvre (le), 15, 16, 108, 149, 154, 172.
MONTGERNAC (Durand de), 65.
Montjay, 147, 148.
.... (fam. de), 147, 148.
MONTLUC (Blaise de), 42, 55, 56.
Montmajour (abbaye de), 121, 126, 128, 131, 145.
Montmaur, 73, 103, 106, 112, 116, 119, 134, 135, 142.
.... (fam. de), 6, 134.
.... (Jacques de), 6.
Montmellian, 164.
Montmirail (mandement de), 27, 28, 29, 30, 31, 38.
.... (fam. de), 29.
MONTMORENCY (le connétable de), 55.
Montmorin, 159, 160.
Montorcier (mandement de), 70, 71, 75, 76, 77, 78, 108.
.... (mas de), 14.
.... (fam. de), 14, 16, 33, 50, 63, 67, 75, 76, 77, 78, 79, 82, 87, 91, 93, 101, 105, 107, 109, 133, 136, 142, 173.
.... (Guillaume de), 78.

Montorcier (Jean de), 78.
.... (Philibert de), 78.
Montréviol, 89.
MONTRIGAUD (André de), 133.
Montrond, 120, 121.
.... (fam. de), 120, 135.
MONTS (Pierre de), 68, 89.
MORAND (Jean-Antoine), 8.
MORARD (Antoine), 148.
Moras, 107, 113.
.... (Gillet de), 61.
MOREAU (Guillaume), 116.
.... DE VÉRONNE (Denis), 123.
MOREL (fam.), 27, 91.
...... (Jean), 44.
MORELLI (Rambaud), 94.
MORET (fam.), 52, 121, 125, 126.
MORGES (fam. de), 5, 46, 72, 88, 108, 110, 117, 120, 121, 122, 133, 144, 146, 147, 148, 149, 153.
MORVILLIERS (Jean de), 8.
MOTET (fam. du), 5, 10, 24, 25, 33, 35, 36, 61, 66, 78, 174.
Motte (la), 68, 79, 94.
...... (fam.), 74, 159.
...... (fam. de la), 25, 79, 99, 144.
MOTTEAU (Anne de), 85.
Motte-Chalancon (la), 158.
MOTTET (fam. du), 6, 75.
MOULIN (Jean), 115.
Mourenas, 119.
Mourmoirières, 122.
MOUSSY (Mathieu), 80.
Moustiers, 175.
.... (fam. de), 97, 109, 118, 128, 132, 165, 168.
.... (Balthazard de), 132, 133, 136.
.... (Jean de), 133.
MOUVANS (le cap^{ne}), 102.
Moydans, 93, 148, 149.
.... (André de), 149.
MOYSE (Pierre-François), 43.
MOYSSAC (Geoffroy de), 173.
MOZE (Jean), 141.
MUISARD (fam.), 67, 71, 79.
MUMMOL (le patrice), 41, 55.
MURAT DE L'ESTANG (Pierre de), 65.
Murs (la), 68, 78, 112, 115, 120.
..... (subdélégation de la), 65, 67, 68, 79, 82, 84.
MURES (le cap^{ne}), 21.
MURIANNE (fam. de), 26.
Mustiæ Calmes, 41.
MUSTON (Alexis), 18.
MUTONIS (fam.), 94, 104.

NAGY (fam.), 7.

NANTELME, 65, 70, 75, 76, 77, 79, 82, 84, 85.
Naples, 42, 135, 161, 164.
NARBONNE-LARA (François de), 64.
NAS DE ROMANE (fam.), 52, 66, 163.
NASSAU (duc de), 150.
NAVARRO (Pedro), 108.
NAVEISSE (fam. de), 7, 11, 12, 27, 28, 30, 35, 36.
Neffes, 162.
.... (fam. de), 162, 163.
NEHELLI (fam.), 17, 20, 93.
NELLY (cap^{ne}), 8.
NEMOURS (duc de), 62.
NESLE (Mis de), 150.
Neuchâtel, 99.
NEUVEÉGLISE (Gérard de), 37.
NEUVILLE-VILLEROY (fam. de), 83, 89, 107, 124.
Névache, 6, 10, 11, 12, 15.
NEVEUR D'AIGUEBELLE (fam.), 141, 143.
NEVIÈRE (Rodolphe), 17.
NICAT (fam.), 160.
NICOLAÏ (Nicolas), 63.
NICOLAS (fam.), 19, 133.
.... IV, 38, 108.
NICOLET (Jean), 94.
NIEPCES ou CRUPIES (François de), 93.
Nimes, 57.
NOEL (Étienne), 94.
NON (Louis de), 63.
NORMANDS (les), 1.
Nossage, 136, 139, 147.
Notre-Dame de Beauvoir, 163.
.... *de Bellevue*, 156, 162.
.... *de Boisvert*, 82.
.... *de Chantrousse*, 136.
.... *de Font-Vineuse*, 110, 111.
.... *de la Chalp*, 59.
.... *de la Freissinouse*, 162.
.... *du Laup-Jubéo*, 121.
.... *de la Val-Sainte*, 166.
.... *de l'Oche*, 121.
.... *de Montrenas*, 119.
.... *de Paris*, 62, 85.
.... *de Rochefort*, 147.
.... *des Agraniers*, 129.
.... *de Sainte-Garde*, 46.
.... *des Courtines*, 150.
.... *des Épinettes*, 128.
.... *des Érables*, 100.
.... *des Horts*, 91.
.... *des Marches*, 131.
.... *des Miracles*, 140.
.... *des Neiges*, 76.
.... *des Pinusses*, 140.
.... *d'Espinouse*, 148.

Notre-Dame des Rives dures, 90.
.... *de Tournefort*, 89.
.... *du Champsaur*, 119.
.... *du Château*, 132.
.... *du Creux*, 93, 173.
.... *du Palais*, 158.
.... *du Puy*, 116.
.... *du Puy-Servier*, 110.
.... *du Serre*, 151.
.... *du Villard*, 114, 115, 175.
Novalaise (abbaye de la), 6, 9, 10, 18, 21, 22, 49, 69, 70, 74, 75, 80, 106, 108, 164.
Noyer (le), 82, 83, 84, 105.
...... (Guillaume du), 144.
NOYERS (Louise des), 126.

OCARDO (Boson de), 88.
Oche (l'), 62.
ODOARD (Jean), 61.
ODONIS (fam.), 94, 104.
Oisans (l'), 10, 60, 61, 62, 63.
.... (Hugues d'), 62.
OLERII (Jean), 108.
OLIER DE MONTJEU (fam.), 25, 88.
OLIVARI (Joseph-Gabriel), 93.
OLIVIER (fam.), 20, 52, 115.
.... DE BONNE (fam. de l'), 40, 50, 58, 135, 167.
OLLANIER (Antoine), 14.
OMNINIS (Jaucerand de), 87.
ONCIEU (Catherin d'), 68.
ORAISON (fam. d'), 116, 132, 136.
Orange, 92, 140, 149.
.... (seig^r d') 115, 120, 131, 133, 149, 150, 156, 161, 164, 165.
Orcières, 39, 78, 79.
.... (fam. d'), 17, 45, 47, 48, 50, 51, 69, 74, 76, 78, 154.
.... (Chérubin d'), 79.
Orléans, 8.
.... (ducs d'), 62, 110
ORNANO (mar^l d'), 107, 165.
Orpierre, 87, 110, 124, 127, 143, 144, 147, 148, 149, 150, 155, 156.
Orres (les), 30, 42, 173.
..... (Jean des), 67, 88.
OSASICU (fam.), 38, 93, 101, 114, 118, 122, 125, 126, 132, 163, 173.
Ostie, 108.
OSTROGOTHS (les), 3.
OTHON, duc de Bourgogne, 41, 68.
.... U, *voyez* GRASSE.
Oule (montagne de l'), 15.
Oulle (rivière d'), 158.
Oultre-Duranca (archiprêtré d'), 63.

Oulx, 3.
...... (abbaye d'), 6, 9, 10, 11, 12, 13, 14, 15, 16, 18, 19, 59, 62, 63, 68, 69, 92.
...... (fam. d'), 7.
Oze, 123, 135, 136, 139, 147.
..... (fam. d'), 102, 103, 136, 139.
OZONIER (Étienne), 33.

PADERNIS (Gérard de), 156.
Pagus Gratianopolitanus, 60.
...... *Rigomagensis*, 45.
...... *Rosanensis*, 87.
...... *Salmoracensis*, 61.
Paillerols, 29.
PAINCHAUD (Pierre), 88, 129.
Paladru, 12.
.... (Humbert de), 88.
Pallon (mandement de), 56, 57.
PALMIER (Pierre), 91.
PAMETI (Jean), 25.
PANCIROLE (le légat), 42.
Pannanches (les), 14.
PAPARIN DE CHAUMONT (fam.), 64, 91.
PARENT (Anselme). 67.
PARFUMA (Barbara), 174.
Paris, 8, 13, 23, 44, 99, 128, 135.
PARME (fam. de), 61, 136.
PARMENTIER (Claude-François), 91.
PASCAL (François), 91.
.... DE LESCHES (Gaspard de), 23.
Pavie, 108.
...... (Bienvenu de), 39.
PAVIOT (Jean), 19.
PELA (Honoré), 100.
PELEGNI (Jacques), 137.
Pellafol, 53, 79.
.... (fam. de), 24, 65.
PELLAT (fam.), 25, 66.
Pelleautier, 103, 163.
.... (fam. de), 163.
PELLEGRIN (Taxil), 101.
PELLETIER-LA-GARDE (fam.), 112.
PELLISSIER (Guigues), 61.
PELLIZON (Guillaume), 37.
PENCHINAT (fam. de), 122, 145.
PENNE (fam. de la), 29, 125.
Percy (le), 82.
PERDEYER (fam. de). 23, 53.
PERDRIX (fam. de), 78, 117.
PERIER (Claude), 62, 124.
......: (Pierre du), 128.
PERILLAT (J.), 175.
PERISSOL (Claude), 129.
PERNANS (Geoffroy de), 93.

PÉROUSE (fam. de), 64, 85.
PERRIN (fam.), 80, 94, 123.
PERRINET (fam. de), 90, 120, 122, 123, 127, 128, 132, 146, 157.
.... (Alexandre de), 127.
PERRON (Claude), 40.
PERROT (fam.), 39. 60, 61
Pertuis-Rostan (le), 3, 5, 14.
PETICHET (Antoine de), 61.
Petit-Puy (le), 37.
PEYROLERII (Jacques), 40.
PEYRON (fam.), 7.
Peyssier (le), 167.
PHILIBERT (fam. de), 53, 66, 88, 97, 104.
.... (François), 100.
PHILIPPE (don), 42, 56, 99.
PHILOCHI (fam.), 5, 25, 36, 74, 78, 110.
Piarre (la), 120, 121.
.... (fam. de la), 50, 67, 77, 94, 112, 117, 120, 121, 125, 142, 143, 153, 159.
Picardie (la), 81.
PIERRE (Jacques), 39.
Pierre-Bernard (la), 85.
Pierre-Verte (prieuré de), 131.
PIFFARD (fam.), 80, 123.
Pignerol, 63.
.... (Monachus de), 24.
PILLIT (Pierre), 130.
Pilon (le), 6.
..... (fam. du), 112, 117, 123.
PILOT (J.-J.-A), 10, 16, 23, 48, 55, 59, 125.
..... DE THOREY (Ém.), 30, 61, 65.
PINA (fam. de), 73, 91, 108.
Pinée (la), 162.
PINELLI (Jean), 40.
PINET (Jean-Joseph-André), 103, 121, 125.
PIOLENC DE TOURY (fam. de), 75, 101, 138, 156.
PIOTAY (David de), 94.
PIOULLE (Suzanne de), 96.
PLACES (Guy de), 145.
Plaine (la), 75.
.... (Audoyn de la), 93.
Plan de Fazi (le), 55.
..... DE LA BEAUMELLE (André du), 37.
..... du Bourg (le), 122, 123, 135.
.....-Graffinel (le), 99.
Planpinet, 10.
PLATEL (fam.), 164.
Poët (le), 98, 124, 128, 129, 130.
POISIEU (fam. de), 82, 144.
POITIERS (fam. de), 64, 94. 97, 100, 123, 124, 141, 148, 166, 175.
Poligny, 82, 83, 84.
.... (fam. de), 29, 46, 83, 84, 90, 95, 107, 163.

Poligny (Jacques de), 84.
.... (Jean de), 84.
Pomet, 124, 145, 157.
Pommerol, 158.
.... (Mathelin de), 154.
PONCET (fam.), 10, 69, 104
PONNAT (fam. de), 91, 108, 112, 113.
PONS (fam. de), 7, 14, 18, 25.
PONT (fam. du), 93, 116, 120.
Pont-Bernard (le), 82.
Pontcharra, 81, 100.
Pont de Cervières (le), 6.
..... d'Oreille, 76.
..... du Fossé, 71, 78.
PONTEVÈS (fam. de), 93. 114, 115.
Pont-Haut, 68.
Pontis, 31, 36, 40, 41.
..... (fam. de), 31, 126.
Pont-la-Pierre (le), 15.
.....-Roux (le), 13, 14.
.....-Saint-Esprit (le), 113.
PORCELET (Bertrand), 118.
PORT (Jordan du), 144.
..... DE PONTCHARRA (fam. du), 68, 86.
Porte (la), 61.
..... (Mathieu de la), 91.
..... (Yssondet), 17.
.....-Belle (la), 164.
.....-Colombe (la), 94.
PORTES (Jean-Louis de), 65.
POUSILHAC (Gérard de), 37.
POYET (Bertrand), 112.
POYPE (fam. de la), 52, 62, 95, 142, 143.
POYSIEU, voyez POISIEU.
Prabaud, 14, 18, 133.
Pragastaud, 97.
Pragela, 3, 8.
Pralong, 40.
Prapic, 78.
PRAT (fam. du), 18.
..... (Jean-Antoine), 15.
PRATS (Ancelin des), 26.
Preaux (les), 65, 66, 167.
Prégentil, 76, 77, 78.
Prelles, 14.
Prés (les), 16.
Pré-Vivier (le), 97.
Prieuré (le), 147.
PROBATI (Étienne), 24.
Prorel (torrent de), 15.
PROVANSAL (fam.), 25, 88.
Provence (la). 1, 2, 52, 53, 63, 64, 65, 84, 87, 94, 96. 103, 123, 126, 136, 158, 161, 165, 166, 168.

Provence (comtes de), 23, 24, 32, 36, 41, 64, 86, 87, 98, 104, 110, 113, 115, 116, 122, 123, 124, 131, 132, 134, 136, 143, 144, 145, 147, 149, 152, 155, 158, 159, 161, 164, 165, 166, 174.
.... (parlement de), 31, 161.
Province romaine (la), 1.
Prunières, 31, 32, 33, 36, 44.
PRUDHOMME (Jean), 7.
PRUNELAY (Guy de), 61.
PRUNIER (fam.), 13, 114.
PRUSSE (roi de), 150.
PUGNET (Jacques), 91.
PUTRAIN (Huguette), 105.
PUY (fam. du), 2, 88, 96, 121, 144, 154, 159.
.... *voyez* MONTBRUN.
Puy-Aillaud (le), 16.
.....*Brutinel* (le), 12.
.....*Chalvin* (le), 12.
.....*en Velay* (le), 72, 99, 121.
Puymaure, 95, 96, 98, 100.
Puy-Richard, 12.
Puys (les), 12, 40, 42.
Puy-Saint-André (le), 12.
....*Saint-Eusèbe*, (le) 30, 32, 33, 35.
.....*Saint-Pierre* (le), 12.
.....*Saint-Pons* (le), 12.
.....*Saint-Vincent* (le), 16.
.....*Sanières* (le), 30, 31, 32, 34.
PYER (Jean), 85.

Quariates (les), 19.
QUÉLEN (fam. de), 23.
Queyras (le), 3, 4, 19, 20, 21, 22, 23, 172.
.... (fam. du), 20, 28.
QUEYREL (fam. de), 163.
Queyrelles (les), 6.
Queyrières, 13, 14.
QUINSON DE VILLARDY (fam. de), 103.
Quint, 102, 105.

Rabioux (torr' de), 26.
RABOT (Guillaume), 121.
Rabou, 105, 116, 128, 132.
.... *et Chaudun* (mandement de), 104.
RACONIS (Pierre de), 24.
RADULPHI (fam.), 37, 39, 94.
RAFFÉLIS-SOISSANS (Charles de), 108.
RAFFIN (Bermond), 133.
RAGE (fam.), 7, 10, 11, 13, 17, 20.
RAIMBERT, 101.
RAIS (Gilles de), 157.
Rambaud, 100, 101, 175.

Rambaud (fam.), 13, 20, 45, 51, 71, 74, 75, 77, 91, 98, 107, 108, 133, 142.
.... (Antoine), 49, 81, 98, 108.
.... (Honorat), 100, 165
.... (Jacques), 49, 98.
Rama, 56, 57.
Rame, 52, 53, 56, 57.
...... (fam. de), 4, 14, 21, 25, 26, 27, 28, 29, 32, 33, 34, 35, 40, 47, 56, 57, 71, 72, 77, 81, 88, 93, 95, 109, 129, 172, 173.
.... (Antoine de), 28, 30.
...... (Mathieu de), 28.
...... CHAMPRAMBAUD (fam. de), 26.
RAMEFORT (col' de), 46.
RAMUTI (Didier), 5, 88.
RANCUREL (Reynaud), 94.
Ranguis (les), 76.
RASTEL DE ROCHEBLAVE (fam. de), 122, 123, 175.
RAUCO (fam.), 129
RAUDUS (Pierre), 130.
RAVEL (fam. de), 28.
RAVENNE (Jacques de), 28, 39, 94.
RAVIAUT (Giraud), 67.
RAVIER (fam.), 68, 86.
RAYMBAUD (fam.), 75, 129, 145.
RAYMOND, comte de Toulouse, 115.
.... (fam.), 5, 7, 25, 26, 27, 28, 39, 55, 88, 95, 118, 120, 124, 125, 126, 133, 142, 144, 160.
.... marquis de Provence, 41.
.... BÉRENGER, c^{te} de Provence, 52, 97.
RAYNAUD (fam.), 40, 94.
Réalon, 33, 34, 35, 36.
REBOUL (fam.), 91, 137, 140.
RECINGIÈRES (Marguerite de), 82.
RÉCOLLETS (les), 6.
REGARD (fam.), 78, 105.
RÉGIS (Reynaud), 145.
Regusse, 164.
REILLANE (Philippe de), 158.
Remollon, 47, 49, 50, 51.
RÉMUSAT (Pons de), 154.
RENARD (fam. de), 45, 57, 65, 66, 68, 71, 77, 85, 88, 96, 129, 138, 456.
RENCUREL (Benoîte), 46.
RENÉ (le roi), 87, 98, 115, 158.
..... (Jacques), 29.
Réotier, 24, 42, 52, 58.
.... (fam. de), 34, 58, 133.
REVEL (Guigues de), 29.
REVILLASC (fam. de), 30, 49, 83, 84, 90, 91, 108, 112, 113, 119, 137, 141, 143.
.... (Gérard de), 113.
REY (Jean-Pierre), 116.

RAYMBAUD (fam.), 7.
RAYMOND (fam.), 5, 50, 117, 121.
RAYNAUD (fam.), 5, 25, 26, 28, 33, 35, 48, 51, 57, 62, 85, 115, 147.
REYNIER (fam.), 91, 94, 101, 103, 104, 130, 135.
Rhône (le), 1, 16, 88.
RIBAUD (Rambaud), 20.
RIBE (fam.), 5, 24, 39, 66.
Ribeyret, 148, 150, 151.
Ribière (la), 73.
Ribiers, 87, 143, 144, 145, 151, 152, 153, 155, 156, 157, 158.
RICARD (Raoul), 29.
RICHARD (fam.), 6, 64, 144.
Richardet, 139.
RICHAUD (fam.), 29, 126, 173.
RICHELIEU (le card^{al} de), 8, 14, 16, 36, 42, 81, 95, 98, 124, 143, 150.
RICHIÈRE (fam.), 5, 24, 25, 27, 34, 48, 49, 55, 57, 60, 88, 91, 107, 147.
RICOU (fam. de), 95, 96, 118.
Ricous (les), 77.
RIGAUD (Isourd), 157.
RIONDEL (Alexandre), 19.
Riouclar, 40, 41.
Riou de Paips (le), 41.
.... *Froid*, 115.
Rison (montagne de), 154.
Risoul, 54, 55.
.... (fam. de), 55.
Ristolas, 19, 22.
Rivail (le), 77.
.... (Louis), 95.
RIVALTELLA (Richard de), 39.
RIVE (fam.), 7.
RIVET (Jean-Louis), 146.
RIVIÈRE (fam. de), 20, 24, 40, 88, 93, 110, 117, 122, 144, 152, 154, 159, 160.
.... (François de), 100.
RIVO (fam. de), 64, 88.
RIVOIRE (Benoît), 116.
ROBERT (fam.), 91, 94, 142
ROBERTET (Guillaume), 154.
Robeyère (la), 41.
ROBIN (fam.), 25, 115, 162.
ROBINA (Faucon de), 53.
ROCHAS (fam. de), 64, 66, 163.
.... (Firmin), 95.
.... (Joseph-Dominique de), 100.
ROCHE (fam. de la), 108, 160.
Rochebrune, 47, 51, 52.
Roche-de-Briançon (la), 52, 56, 57.
.... *des-Arnauds* (la), 92, 93, 103, 105, 106, 135, 151, 164.

ROCHEFORT (fam. de), 53.
Rochette (la), 78, 106, 107, 108.
.... (fam. de la), 107, 154.
.... (François), 17.
.... *en Bauchaine* (la), 114, 175.
ROCHON DE LA PEYROUSE (fam.), 41, 90.
RODET (fam.), 7.
ROEN (fam.), 130.
ROERII (Thysetus), 5.
ROGNAC (Aymar de), 75.
ROHAN (duc de), 150
.... (card^l de), 166.
ROLLAND (fam.), 48, 95, 111, 121, 141, 142, 143, 144.
ROLLIN (Hugues), 141.
ROMAIN (Pierre), 67.
ROMAN (fam.), 10, 33.
.... (Joseph), 3, 44, 45, 54, 64, 100, 116, 153, 166.
ROMANA (Gentil de), 88.
Romans, 118, 135.
Rome, 71.
Romette, 15, 49, 67, 68, 71, 74, 75, 76, 78, 80, 106, 107, 108, 137, 139.
RONDELLET (Hugues), 116.
RONSARD, 166.
Roranches (les), 77.
Ros (abbé de), 108.
Rosanais (le). 63, 110, 144, 145, 154.
.... (archiprêtré de), 118, 119, 121, 122, 123, 125, 136, 137, 144, 145, 146, 147, 148 149, 150, 151, 152, 154, 155, 156, 157, 158, 159, 160.
Rosans, 87, 123, 143, 144, 146, 153, 154.
.... (fam. de), 103, 117, 118, 130, 136, 137, 148, 150, 151, 152, 153, 154, 159, 160.
ROSSET (fam.), 39, 154.
.... (fam. de), 29, 159.
.... DE LA MARTELIÈRE (Michel de), 73.
ROSSIGNOL (Jean-Joseph), 18.
ROSTAGNET (Albert), 142.
ROSTAING (fam.), 20, 35, 36, 57, 95.
.... DE SAINT-CRÉPIN (fam.), 34, 35, 48, 51, 59, 60.
ROUBAUD (fam. de), 138.
.... (Raymond), 2.
ROUBION (fam. de), 138.
ROUGIER (fam.), 7.
Rougnouse, 151.
Rourebeau, 129, 130.
ROUSSEAU (Pascal), 116.
Rousset, 45, 51.
.... fam.), 91, 116, 141, 174.
.... (fam. de), 27, 29, 32, 35, 48, 49, 50, 51, 58, 74, 75, 78, 79, 91, 95, 138, 142, 146, 165.

Rousset (Albert de), 32.
.... (Antoine de), 32.
ROUSSILLON (Aymar de), 85.
.... (Gérard de), 57, 61.
Roux (les), 20.
..... (fam.), 5, 7, 11.
..... (fam. de), 25, 36, 39, 40, 65, 66, 67, 75, 78, 79, 82, 86, 88, 89, 93, 108, 126, 135, 136.
..... (Sébastien de), 78.
..... D'ARBAUD DE LA PEYRUSSE (fam. de), 37.
..... DE BELLEAFFAIRE (fam. de), 50.
..... DE LARIC (fam. de), 86, 137.
..... LA CROIX (fam.), 18.
..... LA MAZELIÈRE (fam.), 39.
Roveria, 117.
.... (Guillaume de), 93.
ROY (Jean), 5.
ROYER (Chaffrey), 19.
...... (Guillaume de), 61.
RUAL (Joseph), 94.
RUBEIS (Laurent de), 43.
RUBER (Hugues), 112.
RUFFI (fam.), 147, 152.
RUFFIER (Pierre), 11.
RUIN (Guillaume de), 126.
RUO (Jean de), 40.
SABRAN (Béatrix de), 147.
SADE (fam. de), 119, 136.
SADI (Raymond), 144.
SADIN (François), 61.
SAGITTAIRE, évêque de Gap, 41, 55.
Saint-Alban, 26.
..... AMAND (Gentelme de), 108, 112.
..... ANDRÉ (mar¹ de), 90.
.... (Georgette de), 105.
.... d'Avignon, 54, 55, 101, 151, 157, 158.
.... de Gap, 39, 73, 75, 76, 78, 80, 92, 97, 100, 103, 163.
.... de Grenoble, 46, 86.
.... de la Freissinouse, 102, 103.
.... d'Embrun, 44.
.... de Prébaion, 105.
.... de Rosans, 14, 148, 154, 155.
.... en Bauchaine, 113, 114, 175.
SAINTANOZ (fam. de), 123.
Saint-Antoine-en-Viennois, 45, 50, 68, 80, 89, 93, 94, 100, 106, 107, 109, 111, 131, 140, 155, 162, 164, 166, 167.
..... *Apollinaire*, 33, 34, 35.
..... *Arey*, 92.
..... *Arnoul*, 90, 91.
..... AUBAN (le cap⁻ᵉ), 124.
.... d'Oze, 139.
..... *Blaise*, 6.

Saint Bonnet, 48, 68, 79, 80, 81, 83, 84, 108, 174.
.... (Raymond de), 67.
Sainte Catherine, 6, 8, 26.
.... d'Ancelle, 74.
...... *Cécile*, 37.
Saint Celse et saint Nazaire, 37.
..... *Chaffre* (abbaye de), 65, 68, 70, 75, 76, 77, 79, 81, 82, 84, 85.
..... *Chaffrey*, 12, 13, 15, 22, 67.
Sainte Christine, 37.
...... *Claire*, 130, 140.
Saint-Claude (abbaye de), 75, 88.
..... *Clément*, 26, 58.
..... *Colomban*, 133.
Sainte-Colombe, 124, 155.
Saint-Crépin, 59.
Sainte-Croix (abbaye de), 26, 44, 58.
Saint-Cyrice, 155.
..... *Denis*, 99, 160.
..... DIEUDONNÉ (Gérard de), 81.
..... *Disdier*, 72, 73.
..... *Donat*, 37.
..... *Esprit* (confrérie du), 13, 37, 94, 132.
..... *Etienne*, 26, 34, 92, 151, 152, 153.
.... d'Avançon, 45, 46.
.... en-Dévoluy, 72, 73.
..... *Eusèbe*, 68, 82.
..... *Firmin*, 65, 66, 79, 82, 84, 85.
Sainte-Foy-de-Conques, 101.
Saint-Genieis, 18.
..... *Genis*, 121, 122.
.... (fam. de), 108, 122, 145.
..... *Géraud-d'Aurillac* (abbaye de), 48, 111, 112, 119, 125, 173, 175.
.... de-Roveria, 174.
..... GERMAIN (fam. de), 66, 72, 77, 78, 86, 89, 91, 101.
..... *Gilles* (grand prieuré de), 99, 163, 165, 167.
..... *Hilaire*, 37, 74.
..... *Jacques*, 68, 85, 86.
..... *Jean-de-Chassagne*, 103, 104.
.... DE-JÉRUSALEM (ordre de), 6, 10, 12, 13, 15, 19, 25, 28, 29, 30, 32, 38, 45, 46, 47, 48, 50, 51, 53, 57, 68, 75, 80, 89, 90, 92, 93, 94, 97, 100, 101, 102, 103, 104, 106, 109, 111, 113, 125, 126, 127, 130, 131, 132, 136, 140, 145, 148, 149, 152, 153, 157, 158, 159, 161, 162, 163, 164, 165, 166, 167.
.... de-Montorcier, 76, 77.
.... des-Aires, 93.
... JOSEPH (ordre de), 94.
..... *Julien*, 33, 36, 164.

Saint-Julien-en-Beauchaine, 105, 114, 115, 116.
..... *en-Champsaur*, 33, 70.
..... Laurent (Andreude de), 91.
..... *du-Cros*, 70, 71.
..... *Léger*, 75, 121.
..... (fam. de), 75.
..... *Mains*, 92, 93, 175.
..... *Maixent*, 76.
..... Marcel d'Avançon (fam. de), 3, 28, 35, 37,
39, 45, 81, 92, 94, 96,
101, 112, 121, 151.
.... (François de), 46, 52,
105.
.... (Guillaume de), 46.
.... (Jean de), 46.
.... (Lantelme de), 46.
..... *de Die*, 115, 120.
..... Marcellin, 36, 38.
.... (Guy de), 141.
..... *Marcellin*, 26, 37, 38.
Sainte-Marguerite, 14, 92, 97.
..... *Marie*, 160.
..... *des-Champs*, 37.
..... *des-Prats*, 134.
..... Madeleine (ordre de), 10, 15, 34.
Saint-Martin, 3, 93, 94.
..... (fam. de), 35, 38, 173.
..... (cap^{er}), 165.
..... *d'Ancelle*, 74.
..... *d'Argençon*, 110, 111.
..... *de-Queyrières*, 4, 5, 13, 14, 172.
..... *des-Horts*, 130.
..... *du-Melezin*, 78.
..... Maurice (Bernard de),
..... *de-Valserres*, 36.
..... *en-Valgaudemar*, 85, 86.
..... Michel (fam. de), 33, 36, 79, 159.
..... *de-Chaillot*, 71, 72.
..... *de-Connexe*, 65.
..... *de-la-Cluse* (abbaye de), 29, 32,
105, 109, 116, 123, 130, 164.
..... *de-la-Couche*, 32.
..... *Nicolas-de-Montorcier*, 76, 77, 78.
..... *Norgus*, 151.
..... *Pansier*, 151.
..... Paul (Pierre de), 142.
..... *Trois-Châteaux*, 28.
Sainte-Pénitence (ordre de la), 10, 13, 67.
Saint-Peyle, 30.
..... *Pierre*, 37.
..... (fam. de), 5, 24, 25, 88, 100.
..... *Avez*, 93, 127, 130, 145, 152, 157,
158.
..... *d'Argençon*, 110, 111.

Saint-Pierre-de-Chaillot, 71.
..... *Privat*, 37.
..... Remy (Claude de), 61.
..... *Roman*, 16.
..... *Ruf* (abbaye de), 110.
Saints (Jean de), 64.
Saint-Saturnin, 37, 105.
..... *Sauveur*, 44.
..... *Sépulcre* (le), 139.
.... *d'Aquapendente* (le), 146.
.... *de-Chorges* (le), 39.
.... *de-Jérusalem* (le), 146.
..... Sicary (Jean de), 70.
..... *Véran*, 19, 21, 22.
..... *Victor-de-Marseille*, 9, 15, 24, 46, 47, 68,
80, 108, 137, 156.
..... Vincent (François de), 160.
Saints-Vincent et Oronce, 37.
Saix (le) 137, 139, 140.
..... (fam. du), 130, 135, 136, 139.
Salebertrand, 3, 62, 81.
Saléon, 124, 153, 155, 156.
Salérans, 158.
Salerne (prince de), 97.
Salettes (abbaye des), 10, 22.
Salg (Raymond de), 2.
Salle (la), 14, 15.
..... (fam. de), 7, 13, 15.
Sallette (Berthet de la), 65.
Salm-Kirbourg (prince de), 99.
Salonius, év. d'Embrun, 2, 41, 55.
Saluces (Mis de), 22.
..... (Rostaing de), 124.
Salvaing de Boissieu (Denis de), 61.
Salvator (fam.), 26, 132.
Samuel (Étienne), 94.
Sancelli (fam.), 45.
Sancto-Atumiano (Pierre de), 29.
Sanières (les), 27.
Sapor d'Evrargues Léger, 64.
Saporis (Alix de), 109, 135, 139.
Saramand (Thomas), 35.
Sarrasins (les), 1, 3, 23, 40, 41, 63, 88.
Sarrazin (fam.), 18, 142.
Sarrescuderio (Pasteur de), 2, 43, 175.
Sarret (le), 16.
..... (Daniel), 7.
Sassenage (fam. de), 19, 61, 83, 104, 127, 144, 156,
161, 166.
Sassini (Bertrand), 94.
Saulce (la), 162, 163, 164.
Sault (fam. de), 130, 163.
Saumane (Pierre de), 38, 173.
Saumur, 76.

Saunier (fam.), 142.
Saunière (Jean), 74.
Sauret (fam.), 25, 40, 48, 88, 112, 142.
...... (Claude), 112, 142.
Saurin (Élie), 39.
Sautereau (fam. de), 29.
Sauvaige (Étienne le), 116.
Sauze (le), 31.
...... (fam. du), 31, 37, 47, 52, 91, 112.
...... (Robert du), 31.
Savine (fam.), 39, 58.
Savines, 28, 29, 30, 31, 32, 33, 34, 35, 36, 40.
.... (fam. de), 32, 34, 35. 58, 71, 75, 77, 78, 88, 91, 142.
.... (Guigues de), 36.
Savini (Jean), 37.
Savoie (la), 2, 32, 60, 166.
.... (Agnès de), 62.
.... (Béatrix de), 52.
.... (Philippe de), 62.
.... (duc de), 2, 8, 12, 14, 16, 21, 28, 29, 32, 34, 36, 42, 44, 48, 55, 56, 57, 58, 59, 65, 70, 71, 72, 76, 81, 83, 89, 90, 93, 99, 133, 134, 135, 138, 143, 160, 165.
Savournon, 122, 123, 135, 175.
Saxons (les), 41.
Schomberg (M^{al} de), 21, 22, 23.
Sclaffanatis (Gabriel de), 64, 96, 98.
Séchier (le), 85, 86.
Sédu (Raymond), 2.
Ségurin (Jean), 39.
Segusiani, 3.
Seille (la), 114.
Seley ou Selley (fam.), 88, 110, 129.
Selles, 166.
Séminaires, 38, 92, 105, 164.
Senas (cap^{ne}), 102.
Senèz, 29, 42, 166.
Sept-Fonts (église de), 134.
Serène (Jacques de), 2, 37.
Serre (fam.), 80, 123.
...... (fam. du), 40, 64, 70, 71, 72, 75, 77, 91, 92, 95, 96, 142, 165.
...... (Salomon du), 78.
Serre-Eyraud, 78.
Serres, 87, 100, 104, 111, 118, 120, 122, 123, 124, 125, 127, 137, 139, 144, 145, 149, 150, 153, 154, 155, 175.
Serre-Saul, 41.
Serrois (le), 1, 124.
Servandoni, 9.
Séveraisse (la), 65, 68.
Séveraissette (la), 68.
Seynes, 13, 29.

Seyves (fam. de), 93.
Sezanne, 3.
.... (Ancelme de), 67.
Sidoud (François), 17.
Sicard (fam.), 110, 175.
Sicile (rois de), 135.
Sigaud (fam.), 19, 25, 37.
Sigoin (fam. de), 40, 112, 138.
Sigottier, 120, 121, 125, 126.
.... (fam. de), 125.
Sigoyer, 109, 110.
.... (Arnoul de), 107.
Silvion (Raymond), 154.
Siméon (fam.), 39, 145.
Simian (Vincent), 74.
Simiane (fam. de), 45, 65, 93, 147.
.... *voyez* Gordes.
Simon (Pierre), 163.
...... de Montjolly (Arnaud-André), 32.
Siregno (Alexis de), 64.
Sisteron, 90, 95, 102, 109, 118, 127, 129, 130, 132, 134, 147, 151, 161, 167.
.... (bailliage de), 63, 110, 116, 123, 152, 166.
.... (évêques de), 29, 79, 114, 131, 152.
Sitifer (Henri), 25.
Soanen (Jean), 42.
Soffrey (fam.), 7.
Somane (Thomas de), 133.
Sorbiers, 151.
Souchon (fam.), 45, 52, 66, 69, 96.
Soulier (Amblard), 81.
Sourribes (abbaye de), 136, 139.
Stabatio ou *Savatio*, 10.
Steenhout (Jean de), 37.
Stod ou Stodi (fam.), 17, 58.
Strasbourg, 99.
Suane (prieuré de), 111.
Suau-la-Croix (fam. du), 7, 84, 96, 107, 140, 165.
Suède (roi de), 43, 50.
Suisses (les), 28.
Sulpice (Jean), 115.
Summæ Alpes, 15.
Suze, 3.
..... (fam. de), 2, 41, 115, 173.
Sylve (fam.), 112, 130, 136.
Sylvestre (fam.), 25, 41.
Tabath (Didier), 135.
Taillas (M^r de), 64, 100, 166.
Taillefer, c^{te} de Viennois, 16, 115.
Tain, 144.
Talaru (fam. de), 83, 104, 127, 136, 161.
Tallard, 49, 68, 92, 98, 105, 107, 131, 133, 164, 165, 166.
.... (duché de), 83, 104, 120, 130.

Tallard (Foulques de), 93.
.... (vicomté de), 1, 86, 90, 97, 100, 102, 109, 161, 162, 163, 164, 165, 166.
TANC (fam. du), 47, 96, 101, 102.
TANCS (les), 102.
TAPAREL (fam.), 142, 160.
Tarare, 135.
TARDIN (Guillaume), 5.
TARENTE (Antoine de), 161.
TAULIGNAN (Bertrand de), 148, 149.
TAVANES (mar¹ de), 165.
TAXIL (fam.), 5, 25, 28, 40.
Temple (le), 29, 140.
TEMPLIERS (les), 6, 19, 29, 38, 93, 103, 106, 140, 148, 149, 155, 164.
TENCIN (fam.), 5, 11, 42, 47, 67, 89.
Terrasse (la), 104.
Terrasses (les), 62.
TERREBASSE (M' de), 2, 60.
Terre-Commune (mandement de), 36, 37, 38, 39, 40.
Terre d'Église (mandement de), 82.
Terre d'Empire (mandement de), 44, 51.
TERTULLE (Gillette), 77.
TESBA (Gérard), 37.
Têtes (fort des), 6.
TEXTOR (Olivier), 95.
THÉRIC (Jean-Thomas), 116.
Théus, 45, 47, 48, 50, 51.
THEYS (fam. de), 25, 133, 143, 147.
THIAUD (Raymond), 41.
THIERS (Jean), 149.
THOLON (fam. de), 154, 172.
THOLOSAN (fam.), 5, 6, 7, 13, 25, 26, 28, 33, 40, 50, 88, 94, 135, 167.
.... (Antoine), 44.
THOMAS DE BEAULIEU (Annibal de), 93.
THOMASSI (Antoine), 34.
THOME (fam.), 73, 145.
THORIGNY (Jean de), 154.
THUREYO (Pierre de), 175.
THURIN (Jean), 116.
Tonnerre, 166.
TORAME (Guigues de), 29.
TORANE (Amblard de), 5.
TORCHEFELON (Jean de), 24.
TORTE (Falcon), 26.
TOSCAN (fam.), 131.
Toulon, 100, 111.
TOULOUSE (arch. de), 62.
.... (c¹ᵉˢ de), 97, 115.
........-LAUTREC (fam. de), 141, 143.
Tour (la), 19, 90.
..... (fam. de la), 5, 35, 58, 61, 85, 95, 98, 120, 125, 126, 133, 159, 172.

Tour (Philis de la), 160.
..... *de-Beauregard* (la), 28.
..... *de-Frustelle* (la), 75.
..... *de-Saint-Philippe* (la), 74.
..... DE TAILLADE (Augustin de la), 117.
..... DE TAMERLET (Augustin de la), 65.
TOURNATOUR (Claude), 147.
Tournefort, 89.
TOURNIAIRE (fam.), 145.
Tournon, 54, 88.
.... (François de), 2.
TOURNU (fam.), 95, 101, 132.
TOURRÈS (Claude), 72, 75.
Tour-ronde (la), 88, 104.
TOUZEL (Jacques), 94.
TRÉCOUR (Alexandre de), 104.
TREFFORT (Pierre de), 133.
TRÉMOLLET DE MONTPESAT (fam.), 134.
Treschâtel, 92.
Trescléoux, 121, 147, 156.
TRESSEMANES (Élion de), 131.
TRIANS (fam. de), 104, 161, 164.
Tricoriens (les), 63, 66.
Trièves (le), 1, 60, 65, 66.
Trinité (la), 65.
TRIVULCE (m^al de), 42, 55, 56, 108.
TROUSSEL DE GRAND-CHAMP (Léonard de), 151.
Tuoux, 111.
TURENNE (Raymond de), 134, 145, 147, 154.
Turin, 8, 18, 43.
TURRIERS (fam. de), 29, 33.

Uceni (les), 61.
Upaix, 87, 126, 128, 129, 130, 131, 158.
URBAIN II, 62, 87, 97.
.... V, 108, 146.
URRE (fam. d'), 5, 7, 60, 61, 85, 137, 142.
URSINS (Guillaume-Juvenal des), 85.
URSULINES (les), 6, 92, 93, 99.
Utrecht (traité d'), 2, 3.

VACCARONE (M^r), 22.
Vachères, 30.
.... (Guillaume de), 29.
Vachette (la), 15, 16.
VACHIER (fam.), 13, 60, 126.
VACHON DE BELMONT (fam. de), 134.
VAGINARD ou VAGUARD (fam.), 61, 112.
Vaison, 81.
VALATON (Jean de), 145.
VALAVOIRE (Sybille-Françoise de), 75.
VALBELLE (fam. de), 144, 152, 156.
VALBONNAIS (le prés¹ de), 2.
Val-de-Barret (la), 145, 148, 152, 153, 156, 157, 158.

Val-des-Prés (le), 15, 16, 172.
.... d'Oulle (la), 96, 98, 110, 144, 158, 150.
.... d'Oze (la), 123, 135, 136, 137, 138, 139, 141, 166, 167, 168.
Valença, 162.
Valence, 39, 81, 92, 100, 110.
Valenciennes, 99.
VALENTIN (fam.), 40, 115.
Valentinois (le), 106, 148.
VALERNES (fam. de), 93, 112.
VALERNOL (Bertrande de), 112.
VALETTE (mar¹ de la), 32, 48, 49, 98, 132, 165, 168.
VALFREY (Jean), 11.
Valgaudemar (le), 16, 65, 66, 67, 84, 85, 91, 138.
.... (fam. du), 85, 91.
VALLIER (fam.), 41, 61, 90.
VALLIN (Alexandre de), 143.
Vallisputa, 17.
VALLON (Claude), 71.
........-CORSE (François), 100.
Vallouise (la), 3, 4, 5, 6, 16, 17, 53, 54, 85.
VALPUTE (fam. de), 14, 17.
Valserres, 52, 102, 110.
.... (fam. de), 11, 45, 46, 50, 52, 76, 77, 79, 101.
VALSEVÈRE (Ézéchiel de), 88.
Valteline (la), 8.
VAREY (fam. de), 103, 138.
Vars, 54, 55, 56.
VAUBAN (mar¹ de), 6, 8, 59.
Vaucluse, 148.
VAUDEMONT (duc de), 62.
VAUDOIS (les), 17, 18, 21, 43, 54.
VAUJANY (Pierre de), 5, 61.
VAULNAVEYS (André de), 19, 63.
VAULX ou VAUX (fam. de), 5, 10.
VÉGENOND (Simon), 116.
VEILHAN DE ROUSERAI (Alexandre de), 91.
VÉLASCO (Rodigue de), 163.
VENASQUE (Armand de), 147.
Vence, 108.
Ventavon, 105, 127, 131, 132, 133, 168.
Venterol, 86.
.... (Maximin de), 93.
VENTES (Jacques de), 115.
VENTIMILLE (Manuel de), 93.
VENTOLET (Claude), 87.
VÉRAC (capⁿᵉ), 98.
Veras (prieuré de), 108, 137, 138, 139, 140.
Verceil, 45, 50, 52.
Verdun, 3, 25.
.... (fam. de), 25.
VERNAYS (Montlaus de), 138.
VERNET (fam. du), 17.

VÉROT (fam. de), 7.
VERT (Raymbaude), 105.
VESC (fam. de), 40, 66, 124.
Veyer (le), 21.
VEYNACO (Guillaume de), 144.
Veynes, 87, 111, 113, 119, 133, 134, 136, 137, 140, 141, 142, 143, 155, 165.
.... (fam.), 118, 141.
.... (fam. de), 40, 61, 112, 130, 142, 143.
VIAL (fam.), 39, 66, 81, 111, 118, 175.
VICTOR II, 36, 41.
VIDEL (Louis), 124.
VIDIL (Gaspard), 141.
VIEILLEVILLE (marl de), 98.
Vienne, 60. 99.
.... Audebert de), 91.
Viennois (le), 1, 60.
.... (fam. de), 61, 62.
VIEUX (fam.), 83, 121, 124, 126, 136, 137, 142, 160.
VIGNEAU ou VINÇON (Jean), 147.
Vigneaux (les), 18.
.... (Félix de), 141.
.... (Telmont des), 17.
VIGNE (Louis), 123.
VIGNON (fam.), 8, 82, 94.
VIGUIER (Jacques), 145.
VILAR (Bertrand du), 115.
VILAT (Pons), 65.
VILHAVIA (capⁿᵉ), 128.
VILLANEYS (fam. de), 5, 144.
VILLANI (Pierre de), 91.
Villard (le), 16.
...... (fam. du), 141, 142, 143.
...... d'Arène (le). 60, 61, 62, 63.
...... la-Beaume (le., 117.
...... la-Madeleine (le), 13, 22, 67.
..... Loubière (le), 84, 85.
...... Mouren (le), 70.
...... Saint-Pancrace (le), 18, 19.
...... Sigoyer (le), 109.
VILLARET (fam. de), 61, 67, 88, 133, 163, 165.
VILLARS (Dominique), 84, 105.
.... (Henri de), 63, 66, 115, 131.
Villa-Vetola, 22.
Villebois, 155.
VILLE DE SILLANS (Guy-François de), 58.
Villelongue, 123, 135.
VILLEMUR (fam. de), 152.
Villeneuve, 14, 15, 84.
.... (fam. de), 93, 164.
VILLEROY (fam. de), 62.
VILLET (Humbert), 61.
Villette (la), 71, 72.
.... (fam. de la), 25, 28, 31, 33, 34, 36, 41, 47.

52, 85, 88, 112, 130, 133, 139, 141, 142, 160, 164.
Ville-Vallouise, 16.
.....-*Vieille*, 22, 23, 90.
VILLIERS (Simon de), 116.
VILLOSC (fam. de), 109, 173.
VIMINIEN, 2, 41.
VINCENS DE MAULÉON (César de), 159.
VINCENT-FERRIER (Saint), 17.
VINS (cap^{ne} de), 163.
Vinsobres, 88.
VINSON (Philippe), 147.
VIORNE (fam. de la), 96.
VIRAVANCE (Raymond), 126.
VIRDUINIEUS (Jean), 88.
VISANS (Raymbaud de), 94.
VISITATION (ordre de la), 98.
Viso (le mont), 19, 22.
VITALIS (fam. de), 96, 111, 115, 118.
Vitrolles (baronnie de), 1, 86, 131, 135, 161, 166, 167, 168.
.... (fam. de), 93, 108, 135, 137, 168.

VIVIER (Philippe), 61.
Viviers, 44.
Vizille, 28, 61.
.... (Pierre de), 91.
Voconces (les), 63, 86, 106.
Voiron, 60.
VOISIN (fam.), 23.
Volonne, 80.
VOYER D'ARGENSON (François-Élie de), 3.
VULSON DE LA COLOMBIÈRE (Jean), 94.

WAMBERKEL (François), 65.
Wilna, 18.

YLLAIRE (Jean), 160.
YMOLA (fam. d'), 118.
YSE (fam. d'), 74, 88, 93, 102, 147, 153, 154, 156.
... (Jean-Antoine d'), 154.
YSNARD (Albert), 20.
YSOARD (fam.), 13, 14, 17, 104.
YSSONDET (fam.), 17.
Yverdun, 42.

www.ingramcontent.com/pod-product-compliance
Lightning Source LLC
Chambersburg PA
CBHW061958180426
43198CB00036B/1446